# Moderne Personalplanung

Thomas Spengler · Olga Metzger-Volkmer ·
Tobias Volkmer · Sebastian Herzog ·
Kim Michelle Siegling

# Moderne Personalplanung

## Modelle, Methoden und Fallbeispiele

2., aktualisierte und erweiterte Auflage

Thomas Spengler
BWL, insbes. Unternehmenf. u. Org.
Otto-von-Guericke-Universität
Magdeburg, Deutschland

Tobias Volkmer
Magdeburg, Deutschland

Kim Michelle Siegling
Lehrstuhl f. Unternehmensf. und Org.
Otto-von-Guericke-Universität
Magdeburg, Deutschland

Olga Metzger-Volkmer
Magdeburg, Deutschland

Sebastian Herzog
Lehrstuhl f. Unternehmensf. u. Org.
Otto-von-Guericke-Universität
Magdeburg, Deutschland

ISBN 978-3-658-47676-2 ISBN 978-3-658-47677-9 (eBook)
https://doi.org/10.1007/978-3-658-47677-9

Die Deutsche Nationalbibliothek verzeichnet diese Publikation in der Deutschen Nationalbibliografie; detaillierte bibliografische Daten sind im Internet über https://portal.dnb.de abrufbar.



Planung/Lektorat: Mareike Teichmann
Springer Gabler ist ein Imprint der eingetragenen Gesellschaft Springer Fachmedien Wiesbaden GmbH und ist ein Teil von Springer Nature.
Die Anschrift der Gesellschaft ist: Abraham-Lincoln-Str. 46, 65189 Wiesbaden, Germany

Wenn Sie dieses Produkt entsorgen, geben Sie das Papier bitte zum Recycling.

# Vorwort zur 2. Auflage

Auch wenn oder gerade weil es sich bei der betrieblichen Personalplanung möglicherweise oder gar faktisch um ein „Orchideenfach" handelt, sind wir froh, stolz und glücklich, dass unsere „Moderne Personalplanung" bisher auf solch großes Interesse gestoßen ist. Immerhin haben wir seit 2019 von der ersten Auflage weit über 170.000 Usages bzw. Accesses (inkl. Print- und Online-Exemplaren) zu verzeichnen.

Gepaart mit der Erkenntnis, dass sich auch die Welt der Personalplanung unabänderlich weiterdreht, wurde es Zeit für eine zweite Auflage.

In diesem Zuge sind wir dem Druckfehlerteufel zu Leibe gerückt und haben in dieser Auflage des vorliegenden Lehrbuchs die Errata bearbeitet sowie das Literaturverzeichnis umfangreich aktualisiert und erweitert. Darüber hinaus wurde mit Kapitel 17 ein neuer Abschnitt (zur Personalplanung im Kontext der Personalentwicklung) in das Buch aufgenommen. Auch in der Neuauflage werden modelltheoretische und diskursive Überlegungen kontemplativen Betrachtungen der Personalplanung vorgezogen.

Nachdem Dr. Olga Metzger-Volkmer und Dr. Tobias Volkmer aus dem Lehrstuhlteam (nicht aber aus dem Autorenkollektiv) ausgeschieden und in herausragende Positionen der Wirtschaftspraxis gewechselt sind, haben wir Sebastian Herzog, M.Sc. und Kim Michelle Siegling, M.Sc., beide wissenschaftliche Mitarbeiter am Magdeburger Lehrstuhl für Betriebswirtschaftslehre, insbes. Unternehmensführung und Organisation, in das Autorenteam aufgenommen. Es steht bereits heute fest, dass Kim Michelle Siegling nach dem zeitlich absehbaren Wechsel des Lehrstuhlinhabers in den Ruhestand das Werk verantwortlich weiterbetreuen wird.

Wir danken Frau Claudia Zieprich für wertvolle redaktionelle Unterstützungsleistungen.

Gestatten Sie uns zum Schluss dieses Vorwortes noch eine persönliche Anmerkung. Mit großer Trauer mussten wir erfahren, dass unser väterlicher Freund, Begleiter und Nestor unseres Fachgebietes, Prof. Dr. Hugo Kossbiel, am 19. Juni 2023 verstorben ist. Wir werden sein Andenken in Ehren halten.

Magdeburg, im Januar 2025

Thomas Spengler Olga Metzger-Volkmer Tobias Volkmer

Sebastian Herzog Kim Michelle Siegling

# Vorwort zur 1. Auflage

In einer zunehmend digitalisierten und globalisierten sowie verstärkt auf Nachhaltigkeit achtenden Welt sind nicht zuletzt vor dem Hintergrund demografischen Wandels moderne Ansätze, Methoden und Verfahren der Personalplanung erforderlich, um die ökonomische Performanz des Unternehmens zumindest nicht zu gefährden oder möglichst noch zu verbessern bzw. zu optimieren. Wir wollen im vorliegenden Buch solche Modelle präsentieren, erläutern und diskutieren. Dabei verstehen wir (in Anlehnung an Türk 1978) unter Personal eine Sozialkategorie, zu der solche Arbeitskräfte einer produktiven und organisierten Organisation zählen, die mit dieser einen Arbeitsvertrag geschlossen haben und in diese nur partiell (und nicht etwa total) inkludiert sind. Freelancer und Subunternehmer fallen damit für uns nicht unter den Personalbegriff. Zudem konzentrieren wir uns auf sog. kollektive Personalplanungen, bei denen nicht konkrete Arbeitskräfte und deren individuelle Karrierewege im Fokus stehen, sondern Kategorien von Arbeitskräften und letztlich auch Kategorien von Tätigkeiten, Jobs oder Stellen.

Das vorliegende Buch ist ein Lehrbuch. Seine Ursprünge reichen weit zurück, nämlich in Hugo Kossbiels Personalplanungsvorlesungen an den Universitäten in Hamburg und Frankfurt a.M. Seit rund 20 Jahren bieten wir in Magdeburg entsprechende Vorlesungen und Übungen an, die wir im Laufe der Zeit inhaltlich, methodisch und didaktisch variiert und erweitert haben. Des Weiteren ist hierbei ein bunter Strauß an Übungsaufgaben entstanden, von denen wir einige im vorliegenden Buch präsentieren können. Das Buch legt als Lehrbuch viel Wert auf exemplarische Erläuterungen, so dass in vielen Teilen Anwendungsbeispiele, Übungsaufgaben und Zusatzfragen integriert werden, deren Lösungsskizzen man am Ende des Buches findet. Das Buch richtet sich an Bachelor- und Masterstudierende, die Interesse am Fach haben, gleich ob sie Einsteiger oder Fortgeschrittene sind. Es richtet sich aber auch an interessierte Praktiker, die sich im Bereich der Personalplanung weiterbilden wollen.

Wir schulden vielen Menschen Dank, ohne die das Buch nicht hätte entstehen können. Dazu möchten wir uns zunächst einmal bei Prof. Dr. Hugo Kossbiel bedanken, der direkt oder indirekt an unserer Ausbildung beteiligt war und immer zu Diskussionen bereitstand. Wir danken auch den Studierenden, die uns in unzähligen Vorlesungen und Seminaren mit kritischen Fragen und Anmerkungen geholfen haben. Dank gebührt auch den vielen Kooperationspartnern in unseren Praxisprojekten und darunter - last but not least - Dr. Frank Kieper. Für redaktionelle Unterstützung danken wir Herrn Sebastian Herzog, M.Sc., Frau Jennefer Steglitz, B.A. sowie Frau Stefanie Salinger, B.Sc.

Zudem wollen wir darauf hinweisen, dass aus Gründen der leichteren Lesbarkeit in der vorliegenden Arbeit bei personenbezogenen Substantiven und Pronomen überwiegend die männliche Sprachform verwendet wird. Dies impliziert jedoch keine Benachteiligung des weiblichen Geschlechts, sondern soll im Sinne der sprachlichen Vereinfachung als geschlechtsneutral zu verstehen sein.

Sollten Sie Anmerkungen oder Fragen zu unserem Buch haben, kontaktieren Sie uns bitte unter bwl-uo@ovgu.de.

Wir wünschen Ihnen viel Spaß bei der Lektüre!

Magdeburg, im März 2019

Thomas Spengler Olga Metzger Tobias Volkmer

# Inhaltsverzeichnis

# Abkürzungsverzeichnis

| | |
|---|---|
| AE | Arbeitseinheiten |
| AFZ | Ausfallzeiten |
| AHP | Analytical Hierarchy Process |
| AK | Arbeitskraft |
| AP | Arbeitsproduktivität |
| AÜG | Arbeitnehmerüberlassungsgesetz |
| AZ | Arbeitszeit |
| BMZ | Bundesministerium für wirtschaftliche Zusammenarbeit und Entwicklung |
| CSR-RUG | Corporate Social Responsibility-Richtlinie-Umsetzungsgesetz |
| DOF | Degree Of Fulfillment |
| d. Verf. | der/die Verfasser |
| DWDS | Digitales Wörterbuch der Deutschen Sprache |
| EZ | Erholungszuschlag |
| GE | Geldeinheiten |
| Hrsg. | Herausgeber |
| i.e.S. | im engeren Sinne |
| FLP | Fuzzy Lineare Programmierung |
| FPP | First Period Principle |
| FULPAL | Fuzzy Linear Programming based on Aspiration Levels |
| LP | Leistungsprogramm |
| LPI | Lineare Partielle Information |
| MA | Mitarbeiter |
| MADM | Multi Attribute Decision Making |
| MODM | Multi Objective Decision Making |

| | |
|---|---|
| MOLPAL | Multi Objective Linear Programming based on Aspiration Levels |
| MTM | Methods-Time Measurement |
| NAZ | Nebenarbeitszuschlag |
| NNB | Nichtnegativitätsbedingung |
| NVZ | Notwendige Verteilzeiten |
| P | Periode |
| PA | Personalausstattung |
| PB | Personalbedarf |
| PE | Personaleinsatz |
| REFA | Organisation für Arbeitsgestaltung, Betriebsorganisation und Unternehmensentwicklung (ehemals: Reichsausschuss für Arbeitszeitermittlung) |
| SLP | Stochastische Lineare Programmierung |
| TOPSIS | Technique for Ordering Preferences by Similarity to Ideal Solution |
| u. E. | unseres Erachtens |
| TVZ | Tatsächliche Verteilzeiten |
| VOP | Vektoroptimierungsproblem |

# Teil 1
# Einführung und Grundlagen

# 1 Einleitung

## 1.1 Worum es geht oder: Zwei Beispiele zum Anfang

Der vorliegende Beitrag bietet einen Überblick über moderne Verfahren, Ansätze und Modelle der Personalplanung. Die Personalplanung ist ein personalwirtschaftliches Forschungs- und Anwendungsfeld und damit ein integraler Bestandteil ihrer Mutterdisziplin, der Betriebswirtschaftslehre. Historisch gesehen entstammt sie der mikroökonomischen Theory of the Firm (vgl. Coase 1937, Crew 1975 und Fandel et al. 2004) und daraus vor allem der Produktionstheorie bzw. der Produktionsplanung (vgl. Fandel 1991). Dies liegt insofern nahe, als es sich bei menschlicher Arbeitskraft nicht nur um einen Komplex eigeninteressengeleiteter Individuen, sondern auch um einen wesentlichen Produktionsfaktor des Betriebes handelt.

Frühe hier einschlägige wissenschaftliche Arbeiten stammen u.a. von Dantzig (1954) und Marx (1963). Auch wenn Ursprungsdatierungen müßig sind, kann man mit einiger Berechtigung Hugo Kossbiels unveröffentlichte Habilitationsschrift aus dem Jahre 1970 als zumindest ein (wenn nicht gar das) die moderne Personalplanung begründende(s) Werk bezeichnen. Während es in der Betriebswirtschaft grundlegend um die Abstimmung von Faktorbedarfen, -ausstattungen und -einsätzen im Allgemeinen geht, ist die Koordination von Personalbedarfen, -ausstattungen und -einsätzen im Besonderen der zentrale Gegenstand der Personalplanung. In dieser Arbeit werden die grundlegenden Beziehungen zwischen diesen drei Problembereichen behandelt. Da wir durchgängig den sog. dispositiven Planungsbegriff verwenden, nach dem Planen immer zugleich auch Entscheiden bedeutet (das Ableiten und Treffen von Entscheidungen ist der finale Akt jedweder Planung), sind Entscheidungsmodelle der Personalplanung hier von wesentlicher Bedeutung. Entscheiden wiederum ist ein Akt der Alternativenwahl. Alternativen (das besagt das Wort) schließen sich immer gegenseitig aus. Bei Entscheidungen über Handlungen (also zwischen verschiedenen Handlungsmöglichkeiten) spricht man auch von Handlungsalternativen, aus deren Kreis man die beste oder zumindest eine zufriedenstellende (angemessene) herauszusuchen hat. Diese Alternativenwahl hängt von dem oder den gesetzten Ziel(en), den erwarteten Zielausprägungen (Entscheidungsergebnissen) und von Daten ab. Letztgenannte bezeichnen solche Größen, die der Entscheider nicht (zumindest nicht direkt) beeinflussen kann (sonst wären es Handlungsalternativen). Es ist unschwer zu erkennen, dass rationale Entscheidungen ohne die Berücksichtigung von Daten schlechterdings unmöglich und diese wiederum zu ermitteln sind. Somit zählen wir neben Entscheidungs- auch Ermittlungsmodelle zu den Personalplanungsmodellen.

Um es nochmal auf den Punkt zu bringen: Da man ohne Daten nicht entscheiden kann, werden mit Hilfe sog. Ermittlungsmodelle Daten ermittelt, die dann in Entscheidungsmodelle einzubringen sind. Z.B. ermittelt man zunächst mit der Kossbielschen Grundgleichung zur


T. Spengler et al., *Moderne Personalplanung*,
https://doi.org/10.1007/978-3-658-47677-9_1

Personalbedarfsermittlung (s. vgl. Kap. 11.2) den betrieblichen Personalbedarf, um dann via Entscheidungsmodell über die Bereitstellung des betrieblichen Personals rational zu entscheiden. Rational sind Entscheidungen dann, wenn sie gut durchdacht und vernünftig sind (vgl. Metzger/Spengler 2019). In der Ökonomie sind das solche, die dem ökonomischen (Maximal- oder Minimal-) Prinzip folgen, d.h. wenn bei gegebenem Input der Output maximiert oder bei gegebenem Output der Input minimiert wird. Wie Input und Output bemessen sind (z.B. in Geld-, Mengen- oder Zeiteinheiten), hängt von der jeweiligen Entscheidungssituation ab. Von dieser hängt zudem ab, ob man eine gewinn- oder eine nutzenmaximale Entscheidung trifft.

Es geht uns im Kern auch immer um Betriebe und nicht um Volkswirtschaften. Wenn wir also von Personalplanung, Personalbedarf etc. sprechen, meinen wir betriebliche Personalplanungen, -bedarfe etc. und nicht volkswirtschaftliche, kommunale, branchenspezifische o.ä.

Erlauben Sie uns bitte noch einen weiteren Hinweis: Die vorliegende Arbeit stellt ein wissenschaftliches Werk dar. Wir sind bemüht, vor allem Einsteiger für das Gebiet der Personalplanung zu begeistern, können dabei aber nicht auf eine für wissenschaftliche Arbeiten übliche Sprache verzichten. Falls Sie Einsteiger in den Bereich der BWL im Allgemeinen und der Personalwirtschaft im Besonderen sind und Sie ein hier verwendetes Fremdwort einmal nicht kennen, so schlagen Sie dieses bitte nach, z.B. im Duden, bei Wiktionary (www.wiktionary.org) oder im Digitalen Wörterbuch der deutschen Sprache (www.dwds.de). Das Verständnis wissenschaftlicher Werke lebt aber nicht nur von der verwendeten Sprache, sondern auch von der Konzentration beim Lesen. Diese können Sie freilich dadurch erhöhen, dass Sie „mit Papier und Bleistift" lesen, sich also entsprechende Notizen bei der Lektüre des Buches (über vorgestellte Definitionen, Beispiele, Verfahren, Modelle etc.) machen.

Zum Zwecke eines möglichst einfach gehaltenen Einstiegs in die Materie wollen wir zwei Beispiele formulieren:

**Beispiel 1:**

In der Werkstatt eines Betriebes fallen mit fräsen, drehen und bohren Tätigkeiten dreier Arten an. Die Werkstattleitung hat das Arbeitsaufkommen bereits analysiert und dabei festgestellt, dass für das Fräsen regelmäßig 20, für das Drehen regelmäßig 30 und für das Bohren regelmäßig 25 Arbeitskräfte benötigt werden. In der Werkstatt werden Arbeitskräfte verschiedener Arten beschäftigt, nämlich solche der Art 1, die nur fräsen, solche der Art 2, die nur drehen und solche der Art 3, die nur bohren können, aber auch solche der Art 4, die fräsen und drehen, solche der Art 5, die fräsen und bohren, solche der Art 6, die drehen und bohren sowie solche der Art 7, die fräsen, drehen und bohren können. Die Art und Anzahl der benötigten Arbeitskräfte bezeichnen wir als Personalbedarf ($PB$). Die Art und Anzahl der verfügbaren Arbeitskräfte nennen wir hingegen Personalausstattung ($PA$), wobei die Beispielswerkstatt über 24 Arbeitskräfte der Art 1, jeweils 10 Arbeitskräfte der Arten 2, 3 und 5 sowie 6, 8 Arbeitskräfte der Art 4 und 3 Arbeitskräfte der Art 7 verfügt. Diese Angaben übertragen wir nun in ein übersichtliches Tableau, das sog. Tableau der Bereitstellungs- und Verwendungsmöglichkeiten, in dem wir mit × (bzw. -) symbolisieren, dass die betreffende Arbeitskräfteart zur Erledigung der betreffenden Tätigkeitsart (nicht) herangezogen werden kann. Zudem ergänzen wir dieses Tableau um eine Fußzeile, in der die Personalausstattungen angegeben werden und um eine rechte Randspalte, in der wir die Personalbedarfe notieren (**Tabelle 1.1**).

**Tabelle 1.1** Tableau der Bereitstellungs- und Verwendungsmöglichkeiten, Personalbedarfe und Personalausstattungen

| | | Arbeitskräfte | | | | | | | |
|---|---|---|---|---|---|---|---|---|---|
| | | Art 1 | Art 2 | Art 3 | Art 4 | Art 5 | Art 6 | Art 7 | *PB* |
| Tätigkeiten | fräsen | × | - | - | × | × | - | × | 20 |
| | drehen | - | × | - | × | - | × | × | 30 |
| | bohren | - | - | × | - | × | × | × | 25 |
| | *PA* | 24 | 10 | 10 | 8 | 10 | 10 | 3 | |

Wir wollen an dieser Stelle schon kurz ankündigen, dass solche Tableaus ein vielfach in der Personalplanung verwendetes Instrument darstellen, das uns im gesamten Buch noch häufig begegnen wird, um nun aber zur zentralen Frage dieses Beispiels zu kommen: Kann mit der angegebenen Personalausstattung der Personalbedarf der Werkstatt gedeckt werden? Wir empfehlen, dass Sie sich bereits jetzt einmal Gedanken über die Beantwortung dieser Frage machen und kommen zu einem zweiten Beispiel. Die Lösung des ersten Beispiels stellen wir unten (s. S. 25 ff.) vor.

**Beispiel 2:**

Der zweite Beispielbetrieb arbeitet wöchentlich an 7 Tagen. Montags werden im Schnitt 10, dienstags 12, mittwochs 13, donnerstags 9, freitags 14, samstags 8 und sonntags 11 Arbeitskräfte benötigt. Es ist nur eine Tätigkeitsart zu erledigen und alle verfügbaren Arbeitskräfte seien gleich qualifiziert und motiviert. Die täglichen Personalbedarfe dürfen zwar über- aber nicht unterdeckt werden, man darf also mehr (aber nicht weniger) Arbeitskräfte einsetzen als benötigt werden. Die wöchentliche Arbeitszeit beträgt je Arbeitskraft 5 Tage. Wenn eine Arbeitskraft eingesetzt wird, dann immer 5 Tage am Stück (so dass sie dann immer zwei Tage am Stück frei hat). Die Lage der Arbeits- und der freien Tage spielt keine Rolle. Das hier gültige Personalbedarfstableau nimmt mit den obigen Angaben folgende Gestalt an (**Tabelle 1.2**):

**Tabelle 1.2** Personalbedarfe in einer 7-Tage-Woche

| | Mo | Di | Mi | Do | Fr | Sa | So |
|---|---|---|---|---|---|---|---|
| *PB* | 10 | 12 | 13 | 9 | 14 | 8 | 11 |

Eine betriebswirtschaftlich wichtige Frage in diesem Beispiel lautet: Wieviele Arbeitskräfte sollten an den einzelnen Tagen derart eingesetzt werden, dass man möglichst wenige Arbeitskräfte bereitstellen muss? Auch die Lösung dieses Beispiels stellen wir unten vor (s. Kap. 12.2.2.1, S. 142 ff.), empfehlen jedoch, dass Sie sich jetzt schon einmal Gedanken über dessen Lösung machen. Bitte denken Sie auch bei beiden Beispielen über die Bedeutung des ökonomischen Prinzips nach.

Wir werden unten zeigen, dass beide Beispiele (bewusst) sehr einfach gehalten sind. Die betriebliche Praxis stellt sich in aller Regel wesentlich komplexer und komplizierter dar, u.a. dann, wenn Arbeitskräfte unterschiedlich motiviert und produktiv oder nicht immer anwesend sind und teilweise kündigen, bei Dienstplanungsproblemen Tätigkeiten und Arbeitskräfte heterogen oder mehrere Schichten zu besetzen sind, wenn Schulungen oder Versetzungen geplant werden müssen etc. Dies bedeutet, dass Personalplanungsprobleme sehr schnell kompliziert und komplex werden, und zwar in einem Maße, dass man durch (un)vollständiges Ausprobieren nicht mehr in befriedigender Weise zu guten oder gar optimalen Lösungen kommt. Deshalb werden wir uns im Folgenden mit systematischen und wissenschaftlich bewährten Verfahren beschäftigen, die uns helfen, Praxisprobleme rational anzugehen.

## 1.2 Keine Angst vor Formalem und ein bisschen Mathe: Zur Bedeutung formaler Modelle

### 1.2.1 Betriebswirtschaftliches Denken als Denken in Modellen

Betriebswirtschaftliches Denken ist immer ein Denken in Zielen, Mängeln, Bedingungen, Maßnahmen (Alternativen), Wirkungen (Effekten) und Input-Output-Verhältnissen (vgl. z.B. Mag 1988). Das haben wir bereits eingangs festgestellt. Betriebswirtschaftliches Denken ist aber auch ein Denken in Modellen, in welchen Wirklichkeit (deutlicher: subjektiv wahrgenommene reale Phänomene) lediglich selektiv eingefangen und reduziert dargestellt wird, z.B. um Strukturen zu (er-) finden oder um rationales Handeln zu unterstützen bzw. zu ermöglichen (vgl. z.B. Backes-Gellner 1996, S. 307 und Kossbiel/Spengler 1997, S. 52 ff.). Nur durch die Verwendung von Modellen, die von vereinzelten (singulären), speziellen und vom Kern ablenkenden Details abstrahieren, sind wir in der Lage, uns vor Informations- und Reizüberflutung zu schützen, Entscheidungen zu treffen und zu handeln.

Besondere Wichtigkeit haben hierbei die sog. mentalen (also die aus Gedanken, Überlegungen, Anschauungen bestehenden und im Geist befindlichen) Modelle, da diese den Ausgangspunkt jeglichen Modellierens darstellen. Sie sind gegenüber der Wirklichkeit in ihrer Umfänglichkeit (Komplexität) reduziert und insofern immer unvollständig. Man formuliert sie beispielsweise, wenn man die Idee eines Vorhabens, einen sehr groben Plan oder die Skizze einer Problemlösung entwirft.

Mentale Modelle – die im Übrigen auch als implizite Modelle bezeichnet werden – können in sog. expliziten Modellen münden, während Letztere deren Existenz voraussetzen. Bei expliziten Modellen werden die Vorstellungen über die vorhandenen (sich auf der Ebene des rein Gedanklichen befindlichen) mentalen Modelle vom Modellierer systematisch in eine bestimmte Form gebracht, sei es in natürlich- oder formalsprachlicher (z.B. mathematischer) Beschreibung oder durch handwerkliche Akte (z.B. in der Bildhauerei). Stellen wir uns beispielsweise vor, das Management eines Unternehmens beklage einen im Vergleich zum Vorjahr rückläufigen Gewinn und dränge auf Abhilfe. Dazu überlegt es (in Form eines impliziten Modells), dass die betriebliche Personalwirtschaft einen maßgeblichen Anteil an der Problemsituation hat, und zwar, weil man die falsche personalwirtschaftliche Strategie gewählt habe. In den Überlegungen des Managements passt entweder die geschaffene Personalstruktur nicht zur bereits vorab gewählten Personalstrategie (Grundsatz: Structure follows Strategy) oder die gewählte Personalstrategie passt nicht zur bereits vorhandenen Personalstruktur (Grundsatz: Strategy follows Structure). Nach Maßgabe des gültigen impliziten Modells kann man diese dann in ein explizites Modell überführen, indem man ein geeignetes Modell der Personalbereitstellungs- (s. Kap. 12.3) oder der Personalverwendungsplanung (s. Kap. 12.4) überführt. Im ersten Fall sucht man die optimale Personalstruktur bei gegebener Personal(bereitstellungs)strategie und im zweiten geht man von einer gegebenen Personalstruktur aus, für die man die optimale Personal(verwendungs)strategie sucht.

Modelle werden in der Literatur vielfach als vereinfachte Abbildungen von Realitätsausschnitten definiert (vgl. z.B. Bretzke 1980, S. 29 und Rieper 1992, S. 19 ff.). Darüber soll (wiederum) zum Ausdruck gebracht werden, dass man nie die Wirklichkeit in Gänze darstellen bzw. wiedergeben kann, sondern eben lediglich Ausschnitte und dies auch nur in vereinfachter Form. Einem solchen Modellbegriff begegnet man beispielsweise in der Architektur, z.B. als Modell eines Hauses oder eines Platzes. Landkarten sind ebenfalls Modelle des genannten Typs. Auch Modelleisenbahnen gehören zu dieser Modellklasse. Man könnte die Liste der Beispiele quasi unendlich fortsetzen. Wir wollen es jedoch bei den aufgeführten Beispielen belassen und uns etwas kritischer mit diesem Modellbegriff auseinandersetzen, bei dem offenbar die Abbildung der Wirklichkeit im Modell eine zentrale Rolle spielt und an das Verhältnis zwischen Original und Modell die Anforderung der Strukturgleichheit (Isomorphie) oder zumindest der Strukturähnlichkeit (Homomorphie) gestellt wird. Abbildungs- bzw. ähnlichkeitsbezogene Modelldefinitionen setzen also voraus, dass es eine Wirklichkeit gibt, die man kennt und die in möglichst ähnlicher Form in das Modell gegossen wird. Nun ist es aber nicht nur bei den mentalen Modellen so, dass der Mensch möglicherweise glaubt, die Realität zu kennen, darüber jedoch nie abschließende Gewissheit erlangt. Daneben ist er nicht zu tatsächlich objektiven Urteilen fähig. Konsequent zu Ende gedacht bedeutet dies, dass es auch keine objektiven Ähnlichkeitsmaßstäbe geben kann. Somit bleibt der abbildungs- bzw. ähnlichkeitsbezogene Modellbegriff, so einsichtig er auf den ersten Blick auch erscheinen mag, letztendlich inhaltsleer (vgl. z.B. Bretzke 1980, passim und Zelewski 1999, S. 44 ff.).

Wenn Modelle somit keine (zum Original ähnlichen) Abbildungen darstellen, was sind sie dann? Modelle sind menschliche Konstruktionen bzw. Definitionen von Phänomenen wie z.B. Sachverhalten, Gegenständen oder Situationen. Sie sind Artefakte (durch menschliches Können Geschaffenes), die nach Maßgabe des jeweils verfolgten Ziels unterschiedlich ausfallen können (sog. konstruktivistischer Modellbegriff). Man unterscheidet demnach u.a. Beschreibungs- und Erläuterungsmodelle, Ermittlungsmodelle, Erklärungsmodelle und Entscheidungsmodelle sowie Prognosemodelle und Simulationsmodelle. Auf diese Modellarten kommen wir unten zurück (s. Kap. 5). Auf Modelle, welcher Art auch immer, kann der handelnde Mensch nie verzichten, ohne Modelle wäre er schlechterdings handlungsunfähig.

### 1.2.2 Messen, Modellieren und Entscheiden

Die Möglichkeiten der Konstruktion und Anwendung von Modellen hängen maßgeblich davon ab, inwiefern es gelingt, die jeweiligen Modellkomponenten zu präzisieren und deren Beziehungen zu konkretisieren. Es geht also darum, wie diese erfasst, d.h. wie sie gemessen werden können. Die Theorie des Messens beschäftigt sich damit, wie man Objekten, die bezüglich ihrer Eigenschaften in Relation zueinander stehen, Prädikate so zuordnen kann, dass die Relation der Prädikate, den Relationen der Objekte bzw. ihrer Eigenschaften entsprechen.

Zur Verdeutlichung seien folgende Beispiele angeführt: Im Zuge von Personalbeurteilungen werden die Mitarbeiter einer Firma hinsichtlich ihrer Leistungen vom Vorgesetzten benotet. Alle Mitarbeiter (Objekte), deren Leistungen im Auge des Vorgesetzten im vergangenen Halbjahr „befriedigend" waren (Eigenschaft), erhalten die Note 3 (Prädikat), alle Mitarbeiter mit sehr guten Leistungen erhalten die Note 1. Arbeitnehmer (Objekte), die ledig und nicht alleinerziehend sind (Eigenschaften), werden in die Steuerklasse I (Prädikat) und verheiratete Alleinverdiener in die Steuerklasse III eingeordnet. Eine Lohnabrechnungssoftware (Objekt), die einfach und fehlerfrei zu bedienen ist (Eigenschaft), wird in die Klasse „hohe Usability" (Prädikat), eine fehlerfreie Lohnabrechnungssoftware mit etwas komplizierterer Bedienung in die Klasse „gute Usability" und eine kompliziert anzuwendende sowie mit gröberen Fehlern behaftete Software in die Klasse „ungenügende Usability" eingeordnet.

Welcher Art die zugewiesenen Prädikate sind, hängt vom sog. Skalenniveau ab. Nominal (a) und ordinal (b) skalierte Merkmale lassen sich z.B. durch Buchstaben, Zahlen oder Buchstaben-Zahlen-Kombinationen unterscheiden (z.B. Autokennzeichen, Güteklassen). Bei Intervallskalen (c), Verhältnisskalen (d) und absoluten Skalen (e) verwendet man Zahlenwerte (z.B. Maße für Länge, Gewicht, Alter, Gewinn, Nutzen etc.). Die drei letztgenannten Skalen bezeichnet man auch als metrische Skalen.

Zu (a): Bei den sog. Nominalskalen werden die betrachteten Objekte ohne jegliche Rangordnung in Klassen (oder genauer gesagt: in Äquivalenzklassen) eingeteilt, wie dies z.B. bei Steuerklassen, Geschlechts- oder Religionszugehörigkeit der Fall ist. Zuordnungskriterium ist somit nur die Gleichartigkeit (Fremdwort: Identität) bzw. Unterschiedlichkeit (Fremdwort: Diversität) der Merkmale. Alle Objekte, die bezüglich des betrachteten Merkmals identisch sind, werden genau einer Klasse zugeordnet. Abstände und Größenverhältnisse nominalskalierter Merkmale lassen sich nicht sinnvoll interpretieren, denn wenn zwei Objekte $x$ und $y$ identisch sind, muss lediglich gewährleistet sein, dass ihnen derselbe Skalenwert $w(x) = w(y)$ [lies: der Skalenwert von $x$ ist gleich dem Skalenwert von $y$] zugeordnet wird [So beginnen z.B. die Kennzeichen aller in Magdeburg zugelassenen Autos mit MD, die Kennzeichen aller in Hamburg zugelassenen hingegen mit HH.]. Diversen Merkmalen hingegen sind unterschiedliche Skalenwerte $w(x) \neq w(y)$ zuzuordnen. Das Rechnen mit nominalskalierten Skalenwerten ist somit sinnlos. Dies kann an folgendem Beispiel schnell nachvollzogen werden: Wenn Maria der Steuerklasse 1 angehört [$w(\text{Maria}) = 1$] und Hans die Steuerklasse 3 hat [$w(\text{Hans}) = 3$], dann können der Abstand [$w(\text{Hans}) - w(\text{Maria}) = 2$] und das Verhältnis [$w(\text{Hans})/\,w(\text{Maria}) = 3$] der Skalenwerte ebenso wenig interpretiert werden, wie deren Summe oder Produkt.

Zu (b): Ordinalskalen kennzeichnen neben der Identität bzw. Diversität auch die Rangfolge der Merkmalsausprägungen. Typische Beispiele für ordinalskalierte Merkmale sind Schulnoten, Güteklassen oder sog. Rankings bezüglich der Kreditwürdigkeit. Werden zwei Objekte $x$ und $y$ bezüglich eines Merkmals verglichen und ist dieses Merkmal bei Objekt $x$ stärker ausgeprägt als bei Objekt $y$, dann muss für die Skalenwerte $w(x)$ und $w(y)$ die Beziehung $w(x) > w(y)$ [lies: der Skalenwert von $x$ ist größer als der Skalenwert von $y$] gelten. Bei Ordinalskalen sind sog. streng monotone Transformationen (Umwandlungen oder Umformungen) informationserhaltend. Jede Ordinalskala $w$ kann also in eine andere Ordinalskala $w'$ transformiert werden, sofern gewährleistet ist, dass die Rangfolge der Merkmalsausprägungen erhalten bleibt, d.h. wenn vor der Transformation $w(x) > w(y)$ [bzw. $w(x) = w(y)$] gilt, muss nach der Transformation $w'(x) > w'(y)$ [bzw. $w'(x) = w'(y)$] gelten. Werden z.B. drei Unternehmen $x$, $y$ und $z$ von einer Bank hinsichtlich deren Kreditwürdigkeit beurteilt und dabei die Kreditwürdigkeit von $x$ höher als die von $y$ und diese wiederum höher als die von $z$ eingeschätzt, so können beispielweise die Skalenwerte $w(x) = 3$, $w(y) = 2$ sowie $w(z) = 1$ und mit demselben Informationsgehalt aber auch die Skalenwerte $w'(x) = 3$, $w'(y) = 1{,}3$ sowie $w'(z) = 0{,}15$ vergeben werden. Unzulässig wäre es hingegen, die Skalenwerte $w''(x) = 3$, $w''(y) = 1$ sowie $w''(z) = 2$ zuzuordnen. Da auch bei den Ordinalskalen Abstände und Größenverhältnisse zwischen den Skalenwerten nicht sinnvoll interpretiert werden können, ist das Rechnen mit ihnen wiederum unzulässig.

Zu (c): Werden Merkmalsausprägungen auf Intervallskalenniveau gemessen, wie dies z.B. bei der Temperaturmessung in Grad Celsius, der Kalenderzeitrechnung oder bei sog. kardinalen Nutzenmaßen der Fall ist, so geben die entsprechenden Skalenwerte Auskunft bezüglich der Identität bzw. Diversität, der Rangfolge und des Abstandes der gemessenen Sachverhalte. Intervallskalen sind bis auf den Skalennullpunkt und die Maßeinheit eindeutig festgelegt, so dass zwar die Differenz zweier Skalenwerte (als Abstand) nicht aber die Größenverhältnisse von Skalenwerten sinnvoll interpretiert werden können. Beträgt z.B. in einer Gießerei die Umgebungstemperatur an einem Ofen $x$ $w(x) = 30$ Grad Celsius, an einem Ofen $y$ $w(y) = 40$ Grad Celsius und an einem Ofen $z$ $w(z) = 60$ Grad Celsius, so kann man zwar feststellen, dass sich die Umgebungstemperaturen zwischen Ofen $z$ und Ofen $y$ [$w(z) -$

$w(y) = 20$ Grad Celsius] stärker unterscheiden als zwischen Ofen $y$ und Ofen $x$ [$w(y) - w(x) = 10$ Grad Celsius], man kann aber nicht folgern, dass es am Ofen $z$ doppelt so warm ist wie am Ofen $x$. Denselben Informationsgehalt erzielt man im Übrigen bei Umrechnung von Celsius- in Fahrenheitwerte, denn die entsprechende Transformationsvorschrift lautet „$w'(x) = 1{,}8 \cdot w(x) + 32$" (vgl. Schmid 1988, S. 551) und führt im Beispiel zu den Umgebungstemperaturen $w'(x) = 86$ Grad Fahrenheit, $w(y) = 104$ Grad Fahrenheit sowie $w(z) = 140$ Grad Fahrenheit. Intervallskalen sind bei sog. positiv linearen Transformationen informationserhaltend. Dies ist dann der Fall, wenn ein Skalenwert $w(x)$ in einen Skalenwert $w'(x)$ nach jeder beliebigen Vorschrift vom Typ „$w'(x) = a \cdot w(x) + b$, mit $a > 0$ und $b$ beliebig" transformiert werden kann. Als arithmetische Operationen kommen die Subtraktion von Skalenwerten sowie die Division von Skalenwertdifferenzen, nicht aber die Division von Skalenwerten in Betracht. Dies bedeutet für das obige Beispiel, dass sowohl bei Temperaturangaben in Grad Celsius als auch bei Angaben in Grad Fahrenheit der gemessene Temperaturunterschied zwischen Ofen $z$ und Ofen $y$ doppelt so hoch ist wie derjenige zwischen Ofen $y$ und Ofen $x$.

Zu (d): Verhältnisskalen, die auch als Ratioskalen bezeichnet werden, besitzen einen natürlichen Nullpunkt und sind bis auf die Maßeinheit eindeutig bestimmt. Beispiele hierfür sind die Körpergröße, das Gewicht oder das Einkommen. Ein noch nicht gezeugtes Lebewesen hat die Körpergröße null und wiegt nichts, der Betrag nicht vorhandenen Einkommens liegt ebenfalls eindeutig bei null. Ob man die Größe jedoch in Ellen oder Zentimetern und das Einkommen in Euro- oder Dollarbeträgen misst, ist hingegen beliebig wählbar. Neben Identität bzw. Diversität, Rangfolge und Abstand informieren Verhältnisskalen also auch über die Größenverhältnisse zwischen den Skalenwerten, d.h. der Quotient zweier Skalenwerte $w(x)/w(y)$ besagt, um wie viel das zu beurteilende Merkmal bei Objekt $x$ stärker ausgeprägt ist als bei Objekt $y$. Zulässig sind somit lediglich sog. Ähnlichkeitstransformationen. Diese liegen vor, wenn ein Skalenwert $w(x)$ in einen Skalenwert $w'(x)$ nach jeder beliebigen Vorschrift vom Typ „$w'(x) = a \cdot w(x)$, mit $a > 0$" transformiert werden kann. Mit verhältnisskalierten Werten dürfen sämtliche arithmetischen Operationen durchgeführt werden.

Zu (e): Absolute Skalen sind eindeutig bestimmt, denn neben dem natürlichen Nullpunkt ist auch die Maßeinheit eindeutig. Dies ist z.B. bei relativen (prozentualen) Häufigkeiten im Zuge statistischer Untersuchungen und bei den Quotienten aus Ist- und Soll-Arbeitsproduktivitäten (den sog. Leistungsfaktoren) der Fall.

Wir haben eingangs festgestellt, dass die Möglichkeiten der Konstruktion und Anwendung von Modellen maßgeblich davon abhängen, inwiefern es gelingt, die jeweiligen Modellkomponenten zu präzisieren und deren Beziehungen zu konkretisieren, mithin die Modellelemente und deren Relationen zu messen. Dies gilt für alle oben genannten Modelltypen, auch und gerade für Entscheidungsmodelle. Die von uns favorisierte konstruktivistische Auffassung von Entscheidungsmodellen bedeutet, dass diese nicht Rekonstruktionen realer, vorgegebener Strukturen, sondern (wie bereits betont) Konstruktionen darstellen. Bei diesen Konstruktionen ist darauf zu achten, dass Probleme, die man zunächst als relativ komplex und unscharf wahrnimmt, entscheidbar gemacht werden. Mit Hilfe des Entscheidungsmodells soll eine Problemlösung abgeleitet werden. Wie stringent und präzise dies gelingt, hängt maßgeblich von den in Ansatz gebrachten Skalenniveaus ab. Die präziseste Sprache, über die der Mensch verfügt, ist die Sprache der Mathematik. Wenn es uns gelingt, für das oder die in einer Entscheidungssituation verfolgte(n) Ziel(e), für die obwaltenden Bedingungen sowie für die aus den alternativen Maßnahmen folgenden Hauptwirkungen metrisch skalierte Werte zu verwenden, dann dürfen wir mit diesen arithmetische Operationen durchführen und können die zu treffende Entscheidung präziser ableiten und begründen, als wenn wir uns auf nicht-metrischem Skalenniveau bewegen. Die Bemühungen sollten somit in die Richtung gehen, dass man die Modellkomponenten in möglichst hohen Anteilen auf metrischen Skalen bemisst. Dabei ist jedoch strikt darauf zu achten, nicht über das Ziel hinauszuschießen. Scheinpräzision ist zu vermeiden. Wenn gewisse Komponenten lediglich ordinal skaliert dargestellt werden können, so sollte man dies akzeptieren und sich mit weniger präzisen Aussagen und Ergebnissen zufriedengeben. Wenn man die alternativen Maßnahmen in eine Rangfolge bezüglich ihrer Günstigkeit bringen kann, hat man schon viel gewonnen, auch wenn man keine Kenntnis über Abstände und Größenverhältnisse der Zielgrößen erlangt.

### 1.2.3 Modelle der mathematischen Optimierung

Entscheidungen – und dies sei hier nochmals wiederholt – sind immer Akte der Alternativenwahl. Als Betriebswirte sind wir immer bemüht, möglichst rationale Entscheidungen zu treffen. Dazu greifen wir auf sog. Entscheidungsmodelle zurück. Im Sinne des konstruktivistischen Modellbegriffs verstehen wir unter einem Entscheidungsmodell die strukturgebende, komplexitätsreduzierende Definition „[...] einer als Problem ‚empfundenen' Handlungssituation [...]" (Bretzke 1980, S. 8), die auf einer angemessenen Sprachebene mit dem Ziel formuliert ist, dass aus ihr die angestrebte Problemlösung abgeleitet werden kann. Zentral an der hier vertretenen Begriffsauffassung ist zum einen, dass Entscheidungsmodelle in dem Sinne zweckgerichtet gestaltet werden, als aus ihnen die Lösung des zugrundeliegenden Entscheidungsproblems hervorgehen soll und dass die Entscheidungsprobleme keine Struktur an sich aufweisen, sondern dass diese erst vom Modellierer – je nachdem, auf welche Theorien er zurückgreift – geschaffen werden. Zum anderen kommt es darauf an, dass der Modellentwickler das Modell in der „richtigen" Sprache codiert, wobei sich die Angemessenheit der Sprachebene danach richtet, ob die beabsichtigte Problemlösung aus dem Modell abgeleitet werden kann. Ab einer gewissen Komplexitätsstufe ist man nicht mehr in der Lage aus natürlich-sprachlichen Modellen rational begründbare Lösungen zu erzielen, so dass man auf formal-sprachliche Formulierungen (z.B. mathematische Modelle) angewiesen ist.

Im Anschluss an diese begrifflichen Vorüberlegungen wollen wir nun skizzieren, wie der Modellierungsprozess grundsätzlich abläuft (s. **Abbildung 1.1**):

Die als Problem empfundene Handlungssituation stellt das sog. Realproblem dar. Dieses ist der Ausgangspunkt des Modellierungsprozesses und wird zunächst in die Form eines relativ groben Modellkonzeptes gegossen. Dieses wiederum ist anschließend stärker zu strukturieren, indem man angibt, welche Handlungsalternativen erwogen werden sollen, mit welchen

Umweltbedingungen zu rechnen ist, wie hoch die Eintrittswahrscheinlichkeiten sind, welche Ergebnisse eintreten können und welche Gestalt das Zielsystem hinsichtlich Zielanzahl, -inhalten und -beziehungen aufweist.

**Abbildung 1.1** Modellierungsprozess

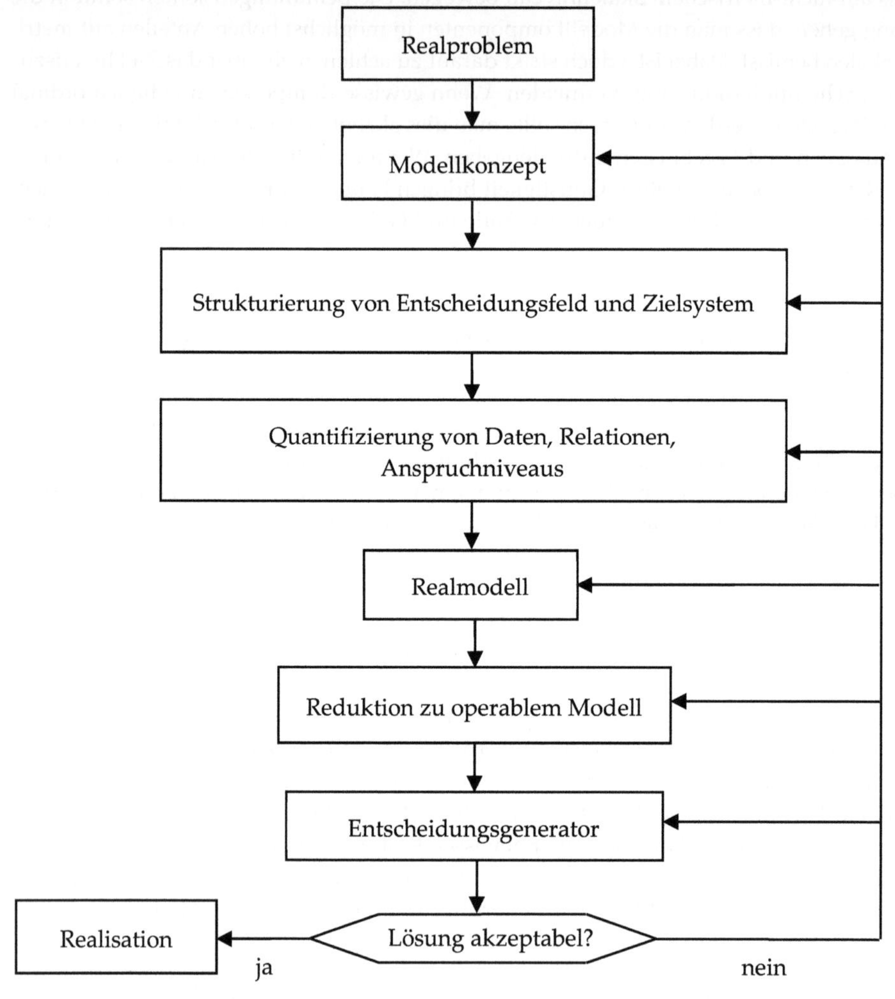


Quelle: in Anlehnung an Rommelfanger 1994, S. 3.

Danach können die entsprechenden Daten, Relationen und Anspruchsniveaus quantifiziert bzw. konkretisiert werden. Es geht also um Klärung dessen, wie die benötigten Daten (z.B.

über Nachfragemengen, Maschinenkapazitäten, Zinssätze, Preise etc.) ausgeprägt sind, welche genauen Beziehungen für die verschiedenen Modellelemente gelten und inwiefern Ober- bzw. Untergrenzen (z.B. für Kostenbudgets oder Produktionsmengen) einzuhalten sind. Diese Präzisierungen münden in einem sog. Realmodell, das in der Regel noch zu komplex ist, um es einer Lösung zuzuführen. Dann muss es im nächsten Schritt weiter vereinfacht werden, indem man beispielsweise die Anzahl der Planungsperioden oder der betrachteten Planungsbereiche reduziert. Auf das operable (anwendbare bzw. lösbare) Modell kann sodann ein Entscheidungsgenerator (z.B. ein Berechnungsverfahren) angewendet werden. Hat man die Entscheidung abgeleitet, so ist diese auf Akzeptanz hin zu überprüfen. Ist man mit der Lösung zufrieden, so kann sie realisiert werden, wenn nicht, muss man erneut in einer vorgelagerten Phase einsteigen und entsprechende Änderungen vornehmen.

Die Möglichkeiten zur Operationalisierung der Daten, Relationen und Anspruchsniveaus sind eng geknüpft an die jeweils in Ansatz gebrachten Skalen. Wir haben bereits festgestellt, dass die Mathematik die präziseste Sprache ist, die der Mensch zu sprechen in der Lage ist. Von der Sprachpräzision hängt wiederum auch die Präzision der Problemlösung ab. Wenn wir an möglichst präzisen Ergebnissen interessiert sind, so sollten wir vor allem auf die Formulierung und Anwendung (auf metrischen Skalen basierender) mathematischer Modelle setzen. Es geht uns also (nicht zuletzt in der Personalplanung) bei der Verwendung mathematischer Modelle nicht um l'art pour l'art, sondern um die Ableitung möglichst guter Entscheidungen. Gut ist eine Entscheidung für den Betriebswirten immer dann, wenn sie dem ökonomischen Prinzip genügt. Da dies ein Extremumprinzip ist, nach dessen Maßgabe durch Inputminimierung oder Outputmaximierung unter jeweiligen Nebenbedingungen der Gewinn oder der Nutzen maximiert werden soll, sind Entscheidungsmodelle für uns zuvörderst Optimierungsmodelle (vgl. Siegling et al. 2023b). Sofern es gelingt, die jeweiligen Entscheidungssituationen linear zu modellieren, sind es lineare Optimierungsmodelle, die den Vorteil haben, dass sie in fast unbegrenzter Größe und in sehr kurzer Zeit gelöst werden können.

Ein Optimierungsmodell ist dann linear, wenn eine lineare Zielfunktion unter linearen Restriktionen maximiert oder minimiert werden soll. Bei linearen Zielfunktionen und Restriktionen werden Entscheidungsvariable (also die Größen über deren Ausprägung entschieden werden soll) nur mit sog. Skalaren und nicht mit sich selbst oder mit anderen Entscheidungsvariablen multipliziert. Die jeweiligen Produkte aus Skalar und Entscheidungsvariable werden anschließend addiert. Zudem werden nur stetige und nicht ganzzahlige Entscheidungsvariable in Ansatz gebracht (sonst würde man ein grundsätzlich schwerer lösbares Modell der sog. ganzzahligen oder gemischt-ganzzahligen Optimierung formulieren).

Unter Geltung folgender Symbole

$\bar{I}$ $:= \{i \mid i = 1,2,\dots,I\}$ Indizes zur Bezeichnung der Restriktionen

$\bar{J}$ $:= \{j \mid j = 1,2,\dots,J\}$ Indizes zur Bezeichnung der Entscheidungsvariablen

$c_j$ := Zielfunktionskoeffizient der Entscheidungsvariablen $j \in \bar{J}$

$a_{ij}$ := Koeffizient der Entscheidungsvariablen $j \in \bar{J}$ in Restriktion $i \in \bar{I}$

$B_i$ := Beschränkungsgröße für die linke Seite der Restriktion $i \in \bar{I}$

$x_j$ := Entscheidungsvariable $j \in \bar{J}$

$\in$ := Elementzeichen (lies: ist Element von)

$\forall$ := Allquantor (lies: für alle … gilt die Restriktion)

$\sum$ := Summenzeichen

lautet ein lineares Optimierungsmodell in der Grundstruktur wie folgt:

Zielfunktion:

$$\sum_{j \in \bar{J}} c_j \cdot x_j \rightarrow \text{max oder min!} \qquad \text{(Z. 1)}$$

[Lies: Maximiere oder Minimiere die Summe aller Produkte aus Zielfunktionskoeffizienten und Entscheidungsvariablen!]

Nebenbedingungen:

$$\sum_{j \in \bar{J}} a_{ij} \cdot x_j \leq B_i \quad \forall\, i \in \bar{I} \qquad \text{(R. 1)}$$

[Lies: Die Summe aller Produkte aus Koeffizienten $a_{ij}$ und Variablen $x_j$ darf nicht größer werden als $B_i$. Dies gilt für alle Restriktionen $i \in \bar{I}$. Die Nebenbedingungen können selbstverständlich auch als ≥-Restriktionen oder =-Restriktionen formuliert werden.]

Nichtnegativitätsbedingungen:

$$x_j \geq 0 \quad \forall\, j \in \bar{J} \qquad \text{(R. 2)}$$

[Lies: Keine der Entscheidungsvariablen darf negativ werden, keine muss ganzzahlig sein.]

Die allgemeinen Ausführungen abschließend betrachten wir folgendes Beispiel:

Ein Landwirt muss eine Entscheidung darüber treffen, wie viele $m^2$ Ackerfläche er für die Kartoffel- ($j = 1$; Entscheidungsvariable $x_1$) und wie viele er für die Maisproduktion ($j = 2$; Entscheidungsvariable $x_2$) anlegen soll. Insgesamt kann er auf nicht mehr als 100 $m^2$ Kartoffeln und/oder Mais produzieren. Aus Erfahrungen der vergangenen Jahre weiß der Landwirt, dass es aufgrund von Nachfragebeschränkungen nicht zweckmäßig ist, mehr als 60 $m^2$ für Mais bzw. mehr als 80 $m^2$ für Kartoffeln vorzusehen. Auch möchte er für die Beschaffung des jeweiligen Saatgutes nicht mehr als 64.000 € ausgeben, wobei die Kosten für Maissaatgut 400 €/$m^2$ und die Kosten für Kartoffelsaatgut 800 €/$m^2$ betragen. Die Kartoffelernte ergibt einen Deckungsbeitrag in Höhe von 125 €/$m^2$, während die Maisernte einen Deckungsbeitrag in Höhe von 150 €/$m^2$ ergibt. Das Entscheidungsmodell lautet dann wie folgt [Hinweis: Versuchen Sie zunächst einmal selbst, das Modell aufzustellen oder lesen Sie erst die folgende Modelldarstellung und versuchen Sie dann, diese nachzuvollziehen. In Abschnitt 1.2.4 kommen wir auf dieses Beispiel zurück.].

Zielfunktion:

$$125 \cdot x_1 + 150 \cdot x_2 \rightarrow \text{max!}$$

Nebenbedingungen:

$$x_1 + x_2 \leq 100$$

$$x_1 \leq 80$$

$$x_2 \leq 60$$

$$800 \cdot x_1 + 400 \cdot x_2 \leq 64.000$$

$$x_1, x_2 \geq 0$$

Als Ergebnis entsprechender Modellrechnungen ergibt sich dann, dass im Optimum 40 $m^2$ mit Kartoffeln und 60 $m^2$ mit Mais bepflanzt werden. Der Gesamtdeckungsbeitrag beträgt dann 14.000 €.

Vielen Menschen machen solche Modelle Angst, nämlich Angst sie nicht verstehen, anwenden oder lösen zu können. Bezüglich des Verstehens bitten wir Sie einfach um etwas Geduld. Bitte werfen Sie die Flinte nicht einfach gleich ins Korn, sondern beschäftigen Sie sich ruhig und konzentriert mit unseren Beispielen und Erläuterungen. Dann werden auch Sie solche Modelle verstehen können. Dasselbe gilt für die Anwendungen: Wir formulieren für jeden Modelltyp unten mindestens ein Beispiel. Die Beispiele sind bewusst einfach gehalten und können gut nachvollzogen werden. In puncto Lösung brauchen wir uns für die in diesem Buch formulierten Modelle keine Gedanken zu machen. Für jeden Modelltyp gibt es heutzutage geeignete Standardsoftware. Last but not least wollen wir Sie darauf aufmerksam machen, dass sich die hier verwendete Mathematik im Kern auf die vier Grundrechenarten beschränkt.

Zu guter Letzt sei noch einem möglichen Missverständnis vorgebeugt: Ziele werden in linearen Optimierungsmodellen nicht nur in der Zielfunktion, sondern auch in den Restriktionen in Ansatz gebracht. In der Zielfunktion modelliert man Extremierungs-, sprich Minimierungs- oder Maximierungsziele. Im Restriktionenraum werden auch Ziele modelliert, nämlich sog. Fixierungsziele in Form von =-Restriktionen. Satisfizierungsziele sind solche, bei denen eine bestimmte Grenze nicht über- (Kleiner-gleich-Restriktion) oder unterschritten (Größer-gleich-Restriktion) werden darf. Bei Approximierungszielen hingegen wird eine ungefähre Einhaltung der Restriktionsgrenze verlangt (unscharfe Restriktionen).

Zudem wollen wir wiederholend darauf hinweisen, dass Entscheidungsvariablen (die man vereinfachend auch als Variablen bezeichnet) und Daten wesentliche Bestandteile von Entscheidungsmodellen darstellen. Entscheidungsvariablen sind diejenigen Modellparameter, für die man durch die Modellanwendung Ausprägungen sucht, welche wiederum besagen, wie man entscheiden sollte. Daten hingegen sind gegebene Größen, in dem Sinne, dass diese der Entscheider nicht (zumindest nicht direkt) beeinflussen kann. Sie liegen also bei der Modellformulierung und -anwendung bereits vor, über sie wurde vorab schon entschieden. Daten treten als Koeffizienten, Ober- oder Untergrenzen im Modell auf. Die Koeffizienten sind Skalare, mit denen die Entscheidungsvariablen multipliziert werden, während die Ober- und Untergrenzen die linken Restriktionsseiten nach oben oder unten beschränken. Entscheidungsvariablen treten sowohl in der Zielfunktion als auch in den Restriktionen auf, wobei nicht alle in den Restriktionen vorkommenden Variablen auch Bestandteile der Zielfunktion, jedoch alle in der Zielfunktion verwendeten Variablen hingegen im Restriktionenraum vorkommen müssen.

### 1.2.4 Übungsaufgaben

**Aufgabe 1**

Erläutern Sie, inwiefern der Mensch immer in Modellen denkt und was man unter im- und was unter expliziten Modellen versteht!

**Aufgabe 2**

Erläutern Sie, was man unter Nominal-, Ordinal-, Intervall-, Ratio- und absoluten Skalen versteht! Welche Bedeutung weisen diese beim Treffen von Entscheidungen auf?

**Aufgabe 3**

Was versteht man unter Entscheidungs- und was unter Optimierungsmodellen? Wie sind lineare gegenüber nicht-linearen Optimierungsmodellen abgegrenzt?

**Aufgabe 4**

Betrachten Sie erneut das Beispiel zum Mais- und Kartoffelanbau auf S. 14 f.!

a. Definieren Sie die benötigten Mengen, Daten und Variablen für das gegebene Entscheidungsproblem!

b. Formulieren Sie einen linearen Optimierungsansatz mit dem Ziel der Deckungsbeitragsmaximierung unter Verwendung der in a) gewählten Notation!

c. Prüfen Sie, ob bestimmte Nebenbedingungen redundant sind und begründen Sie gegebenenfalls Ihre Antwort!

d. Was würde sich am Lösungsraum und an der Lösung ändern, falls

- Mais und/oder Kartoffeln auf einer Fläche von insgesamt genau 100 $m^2$ angebaut werden sollten?

- der Deckungsbeitrag für Kartoffeln 100 €/$m^2$ anstatt 125 €/$m^2$ betragen würde?
- der Landwirt nur ganzzahlige Flächen zum Anbau verwenden könnte?

**Aufgabe 5**

Erläutern Sie, was man unter Entscheidungsvariablen und Daten in Entscheidungsmodellen versteht und wo diese im Modell jeweils auftreten! Sind alle Variablen immer Bestandteil der Zielfunktion?

## 1.3 Aufbau des Buches

Im Anschluss an diese kurze Einführung in den Gegenstand des Buches beschäftigen wir uns mit Grundlagen der Personalplanung (s. Kap. 2). Im Zuge der Befassung mit Grundbegriffen zeigen wir u.a., welche Probleme zentral in der Personalwirtschaft zu lösen sind und in welchem Verhältnis diese zur Personalplanung stehen. Darüber hinaus verdeutlichen wir, dass wir die sog. kollektive Personalplanung fokussieren. Des Weiteren kennzeichnen wir Personalbedarf, -ausstattung und -einsatz als die Problembereiche der Personalplanung.

Teil 2 ist generellen Anwendungsfeldern der Personalplanung gewidmet. In diesem Teil des Buches stellen wir (teils skizzierend, teils ausführlicher) diverse Personalplanungsmodelle vor. Als Differenzierungskriterien verwenden wir u.a. den Zeit- (s. Kap. 4) und den Zweckbezug (s. Kap. 5), den Zielraum (s. Kap. 6) und die Lösungsgüte (s. Kap. 7), aber auch die Flexibilität der Planungsmethode (s. Kap. 8), Freiheitsgrade (s. Kap. 9) und die im Planungsprozess berücksichtigte Kontingenz (s. Kap. 10). Daneben beschäftigen wir uns mit Modellen zur Ermittlung des Personalbedarfs, der Personalausstattung und des Personaleinsatzes (s. Kap. 11). Quasi das „Herzstück" dieses Kapitels sind die Entscheidungsmodelle, die wir je nachdem differenzieren, ob der Personalbedarf oder die Personalausstattung (oder beide) als Datum oder Entscheidungsvariable in den jeweiligen Modellansatz eingehen (s. Kap. 12).

In Teil 3 kommen wir auf spezielle Anwendungsfelder der Personalplanung zu sprechen. Hierbei fokussieren wir Nachhaltigkeitsaspekte (s. Kap. 13), Internationalisierungstendenzen (s. Kap. 14), Effekte des demografischen Wandels (s. Kap. 15), Digitalisierungsphänomene (s. Kap. 16) sowie Personalentwicklungsaspekte (s. Kap 17.)

Zu den Inhalten aus Teil 1 und Teil 2 formulieren wir Übungsaufgaben. Die korrespondierenden Lösungsskizzen werden in Teil 4 präsentiert.

# 2 Grundlagen der Personalplanung

## 2.1 Grundbegriffe

### 2.1.1 Personalwirtschaftliche Hauptproblembereiche und Betrachtungsebenen

Zunächst wollen wir uns in der gebotenen Kürze der Frage zuwenden, welche Hauptprobleme im Zuge personalwirtschaftlicher Fragestellungen zu lösen sind. Dies sind im Kern solche der personalwirtschaftlichen Verfügbarkeits- (Disponibilitäts-) und der personalwirtschaftlichen Wirksamkeits- (Funktionalitäts-) Thematik. Bei ersteren geht es darum, dass hinreichend viele Arbeitskräfte mit der richtigen Qualität, zur richtigen Zeit und am richtigen Ort zur Verfügung stehen. Dies ist - last but not least in der aktuellen Zeit eines ausgeprägten demografischen Wandels mit korrespondierendem Fach- und Führungskräftemangel - nicht immer selbstverständlich gewährleistet, so dass durch geeignete personalwirtschaftliche Maßnahmen gegengesteuert werden muss (vgl. Kossbiel/Spengler 2015, S. 419). Bei Letzteren ist zu sichern, dass die betrieblichen Ansprüche an das Personalverhalten um- bzw. durchgesetzt werden, sich das Personal mithin so verhält, wie es sich verhalten soll. Dazu wiederum sind die Mitarbeiter u.a. geeignet zu motivieren und zu instruieren (vgl. ebd., S. 419 f.).

Bei der Formulierung und Lösung personalwirtschaftlicher Hauptprobleme kann man entweder die Kategorial- oder die Individualebene betrachten. Die Kategorialebene betrifft nicht einzelne Personen, sondern Personenmehrheiten, sprich Gruppen von Personen, die artmäßig nach verschiedenen Kriterien (wie z.B. dem Alter, der Qualifikation, der Tätigkeit etc.) differenziert werden können. Während die hierbei in Rede stehenden Arbeitskräfte mitunter nur abstrakt betrachtet werden – z.B. wenn es um das Potenzial vom externen Markt einstellbarer Arbeitskräfte geht – fokussiert man hingegen auf der Individualbene einzelne, konkret identifizierbare Mitarbeiter.

### 2.1.2 Personalbedarf, Personalausstattung und Personaleinsatz

Bevor wir uns präziser mit dem Begriff der Personalplanung beschäftigen, wollen wir uns näher mit dem Personalbedarf (a), der Personalausstattung (b) und dem Personaleinsatz (c) auseinandersetzen. Zwei dieser drei Begriffe sind uns bereits in Beispiel 1 begegnet, in welchem drei Tätigkeitsarten zu erledigen sind. Diese münden hier in (tätigkeitsbezogenen) Personalbedarfen (s. die rechte Randspalte in **Tabelle 1.1** aus Kap. 1.1). Der Begriff der Personalausstattung spielt im ersten Beispiel ebenfalls eine Rolle, denn wir haben Informationen über bereits im Betrieb vorhandene und unterschiedlich qualifizierte Arbeitskräfte (s. die Fußzeile in **Tabelle 1.1** aus Kap. 1.1). Wenn wir über die Illustrationen im Beispiel hinausgehen, können wir die drei Begriffe wie folgt definieren:


T. Spengler et al., *Moderne Personalplanung*,
https://doi.org/10.1007/978-3-658-47677-9_2

Zu (a): Unter dem Personalbedarf verstehen wir die Art und die Anzahl der in einem bestimmten Zeitraum und an einem bestimmten Ort benötigten Arbeitskräfte. Verwendet man hier (wie in der Wissenschaft üblich) Begriffe fremdsprachlichen (hier lateinischen) Ursprungs, so spricht man auch von der quantitativen, qualitativen, temporalen und der lokalen Dimension des Personalbedarfs. In Bezug auf die quantitative Dimension geht es schlichtweg um die Anzahl der benötigten Arbeitskräfte. Hinsichtlich der qualitativen Dimension kann man Personalbedarfe (artmäßig, also z.B.) nach Tätigkeitsarten, an welche Qualifikationsanforderungen gekoppelt sind, differenzieren. Im einführenden Beispiel 1 (s. S. 4 f.) sind das die Aktivitäten drehen, bohren und fräsen und die damit verbundenen Anforderungen an erforderliche Fähigkeiten, wie z.B. die ordnungsgemäße Handhabung des Werkzeuges und das Einspannen des Werkstückes etc. Es kommen aber auch Stellenarten für den Ausweis des Personalbedarfs in Betracht und somit Tätigkeitsbündel, die einzelnen Arbeitskräften zugeordnet werden. Im ersten Fall spricht man vom tätigkeits-, im zweiten vom stellenbezogenen Personalbedarf, wobei letzterer immer auf ersterem gründet. Mit der rechnerischen Ermittlung tätigkeitsbezogener Personalbedarfe beschäftigen wir uns in Abschnitt 11.2 und die Umrechnung tätigkeitsbezogener in stellenbezogene Personalbedarfe thematisieren wir in Abschnitt 12.5.4. In temporaler (zeitlicher) Hinsicht kann man Personalbedarfe je nach erforderlicher Genauigkeit u.a. nach Jahren, Quartalen, Monaten, Wochen, Tagen bis hin zu Tagesabschnitten differenzieren. Die lokale Dimension des Personalbedarfs betrifft Orte betrieblicher Leistungserstellung und somit z.B. Teams, Abteilungen, Niederlassungen, Betriebe, Projekte, hierarchische Ränge oder Sektoren.

Zu (b): Mit Personalausstattung bezeichnen wir die Art und die Anzahl der in einem bestimmten Zeitraum und an einem bestimmten Ort verfügbaren Arbeitskräfte. Es geht also hier nicht um das benötigte, sondern um das zur Verfügung stehende Personal. Diese Unterscheidung, auf die wir unten (s. Kap. 2.2.1.2 und 2.2.1.3) noch zu sprechen kommen, ist ähnlich zentral, wie der Unterschied zwischen Geld brauchen und Geld haben. Während bezüglich der temporalen und der lokalen Dimension dieselben Differenzierungen in Betracht kommen wie beim Personalbedarf und die quantitative Dimension die Anzahl verfügbarer Arbeitskräfte betrifft, lassen sich Personalausstattungen qualitativ nach Arten potenziell oder faktisch vorhandener Qualifikationen (und nicht nach Qualifikationsanforderungen), Anciennität (Dienstalter), Seniorität (Lebensalter), aber auch nach Geschlechtern, Namen u.a. differenzieren.

Zu (c): Der Personaleinsatz stellt das Bindeglied zwischen Personalbedarf und -ausstattung dar. Hier geht es um die Zuordnung verfügbarer Arbeitskräfte zu Allokationsobjekten, wobei als Allokationsalternativen der Einsatz in Leistungsprozessen, also Tätigkeiten oder organisatorischen Einheiten (s. die lokale Dimension des Personalbedarfs), der Einsatz in Schulungsprozessen (sog. Off the Job-Schulung) oder der Einsatz in Ausleihprozessen (nichtkommerzielle Arbeitnehmerüberlassung) in Betracht kommen. Des Weiteren gelten die Ausführungen zur lokalen, zur temporalen und zur qualitativen Dimension von Personalbedarf und -ausstattung selbstverständlich auch hier.

Die obigen Ausführungen lassen sich sinnfällig in folgender **Abbildung 2.1** zusammenfassen:

**Abbildung 2.1** Dimensionen von Personalbedarf, -ausstattung und -einsatz

| **Personalbedarf** | **Personalausstattung** | **Personaleinsatz** |
|---|---|---|
| Art und Anzahl der zu einer gewissen Zeit an einem gewissen Ort **benötigten** Arbeitskräfte | Art und Anzahl der zu einer gewissen Zeit an einem gewissen Ort **verfügbaren** Arbeitskräfte | **Zuordnung** verfügbarer Arbeitskräfte zu Tätigkeiten und/oder organisatorischen Einheiten in einer gewissen Zeit |

**Dimensionen:**

| **quantitative** | **qualitative** | **lokale** | **temporale** |
|---|---|---|---|
| - Anzahl | - Tätigkeiten | - Teams | - Jahre |
| | - Leistungsprozesse | - … | - … |
| | - Schulungen | - Abteilungen | - Monate |
| | - Ausleihen | - Niederlassungen | - Wochen |
| | - Qualifikationen | - Betriebe | - Tage |
| | - Senioritäten | - Projekte | - Tagesabschnitte |
| | - Geschlechter | - Ränge | |
| | - Namen | - … | |

### 2.1.3 Personalplanungsbegriffe

Unter Rückgriff auf die Schweitzersche Definition des allgemeinen sowie auf die Kochsche Definition des dispositiven Planungsbegriffs (vgl. Koch 1980 und Schweitzer 2001, S. 18) definiert Kossbiel (1993, Sp. 3127) Personalplanung als einen „[…] geordneten, informationsverarbeitenden Prozess, in dessen Verlauf die Ausprägungen von Personalvariablen vorausschauend so festgelegt werden, dass angestrebte betriebliche Ziele erreicht werden." Als solche Personalvariablen kommen grundsätzlich alle potenziellen Gestaltungsalternativen im Bereich personalwirtschaftlicher Verfügbarkeits- und Wirksamkeitsprobleme in Betracht (vgl. Siegling et al. 2023b), und zwar sowohl auf der Kategorial- als auch auf der Individualebene. Darüber gelingt es uns, den Personalplanungsbegriff noch stärker zu konturieren, indem wir (a) die Personalplanung im weitesten von (b) der Personalplanung im engeren und von (c) der Personalplanung im engsten Sinne unterscheiden.

Zu (a): Bei der Personalplanung im weitesten Sinne sind simultan Entscheidungen über Gestaltungsvariablen sowohl im Bereich personeller Disponibilitäts- als auch im Bereich personeller Funktionalitätsprobleme zu treffen. Es geht dann beispielsweise darum, nicht nur die Schulung und den Einsatz von Arbeitskräften zu planen, sondern auch über die Gewährung von Leistungsanreizen und die Ausgestaltung von Systemen der Mitarbeiterbeurteilung zu entscheiden (vgl. Spengler/Vieth 1994). Des Weiteren werden gleichzeitig sowohl die Individual- als auch die Kategorialebene betrachtet, d.h. es werden betrieblicherseits konkret identifizierbare Personen und Kategorien von Arbeitskräften einerseits sowie aber auch einzelne Tätigkeiten und Kategorien von Tätigkeiten andererseits bei der Planung berücksichtigt. Dieser sehr weitgefassten, in der Literatur eher selten anzutreffenden Begriffsauslegung folgen z.B. Schoenfeld (1970, S.3), der mit der Personalplanung „[...] den gesamten personellen Sektor eines Betriebes voll zu erfassen [...]" gedenkt, Marx (1963), der die Planung leistungsgerechter Lohnstrukturen der Personalplanung subsumiert, oder Ulrich/Staerkle (1965), die u.a. Maßnahmen zur Beeinflussung des Arbeitsklimas als zur Personalplanung zugehörig deklarieren.

Zu (b): Personalplanungen im engeren Sinne konzentrieren sich auf Instrumente zur Disposition über Personalpotenzial, nämlich auf Gestaltungsalternativen der Personalbereitstellung oder -verwendung und beziehen somit die planerische Bewältigung von Maßnahmen der Beeinflussung des Personalverhaltens nicht mit ein. Darüber hinaus bewegt man sich mit dieser Art der Personalplanung auf der sog. Kategorial- und nicht etwa auf der Individualebene, so dass diese folgerichtig auch als kollektive Personalplanung bezeichnet wird (vgl. z.B. Fürst 1997, S. 6). Dies bedeutet, dass sich die Personalplanung im engeren Sinne mit Kategorien von Arbeitskräften einerseits sowie mit Kategorien von Aktivitäten andererseits auseinanderzusetzen hat, wobei Arbeitskräftekategorien z.B. nach Qualifikationsarten oder (Dienst-) Altersgruppen und Aktivitätskategorien z.B. nach Tätigkeitsarten oder Stellentypen differenziert werden können. Diese Auffassung von Personalplanung im engeren Sinne ist im wissenschaftlichen Schrifttum weit verbreitet (vgl. z.B. Kossbiel 1993, Sp. 3127, Kossbiel/Spengler 2015, S. 432, Spengler 1993, S. 159 ff., Strutz 1976, S. 28 und Vieth 1999, S. 18 ff.) und wird – sofern nicht ausdrücklich anderes betont wird – diesem Buch zugrunde liegen.

Zu (c): Als zur Personalplanung im engsten Sinne zugehörig wollen wir solche Personalplanungen bezeichnen, bei denen die o.g. Personalvariablen (wiederum) aus dem Kranz der Personalbereitstellungs- bzw. -verwendungsalternativen stammen. Im Gegensatz zu der unter (b) beschriebenen Begriffsauffassung geht es hier nicht um Personenmehrheiten, sondern man bewegt sich auf der Individualebene (synonym: Namensebene), so dass vor allem betriebliche Karrieren bereits verfügbarer Mitarbeiter geplant werden. Diese Spielart von Personalplanung wird deshalb auch als individuelle Personalplanung bezeichnet und vielfach in Form der sog. Laufbahn- oder Karriereplanung betrachtet (vgl. Kossbiel/Spengler 1995, Sp. 1739, Spengler 1996, S. 283 ff., Schneider 1980 und Laser 2017), wobei letztgenannte aufgrund der mit ihr verbundenen vielfältigen und äußerst schwierig zu lösenden Abstimmungsprobleme als bis dato noch relativ unausgereift eingestuft werden kann. Quasi einen Sonderfall der Personalplanung im engsten Sinne stellt das sog. Personnel Assignment Problem dar, bei dem einzelne Arbeitskräfte, einzelnen Tätigkeiten oder Stellen zugewiesen werden und das wir in den Abschnitten 7 und 12.2 thematisieren.

## 2.2 Grundsysteme

### 2.2.1 Die Funktion der Personalplanung und Koordinationsansätze

#### 2.2.1.1 Vorbemerkungen

Die Funktion der Personalplanung liegt in der – auf die Erreichung der Unternehmensziele gerichteten – Koordination ihrer Problembereiche (Personalbedarf-, -ausstattung und -einsatz), und zwar „[...] unter Beachtung der für den Personalsektor geltenden Restriktionen und der zwischen dem Personalsektor und den übrigen Funktionsbereichen der Organisation bestehenden Interdependenzen" (Kossbiel 1988, S. 1105). Zum Zwecke der erforderlichen Koordination stehen mit dem sog. expliziten und dem sog. impliziten Ansatz der Personalplanung zwei grundlegende Ansätze zur Verfügung, auf die wir sogleich eingehen wollen. Sie stellen Restriktionensysteme dar. Zu den in der Funktionsbeschreibung genannten Restriktionen zählen aber auch Nebenbedingungen, nach denen z.B. nicht mehr Arbeitskräfte als am Markt verfügbar eingestellt werden können, dass Personalkostenbudgets eingehalten oder personalpolitische Grundsätze befolgt werden sollen. Der Personalsektor ist über den Personalbedarf mit den übrigen betrieblichen Funktionsbereichen interdependent: Personalbedarf entsteht nur in diesen Funktionsbereichen (z.B. Beschaffung, Produktion und Absatz) und ohne diese Bedarfe bzw. deren Deckung können die Funktionsbereiche nicht aktiv werden.

#### 2.2.1.2 Der explizite Ansatz der Personalplanung

Der sog. explizite Ansatz der Personalplanung, den wir unten nur noch kurz als expliziten Ansatz bezeichnen, erfährt seine Benennung daher, dass in diesem der Personaleinsatz explizit berücksichtigt wird. Dadurch wird der Ansatz zweistufig: Im ersten Schritt ist der Personalbedarf mit dem Personaleinsatz und im zweiten ist der Personaleinsatz mit der Personalausstattung abzustimmen.

Zur Formulierung des Ansatzes verwenden wir folgende Symbole:

$\overline{Q}$ $:= \{q \mid q = 1,2,\dots,Q\}$ Menge der Personalbedarfskategorien (z.B. Tätigkeitsarten)

$\overline{R}$ $:= \{r \mid r = 1,2,\dots,R\}$ Menge der Arbeitskräftekategorien (z.B. Qualifikationsarten)

$R_q$ := Menge der Arbeitskräftekategorien $r \in \overline{R}$, die für Personalbedarfe der Art $q \in \overline{Q}$ bereitgestellt werden können (sog. Bereitstellungsspektrum)

$Q_r$ := Menge der Personalbedarfskategorien $q \in \overline{Q}$, für die Arbeitskräfte der Art $r \in \overline{R}$ verwendet werden können (sog. Verwendungsspektrum)

$PB_q$ := (Personal-) Bedarf an Arbeitskräften in der Bedarfsart $q \in \overline{Q}$ (z.B. zur Erledigung von Tätigkeiten der Art $q \in \overline{Q}$)

$PE_{rq}$ := (Personal-) Einsatz von Arbeitskräften der Art $r \in \overline{R}$ zur Deckung von Personalbedarfen der Art $q \in \overline{Q}$

$PA_r$ := (Personal-) Ausstattung mit Arbeitskräften der Art $r \in \overline{R}$

$\in$ := Elementzeichen [Lies: ist Element von]

$\forall$ := Allquantor [Lies: für alle … gilt die Restriktion]

Zur Vermeidung von Missverständnissen sei zudem darauf hingewiesen, dass wir uns hier in der kollektiven Personalplanung (im engeren Sinne) befinden und somit $r$ Arbeitskräftekategorien und nicht einzelne Arbeitskräfte (auf der Namensebene) sowie $q$ Personalbedarfskategorien – z.B. Tätigkeitsarten und nicht einzelne Tätigkeiten – bezeichnen.

Der Ansatz lautet damit wie folgt:

(1) Restriktionen zur Abstimmung von Personalbedarf und Personaleinsatz:

$$PB_q = \sum_{r \in R_q} PE_{rq} \qquad \forall\, q \in \overline{Q}$$

(2) Restriktionen zur Abstimmung von Personaleinsatz und Personalausstattung:

$$\sum_{q \in Q_r} PE_{rq} \leq PA_r \qquad \forall\, r \in \overline{R}$$

Restriktion (1) verlangt für jede Personalbedarfskategorie $q \in \overline{Q}$, dass der korrespondierende Personalbedarf exakt durch den Einsatz hinreichend qualifizierter Arbeitskräfte gedeckt wird. Die Forderung nach exakter Deckung ergibt sich aus dem Ist-gleich-Zeichen. Es ist also nach Restriktionen vom Typ (1) unzulässig, auch mehr Arbeitskräfte als $PB_q$ (dann müsste $\leq$ statt = gefordert werden) und es ist ebenso auch unzulässig weniger Arbeitskräfte als $PB_q$ einzusetzen (dann müsste $\geq$ statt = gefordert werden). Würde man mehr als $PB_q$ Arbeitskräfte einsetzen, so wäre dies unwirtschaftlich, weil es zu Produktivitätseinbußen führen würde. Würde man weniger Arbeitskräfte als $PB_q$ einsetzen, so wäre dies auch wirtschaftlich nicht sinnvoll, da man Aufträge nicht erledigen könnte oder Konventionalstrafen zu zahlen hätte, was wiederum beides zu Gewinneinbußen führen würde. Welche Arbeitskräfte hinreichend qualifiziert sind, ergibt sich aus den Bereitstellungsspektren $R_q$: Alle Arbeitskräftekategorien $r$, die zur Deckung der entsprechenden Personalbedarfskategorie herangezogen werden können, sind Elemente von $R_q$, so dass auf der rechten Seite von (1) über alle Arbeitskräftearten $r \in \overline{R}$ zu summieren ist.

Über Restriktion (2) wird für jede Arbeitskräftekategorie $r \in \overline{R}$ gefordert, dass mindestens so viele Arbeitskräfte bereitgestellt werden müssen, wie in Leistungsprozessen eingesetzt werden sollen bzw. dass man nicht mehr Arbeitskräfte einer Kategorie in Leistungsprozessen einsetzen kann, als von dieser Kategorie bereitstehen bzw. bereitgestellt werden. Für welche Leistungsprozesse $q$ Arbeitskräfte einer Art $r$ verwendet werden können, ergibt sich aus den Verwendungsspektren $Q_r$: Alle Personalbedarfskategorien $q$, zu deren Deckung Arbeitskräfte der Art $r$ verwendet werden können, sind Elemente von $Q_r$, so dass auf der rechten Seite von (2) über alle Personalbedarfsarten $q \in Q_r$ zu summieren ist.

Zur Erläuterung der Zusammenhänge wollen wir nochmals auf Beispiel 1 aus Kapitel 1.1 schauen. Zentrales Element dieses Beispiels ist das um Teilpersonalausstattungen und Teilpersonalbedarfe erweiterte Tableau der Bereitstellungs- und Verwendungsmöglichkeiten (vgl. **Tabelle 2.1**):

**Tabelle 2.1** Tableau der Bereitstellungs- und Verwendungsmöglichkeiten

| | | Arbeitskräfte | | | | | | | |
|---|---|---|---|---|---|---|---|---|---|
| | | Art 1 | Art 2 | Art 3 | Art 4 | Art 5 | Art 6 | Art 7 | *PB* |
| Tätigkeiten | fräsen | × | - | - | × | × | - | × | 20 |
| | drehen | - | × | - | × | - | × | × | 30 |
| | bohren | - | - | × | - | × | × | × | 25 |
| | *PA* | 24 | 10 | 10 | 8 | 10 | 10 | 3 | |

Hier gilt nun:

$\overline{Q}$ := {fräsen, drehen, bohren}

$\overline{R}$ := {Arbeitskräfteart 1, Arbeitskräfteart 2, Arbeitskräfteart 3, Arbeitskräfteart 4, Arbeitskräfteart 5, Arbeitskräfteart 6, Arbeitskräfteart 7}

$R_{\text{fräsen}}$ = {Arbeitskräfteart 1, Arbeitskräfteart 4, Arbeitskräfteart 5, Arbeitskräfteart 7}

$R_{\text{drehen}}$ = {Arbeitskräfteart 2, Arbeitskräfteart 4, Arbeitskräfteart 6, Arbeitskräfteart 7}

$R_{\text{bohren}}$ = {Arbeitskräfteart 3, Arbeitskräfteart 5, Arbeitskräfteart 6, Arbeitskräfteart 7}

$Q_{\text{Arbeitskräfteart 1}} = \{\text{fräsen}\}$, $Q_{\text{Arbeitskräfteart 2}} = \{\text{drehen}\}$, $Q_{\text{Arbeitskräfteart 3}} = \{\text{bohren}\}$,

$Q_{\text{Arbeitskräfteart 4}} = \{\text{fräsen, drehen}\}$, $Q_{\text{Arbeitskräfteart 5}} = \{\text{fräsen, bohren}\}$,

$Q_{\text{Arbeitskräfteart 6}} = \{\text{drehen, bohren}\}$, $Q_{\text{Arbeitskräfteart 7}} = \{\text{fräsen, drehen, bohren}\}$

Und der Ansatz lautet:

(1) Abstimmung Personalbedarf und Personaleinsatz

$$PB_{\text{fräsen}} = 20 = PE_{\text{fräsen, AK-Art 1}} + PE_{\text{fräsen, AK-Art 4}} + PE_{\text{fräsen, AK-Art 5}} + PE_{\text{fräsen, AK-Art 7}}$$

$$PB_{\text{drehen}} = 30 = PE_{\text{drehen, AK-Art 2}} + PE_{\text{drehen, AK-Art 4}} + PE_{\text{drehen, AK-Art 6}} + PE_{\text{drehen, AK-Art 7}}$$

$$PB_{\text{bohren}} = 25 = PE_{\text{bohren, AK-Art 3}} + PE_{\text{bohren, AK-Art 5}} + PE_{\text{bohren, AK-Art 6}} + PE_{\text{bohren, AK-Art 7}}$$

(2) Abstimmung Personaleinsatz und Personalausstattung

$$PE_{\text{fräsen, AK-Art 1}} \leq PA_{\text{AK-Art 1}} = 24$$

$$PE_{\text{drehen, AK-Art 2}} \leq PA_{\text{AK-Art 2}} = 10$$

$$PE_{\text{bohren, AK-Art 3}} \leq PA_{\text{AK-Art 3}} = 10$$

$$PE_{\text{fräsen, AK-Art 4}} + PE_{\text{drehen, AK-Art 4}} \leq PA_{\text{AK-Art 4}} = 8$$

$$PE_{\text{fräsen, AK-Art 5}} + PE_{\text{bohren, AK-Art 5}} \leq PA_{\text{AK-Art 5}} = 10$$

$$PE_{\text{drehen, AK-Art 6}} + PE_{\text{bohren, AK-Art 6}} \leq PA_{\text{AK-Art 6}} = 10$$

$$PE_{\text{fräsen, AK-Art 7}} + PE_{\text{drehen, AK-Art 7}} + PE_{\text{bohren, AK-Art 7}} \leq PA_{\text{AK-Art 7}} = 3$$

Bei genauem Hinschauen erkennt man, dass in diesem Beispiel in Summe zwar exakt so viele Arbeitskräfte vorhanden sind wie benötigt werden (jeweils 75) und damit der Personalbedarf quantitativ gedeckt werden kann. Er kann aber nicht strukturell gedeckt werden, denn wir haben 24 Arbeitskräfte der Art 1 zur Verfügung von denen jedoch nur 20 (zum Fräsen) eingesetzt werden können. Diese vier überzähligen Arbeitskräfte fehlen anderweitig. Der explizite Ansatz ist in diesem Beispiel nicht zulässig lösbar. Zu einer zulässigen Lösung kommt man aber z.B., wenn man $PA_{\text{AK-Art 1}}$ um 4 reduziert und $PA_{\text{AK-Art 5}}$ oder $PA_{\text{AK-Art 7}}$ um vier erhöht.

### 2.2.1.3 Der implizite Ansatz der Personalplanung

Der sog. implizite Ansatz der Personalplanung, den wir unten nur noch kurz als impliziten Ansatz bezeichnen, erfährt seine Benennung daher, dass in diesem der Personaleinsatz nicht explizit, sondern lediglich implizit berücksichtigt wird. Zulässige Lösungen dieses Ansatzes gewährleisten, dass jeweils mindestens ein zulässiger Personaleinsatzplan über Nebenrechnungen ermittelt werden kann; sie werden aber vom impliziten Ansatz nicht ausgewiesen. Dadurch werden keine $PE$-Variablen in Ansatz gebracht und der Ansatz wird einstufig: In einem Schritt ist der Personalbedarf mit der Personalausstattung direkt abzustimmen.

Zur Formulierung des Ansatzes verwenden wir folgende neue Symbole:

$\mathfrak{P}$ := Potenzmenge

$\emptyset$ := leere Menge

$\setminus$ := Differenzmengenzeichen [Lies: ohne]

$\cup$ := Vereinigungsmenge

Der implizite Ansatz lautet damit wie folgt:

(3) Abstimmung von Personalbedarf und Personalausstattung:

$$\sum_{q \in \hat{Q}} PB_q \leq \sum_{r \in \bigcup_{q \in \hat{Q}} R_q} PA_r \qquad \forall \hat{Q} \in \mathfrak{P}(\overline{Q}) \setminus \{\emptyset\}$$

Diese Formulierung des impliziten Ansatzes wird für Standardfälle verwendet, in denen die Personalbedarfe in den verschiedenen Kategorien $q \in \overline{Q}$ simultan und nicht sukzessive zu decken sind. Wenn beispielsweise die Personalbedarfskategorien (wie üblich) Tätigkeiten darstellen, werden diese häufig gleichzeitig und nicht nacheinander zu erledigen sein. Dann muss man dafür sorgen, dass mehrfach qualifizierte Arbeitskräfte in einem Zeitintervall nur für eine (und nicht gleichzeitig für mehrere) Tätigkeitsarten bereitgestellt werden können. Deshalb stimmt man zunächst nur einzelne Personalbedarfe $PB_q$ mit den korrespondierenden Personalausstattungen ab und bildet dann alle möglichen Kombinationen der Personalbedarfe, die wiederum jeweils mit den entsprechenden Personalausstattungen abgestimmt werden.

Die Potenzmenge einer Menge ist definiert als Menge aller ihrer Teilmengen, zu der selbstverständlich auch die Menge selbst und die leere Menge gehören. Hier geht es um die Potenzmenge $\mathfrak{P}(\overline{Q})$, also um die Potenzmenge der Menge der Personalbedarfskategorien und somit um die Menge aller Teilmengen von $\overline{Q}$ (einschließlich $\overline{Q}$ selbst und der leeren Menge $\emptyset$). Die Elemente $\hat{Q}$ dieser Potenzmenge besagen dann, welche Personalbedarfe bzw. Personalbedarfskombinationen durch die Ausstattung mit hinreichend qualifizierten Arbeitskräften zu decken sind.

In Beispiel 1 aus Kapitel 1.1 gilt nun

$\mathfrak{P}(\overline{Q}) \setminus \{\emptyset\} = \mathfrak{P}(\text{fräsen, drehen, bohren}) \setminus \{\emptyset\} = \{\hat{Q} \mid \hat{Q} = \{\text{fräsen}\}, \{\text{drehen}\}, \{\text{bohren}\}, \{\text{fräsen,}$

$\text{drehen}\}, \{\text{fräsen, bohren}\}, \{\text{drehen, bohren}\}, \{\text{fräsen, drehen, bohren}\}\}$

Anmerkung: Würde man die leere Menge nicht aus der Potenzmenge $\mathfrak{P}(\overline{Q})$ herausnehmen, wäre $\emptyset$ ein $\hat{Q}$ und man müsste letztlich einen Personalbedarf für $\emptyset$ bestimmen, was schlechterdings sinnlos wäre.

Damit lautet der Ansatz:

(3) Abstimmung von Personalbedarf und Personalausstattung:

$PB_{\text{fräsen}} = 20 \leq PA_{\text{AK-Art 1}} + PA_{\text{AK-Art 4}} + PA_{\text{AK-Art 5}} + PA_{\text{AK-Art 7}} = 24 + 8 + 10 + 3 = 45$

$PB_{\text{drehen}} = 30 \leq PA_{\text{AK-Art 2}} + PA_{\text{AK-Art 4}} + PA_{\text{AK-Art 6}} + PA_{\text{AK-Art 7}} = 10 + 8 + 10 + 3 = 31$

$PB_{\text{bohren}} = 25 \leq PA_{\text{AK-Art 3}} + PA_{\text{AK-Art 5}} + PA_{\text{AK-Art 6}} + PA_{\text{AK-Art 7}} = 10 + 10 + 10 + 3 = 33$

$PB_{\text{fräsen}} + PB_{\text{drehen}} = 50 \leq PA_{\text{AK-Art1}} + PA_{\text{AK-Art 2}} + PA_{\text{AK-Art 4}} + PA_{\text{AK-Art 5}} + PA_{\text{AK-Art 6}} + PA_{\text{Ak-Art 7}} = 24 + 10 + 10 + 8 + 10 + 3 = 55$

$PB_{\text{fräsen}} + PB_{\text{bohren}} = 45 \leq PA_{\text{AK-Art1}} + PA_{\text{AK-Art 3}} + PA_{\text{AK-Art 4}} + PA_{\text{AK-Art 5}} + PA_{\text{AK-Art 6}} + PA_{\text{AK-Art 7}} = 24 + 10 + 8 + 10 + 10 + 3 = 65$

$PB_{\text{drehen}} + PB_{\text{bohren}} = 55 \nleq PA_{\text{AK-Art2}} + PA_{\text{AK-Art 3}} + PA_{\text{AK-Art 4}} + PA_{\text{AK-Art 5}} + PA_{\text{AK-Art 6}} + PA_{\text{AK-Art 7}} = 10 + 10 + 8 + 10 + 10 + 3 = 51$

$PB_{fräsen} + PB_{drehen} + PB_{bohren} = 75 \leq PA_{Ak-Art1} + PA_{Ak-Art\,2} + PA_{Ak-Art\,3} + PA_{Ak-Art\,4} + PA_{Ak-Art\,5} + PA_{Ak-Art\,6} + PA_{Ak-Art\,7} = 24 + 10 + 10 + 8 + 10 + 10 + 3 = 75$

Es zeigt sich, dass alle drei isolierten Personalbedarfe und fast alle Personalbedarfskombinationen mit der vorliegenden Personalausstattung gedeckt werden können. Da jedoch die Kombination der Personalbedarfe $PB_{\text{drehen}} + PB_{\text{bohren}}$ nicht gedeckt werden kann, findet man hier auch für den impliziten Ansatz keine zulässige Lösung. Damit ist selbstverständlich auch die Suche nach einem zulässigen Personaleinsatzplan zum Scheitern verurteilt. Wenn man jedoch (wie bereits oben bemerkt z.B.) $PA_{\text{AK-Art 1}}$ um 4 reduziert und $PA_{\text{AK-Art 5}}$ oder $PA_{\text{AK-Art 7}}$ um vier erhöht, ergibt auch der implizite Ansatz eine zulässige Lösung.

### 2.2.2 Zielsysteme der Personalplanung

Zielsysteme bestehen immer aus einer Menge von Teilzielen, auf der eine Struktur definiert ist. Es genügt somit bei der Definition solcher Systeme nicht, ausschließlich die Teilziele zu bestimmen, sondern es ist auch (bei mehrelementigen Zielmengen) deren Rangordnung festzulegen, mithin zu bestimmen, welche und in welchem Ausmaß Ziele anderen Zielen gegenüber über-, welche gleich- und welche untergeordnet sind. Die in Ansatz zu bringenden Ziele der Personalplanung lassen sich hinsichtlich ihres Inhalts (a), hinsichtlich des angestrebten Zielausmaßes (b) und hinsichtlich des verwendeten Messniveaus (c) differenzieren.

Zu (a): In der Betriebswirtschaftslehre und somit auch in der Personalwirtschaft ist es üblich,

Ziele, je nachdem ob sie den Inhaltsaspekt eines Sachproblems betreffen oder ob sie (bei funktionaler Äquivalenz mehrerer Instrumente) ein Auswahlkriterium darstellen, das über einen substanziellen Tauglichkeitsaspekt hinausgeht, in Substanz- und Formalziele zu differenzieren (vgl. Kosiol 1966, S. 45 f., S. 212 ff. und Kossbiel 2002, S. 484 f.). Das oberste Substanzziel der Personalplanung (im engeren Sinne) liegt in der Herstellung und Sicherung der Verfügbarkeit über Personal (Stichwort: Disponibilitätsproblematik). Die Lösung von Funktionalitätsproblemen spielt hier definitionsgemäß keine Rolle, sie ist Gegenstand der Personalplanung im weitesten Sinne. Zur Erreichung der Disponibilitätsziele werden Personalbereitstellungs- und -verwendungsmaßnahmen ergriffen, die (letztlich) der Deckung betrieblicher Personalbedarfe dienen sollen. Stehen mehrere Personalpläne zur Verfügung, auf deren Basis dieses Substanzziel erreicht werden kann, so benötigt man zudem Formalziele. Diese liegen aus der Sicht des Betriebes darin, ökonomischen Erfolg zu erzielen und werden dann häufig in Form von Erlös-, Deckungsbeitrags-, Rentabilitäts-, Produktivitäts- oder Kostengrößen operationalisiert. Aus Sicht des Personals hingegen soll die Zufriedenheit der Arbeitskräfte erreicht werden. In solchen Fällen lassen sich dann z.B. die korrespondierenden Neigungsgrade der Mitarbeiter in Ansatz bringen. Um es noch einmal auf den Punkt zu bringen, lässt sich festhalten, dass Substanzziele häufig mehrere, sehr oder gar zu viele gleich gute (sprich funktional äquivalente) Problemlösungsmöglichkeiten eröffnen und man erst durch die Verwendung von Formalzielen zu einer rationalen Auswahlentscheidung gelangt.

Zu (b): Im Rahmen der Personalplanung können mit Extremierungs-, Satisfizierungs-, Fixierungs- und Approximierungszielen grundsätzlich vier Zielarten verfolgt werden. Während Extremierungsziele auf die Optimierung der jeweiligen Zielkriterien abstellen (es wird also die beste und damit die größte oder kleinste Ausprägung der Zielkriterien gesucht), möchte man bei der Verfolgung von Satisfizierungszielen zufriedenstellende Lösungen erreichen (Hinweis: Wenn im vorliegenden Buch von Optimierung die Rede ist, meinen wir die Suche und Erreichung von Extremwerten und nicht – wie in der Wirtschaftspraxis weit verbreitet – das schlichte Streben nach Verbesserungen). Über Fixierungs- bzw. Approximierungsziele strebt man eine exakte bzw. näherungsweise Erreichung der Zielkriterien an. Die Maximierung von Umsätzen oder Deckungsbeiträgen, die Minimierung der Personalkosten, die exakte Einhaltung oder die Unterschreitung vorgegebener Personalkostenbudgets und die ungefähre Deckung des Personalbedarfs in Toleranzbereichen stellen typische praxisrelevante Beispiele für die genannten Zielarten dar. In der Systematik formaler Modelle sind sie teils in sog. Zielfunktionen, teils im Restriktionenraum als Kleiner-gleich-, Größer-gleich-, Ist-gleich- oder unscharfe Nebenbedingungen verortet.

Zu (c): Die Möglichkeiten einer rationalen Gestaltung von Personalplänen hängen maßgeblich davon ab, inwieweit die erforderliche Datenbasis bzgl. Zielfunktionen und Restriktionen erfasst, präzisiert bzw. konkretisiert werden kann. Es geht also darum, auf welchem Niveau die jeweiligen Daten und Datenrelationen gemessen werden. Beispielsweise ist im Kontext von Personaleinsatzplanungen darauf zu achten, dass alternative Personalzuordnungen hinsichtlich ihrer Zielbeiträge in eine Rangfolge zu bringen sind, so dass nominalskalierte – und damit die Rangfolge vernachlässigende – Daten nicht in Betracht kommen, sondern lediglich Daten höherer Skalenniveaus in Ansatz zu bringen sind. Bei Vorlage ordinalskalierter Merkmale sind arithmetische Operationen bekanntermaßen unzulässig, so dass in solchen Fällen lediglich (mehr oder minder schlichte) Rangordnungsverfahren verwendet werden können. Ist man jedoch an einer höheren Präzision des Planungsergebnisses (bzw. dessen Begründung) interessiert, so sollten die Zielkriterien folglich auf Kardinalskalenniveau angesiedelt sein. Sofern eine direkte Messung der Effizienz des Personalplans durch verhältnisskalierte Kriterien (wie z.B. Deckungsbeiträge oder Kosten) unmöglich erscheint, ist es ratsam, auf intervallskalierte (Ersatz-) Kriterien zurückzugreifen (wie das beispielsweise bei Eignungsgraden im Zuge der Personalzuordnung der Fall ist).

## 2.3 Zur Notwendigkeit von Personalplanungen

Die Problembereiche der Personalplanung – Personalbedarf, Personalausstattung und Personaleinsatz – sind (wie bereits bemerkt) immer vierfach, nämlich quantitativ, qualitativ, lokal und temporal dimensioniert. Man ist also stets gehalten anzugeben, wieviel und welches Personal wo und wann benötigt wird, verfügbar ist oder eingesetzt werden soll. Der Ausweis eines z.B. ausschließlich quantitativen oder ausschließlich qualitativen Personalbedarfs (Bsp.: „wir benötigen 100 Arbeitskräfte" oder „wir benötigen Techniker") ist aufgrund des unzureichenden Informationsgehaltes nicht zielführend.

Personalplanungsprobleme stellen sich in nicht-trivialer Weise immer dann, wenn Mehrdeutigkeiten bzgl. der qualitativen, der lokalen oder der temporalen Dimension vorliegen, wenn man also entsprechende Entscheidungen zu treffen hat (vgl. **Tabelle 2.2**). Dies ist z.B. dann der Fall, wenn mehrere Kategorien von Arbeitskräften für die Erledigung ein und derselben Tätigkeitsart bereitgestellt werden können oder wenn ein und dieselbe Arbeitskräfteart für die Erledigung mehrerer Tätigkeitsarten verwendet werden kann (qualitative Dimension). Sie stellen sich aber beispielsweise auch, wenn – und dies ist in vielen Betrieben der Regelfall – mehrere Arbeitskräfte oder Arten von Arbeitskräften in mehreren Schichten oder mehreren Schichtmustern eingesetzt (temporale Dimension) oder wenn sie mehreren Niederlassungen zugeordnet werden können (lokale Dimension). In solchen Fällen sog. Bereitstellungs- oder Verwendungsmehrdeutigkeiten (vgl. Kossbiel 1974, S. 13 f. und 1988, S. 1094) sind wir auf die elaborierten Prozeduren des expliziten oder des impliziten Ansatzes angewiesen.

**Tabelle 2.2** Fälle von Bereitstellungs- bzw. Verwendungs- -ein- und -mehrdeutigkeit

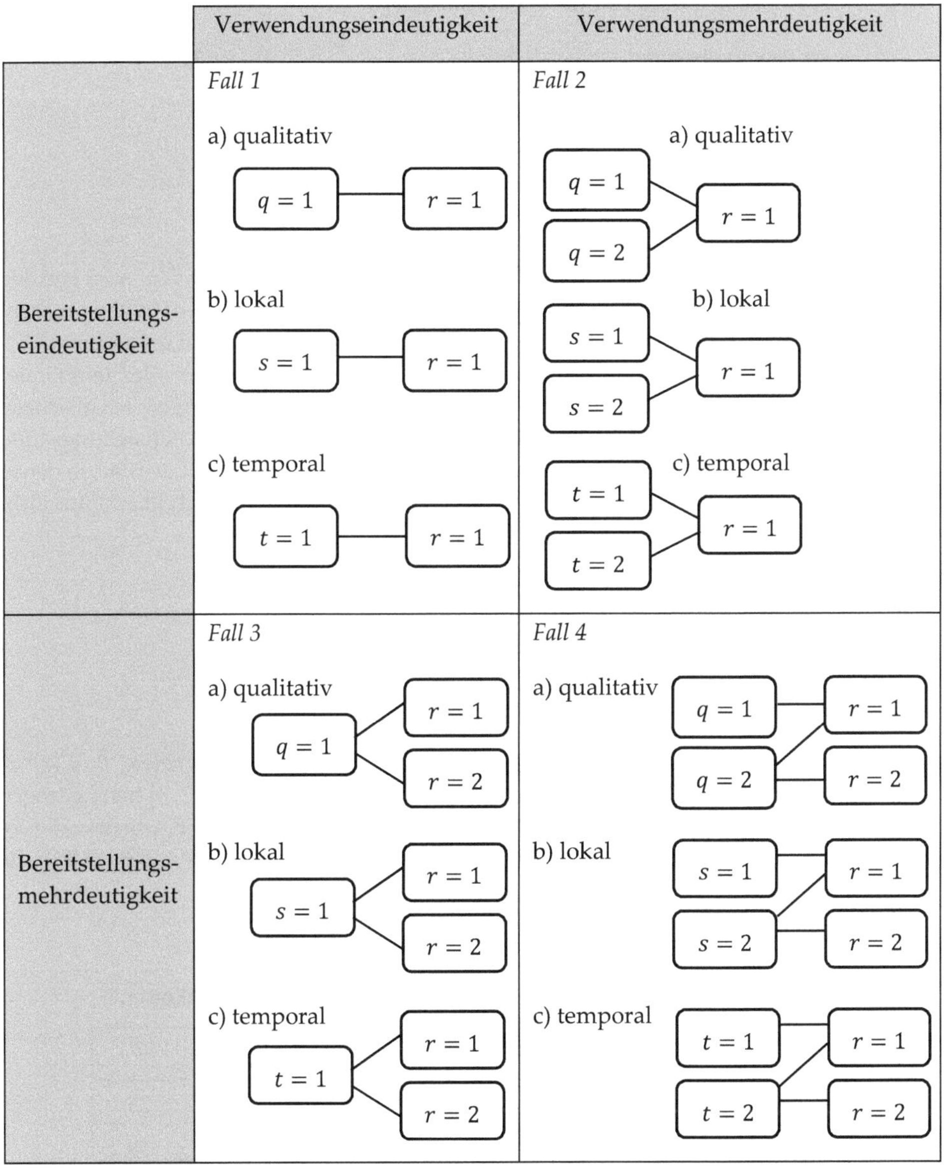

| | Verwendungseindeutigkeit | Verwendungsmehrdeutigkeit |
|---|---|---|
| Bereitstellungs-eindeutigkeit | *Fall 1*<br>a) qualitativ: $q = 1$ — $r = 1$<br>b) lokal: $s = 1$ — $r = 1$<br>c) temporal: $t = 1$ — $r = 1$ | *Fall 2*<br>a) qualitativ: $q = 1$, $q = 2$ — $r = 1$<br>b) lokal: $s = 1$, $s = 2$ — $r = 1$<br>c) temporal: $t = 1$, $t = 2$ — $r = 1$ |
| Bereitstellungs-mehrdeutigkeit | *Fall 3*<br>a) qualitativ: $q = 1$ — $r = 1$, $r = 2$<br>b) lokal: $s = 1$ — $r = 1$, $r = 2$<br>c) temporal: $t = 1$ — $r = 1$, $r = 2$ | *Fall 4*<br>a) qualitativ: $q = 1$ — $r = 1$; $q = 2$ — $r = 1$, $r = 2$<br>b) lokal: $s = 1$ — $r = 1$; $s = 2$ — $r = 1$, $r = 2$<br>c) temporal: $t = 1$ — $r = 1$; $t = 2$ — $r = 1$, $r = 2$ |

Quelle: In Anlehnung an Kossbiel 1974, S. 14.

Das vielfach zitierte und nachstehend kurz referierte sog. „klassische Schema der Personalplanung" ist dann zum Scheitern verurteilt. Dieses Schema sieht vor, dass der sog. Netto-Personalbedarf wie folgt aus dem sog. Soll-Personalbestand zu ermitteln ist (vgl. Schoenfeld

1992, Sp. 1743, Schulte 2020, S. 10 f.-und Flohr 1984, S. 50 ff.):

Soll-Personalbestand (Brutto-Personalbedarf)

– Ist-Personalbestand

+ Abgänge (aus Kündigungen etc.)

– Zugänge (aus Neueinstellungen etc.)

= Netto-Personalbedarf

Für den Fall, dass der Soll- kleiner (bzw. größer) als der Ist-Personalbestand ist, wird von den Verfechtern dieses Schemas empfohlen, Entlassungen (bzw. Einstellungen) in entsprechender Höhe vorzunehmen. Das Schema ist – wie bereits angedeutet – wegen seiner übermäßigen Simplifizierung der Zusammenhänge in Fällen qualitativer, lokaler oder temporaler Mehrdeutigkeiten und wegen seiner einseitigen Fokussierung auf die Mengen- bei gleichzeitiger Negierung der Preiskomponente abzulehnen. Es kann lediglich bei Bereitstellungs- und Verwendungseindeutigkeiten und somit nur in solchen Fällen angewendet werden, in denen es nichts zu entscheiden gibt. In solchen Fällen ist Personalplanung jedoch überhaupt nicht notwendig.

## 2.4 Übungsaufgaben

**Aufgabe 6**

Ein Unternehmen verfüge über eine Menge an Arbeitskräftekategorien $\overline{R} := \{r|r = 1,2,3,4,5\}$, welche zur Erledigung der Aufgabenarten $q \in \overline{Q} := \{q|q = 1,2,3\}$ herangezogen werden können. Die Bereitstellungs- und Verwendungsmöglichkeiten der Arbeitskräfte sowie die entsprechenden Personalbedarfe $PB_q$ und Personalausstattungen $PA_r$ sind in **Tabelle 2.3** aufgeführt:

**Tabelle 2.3** Tableau der Bereitstellungs- und Verwendungsmöglichkeiten

| | $r = 1$ | $r = 2$ | $r = 3$ | $r = 4$ | $r = 5$ | $PB_q$ |
|---|---|---|---|---|---|---|
| $q = 1$ | × | - | - | × | × | 25 |
| $q = 2$ | - | × | - | × | × | 30 |
| $q = 3$ | - | - | × | - | × | 40 |
| $PA_r$ | 20 | 20 | 30 | 15 | 10 | |

a. Ermitteln Sie zunächst die Bereitstellungs- und Verwendungsspektren des Unternehmens!

b. Bestimmen Sie nun die Anzahl an Restriktionen zur Abstimmung des Personalbedarfs und der Personalausstattung sowie die Potenzmenge von $\overline{Q}$!

c. Formulieren Sie den impliziten Ansatz der Personalplanung zu dieser Problemstellung! Welche Aussagen können Sie auf Basis dessen bezüglich der Personalbedarfsdeckung treffen?

d. Formulieren Sie den expliziten Ansatz der Personalplanung zu dieser Problemstellung und ermitteln Sie den zulässigen Personaleinsatzplan!

**Aufgabe 7**

Ein Automobilhersteller produziert in zwei verschiedenen Hallen $s \in \overline{S} := \{s|s = 1, 2\}$ Fahrzeuge. Innerhalb dieser Produktion fallen insgesamt vier Aufgabenarten $q \in \overline{Q} := \{q|q = 1, 2, 3, 4\}$ an:

$q = 1$ - Montage des Motorblocks

$q = 2$ - Verschweißen der Karosserie

$q = 3$ - Installation der Armaturentechnik

$q = 4$ - Lackieren der Fahrzeuge

Zur Erledigung dieser Aufgaben können Arbeitskräfte dreier Kategorien $r \in \overline{R} := \{r|r = 1, 2, 3\}$ herangezogen werden:

$r = 1$ - Elektroniker

$r = 2$ - Kfz-Mechaniker

$r = 3$ - Aushilfskräfte

Das Verschweißen der Karosserie kann sowohl von Elektronikern als auch von Kfz-Mechanikern durchgeführt werden. Die Montage des Motorblocks hingegen kann ausschließlich von Kfz-Mechanikern und die Installation der Armaturentechnik ausschließlich von Elektronikern vorgenommen werden. Das Lackieren der Fahrzeuge können alle Arbeitskräfte durchführen. Die Personalbedarfe für die Aufgabenarten $q$ in den Produktionshallen $s$ ($PB_{qs}$) sowie die Personalausstattungen an Arbeitskräften der Art $r$ in den Produktionshallen $s$ ($PA_{rs}$) sind in **Tabelle 2.4** und **Tabelle 2.5** erfasst.

**Tabelle 2.4** Sektorabhängige Personalbedarfe

| $PB_{qs}$ | | | | | | | |
|---|---|---|---|---|---|---|---|
| $s = 1$ | | | | $s = 2$ | | | |
| $q = 1$ | $q = 2$ | $q = 3$ | $q = 4$ | $q = 1$ | $q = 2$ | $q = 3$ | $q = 4$ |
| 20 | 25 | 20 | 10 | 30 | 45 | 30 | 15 |

**Tabelle 2.5** Sektorabhängige Personalausstattungen

| $PA_{rs}$ | | | | | |
|---|---|---|---|---|---|
| $s = 1$ | | | $s = 2$ | | |
| $r = 1$ | $r = 2$ | $r = 3$ | $r = 1$ | $r = 2$ | $r = 3$ |
| 30 | 35 | 15 | 55 | 55 | 20 |

a. Erstellen Sie ein $r$-$q$-Tableau mit den möglichen Zuordnungen von Arbeitskräftekategorien zu Aufgabenarten sowie die entsprechenden Bereitstellungs- und Verwendungsspektren!

b. Formulieren Sie den impliziten Ansatz der Personalplanung zu dieser Problemstellung!

c. Formulieren Sie den expliziten Ansatz der Personalplanung zu dieser Problemstellung!

d. Wie würden sich die Ansätze aus Ihrer Lösung zu Aufgabenteil b. und c. ändern, wenn der Automobilhersteller in seiner Personalplanung mehrere Perioden $t \in \overline{T} := \{t | t = 1, 2, 3\}$ berücksichtigen möchte? Formulieren Sie den angepassten expliziten Ansatz exemplarisch für die Periode $t = 3$! Gehen Sie dabei davon aus, dass die Personalbedarfe und Personalausstattungen in $t = 3$ mit den Personalbedarfen aus **Tabelle 2.4** und den Personalausstattungen aus **Tabelle 2.5** identisch sind.

**Aufgabe 8**

Erläutern Sie – auch anhand selbstgewählter Beispiele – wann Personalplanungen grundsätzlich notwendig sind und was man in diesem Kontext unter Bereitstellungs- bzw. Verwendungs- -ein- und -mehrdeutigkeit versteht!

**Aufgabe 9**

Erläutern Sie kurz, warum das sog. „klassische Schema der Personalplanung" abzulehnen ist und warum im vorliegenden Buch von Personalausstattungen und nicht von Personalbeständen die Rede ist!

# Teil 2
# Generelle Anwendungsfelder der Personalplanung

# 3 Überblick

Zur Analyse und Lösung der vielfältigen Personalplanungsprobleme wurde (vor allem) seit Beginn der 60er Jahre des 20. Jahrhunderts – die erste deutschsprachige Monographie verfasste Marx (1963) – eine bunte Palette an Modellansätzen entwickelt. Es ist so gut wie unmöglich, diese Ansätze vollständig zu kategorisieren und im Einzelnen aufzuführen. Wir werden uns deshalb auf eine Auswahl beschränken. Die hier thematisierten Ansätze lassen sich (u.a.) nach den betrachteten Planungsbereichen, dem Zeit- und dem Zweckbezug sowie dem Zielraum, der jeweiligen Lösungsgüte und der Flexibilität der Planung, den verbleibenden Freiheitsgraden sowie dem Ausmaß thematisierter Kontingenz differenzieren. In der nachstehenden **Tabelle 3.1** sind diese Differenzierungskriterien einschließlich korrespondierender potenzieller Differenzierungen überblicksartig dargestellt. Auf die meisten dieser Modelldifferenzierungen gehen wir unten in den Abschnitten 4-10 eher skizzenhaft, auf die Ermittlungs- und die Entscheidungsmodelle in den Abschnitten 11 und 12 hingegen recht ausführlich ein.

**Tabelle 3.1** Typen von Personalplanungsproblemen

| Differenzierungskriterium | Differenzierung |
|---|---|
| Zeitbezug | Kurz-, mittel-, langfristige Personalplanungen |
| Zweckbezug | Diagnose-, Prognose-, Dezisions-, Simulationsmodelle |
| Zielraum | Ein-, Mehrzielmodelle |
| Lösungsgüte | Heuristische, optimierende Ansätze |
| Flexibilität | Starre, flexible Planungsansätze |
| Freiheitsgrade | Strategische, taktische, operative Planungen |
| Kontingenz | Deterministische, stochastische, unscharfe Ansätze |
| Planungsbereiche | Isolierte, integrierte, sukzessive, simultane Personalplanungen |


T. Spengler et al., *Moderne Personalplanung*,
https://doi.org/10.1007/978-3-658-47677-9_3

Da die in **Tabelle 3.1** genannte Differenzierung vielfache Kombinationsmöglichkeiten erlaubt, lässt sich damit ein breiter Fächer von Ansätzen der Personalplanung aufspannen. So sind z.B. Modelle der simultanen Personalplanung häufig langfristig und strategisch angelegt, können starr oder flexibel formuliert sein und auf deterministischen, stochastischen und/oder unscharfen Daten basieren, heuristisch oder optimierend vorgehen und ein oder mehrere Ziele beinhalten.

# 4 Kurz-, mittel- und langfristige Personalplanungen

## 4.1 Darstellung

Differenziert man Personalplanungsansätze nach der Fristigkeit des Planungszeitraums, so werden kurz- von mittel- und langfristigen Modellen unterschieden. Als Differenzierungskriterium dient somit der kalendarische Zeitbezug. Personalplanungsprobleme mit einem Horizont von bis zu drei Monaten werden dann häufig als kurz-, solche mit einem Horizont zwischen drei und zwölf Monaten oft als mittel- und solche, deren Planungshorizont über ein Jahr hinausreicht, werden häufig als langfristig bezeichnet. Selbstverständlich obliegt die konkrete Festlegung der Abgrenzung dem jeweiligen Entscheider und ist insofern nicht mit dem Anspruch auf generelle Gültigkeit verknüpft (zu einem anderen Abgrenzungsvorschlag vgl. z.B. Zahn 1989, Sp. 1085).

Viele Probleme der reinen Personaleinsatzplanung stellen kurzfristige Planungsprobleme dar, so z.B. wenn Arbeitskräfte einzelnen Maschinen oder Jobs zuzuordnen sind (Job Matching), wenn der Monatsdienstplan für das Pflegepersonal einer chirurgischen Klinik erstellt werden soll (Nurse Scheduling) oder wenn die Zuordnung von Busfahrern zu -linien eines städtischen Verkehrsbetriebes gesucht wird (Bus Driver Scheduling). Im Falle saisonaler (z.B. quartalsweiser), wiederkehrender Schwankungen des Personalbedarfs sind (z.B. in Warenhäusern oder in der Gastronomie) vielfach mittelfristige Personalbereitstellungsplanungen angebracht. Ein typisches Beispiel für langfristige Personalplanungen hingegen sind alle Fälle, in denen gleichzeitig Entscheidungen über das zukünftige Produktions- und das Investitionsprogramm sowie über die optimale Personalbereitstellung und -verwendung getroffen werden sollen (vgl. Spengler 1995, S. 9).

## 4.2 Übungsaufgabe

**Aufgabe 10**

Erläutern Sie neben dem kalendarischen Zeitbezug eine weitere Möglichkeit zur Abgrenzung von kurz-, mittel- und langfristigen Personalplanungen!


T. Spengler et al., *Moderne Personalplanung*,
https://doi.org/10.1007/978-3-658-47677-9_4

# 5 Diagnose-, Prognose-, Dezisions- und Simulationsmodelle der Personalplanung

## 5.1 Darstellung

Seit Ende der 1960er Jahre gilt in der Betriebswirtschaftslehre die Verwendung des dispositiven Planungsbegriffes als Konvention. Planungen durchzuführen bedeutet mithin, immer (auch) Entscheidungen vorzubereiten und zu treffen. Bei strenger Auslegung dürften somit lediglich die Dezisionsmodelle zu den Personalplanungsmodellen zählen. Da jedoch Diagnosen, Prognosen und Simulationen für Personalplanungen unerlässlich sind (denn man findet keinen zulässigen Personalplan ohne geeignete Datengrundlage), zählen wir, aufgrund ihrer unterstützenden Funktion, auch die anderen genannten Modelltypen zu den Personalplanungsmodellen.

Modelle stellen nach Maßgabe des von uns favorisierten konstruktivistischen Modellbegriffs keine (zum Original ähnlichen) Abbildungen dar, sondern sie sind menschliche Konstruktionen bzw. Definitionen von Phänomenen, wie z.B. Sachverhalten, Gegenständen oder Situationen. Sie sind Artefakte (durch menschliches Können Geschaffenes), die nach Maßgabe des jeweils verfolgten Ziels unterschiedlich ausfallen können.

Personalplanungen können (auch aus wissenschaftstheoretischer Sicht) der Verfolgung verschiedener Zwecke dienen, nämlich der Erklärung und Beschreibung, der Prognose, der Gestaltung und der Kritik bereits getroffener oder noch zu treffender Personalbedarfs-, -ausstattungs- oder -einsatzentscheidungen (Spengler 1999, S. 41 ff.). Nach Maßgabe des verfolgten Zwecks kommen dann (a) Diagnose-, (b) Prognose-, (c) Dezisions- oder (d) Simulationsmodelle zum Einsatz.

Zu (a): Diagnosemodelle werden zur Feststellung personalwirtschaftlicher Daten, wie beispielsweise der rechnerischen Ermittlung des Personalbedarfs (z.B. Rosenkranz-Formel, vgl. Rosenkranz 1968), von Fluktuationsraten oder von Personalausstattungen (z.B. Personalbewegungstableau; vgl. Kossbiel 1988, S. 1067 f.) etc. formuliert. Zu ihnen zählen die Beschreibungs- und Erläuterungsmodelle, die – wie die Begriffe besagen – der Beschreibung bzw. Erläuterung oder Erklärung (Fremdwort: Explikation) von Phänomenen dienen. In der Betriebswirtschaftslehre geht es dann beispielsweise um die „schlichte" Beschreibung eines Problems, z.B. dass und inwiefern die Produktivität in der Fertigungsabteilung zurückgegangen ist, dass die Konkurrenz unserer Firma gegenüber aufgeholt hat etc. Ein wesentliches bei Modellen dieses Typs verwendetes Instrument ist häufig die grafische Darstellung, z.B. in Form sog. Struktogramme, Flussdiagramme (engl. Flowcharts) inkl. Aktivitätsdiagramme oder Netzpläne. Sie werden u.a. zur Programmablaufplanung, Datenflussplanung, Projekt-


T. Spengler et al., *Moderne Personalplanung*,
https://doi.org/10.1007/978-3-658-47677-9_5

strukturplanung, Produktionsablaufplanung oder zur Maschinenbelegungsplanung formuliert.

Erklärungsmodelle dienen der Erklärung von Sachverhalten bzw. Phänomenen. Man fragt sich dann beispielsweise, warum die Kapitalausstattung des Betriebes die aktuelle Struktur aufweist, wieso der Aktienkurs eine gewisse Entwicklung genommen hat oder weshalb die Produktivität in der Fertigungsabteilung zurückgegangen ist. Veränderungen betriebswirtschaftlicher Gegebenheiten können von Seiten des Unternehmens schwer kontrollierbar oder gar unbeeinflussbar sein. Man spricht dann von sog. autonomen Änderungen oder von Einflüssen. Menschliches Handeln unterliegt immer solchen Einflüssen. Man kann aber immer auch auf solche Einflüsse (im Nachhinein) reagieren oder diese (im Voraus in Grenzen) vorhersehen und versuchen, Zukunft aktiv zu gestalten. Letztgenannte Änderungen werden als absichtlich herbeigeführte (Fremdwort: induzierte) Änderungen bezeichnet. Erklärungsmodelle wendet man also an, wenn man nach Erklärungen für autonome und induzierte Änderungen betriebswirtschaftlicher Sachverhalte sucht, sofern diese in der Vergangenheit stattgefunden haben und sofern sie sich ökonomisch erklären lassen. Es geht also um die Erklärung des Zustandekommens autonomer und die im Nachgang stattfindende (Fremdwort: retrospektive) Begründung induzierter Änderungen betriebswirtschaftlicher Größen. Wir wollen unsere Ausführungen zu den Erklärungsmodellen mit dem Hinweis abschließen, dass der Begriff der Erklärung in der deutschen Sprache mit unterschiedlichen Inhalten belegt ist, z.B. als Rekonstruktion oder als Deklaration. Rekonstruktion meint hier Erklärung im Sinne von Darlegung, Erläuterung, Veranschaulichung oder Aufklärung. Sie liegt z.B. vor, wenn ein Lehrer seinen Schülern eine chemische Formel erklärt, wenn man erklärt, warum man den Zug verpasst hat etc. Deklaration hingegen meint Erklärung im Sinne von Verkündigung, z.B. wenn eine betriebliche Angelegenheit zur Chefsache erklärt wird oder ein Staat eine Unabhängigkeitserklärung abgibt.

Durch die Verwendung von Ermittlungsmodellen sollen Sachverhalte und Zusammenhänge ermittelt werden. Sie dienen somit der Feststellung betriebswirtschaftlicher Daten, wobei wir hier den Begriff des Datums im Sinne einer feststehenden Größe und nicht etwa im Sinne des Kalenderdatums verstehen. So ergibt sich beispielsweise der Lagerbestand zu einem gewissen Zeitpunkt aus dem Anfangsbestand eines früheren Zeitpunktes zuzüglich aller zwischenzeitlichen Zugänge zum und abzüglich aller zwischenzeitlichen Abgänge aus dem Lager.

| Beispiel: | | Lageranfangsbestand am 1. Juli: | 1.500 | Stück |
|---|---|---|---|---|
| | + | Zugänge zum Lager im Monat Juli: | 2.000 | Stück |
| | – | Abgänge aus dem Lager im Monat Juli: | 800 | Stück |
| | = | Lagerbestand am 1. August: | 2.700 | Stück |

Solche Daten werden häufig über einfache (oder über komplexere Systeme von) Bestimmungsgleichungen rechnerisch ermittelt und zwar in der dargestellten Gleichungsform oder in sog. Bewegungstableaus, deren grundsätzlichen Aufbau wir in Kap. 11.3 anhand des sog.

Personalbewegungstableaus erläutern.

Zu (b): Prognosemodelle werden im Bereich der Personalplanung eingesetzt, wenn zukünftige – und zumindest teilweise – zufallsabhängige Ausprägungen personalplanungsrelevanter Daten vorausgesagt werden sollen. Zu denken ist hier z.B. an die Prognose der künftigen Absatzmöglichkeiten, der Inflationsrate, des Wirtschaftswachstums, der betrieblichen Gewinnentwicklung etc. Generell kann man im Bereich der sog. quantitativen Methoden sog. eindimensionale (wie z.B. die Extrapolation und Trendprognoserechnung, die Berechnung gleitender Durchschnitte und die exponentielle Glättung) und mehrdimensionale Verfahren (wie z.B. ökonometrische Modelle und Regressionsrechnungen) anwenden, während beim Einsatz sog. qualitativer Verfahren auf diverse Methoden aus dem Köcher der sog. Kreativitätstechniken (wie z.B. das Brainstorming, das Mind Mapping oder das Ishikawa-Diagramm) oder der strategischen Umfeldanalyse (wie z.B. die Delphi-Methode oder die SWOT-Analyse) einsetzbar sind. Zu den hybriden Verfahren zählt die sog. Szenariotechnik, die keine isolierte Methode, sondern eine aus einer Reihe diverser Instrumente bestehende Toolbox darstellt. Sie hat die Entwicklung, Erstellung und Prognose alternativer Zukunftszustände (sog. Szenarien) zum Ziel. Dazu sind vor allem das Untersuchungsfeld zu strukturieren sowie zu definieren und die wichtigsten Einflussbereiche zu identifizieren, Entwicklungstendenzen und kritische Deskriptoren für die Umfelder zu ermitteln, alternative konsistente Annahmenbündel zu bilden und auszuwählen, ausgewählte Umfeldszenarien zu interpretieren, potenzielle Wirkungen signifikanter Störereignisse zu analysieren und korrespondierende Szenarien auszuarbeiten (vgl. Kratzberg 2009).

Neben generellen kommen auch solche Verfahren zum Einsatz, die speziell für personalwirtschaftliche Fragestellung formuliert wurden. Zu denken ist hier z.B. an die Doeringer et al.-Formel zur Prognose des langfristigen Personalbedarfs (vgl. Doeringer et al. 1972) oder an Markov-Ketten-Modelle zur Prognose der Personalausstattung bei relativ konstanter Personalpolitik (vgl. Kossbiel 1988, S. 1078 ff.).

Zu (c): Wir haben bereits betont, dass die Betriebswirtschaftslehre eine entscheidungsorientierte Realwissenschaft ist. Der Gestaltung betriebswirtschaftlicher Sachverhalte kommt somit eine herausragende Bedeutung zu, so dass Entscheidungsmodelle auch eine zentrale Stellung im Kanon betriebswirtschaftlicher Modelle aufweisen. Sie dienen der Entscheidungsvorbereitung und -unterstützung, d.h. nicht das Modell trifft die Entscheidung (wie manchmal befürchtet oder fälschlicherweise angenommen wird), sondern immer der das Modell konstruierende und anwendende Mensch. Über Entscheidungsmodelle bringt man zum Ausdruck, wie man eine Entscheidungssituation definiert (wir erinnern an den sog. konstruktivistischen Modellbegriff), d.h. der Entscheider bringt die von ihm in der jeweiligen Situation als wichtig erachteten Bedingungen, zu verfolgenden Ziele, erwogenen Maßnahmen und vermuteten Wirkungen ein und versucht, daraus eine möglichst rationale Entscheidung abzuleiten. In Abschnitt 12 werden einschlägige Dezisionsmodelle behandelt, bei denen der Personalbedarf oder die Personalausstattung (oder beide) als Datum oder Entscheidungsvariable in den jeweiligen Kalkül eingehen und der Personaleinsatz (aus Gründen der Logik) immer entscheidungsabhängig ist.

Zu (d): Simulieren bedeutet (s.a. Kap. 10), sich etwas vorzustellen oder Vorgänge wirklichkeitsgetreu nachzuahmen (z.B. technisch-physikalische Vorgänge im Windkanal oder im Flugsimulator). Eine weitere Interpretation des Simulationsbegriffes besteht darin, dass man etwas vortäuscht oder vorgibt (z.B. eine Krankheit). Die letztgenannte Begriffsauslegung wollen wir hier nicht weiter verfolgen. Betriebswirtschaftliche Simulationsmodelle dienen der simulativen Entwicklung planerisch einschlägiger (Konstellationen von) Daten und/oder Entscheidungsvariablen, z.B. zur Ermittlung von Worst- und Best-Case-Szenarien im Rahmen der strategischen Planung. Da wir in systemtheoretischer Diktion unter einem System eine Menge von zueinander in Beziehung stehenden Elementen verstehen, geht es somit letztlich um die Entwicklung von (häufig großzahligen) Ausprägungsmöglichkeiten der Elemente eines Planungssystems oder deren Beziehungen. Simulationsmodelle können auf der Annahme basieren, dass alle verwendeten Daten als eindeutig bekannt und gegeben festliegen (sog. deterministische Daten) oder dass die Daten zufallsabhängig (Fremdwort: stochastisch) sind. Man spricht dann von deterministischer bzw. stochastischer Simulation. Statische Systeme sind – so der Begriff – unveränderlich, während dynamische Systeme Veränderungen unterliegen. Hier geht es letztlich um Veränderungen über die Zeit. Statische Simulationen thematisieren solche Veränderungen nicht, es handelt sich um einperiodige bzw. zeitunabhängige Modelle. Bei dynamischen Simulationen werden zeitabhängige Prozesse betrachtet: Die Systemausprägungen einer Folge- hängen von den Ausprägungen der Vorperiode ab (und umgekehrt). Dynamische Simulationsmodelle können weiter differenziert werden, u.a. in diskrete und kontinuierliche Simulationen. Während in diskreten Modellen Systembewegungen nur zu bestimmten Zeitpunkten oder bei bestimmten Ereignissen stattfinden bzw. betrachtet werden, ist dies bei kontinuierlichen Systemen stetig der Fall. Die Elemente der drei soeben skizzierten Begriffspaare werden in Anwendungen kombiniert. Dies ist z.B. bei sog. Monte Carlo-Simulationen der Fall, die der „[…] Analyse statischer, stochastischer Systeme durch Stichprobenexperimente […]" dienen, wobei […] „wiederholt Stichproben möglicher Szenarien durch die Kombination von zufällig bestimmten Parameterausprägungen generiert und über die ermittelten Wirkungszusammenhänge die zugehörigen Ergebnisse bestimmt" werden (Domschke et al. 2015, S. 234). Markov-Ketten-Modelle sind Beispiele für stochastische, dynamische und diskrete Simulationen (vgl. z.B. Bungartz et al. 2013, S. 213 ff.).

Verschiedene Simulationsarten weisen im Bereich der Personalplanung besondere Bedeutung auf. Monte Carlo-Simulationen können z.B. sehr gut bei Selektionsentscheidungen im Rahmen der Personalrekrutierung herangezogen werden, während Markov-Ketten-Modelle für die Simulation demografischer Effekte auf Personalbedarfe und Personalstrukturen besonders gut geeignet sind (vgl. z.B. Gischer/Spengler 2008 und Spengler et al. 2018). Für (Inbound) Call Centers sind Warteschlangenmodelle (vgl. z.B. Bungartz et al. 2013, S. 208 ff. und Domschke et al. 2015, S. 219 ff.) besonders relevant, da hier die im Call Center anrufenden Kunden von einem Call Center-Agent bedient werden wollen und möglicherweise hier in eine Warteschleife bzw. -schlange geraten. Diese (und letztlich auch das Call Center) sind daran interessiert, solche Wartezeiten möglichst kurz zu halten und gleichzeitig möchte aber auch das Call Center die Anzahl bereitzustellender Agents nicht über Gebühr ausweiten (vgl. Helber/Stolletz 2004 und Helber et al. 2005). In der Praxis wird hier vielfach die sog. Erlang

C-Formel in Ansatz gebracht (vgl. Schürmann/Tisson 2006, S. 36 ff.), aber auch Varianten wie die sog. Hills B- oder die sog. Merlang-Formel findet man in einschlägigen Workforce-Managementsystemen (vgl. Cleveland et al. 1998). Im Bereich der strategischen Personalplanung werden zudem Simulationen auf der Basis sog. System Dynamics-Ansätze (vgl. Forrester 1961) durchgeführt (vgl. Weinmann 1978 und Spengler et al. 2018).

## 5.2 Übungsaufgaben

**Aufgabe 11**

Erläutern Sie das Erklärungsziel im Kontext wissenschaftlichen Arbeitens!

**Aufgabe 12**

Warum kann der Personaleinsatz nicht als Datum in Entscheidungsmodellen zur Personalplanung eingehen?

**Aufgabe 13**

Inwiefern können Monte Carlo-Simulationen bei Selektionsentscheidungen im Rahmen der Personalrekrutierung herangezogen werden?

# 6 Ein- und Mehrzielmodelle der Personalplanung

## 6.1 Darstellung

(Optimierungs-) Modelle der Personalplanung können der Verfolgung eines oder mehrerer Ziele dienen. Als Ziele kommen beispielsweise die Minimierung der Personalkosten (z.B. Einstellungs-, Entlassungs-, Gehalts-, Beförderungs-, Versetzungs-, Schulungskosten etc.), die Maximierung der Personalerträge (z.B. von Außendienstmitarbeitern erwirtschaftete Umsätze, Deckungsbeiträge etc.), die Maximierung der Eignungsgradsumme von Arbeitskräften (z.B. euklidische Distanz, gewichtete Abweichungssumme etc.) aber auch deren Zufriedenheit (z.B. Zufriedenheits- oder Neigungsgrade) in Betracht.

Sofern lediglich ein Ziel verfolgt wird oder wenn zwar mehrere Ziele verfolgt werden, diese jedoch additiv in einer Zielfunktion „zusammengefasst" werden können (wie z.B. bei der Minimierung der Personalgesamtkosten), spricht man von Einzielmodellen. In den Fällen, in denen hingegen mehrere, nicht additiv zu integrierende Teilzielfunktionen zu verwenden sind (z.B. wenn gleichzeitig die Zufriedenheit der Mitarbeiter maximiert und die Personalkosten minimiert werden sollen), geht es um sog. Mehrzielmodelle. Letztere werden auch als Vektoroptimierungsprobleme bezeichnet, da man letztlich einen Vektor simultan zu optimierender Zielfunktionen erhält. Bei nicht-trivialen Vektoroptimierungsproblemen sind die einzelnen Ziele (zumindest partiell) konfliktär, so dass der optimale Kompromiss zu suchen ist.

Zur Optimierung von Multi Criteria-Problemen bietet das Operations Research vor allem vier (z.T. nicht überschneidungsfreie) Lösungswege an (vgl. zu drei dieser vier Wege z.B. Isermann 1979 und Zimmermann 1976): Ein erster liegt in der Verwendung von Goalprogramming-Ansätzen, die mit sog. Abstandsfunktionen arbeiten (vgl. z.B. Charnes/Cooper 1961)). Eine zweite Klasse von Ansätzen sind die klassischen Nutzenmodelle, bei denen die Teilzielfunktionen über Gewichtungsfaktoren und Aggregationsoperatoren zu einer übergeordneten Nutzenfunktion zusammengefasst werden (vgl. z.B. Churchman/Ackoff 1954). Im Rahmen sog. interaktiver Verfahren wird die übergeordnete Nutzenfunktion des Entscheiders im Laufe des Lösungsprozesses algorithmisch bestimmt, so dass er nicht gezwungen ist, sich ex ante auf eine bestimmte Präferenzfunktion festzulegen (vgl. z.B. Berg 1978, Fandel 1972, Fedrizzi et al. 1991 und Werners 1984). Der vierte Weg besteht in der Formulierung unscharfer interaktiver Nutzenmodelle, bei denen die Zufriedenheit des Entscheiders mit alternativen Ausprägungen der Teilzielfunktionen in Form unscharfer Mengen (engl. Fuzzy Sets) zum Ausdruck gebracht wird (vgl. z.B. Zimmermann 1978, Leberling 1983, Spengler 1993 und Rommelfanger 1994). Diesen wollen wir uns nun etwas genauer anschauen, da die Methodik mit relativ wenig Aufwand zu sehr guten Planungsergebnissen führt. Dazu ist jedoch zunächst zu klären, was man unter einer unscharfen Menge versteht.


T. Spengler et al., *Moderne Personalplanung*,
https://doi.org/10.1007/978-3-658-47677-9_6

In Ihrer Schulzeit haben Sie wahrscheinlich sog. klassische Mengen kennengelernt. Cantor versteht unter einer (klassischen) Menge „[...] jede Zusammenfassung $M$ von bestimmten wohlunterschiedenen Objecten $m$ unserer Anschauung oder unseres Denkens (welche die ‚Elemente' von $M$ genannt werden) zu einem Ganzen. In Zeichen drücken wir dies so aus: $M = \{m\}$" (Cantor 1895, S. 481). Bei Geltung des klassischen Mengenkonzeptes kann ein Element $m$ zur Menge $M$ gehören oder nicht. Es gibt für die Zugehörigkeit also nur zwei Zustände: Die vollständige Zugehörigkeit oder die vollständige Nicht-Zugehörigkeit (vgl. Metzger 2020, Spengler et al. 2024, Siegling et al. 2023a). Bezeichnet man mit $\mu_M(m)$ den Wert der Zugehörigkeit von $m$ zur Menge $M$, dann gilt

$$\mu_M(m) = \begin{cases} 0, \text{ wenn } m \text{ nicht zu } M \text{ gehört} \\ 1, \text{ wenn } m \text{ zu } M \text{ gehört} \end{cases}$$

und damit $\mu_M(m) \in \{0,1\}$.

Unscharfe Mengen kennzeichnen wir mit einer Tilde über dem Mengensymbol. Eine unscharfe Menge $\widetilde{M}$ ist definiert (vgl. Rommelfanger 1994, S. 8) als eine Menge geordneter Zweitupel

$$\widetilde{M} := \{(x, \mu_{\widetilde{M}}(x)) \mid x \in X\}, \text{ mit } \mu_{\widetilde{M}}: X \to [0,1].$$

$X$ ist dabei eine Grundmenge, deren Elemente $x$ hinsichtlich einer unscharfen Aussage zu bewerten sind. Diese Bewertung erfolgt über den jeweiligen Zugehörigkeitswert $\mu_{\widetilde{M}}(x)$, der zum Ausdruck bringt wie stark für $x$ die jeweilige unscharfe Aussage gilt. Beispiele für unscharfe Aussagen sind z.B. „hoher Gewinn", „schöner Erfolg", gutes Geschäft" etc. Die Belegschaft einer Abteilung $X$ bestehe beispielsweise aus den Arbeitskräften $\{x \mid x = \text{Herr A, Frau B, Herr C, Herr D, Frau E, Frau F}\}$. Diese seien nun hinsichtlich der unscharfen Aussage „ist eine motivierte Arbeitskraft" zu beurteilen. Es ist somit zu klären, inwiefern eine Arbeitskraft motiviert ist. Bei Verwendung klassischer Mengen, gäbe es hier nur zwei Möglichkeiten, nämlich $x$ ist motiviert oder $x$ ist nicht motiviert. Ein abgestuftes Urteil wäre hier nicht möglich. Unscharfe Mengen hingegen erlauben differenziertere Urteile, da die Zugehörigkeit nicht dichotom (zweiwertig) erfasst wird, sondern abgestufte Einschätzungen möglich sind, denn hier gilt offenbar $\mu_{\widetilde{M}}(x) \in [0,1]$ und nicht etwa wie bei klassischen Mengen $\in \{0,1\}$. Im Beispiel möge $\mu_{\widetilde{M}}(\text{Herr A}) = 0$; $\mu_{\widetilde{M}}(\text{Frau B}) = 0{,}2$; $\mu_{\widetilde{M}}(\text{Herr C}) = 0{,}8$; $\mu_{\widetilde{M}}(\text{Herr D}) = 0{,}6$; $\mu_{\widetilde{M}}(\text{Frau E}) = 1$ und $\mu_{\widetilde{M}}(\text{Frau F}) = 0{,}7$ gelten. Dies kann so interpretiert werden, dass Herr A überhaupt nicht, Frau B gering, Herr C ziemlich, Herr D mittelmäßig, Frau E voll und Frau F mittel bis hoch motiviert ist.

Mit diesem Vorspann zum Konzept unscharfer Mengen können wir nun einen einfachen Ansatz zur unscharfen Vektoroptimierung vorstellen. Dabei gelten folgende Symbole:

$\bar{I} := \{i \mid i = 1, 2, \ldots, I\}$ Indizes zur Bezeichnung der (scharfen) Restriktionen

$\bar{J} := \{j \mid j = 1, 2, \ldots, J\}$ Indizes zur Bezeichnung der Entscheidungsvariablen

$\bar{K} := \{k \mid k = 1, 2, \ldots, K\}$ Indizes zur Bezeichnung der Ziele

$c_{kj}$ := (scharfer) Zielfunktionskoeffizient der Entscheidungsvariablen $j \in \bar{J}$ bei Ziel $k \in \bar{K}$

$a_{ij}$ := (scharfer) Koeffizient der Entscheidungsvariablen $j \in \bar{J}$ in Restriktion $i \in \bar{I}$

$B_i$ := (scharfe) Beschränkungsgröße für die linke Seite der Restriktion $i \in \bar{I}$

$x_j$ := Entscheidungsvariable $j \in \bar{J}$

Das klassische Vektoroptimierungsproblem [VOP] mit durchgängig scharfen Teilzielfunktionen und scharfen Restriktionen lautet dann:

$$\begin{bmatrix} \sum_{j \in \bar{J}} c_{1j} \cdot x_j \\ \vdots \\ \sum_{j \in \bar{J}} c_{Kj} \cdot x_j \end{bmatrix} \rightarrow \text{max!} \qquad \text{(ZV. 1)}$$

u.d.N.:

$$\sum_{j \in \bar{J}} a_{ij} \cdot x_j \leq B_i \quad \forall\, i \in \bar{I} \qquad \text{(R. 1)}$$

$$x_j \geq 0 \quad \forall j \in \bar{J} \qquad \text{(R. 2)}$$

[VOP] besteht, wie man unschwer erkennt, aus dem zu maximierenden Zielfunktionsvektor (ZV.1), welcher sich aus $K$ zu maximierenden scharfen Teilzielfunktionen konstituiert, und aus den scharfen Restriktionen (R. 1) sowie (R. 2).

Sei zudem

$X$ := $\{x_j \mid j \in \bar{J}\}$ die Menge der Entscheidungsvariablen

$\mathbf{X}$ := $\{\mathbf{x} \mid \mathbf{x}$ ist ein $J$-Tupel von Ausprägungen der Variablen $x_j \in X\}$

$Z(\mathbf{X})$ := $\{z_k(\mathbf{x}) \mid k \in \bar{K}; \mathbf{x} \in \mathbf{X}\}$ die Menge der Ausprägungen der Teilzielfunktionen von [VOP]

$\mathbf{X}_s$ := $\left\{\mathbf{x} \in \mathbf{X} \mid \sum_{j \in \bar{J}} a_{ij} \cdot x_j \leq B_i \; (i \in \bar{I});\; x_j \geq 0 \; (j \in \bar{J})\right\}$ die Menge aller Lösungen, die dem Restriktionensystem von [VOP] genügen (also die Menge aller zulässigen Lösungen)

dann kann die vollständige Lösung $V$, d.h. die Menge aller effizienten Lösungen von [VOP], definiert werden als

$V$ := $\{\mathbf{x} \in \mathbf{X}_s \mid \nexists\, \bar{\mathbf{x}} \in \mathbf{X}_s$ mit $\left(z_1(\bar{\mathbf{x}}), \ldots, z_K(\bar{\mathbf{x}})\right) \geq (z_1(\mathbf{x}), \ldots, z_K(\mathbf{x}))$ und $z_k(\bar{\mathbf{x}}) > z_k(\mathbf{x})$ für mindestens ein $k\}$.

In $V$ darf nach dem sog. Dominanzprinzip somit kein $\bar{\mathbf{x}}$ enthalten sein, das die Lösungen $\mathbf{x} \in \mathbf{X}_s$ dominiert.

Sofern Teilzielfunktionen von (ZV. 1) konfliktär sind, muss man eine Kompromisslösung suchen. Dazu bringen wir nun die Theorie unscharfer Mengen ins Spiel, indem wir den von Rommelfanger (1994, S. 207 ff.) formulierten Algorithmus MOLPAL (Multi Objective Linear Programming based on Aspiration Levels) anwenden:

Für jede Ausprägung $z_k = z_k(\mathbf{x})$ der einzelnen Teilzielfunktionen $k = 1, \dots, K$ wird eine Nutzenbewertung angestellt. Die jeweiligen Nutzenkalküle werden in unscharfe Mengen $\tilde{Z}_k := \{z_k; \mu_{\tilde{Z}_k}(z_k)\}$ transformiert. Diese bringen die (unscharfe) Zufriedenheit und damit den (unscharfen) Nutzen des Entscheiders damit zum Ausdruck, dass die $k$-te Teilzielfunktion die Ausprägung $z_k$ aufweist. Bei Maximierungszielen kann die Bestimmung der unscharfen Mengen wie folgt vorgenommen werden (wobei dies bei Minimierungszielen analog gilt):

Zuerst werden die Teilzielfunktionen isoliert und unter Beachtung des Restriktionenraums von [VOP] extremiert. Dadurch erhält man für jedes Teilziel eine maximal mögliche Ausprägung $\bar{z}_k$. Anschließend setzt man die bei der isolierten Betrachtung des $k$-ten Ziels ermittelte Variablenkonstellation in die jeweils $K - 1$ anderen Zielfunktionen ein und erhält somit für jedes Teilziel eine untere Schranke $\underline{z}_k$, die freilich nicht größer sein kann als $\bar{z}_k$. Es gilt also $\underline{z}_k \leq \bar{z}_k$. Die obere Schranke $\bar{z}_k$ ist also der Wert der $k$-ten Zielfunktion bei Optimierung des Problems ››$\max\limits_{\mathbf{x} \in \mathbf{X}_s} z_k(\mathbf{x})$‹‹ mit der optimalen Lösung $\mathbf{x}_k$. Die untere Schranke ergibt sich dann durch entsprechendes Einsetzen aller anderen Lösungen in die $k$-te Zielfunktion und Minimieren der resultierenden Werte, ergo aus $\min z_k(\mathbf{x}_1), \dots, z_k(\mathbf{x}_{k-1}), z_k(\mathbf{x}_{k+1}), \dots, z_k(\mathbf{x}_K)$.

Über die Relation $\underline{z}_k \leq \bar{z}_k$ $(k = 1, \dots, K)$ kann auch leicht festgestellt werden, ob überhaupt (mindestens) ein Zielkonflikt vorliegt und damit ein Kompromissprogramm aufgestellt werden muss. Ist bei allen Teilzielen $\underline{z}_k = \bar{z}_k$, dann kann kein Zielkonflikt vorliegen, so dass die Notwendigkeit zur Kompromissfindung entfällt. Ist aber bei mindestens einem Teilziel $\hat{k}$ $\underline{z}_{\hat{k}}$ echt kleiner als $\bar{z}_{\hat{k}}$, dann herrscht Zielkonflikt. Für die Nutzenbewertungen des Entscheiders können die Schranken $\underline{z}_k$ und $\bar{z}_k$ nun wie folgt verwendet werden: Da man die Ausprägung $\underline{z}_k$ auf jeden Fall, d.h. auch bei Verzicht auf Extremierung des $k$-ten Ziels, realisieren kann, sollte dieser Ausprägung auch der geringste Nutzenwert beigemessen werden. Demgegenüber ist den isolierten Optima $\bar{z}_k$ $(k = 1, \dots, K)$ jeweils der höchste Nutzenwert zuzuweisen. Da wir im vorliegenden Buch durchgängig sog. normalisierte und damit solche unscharfe Mengen verwenden, deren Zugehörigkeitswerte nicht kleiner als 0 und nicht größer als 1 sein können, gilt für die Zugehörigkeitswerte von $\underline{z}_k$ und $\bar{z}_k$:

$$\mu_{\tilde{Z}_k}(\underline{z}_k) = 0 \text{ und } \mu_{\tilde{Z}_k}(\bar{z}_k) = 1$$

Der Entscheider ist aber selbstverständlich nicht gezwungen, allen Ausprägungen $z_k$, die größer als $\underline{z}_k$ sind, positive Zugehörigkeitswerte und nur Ausprägungen, die mindestens so groß sind wie $\bar{z}_k$, den Zugehörigkeitswert 1 zuzuordnen. Er hat freilich die Möglichkeit, nach

Maßgabe seines persönlichen Nutzenkalküls von den Schranken $\underline{z}_k$ und $\bar{z}_k$ abzuweichen und die Werte $\mu_{\tilde{Z}_k}(w_k - \Delta_k) = 0$ und $\mu_{\tilde{Z}_k}(w_k) = 1$, mit $\underline{z}_k \leq w_k - \Delta_k$ und $\bar{z}_k \geq w_k$, zu vergeben.

Des Weiteren handelt der Entscheider rational, wenn er seinen Nutzenkalkül dergestalt aufbaut, dass die Zugehörigkeitsfunktion $\mu_{\tilde{Z}_k}$ im Intervall $[w_k - \Delta_k, w_k]$ monoton steigend verläuft. Für die Festlegung des Funktionsverlaufes im Intervall $]w_k - \Delta_k, w_k[$ verbleiben ihm jedoch sehr viele Freiheitsgrade. Ohne auf diese hier näher eingehen zu wollen, legen wir fest, dass wir im vorliegenden Buch aus Vereinfachungsgründen durchgängig von linearen Zugehörigkeitsfunktionen ausgehen (zu anderen Verläufen vgl. z.B. Spengler 1993, S. 37 ff.).

Bei (unscharfen) linearen Optimierungsproblemen ist immer der Gesamtnutzen der Problemlösung zu maximieren. Diesen bezeichnen wir mit $\pi$. Nach dem sog. Symmetrieprinzip ergibt er sich als Durchschnitt aus (un)scharfen Zielen und (un)scharfen Restriktionen (vgl. Bellman/Zadeh 1970). Hintergrund ist das Logische Und, das hier angewendet werden soll, so dass sowohl die Zielerreichung als auch die Restriktionseinhaltung gewährleistet wird. Die Theorie unscharfer Mengen hält verschiedene Aggregationsoperatoren für die Durchschnittbildung bereit. Ein häufig gewählter ist der sog. Minimumoperator, den wir auch hier anwenden wollen. Damit lässt sich $\pi$ hier definieren als

$$\pi(\mathbf{x}) = \min(\mu_{\tilde{Z}_1}(\mathbf{x}), \dots, \mu_{\tilde{Z}_K}(\mathbf{x})) \qquad \text{(D. 1)}$$

Damit lautet das gesuchte Kompromissprogramm für [VOP] dann (vgl. Negoita/Sularia 1976 und Rommelfanger 1994):

$$\pi \rightarrow \max! \qquad \text{(Z. 2)}$$

u.d.N.:

$$\pi \leq \mu_{\tilde{Z}_k}(\mathbf{x}) \quad \forall\, k = 1, \dots, K \qquad \text{(R. 3)}$$

$$\pi \geq 0 \qquad \text{(R. 4)}$$

Bei (wie angenommen) linearem Verlauf der Zugehörigkeitsfunktionen über das Intervall $[w_k - \Delta_k, w_k]$ und bei zu maximierenden Zielfunktionen lauten die Definitionsgleichungen für die Zugehörigkeitsfunktionen wie folgt:

$$\mu_{\tilde{Z}_k}(\mathbf{x}) = \begin{cases} 0 & \text{für } z_k(\mathbf{x}) < w_k - \Delta_k \\ \dfrac{z_k(\mathbf{x}) - (w_k - \Delta_k)}{\Delta_k} & \text{für } w_k - \Delta_k \leq z_k(\mathbf{x}) < w_k \\ 1 & \text{für } w_k < z_k(\mathbf{x}) \end{cases} \qquad \text{(D. 2)}$$

mit $w_k - \Delta_k \geq \underline{z}_k$ und $w_k \leq \bar{z}_k$

Damit lässt sich Restriktion (R. 3) umformen zu bzw. ersetzen durch

$$\Delta_k \cdot \pi - \sum_{j \in \bar{J}} c_{kj} \cdot x_j \leq -(w_k - \Delta_k) \quad \forall\, k \in \bar{K} \qquad \text{(R. 5)}$$

Beispiel:

Wir wollen das geschilderte Vorgehen nun anhand eines von Leberling (1983) in leicht abgewandelter Form übernommenen Beispiels erläutern:

Ein Unternehmen muss im Rahmen der Produktionsprogrammplanung entscheiden, welche Anzahl an Ultra HD Fernsehern und welche Anzahl an Tablet Computern in der kommenden Periode produziert werden soll. Die Produktion erfolgt in vier Abteilungen mit jeweils beschränkten Kapazitäten:

Abteilung 1: In dieser Abteilung werden die Gehäuse für die Ultra HD Fernseher sowie für die Tablet Computer produziert. Die Abteilung kann pro Periode insgesamt höchstens 1.000 Gehäuse für Fernseher oder Tablets herstellen.

Abteilung 2: In dieser Abteilung erfolgt die elektrische Installation der Produkte. Pro Periode können höchstens 800 Ultra HD Fernseher oder 1.200 Tablet Computer oder eine entsprechende Kombination bearbeitet werden.

Abteilung 3: In dieser Abteilung wird die Endmontage der Fernseher durchgeführt. Die Maximalanzahl je Periode beträgt dabei 600 Geräte.

Abteilung 4: In dieser Abteilung wird die Endmontage der Tablets durchgeführt. Die Maximalanzahl je Periode beträgt dabei 800 Geräte.

Für die Planung des entsprechenden Produktionsprogramms hat das Unternehmen zwei Zielstellungen formuliert:

Aus betriebswirtschaftlicher Sicht verfolgt das Unternehmen das Ziel der Gewinnmaximierung und rechnet aufgrund aktueller Prognosen mit einem Stückgewinn pro Ultra HD Fernseher von 100,- € und einem Stückgewinn pro Tablet Computer von 150,- €.

Auf Drängen des Betriebsrats möchte das Unternehmen zudem die Maximierung der Beschäftigung erreichen. Aufgrund der Erfahrungen aus vergangenen Produktionsperioden weiß das Unternehmen, dass für die Herstellung von 10 Fernsehern bzw. 20 Tablets im Durchschnitt eine Arbeitskraft benötigt wird.

Die bisherigen Analysen des Unternehmens haben ergeben, dass sich das gewinnoptimale Produktionsprogramm bei Herstellung von 200 Fernsehern und 800 Tablets mit einem Gewinn von 140.000 € einstellt. Das beschäftigungsoptimale Produktionsprogramm würde hingegen zu einer Produktion von 600 Fernsehern und 300 Tablets mit der Beschäftigung von 75 Arbeitskräften führen.

Wir verwenden nun folgende Symbole:

$k = 1$ := Zielindex für die Gewinnmaximierung

$k = 2$ := Zielindex für die Beschäftigungsmaximierung

$x_1$ := Anzahl zu produzierender Ultra HD Fernseher

$x_2$ := Anzahl zu produzierender Tablet Computer

Der gesuchte Vektoroptimierungsansatz mit den Zielen der Gewinnmaximierung und der Beschäftigungsmaximierung lautet damit wie folgt:

Zielfunktionsvektor:

$$\begin{bmatrix} 100 \cdot x_1 + 150 \cdot x_2 \\ \frac{1}{10} \cdot x_1 + \frac{1}{20} \cdot x_2 \end{bmatrix} \rightarrow \max!$$

Restriktionen:

Abteilung 1: $x_1 + x_2 \leq 1.000$

Abteilung 2: $3 \cdot x_1 + 2 \cdot x_2 \leq 2.400$

Abteilung 3: $x_1 \leq 600$

Abteilung 4: $x_2 \leq 800$

NNB: $x_1, x_2 \geq 0$

Als erstes bestimmt man nun die oberen Schranken $\overline{z}_1$ und $\overline{z}_2$. $\overline{z}_1$ ergibt sich durch Optimierung der ersten Teilzielfunktion $z_1(x_1, x_2) = 100 \cdot x_1 + 150 \cdot x_2 \rightarrow$ max! unter den Restriktionen des Vektoroptimierungsmodells. Die korrespondierende Modellrechnung führt zu $\overline{z}_1 = 100 \cdot 200 + 150 \cdot 800 = 140.000$. $\overline{z}_2$ ergibt sich durch Optimierung der zweiten Teilzielfunktion $z_2(x_1, x_2) = \frac{1}{10} \cdot x_1 + \frac{1}{20} \cdot x_2 \rightarrow$ max! unter denselben Restriktionen.

Die Modellrechnung führt zu $\overline{z}_2 = \frac{1}{10} \cdot 600 + \frac{1}{20} \cdot 300 = 75$.

Durch gegenseitiges Einsetzen ergeben sich sodann $\underline{z}_1 = 100 \cdot 600 + 150 \cdot 300 = 105.000$ sowie $\underline{z}_2 = \frac{1}{10} \cdot 200 + \frac{1}{20} \cdot 800 = 60$.

Wir wollen hier von $w_1 - \Delta_1 = \underline{z}_1 = 105.000$ und von $w_2 - \Delta_2 = \underline{z}_2 = 60$ ausgehen. Damit lauten die Definitionsgleichungen für die beiden linearen Zugehörigkeitsfunktionen:

$$\mu_{\tilde{Z}_1}(x_1, x_2) = \begin{cases} 0 & \text{für } z_1(x_1, x_2) < 105.000 \\ \dfrac{z_1(x_1, x_2) - 105.000}{35.000} & \text{für } 105.000 \leq z_1(x_1, x_2) < 140.000 \\ 1 & \text{für } 140.000 \leq z_1(x_1, x_2) \end{cases}$$

$$\mu_{\tilde{Z}_2}(x_1, x_2) = \begin{cases} 0 & \text{für } z_2(x_1, x_2) < 60 \\ \dfrac{z_2(x_1, x_2) - 60}{15} & \text{für } 60 \leq z_2(x_1, x_2) < 75 \\ 1 & \text{für } 75 \leq z_2(x_1, x_2) \end{cases}$$

Das gesuchte Kompromissprogramm lautet dann wie folgt:

Zielfunktion:

$$\pi \rightarrow \max! \qquad \text{(Z. 2)}$$

u.d.N.:

$$35.000 \cdot \pi - (100 \cdot x_1 + 150 \cdot x_2) \leq -105.000$$

$$15 \cdot \pi - \left(\frac{1}{10} \cdot x_1 + \frac{1}{20} \cdot x_2\right) \leq -60$$

$$x_1 + x_2 \leq 1.000$$

$$3 \cdot x_1 + 2 \cdot x_2 \leq 2.400$$

$$x_1 \leq 600$$

$$x_2 \leq 800$$

$$\pi, x_1, x_2 \geq 0$$

Im Optimum ergeben sich:

$$\pi = 0{,}68\overline{18}$$

$$x_1 = 409{,}\overline{09}$$

$$x_2 = 586{,}\overline{36}$$

Das Kompromissniveau ist bei $\pi = 0{,}68\overline{18}$ relativ mittelmäßig ausgeprägt. Sollte der Entscheider damit nicht hinreichend zufrieden sein, kann er sich überlegen, die Schranken für die Zugehörigkeitswerte zu verändern.

## 6.2 Übungsaufgaben

**Aufgabe 14**

Was versteht man unter MADM- und was unter MODM-Ansätzen bei Mehrzielentscheidungsproblemen?

**Aufgabe 15**

a. Was versteht man unter einer mathematischen Funktion im Allgemeinen und unter einer Zugehörigkeitsfunktion im Besonderen?

b. Zeichnen Sie den Grafen der Zugehörigkeitsfunktion zum Beispiel auf S. 48 (motivierte Mitarbeiter)! Was ist bei diesem zu beachten und inwiefern kann er verändert werden?

**Aufgabe 16**

Muss man die Formulierung von (ZV. 1) ändern, wenn eine oder mehrere der Teilzielfunktionen zu minimieren ist bzw. sind?

**Aufgabe 17**

a. Erläutern Sie, was man unter dem Dominanzprinzip versteht!

b. Erläutern Sie folgende Definition von S. 49:

   „Die vollständige Lösung $V$, d.h. die Menge aller effizienten Lösungen von [VOP], kann definiert werden als

   $$V := \{\mathbf{x} \in \mathbf{X}_s \mid \nexists\, \bar{\mathbf{x}} \in \mathbf{X}_s \text{ mit } \big(z_1(\bar{\mathbf{x}}), \ldots, z_K(\bar{\mathbf{x}})\big) \geq (z_1(\mathbf{x}), \ldots, z_K(\mathbf{x})) \text{ und } z_k(\bar{\mathbf{x}}) > z_k(\mathbf{x}) \text{ für mindestens ein } k\}$$

   In $V$ darf nach dem sog. Dominanzprinzip somit kein $\bar{\mathbf{x}}$ enthalten sein, das die Lösungen $\mathbf{x} \in \mathbf{X}_s$ dominiert."

**Aufgabe 18**

Wie lauten die Definitionsgleichungen für die Zugehörigkeitsfunktionen, wenn in [VOP] (s. S. 49 ff.) Minimierungsziele verfolgt werden?

**Aufgabe 19**

Zeigen Sie, wie man von (R. 3) zu (R. 5) kommt!

**Aufgabe 20**

Zeichnen Sie den $(x_1, x_2)$-Lösungsraum für das Vektoroptimierungsproblem von S. 52 ff.!

# 7 Heuristische und optimierende Ansätze der Personalplanung

## 7.1 Darstellung

Die Entscheidbarkeit von Personalplanungsproblemen hängt maßgeblich von den einsetzbaren bzw. eingesetzten Lösungsprozeduren ab (vgl. Adam 1996, S. 493 ff.). Damit verbunden ist die Frage, auf welchem Niveau das Problem gelöst werden soll. Grundsätzlich wird man bestrebt sein, die optimale Lösung zu finden. Es existieren jedoch auch Personalplanungsprobleme, für die aufgrund ihrer Komplexität und Kompliziertheit keine beste Lösung im Sinne des ökonomischen Minimal- oder Maximalprinzips abgeleitet werden kann, weil entweder noch keine geeigneten Verfahren vorliegen oder ein unvertretbarer Aufwand zu betreiben wäre. In solchen Fällen ist es durchaus sinnvoll, lediglich suboptimale Lösungen zu entwickeln, die zwischen dem Globaloptimum und einer zulässigen Ausgangslösung angesiedelt sind, oder sich gar nur mit letzterer begnügen.

Lösungsprozeduren, die (sofern ein solches überhaupt existiert) sicher zum Globaloptimum führen, werden als (streng) optimierende Verfahren bezeichnet. Demgegenüber gelangt man durch die Verwendung heuristischer Verfahren allenfalls zufällig zum Globaloptimum, ohne jedoch Kenntnis von der Optimalität der Lösung zu erhalten (Neumann/Morlock 1993, S. 402). I.d.R. wird man durch den Einsatz von Heuristiken (zwar zulässige) jedoch suboptimale Lösungen im Sinne eines Lokaloptimums, Partialoptimums oder eines verfahrensinduzierten Suboptimums erreichen. Auf die differenzierte Diskussion über Gegenstände und Wirkungs- und Vorgehensweisen heuristischer Verfahren wollen wir hier nicht näher eingehen, sondern stattdessen auf die einschlägige Literatur verweisen (vgl. z.B. Zimmermann 2008 S. 271 ff.). Sie basieren jedenfalls vielfach auf relativ einfach gehaltenen (Faust-) Regeln, wie z.B. der First in, first up-Regel bei Beförderungen, dem Last in, First out-Prinzip bei Entlassungen oder den Maximen „Zu jedem Allokationsobjekt die beste Arbeitskraft" (a) bzw. „Jede Arbeitskraft zu dem Allokationsobjekt, für das sie am besten geeignet ist" (b) bei Personalzuordnungsproblemen (vgl. Kossbiel 1988, S. 1112 f.). Die beiden letztgenannten wollen wir nun anhand eines quadratischen Zuordnungsproblems erläutern, das nicht aus dem Bereich der kollektiven, sondern aus dem Bereich der individuellen Personalplanung stammt und bei dem es darum geht, insgesamt $R^*$ individuelle Mitarbeiter ($r^* = 1, \dots, R^*$) zu insgesamt $Q^*$ einzelnen Allokationsobjekten ($q^* = 1, \dots, Q^*$), wie z.B. Arbeitsplätzen, Stellen, Projekten, Niederlassungen o.ä. zuzuordnen. Dabei wird nach Maßgabe einer Zielgröße vorgegangen, die über Ausprägungen $c_{r^*q^*}$ zu operationalisieren sind. $c_{r^*q^*}$ besagt, wie stark das in Rede stehende Zielkriterium bei einer Zuordnung von Mitarbeiter $r^*$ zu Allokationsobjekt $q^*$ ausgeprägt ist. Dabei sind entweder zu maximierende Größen, wie bei der Zuordnung beispielsweise zu erwartende Erlöse, Produktivitätsausprägungen, Eignungsgrade oder Verkaufsmengen, oder zu minimierende Kriterien, wie z.B. Kosten, Aufgabenerledigungszeiten, Schulungsaufwendungen oder Verluste, mit denen man bei den jeweiligen Zuordnungen zu


T. Spengler et al., *Moderne Personalplanung*,
https://doi.org/10.1007/978-3-658-47677-9_7

rechnen hat.

Diese werden dann in einem Tableau der zuordnungsspezifischen Kriteriumsausprägungen eingetragen (**Tabelle 7.1**):

**Tabelle 7.1** Tableau der zuordnungsspezifischen Kriteriumsausprägungen

| | $q^* = 1$ | $q^* = 2$ | $\cdots$ | $q^* = Q^*$ |
|---|---|---|---|---|
| $r^* = 1$ | $c_{11}$ | $c_{12}$ | $\cdots$ | $c_{1Q^*}$ |
| $r^* = 2$ | $c_{21}$ | $c_{22}$ | $\cdots$ | $c_{2Q^*}$ |
| $\vdots$ | $\vdots$ | $\vdots$ | | $\vdots$ |
| $r^* = R^*$ | $c_{R^*1}$ | $c_{R^*2}$ | $\cdots$ | $c_{R^*Q^*}$ |

Zu (a): Bei der Maxime „Zu jedem Allokationsobjekt die beste Arbeitskraft" kann man bei der Verfolgung von Maximierungszielen wie folgt vorgehen (vgl. Kossbiel 1988, S. 1112):

1. Markiere (□) zunächst das maximale Element der Ausgangsmatrix und streiche alle anderen Elemente der betreffenden Zeile und der betreffenden Spalte.
2. Markiere (□) dann das maximale Element der Restmatrix und streiche alle anderen Elemente der betreffenden Zeile und der betreffenden Spalte.
3. Fahre analog fort bis die vollständige Zuordnung erreicht ist.

Bei Minimierungszielen ist es sinnvoll, folgende Schritte zu wählen:

1. Markiere (□) zunächst das minimale Element der Ausgangsmatrix und streiche alle anderen Elemente der betreffenden Zeile und der betreffenden Spalte.
2. Markiere (□) dann das minimale Element der Restmatrix und streiche alle anderen Elemente der betreffenden Zeile und der betreffenden Spalte.
3. Fahre analog fort bis die vollständige Zuordnung erreicht ist.

Zu (b): Bei der Maxime „Jede Arbeitskraft zu dem Allokationsobjekt, für das sie am besten geeignet ist" kann man bei der Verfolgung von Maximierungszielen wie folgt vorgehen (vgl. Kossbiel 1988, S. 1112 f.):

1. Bestimme über alle Zeilen der Ausgangsmatrix die maximale Differenz der Kriteriumsausprägungen. Sollte dieselbe Differenz in mehreren Zeilen vorkommen, dann wähle willkürlich. Markiere (□) in der entsprechenden Zeile das maximale Element und streiche alle anderen Elemente der betreffenden Zeile und der betreffenden Spalte.

2. Bestimme über alle Zeilen der Restmatrix die maximale Differenz der Kriteriumsausprägungen. Markiere (□) in der entsprechenden Zeile das maximale Element und streiche alle anderen Elemente der betreffenden Zeile und der betreffenden Spalte.
3. Fahre analog fort bis die vollständige Zuordnung erreicht ist.

Bei Minimierungszielen ist es sinnvoll, folgende Schritte zu wählen:

1. Bestimme über alle Zeilen der Ausgangsmatrix die maximale Differenz der Kriteriumsausprägungen. Sollte dieselbe Differenz in mehreren Zeilen vorkommen, dann wähle willkürlich. Markiere (□) in der entsprechenden Zeile das minimale Element und streiche alle anderen Elemente der betreffenden Zeile und der betreffenden Spalte.
2. Bestimme über alle Zeilen der Restmatrix die maximale Differenz der Kriteriumsausprägungen. Markiere (□) in der entsprechenden Zeile das minimale Element und streiche alle anderen Elemente der betreffenden Zeile und der betreffenden Spalte.
3. Fahre analog fort bis die vollständige Zuordnung erreicht ist.

Als problematisch erweisen sich diese beiden Heuristiken vor allem dann, wenn eine Arbeitskraft bei mehreren Allokationsobjekten die beste ist oder wenn mehrere Arbeitskräfte bei einem Allokationsobjekt die besten sind. Wir wollen die beiden heuristischen Verfahren nun anhand eines Beispiels erläutern.

Beispiel:

In einer Wirtschaftsprüfungsgesellschaft fallen separat durchzuführende Prüfvorgänge sechs unterschiedlicher Arten ($q' = 1, 2, 3, 4, 5, 6$) an. Für ein in Kürze bevorstehendes Projekt sollen nun sechs Wirtschaftsprüferassistenten ($r' = 1, 2, 3, 4, 5, 6$) jeweils genau einem dieser Prüfvorgänge zugeordnet werden. Aufgrund der unterschiedlichen Fähigkeiten und Erfahrungen dieser Prüferassistenten variiert die Dauer der Durchführung der einzelnen Prüfvorgänge. **Tabelle 7.2** informiert über die durchschnittliche Durchführungsdauer (in Stunden) für jeden der sechs Prüferassistenten bei der Erledigung des jeweiligen Prüfvorgangs.

**Tabelle 7.2** Durchschnittliche Durchführungsdauer (in Stunden) für Prüferassistent $r'$ bei Erledigung des Prüfvorgangs $q'$

| | $q' = 1$ | $q' = 2$ | $q' = 3$ | $q' = 4$ | $q' = 5$ | $q' = 6$ |
|---|---|---|---|---|---|---|
| $r' = 1$ | 58 | 58 | 49 | 55 | 41 | 45 |
| $r' = 2$ | 50 | 47 | 44 | 54 | 42 | 42 |
| $r' = 3$ | 56 | 52 | 50 | 50 | 41 | 44 |
| $r' = 4$ | 50 | 51 | 41 | 50 | 44 | 39 |
| $r' = 5$ | 55 | 51 | 47 | 48 | 37 | 43 |
| $r' = 6$ | 56 | 53 | 46 | 51 | 44 | 46 |

a. Ordnen Sie die Prüfer unter Anwendung des heuristischen Verfahrens „An jeden Platz die beste Kraft!" den einzelnen Prüfvorgängen so zu, dass die Gesamtzahl der benötigten Stunden zur Durchführung der Prüfvorgänge möglichst gering wird!

**Tabelle 7.3** Zulässige Zuordnung von Prüfern zu Prüfvorgängen bei Anwendung des heuristischen Verfahrens „An jeden Platz die beste Kraft!"

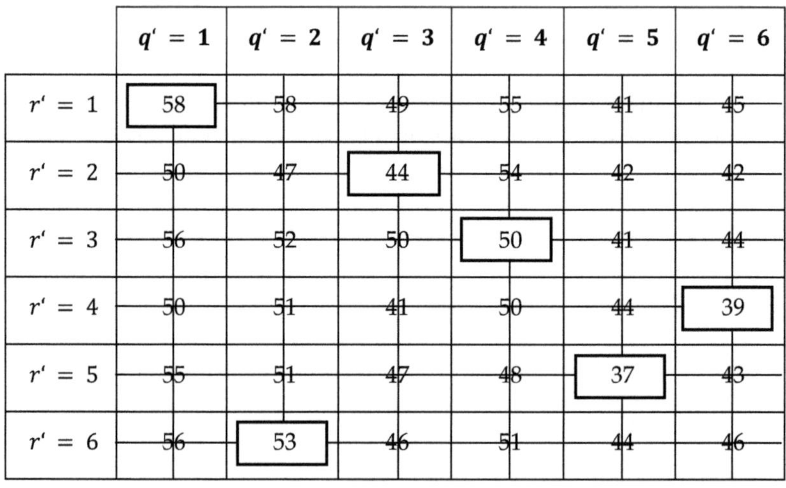

| | **$q' = 1$** | **$q' = 2$** | **$q' = 3$** | **$q' = 4$** | **$q' = 5$** | **$q' = 6$** |
|---|---|---|---|---|---|---|
| $r' = 1$ | 58 | 58 | 49 | 55 | 41 | 45 |
| $r' = 2$ | 50 | 47 | 44 | 54 | 42 | 42 |
| $r' = 3$ | 56 | 52 | 50 | 50 | 41 | 44 |
| $r' = 4$ | 50 | 51 | 41 | 50 | 44 | 39 |
| $r' = 5$ | 55 | 51 | 47 | 48 | 37 | 43 |
| $r' = 6$ | 56 | 53 | 46 | 51 | 44 | 46 |

Insgesamt werden bei dieser Lösung (**Tabelle 7.3**) 281 Stunden benötigt.

b. Ordnen Sie die Prüfer unter Anwendung des heuristischen Verfahrens „Jede Kraft an den Platz, für den sie am besten geeignet ist!“ den einzelnen Prüfvorgängen so zu, dass die Gesamtzahl der benötigten Stunden zur Durchführung der Prüfvorgänge möglichst gering wird!

**Tabelle 7.4** Zulässige Zuordnung von Prüfern zu Prüfvorgängen bei Anwendung des heuristischen Verfahrens „Jede Kraft an den Platz, für den sie am besten geeignet ist!“

| | **$q' = 1$** | **$q' = 2$** | **$q' = 3$** | **$q' = 4$** | **$q' = 5$** | **$q' = 6$** | Zeilenmax.-Zeilenmin. | | | | |
|---|---|---|---|---|---|---|---|---|---|---|---|
| $r' = 1$ | 58 | 58 | 49 | 55 | 41 | [45] | 17 | 13 | - | - | - |
| $r' = 2$ | 50 | [47] | 44 | 54 | 42 | 42 | 12 | 12 | 10 | 7 | - |
| $r' = 3$ | 56 | 52 | 50 | [50] | 41 | 44 | 15 | 12 | 6 | 6 | 6 |
| $r' = 4$ | 50 | 51 | [41] | 50 | 44 | 39 | 12 | 12 | 10 | - | - |
| $r' = 5$ | 55 | 51 | 47 | 48 | [37] | 43 | 18 | - | - | - | - |
| $r' = 6$ | [56] | 53 | 46 | 51 | 44 | 46 | 12 | 10 | 10 | 5 | 5 |

Die Gesamtzahl der benötigten Stunden beträgt bei dieser Heuristik (**Tabelle 7.4**) 276.

Im Optimum hingegen ergibt sich ein Gesamtstundenbedarf in Höhe von 275 bei folgender Zuordnung (**Tabelle 7.5**):

**Tabelle 7.5** Optimallösung

| | $q' = 1$ | $q' = 2$ | $q' = 3$ | $q' = 4$ | $q' = 5$ | $q' = 6$ |
|---|---|---|---|---|---|---|
| $r' = 1$ | 58 | 58 | 49 | 55 | 41 | 45 |
| $r' = 2$ | 50 | 47 | 44 | 54 | 42 | 42 |
| $r' = 3$ | 56 | 52 | 50 | 50 | 41 | 44 |
| $r' = 4$ | 50 | 51 | 41 | 50 | 44 | 39 |
| $r' = 5$ | 55 | 51 | 47 | 48 | 37 | 43 |
| $r' = 6$ | 56 | 53 | 46 | 51 | 44 | 46 |

Metaheuristiken sind zwar, das besagt ja die Bezeichnung, auch Heuristiken, sie sind aber im Vergleich zu diesen elaborierter und leistungsfähiger. Die Vorsilbe „meta" bedeutet je nach Verwendung „davor" oder „daneben". Hier in diesem Kontext wird sie für solche Verfahren verwendet, die der Entwicklung und Formulierung von in speziellen Entscheidungssituationen anzuwenden Heuristiken dienen. Zu ihnen zählen Verfahren der lokalen Suche (engl. Local Search), bei denen sog. Nachbarschaften zu Ausgangs- und Zwischenlösungen aufgesucht und bewertet werden (vgl. z.B. Schroll 2005, S. 141 ff., 2007, S. 257 ff. und Ruban 2008, S. 32 ff.). Die sog. General Descent-Methode (vgl. z.B. de Werra/Hertz 1989, Wäscher 1998, S. 1302 und Schroll 2007, S. 262) ist ein klassisches Local Search-Verfahren, bei dem zwischenzeitliche Zielfunktionswertverschlechterungen unzulässig sind, das Verharren in einem lokalen Optimum droht und die Final- abhängig von der Startlösung ist. Bei Modernen Verfahren der lokalen Suche hingegen sind vorübergehende Zielfunktionswertverschlechterungen zum Zwecke des Überwindens lokaler Optima erlaubt und es herrscht weitgehende Unabhängigkeit von Start- und Finallösung. Zu diesen Verfahren gehören vor allem das sog. Simulated Annealing (vgl. z.B. Dowsland 1993 und Aarts et al. 1997), das Threshold Accepting (vgl. z.B. Dueck/Scheuer 1990), der Great Deluge-Algorithmus (vgl. z.B. Dueck 1993) und Verfahren der Tabu Search (vgl. z.B. Glover 1989, de Werra/Hertz 1989 und Wäscher 1998). Mit Anwendungen von Simulated Annealing und Tabu Search im Bereich der Dienstplanung beschäftigt sich z.B. Alexandra Schroll in ihrer Dissertation (vgl. Schroll 2007, S. 263 ff.).

## 7.2 Übungsaufgaben

**Aufgabe 21**

Der Geschäftsführer einer kleinen Reinigungskette betreibt sechs verschiedene Filialen ($A, B, C, D, E$ und $F$). Die Filialen befinden sich an unterschiedlichen Standorten in Deutschland. Aufgrund des zunehmenden Zeitaufwandes möchte der Geschäftsführer für jeden Standort jeweils einen Filialleiter berufen. Zur Auswahl stehen ihm sechs ausgebildete Ökonomen ($r' = 1, \dots, 6$), die dafür in Frage kommen. Aufgrund der unterschiedlichen Fähigkeiten und Erfahrungen dieser sechs Personen variiert der mögliche generierbare Jahresumsatz. Die nachstehende **Tabelle 7.6** informiert über den durchschnittlichen Jahresumsatz (in Tausend Geldeinheiten) für jeden der sechs Ökonomen bei der Zuordnung zu einem der möglichen Standorte.

**Tabelle 7.6** Durchschnittliche Jahresumsätze der Ökonomen (in Tausend Geldeinheiten)

| | $A$ | $B$ | $C$ | $D$ | $E$ | $F$ |
|---|---|---|---|---|---|---|
| $r' = 1$ | 140 | 159 | 138 | 131 | 132 | 158 |
| $r' = 2$ | 148 | 155 | 137 | 128 | 125 | 124 |
| $r' = 3$ | 154 | 139 | 141 | 135 | 131 | 130 |
| $r' = 4$ | 123 | 143 | 127 | 134 | 136 | 134 |
| $r' = 5$ | 121 | 143 | 160 | 121 | 154 | 123 |
| $r' = 6$ | 122 | 121 | 133 | 149 | 127 | 144 |

a. Ordnen Sie die Ökonomen unter Anwendung des heuristischen Verfahrens „An jeden Platz die beste Kraft!" den einzelnen Filialen so zu, dass der Gesamtjahresumsatz der Reinigungskette möglichst hoch wird!

b. Ordnen Sie die Ökonomen unter Anwendung des heuristischen Verfahrens „Jede Kraft an den Platz, für den sie am besten geeignet ist!" den einzelnen Filialen so zu, dass der Gesamtjahresumsatz der Reinigungskette möglichst hoch wird!

**Aufgabe 22**

Was versteht man im Kontext von Local Search-Verfahren unter Nachbarschaften und Nachbarschaftslösungen? Wie lassen sich diese grundsätzlich erzeugen?

**Aufgabe 23**

Worin liegt der Unterschied zwischen klassischen und modernen Local Search-Verfahren?

**Aufgabe 24**

Um die Durchführung einer Nachbarschaftssuche näher zu beleuchten, wird an dieser Stelle auf ein leicht abgewandeltes Beispiel aus der Dissertation von Alexandra Schroll (2007) zurückgegriffen:

Ein Unternehmen hat die Möglichkeit, sieben verschiedene Investitionen ($i = 1, \ldots, 7$) durchzuführen. Die durch die Investitionen generierten Kapitalwerte ($KW_i$) und verursachten Auszahlungen ($K_i$) sind in **Tabelle 7.7** dargestellt. Das Unternehmen hat die Zielsetzung, den generierbaren Gesamtkapitalwert aus den verschiedenen Investitionen zu maximieren. Das Unternehmen muss sich entscheiden, ob eine Investition durchgeführt wird oder nicht durchgeführt wird. Dementsprechend ist die Entscheidungsvariable eine Binärvariable mit den Ausprägungen 0 und 1, wobei die Ausprägung 0 für „nicht durchführen" und die 1 für „durchführen" steht. Dem Unternehmen steht allerdings nur ein begrenztes Budget i.H.v. 35 GE zur Durchführung der Investitionen zur Verfügung.

**Tabelle 7.7** Investitionsalternativen

| Alternative $i$ | 1 | 2 | 3 | 4 | 5 | 6 | 7 |
|---|---|---|---|---|---|---|---|
| Kapitalwert $KW_i$ | 10 | 33 | 34 | 17 | 31 | 26 | 35 |
| Auszahlungen $K_i$ | 9 | 9 | 8 | 5 | 5 | 7 | 8 |

Es wird davon ausgegangen, dass eine Ausgangslösung die Durchführung der Investitionen $i = 1, i = 2$ und $i = 3$ sowie die Nichtdurchführung von allen anderen Investitionen vorsieht.

Weiterhin wird davon ausgegangen, dass im Zuge der Ermittlung der Nachbarschaftslösungen lediglich eine einzige Komponente verändert werden kann.

a. Untersuchen Sie die Ausgangslösung auf zulässige Nachbarschaftslösungen mit den gegebenen Informationen!

b. Was wäre zu beachten, wenn das Budget lediglich 30 GE beträgt?

**Aufgabe 25**

In Aufgabe 24 wird ermittelt, dass $v = 7$ der optimale Nachbar aus der betrachteten Ausgangssituation ist, also in Vektordarstellung: $x = (1,1,1,0,0,0,1)$. Führen Sie mittels Tabu Search das Suchverfahren fort! Beachten Sie dabei, dass weiterhin die Transformationsvorschrift gilt, dass lediglich eine Komponente verändert werden darf. Ermitteln Sie die optimale Lösung für dieses Optimierungsproblem!

# 8 Starre und flexible Personalplanungsansätze

## 8.1 Darstellung

Die Differenzierung zwischen starren und flexiblen Planungsansätzen bezieht sich nicht auf die Flexibilität des jeweils erzielten Planungsergebnisses, sondern auf die Flexibilität der Entscheidungsprozedur; es handelt sich um Planungsmethoden (vgl. Inderfurth 1982). Die Methodik der flexiblen Planung wurde für Planungssituationen mit zeitlich-vertikalen Interdependenzen entwickelt, in denen zu Beginn des Planungszeitraums die Konsequenzen der künftig zu treffenden Entscheidungen zwar nicht mit Sicherheit bekannt sind, aber Auswirkungen auf die Optimalität der Aktionenfolge entfalten. Das Ziel der flexiblen Planung liegt somit in der Bestimmung eines optimalen Gesamtplans für sequentielle Entscheidungsprobleme.

Bei starrer Planung wird die gesamte Entscheidungssequenz bereits zu Beginn des Planungszeitraums eindeutig festgelegt, so dass man bereits sehr frühzeitig Entscheidungen trifft, die eigentlich erst später anstehen und die auch erst später getroffen werden sollten, nämlich dann, wenn man den (dann) eingetretenen Umweltzustand kennt. Bei flexibler Planung hingegen wird nur die in der ersten Periode zu realisierende Aktion eindeutig festgelegt, für die Folgeperioden generiert man sog. Eventualpläne und kommt somit zu einem Planungsergebnis, das nicht schlechter sein kann (i.d.R. ist es besser) als das Ergebnis einer starren Planung. Flexible Planungsprobleme können mit Hilfe des sog. Roll-back-Verfahrens auf der Basis von Entscheidungsbäumen, auf der Grundlage von Entscheidungsmatrizen oder durch Formulierung gemischt-ganzzahliger mathematischer Optimierungsprogramme gelöst werden (vgl. Laux 1971, Spengler 1999 und Reichling et al. 2008, S. 231 ff.).

Typische Anwendungssituationen für flexible Personalplanungsansätze sind z.B. die Fälle, in denen die für die einzelnen Teilperioden des Planungszeitraums erwartete Nachfrage nicht als Datum bekannt, sondern risikobehaftet ist und somit die optimale (zukünftige) Personalbereitstellung und -verwendung sowie das optimale (zukünftige) Produktionsprogramm nicht über alle Teilperioden zu Beginn des Planungszeitraums festgelegt werden sollten, da man die tatsächliche Nachfrage erst in den jeweiligen Entscheidungszeitpunkten erfährt (vgl. Spengler 1998, S. 147 ff. und 1999, S. 148 ff.). Stellvertretend für flexible Optimierungsmodelle in der kollektiven Personalplanung wollen wir nun ein einfaches Modell zur simultanen Optimierung des Produktionsprogramms und der Personalbereitstellung formulieren. Dabei gehen wir davon aus, dass (abgesehen von der ersten Teilperiode) im Planungszeitraum die Nachfrage nach möglicherweise zum künftigen Produktionsprogramm des Betriebes zählenden Produkten riskikobehaftet ist. Dies bedeutet, dass die Nachfrage nach den entsprechenden Gütern in der ersten Periode dem Entscheider mit Sicherheit bekannt ist und


T. Spengler et al., *Moderne Personalplanung*,
https://doi.org/10.1007/978-3-658-47677-9_8

dieser sich über die Nachfrage in den Folgeperioden lediglich Wahrscheinlichkeitsurteile bilden kann. Die Zustandsfolgen und Eintrittswahrscheinlichkeiten lassen sich sinnfällig in einem sog. Zustandsbaum darstellen. In den Knoten des Baumes vermerkt man die jeweiligen Umweltzustände ($z = 1, \dots, Z$) und an den Kanten die Eintrittswahrscheinlichkeiten. Dabei bezeichnet $w_{z|z^-}$ die bedingte Wahrscheinlichkeit für den Eintritt des Umweltzustandes $z$ unter der Hypothese, dass in der unmittelbaren Vorperiode der Umweltzustand $z^-$ eingetreten ist. Für einen Fall mit drei Teilperioden ($t = 1, 2, 3$), zu deren Beginn zwar jeweils genau ein Umweltzustand eintreten wird, nun aber man den in $t = 1$ eintretenden Umweltzustand mit Sicherheit kennt und in $t = 2$ zwei Umweltzustände sowie in $t = 3$ vier Umweltzustände in Betracht kommen, kann ein Zustandsbaum z.B. folgende Gestalt aufweisen (**Abbildung 8.1**):

**Abbildung 8.1** Zustandsbaum

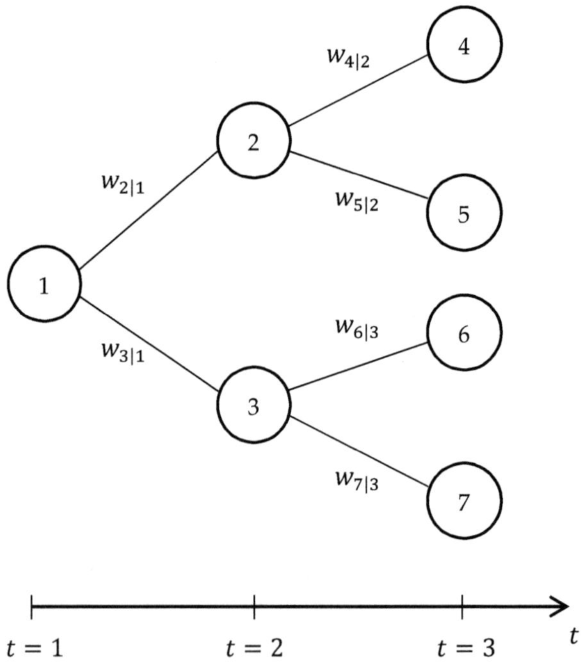


Dieser Zustandsbaum zeigt, dass in Periode $t = 1$ mit Sicherheit Umweltzustand $z = 1$ eintritt. Zu Beginn von Periode $t = 2$ tritt entweder mit der Wahrscheinlichkeit $w_{2|1}$ Umweltzustand $z = 2$ oder mit der Wahrscheinlichkeit $w_{3|1}$ Umweltzustand $z = 3$ ein. Unter der Hypothese, dass in $t = 2$ Zustand $z = 2$ eingetreten ist, tritt zu Beginn von $t = 3$ entweder mit der Wahrscheinlichkeit $w_{4|2}$ Umweltzustand $z = 4$ oder mit der Wahrscheinlichkeit $w_{5|2}$ Umweltzustand $z = 5$ ein. Unter der Hypothese, dass in $t = 2$ Zustand $z = 3$ eingetreten ist, tritt zu Beginn von $t = 3$ entweder mit der Wahrscheinlichkeit $w_{6|3}$ Umweltzustand $z = 6$ oder mit der Wahrscheinlichkeit $w_{7|3}$ Umweltzustand $z = 7$ ein.

Wir definieren folgende Symbole:

*Mengen*

$\overline{Z}$ := $\{z|z = 1, \dots, Z; z$ ist ein Umweltzustand$\}$

$\overline{T}$ := $\{t|t = 1, \dots, T; t$ ist eine Teilperiode des Planungszeitraumes und zugleich ein Entscheidungszeitpunkt$\}$

$Z_T$ := $\{z|z$ ist ein im letzten Entscheidungszeitpunkt eintretender Umweltzustand$\}$

$Z_Z^*$ := $\{z^*|z^*$ ist ein Vorgängerzustand von $z \in \overline{Z}$ oder $z$ selbst$\}$

$z^-$ := ein direkter Vorgänger von Zustand $z$

$t_z$ := Zeitpunkt, zu dem Umweltzustand $z$ eintritt

$\overline{P}$ := $\{p|p = 1, \dots, P; p$ ist eine Produktart$\}$

$\overline{R}$ := $\{r|r = 1, \dots, R; r$ ist eine Arbeitskräftekategorie$\}$

$\overline{Q}$ := $\{q|q = 1, \dots, Q; q$ ist eine Tätigkeitskategorie$\}$

$R_q$ := $\{r|$ Arbeitskräfte der Art $r \in R$ können für die Erledigung von Tätigkeiten der Art $q \in Q$ bereitgestellt werden$\}$

$Q_r$ := $\{q|$ für die Erledigung von Tätigkeiten der Art $q \in Q$ können Arbeitskräfte der Art $r \in R$ verwendet werden$\}$

$\mathbb{N}_0$ := Menge der natürlichen Zahlen einschließlich der 0

*Daten*

$w_{z|z^-}$ := (bedingte) Wahrscheinlichkeit für den Eintritt des Umweltzustandes $z$ unter der Hypothese, dass in der unmittelbaren Vorperiode der Umweltzustand $z^-$ eingetreten ist

$\widehat{w}_z$ := (unbedingte) Wahrscheinlichkeit für den Eintritt des Umweltzustandes $z \in Z_T$

[$\widehat{w}_z$ ergibt sich aus dem Produkt der bedingten Wahrscheinlichkeiten der betrachteten Zustandsfolge, d.h. $\widehat{w}_z = \prod_{z^* \in Z_z^*} w_{z^*|z^{*-}} \quad \forall\, z \in Z_T \wedge \sum_{z \in Z_T} \widehat{w}_z = 1$]

$DB_{pz}$ := im Zustand $z$ pro erzeugter Einheit eines Produktes der Art $p$ erzielbarer Deckungsbeitrag

$a_{qp}$ := Personalbedarfskoeffizient (für die Erledigung von Tätigkeiten der Art $q$ zur Erzeugung einer Einheit eines Gutes der Art $p$ benötigte Arbeitskräfteperioden)

$GK_{rz}$ := im Umweltzustand $z$ pro Arbeitskraft der Art $r$ zu zahlender Gehaltskostensatz

$HK_{rz}$ := im Umweltzustand $z$ pro einzustellender Arbeitskraft der Art $r$ zu zahlender Einstellungskostensatz

$FK_{rz}$ := im Umweltzustand $z$ pro zu entlassender Arbeitskraft der Art $r$ zu zahlender Entlassungskostensatz

$PA_{r0}$ := Anfangsausstattung mit Arbeitskräften der Art $r \in \overline{R}$

$H_{rz}^{max}$ := Obergrenze für Einstellung von Arbeitskräften der Art $r$ im Umweltzustand $z$

$F_{rz}^{max}$ := Obergrenze für Entlassungen von Arbeitskräften der Art $r$ im Umweltzustand $z$

$X_{pz}^{max}$ := im Umweltzustand $z$ maximale Nachfrage nach Produkten der Art $p$

<u>*Entscheidungsvariable*</u>

$NE_z$ := Nettoerfolg, der bei der zu Zustand $z \in Z_T$ führenden Zustandsfolge erzielt wird

$x_{pz}$ := Anzahl der im Zustand $z$ herzustellenden Produkte der Art $p$

$PA_{rz}$ := Ausstattung mit Arbeitskräften der Art $r$ in Zustand $z$

$h_{rz}$ := Anzahl der in Zustand $z$ einzustellenden Arbeitskräfte der Art $r$

$f_{rz}$ := Anzahl der in Zustand $z$ zu entlassenden Arbeitskräfte der Art $r$

Damit lautet der lineare Ansatz zur Optimierung des Produktionsprogramms und der Personalbereitstellung wie folgt:

Zielfunktion:

$$\sum_{z \in Z_T} \hat{w}_z \cdot NE_z \rightarrow \max! \qquad (Z.3)$$

[Lies: Maximiere den Erwartungswert des Nettoerfolges!]

u.d.N.:

Abstimmung von Personalbedarf und Personalausstattung:

$$\sum_{q \in \hat{Q}} \sum_{p \in P_q} a_{qp} \cdot x_{pz} \leq \sum_{r \in \bigcup_{q \in \hat{Q}} R_q} PA_{rz} \qquad \forall\, z \in \overline{Z}, \hat{Q} \in \mathfrak{P}(\overline{Q}) \setminus \{\emptyset\} \qquad (R.6)$$

[Es wird der implizite Ansatz der Personalplanung verwendet (s. Kap. 2.2.1.3). Auf der linken Seite werden restriktionsweise die Teilpersonalbedarfe und alle beliebigen Kombinationen der Teilpersonalbedarfe und auf der rechten Seite die korrespondierenden Personalausstattungssummen notiert.]

Fortschreibung der Personalausstattung:

$$PA_{rz} = PA_{rz^-} + h_{rz} - f_{rz} \quad \forall\, z \in \overline{Z}, r \in \overline{R}, \text{ mit } PA_{r0} \text{ als Datum} \qquad \text{(R. 7)}$$

[Lies: Die (Personal-) Ausstattung mit Arbeitskräften der Art $r$ in Zustand $z$ ergibt sich aus der Anfangsausstattung mit Arbeitskräften der Art $r$ in Zustand $z$ zuzüglich der in Zustand $z$ einzustellenden und abzüglich der in diesem Zustand zu entlassenden Arbeitskräfte der Art $r$.]

Obergrenzen für Einstellungen:

$$h_{rz} \leq H_{rz}^{max} \quad \forall\, z \in \overline{Z}, r \in \overline{R} \qquad \text{(R. 8)}$$

[Lies: Es können in Zustand $z$ nicht mehr Arbeitskräfte der Art $r$ eingestellt werden als man vom Markt maximal rekrutieren kann.]

Obergrenzen für Entlassungen:

$$f_{rz} \leq F_{rz}^{max} \quad \forall\, z \in \overline{Z}, r \in \overline{R} \qquad \text{(R. 9)}$$

[Lies: Es können in Zustand $z$ nicht mehr Arbeitskräfte der Art $r$ entlassen werden als maximal an den Markt abgegeben werden dürfen.]

Absatzrestriktion:

$$x_{pz} \leq X_{pz}^{max} \quad \forall\, p \in \overline{P}, z \in \overline{Z} \qquad \text{(R. 10)}$$

[Lies: Die maximale Nachfrage nach Produkten der Art $p$ in Zustand $z$ beschränkt die entsprechende Produktionsmenge nach oben.]

Nettoerfolgsdefinition:

$$NE_z = \sum_{z \in Z_z^*} \left[ \sum_{p \in \overline{P}} DB_{pz^*} \cdot x_{pz^*} - \sum_{r \in \overline{R}} (GK_{rz^*} \cdot PA_{rz^*} + HK_{rz^*} \cdot h_{rz^*} + FK_{rz^*} \cdot f_{rz^*}) \right] \quad \forall\, z \in Z_T \quad \text{(R. 11)}$$

[Lies: Der Nettoerfolg einer Zustandsfolge ergibt sich aus dem Gesamtdeckungsbeitrag dieser Folge abzüglich der erforderlichen Gehalts-, Einstellungs- und Entlassungskosten.]

Nichtnegativitäts- und Ganzzahligkeitsbedingungen:

$$NE_z, PA_{rz}, h_{rz}, f_{rz} \geq 0 \ \forall \text{ relevanten } z \in \overline{Z}, p \in \overline{P}, r \in \overline{R} \qquad \text{(R. 12a)}$$

[Lies: Keine der Entscheidungsvariablen $NE_z$, $PA_{rz}$, $h_{rz}$ und $f_{rz}$ darf negativ werden.]

$x_{pz} \in \mathbb{N}_0 \quad \forall z \in \overline{Z}, p \in \overline{P}$ (R. 12b)

[Lies: Die Entscheidungsvariablen $x_{pz}$ dürfen nicht negativ werden und müssen ganzzahlig sein.]

Das oben formulierte Modell basiert (u.a.) auf der Prämisse einer durchgängig ausreichenden Produktionskapazität und der Nichtberücksichtigung von Anlagenverkäufen. Dadurch kann von der Integration einer (Re-) Investitionsplanung und von Zinsüberlegungen abgesehen werden. Des Weiteren wird unterstellt, dass die Produkte nach ihrer Erzeugung unmittelbar verkauft und Produktionsfaktoren just in time beschafft werden. Dadurch kann man auf die Berücksichtigung von Lagerhaltungsproblemen verzichten. Zudem wird im Rahmen des Modells davon ausgegangen, dass Fluktuation und Absentismus der Arbeitskräfte und Personalentwicklungsfragen unberücksichtigt bleiben können. Auch geht man davon aus, dass alle Größen scharf und die erforderlichen Wahrscheinlichkeitsurteile klassisch sind (zu nicht-klassischen Wahrscheinlichkeitsurteilen s. S. 97 ff.). Darüber hinaus wird Risikoneutralität des Entscheiders unterstellt, so dass die Maximierung des Erwartungswertes des Nettoerfolges ein sinnvolles (und mit dem sog. Bernoulli-Prinzip kompatibles) Ziel darstellt. Es lässt sich relativ schnell zeigen, dass die aufgeführten (impliziten) Modellprämissen leicht variiert bzw. aufgelöst werden können. Dadurch wird das Modell (geringfügig) komplexer aber nicht wesentlich komplizierter und in seiner grundsätzlichen Lösbarkeit nicht eingeschränkt.

Entscheidungsprobleme können nach dem Prinzip der flexiblen Planung auf Basis eines Entscheidungsbaumes – und zwar mittels des sog. Roll Back-Verfahrens (a) oder mittels einer Entscheidungsmatrix (b) – oder auf Basis eines Zustandsbaumes mittels eines linearen oder eines gemischt-ganzzahligen mathematischen Programms (c) gelöst werden. Die Lösungsalternativen (a) und (b) sind ausschließlich für Entscheidungsprobleme mit diskreten Alternativenräumen geeignet. Sofern (ausschließlich oder auch) stetige Entscheidungsvariablen zu berücksichtigen sind, scheiden diese beiden Möglichkeiten aus und man ist auf Lösungsalternative (c) angewiesen. Letzteres Erfordernis liegt auch beim obigen Modellkonstrukt vor, da zumindest die Variablen $NE_z$ stetig sind.

Das Verfahren der Flexiblen Planung stößt in der Literatur bisweilen auf die Kritik, die vor allem bezüglich der erforderlichen Modell- und Prozedurenkomplexität sowie hinsichtlich korrespondierender Prognoseerfordernisse geäußert wird. Wir halten diese Kritik jedoch nicht für schlagend und wollen sie deshalb hier nicht weiter diskutieren (vgl. Spengler 1999, S. 82 ff.).

## 8.2 Übungsaufgaben

**Aufgabe 26**

Zur Erläuterung des Prinzips der flexiblen Planung betrachten wir ein von Laux 1982 (S. 263

ff.) übernommenes und leicht abgeändertes Beispiel (Spengler 1999, S. 78 ff.). Die Entscheidungssituation wird folgendermaßen beschrieben:

Sie sind der Abteilungsleiter in einem Unternehmen, das Motorräder herstellt. In Ihrer Abteilung des Unternehmens werden die Motoren für diese Motorräder produziert. Sie planen für einen Zeitraum von drei Monaten. Der Beginn eines Monats wird mit $t$ bezeichnet, resultiert somit in $t = 1, t = 2$ sowie $t = 3$. Zum Beginn eines jeden Monats müssen Sie entscheiden, ob Sie einen Auftrag annehmen und ob Sie Sachinvestitionen in Form von Maschinenbeschaffung tätigen. Für jeden herzustellenden Motor benötigen Sie genau eine Maschine, die diese Aufgabe übernehmen kann. Da Ihre bisherigen Produktionsmaschinen in der vergangenen Periode verschlissen sind, verfügen Sie zu Beginn des Monats $t = 1$ über keine Maschine.

Zu jedem Monatsbeginn können Sie Maschinen beschaffen, die auch über den gesamten Planungszeitraum von drei Monaten nutzbar sind. Danach sind Sie allerdings wertlos, da der Verschleiß dieser Maschinen sehr hoch ist. Die Anschaffungskosten einer Maschine betragen 500 GE.

Die Motorräder aus Ihrem Unternehmen sind Unikate. Dementsprechend gibt es nur einen sehr kleinen Kundenkreis, der diese Motorräder nachfragt. Aufgrund Ihrer Erfahrungen können Sie abschätzen, ob in einem Monat ein oder zwei Aufträge für neue Motoren eingehen. Demnach können Sie der Auftragsentwicklung Wahrscheinlichkeitsurteile zuweisen.

Ein Auftrag kann immer nur zu Beginn eines Monats eingehen. Über dessen Annahme muss sofort entschieden werden. Jeder Auftrag, der zu Beginn eines Monats angenommen wird, wird auch in diesem Monat fertiggestellt, da die anderen Abteilungen Ihres Unternehmens keinen Lieferaufschub dulden.

Für jeden Motor, den Sie in Ihrer Abteilung produziert haben, erzielen Sie einen Deckungsbeitrag in Höhe von 300 GE. Zinsüberlegungen müssen Sie in Ihre Betrachtungen nicht mit einfließen lassen.

Als Abteilungsleiter ist es Ihr Ziel, den Erwartungswert des Nettoerfolges in Ihrer Abteilung zu maximieren.

Die Auftragsentwicklung, mit den zugehörigen bedingten Wahrscheinlichkeitsurteilen, ist in dem nachfolgenden Zustandsbaum (vgl. **Abbildung 8.2**) dargestellt. In den Umweltzuständen $z = 2$, $z = 4$ und $z = 6$ geht jeweils nur ein Auftrag für einen neuen Motor ein. In den Zuständen $z = 1$, $z = 3$ und $z = 5$ und $z = 7$ gehen allerdings zwei Aufträge ein.

**Abbildung 8.2** Zustandsbaum

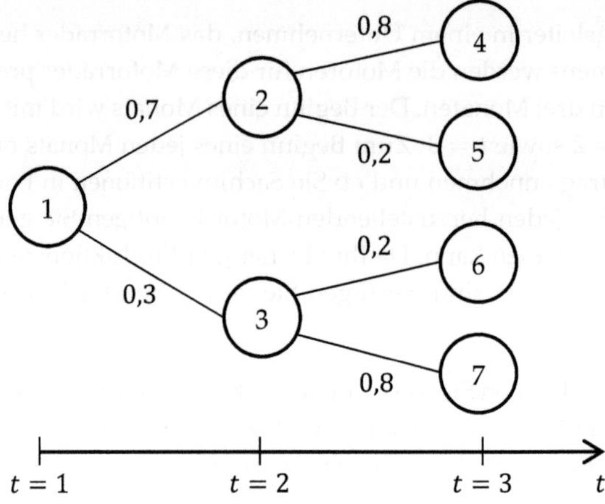


Erstellen Sie den optimalen flexiblen Plan

a. auf der Basis eines Entscheidungsbaums

b. auf der Grundlage einer Entscheidungsmatrix!

[Zur flexiblen Planung mittels eines gemischt-ganzzahligen mathematischen Programms siehe Aufgabe 30.]

**Aufgabe 27**

Erläutern Sie den nachstehenden Ausdruck (s. S. 67)!

$$\widehat{w}_z = \prod_{z^* \in Z_z^*} w_{z^*|z^{*-}} \quad \forall\, z \in Z_T \wedge \sum_{z \in Z_T} \widehat{w}_z = 1$$

**Aufgabe 28**

Erläutern Sie, inwiefern auf der linken Seite der Restriktion (R. 6) restriktionsweise die Teilpersonalbedarfe und alle beliebigen Kombinationen der Teilpersonalbedarfe notiert werden!

**Aufgabe 29**

Erläutern Sie die Obergrenzen $H_{rz}^{max}$, $F_{rz}^{max}$ und $X_{pz}^{max}$!

**Aufgabe 30**

Der Geschäftsführer eines Unternehmens muss Entscheidungen über ein optimales Produktionsprogramm sowie über die optimale Personalausstattung seines Unternehmens treffen.

Hierbei möchte er einen mehrperiodigen Planungszeitraum ($t = 1, 2, 3$) betrachten. Aufgrund seiner Erfahrungen weiß der Geschäftsführer, dass er eine ausreichende Produktionskapazität annehmen kann und muss dementsprechend diesbezüglich keine Restriktionen berücksichtigen. Darüber hinaus weiß er auch, dass er die produzierten Produkte sofort absetzen kann (bis $\bar{X}_{pz}^{max}$) und demnach keine Lagerhaltung berücksichtigen muss.

Jedoch kennt der Geschäftsführer nicht die exakte Nachfrage nach seinen Produkten. Aufgrund seiner Erfahrungen kann er allerdings ein exaktes Wahrscheinlichkeitsurteil über die Nachfrageentwicklung abgeben.

Das Unternehmen verfügt zum Beginn der Planung bereits über eine Anfangsausstattung an Arbeitskräften. Eine Schulung von Arbeitskräften, sowie Fluktuation und Absentismus sind zu vernachlässigen. Allerdings kann der Geschäftsführer darüber entscheiden, ob er Mitarbeiter entlässt oder neue Mitarbeiter einstellt. Die Einstellungen bzw. Entlassungen sind allerdings nur bis zu einer Grenze $H_{rz}^{max}$ bzw. $F_{rz}^{max}$ zulässig. Zudem verursachen diese Einstellungs- bzw. Entlassungskosten i.H.v. $HK_{rz}$ bzw. $FK_{rz}$.

Der Geschäftsführer ist risikoneutral und orientiert sich bei seinen Handlungen am Bernoulli-Prinzip. Da er gewinnorientiert handelt, möchte er den Erwartungswert des Nettoerfolges maximieren.

Für die Herstellung von den zwei Produkttypen ($p = 1, 2$) fallen drei verschiedene Tätigkeiten ($q = 1, 2, 3$) an. Für die Durchführung der Tätigkeiten stehen dem Unternehmen vier Arbeitskräftekategorien ($r = 1, 2, 3, 4$) zur Verfügung.

Nachstehende Tabellen (vgl. **Tabelle 8.1-Tabelle 8.4**) informieren über die jeweiligen Verwendungs- und Bereitstellungsmöglichkeiten, die maximale Absatzmenge, die qualifikationsabhängigen Lohnsätze, die generierbaren Deckungsbeiträge, die Arbeitskoeffizienten sowie die Anfangsausstattungen der Arbeitskräftekategorien. Darüber hinaus sind die Einstellungs- bzw. Entlassungsobergrenzen sowie die zugehörigen Kosten gegeben. Die Grenzen sowie die Kosten schwanken nur zwischen den Arbeitskräftekategorien, nicht jedoch zwischen den einzelnen eintretenden Zuständen.

Die generierbaren Deckungsbeiträge resultieren aus der Differenz der Erlöse für $p = 1$ (bzw. $p = 2$) i.H.v. 3.000 GE (bzw. 4.000 GE) abzgl. der variablen Kosten i.H.v. 2.000 GE (bzw. 2.000 GE).

**Tabelle 8.1** Nachfragemengen für die Produkte $p$ im Zustand $z$

| | $z=1$ | $z=2$ | $z=3$ | $z=4$ | $z=5$ | $z=6$ | $z=7$ | |
|---|---|---|---|---|---|---|---|---|
| $p=1$ | 15 | 25 | 20 | 30 | 20 | 30 | 20 | $\bar{X}_{pz}^{max}$ |
| $p=2$ | 10 | 20 | 5 | 30 | 10 | 30 | 10 | |

**Tabelle 8.2** Deckungsbeiträge $DB_k$ und Arbeitskoeffizienten $a_{qp}$

| | $p=1$ | $p=2$ | |
|---|---|---|---|
| $q=1$ | 2 | 3 | $a_{qp}$ |
| $q=2$ | 3 | - | |
| $q=3$ | - | 2 | |
| $DB_p$ | 1.000 | 2.000 | |

**Tabelle 8.3** Gehaltskosten $GK_r$, Anfangsausstattungen $\overline{PA}_{r1}$ und Bereitstellungsspektren

| | $r=1$ | $r=2$ | $r=3$ | $r=4$ |
|---|---|---|---|---|
| $q=1$ | × | × | × | × |
| $q=2$ | - | × | - | × |
| $q=3$ | - | - | × | × |
| $GK_r$ | 50 | 50 | 100 | 100 |
| $\overline{PA}_{r1}$ | 50 | 50 | 15 | 10 |

**Tabelle 8.4** Einstellungs- und Entlassungsobergrenzen und zugehörige Kosten

| | $HK_{rz}$ | $FK_{rz}$ | $H_{rz}^{max}$ | $F_{rz}^{max}$ |
|---|---|---|---|---|
| $r=1$ | 20 | 10 | 10 | 5 |
| $r=2$ | 16 | 12 | 15 | 5 |
| $r=3$ | 15 | 20 | 8 | 5 |
| $r=4$ | 14 | 10 | 12 | 5 |

Darüber hinaus ist der nachfolgende Zustandsbaum gegeben (**Abbildung 8.3**), jeweils mit den bedingten Wahrscheinlichkeiten versehen.

**Abbildung 8.3** Zustandsbaum

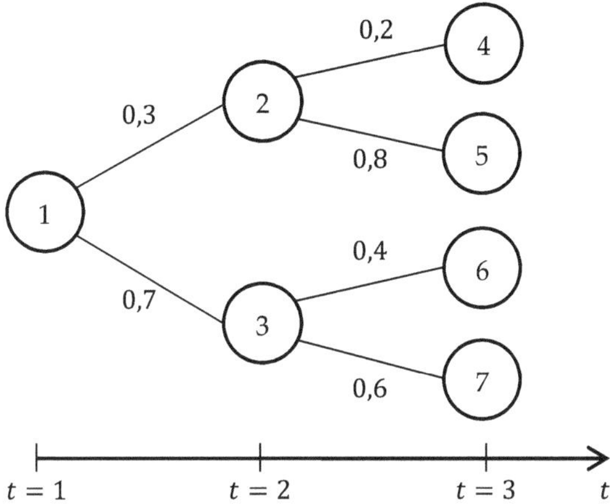


Die Nachfrage zum Zeitpunkt $t = 1$ ist dem Geschäftsführer mit Sicherheit bekannt. Während in den Zustandsknoten 2, 4 und 6 eine hohe Nachfrage herrscht, ist die Nachfrage in den Knoten 3, 5 und 7 gering. Die bedingten Eintrittswahrscheinlichkeiten der einzelnen Zustände sind an den jeweiligen Kanten des Zustandsbaumes dargestellt.

a. Stellen Sie ein vollständiges Modell zur simultanen Produktions- und Personalplanung auf!
b. Stellen Sie die Ergebnisse der flexiblen und diejenigen einer starren Planung gegenüber!

# 9 Strategische, taktische und operative Personalplanungen

## 9.1 Darstellung

Die Differenzierung in strategische, taktische und operative Personalplanungen orientiert sich am sog. Freiheitsgradkonzept. Strategische Personalplanungen belassen danach die meisten, taktische belassen mittelmäßige und operative die wenigsten Freiheitsgrade für anschließende Detailplanungen (vgl. Scholz 2014, S. 87 ff. und Zahn 1989, Sp. 1086 f.). Zu den Planungen auf der untersten, nämlich der operativen, Ebene gehört u.a. die (kurzfristige) Personaleinsatzplanung, vor allem im Bereich der Dienst- und Schichtplanung (s. Kap. 12.2.2). Auf der mittleren Ebene sind taktische Personalplanungen angesiedelt, zu denen beispielsweise die Optimierung von Teamstrukturen zählen (vgl. Scholz 2014, S. 612 ff.). Taktische und operative Personalplanungen basieren auf Strategien, zu deren rationalen Entwicklung und Auswahl sich ebenfalls ein modellbasiertes Vorgehen empfiehlt. Darauf soll nun ausführlicher eingegangen werden.

Unter Strategien verstehen wir Bündel abstrakter Maßnahmen, die (wie oben bereits gesagt) Freiheitsgrade für in späteren Zeitpunkten zu konkretisierende Maßnahmen belassen, an globalen Orientierungsmustern ausgerichtet sind und wesentliche Relevanz für die Weiterentwicklung des Systems aufweisen, für das sie konzipiert werden. Das Ziel der strategischen Personalplanung liegt damit in der Generierung, Bewertung und Auswahl von Personalstrategien, mithin in deren planerischer Bewältigung (vgl. zu Einzelheiten Spengler 1999, S. 63 ff. und Greubel 2007, S. 21 ff.).

Die genannte Systemrelevanz von Strategien bedeutet, dass Strategien der Genese und Nutzung bedeutsamer Chancen oder dem Schutz vor weitreichenden Bedrohungen dienen. Maßnahmenbündel, die keine herausragenden (nachhaltigen) Wirkungen auf den langfristigen Systemerfolg aufweisen, fallen nicht unter den Strategiebegriff. Ob die Erfolgswirkungen auch faktisch eintreten, ist unerheblich, sie müssen lediglich im Zeitpunkt der Strategieformulierung prognostiziert werden. Strategien können im Übrigen auch sehr kurzfristig geplant werden. Das Charakteristikum der Langfristigkeit bezieht sich nicht auf den Planungszeitraum, sondern auf die Erfolgswirkung.

Dass Strategien Bündel abstrakter Maßnahmen darstellen, bedeutet, dass sie erst durch Anwendung in konkreten Einzelmaßnahmen münden, solche aber nicht sind. Sie beschreiben eine Richtung, in die sich das System, für das die Strategie entwickelt wird, bewegen soll und spannen damit einen Raum von Handlungsmöglichkeiten auf, aus denen sin späteren Zeitpunkten (sic!) eine (möglichst) rationale Auswahl zu treffen ist. Dieser Handlungsraum ist somit offen für spätere Konkretisierungen, Variationen und Erweiterungen und insofern flexibel zu gestalten, er ist aber auch abgegrenzt gegenüber anderen Handlungsoptionen, die


T. Spengler et al., *Moderne Personalplanung*,
https://doi.org/10.1007/978-3-658-47677-9_9

als unzulässig gelten. Die Charakterisierung von Strategien als Bündel abstrakter Maßnahmen verdeutlicht zudem die Besonderheit strategischen Denkens im Vergleich zu taktischem Denken: Taktisches Denken ist ein Denken entlang des Zeitstrahls, das eher progressiv angelegt ist, während man bei strategischem Denken gewissermaßen rekursiv vorgeht. Strategische Planungen beginnen mit einem (als sinnvoll erachteten) Zielzustand, für dessen Erreichung man Strategien im Sinne relativ abstrakter Maßnahmenkomplexe entwickelt.

Die Kennzeichnung von Strategien als Bündel abstrakter, Freiheitsgrade belassender Maßnahmen bedeutet zudem, dass Entscheidungsmodelle der strategischen Planung nicht zu den sog. Short Run- sondern zu den Long Run-Ansätzen zählen. Nach dieser in der angloamerikanischen und auf Marshall zurückgehenden Unterscheidung (vgl. Opie 1931) werden Modelle mit geringem (bzw. hohem) Anpassungsspielraum für unternehmerische Maßnahmen als Short Run- (bzw. Long Run-) Ansätze bezeichnet (vgl. Lücke 1989, Sp. 540).

Konstitutives Merkmal des Maßnahmenbündels ist die Ausrichtung an globalen (ergo Detailorientierungen umfassenden bzw. umspannenden) Orientierungsmustern, die man auch als Strategiebasen bezeichnet und die sich in ihrer Funktion als „Kriterien der Strategiebildung" (Kreikebaum 1997, S. 57) auf sehr unterschiedliche Objekte beziehen können. Hierzu zählen u.a. betriebliche Funktionen und Objekte, organisationale Geltungsbereiche, Veränderungen von Objektausprägungen, Verhaltensweisen gegenüber Konkurrenten, Produkt- und Marktentwicklungen sowie Möglichkeiten der Koalitionsbildung (vgl. Spengler 1999, S. 66). Personalstrategien können sich zudem an den Belangen des Betriebes oder an den Belangen der Mitarbeiter orientieren. Auf einer weiteren Differenzierungsstufe kann man Strategien bei einer Orientierung an den Belangen des Betriebes an dessen Erfordernissen und oder an seinen Möglichkeiten festmachen. Orientiert man sich hingegen an den Belangen der Mitarbeiter, dann können deren Bedürfnisse oder ihre Möglichkeiten als Fixpunkte der Strategieformulierung herangezogen werden. Diese Orientierungen können sowohl für Strategien in Ansatz gebracht werden, die der Lösung von Verfügbarkeits- als auch für solche, die der Lösung von Wirksamkeitsproblemen dienen. Wir wollen uns hier (siehe **Tabelle 9.1**) auf die Betrachtung der Disponibilitätsthematik beschränken (zu Funktionalitätsstrategien vgl. Spengler 1999, S. 70 ff.).

Bei den unter (a) aufgeführten Strategien geht man von einem gegebenen und bereits konkret ermittelten Personalbedarf aus. Über dessen Bestimmungsgrößen (Determinanten) sind bereits alle betrieblichen Entscheidungen gefallen. Er ist somit bekannt und liegt in deterministischer, stochastischer oder unscharfer Form vor. Zu entscheiden ist nun nicht mehr über den Personalbedarf und dessen Ausprägung, sondern über seine Deckung. Dafür kommen dann sog. Bereitstellungsstrategien in Betracht, im Zuge derer vor allem über die Personalstruktur und deren Niveau entschieden wird. Bei den unter (b) rubrizierten Strategien, geht man wiederum davon aus, dass die Entscheidungen über den Personalbedarf bereit getroffen wurden. Als Referenzpunkte der Strategieableitung gilt hier aber weniger der Personalbedarf sondern vielmehr der (betriebliche und überbetriebliche) Arbeitsmarkt und die mit ihm verbunden Chancen für den Betrieb. Es geht mithin um die Frage, inwiefern sich Arbeitsmarktchancen für betriebliche Zwecke (aus-) nutzen lassen. Bei im Zeitablauf schwankendem Personalbedarf und bei einer für den Betrieb günstigen Arbeitsmarktlage ist z.B. zu klären, ob und inwiefern man Personalbedarf und -ausstattung synchronisieren und damit sog. Hiring-Firing-Strategien realisieren kann.

**Tabelle 9.1** Personalstrategietypen und globale Orientierungsmuster

| Orientierung der Personalstrategien an den … | | | |
|---|---|---|---|
| | Belangen des Betriebes | Erfordernissen des Betriebes | (a) Deckung konkreter Personalbedarfe |
| | | Möglichkeiten des Betriebes | (b) Nutzung von Arbeitsmarktchancen |
| | Belangen der Mitarbeiter | Bedürfnissen der Mitarbeiter | (c) Erhaltung/interne Besetzung von Arbeitsplätzen |
| | | Möglichkeiten der Mitarbeiter | (d) Ausschöpfung von Personalpotenzialitäten |

Differenziert man menschliche Bedürfnisse grob in Erhaltungs- und Entfaltungsbedürfnisse, dann geht es unter (c) um die erstgenannte Kategorie und dabei vor allem um das Bedürfnis nach Beschäftigungssicherheit der Mitarbeiter. Konkret sind hier Strategien zu wählen, die die interne Besetzung (Stichwort z.B.: „Aufstieg vor Einstieg") oder den Erhalt von Arbeitsplätzen (Stichwort z.B.: „Personnel Pooling") anstreben. Bei dem unter (d) aufgeführten Strategietypus bilden die qualifikatorischen Möglichkeiten der Mitarbeiter den Ausgangspunkt der Strategieformulierung. Man analysiert dann diesbezüglich die bereits vorhandene Personalausstattung und formuliert Strategien zur Ausschöpfung der Personalpotenzialitäten. Bei eher defensiver Vorgehensweise bleibt die Personalausstattung niveau- und strukturkonstant und man sucht nach geeigneten Möglichkeiten der Personalverwendung. Um ein eher offensives Vorgehen handelt es sich bei Strategien der Personalentfaltung, bei denen die in der Personalausstattung vorhandenen, bisher ungenutzten Möglichkeiten, durch Qualifizierung entfaltet und anschließend über Reformulierungen des Produktionsprogramms genutzt werden.

Wir wollen nun ein Planungsmodell formulieren, das der Ableitung von Personalstrategien dient, anhand derer die Lohn- und die Personalstruktur optimiert wird. Das Modell ist bewusst einfach gehalten und basiert auf folgenden Annahmen:

1. Alle Daten und Relationen liegen in scharfer und nicht-stochastischer Form vor.
2. Die Schulung, Versetzung und Beförderung von Personal werden nicht betrachtet.
3. Die Möglichkeiten der Personalrekrutierung werden maßgeblich von der gewährten Entlohnung beeinflusst.
4. Es sind Entscheidungen zu treffen, in welchem Ausmaß Potenzial- und Anforderungslöhne gezahlt werden sollen. Bei beiden Lohnformen stehen verschiedene

Lohnsätze zur Auswahl. Neben Personaleinsatz- sind weitere Entscheidungen über die Einstellung, Freistellung und Entlassung von Arbeitskräften zu treffen.

5. Freigestellte Arbeitskräfte erhalten einen Grundlohn. Dieser ist bei Anforderungslöhnern abhängig von (bzw. bei Potenziallöhnern identisch mit) dem im Einsatzfall gewährten Lohnsatz.
6. Die Unternehmung verfügt zu Beginn des Planungszeitraums über eine gegebene Ausstattung mit Personal, die nur durch Einstellungen und Entlassungen verändert werden kann. Fluktuation und Absentismus spielen keine Rolle.

Wir verwenden nun folgende Symbole:

*Mengen*

$\overline{T}$ := $\{t|t = 1, \dots, T;$ $t$ ist eine Teilperiode des Planungszeitraumes und zugleich ein Entscheidungszeitpunkt$\}$

$\overline{R}$ := $\{r|r = 1, \dots, R;$ $r$ ist eine Arbeitskräfteart$\}$

$\overline{Q}$ := $\{q|q = 1, \dots, Q;$ $q$ ist eine Tätigkeitsart$\}$

$R_q$ := $\{r|$ Arbeitskräfte der Art $r \in \overline{R}$ können für die Erledigung von Tätigkeiten der Art $q \in \overline{Q}$ bereitgestellt werden$\}$

$Q_r$ := $\{q|$ für die Erledigung von Tätigkeiten der Art $q \in \overline{Q}$ können Arbeitskräfte der Art $r \in \overline{R}$ verwendet werden$\}$

$\overline{G}$ := $\{g|g = 1, \dots, G;$ $g$ ist ein Potenziallohnsatz$\}$

$\overline{L}$ := $\{l|l = 1, \dots, L;$ $l$ ist ein Anforderungslohnsatz$\}$

$\overline{N}$ := $\{n|n = 1, \dots, N;$ $n$ ist ein Lohnsatz für den Nichteinsatz von Arbeitskräften$\}$

$N_l$ := $\{n|$ Lohnsatz $n$ kann für freigestellte Arbeitskräfte gezahlt werden, die im Einsatzfall Lohnsatz $l$ erhalten$\}$

$L_q$ := $\{l|$ Anforderungslohnsatz $l$ kann für die Erledigung von Tätigkeiten der Art $q$ gezahlt werden$\}$

$Q_l$ := $\{q|$ für die Erledigung von Tätigkeiten der Art $q$ kann der Anforderungslohnsatz $l$ gezahlt werden$\}$

$G_r$ := $\{g|$ der Potenziallohnsatz $g$ kann Arbeitskräften der Art $r$ gezahlt werden$\}$

$L_r$ := $\{l|$ der Anforderungslohnsatz $l$ kann Arbeitskräften der Art $r$ gezahlt werden$\}$

$R_l$ := $\{r|$ Arbeitskräften der Art $r$ kann der Anforderungslohnsatz $l$ gezahlt werden$\}$

$R_g$ := $\{r|$ Arbeitskräften der Art $r$ kann der Potenziallohnsatz $g$ gezahlt werden$\}$

*Daten*

$GKL_{qt}^{l}$ := in Periode $t$ gültige Ausprägung des Anforderungslohnsatzes $l \in L_q$

$GKG_{rt}^{g}$ := in Periode $t$ gültige Ausprägung des Potenziallohnsatzes $g \in G_r$

$GKN_t^n$ := in Periode $t$ gültige Ausprägung des Lohnsatzes $n \in N_l$

$HK_{rt}$ := Rekrutierungskostensatz, der für eine in Periode $t$ einzustellende Arbeitskraft der Art $r$ anfällt

$FK_{rt}$ := Entlassungskostensatz, der für eine in Periode $t$ zu entlassende Arbeitskraft der Art $r$ anfällt

$\overline{PB}_{qt}$ := Personalbedarf für die Erledigung von Tätigkeiten der Art $q$ in Periode $t$

$PAG_r^{g0}$ := Anfangsausstattung mit Arbeitskräften der Art $r \in R_g$

$PAL_r^{l0}$ := Anfangsausstattung mit Arbeitskräften der Art $r \in R_l$

$HG_{grt}^{max}$ := Obergrenzen für die Einstellung von Arbeitskräften der Art $r \in R_g$ in Periode $t$

$HL_{lrt}^{max}$ := Obergrenzen für die Einstellung von Arbeitskräften der Art $r \in R_l$ in Periode $t$

$FG_{grt}^{max}$ := Obergrenzen für die Entlassung von Arbeitskräften der Art $r \in R_g$ in Periode $t$

$FL_{lrt}^{max}$ := Obergrenzen für die Entlassung von Arbeitskräften der Art $r \in R_l$ in Periode $t$

$M$ := eine (hinreichend) große positive Zahl

*Entscheidungsvariable*

$PAG_r^{gt}$ := Ausstattung mit Arbeitskräften der Art $r \in R$, die in Periode $t$ den Potenziallohnsatz $g$ erhalten

$PAL_r^{lt}$ := Ausstattung mit Arbeitskräften der Art $r \in R$, die in Periode $t$ den Anforderungslohnsatz $l$ erhalten

$hG_r^{gt}$ := Anzahl der in Periode $t$ einzustellenden Arbeitskräfte der Art $r$, die den Potenziallohnsatz $g$ erhalten

$hL_r^{lt}$ := Anzahl der in Periode $t$ einzustellenden Arbeitskräfte der Art $r$, die den Anforderungslohnsatz $l$ erhalten

$fG_r^{gt}$ := Anzahl der in Periode $t$ zu entlassenden Arbeitskräfte der Art $r$, die den Potenziallohnsatz $g$ erhalten

$fL_r^{lt}$ := Anzahl der in Periode $t$ zu entlassenden Arbeitskräfte der Art $r$, die den Anforderungslohnsatz $l$ erhalten

$PEL_{rq}^{lt}$ := Anzahl an Arbeitskräften der Art $r$, die in Periode $t$ für die Erledigung von Tätigkeiten der Art $q$ eingesetzt werden und den Anforderungslohnsatz $l$ erhalten

$PEG_{rq}^{gt}$ := Anzahl an Arbeitskräften der Art $r$, die in Periode $t$ für die Erledigung von Tätigkeiten der Art $q$ eingesetzt werden und den Potenziallohnsatz $q$ erhalten

$PEN_r^{lt}$ := Anzahl an Arbeitskräften der Art $r$, die in Periode $t$ freigestellt werden und im Einzelfall den Anforderungslohnsatz $l$ erhalten

$y_r, y_{rg^*}, \hat{y}_{rl^*}$ := binäre Hilfsvariable

Bevor wir das strategische Optimierungsmodell formulieren, wollen wir zum besseren Verständnis der Ausführungen kurz auf die Genese der Lohnsatzspektren $L_r$ und $R_l$ eingehen:

Während die Menge der Potenziallohnsätze ($\overline{G}$) direkt mit der Menge der Arbeitskräftekategorien ($\overline{R}$) über $G_r$ bzw. $R_g$ verbunden ist, erhält man die arbeitskräftebezogenen Spektren der Anforderungslohnsätze ($L_r$) wie folgt: Ausgangspunkt ist die Vorstellung, dass für die Tätigkeitsarten $q$ jeweils diverse Lohnsätze $l$ gewährt werden können. Dies konkretisiert sich in den Indexmengen $L_q$ bzw. $Q_l$. Daneben sind die Bereitstellungs- und Verwendungsspektren ($R_q$ und $Q_r$) anzugeben. Über die Verbindung der vier zuletzt genannten Indexmengen gelangt man dann zu den Spektren $L_r$ und $R_l$. In **Abbildung 9.1** wird das Vorgehen exemplarisch erläutert.

**Abbildung 9.1** Beispiel für die Indexmengen $L_q$, $Q_l$, $R_q$, $Q_r$, $L_r$ und $R_l$

|  | $q=1$ | $q=2$ | $q=3$ |
|---|---|---|---|
| $l=1$ | × | - | - |
| $l=2$ | × | × | × |
| $l=3$ | - | × | × |
| $l=4$ | - | - | × |



|  | $r=1$ | $r=2$ | $r=3$ | $r=4$ |
|---|---|---|---|---|
| $q=1$ | × | × | - | × |
| $q=2$ | - | × | × | × |
| $q=3$ | - | - | × | × |



|  | $r=1$ | $r=2$ | $r=3$ | $r=4$ |
|---|---|---|---|---|
| $l=1$ | × | × | - | × |
| $l=2$ | × | × | × | × |
| $l=3$ | - | × | × | × |
| $l=4$ | - | - | × | × |



Legende: „×“ (bzw. „-“) bedeutet, dass die entsprechende Zuordnung möglich (bzw. nicht möglich) ist.

Damit lautet das hier aufzustellende Modell zur Optimierung von Personalbereitstellung und Lohnstruktur wie folgt:

Zielfunktion:

$$\sum_{t\in\overline{T}}\sum_{r\in\overline{R}}\Bigg[\sum_{q\in Q_r}\sum_{l\in L_q} GKL_{qt}^{l}\cdot PEL_{rq}^{lt}+\sum_{g\in G_r}\left(GKG_{rt}^{g}\cdot PAG_r^{gt}+HK_{rt}\cdot hG_r^{gt}+FK_{rt}\cdot fG_r^{gt}\right)+$$

$$+\sum_{l\in L_r}\left((HK_{rt}\cdot hL_r^{lt}+FK_{rt}\cdot fL_r^{lt}+\sum_{n\in N_l} GKN_t^{n}\cdot PEN_r^{lt}\right)\Bigg]\rightarrow \text{min!} \qquad \text{(Z. 4)}$$

[Lies: Minimiere die Summe aller Lohn-, Einstellungs- und Entlassungskosten!]

u.d.N.:

Abstimmung von Personalbedarf und Personaleinsatz:

$$\overline{PB}_{qt}=\sum_{r\in R_q}\left(\sum_{l\in L_q} PEL_{rq}^{lt}+\sum_{g\in G_r} PEG_{rq}^{gt}\right)\quad \forall\, t\in\overline{T}, q\in\overline{Q} \qquad \text{(R. 13)}$$

[Lies: Jeder der tätigkeitsbezogenen Personalbedarfe ist in jeder Teilperiode durch den Einsatz geeigneter Arbeitskräfte, die entweder Anforderungs- oder Potenziallohn erhalten, zu decken.]

Abstimmung von Personaleinsatz und Personalausstattung für Potenziallohnbezieher:

$$\sum_{q\in Q_r} PEG_{rq}^{gt}\leq PAG_r^{gt}\quad \forall\, t\in\overline{T}, r\in\overline{R}, g\in G_r \qquad \text{(R. 14a)}$$

[Lies: Es können in keiner Teilperiode und von keiner (Potenziallohn erhaltenden) Arbeitskräfteart mehr Arbeitskräfte eingesetzt werden als zur Verfügung stehen.]

Abstimmung von Personaleinsatz und Personalausstattung für Anforderungslohnbezieher:

$$\sum_{q\in Q_r\cap Q_l} PEL_{rq}^{lt}+PEN_r^{lt}=PAL_r^{lt}\quad \forall\, t\in\overline{T}, r\in\overline{R}, l\in L_r \qquad \text{(R. 14b)}$$

[Lies: Alle Arbeitskräfte jeder (Anforderungslohn erhaltenden) Arbeitskräfteart werden in jeder Teilperiode entweder im Leistungsprozess eingesetzt oder freigestellt.]

Fortschreibung der Ausstattung mit Potenziallohn erhaltenden Arbeitskräften:

$$PAG_r^{gt}=PAG_r^{g,t-1}+hG_r^{gt}-fG_r^{gt}\ \text{mit}\ PAG_r^{g0}\ \text{als Datum und}\ \forall\, t\in\overline{T}, r\in\overline{R}, g\in G_r \qquad \text{(R. 15a)}$$

[Lies: Die Ausstattung mit Potenziallohn erhaltenden Arbeitskräften ergibt sich in jeder Teilperiode aus der korrespondierenden Personalausstattung in der Vorperiode zuzüglich aller entsprechenden Zugänge aus Einstellungen und abzüglich aller entsprechenden Abgänge aus Entlassungen.]

Fortschreibung der Ausstattung mit Anforderungslohn erhaltenden Arbeitskräften:

$PAL_r^{lt} = PAL_r^{l,t-1} + hL_r^{lt} - fL_r^{lt}$ mit $PAL_r^{l0}$ als Datum und $\forall\, t \in \overline{T}, r \in \overline{R}, l \in L_r$ (R. 15b)

[Lies: Die Ausstattung mit Anforderungslohn erhaltenden Arbeitskräften ergibt sich in jeder Teilperiode aus der korrespondierenden Personalausstattung in der Vorperiode zuzüglich aller entsprechenden Zugänge aus Einstellungen und abzüglich aller entsprechenden Abgänge aus Entlassungen.]

Ausschlussbedingungen für die Potenziallohnsätze:

$$PAG_r^{g^*t} \leq y_{rg^*t} \cdot M \quad \forall\, t \in \overline{T}, r \in \overline{R}, g^* \in G_r \qquad \text{(R. 16a)}$$

[Lies: Wenn Arbeitskräfte der Art $r$ in Periode $t$ den Potenziallohnsatz $g^*$ erhalten sollen ($PAG_r^{g^*t} > 0$), dann muss $y_{rg^*t}$ den Wert 1 (und ansonsten den Wert 0) annehmen.]

$$\sum_{g \in G_r \setminus \{g^*\}} PAG_r^{gt} \leq \left(1 - y_{rg^*t}\right) \cdot M \quad \forall\, t \in \overline{T}, r \in \overline{R}, g^* \in G_r \qquad \text{(R. 16b)}$$

[Lies: Jede Arbeitskräftekategorie kann – sofern überhaupt Potenziallohn gezahlt wird – nur nach einem Potenziallohnsatz entlohnt werden. Wenn Arbeitskräfte der Art $r$ den Potenziallohnsatz $g^*$ erhalten sollen $\left(PAG_r^{g^*t} > 0 \wedge y_{rg^*t} = 1\right)$, dann wird $\sum_{g \in G_r \setminus \{g^*\}} PAG_r^{gt} = 0$.]

Ausschlussbedingungen für die Anforderungslohnsätze:

$$PAL_r^{l^*t} \leq \hat{y}_{rl^*t} \cdot M \quad \forall\, t \in \overline{T}, r \in \overline{R}, l^* \in L_r \qquad \text{(R. 17a)}$$

[Lies: Wenn Arbeitskräfte der Art $r$ in Periode $t$ den Anforderungslohnsatz $l^*$ erhalten sollen ($PAL_r^{l^*t} > 0$), dann muss $\hat{y}_{rl^*t}$ den Wert 1 (und ansonsten den Wert 0) annehmen.]

$$\sum_{l \in L_r \setminus \{l^*\}} PAL_r^{lt} \leq (1 - \hat{y}_{rl^*t}) \cdot M \quad \forall\, t \in \overline{T}, r \in \overline{R}, l^* \in L_r \qquad \text{(R. 17b)}$$

[Lies: Jede Arbeitskräftekategorie kann – sofern überhaupt Anforderungslohn gezahlt wird – nur nach einem Anforderungslohnsatz entlohnt werden. Wenn Arbeitskräfte der Art $r$ den Anforderungslohnsatz $l^*$ erhalten sollen $\left(PAL_r^{l^*t} > 0 \wedge \hat{y}_{rl^*t} = 1\right)$, dann wird

$$\sum_{g \in L_r \setminus \{l^*\}} PAL_r^{lt} = 0.]$$

Ausschlussbedingungen für die Lohnformen:

$$\sum_{g \in G_r} PAG_r^{gt} \leq y_r \cdot M \quad \forall\, t \in \overline{T}, r \in \overline{R} \qquad \text{(R. 18a)}$$

[Lies: Wenn Arbeitskräfte der Art $r$ in Periode $t$ Potenziallohn erhalten sollen

$\left(\sum_{g \in G_r} PAG_r^{gt} > 0\right)$, dann muss $y_r$ den Wert 1 annehmen.]

$$\sum_{q\in Q_r}\sum_{l\in L_q} PEL_{rq}^{lt} \leq (1-y_r)\cdot M \quad \forall t \in \overline{T}, r \in \overline{R} \tag{R. 18b}$$

[Lies: Alle Arbeitskräfte der Art $r$ erhalten entweder ausschließlich Potenziallohn $\left(y_r = 1 \wedge \sum_{q\in Q_r}\sum_{l\in L_q} PEL_{rq}^{lt} = 0\right)$ oder ausschließlich Anforderungslohn $\left(y_r = 0 \wedge \sum_{q\in Q_r}\sum_{l\in L_q} PEL_{rq}^{lt} > 0\right)$.]

Rekrutierungsobergrenzen für Potenziallohnempfänger:

$$hG_r^{gt} \leq HG_{grt}^{max} \quad \forall t \in \overline{T}, r \in \overline{R}, g \in G_r \tag{R. 19a}$$

[Lies: Es können in Periode $t$ nicht mehr mit Lohnsatz $g$ bezahlte Arbeitskräfte der Art $r$ eingestellt werden als man vom Markt maximal rekrutieren kann.]

Rekrutierungsobergrenzen für Anforderungslohnempfänger:

$$hL_r^{lt} \leq HG_{lrt}^{max} \quad \forall t \in \overline{T}, r \in \overline{R}, l \in L_r \tag{R. 19b}$$

[Lies: Es können in Periode $t$ nicht mehr mit Lohnsatz $l$ bezahlte Arbeitskräfte der Art $r$ eingestellt werden als man vom Markt maximal rekrutieren kann.]

Entlassungsobergrenzen für Potenziallohnempfänger:

$$fG_r^{gt} \leq FG_{grt}^{max} \quad \forall t \in \overline{T}, r \in \overline{R}, g \in G_r \tag{R. 20a}$$

[Lies: Es können in Periode $t$ nicht mehr mit Lohnsatz $g$ bezahlte Arbeitskräfte der Art $r$ entlassen werden als maximal an den Markt abgegeben werden dürfen.]

Entlassungsobergrenzen für Anforderungslohnempfänger:

$$fL_r^{lt} \leq FG_{lrt}^{max} \quad \forall t \in \overline{T}, r \in \overline{R}, l \in L_r \tag{R. 20b}$$

[Lies: Es können in Periode $t$ nicht mehr mit Lohnsatz $l$ bezahlte Arbeitskräfte der Art $r$ entlassen werden als maximal an den Markt abgegeben werden dürfen.]

Nichtnegativitäts- und Binaritätsbedingungen:

$$PAL_r^{lt}, PAG_r^{gt}, hG_r^{gt}, fG_r^{gt}, hL_r^{lt}, fL_r^{lt}, PEN_r^{lt} \geq 0 \;\; \forall \text{ relevanten } t \in \overline{T}, r \in \overline{R}, q \in \overline{Q}, \; l \in \overline{L}, g \in \overline{G} \tag{R. 21a}$$

[Lies: Keine der aufgeführten Entscheidungsvariablen darf negativ werden.]

$y_r,\ y_{rg^*},\ \hat{y}_{rl^*} \in \{0{,}1\} \quad \forall\, r \in \overline{R},\ g^* \in \overline{G},\ l^* \in \overline{L}$ (R. 21b)

[Lies: Alle aufgeführten Entscheidungsvariablen nehmen entweder den Wert 0 oder den Wert 1 an.]

Das oben formulierte Strategieplanungsmodell zur Nutzung von Arbeitsmarktchancen lässt sich folgender Kritik unterziehen: Es ist u.a. bewusst einfach gehalten, und zwar z.B. dadurch, dass nur ein Szenario betrachtet und alle Daten in scharfer und deterministischer Form in Ansatz gebracht werden. In vielen Fällen wird man jedoch nicht in der Lage sein, (z.B.) die Rekrutierungspotenziale bei alternativen Lohnformen und Lohnsätzen in der Form einwertiger Größen anzugeben. Durch eine Berücksichtigung unscharfer Rekrutierungspotenziale, Personalkosten und -bedarfe lässt sich der Realitätsgehalt des Modells nicht unerheblich steigern (vgl. z.B. Spengler 1994). Dies gilt auch bei der Berücksichtigung mehrerer stochastischer Szenarien. Zudem kann es durchaus sinnvoll sein, den Modelloutput nicht starr, sondern flexibel zu planen (vgl. Spengler 1999, S. 136 ff).

Zusätzliche Erweiterungsmöglichkeiten bieten sich beispielsweise durch die Berücksichtigung alternativer Schulungs-, Versetzungs- und Beförderungsmöglichkeiten. Auch lässt sich der Zusammenhang zwischen Arbeitskräfteproduktivität, Lohnform und Lohnsatz wesentlich differenzierter in Ansatz bringen. Des Weiteren kann es sinnvoll sein, Fluktuations- und Absentismuseffekte der Personalentlohnung zu modellieren. Bei all diesen Variations- und Erweiterungsmöglichkeiten ist jedoch – nicht zuletzt wegen der erforderlichen Ausschlussbedingungen und den korrespondierenden Ganzzahligkeitsrestriktionen sowie den resultierenden lösungsprozeduralen Problemen – darauf zu achten, dass die Modellgröße in einem angemessenen Rahmen bleibt. In diesem Zusammenhang muss die Planungsinstanz Metaentscheidungen darüber treffen, wie viele Aspekte in das Modell einbezogen werden sollen und auf welchem Wege Vereinfachungs- und Reduzierungseffekte erzielt werden können.

## 9.2 Übungsaufgaben

**Aufgabe 31**

Skizzieren Sie Differenzierungen von Strategien, die sich an betrieblichen Funktionen und Objekten, organisationalen Geltungsbereichen, Veränderungen von Objektausprägungen, Verhaltensweisen gegenüber Konkurrenten, Produkt- und Marktentwicklungen oder an Möglichkeiten der Koalitionsbildung orientieren!

**Aufgabe 32**

Was bedeuten Niveau- und Strukturkonstanz einer Personalausstattung?

**Aufgabe 33**

Worin liegt der zentrale Unterschied zwischen Personalbereitstellungs- und Personalverwendungsstrategien?

**Aufgabe 34**

Sie sind der Leiter der Abteilung für Personalangelegenheiten in Ihrem Unternehmen. Ihnen ist aufgefallen, dass die Personalstruktur in Ihrem Unternehmen nicht effizient ausgestaltet ist. Deshalb wollen Sie diese Struktur nun optimieren. Sie können Ihren Mitarbeitern zwei Arten von Löhnen gewähren, entweder Potenzial- oder Anforderungslöhne.

Sie müssen sich als Abteilungsleiter die Frage stellen, welche Mitarbeiterkategorien einen Potenzial- und welche einen Anforderungslohn gezahlt bekommen. Darüber hinaus müssen Sie Entscheidungen treffen, ob Sie neue Mitarbeiter in Ihre Personalausstattung aufnehmen wollen und/oder ob Sie Mitarbeiter aus Ihrem Unternehmen entlassen wollen.

Weiterhin müssen Sie entscheiden, welche Mitarbeiter im Leistungsprozess eingesetzt werden und welche nicht. Nichteingesetzte Mitarbeiter erhalten einen Grundlohn aufgrund ihrer Verfügbarkeit für das Unternehmen. Mitarbeiter, die Anforderungslohn beziehen, erhalten diesen auch im Fall eines Nichteinsatzes für eine gewisse Tätigkeit. Potenziallohnempfänger erhalten den gleichen Lohn als würden sie eingesetzt.

Aufgrund einer aktuell hohen Nachfrage nach Schulungsangeboten auf dem Markt stehen Ihnen keine Schulungsmöglichkeiten zur Verfügung. Darüber hinaus können Sie sich stets auf Ihre Mitarbeiter verlassen und müssen keinerlei Absentismus oder Fluktuation berücksichtigen.

Im Zuge der Produktion von Computern fallen drei verschiedene Tätigkeiten ($q = 1,2,3$) an:

$q = 1$ - Montage eines Computergehäuses

$q = 2$ - Verarbeitung der elektronischen Komponenten

$q = 3$ - Installation aller benötigten Softwarekomponenten

Für die Erledigung dieser Tätigkeiten stehen Ihnen vier verschiedene Arbeitskräftearten ($r = 1,2,3,4$) zur Verfügung:

$r = 1$ - Studentische Hilfskräfte aus dem Bereich der Wirtschaftswissenschaft

$r = 2$ - Studentische Hilfskräfte aus dem Bereich der Informatik

$r = 3$ - Fachinformatiker

$r = 4$ - Informatiker mit Master-Abschluss

Die nachfolgende **Tabelle 9.2** gibt Aufschluss über die Bereitstellungs- und Verwendungsmöglichkeiten:

**Tabelle 9.2** Bereitstellungs- und Verwendungsmöglichkeiten

| | $r = 1$ | $r = 2$ | $r = 3$ | $r = 4$ |
|---|---|---|---|---|
| $q = 1$ | × | × | - | × |
| $q = 2$ | - | × | × | × |
| $q = 3$ | - | - | × | × |

Entsprechend der Unterscheidung zwischen Anforderungs- und Potenziallohn müssen Sie entscheiden, welche Arbeitskräftekategorie welche Lohnart erhalten soll.

Nachfolgender **Tabelle 9.3** können Sie entnehmen, welche Tätigkeiten mit welchem Anforderungslohnsatz ($l$) entlohnt werden können:

**Tabelle 9.3** Zuordnung Anforderungslohnsätze und Tätigkeitsarten

| | $q = 1$ | $q = 2$ | $q = 3$ |
|---|---|---|---|
| $l = 1$ | 2.000 | - | - |
| $l = 2$ | 4.000 | 4.000 | 4.000 |
| $l = 3$ | - | 6.000 | 6.000 |
| $l = 4$ | - | - | 8.000 |

Je nach Arbeitskräfteart können Sie dieser auch einen Potenziallohn ($g$) bezahlen. Welche Arbeitskräfteart welchen Potenziallohnsatz erhalten kann, ist in nachfolgender **Tabelle 9.4** abgetragen:

**Tabelle 9.4** Zuordnung Potenziallohnsätze und Arbeitskräftearten

| | $r = 1$ | $r = 2$ | $r = 3$ | $r = 4$ |
|---|---|---|---|---|
| $g = 1$ | 1.000 | 1.000 | - | 1.000 |
| $g = 2$ | - | 2.000 | 2.000 | 2.000 |
| $g = 3$ | - | - | 4.000 | 4.000 |

Für Ihren dreimonatigen Planungszeitraum haben Sie bereits die periodenweisen ($t = 1,2,3$) Personalbedarfe ($PB_{qt}$) ermittelt (vgl. **Tabelle 9.5**):

**Tabelle 9.5** Personalbedarfe

| | | | | | |
|---|---|---|---|---|---|
| $PB_{11}$ | 50 | $PB_{12}$ | 40 | $PB_{13}$ | 60 |
| $PB_{21}$ | 60 | $PB_{22}$ | 50 | $PB_{23}$ | 70 |
| $PB_{31}$ | 70 | $PB_{32}$ | 60 | $PB_{33}$ | 80 |

Aufgrund der aktuellen Arbeitsmarktsituation stehen Ihnen nur begrenzte Einstellungsmöglichkeiten an Potenziallohn- bzw. Anforderungslohnbeziehern ($HG_{grt}^{max}$ bzw. $HL_{lrt}^{\max}$) zur Verfügung. Aufgrund Ihrer internen hohen Vorgaben an *Corporate Social Responsibility* können Sie auch nur begrenzt Mitarbeiter aus Ihrem Unternehmen entlassen ($FG_{grt}^{max}$ bzw. $FL_{lrt}^{max}$). Die Einstellungs- bzw. Entlassungsobergrenzen sind für den dreimonatigen Planungshorizont und für Anforderungs- und Potenziallohnempfänger identisch (vgl. **Tabelle 9.6**):

**Tabelle 9.6** Einstellungs- und Entlassungsobergrenzen

| | | | | | | | |
|---|---|---|---|---|---|---|---|
| $HG_{g1t}^{max}$ | 10 | $FG_{g1t}^{max}$ | 10 | $HL_{l1t}^{max}$ | 10 | $FL_{l1t}^{max}$ | 10 |
| $HG_{g2t}^{max}$ | 10 | $FG_{g2t}^{max}$ | 10 | $HL_{l2t}^{max}$ | 10 | $FL_{l2t}^{max}$ | 10 |
| $HG_{g3t}^{max}$ | 10 | $FG_{g3t}^{max}$ | 10 | $HL_{l3t}^{max}$ | 10 | $FL_{l3t}^{max}$ | 10 |
| $HG_{g4t}^{max}$ | 10 | $FG_{g4t}^{max}$ | 10 | $HL_{l4t}^{max}$ | 10 | $FL_{l4t}^{max}$ | 10 |

Weiterhin fallen für jede Entlassung Abfindungskosten i.H.v. 5.000 GE und für jede Einstellung Kosten i.H.v. 4.000 GE an.

Aktuell verfügt Ihr Unternehmen über folgende Personalausstattung mit Potenzial- bzw. Anforderungslohnbeziehern ($PAG_{rg0}$ bzw. $PAL_{rl0}$, vgl. **Tabelle 9.7**):

**Tabelle 9.7** Personalanfangsausstattungen

| | | | |
|---|---|---|---|
| $PAG_{110}$ | 0 | $PAL_{110}$ | 0 |
| $PAG_{210}$ | 0 | $PAL_{120}$ | 0 |
| $PAG_{220}$ | 10 | $PAL_{210}$ | 10 |
| $PAG_{320}$ | 10 | $PAL_{220}$ | 10 |
| $PAG_{330}$ | 10 | $PAL_{230}$ | 10 |
| $PAG_{410}$ | 0 | $PAL_{320}$ | 10 |
| $PAG_{420}$ | 0 | $PAL_{330}$ | 10 |
| $PAG_{430}$ | 0 | $PAL_{340}$ | 10 |
| | | $PAL_{410}$ | 10 |
| | | $PAL_{420}$ | 10 |
| | | $PAL_{430}$ | 0 |
| | | $PAL_{440}$ | 0 |

Stellen Sie ein vollständiges Modell zur beschriebenen Problemstellung auf!

# 10 Deterministische, stochastische und unscharfe Ansätze der Personalplanung

## 10.1 Vorbemerkungen und Überblick

### 10.1.1 Darstellung

Beim Treffen von Entscheidungen sind vom Entscheider die Zielfunktion und das Entscheidungsfeld festzulegen (vgl. z.B. Laux et al. 2018). Unter einer Zielfunktion verstehen wir die funktionale Beschreibung (siehe Aufgabe und Lösung 35) des Zusammenhangs zwischen den relevanten Zielgrößen, der Präferenzfunktion und dem jeweiligen Optimierungskriterium. Die Menge der jeweils einschlägigen Handlungsalternativen, Umweltzustände (inkl. Glaubwürdigkeitsurteilen) und Ergebnisse konstituieren das Entscheidungsfeld. Die Handlungsalternativen sind die sich gegenseitig ausschließenden Handlungsmöglichkeiten, die Umweltzustände sind Konstellationen entscheidungsrelevanter Daten, die Ergebnisse stellen Zielgrößenausprägungen dar und über Glaubwürdigkeitsurteile bringt der Entscheider zum Ausdruck, inwieweit er vom künftigen Eintreten eines Umweltzustandes überzeugt ist (vgl. z.B. Laux/Liermann 2005). Ein Entscheidungsproblem entscheidungsreif zu gestalten erfordert somit, dass der Entscheider die Menge der Handlungsalternativen $\overline{J} := \{j|j = 1,2, \dots, J\}$, die Menge der Umweltzustände $\overline{Z} := \{z|z = 1,2, \dots, Z\}$, die Menge der Ergebnisse $\overline{E} := \{e_{jz} \mid j \in \overline{J}, z \in \overline{Z}\}$ und die Ergebnisfunktion $e: \overline{J} \times \overline{Z} \rightarrow \overline{E}$ operationalisiert. Im stochastischen Fall – auf diesen und andere Fälle kommen wir unten noch intensiver zu sprechen – wird zudem der aus $\overline{J}$, einer geeigneten Sigma-Algebra (siehe unten) und einem Wahrscheinlichkeitsmaß bestehende Wahrscheinlichkeitsraum benötigt. Mit diesen Angaben ist er dann in der Lage eine Ergebnisnutzenfunktion $v: \overline{E} \rightarrow U$ und eine Aktionennutzenfunktion $v: \overline{J} \rightarrow U$ zu formulieren. Da man nicht Ergebnisse und deren Nutzen, sondern letztlich den Nutzen von Handlungsalternativen optimieren möchte, ist dann diejenige Alternative $j \in \overline{J}$ auszuwählen, bei der die Aktionennutzenfunktion maximiert wird.

In deterministischen (Personal-) Planungsansätzen liegen spätestens im Zeitpunkt der Entscheidung alle oben aufgeführten Größen eindeutig (Fremdwort: univok) vor. Man kennt dann genau die Mengen der relevanten Handlungsalternativen, Umweltzustände und Ergebnisse, kann die Zukunft sicher prognostizieren und die Zielfunktion eindeutig formulieren. In der Realität liegt der Fall der Univozität bei Licht betrachtet nie vor (z.B. ist der Mensch nicht in der Lage, Zukunft sicher vorherzusagen), so dass man zumindest in Teilen von mehrdeutigen (Fremdwort: ambiguosen) Entscheidungsfeldern und Zielfunktionen auszugehen hat. Ambiguität (vgl. z.B. Metzger/Spengler 2019) kann sich in Entscheidungszusammenhängen auf das künftige Eintreten von Ereignissen und auf die Ereignisse selbst beziehen. Wenn der Eintritt von Ereignissen mehrdeutig ist, spricht man (a) von Fällen der


T. Spengler et al., *Moderne Personalplanung*,
https://doi.org/10.1007/978-3-658-47677-9_10

Unsicherheit, bei ambiguosen Ereignissen hingegen (b) von Situationen der Unschärfe (siehe **Abbildung 10.1**):

**Abbildung 10.1** Formen der Ambiguität

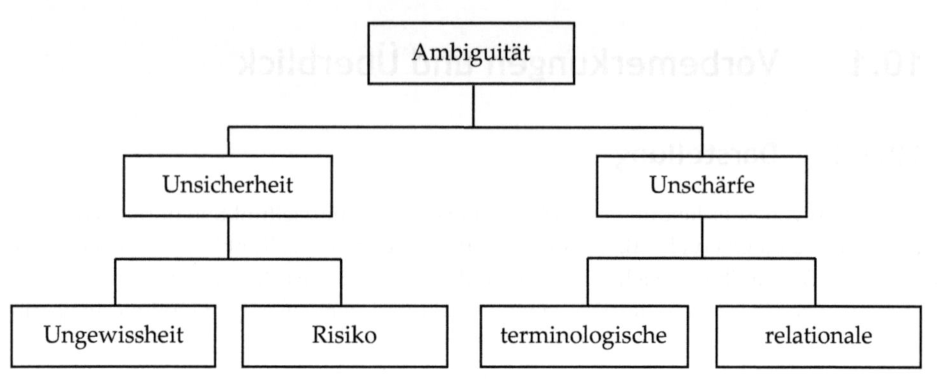


Zu (a): Bei mehrdeutigen Prognosen über den künftigen Eintritt von Ereignissen liegt Unsicherheit vor, die sich in Situationen der Ungewissheit (synonym: Unsicherheit i.e.S.) und Risikosituationen unterscheiden lässt. Von Ungewissheit spricht man dann, wenn der Entscheider zwar weiß, dass einer von mehreren möglichen Umweltzuständen eintreten wird, er aber nicht weiß, welcher. Zudem kann er sich über die Glaubwürdigkeit einer Prognose kein differenziertes Urteil bilden (vgl. Knight 1921). So kann er z.B. keine Eintrittswahrscheinlichkeiten angeben. In Risikosituationen weiß er ebenfalls, dass einer von mehreren möglichen Umweltzuständen eintreten wird. Er ist darüber hinaus jedoch in der Lage, sich ein differenziertes Urteil über die Eintrittswahrscheinlichkeiten zu bilden. Das Wahrscheinlichkeitsmaß ist das präziseste zur Verfügung stehende Glaubwürdigkeitsmaß. Wahrscheinlichkeitsmaße haben (relativ engen) maßtheoretischen Anforderungen, den sog. – auf $\sigma$-Algebren basierenden – Kolmogoroffschen Axiomen zu genügen (Spengler 1999, S. 87 ff.). Die letztgenannten sind wie folgt definiert (vgl. z.B. Bauer 1992, S. 2 ff., Maibaum 1980, S. 30 ff. und Reinhardt/Soeder 1998, S. 467), wobei $\mathfrak{P}$ wieder (s. Kap. 2.2.1.3) die Potenzmenge symbolisiert:

**Definition 10.1:**

Ein System $\mathfrak{F} \subseteq \mathfrak{P}(\Theta)$ von Teilmengen einer klassischen Menge heißt $\sigma$-Algebra auf dem Ergebnisraum $\Theta$ (Menge aller möglichen Ergebnisse), wenn die folgenden Bedingungen erfüllt sind:

$$\emptyset \in \mathfrak{F} \wedge \Theta \in \mathfrak{F} \qquad \text{(DW. 1)}$$

[Lies: Das unmögliche Ereignis $\emptyset$ und das sichere Ereignis $\Theta$ gehören zur $\sigma$-Algebra.]

$$A \in \mathfrak{F} \Longrightarrow A^C \in \mathfrak{F} \tag{DW. 2}$$

[Lies: Wenn das Ereignis $A$ zur $\sigma$-Algebra gehört, dann gehört auch das Gegenereignis (Komplement) $A^C$ dazu.]

$$A_o \in \mathfrak{F}\ (o \in O) \Longrightarrow \bigcup_{o \in O} A_o \in \mathfrak{F} \text{ mit } O \text{ als höchstens abzählbare Indexmenge} \tag{DW. 3}$$

[Lies: Wenn zur $A_o$ $\sigma$-Algebra gehört, dann zählen auch alle möglichen (korrespondierenden) Vereinigungen dazu.]

Die Kolmogoroffschen Axiome lauten damit wie folgt:

**Definition 10.2:**

Ein System $Prob: \mathfrak{F} \to [0,1]$ heißt Wahrscheinlichkeitsmaß auf einer Ereignisalgebra $\mathfrak{F}$, wenn die folgenden Bedingungen erfüllt sind:

$$A \in \mathfrak{F} \Longrightarrow Prob(A) \geq 0 \tag{DW. 4}$$

[Lies: Wahrscheinlichkeiten können nicht negativ sein.]

$$Prob(\Theta) = 1 \tag{DW. 5}$$

[Lies: Die Wahrscheinlichkeit des sicheren Ereignisses beträgt 1.]

$$A_1, A_2, \ldots \in \mathfrak{F} \ \wedge \ A_o \cap A_{o'} = \emptyset \ \forall o \neq o' \Longrightarrow Prob\left(\bigcup_o A_o\right) = \sum_o Prob(A_o) \tag{DW. 6}$$

[Lies: Die Wahrscheinlichkeit der Vereinigung disjunkter Ereignisse ergibt sich aus der Summe der Wahrscheinlichkeiten der Einzelereignisse.]

Daraus abgeleitet ergeben sich:

$$Prob(A^C) = 1 - Prob(A) \tag{DW. 7}$$

[Lies: Die Wahrscheinlichkeit des Gegenereignisses zu $A$ ergibt sich aus der Gegenwahrscheinlichkeit von $A$.]

$$Prob(\emptyset) = 0 \tag{DW. 8}$$

[Lies: Die Wahrscheinlichkeit des unmöglichen Ereignisses ist Null.]

Wahrscheinlichkeiten, die den Bedingungen (DW. 1)-(DW. 8) genügen, nennen wir im vorliegenden Buch auch klassische, traditionelle oder Kolmogoroffsche Wahrscheinlichkeiten. Auf exemplarische Erläuterungen der genannten Bedingungen gehen wir in Aufgabe 38 ein.

Zu (b): Eine (neben der Unsicherheit) weitere Spielart der Unbestimmtheit, bei der die die benötigten Daten und Relationen nicht eindeutig (synonym: präzise, scharf), sondern lediglich größenordnungsmäßig (synonym: vage, unscharf) angegeben werden können, ist die sog. Unschärfe, die sich nicht auf das Eintreten von Ereignissen, sondern auf die Ereignisse selbst bezieht. Je nachdem, ob dabei Begriffe (wie z.B. „geringe" Personalkosten, „zufriedenstellende" Arbeitsproduktivität, „ausreichendes" Beschäftigungsniveau, „hohe" Mitarbeitermotivation, „ziemlich" faire Schichtverteilung etc.) oder Beziehungen zwischen Objekten (wie z.B. $A$ ist „viel größer als", „ungefähr gleich", „unbedeutend kleiner als" $B$) vage sind, haben wir es mit terminologischer oder relationaler Unschärfe zu tun. Die sog. Theorie unscharfer Mengen (Fuzzy Set-Theory) bietet einen weiten Spielraum für den rationalen, mathematisch präzisen Umgang mit solchen Phänomenen des Vagen. Grundgedanke dieser Theorie ist das Aufweichen der klassischen (zweiwertigen) 0-1-Logik, nach der ein Element eindeutig zu einer Menge gehört (Zugehörigkeitswert 1) oder eben nicht dazu gehört (Zugehörigkeitswert 0). Bezeichnet man den Zugehörigkeitswert eines Elementes $x$ einer klassischen Menge $X$ zu einer unscharfen Menge $\widetilde{M}$ mit $\mu_{\widetilde{M}}(x)$, dann ist diese – wie bereits auf S. 48 – definiert als die folgende Menge geordneter Zweitupel:

$$\widetilde{M} := \{(x, \mu_{\widetilde{M}}(x)) | x \in X\}, \text{ mit } \mu_{\widetilde{M}}: X \to [0,1] \qquad \text{(DF. 1)}$$

Sei beispielsweise $X$ eine Menge von Personalbedarfsausprägungen (z.B. von 0 bis 200) und $\widetilde{PB}$ die (unscharfe) Menge der geringen Personalbedarfe, dann mag der Personalplaner z.B. alle Personalbedarfe, die nicht größer als 20 sind, auf jeden Fall zur Menge der kleinen Personalbedarfe zählen (Zugehörigkeitswert 1), für alle, die größer als 50 sind, festlegen, dass diese auf keinen Fall dazu zählen (Zugehörigkeitswert 0) und für alle dazwischenliegenden Personalbedarfe Zugehörigkeitswerte zwischen 0 und 1 vergeben. Durch Anwendung der Fuzzy Set-Theory gelingt es dann, mit solchen vagen Daten (und Relationen) präzise zu rechnen, beispielsweise den unscharfen Personalbedarf einer Abteilung $A$ und denjenigen der Abteilung $B$ zu addieren, Optimierungsmodelle zu formulieren etc. Obwohl die Notwendigkeit der Verarbeitung ungenauer Größen für die Personalplanung weithin gefordert wird, bekannt und akzeptiert ist (z.B. Krimmphore/Klemm-Box 1999), kann der Theorie unscharfer Mengen bis dato (leider) noch kein allzu hoher Verbreitungsgrad in diesem Feld bescheinigt werden.

## 10.1.2 Übungsaufgaben

**Aufgabe 35**

Erläutern Sie die Begriffe „Entscheidungsfeld" und „Zielfunktion"!

**Aufgabe 36**

Begründen Sie, warum man sich mit Fällen der Univozität auseinandersetzen sollte, obwohl in der Realität nur Ambiguität auftritt!

**Aufgabe 37**

Was versteht man unter einem Axiom?

**Aufgabe 38**

Erläutern Sie die Bedingungen (DW. 1)-(DW. 8) anhand eines einfachen Beispiels!

**Aufgabe 39**

Begründen Sie, warum Entscheider häufig nicht in der Lage sind, traditionelle Wahrscheinlichkeiten fundiert zu formulieren!

**Aufgabe 40**

Zeichnen Sie eine lineare Zugehörigkeitsfunktion für das Beispiel auf S. 94!

## 10.2 Planungsmodelle

### 10.2.1 Stochastische Planungsmodelle

#### 10.2.1.1 Darstellung

Lässt man Unschärfesituationen außen vor, dann können grundsätzlich zwei Modelltypen behandelt werden: Während deterministische Ansätze voraussetzen, dass nicht nur die Ziele bzw. die Zielfunktion(en) sondern auch der Alternativen- und der Ergebnisraum vom Entscheider exakt bestimmt werden können, und der eintretende Umweltzustand mit Sicherheit bekannt ist, berücksichtigen stochastische Modelle Wahrscheinlichkeitsverteilungen über Erwartungsparameter (Stochastik: Kunst des Vermutens, Lehre vom Zufall). Da die meisten der im vorliegenden Buch vorgestellten Modelle als lineare oder (gemischt-) ganzzahlige Optimierungsmodelle formuliert werden, sei nun kurz auf die Stochastische Lineare Programmierung (SLP) eingegangen:

Unter Geltung folgender Symbole

$\bar{I}$ := $\{i | i = 1,2,\dots,I\}$ Indizes zur Bezeichnung der Restriktionen

$\bar{J}$ := $\{j | j = 1,2,\dots,J\}$ Indizes zur Bezeichnung der Entscheidungsvariablen

$\hat{c}_j$ := stochastischer Zielfunktionskoeffizient der Entscheidungsvariablen $j \in \bar{J}$

$\hat{a}_{ij}$ := stochastischer Koeffizient der Entscheidungsvariablen $j \in \bar{J}$ in Restriktion $i \in \bar{I}$

$\hat{B}_i$ := stochastische Beschränkungsgröße für die linke Seite der Restriktion $i \in \bar{I}$

$x_j$ := Entscheidungsvariable $j \in \bar{J}$

lautet das Grundmodell der SLP wie folgt:

Zielfunktion:

$$\sum_{j\in\bar{J}} \hat{c}_j \cdot x_j \rightarrow \text{max oder min!} \qquad \text{(Z. 5)}$$

[Lies: Maximiere oder minimiere die Summe aller Produkte aus stochastischen Zielfunktionskoeffizienten und Entscheidungsvariablen!]

u.d.N.:

$$\sum_{j\in\bar{J}} \hat{a}_{ij} \cdot x_j \leq \hat{B}_i \quad \forall\, i \in \bar{I} \qquad \text{(R. 22)}$$

[Lies: Die Summe aller Produkte aus stochastischen Koeffizienten $\hat{a}_{ij}$ und Variablen $x_j$ darf nicht größer werden als die stochastische Beschränkungsgröße $\hat{B}_i$. Dies gilt für alle Restriktionen $i \in \bar{I}$. Die Nebenbedingungen können selbstverständlich auch als ≥-Restriktionen oder =-Restriktionen formuliert werden.]

Nichtnegativitätsbedingungen:

$$x_j \geq 0 \quad \forall\, j \in \bar{J} \qquad \text{(R. 2)}$$

[Lies: Keine der Entscheidungsvariablen darf negativ werden, keine muss ganzzahlig sein.]

Für den Fall präziser Wahrscheinlichkeit(sverteilung)en lassen sich die bekanntesten Ansätze zur Lösung stochastischer Optimierungsmodelle in vier Klassen einteilen (vgl. Jarr 1978):

(a) Die Fat solution-Methode bestimmt die sog. „fette", d.h. die bei jeder möglichen Realisation der Zufallsvariablen (im Restriktionenraum) zulässige Lösung. Für die Zielfunktion hingegen werden Erwartungswerte in Ansatz gebracht. Dieses Verfahren ist somit nur für diskrete Zufallsvariablen geeignet.

(b) Die auf Charnes/Cooper (1959) zurückgehenden Ansätze des Chance constrained-Programming verwenden i.d.R. nicht-stochastische oder nicht mit Erwartungswerten besetzte Zielfunktionen. Für die stochastischen Restriktionen hingegen wird gefordert, dass diese jeweils mit einer Mindestwahrscheinlichkeit eingehalten werden. Solche Modelle sind vielfach äußerst schwer zu lösen oder weisen gar eine leere Lösungsmenge auf (Jarr, 1978, S. 48 f.): „Im allgemeinen Fall […] bildet der Bereich zulässiger Lösungen jedoch nur bei ‚gutartigen' Wahrscheinlichkeiten […] und Verteilungsfunktionen […] eine konvexe Menge. Daher existieren nur für bestimmte Problemtypen Lösungsalgorithmen, bei denen z.T. auch neben dem Erwartungswert die Varianz oder die Fraktile der Verteilung der Zielfunktionswerte zur Optimierung herangezogen werden."

(c) Zwei-Stufen-Kompensationsmodelle verfolgen die Idee, dass man zunächst einmal auf einer ersten Stufe „zulässige" Lösungen generiert und diese dann, sofern sie sich später doch als unzulässig erweisen sollten auf einer zweiten Stufe revidiert. Die auf der ersten Stufe getroffenen Entscheidungen sollen durch „Nachbesserungen" auf der zweiten Stufe kompensiert werden, wobei dann der Erwartungswert der Nachbesserungskosten o.ä. als Optimierungskriterium in Betracht kommt.

(d) Die sog. Erwartungswertmodelle stellen die einfachste Methode zur Lösung stochastischer Optimierungsprobleme dar. Da bei diesen lediglich die Erwartungswerte der Zufallsvariablen in Ansatz gebracht werden, erhält man ein quasi-deterministisches Modell, dessen Anwendung nur dann von Vorteil sein kann, wenn die Modelllösung entsprechend robust ist.

Diese vier Typen von Ansätzen, die z.B. zur Fluktuations-, zur Absentismus- und zur Personalbedarfsanalyse (bei der Springerplanung) eingesetzt werden (vgl. Jarr 1978, S. 65 ff.), gehen von der Annahme aus, die Grundannahmen der Wahrscheinlichkeitstheorie und damit die entsprechenden Präzisionsanforderungen an die Wahrscheinlichkeitsangaben seien erfüllt. Mit (DW. 1)-(DW. 8) – nicht zuletzt mit der $\sigma$-Additivitätsbedingung (Summennormierungsbedingung) (DW. 6) – wird jedoch ein recht enger Restriktionenraum aufgespannt. In vielen realen Fällen sind die Informationen des Entscheiders jedoch nicht hinreichend präzise, um klassische Wahrscheinlichkeiten begründet anzugeben. Dies liegt nicht zuletzt an den Schwierigkeiten der Aufstellung einer $\sigma$-Algebra, z.B. bei langfristigen Prognosen in komplexen Fällen der strategischen Personalplanung. Die klassische Wahrscheinlichkeitstheorie ist axiomatisch fundiert und liefert, sofern ihre Anwendungsvoraussetzungen erfüllt sind, die präzisesten Ergebnisse. Sie sollte jedoch, um Scheinpräzision und Fehlschlüsse (vgl. Spengler et al. 2024) zu vermeiden, nicht angewendet werden, wenn (DW. 1)-(DW. 8) nicht erfüllt sind. Für solche Fälle hat die Wissenschaft andere Unsicherheitsmaße entwickelt, die geringere maßtheoretische Anforderungen stellen und zum Teil auch auf die Einhaltung der Summennormierungsbedingung verzichten. Zu diesen zählen z.B. das Possibilitäts- (Possibilität: Möglichkeit) und das Nezessitätsmaß (Nezessität: Notwendigkeit), das Glaubwürdigkeits- und das Plausibilitätsmaß sowie die sog. unteren und oberen Wahrscheinlichkeitsmaße i.S. der LPI-Theorie, auf die wir unten näher eingehen wollen. Zu diesen und weiteren einschlägigen Maßen und deren Abgrenzungen sowie Zusammenhänge vgl. Spengler (1999, S. 85 ff.), Metzger/Spengler (2017), Metzger et al. (2018) sowie Metzger/Spengler (2019). Beachtet man

**Definition 10.3:**

Eine Funktion $v: \mathfrak{F} \to [0, \infty]$, $\mathfrak{F} \subseteq \mathfrak{P}(\Theta)$ heißt

additiv, wenn $\forall A, B \subseteq \mathfrak{F}, A \cap B = \emptyset: v(A \cup B) = v(A) + v(B)$ (DW. 9)

subadditiv, wenn $\forall A, B \subseteq \mathfrak{F}, A \cap B = \emptyset: v(A \cup B) \leq v(A) + v(B)$ (DW. 10)

superadditiv, wenn $\forall A, B \subseteq \mathfrak{F}, A \cap B = \emptyset: v(A \cup B) \geq v(A) + v(B)$ (DW. 11)

dann geht es dabei vor allem um sub- und superadditive Maße.

Wir wollen nun (ausgewählt) auf untere und obere Wahrscheinlichkeiten aus dem Kranz nicht-additiver Maße eingehen und zwar unter Rückgriff auf die sog. LPI-Theorie, die axiomatisch fundiert ist und eine recht unkomplizierte Behandlung realer Phänomene gestattet. Dabei ist LPI das Kürzel für Lineare Partielle Information. Partiell ist die Information hier

insofern, als man bei den in Rede stehenden Fällen weder sichere Erwartungen hat, noch zu beurteilende Wahrscheinlichkeiten vollständig bzw. eindeutig angegeben kann. Sie wird zudem als linear bezeichnet, da (wie man leicht zeigen kann) sog. LPI-Verteilungen als lineare Ungleichungssysteme darstellbar sind (vgl. Spengler 1999, S. 92 ff.).
Die LPI-Theorie wurde maßgeblich von Menges und Kofler (vgl. Kofler/Menges 1976, Kofler 1989 und Kofler/Zweifel 1991) initiiert und dient der rationalen Formulierung und Verarbeitung von Intervallwahrscheinlichkeiten $w_z$ für Umweltzustände $z \in \overline{Z}$ (mit $\overline{Z} := \{z|z = 1,2,\dots,Z\}$ und $w_z \in [\underline{w}_z, \overline{w}_z]$).

Wir bezeichnen nun mit $\mathbf{w}' = (w_1, \dots, w_Z)$ den transponierten Vektor einer Wahrscheinlichkeitsverteilung $\mathbf{w}$. Ein gleichseitiges Dreieck $ABC$ mit den die Einheitshöhe 1 aufweisenden Mittelsenkrechten $AF$, $BD$ und $CE$ bezeichnet man als baryzentrisches Dreieck, wobei für die Eckpunkte $A = (0,1,0)$, $B = (0,0,1)$ und $C = (1,0,0)$ gilt. Durch die Summennormierungsvorschrift (DW. 6), nach der nur solche Verteilungen zulässig sind, bei denen sich die Einzelwahrscheinlichkeiten zu Eins addieren, lassen sich $LPI(\mathbf{w})$ für den Fall dreier Umweltzustände anschaulich im baryzentrischen Dreieck darstellen. Wir weisen hier den Abständen von den Seiten $AB$, $BA$ und $AC$ die Koordinaten $w_1$, $w_2$ und $w_3$ zu, wobei jeder Punkt im Innern und auf dem Rand des Dreiecks $ABC$ – und somit selbstverständlich auch jeder Kreuzungspunkt der in **Abbildung 10.2** eingezeichneten Gitterhilfslinien – zum Wert $w_1 + w_2 + w_3 = 1$ führt.

**Abbildung 10.2** Baryzentrisches Dreieck mit Mittelsenkrechten

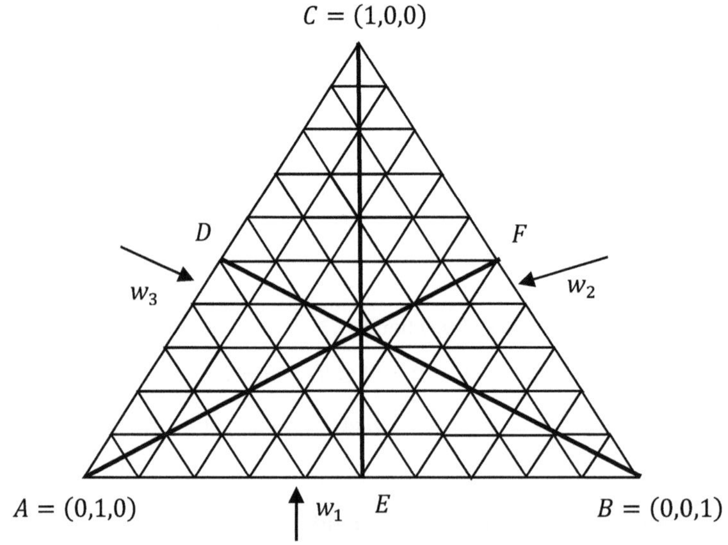


Während in Risikosituationen definitionsgemäß klassische Wahrscheinlichkeiten – die im baryzentrischen Dreieck einen einzelnen Punkt ergeben (sog. Punktwahrscheinlichkeiten) –

verwendet werden, führen Intervallwahrscheinlichkeiten aufgrund der genannten Linearitätseigenschaft immer zu einem konvexen Polyeder (abgeschlossenen Vieleck).

Stellen wir uns beispielsweise vor, dass das in zehn Jahren für einen Betrieb geltende Rekrutierungspotenzial an High Potentials eingeschätzt werden solle und die Experten damit rechnen, dass dieses mit einer Wahrscheinlichkeit zwischen 0,2 und 0,5 gering, mit einer Wahrscheinlichkeit zwischen 0,3 und 0,6 mittelmäßig und mit einer Wahrscheinlichkeit zwischen 0,1 und 0,3 hoch sei. Wir kommen dann z.B. zu dem in **Abbildung 10.3** schraffiert eingezeichneten Gebiet (Polyeder) von Wahrscheinlichkeitsverteilungen:

**Abbildung 10.3** Intervallwahrscheinlichkeiten im Beispiel

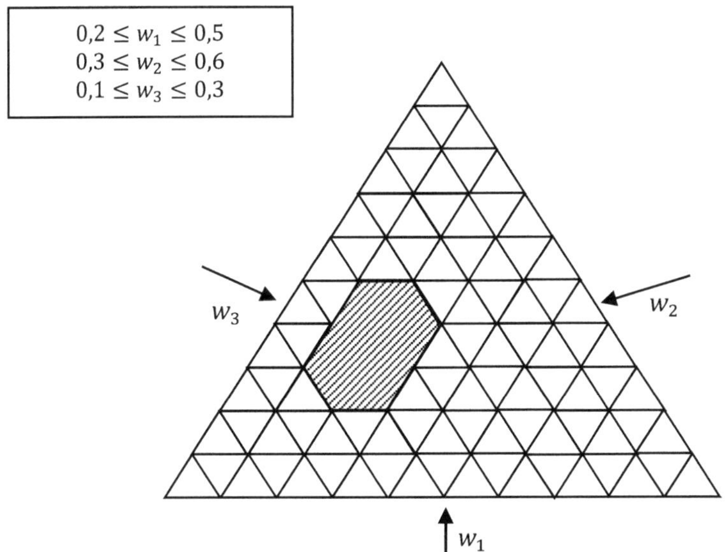


Im Gegensatz zu den oben definierten Risikosituationen haben wir es bei Vorlage von Intervallwahrscheinlichkeiten nicht mit einem einzigen Punkt, sondern mit einem unendlich vielen Verteilungen umfassenden Polyeder zu tun. Die „Kunst" liegt dann darin, mit dieser Menge unendlich vieler potenzieller Wahrscheinlichkeitsverteilungen rational umzugehen, denn das auf Axiomen rationalen Entscheidungsverhaltens basierende und an die Existenz von Punktwahrscheinlichkeiten gebundene Bernoulli-Prinzip (vgl. Laux et al. 2018) ist hier nicht mehr anwendbar. Dieses Entscheidungsprinzip empfiehlt, die nutzenerwartungswertmaximale Handlungsalternative zu wählen. Bezeichnet man mit $E_j$ den Nutzenerwartungswert der Handlungsalternative $j \in \overline{J}$, mit $u_{jz}$ den Nutzen der Alternative $j \in \overline{J}$ im Umweltzustand $z \in \overline{Z}$ und mit $w_z$ die (Punkt-) Wahrscheinlichkeit des Zustandes $z \in \overline{Z}$, dann gilt:

$$E_j = \sum_{z \in \bar{Z}} w_z \cdot u_{jz} \tag{DK. 1}$$

Wir haben es hier aber nicht mit Risikosituationen zu tun, sondern wir wissen weniger als in diesen, jedoch mehr als in Ungewissheitssituationen, so dass Entscheidungskriterien empfehlenswert sind, die die Regeln für Fälle der Ungewissheit, wie z.B. die sehr pessimistisch angelegte Maximin-Regel (vgl. Wald 1949), die sehr optimistische Maximax- Regel oder das Hurwicz-Princip (vgl. Hurwicz 1951), bei dem über einen Optimismusparameter $\beta \in [0,1]$ die Einstellung des Entscheiders zur Zukunft individuell eingestellt werden kann, modifizieren und mit dem Bernoulli-Prinzip kombinieren (vgl. Motsch 1995, S. 120 ff., Spengler 1999, S. 99 ff., Warnez 1984, Whalen 1994 und Wollenhaupt 1982). Die Kombination des Bernoulli-Prinzips mit der (a) Maximin-Regel nennt man in der LPI-Theorie $MaxE_{min}$-Prinzip, diejenige mit der Maximax-Regel nennt man (b) $MaxE_{max}$-Prinzip und das modifizierte Hurwicz-Kriterium (c) LPI-Hurwicz-Kriterium (vgl. Lindstädt 2004). Im Einzelnen gilt:

$$\text{(a)} \max_{j \in \bar{J}} \min_{w \in LPI(w)} \sum_{z \in \bar{Z}} w_z \cdot u_{jz} \tag{DK. 2}$$

[Lies: Bestimme die Alternative mit dem maximalen Mindestnutzenwert.]

$$\text{(b)} \max_{j \in \bar{J}} \max_{w \in LPI(w)} \sum_{z \in \bar{Z}} w_z \cdot u_{jz} \tag{DK. 3}$$

[Lies: Bestimme die Alternative mit dem maximalen Höchstnutzenwert.]

$$\text{(c)} \max_{j \in \bar{J}} \left[ \beta \cdot \max_{\mathbf{w} \in LPI(\mathbf{w})} \sum_{z \in \bar{Z}} w_z \cdot u_{jz} + (1 - \beta) \cdot \min_{\mathbf{w} \in LPI(\mathbf{w})} \sum_{z \in \bar{Z}} w_z \cdot u_{jz} \right] \tag{DK. 4}$$

[Lies: Bestimme die Alternative mit der maximalen Summe aus gewichtetem Mindest- und gewichtetem Höchstnutzenwert.]

#### 10.2.1.2 Übungsaufgaben

**Aufgabe 41**

Wodurch unterscheiden sich die Grundmodelle der deterministischen und der stochastischen linearen Programmierung?

**Aufgabe 42**

Grenzen Sie Possibilitäten, Probabilitäten und Nezessitäten gegeneinander ab!

**Aufgabe 43**

Erläutern Sie unter Rückgriff auf die im baryzentrischen Dreieck der **Abbildung 10.3** dargestellte LPI-Verteilung die Begriffe der Additivität, Subadditivität und Superadditivität!

**Aufgabe 44**

Zeigen Sie, dass es sich bei den Wahrscheinlichkeiten $w_1$ und $w_2$ im Fall $w_1 \leq w_2$ bzw. $w_1, w_2$ und $w_3$ im Fall $w_1 + w_2 \geq w_3$ um Intervallwahrscheinlichkeiten handelt!

**Aufgabe 45**

Ist die LPI-Theorie auf Fälle mit drei Umweltzuständen beschränkt?

**Aufgabe 46**

Betrachten Sie nachstehende Entscheidungsmatrix (**Tabelle 10.1**):

**Tabelle 10.1** Entscheidungsmatrix

| | $w_1 \in [0{,}2; 0{,}5]$ | $w_2 \in [0{,}3; 0{,}6]$ | $w_3 \in [0{,}1; 0{,}3]$ |
|---|---|---|---|
| | $z = 1$ | $z = 2$ | $z = 3$ |
| $j = 1$ | $u_{11} = 200$ | $u_{12} = 500$ | $u_{13} = 800$ |
| $j = 2$ | $u_{21} = 400$ | $u_{22} = 400$ | $u_{23} = 400$ |
| $j = 3$ | $u_{31} = 400$ | $u_{32} = 200$ | $u_{33} = 500$ |

Ermitteln Sie die jeweils optimale Alternative $j$ bei Anwendung

a. des MaxE$_{min}$-Prinzips,

b. des MaxE$_{max}$-Prinzips und

c. des LPI-Hurwicz-Kriteriums!

## 10.2.2 Unscharfe Planungsmodelle

### 10.2.2.1 Darstellung

Die Fuzzy Logic wurde von Zadeh (1965) initial formuliert und gehört zu den mehrwertigen Logiken. Wie bereits oben (siehe S. 48) angesprochen, gilt für die sog. Zugehörigkeitswerte $\mu_{\widetilde{M}}(x) \in [0{,}1]$ und nicht wie in der zweiwertigen Logik $\in \{0{,}1\}$. In vielen realen Fällen ist der Entscheider lediglich dazu in der Lage, die Nutzen, die Zielfunktionskoeffizienten, die Eintrittswahrscheinlichkeiten, die Variablenkoeffizienten im Restriktionenraum oder die Beschränkungsgrößen als fuzzy Größen $\tilde{u}_{jz}$, $\tilde{c}_{jz}$, $\widetilde{w}_z$, $\tilde{a}_{jz}$ oder $\widetilde{B}_i$ anzugeben. Er kann diese dann (a) in Form sog. Fuzzy-Zahlen bzw. Fuzzy-Intervalle einerseits oder (b) in Form sog. linguistischer Variablen andererseits modellieren, wobei Fuzzy-Zahlen und -Intervalle vor allem bei (c) linearen und (gemischt-) ganzzahligen unscharfen Optimierungsmodellen und linguistische Variable in (d) Fuzzy Regelsystemen eingesetzt werden (vgl. Metzger 2020, Spengler et al. 2024, Siegling et al. 2023a).

Zu (a): Eine Fuzzy-Zahl $\tilde{Z}$ (vgl. Spengler 1993, S. 13) ist in der Theorie unscharfer Mengen definiert als eine (normalisierte, konvexe) unscharfe Menge, deren Zugehörigkeitsfunktion (zumindest stückweise) stetig ist und die lediglich einen (einzigen) Gipfelpunkt aufweist. Es gibt dann also nur ein $x \in X$, für das $\mu_{\tilde{Z}}(x) = 1$ gilt. Bei Fuzzy-Intervallen $\tilde{I}$ (vgl. Spengler 1993, S. 14) hingegen existieren mehrere (und nicht nur ein) $x \in X$ mit $\mu_{\tilde{I}}(x) = 1$. Der Graph der Zugehörigkeitsfunktion weist dann ein Plateau und nicht nur einen (Gipfel-) Punkt auf dem 1-Niveau auf. Für den praktischen Umgang mit Fuzzy-Zahlen und -Intervallen ist deren Formulierung und Darstellung in *LR*-Form (vgl. Dubois/Prade 1978) besonders sinnvoll, da man mit diesen algebraisch sehr einfach operieren kann. Sie basieren auf sog. linken und rechten Referenzfunktionen (vgl. Rommelfanger 1994), wobei die Referenzfunktion einer Fuzzy-Zahl oder eines Fuzzy-Intervalls definiert ist als

**Definition 10.4:**

Eine Funktion $L: [0,\infty[ \rightarrow [0,1]$ mit $L(0) = 1$ und $L$ ist nicht steigend in $[0,\infty[$ heißt Referenzfunktion einer Fuzzy-Zahl oder eines Fuzzy-Intervalls (DF. 2)

Eine *LR*-Fuzzy-Zahl ist wie folgt definiert:

**Definition 10.5:**

Eine Fuzzy-Zahl $\tilde{Z}$ heißt *LR*-Fuzzy-Zahl, wenn gilt:

$$\mu_{\tilde{Z}}(x) = \begin{cases} L\left(\frac{m-x}{\underline{\alpha}}\right) & \text{für } x \leq m,\ \underline{\alpha} > 0 \\ R\left(\frac{x-m}{\overline{\alpha}}\right) & \text{für } x > m,\ \overline{\alpha} > 0 \end{cases}$$

mit geeigneten Referenzfunktionen $L$(inks) und $R$(echts) (DF. 3)

Ein *LR*-Fuzzy-Intervall ist wie folgt definiert:

**Definition 10.6:**

Ein Fuzzy-Intervall $\tilde{I}$ heißt *LR*-Fuzzy-Intervall, wenn gilt:

$$\mu_{\tilde{I}}(x) = \begin{cases} L\left(\frac{m_1-x}{\underline{\alpha}}\right) & \text{für } x \leq m_1, \underline{\alpha} > 0 \\ 1 & \text{für } m_1 < x \leq m_2 \\ R\left(\frac{x-m_2}{\overline{\alpha}}\right) & \text{für } m_2 < x, \overline{\alpha} > 0 \end{cases}$$

mit geeigneten Referenzfunktionen $L$(inks) und $R$(echts) (DF. 4)

*LR*-Fuzzy-Zahlen werden häufig durch die Angabe von drei charakteristischen Größen dargestellt und nach dem Muster $\tilde{Z} = (m, \underline{\alpha}, \overline{\alpha})_{LR}$ notiert. Dabei ist $m$ der Gipfelpunkt, $\underline{\alpha}$ ist die linke und $\overline{\alpha}$ die rechte Spannweite (sog. Spreizung). Bei *LR*-Fuzzy-Intervallen verfährt man analog und notiert $\tilde{I} = (m_1, m_2, \underline{\alpha}, \overline{\alpha})_{LR}$. Dabei liegen alle Punkte mit dem Zugehörigkeitswert 1 im Intervall $[m_1, m_2]$ und $\underline{\alpha}$ sowie $\overline{\alpha}$ bezeichnen wieder die Spreizungen.

Wir wollen hier vereinfachungsbedingt durchgängig von Referenzfunktionen des Typs

$$L\left(\frac{m-x}{\underline{\alpha}}\right) = \max\left(0, 1 - \frac{m-x}{\underline{\alpha}}\right) \text{ und } R\left(\frac{x-m}{\overline{\alpha}}\right) = \max\left(0, 1 - \frac{x-m}{\overline{\alpha}}\right) \quad \text{(DF. 5)}$$

sowie $L\left(\frac{m_1-x}{\underline{\alpha}}\right) = \max\left(0, 1 - \frac{m_1-x}{\underline{\alpha}}\right)$ und $R\left(\frac{x-m_2}{\overline{\alpha}}\right) = \max\left(0, 1 - \frac{x-m_2}{\overline{\alpha}}\right)$ (DF. 6)

ausgehen, die zu linearen Zugehörigkeitsfunktionen führen, so dass man auf den Zusatz *LR* verzichten kann.

Ersetzt man zur Vereinfachung der Abbildungen die Quotienten $\frac{m-x}{\underline{\alpha}}, \frac{x-m}{\overline{\alpha}}, \frac{m_1-x}{\underline{\alpha}}$ und $\frac{x-m_2}{\overline{\alpha}}$ durch $u_1$, $u_2$, $u_3$ und $u_4$, dann nehmen die Graphen der Referenzfunktionen folgende identische Gestalt an (s. **Abbildung 10.4**):

**Abbildung 10.4** Referenzfunktionen

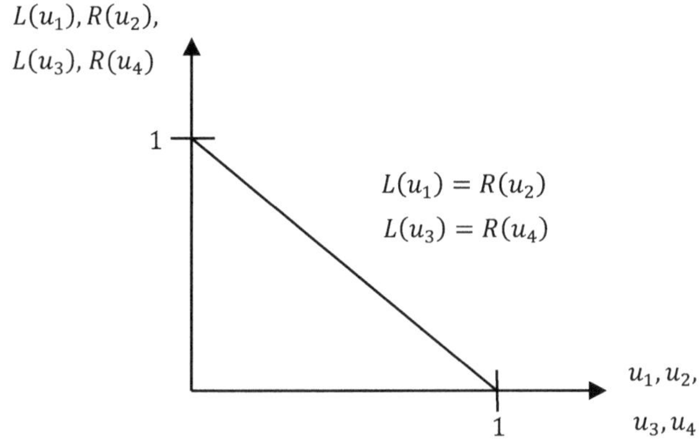


Die Graphen der Zugehörigkeitsfunktionen sind in **Abbildung 10.5** und **Abbildung 10.6** dargestellt:

**Abbildung 10.5** Zugehörigkeitsfunktion von $\tilde{Z} = \left(m, \underline{\alpha}, \overline{\alpha}\right)_{LR}$

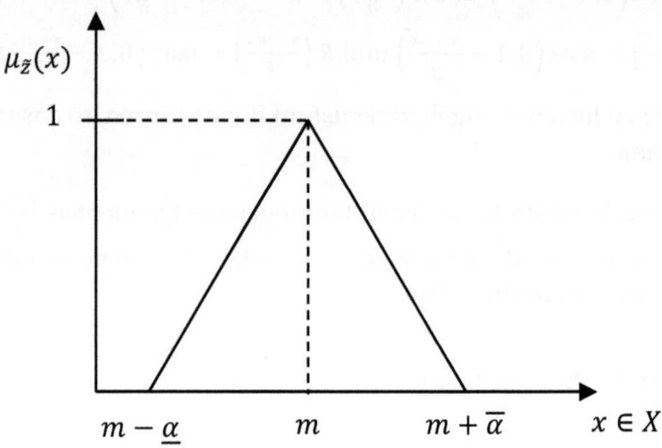


**Abbildung 10.6** Zugehörigkeitsfunktion von $\tilde{I} = \left(m_1, m_2, \underline{\alpha}, \overline{\alpha}\right)_{LR}$

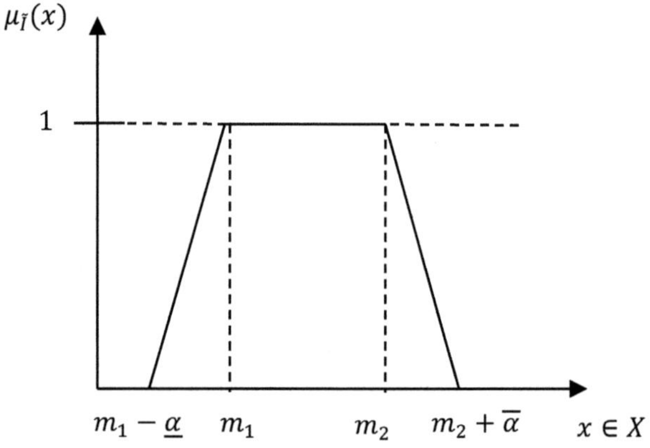


Spezielle Fuzzy-Intervalle sind solche vom sog. $\varepsilon$-$\lambda$-Typ, bei denen nicht vier sondern sechs charakteristische Größen angegeben werden, nämlich jeweils zwei auf den Zugehörigkeitsniveaus $\mu = \varepsilon$, $\mu = \lambda$ und $\mu = 1$. Bei Fuzzy-Intervallen dieses Typs gibt man also charakteristische Werte auf dem 1-Niveau, sowie auf dem $\varepsilon$- $(0 \leq \varepsilon < \lambda)$ und dem $\lambda$ -Niveau $(\varepsilon < \lambda < 1)$ an und verbindet diese charakteristischen Punkte mit Polygonzügen. $\varepsilon$-$\lambda$- Fuzzy-Intervalle werden häufig zur Modellierung von Fuzzy-Wahrscheinlichkeiten verwendet und nach dem Muster $\tilde{I} = (\underline{x}^{\varepsilon}, \underline{x}^{\lambda}, \underline{x}^{1}, \overline{x}^{1}, \overline{x}^{\lambda}, \overline{x}^{\varepsilon})_{\varepsilon\lambda}$ notiert (vgl. Rommelfanger/Eickemeier 2002). Der Graph einer entsprechenden Zugehörigkeitsfunktion ist exemplarisch in **Abbildung 10.7** dargestellt.

Um es noch etwas deutlicher zu sagen, lässt sich feststellen, dass ein Entscheider für die Konstruktion der Zugehörigkeitsfunktion einer $LR$-Fuzzy-Zahl lediglich drei Zugehörigkeitswerte angeben muss, nämlich $\mu_{\tilde{Z}}(x) = 0$ für $m - \underline{\alpha}$ sowie für $m + \overline{\alpha}$ und $\mu_{\tilde{Z}}(x) = 1$ für $x = m$. Weitere Zugehörigkeitswerte muss er nicht explizit kennen, sondern er unterstellt einen gewissen Verlauf der Zugehörigkeitsfunktion zwischen den drei Zugehörigkeitswerten, den er in den rechten und linken Referenzfunktionen $L\left(\frac{m-x}{\underline{\alpha}}\right)$ für $x \leq m$ und $R\left(\frac{x-m}{\overline{\alpha}}\right)$ für $x > m$ konkretisiert. Im Beispiel der **Abbildung 10.7** ist dieser Verlauf linear, er könnte aber auch konvex oder konkav (oder beides) sein. Somit transformiert man eine eigentlich diskrete Fuzzy-Zahl quasi künstlich in eine stetige (s. Aufgabe 15 b und deren Lösung). Ähnlich verhält es sich bei $LR$-Fuzzy-Intervallen. Hier muss der Entscheider lediglich vier charakteristische $x$- bzw. Zugehörigkeitswerte bestimmen und verwendet für die Zwischenbereiche die Referenzfunktionen $L\left(\frac{m_1-x}{\underline{\alpha}}\right)$ für $x \leq m_1$ und $R\left(\frac{x-m_2}{\overline{\alpha}}\right)$ für $x > m_2$.

In Analogie hierzu muss er bei den Fuzzy-Intervallen vom $\varepsilon$-$\lambda$-Typ an den Stellen $x = \underline{x}^{\varepsilon}$ und $x = \overline{x}^{\varepsilon}$ den Zugehörigkeitswert $\mu_{\tilde{I}}(x) = \varepsilon$, an den Stellen $x = \underline{x}^{\lambda}$ und $x = \overline{x}^{\lambda}$ den Zugehörigkeitswert $\mu_{\tilde{I}}(x) = \lambda$ und an den Stellen $x = \underline{x}^{1}$ und $x = \overline{x}^{1}$ den Zugehörigkeitswert $\mu_{\tilde{I}}(x) = 1$ vergeben. Die Zugehörigkeitsfunktionsverläufe zwischen den drei Niveaus $\varepsilon$, $\lambda$ und 1 schätzt er dann wieder entsprechend, so dass er auf beiden Seiten (links und rechts) zu stückweise linearen, konvexen oder konkaven Funktionsbereichen kommt.

**Abbildung 10.7** Zugehörigkeitsfunktion von $\tilde{I} = \left(\underline{x}^{\varepsilon}, \underline{x}^{\lambda}, \underline{x}^{1}, \overline{x}^{1}, \overline{x}^{\lambda}, \overline{x}^{\varepsilon}\right)_{\varepsilon\lambda}$

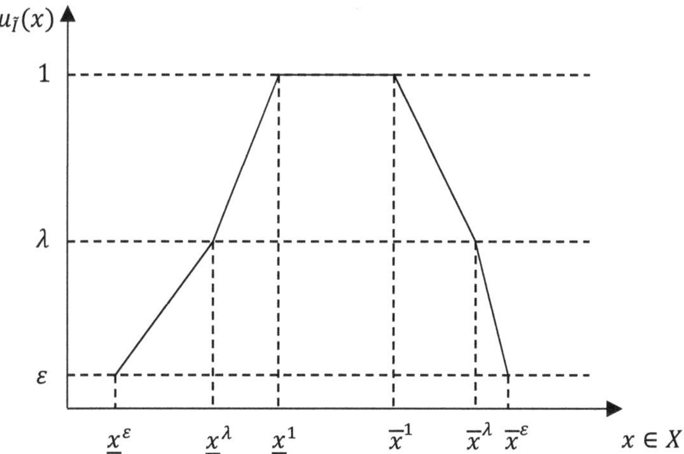


Die Basisidee der Formulierung von $\varepsilon$-$\lambda$-Fuzzy-Intervallen liegt darin, dass der Entscheider von der Möglichkeit der Realisation von $x \in \left[\underline{x}^{1}, \overline{x}^{1}\right]$ voll, von der Möglichkeit der Realisation von $x \in \left[\underline{x}^{\lambda}, \overline{x}^{\lambda}\right]$ mittelmäßig und von der Möglichkeit der Realisation von $x \in \left[\underline{x}^{\varepsilon}, \overline{x}^{\varepsilon}\right]$ kaum überzeugt ist. Volle Überzeugung wird dann durch den Zugehörigkeitswert 1, mittlere hingegen durch einen mittleren Zugehörigkeitswert (z. B. zwischen 0,4 und 0,6) zum Ausdruck gebracht. Wenn man kaum überzeugt ist, so ist man nicht notwendig überhaupt nicht überzeugt, so dass der Zugehörigkeitswert als (0 oder) schwach positiv festgelegt wird (z. B. zwischen 0,05 und 0,15). Selbstverständlich steht es dem Entscheider auch frei, weitere $\alpha$-Niveauebenen (mit $\alpha < \varepsilon$, $\varepsilon < \alpha < \lambda$ und $\lambda < \alpha < 1$) zu verwenden. Dafür hat er dann jedoch den Preis höherer Komplexität zu zahlen. Rommelfanger und Eickemeier (2002, S. 38) raten davon ab, Zugehörigkeitswerte auf dem 0-Niveau zu vergeben, denn ihrer Auffassung nach müsste dann „[…] entschieden werden, welche Realisationen noch möglich sind und welche nicht mehr.“ Sie empfehlen hingegen auf die Berücksichtigung solcher „[…] Werte zu verzichten, denen [man, *d. Verf.*] nur eine sehr geringe Realisierungschance zubilligt.“ Wir wollen diese Empfehlung jedoch nicht derart strikt aussprechen und $0 \leq \varepsilon$ zulassen.

Zum Abschluss dieser einführenden Bemerkungen wollen wir feststellen, dass die Rechenregeln für arithmetische Operationen mit $LR$-Fuzzy Sets recht einfach gehalten sind, hier aber nicht dargestellt werden, damit wir uns stärker auf Fragen der Personalplanung konzentrieren können. Der interessierte Leser sei auf die einschlägige Literatur verwiesen (vgl. z.B. Rommelfanger 1994). Gleichwohl sind Fuzzy-Ansätze für realitätsgerechte Personalplanungen von nicht unerheblicher Wichtigkeit, so dass wir uns hier auf einem schmalen Grat zwischen methodischer Akkuratesse und gebotener Simplifizierung bewegen.

Zu (b): Linguistische Variable stellen Quadrupel $(LV, LT(LV), \overline{X}, SR)$ dar, die neben der Bezeichnung der linguistischen Variablen $LV$ und der Menge der linguistischen Terme $LT(TV)$ sowie der korrespondierenden Grundmenge $\overline{X}$ auch eine semantische Regel $SR$ (durch die jedem linguistischen Term eine Zugehörigkeitsfunktion zugewiesen wird) umfassen (vgl. Zadeh 1975, S. 199, S. 203-205, Bandemer/Gottwald 1993, S. 104-107 und Zimmermann 2001, S. 123). $LV$ kann dann z.B. eine Personalausstattung, ein Arbeitskoeffizient oder eine Fluktuationsrate repräsentieren, $LT(TV)$ können z.B. niedrig, mittel, ziemlich hoch oder sehr hoch sein und $\overline{X}$ z. B. Ausprägungen der Personalausstattung, des Arbeitskoeffizienten oder der Fluktuationsrate darstellen. Lassen Sie uns exemplarisch die linguistische Variable „Fluktuationsrate“ betrachten, die in **Abbildung 10.8** näher beschrieben wird.

Fluktuation ist definiert als die Anzahl der aus dem Betrieb (nicht durch betriebliche Veranlassung) ausscheidenden Mitarbeiter (z.B. durch Kündigung seitens der Arbeitnehmer). Die Fluktuationsrate ist dann der Anteil dieser Mitarbeiter an der gesamten Personalausstattung des Betriebes. Im Beispiel der **Abbildung 10.8** sind auf der Abszisse Ausprägungen $x \in \overline{X}$ der Fluktuationsrate zwischen 0 und 100 % und auf der Ordinate Zugehörigkeitswerte $\mu(x)$ abgetragen. Die eingezeichneten Zugehörigkeitsfunktionen geben Auskunft darüber, inwiefern eine konkrete Fluktuationsrate $x$ vom Entscheider als sehr niedrig ($SN$), niedrig ($N$), mittel ($M$), hoch ($H$) oder sehr hoch ($SH$) bezeichnet wird. Dabei zeigt sich u.a., dass eine Fluktuationsrate i.H.v. 18 % sowohl als sehr niedrig als auch als niedrig und eine Fluktuationsrate i.H.v. 65 % sowohl als mittel als auch als hoch eingeschätzt wird (wenngleich jeweils auch mit diversen Zugehörigkeitswerten).

**Abbildung 10.8** Linguistische Variable „Fluktuationsrate"

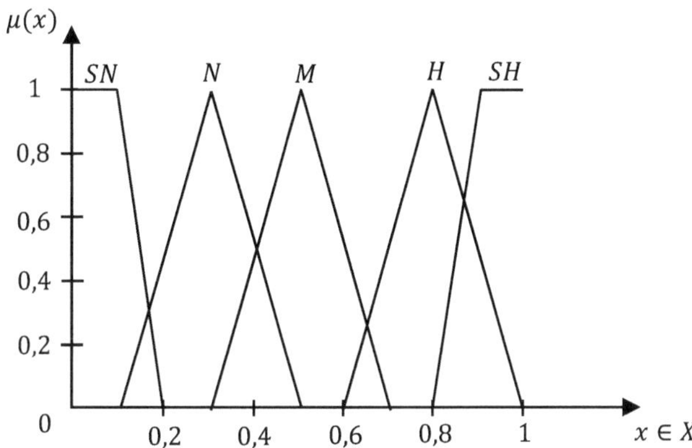


Der Entscheider – und das ist der Vorteil der Fuzzy Logic im Allgemeinen und der linguistischen Variablen im Besonderen – muss nicht mehr wie in der zweiwertigen Logik einem Element der Grundmenge nur einem einzigen linguistischen Term zuordnen, sondern mehrdeutige Zuordnungen sind zulässig, was menschlichem Sprachverhalten und menschlichem Denken sehr gerecht wird. Für die Zugehörigkeitsfunktionen im obigen Beispiel gilt u.a.

$$\mu_{sehr\ niedrig}(x) = \begin{cases} 0 & \text{für } x > m_2 + \overline{\alpha} \\ 1 - \dfrac{x - m_2}{\overline{\alpha}} & \text{für } m_2 + \overline{\alpha} \geq x > m_2 \\ 1 & \text{für } m_2 \geq x \end{cases}$$

$$\mu_{niedrig}(x) = \begin{cases} 0 & \text{für } x < m - \underline{\alpha} \\ \dfrac{x - (m - \underline{\alpha})}{\underline{\alpha}} & \text{für } m - \underline{\alpha} \leq x < m \\ 1 - \dfrac{x - m}{\overline{\alpha}} & \text{für } m \leq x \end{cases}$$

$$\mu_{sehr\ hoch}(x) = \begin{cases} 0 & \text{für } x < m_1 - \underline{\alpha} \\ \dfrac{x - (m_1 - \underline{\alpha})}{\underline{\alpha}} & \text{für } m_1 - \underline{\alpha} \leq x < m_1 \\ 1 & \text{für } m_1 \leq x \end{cases}$$

Die Zugehörigkeitsfunktionen und die korrespondierenden Variablen der bisherigen Beispiele sind alle metrisch skaliert (s. Kap. 1.2.2 Skalen). Es gibt aber viele Fälle, in denen der Entscheider die Variablen lediglich ordinal oder gar nur nominal skalieren kann. Diese lassen sich in der Fuzzy Set-Theory problemlos über sog. Singletons modellieren. Um dies erklären zu können, müssen wir zunächst den Begriff der stützenden Menge definieren:

**Definition 10.7:**

Die stützende Menge $S(\widetilde{M})$ einer unscharfen Menge $\widetilde{M}$ umfasst alle Elemente der Grundmenge mit positivem Zugehörigkeitswert, d.h. es gilt:

$$S(\widetilde{M}) = \{x \in \overline{X} | \mu_{\widetilde{M}}(x) > 0\} \quad \text{(DF. 7)}$$

Die stützende Menge ist also eine klassische Menge.

Damit können wir das Konstrukt des Singletons definieren, nämlich als eine unscharfe Menge, deren stützende Menge die Mächtigkeit 1 aufweist, die also genau ein Element mit einem positiven Zugehörigkeitswert enthält. In **Abbildung 10.9** sind fünf Beispiele für Singletons aufgeführt:

**Abbildung 10.9** Beispiele für Singletons

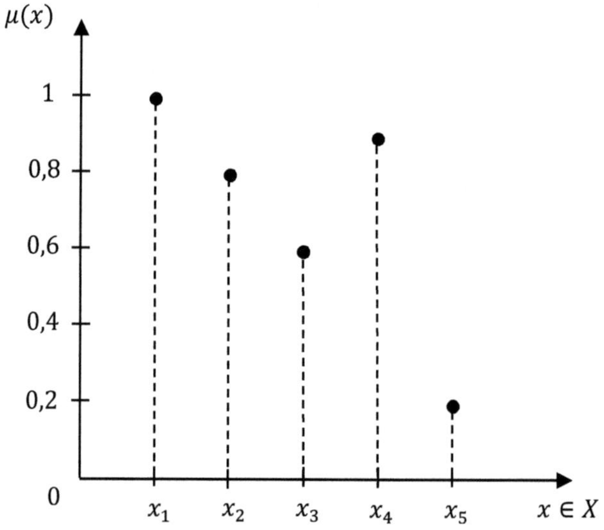


Somit sind wir in der Lage, in unscharfen Planungsmodellen gleichzeitig (sic!) sowohl metrische als auch nicht-metrische Variablen in Ansatz zu bringen. Dies ist mit klassischen Modellierungsmethoden nicht möglich.

Zu (c): Unscharfe Ansätze der mathematischen Optimierung werden (nicht zuletzt unter dem Aspekt einer effektiven und effizienten Lösbarkeit) als lineare oder (gemischt-) ganzzahlige Modelle formuliert. Wir wollen hier das Grundmodell der Unscharfen (Fuzzy) Linearen Programmierung (FLP) formulieren. Bei diesem gehen wir aus Vereinfachungsgründen durchgängig von nicht-stochastischen Daten sowie von linearen Referenz- und Zugehörigkeitsfunktionen nach (DF. 3)-(DF. 6) aus und weisen darauf hin, dass die Summierung bzw. die Multiplikation zweier *LR*-Fuzzy Sets in der Fuzzy Set-Theory mit $\oplus$ bzw. $\otimes$ gekennzeichnet wird.

Unter Geltung folgender Symbole

$\bar{I}$ $:= \{i \mid i = 1,2,\dots,I\}$ Indizes zur Bezeichnung der Restriktionen

$\bar{J}$ $:= \{j \mid j = 1,2,\dots,J\}$ Indizes zur Bezeichnung der Entscheidungsvariablen

$\tilde{c}_j$ := unscharfer Zielfunktionskoeffizient der Entscheidungsvariablen $j \in \bar{J}$

$\tilde{a}_{ij}$ := unscharfer Koeffizient der Entscheidungsvariablen $j \in \bar{J}$ in Restriktion $i \in \bar{I}$

$\tilde{B}_i$ := unscharfe Beschränkungsgröße für die linke Seite der Restriktion $i \in \bar{I}$

$x_j$ := Entscheidungsvariable $j \in \bar{J}$

lautet das Grundmodell der FLP wie folgt:

Zielfunktion:

$$\sum_{j \in \bar{J}} \tilde{c}_j \otimes x_j = \tilde{c}_1 \otimes x_1 \oplus \dots \oplus \tilde{c}_J \otimes x_J \rightarrow \text{max oder min!} \qquad \text{(Z. 6)}$$

[Lies: Maximiere oder minimiere die Summe aller Produkte aus unscharfen Zielfunktionskoeffizienten und Entscheidungsvariablen!]

Nebenbedingungen:

$$\sum_{j \in \bar{J}} \tilde{a}_{ij} \otimes x_j = \tilde{a}_{i1} \otimes x_1 \oplus \dots \oplus \tilde{a}_{iJ} \otimes x_J \mathrel{\tilde{\leq}} \tilde{B}_i \quad \forall\, i \in \bar{I} \qquad \text{(R. 22)}$$

[Lies: Die Summe aller Produkte aus unscharfen Koeffizienten $\tilde{a}_{ij}$ und Variablen $x_j$ darf nicht größer werden als die unscharfe Beschränkungsgröße $\tilde{B}_i$. Dies gilt für alle Restriktionen $i \in \bar{I}$. Die Nebenbedingungen können selbstverständlich auch als $\geq$-Restriktionen oder =-Restriktionen formuliert werden.]

Nichtnegativitätsbedingungen:

$$x_j \geq 0 \quad \forall\, j \in \bar{J} \qquad \text{(R. 2)}$$

[Lies: Keine der Entscheidungsvariablen darf negativ werden, keine muss ganzzahlig sein.]

Dieses Modell ist in der vorliegenden Form mit den Standardmethoden der Linearen Optimierung nicht zu lösen, es ist in geeigneter Form zu transformieren. Zu diesem Zweck hält die Literatur diverse Verfahren bereit, von denen wir hier mit dem Algorithmus FULPAL (FUzzyLinearProgramming based on Aspiration Levels) von Rommelfanger (1994) einen sehr gut geeigneten skizzieren wollen. Nach FULPAL

- stellt man zunächst ein unscharfes Ausgangsmodell auf,
- transformiert dieses dann in ein Mehrzielprogramm,
- formuliert danach zur Generierung einer unscharfen Nutzenfunktion zwei Hilfsprogramme
- und (da Mehrzielprobleme oft einer Kompromisslösung bedürfen) abschließend ein Kompromissprogramm.

Zum Zwecke vereinfachter Darstellung gehen wir davon aus, dass die Zielfunktionskoeffizienten in scharfer Form $c_j$ $(j \in \bar{J})$, die Variablenkoeffizienten im Restriktionenraum als *LR*-Fuzzy-Intervalle $\tilde{a}_{ij} = \left(\underline{a}_{ij}, \overline{a}_{ij}, \underline{\underline{a}}_{ij}, \overline{\overline{a}}_{ij}\right)_{LR}$ und die Beschränkungsgrößen als *LR*-Fuzzy-Zahlen $\tilde{B}_i = \left(b_i, 0, \overline{b}_i\right)_{LR}$ vom o.g. *LR*-Typ vorliegen.

Dann lautet das zu lösende unscharfe Programm mit einer zu maximierenden Zielfunktion und unter Berücksichtigung von ausschließlich unscharfen Kleiner-Gleich-Bedingungen wie folgt:

Zielfunktion:

$$\sum_{j \in \bar{J}} c_j \cdot x_j \to \max! \qquad \text{(Z. 1)}$$

u.d.N.:

$$\sum_{j \in \bar{J}} \tilde{a}_{ij} \otimes x_j = \tilde{a}_{i1} \otimes x_1 \oplus \ldots \oplus \tilde{a}_{iJ} \otimes x_J \lesssim \tilde{B}_i \quad \forall\, i \in \bar{I} \qquad \text{(R. 22)}$$

$$x_j \geq 0 \quad \forall\, j \in \bar{J} \qquad \text{(R. 2)}$$

Da dies in der vorliegenden Form nicht gelöst werden kann und die Einhaltung einer Restriktion gleichsam auch immer ein Ziel darstellt (s. Aufgabe 50 und deren Lösung), führen wir die unscharfe Menge des Nutzens

$$\tilde{N}_i = \left\{\left(\sum_{j \in \bar{J}} \overline{a}_{ij} \cdot x_j \,;\, \mu_{\tilde{N}_i}\left(\sum_{j \in \bar{J}} \overline{a}_{ij} \cdot x_j\right)\right)\right\}$$

des Entscheiders bei Einhaltung der Restriktionsgrenze $\tilde{B}_i$ mit der Quantität $\sum_{j \in \bar{J}} \overline{a}_{ij} \cdot x_j$ ein.

Dann wird für (jede) Restriktion vom Typ (R. 22) eine Ersatzungleichung

$$\sum_{j\in\overline{J}} \left(\overline{a}_{ij} + \overline{\overline{a}}_{ij}\right) \cdot x_j \leq b_i + \overline{b_i} \quad \forall\, i \in \overline{I} \tag{R. 23}$$

und ein Ziel

$$\mu_{\widetilde{N}_i}\left(\sum_{j\in\overline{J}} \overline{a}_{ij} \cdot x_j\right) \rightarrow \max! \tag{Z. 7}$$

in Ansatz gebracht.

Die Zugehörigkeitsfunktion von $\widetilde{N}_i$ wird sinnvollerweise so konstruiert, dass sie den Wert

- 0 annimmt, wenn $\sum_{j\in\overline{J}} \overline{a}_{ij} \cdot x_j > b_i + \Delta_i$
- 1 annimmt, wenn $\sum_{j\in\overline{J}} \overline{a}_{ij} \cdot x_j < b_i$
- und ansonsten Werte zwischen 0 und 1 annimmt, wobei $\Delta_i$ $\left(\Delta_i \leq \overline{b}\right)_i$ ein vom Entscheidungsträger vorzugebender Abweichungstoleranzparameter ist.

Bei (den hier unterstellten) linearen Zugehörigkeitsfunktionen lautet die entsprechende Definitionsgleichung:

$$\mu_{\widetilde{N}_i}\left(\sum_{j\in\overline{J}} \overline{a}_{ij} \cdot x_j\right) = \begin{cases} 0 & \text{für} \sum_{j\in\overline{J}} \overline{a}_{ij} \cdot x_j > b_i + \Delta_i \\ 1 - \dfrac{\sum_{j\in\overline{J}} \overline{a}_{ij} \cdot x_j - b_i}{\Delta_i} & \text{für } b_i + \Delta_i \geq \sum_{j\in\overline{J}} \overline{a}_{ij} \cdot x_j > b_i \\ 1 & \text{für } b_i \geq \sum_{j\in\overline{J}} \overline{a}_{ij} \cdot x_j \end{cases} \tag{DF. 8}$$

Wird (R. 22) durch (R. 23) und (Z. 7) ersetzt, dann entsteht ein Mehrzielprogramm der Form

$$\begin{bmatrix} \sum_{j\in\overline{J}} c_j \cdot x_j \\ \mu_{\widetilde{N}_1}\left(\sum_{j\in\overline{J}} \overline{a}_{1j} \cdot x_j\right) \\ \vdots \\ \mu_{\widetilde{N}_I}\left(\sum_{j\in\overline{J}} \overline{a}_{Ij} \cdot x_j\right) \end{bmatrix} \rightarrow \max! \tag{ZV. 2}$$

u.d.N.:

(R. 2) und (R. 23)

Um Vergleichbarkeit der Teilzielfunktionen von (ZV. 2) herzustellen, ist es sinnvoll auch die potenziellen Ausprägungen von (Z. 1) hinsichtlich des Nutzens zu beurteilen. Dazu führen wir mit $\tilde{G} := \{(z; \mu_{\tilde{G}}(z) | z \in \mathbb{R})\}$ die unscharfe Menge des Nutzens des Entscheidungsträgers von potentiellen Ausprägungen $z = z(\mathbf{x})$ der Zielfunktion (Z. 1) ein. Diese lässt sich über zwei Hilfsprogramme (H1 und H2) konstruieren, bei denen (Z. 1) die Werte $\underline{z}$ und $\overline{z}$ annimmt, wobei H1 zu $\underline{z}$ führt, und aus (Z. 1), (R. 2), (R. 23) sowie der Restriktion (R. 24) besteht, mit

$$\sum_{j \in \bar{J}} \overline{a}_{ij} \cdot x_j \leq b_i \quad \forall \, i \in \bar{I} \tag{R. 24}$$

H2 ist im Vergleich zu H1 weniger restriktiv, lässt (Z. 1) damit mehr Spielraum zur Maximierung, führt deswegen zu $\overline{z}$ (mit $\underline{z} \leq \overline{z}$) und besteht aus (Z. 1), (R. 2) und aus (R. 23). Unterhalb $\underline{z}$ (bzw. oberhalb $\overline{z}$) ist (Z. 1) somit sehr ungünstig (bzw. sehr günstig ausgeprägt). Es ist dann rational, wenn $\mu_{\tilde{G}}$ so festgelegt wird, dass

$$\mu_{\tilde{G}}(z) = \begin{cases} 0 & \text{für } z \leq \underline{z} \\ 0 < \mu_{\tilde{G}}(z) < 1 & \text{für } \underline{z} < z < \overline{z} \\ 1 & \text{für } \overline{z} \leq z \end{cases}$$

Wählt man $z_0 \leq \overline{z}$ und $\underline{z} \leq z_0 - \Delta_0$, dann gilt bei linearem Verlauf und für den Fall $\underline{z} < \overline{z}$

$$\mu_{\tilde{G}}(z) = \begin{cases} 0 & \text{für } z < z_0 - \Delta_0 \\ \dfrac{z - (z_0 - \Delta_0)}{\Delta_0} & \text{für } z_0 - \Delta_0 \leq z < z_0 \\ 1 & \text{für } z_0 \leq z \end{cases} \tag{DF. 9}$$

Damit lautet das gesuchte Kompromissprogramm:

Zielfunktion:

$$\pi \rightarrow \max! \tag{Z. 2}$$

u.d.N.:

$$\pi \leq \mu_{\tilde{G}}(z) \tag{R. 25}$$

$$\pi \leq \mu_{\tilde{N}_i}\left(\sum_{j \in \bar{J}} \overline{a}_{ij} \cdot x_j\right) \quad \forall \, i \in \bar{I} \tag{R. 26}$$

$$\sum_{j \in \bar{J}} \left(\overline{a}_{ij} + \overline{\overline{a}}_{ij}\right) \cdot x_j \leq b_i + \overline{b}_i \quad \forall \, i \in \bar{I} \tag{R. 23}$$

$$x_j \geq 0 \quad \forall \, j \in \bar{J} \tag{R. 2}$$

$$\pi \geq 0 \tag{R. 4}$$

I. V. m. (DF. 9) und (DF. 8) lassen sich (R. 25) und (R. 26) umformen zu:

$$\Delta_0 \cdot \pi - \sum_{j \in \bar{J}} c_j \cdot x_j \leq -(z_0 - \Delta_0) \tag{R. 27}$$

$$\Delta_i \cdot \pi + \sum_{j \in \bar{J}} \bar{a}_{ij} \cdot x_j \leq b_i + \Delta_i \quad \forall\, i \in \bar{I} \tag{R. 28}$$

Das oben aufgezeigte und von FULPAL vorgesehene Vorgehen lässt sich in folgendem Ablaufschema (vgl. **Abbildung 10.10**) zusammenfassen:

**Abbildung 10.10** Ablaufschema FULPAL

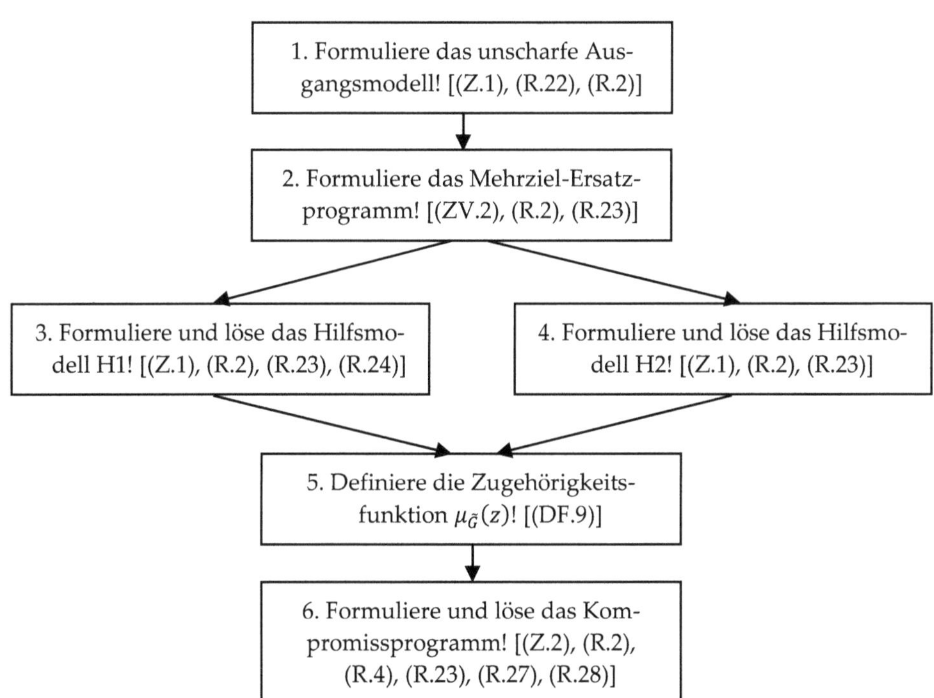


FULPAL endet mit Schritt 6. Sofern der Entscheider mit einer entsprechenden Kompromisslösung nicht zufrieden ist, muss er sein(e) Anspruchsniveau(s) variieren und erneut in einem vorgelagerten Modellierungsschritt einsteigen, um dann wiederum bis zu Schritt 6 fortzufahren.

Nachdem wir FULPAL hier allgemein dargestellt haben zeigen wir in Kap. 12.3.3 einen konkreten Anwendungsfall im Rahmen der reinen Personalbereitstellungsplanung. Dazu muss jedoch das korrespondierende scharfe Grundmodell formuliert und erläutert werden. Dies würde den Rahmen des vorliegenden Kapitels sprengen, sodass wir Sie hier leider auf die Lektüre von Kapitel vgl. 12.3.1 verweisen müssen.

Zu (d): Fuzzy Regelsysteme sind kybernetische Systeme, über die (Personal-) Planungsprobleme gut, akzeptabel bzw. unter den gegebenen Voraussetzungen bestmöglich gelöst werden sollen (vgl. z.B. Momsen 2006, S. 66 ff., Krieg 2013, S. 98 ff. und Naundorf 2016, S. 143 ff., Spengler et al. 2024, Siegling et al. 2023a). Sie werden dann zum Einsatz gebracht, wenn strenge Optimierung oder die Verwendung elaborierter Metaheuristiken (s. Kap. 7) – z.B. aus Komplexitätsgründen oder weil skalentheoretische Voraussetzungen nicht erfüllt sind – vom Entscheider im konkreten Problemfall ausgeschlossen werden. Bei der Formulierung und Anwendung geht man in vier Phasen vor (vgl. z.B. Piegat 2001, S. 157-159, Spengler/Herzog 2023, Spengler et al. 2024), die im Folgenden skizziert werden:

(1) Zunächst werden die relevanten linguistischen Inputvariablen erhoben. Diese stellen – wie oben (s. S. 106) definiert – Quadrupel $(LV, LT(LV), \overline{X}, SR)$ dar, die in scharfer oder unscharfer Form vorliegen können. Sofern sie (bereits) unscharfe Variable sind, überspringt man Phase (2). Für den häufig auftretenden Fall, dass die Elemente $x \in \overline{X}$ mit $\mu(x) \in \{0,1\}$ in scharfer Form vorliegen, geht man zu Phase (2) über.

(2) In dieser Phase geht es um die Fuzzyfizierung der Inputvariaben, bei der durch semantische Regeln $SR$ jedem linguistischen Term $LT(LV)$ eine Zugehörigkeitsfunktion bzw. ein Zugehörigkeitswert mit $\mu(x) \in [0,1]$ zugewiesen wird.

(3) Die dritte Phase (vgl. z.B. Schroll 2007, S. 133 ff.) ist die Phase der Inferenz und damit quasi der Kern des Fuzzy Control, in dem vermittels einer geeigneten Regelbasis und eines entsprechenden Inferenzmechanismus unscharfe Outputvariable mit korrespondierenden Zugehörigkeitsfunktionen erzeugt werden. Die in Ansatz zu bringenden Regeln sind Wenn-Dann-Verknüpfungen, wobei die Wenn-Komponenten (Prämissen) der Regeln vielfach Und-Verknüpfungen mehrerer unscharfer Inputvariablen darstellen. Im Zuge dessen wird auch der DOF (Degree of Fulfillment) jeder Regel ermittelt, wobei nur Regeln mit positivem Erfüllungsgrad zur Erzeugung des Outputs herangezogen werden. Ein positiver DOF liegt dann vor, wenn alle Prämissen einer Regel (also alle Teile einer Wenn-Komponente) erfüllt sind. Man bezeichnet solche Regeln auch als aktive (oder feuernde) Regeln.

(4) In der vierten Phase geht es um die Defuzzifizierung. Hier wird aus der in Phase (3) generierten unscharfen Outputmenge ein scharfer Wert erzeugt, wozu verschiedene Verfahren zur Verfügung stehen, wie z.B. die Center of Gravity-Method (Flächenschwerpunktmethode), die First of Maxima-Method etc. (vgl. z.B. Jaanineh/Maijohann 1996, S. 265. ff., Kahlert/Frank 1994, S. 89, Schroll 2007, S. 146 ff und Spengler/Herzog 2023).

Wir wollen Teile der geschilderten Vorgehensweise anhand eines Beispiels illustrieren, bei dem ein Personalmanager ein Demografieprojekt zu bearbeiten hat (s. auch Kap. 15 i.V.m.

Kap. 9). Ziel dieses Projektes ist die Ableitung nachhaltiger Personalstrategien. Zu deren Fundierung sollen mit Hilfe der sog. Szenario-Technik (vgl. Spengler 2015, Spengler et al. 2024, Kratzberg 2009) Szenarien entwickelt werden, die auf Prognosen von Mobilitäts-, Altersstruktur-, Qualifikationsstruktur-, Fertilitäts-, Mortalitäts- und weiteren einschlägigen Entwicklungen in der Bezugsregion bis zum Prognosehorizont beruhen. Bei der (analytischen) Szenario-Technik geht man wie folgt vor (Spengler 2012, S. 77 ff.): Zunächst werden für das interessierende Untersuchungsfeld (hier: personalbezogene demografische Entwicklung in der Bezugsregion) Einflussbereiche und -faktoren ermittelt, die unter Anwendung entsprechender Einflussanalysen (a) zu einer operablen Menge sog. Deskriptoren reduziert werden. Diese werden (mitsamt ihren Ausprägungen) zu Annahmebündeln kombiniert, die per Konsistenzanalysen (b) hinsichtlich Stimmigkeit zu beurteilen sind. Danach sind die einen vorgegebenen Mindestkonsistenzwert erreichenden oder überschreitenden Annahmebündel durch probabilistische (der Wahrscheinlichkeit nach) oder possibilistische (der Möglichkeit nach) Cross-Impact-Analysen (c) auf Kreuzeinflüsse hin zu untersuchen. Abschließend ist durch eine geeignete Cluster-Analyse eine – das Worst Case- und das Best Case-Szenario sowie ein bis drei mittlere Szenarien enthaltende – Menge von Szenarien zu erzeugen, die der anschließenden Generierung und Evaluierung rationaler (Personal-) Strategien zugrunde gelegt werden kann.

Zu (a): Im Kontext der Einflussanalyse bestimmt man Einflussbereiche, die dann in Einflussfaktoren disaggregiert werden. Für Letztgenannte wiederum sind die Stärke des Faktors $i$ auf Faktor $j$ wiedergebende Einfluss-Scores $(b_{ij})$ zu ermitteln, wobei die Scores entweder diskret $\left(\text{z. B. } b_{ij} \in \{0,1,2,3,4,5\}\right)$ oder stetig $\left(\text{z. B. } b_{ij} \in [0,1]\right)$ gemessen werden können. Durch entsprechende Addition über $j$ (bzw. $i$) gelangt man dann zu korrespondierenden Aktiv- (bzw. Passiv-) Summen. Die dadurch geschaffene Deskriptorenbündelung und -reihung ermöglicht dann eine weitere rationale Reduktion der weiter zu verarbeitenden Deskriptoren. Während man im scharfen Fall mit crisp values $\left(b_{ij}\right)$ rechnet, verwendet man im unscharfen Fall $LR$-Fuzzy Sets $\left(\tilde{b}_{ij}\right)$ oder linguistische Variable.

Zu (b): Im Zuge der Konsistenzanalyse sind kritische Deskriptoren und deren Ausprägungen (zunächst paarweise) hinsichtlich ihrer Stimmigkeit zu untersuchen. Anschließend werden sie zu sog. Annahmebündeln kombiniert und die Resultate der Bündelung ebenfalls auf Konsistenz hin untersucht, wobei man wiederum auf scharfe Werte, auf $LR$-Fuzzy Sets oder auf linguistische Variable zurückgreifen kann. In unserem Beispiel messe der Personalmanager die Konsistenz des Deskriptorenpaares $i$ und $j$ auf einer stetigen und scharfen Inputmenge $x_{ij} \in [0,6]$. Das Ausmaß der jeweiligen Konsistenz $\tilde{c}$ könne zudem über die linguistischen Terme „sehr gering ($sg$)", „gering ($g$)", „mittel ($m$)", „hoch ($h$)" und „sehr hoch ($sh$)" beurteilt werden. Aus **Abbildungen 10.11.a** geht u.a. hervor, dass der Personalmanager bei durchgängig linearen Zugehörigkeitsfunktionen folgende Beurteilungen vorsieht: Inputwerte $x_{ij}$ zwischen 0 und 1 sieht er auf jeden Fall als „sehr gering" (mit $\mu\left(x_{ij} \in [0,1]\right) = 1$) und solche in Höhe von $x_{ij} = 2$ überhaupt nicht als „sehr gering" (mit $\mu\left(x_{ij} = 2\right) = 0$) an. Inputwerte zwischen 1 und 2 beurteilt er als nicht vollständig „sehr gering" $(1 > \mu\left(x_{ij}\right) > 0)$. Einen Inputwert in Höhe von $x_{ij} = 2$ schätzt er auf jeden Fall als „gering", Inputwerte in Höhe von 1 und 3 in keinem Fall als „gering" und Inputwerte zwischen 1 und 2 sowie zwischen 2 und 3 als abgestuft „gering" ein. Den **Abbildungen 10.11.b-10.11.d** ist zu entnehmen, dass der Personalmanager die Konsistenz des Deskriptorenpaares $i = 1$ und $j = 2$ mit $x_{12}$ und somit zum Grade 0,6 als „sehr gering" und zum Grade 0,4 als „gering" beurteilt. Daneben gelten $x_{13}$ sowie $x_{23}$, sodass das Deskriptorenpaar 1 und 3 zum Grade 0,9 als „mittel" sowie zum Grade 0,1 als „gering" und das Deskriptorenpaar 2 und 3 zum Grade 0,8 als „hoch" sowie zum Grade 0,2 als „sehr hoch" eingestuft wird.

**Abbildungen 10.11.a - 10.11.d** Inputvariable und unscharfe Konsistenzbewertungen

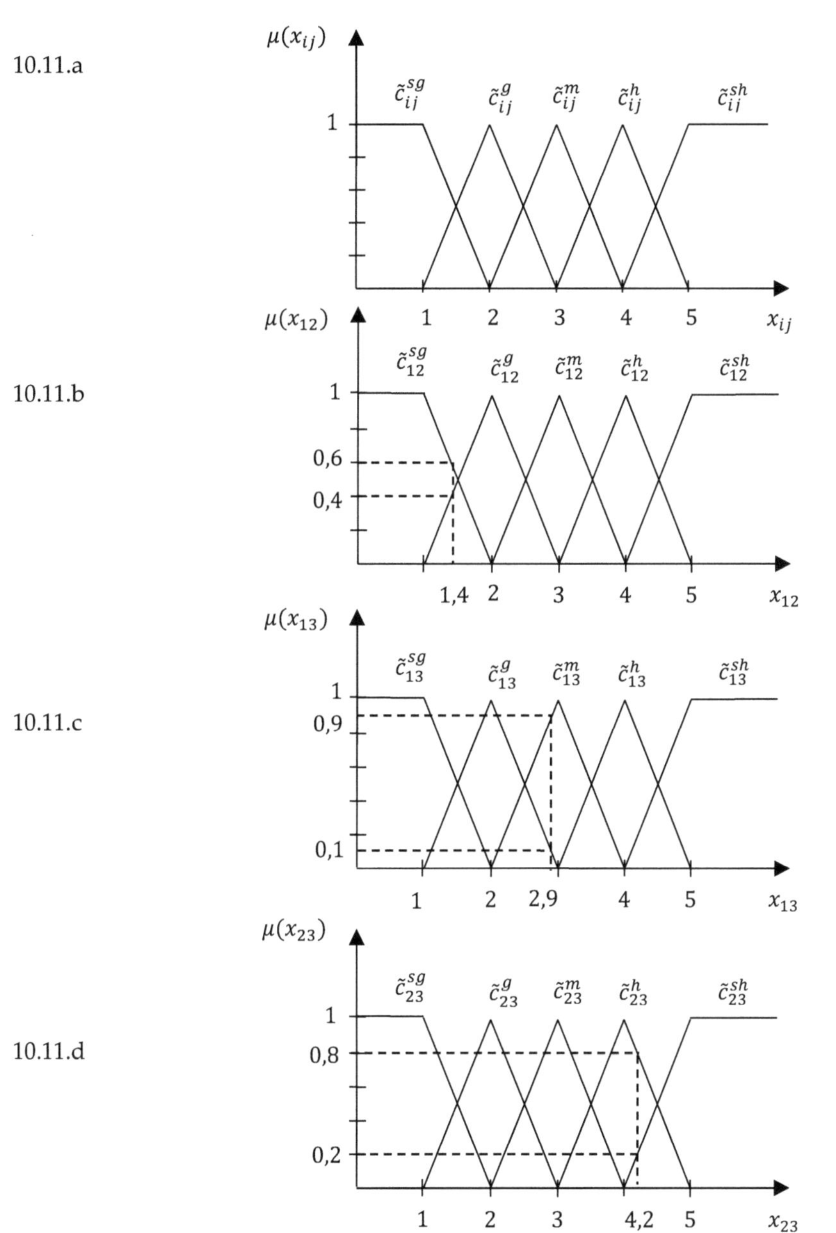


Quelle: Spengler 2012, S. 76-83.

Der Personalmanager möge dann (u.a.) die Regeln 1 und 2 zur Bestimmung des gesamten Konsistenzwertes $\tilde{C}_{123}$ für die Deskriptoren 1, 2 und 3 anwenden, mit

Regel 1: $x_{12} = \tilde{c}_{12}^{sg} \wedge x_{13} = \tilde{c}_{13}^{g} \wedge x_{23} = \tilde{c}_{23}^{g} \rightarrow \tilde{C}_{123} = g$

Regel 2: $x_{12} = \tilde{c}_{12}^{g} \wedge x_{13} = \tilde{c}_{13}^{m} \wedge x_{23} = \tilde{c}_{23}^{h} \rightarrow \tilde{C}_{123} = m$

Der DOF einer Regel kann u.a. über den Minimumoperator (als Verknüpfungsoperator für das Logische Und) ermittelt werden und so soll auch hier im Beispiel so verfahren werden. Man sieht schnell, dass Regel 1 einen DOF i.H.v. 0 aufweist und deshalb nicht weiter zu berücksichtigen ist. Für Regel 2 gilt DOF $= \text{Min}(0{,}4; 0{,}9; 0{,}8) = 0{,}4$. Regel 2 ist somit zum Grade 0,4 erfüllt.

Zu (c): Im Zuge von Cross-Impact-Analysen werden Kreuzeinflüsse zwischen kritischen Deskriptoren ermittelt, die sich u.a. auf Time Lags, kausalitätsbedingte Reihenfolgen etc. beziehen können. Es bietet sich dann wiederum die Konstruktion und Anwendung von Regelsystemen an (wie unter (2) skizziert). Dabei kann man beispielsweise die Gesamtrelevanz eines Annahmebündels unter Beurteilung dessen Gesamtkonsistenz und Gesamtpossibilität beurteilen (vgl. Spengler 2012, S. 81 f.).

Wir wollen die Ausführungen zu Kap. 10 mit der Bemerkung abschließen, dass die Ambiguitätsformen der Unsicherheit und der Unschärfe in der Wirtschaftspraxis häufig in Kombination auftreten. In solchen Fällen kann es sich dann u.a. anbieten, stochastische oder possibilistische Ansätze der Fuzzy Optimierung oder des Fuzzy Control zu verwenden, z.B. solche mit unscharfen Eintrittswahrscheinlichkeiten (vgl. z.B. Rommelfanger/Eickemeier 2002, Spengler 2005, Metzger/Spengler 2017, Siegling et al. 2023a, Spengler et al. 2024).

### 10.2.2.2 Übungsaufgaben

**Aufgabe 47**

Was versteht man unter LR-Fuzzy Sets und warum sollte man diese bei der Formulierung von unscharfen Planungsmodellen in Ansatz bringen?

**Aufgabe 48**

Wozu benötigt man linguistische Variable?

**Aufgabe 49**

Welcher Vorteil ist mit der Verwendung von Singletons verbunden?

**Aufgabe 50**

Warum werden bei FULPAL unscharfe Nutzenmengen konstruiert und ein Mehrziel- sowie ein Kompromissprogramm formuliert?

**Aufgabe 51**

Wie gelangt man von (R.25) zu (R. 27) und von (R.26) zu (R.28)?

**Aufgabe 52**

Was versteht man unter einem kybernetischen System?

**Aufgabe 53**

Welche Rolle spielt der modus (ponendo) ponens im Fuzzy Control?

**Aufgabe 54**

Auf Lotfi A. Zadeh, den Begründer der Fuzzy Set-Theory, geht der Aphorismus „Anything is fuzzy" zurück. Müssen linguistische Variable immer fuzzy Größen sein?

**Aufgabe 55**

Wann sollte man eine possibilistische einer probabilisitischen Cross-Impact-Analyse gegenüber vorziehen?

# 11 Ermittlungsmodelle der Personalplanung

## 11.1 Überblick

Während es für den Bereich des Personaleinsatzes neben einer schlichten Feststellungsgleichung, über welche die drei Einsatzalternativen (s. S. 131) festgehalten werden, keine differenzierten Ermittlungsverfahren gibt, stehen für die Ermittlung des Personalbedarfs und der Personalausstattung jeweils diverse Modelle und Verfahren zur Verfügung. Zu diesen zählen (a) allgemeine Schätzmodelle, (b) Festlegungs- und (c) Simulationsverfahren sowie (d) Planungs- und (e) Berechnungsmodelle.

Zu (a): Zu den allgemeinen Schätzmodellen, die freilich auch für die Schätzung des (künftigen) Personalbedarfs- und der künftigen Personalausstattung verwendet werden können, zählen vor allem die Analogieschluss-, die Trendextrapolations- und die Indikatormethode (vgl. Kossbiel 1988, S. 1055 ff.). Bei der Analogieschlussmethode geht man von der Annahme aus, dass sich hinsichtlich mehrerer Merkmale ähnelnde Objekte (z.B. Unternehmen) auch hinsichtlich eines weiteren Merkmals (hier: des Personalbedarfs oder der Personalausstattung) ähneln. Wenn man also den Personalbedarf oder die Personalausstattung eines Unternehmens kennt, dann kann man auch – so die Annahme – den Analogieschluss auf den künftigen Personalbedarf oder die künftige Personalausstattung des eigenen Unternehmens ziehen. Problematisch ist hierbei jedoch, dass für das Vergleichsunternehmen geltende Besonderheiten nicht hinreichend berücksichtigt werden und dass man über dessen Personalbedarf oder die Personalausstattung (sofern man diese überhaupt kennt) nur sehr schwer zutreffende Informationen erhält. Bessere Informationen bekommt man zwar in aller Regel über die Personalausstattung des Vergleichsunternehmens, aber von dieser auf den Personalbedarf schließen zu wollen (et vice versa), wäre ein mehr als fragwürdiges Unterfangen. Unter einem Trend versteht man die Entwicklung einer Datenreihe. Bei der Trendextrapolation schreibt man einen für die Vergangenheit festgestellten Trend in die Zukunft fort (Stichwort: Hochrechnung). Ein hierfür vielfach verwendetes Verfahren ist die Methode der kleinsten Quadrate, bei der (hier) die Summe der quadrierten Abweichungen einer Trendgeraden von einer (empirisch festgestellten) Punktwolke minimiert wird. Die Problematik reiner Trendfortschreibung liegt auf der Hand: Sie negiert potenzielle Trendumschwünge. Von den drei genannten Methoden ist die (auf Regressions- oder zumindest auf Korrelationsrechnungen basierende) Indikatormethode die beste, aber auch nur dann, wenn man in der Lage ist, geeignete Indikatoren zu finden. Das auf dem lateinischen Verb *indicare* (anzeigen) basierende Substantiv Indikator steht für eine Hinweisgröße als Anzeichen für eine aktuelle oder künftige Entwicklung. Die Kunst der Indikation besteht nicht zuletzt im Auffinden geeigneter Indikatoren. Zu den allgemeinen Schätzmodellen werden auch die sog. Expertenschätzungen (wie z.B. die Delphi-Methode) gezählt, bei denen vorab ausgewählte Experten (hier)


T. Spengler et al., *Moderne Personalplanung*,
https://doi.org/10.1007/978-3-658-47677-9_11

künftige Personalbedarfs- oder Personalausstattungsentwicklungen abschätzen. Diese können mehr oder minder fundiert vorgenommen werden und schlussendlich auch auf den drei soeben skizzierten Verfahren beruhen.

Zu (b): Im Zuge der Personalbedarfs- bzw. Personalausstattungsfestlegung determiniert eine Entscheidungsinstanz Umfang und Struktur der gesuchten Größe(n). Diese Festlegung kann mehr oder minder differenziert, fundiert und rational erfolgen. Manchmal ist sie auch der Schlusspunkt mehrerer sukzessiv angewendeter Verfahren.

Zu (c): Simulationsmodelle (s.a. Kap. 5) sind solche, die ein faktisch oder zumindest potenziell vorhandenes Original in Gänze oder Teilen nachahmen oder nachempfinden und diesem ähneln sollen. „Die Simulation dient [hier, d. Verf.] der Vorhersage der Zustände einzelner Komponenten und des Gesamtsystems, wobei diese (End-) Zustände meist von einer Fülle von Einflussfaktoren in Form von Wahrscheinlichkeitsverteilungen (z.B. für einen Maschinenausfall) abhängen. Neben der Abbildung einzelner Komponenten und der Quantifizierung der (stochastischen) Einflussfaktoren ist es notwendig, die Zusammenhänge zwischen den Komponenten bzw. Elementen in einem Modell abzubilden. Simulation entspricht dann der Durchführung von Stichprobenexperimenten in einem derartigen Modell (Domschke et al. 2015, S. 233). In diesem Sinne können auch Personalbedarfe und -ausstattungen simuliert werden, wobei u.a. Markov-Ketten-Modelle angewendet werden können (s. S. 128 ff.).

Zu (d): Unter Geltung des im vorliegenden Buch verwendeten dispositiven Planungsbegriffes bedeutet planen immer auch entscheiden. D.h., dass jeglicher Planungsakt mit Entscheidungen einhergeht und auch in einer Entscheidung mündet. Bei der planerischen Ermittlung von Personalbedarf oder -ausstattung werden somit über diese bzw. über ihre Determinanten durch Anwendung geeigneter Modelle Entscheidungen vorbereitet bzw. getroffen. In Kap. 12 lernen wir eine Reihe von Planungsmodellen kennen, in denen jeweils der Personalbedarf oder die Personalausstattung (mit)geplant werden.

Zu (e): Sowohl der Personalbedarf als auch die Personalausstattung lassen sich rechnerisch ermitteln, wobei diese Berechnungen auf deterministischen, stochastischen oder unscharfen Daten beruhen können. In den folgenden Abschnitten 11.2 und 11.3 gehen wir auf diese drei Ermittlungsformen ein, während wir uns in 11.4 mit der allgemeinen Feststellungsgleichung für den Personaleinsatz auseinandersetzen. Die Ermittlung aller drei Problembereichsausprägungen dient als Planungsgrundlage für das jeweilige Komplement. Wenn man also den Personalbedarf ermittelt, dann erfolgt dies zum Zwecke der Überprüfung der Personalausstattung (und ggf. des Personaleinsatzes) auf Bedarfsangemessenheit hin. Die Ausstattungsermittlung hat zum Ziel, den Personalbedarf (und ggf. den Einsatz) auf Ausstattungsangemessenheit hin zu überprüfen und die Ermittlung des Personaleinsatzes zielt darauf ab, die beiden anderen Bereiche hinsichtlich ihrer Einsatzadäquanz auf den Prüfstand zu stellen.

## 11.2 Modelle zur rechnerischen Ermittlung des Personalbedarfs

Wie bereits in Kap. 2.1.2 dargelegt, verstehen wir unter dem Personalbedarf die Art und die Anzahl der in einem bestimmten Zeitraum und an einem bestimmten Ort benötigten Arbeitskräfte, wobei besagter Zeitraum entweder zeitstetig ist oder eine Abfolge diskreter Zeitpunkte darstellt. Der Personalbedarf wird sowohl von solchen Größen bestimmt (vgl. Kossbiel 1992, Sp. 1598 ff.), die direkt (sog. Primärdeterminanten) und von solchen, die über die Primärdeterminanten indirekt auf ihn einwirken (sog. Sekundärdeterminanten). Die Primärdeterminanten des Personalbedarfs sind das betriebliche Leistungsprogramm, die Arbeitsproduktivität und die von den Arbeitskräften im Durchschnitt zur Verfügung gestellte Arbeitszeit. Das Leistungsprogramm wird in Arbeitseinheiten ($AE$) pro Periode ($P$), die Arbeitsproduktivität in $AE$ pro Arbeitszeit ($AZ$) oder pro Arbeitskräfteperioden ($AK \cdot P$) und die von den Arbeitskräften im Durchschnitt zur Verfügung gestellte Arbeitszeit wird in $AZ$ pro $AK$ und $P$ ($AZ/AK \cdot P$) gemessen. In diesem Kontext wird in letzter Zeit im Übrigen auch verstärkt diskutiert, ob und unter welchen Konditionen (mit und ohne Lohnausgleich) die wöchentliche Arbeitszeit reduziert werden soll (vgl. Bühren et al. 2023, Zander 2023, Siegling et al. 2024 und World Population Review 2024). Zu den Sekundärdeterminanten zählen die Angebots- und Nachfrageverhältnisse auf den Produkt- und Faktormärkten, Rechtsnormen, die betriebliche Technologie und Arbeitsorganisation sowie der Leistungsbeitrag der Mitarbeiter (vgl. ebd. Sp. 1599 f.). Personalbedarfsberechnungen müssen aus Gründen der Logik immer folgender Grundgleichung genügen, die besagt, dass „die von den Arbeitskräften zur Verfügung zu stellende Arbeitszeit pro Periode [der] zur Erfüllung der Betriebsaufgaben erforderliche[n] Arbeitszeit pro Periode" gleich sein muss (Kossbiel 1988, S. 1057):

<u>Grundgleichung zur Personalbedarfsberechnung</u>:

$$PB[AK] \cdot \left[\frac{AZ}{AK \cdot P}\right] \stackrel{!}{=} \left[\frac{AE}{P}\right] \cdot \left[\frac{AZ}{AE}\right] \quad \text{(PB. 1)}$$

In dieser Gleichung stehen die in eckigen Klammern angegebenen Größen für Dimensionsangaben. Die Anzahl der benötigten Arbeitskräfte (Personalbedarf) wird in $AK$ gemessen. Multipliziert man diese mit der durchschnittlichen Arbeitszeit pro Arbeitskraft und Periode, gelangt man auf der linken Seite des Gleichheitszeichens zu der Arbeitszeit, die pro Periode insgesamt von den Arbeitskräften zur Verfügung zu stellen ist. Das vom Betrieb beabsichtigte Leistungsprogramm misst man in Arbeitseinheiten pro Periode. Dieses wird mit dem sog. Arbeitskoeffizienten (dem Kehrwert der Arbeitsproduktivität) multipliziert, so dass man rechts vom Gleichheitszeichen die zur Erfüllung der Betriebsaufgaben erforderliche Arbeitszeit pro Periode erhält.

Löst man (PB. 1) nach $PB[AK]$ auf, so ergibt sich

$$PB[AK] = \frac{\left[\frac{AE}{P}\right] \cdot \left[\frac{AZ}{AE}\right]}{\left[\frac{AZ}{AK \cdot P}\right]} \quad \text{(PB. 2)}$$

Dividiert man (PB. 2) durch den reziproken Wert des obigen Arbeitskoeffizienten (die sog. Arbeitsproduktivität), erhält man

$$PB[AK] = \frac{\left[\frac{AE}{P}\right]}{\left[\frac{AE}{AZ}\right] \cdot \left[\frac{AZ}{AK \cdot P}\right]} \quad \text{(PB. 3)}$$

Im Nenner von (PB. 3) kann man kürzen:

$$PB[AK] = \frac{\left[\frac{AE}{P}\right]}{\left[\frac{AE}{\cancel{AZ}}\right] \cdot \left[\frac{\cancel{AZ}}{AK \cdot P}\right]} = \frac{\left[\frac{AE}{P}\right]}{\left[\frac{AE}{AK \cdot P}\right]}, \quad \text{(PB. 4)}$$

wobei man mit $[AE/AK \cdot P]$ wieder eine Arbeitsproduktivität erhält. Diese ist jedoch nicht auf die Arbeitszeit, sondern auf die Arbeitskraft bezogen. Durch Multiplikation mit dem Kehrwert ergibt sich dann

$$PB[AK] = \left[\frac{AK \cdot P}{AE}\right] \cdot \left[\frac{AE}{P}\right], \quad \text{(PB. 5)}$$

wobei $[AK \cdot P/AE]$ wiederum ein Arbeitskoeffizient ist.

Bisher sind wir davon ausgegangen, dass es sich bei den $AE$ um Bewegungsgrößen, wie z.B. zu produzierenden Stücken, zu erwirtschaftenden Umsätzen oder abzuschließenden Verträgen, handelt. Handelt es sich hingegen um Bestandsgrößen, wie z.B. zu bedienenden Maschinen oder zu besetzenden Dienststellen, dann lautet die Grundgleichung:

$$PB[AK] \cdot \left[\frac{AZ}{AK \cdot P}\right] \stackrel{!}{=} [AE] \cdot \left[\frac{AZ}{AE \cdot P}\right] \quad \text{(PB. 6)}$$

Durch Umformungen ergeben sich

$$PB[AK] = \frac{[AE] \cdot \left[\frac{AZ}{AE \cdot P}\right]}{\left[\frac{AZ}{AK \cdot P}\right]} \quad \text{(PB. 7)}$$

$$PB[AK] = [AE] \cdot \left[\frac{AK}{AE}\right] \quad \text{(PB. 8)}$$

$$PB[AK] = \frac{[AE]}{\left[\frac{AE}{AK}\right]} \quad \text{(PB. 9)}$$

Dabei ist $[AE/AK]$ ein Bedienungskoeffizient und $[AZ/AE \cdot P]$ sowie $[AK/AE]$ sind Besetzungskoeffizienten.

Sowohl in (PB. 1) als auch in (PB. 6) kann man die $AE$ durch Kürzen eliminieren und den Personalbedarf auf der Basis des gesamten Arbeitszeitbedarfes $(AZ/P)$ ermitteln. Man erhält dann:

$$PB[AK] = \frac{\left[\frac{AZ}{P}\right]}{\left[\frac{AZ}{AK \cdot P}\right]} \tag{PB.10}$$

Bei den Gleichungen (PB. 1) bis (PB. 10) wird lediglich die quantitative Dimension ausgewiesen, die qualitative, die lokale und die temporale werden hingegen nicht differenziert erfasst. Es bedarf jedoch nicht viel Fantasie, diese Gleichungen um die drei anderen Dimensionen zu ergänzen.

Die rechnerische Ermittlung des Personalbedarfs ist in der betrieblichen Praxis eine sehr verantwortungsvolle Tätigkeit, denn von ihr hängen nicht zuletzt Entscheidungen über die Personalbedarfsdeckung und last but not least Vorentscheidungen über den weiteren Lebenslauf einzelner Menschen ab. Neben der Einschätzung des (künftigen) Leistungsprogramms ist vor allem die Bestimmung der Arbeitsproduktivitäten und -koeffizienten eine hoch komplexe Aufgabe, bei denen z.B. Multimomentverfahren wie das MTM-Verfahren (vgl. Deutsche MTM-Vereinigung e. V. 2002) oder Refa-Verfahren (vgl. REFA-Verband für Arbeitsstudien und Betriebsorganisation e. V. 1991) verwendet werden. Zur Personalbedarfsberechnung werden in der Wirtschaftspraxis (vgl. z.B. Kieper 1999, S. 9 ff.) u.a. das (a) Verfahren von Rosenkranz (1968) und (b) das von Doeringer et al. (1972) eingesetzt.

Zu (a): Das Verfahren von Rosenkranz dient der Berechnung des eher kurzfristigen Personalbedarfs und wird sehr häufig in der Kredit- und in der Versicherungswirtschaft angewendet. Dabei werden drei Arten von Tätigkeiten unterschieden: Haupttätigkeiten, die Rosenkranz auch als Geschäftsvorfälle bezeichnet, werden per analytischer Zeiterfassung erhoben. Die sog. Nebenarbeiten sind mit den Haupttätigkeiten mittelbar verbunden und werden über einen Nebenarbeitszuschlag ($NAZ$) summarisch erfasst. Dieser geht neben einem Zuschlag für Erholungszeiten ($EZ$) und einem solchen für Ausfallzeiten ($AFZ$) in den Zuschlag für notwendige Verteilzeiten ($NVZ$) ein, und zwar wie folgt:

$$NVZ = \frac{(1 + NAZ) \cdot (1 + EZ)}{(1 - AFZ)} \tag{PB.11}$$

Alle Tätigkeiten, die nicht unter die Haupt- und nicht unter die Nebenarbeiten fallen, sind sonstige Tätigkeiten, die mit einer „Zeit für Verschiedenes" ($T^*$) erfasst werden.

Unter Verteilzeiten versteht man in der Betriebswirtschaftslehre solche Zeiten, die der einzelne Mitarbeiter nicht zu verantworten hat, die er in diesem Sinne nicht beeinflussen kann; sie fallen an, ob er will oder nicht. Neben dem $NVZ$ gibt es einen Faktor für tatsächliche Verteilzeiten ($TVZ$), der ebenfalls aus einem Quotienten resultiert. Bezeichnet man (zusätzlich) mit

$t$ := Berechnungsperiode

$\overline{N}$ := $\{n | n = 1, \dots, N\}$ Menge der Haupttätigkeiten

$z_n$ := Zeit, die man laut Zeitstudie für eine Haupttätigkeit der Art $n$ benötigt

$x_{nt}$ := Anzahl der in Periode $t$ anfallenden Haupttätigkeiten der Art $n$

$T$ := Arbeitszeit pro Arbeitskraft und Periode

$\#AK$ := Anzahl verfügbarer Arbeitskräfte

dann gilt für den $TVZ$

$$TVZ = \frac{\text{tatsächlich benötigte Zeit für bestimmte Arbeiten lt. Tätigkeitsbericht}}{\text{erforderliche Zeit für diese Arbeiten lt. Zeitstudie}} =$$

$$= \frac{\#AK \cdot T - T^*}{\sum_{n \in \overline{N}} (x_{nt} \cdot z_n)} \tag{PB. 12}$$

und für den Personalbedarf in Periode $t$

$$PB_t = \frac{\sum_{n \in \overline{N}} (x_{nt} \cdot z_n)}{T} \cdot NVZ + \frac{T^*}{T} \cdot \frac{NVZ}{TVZ} \tag{PB. 13}$$

Diese Berechnungsgleichung kann, wie unmittelbar einsichtig, auf die Grundgleichung zur Personalbedarfsberechnung zurückgeführt werden und ist eine grundsätzlich akzeptable Ermittlungsmethode. Dies gilt zumindest dann, wenn man darüber hinwegsieht, dass derselbe $NVZ$ sowohl für die Haupttätigkeiten als auch für Verschiedenes angesetzt wird. Zudem sind Erholungs- und Ausfallzeiten (Stichwort: Absentismus) Korrekturvariable der Personalausstattung und dürfen bei der Personalbedarfsermittlung nur in trivialen Fällen der Bereitstellungs- und Verwendungseindeutigkeit in Ansatz gebracht werden.

Zu (b): Das Verfahren von Doeringer et al. dient der Berechnung des eher langfristigen Personalbedarfs, genauer: dessen Schätzung für eine Prognoseperiode $t$. Bezeichnet man mit

$t$ := Prognoseperiode

$\hat{t}$ := Basisperiode

$PK$ := Personalkosten

$O_t$ := preisbereinigter Wert des Outputs in $t$

$V_t$ := preisbereinigter Wert der Vorleistungen in $t$

$P_t := \frac{V_t}{O_t}$

$W_{\hat{t}} := O_{\hat{t}} - V_{\hat{t}}$ (Wertschöpfung im Basisjahr)

$L_{\hat{t}} := \frac{PK_{\hat{t}}}{W_{\hat{t}}}$

$R$ := jährliche Änderungsrate der Arbeitsproduktivität

$H_{t(\hat{t})}$ := Arbeitsstunden pro Arbeitskraft in $t$ $(\hat{t})$

$S_{\hat{t}} := \dfrac{PK_{\hat{t}}}{H_{\hat{t}}}$

Dann lautet die Berechnungsgleichung wie folgt:

$$PB_t = \frac{L_{\hat{t}} \cdot O_t \cdot (1 - P_t)}{(1 + R)^{t-\hat{t}} \cdot H_t \cdot S_{\hat{t}}} \qquad \text{(PB. 14)}$$

Rechnet man hier $PK_{\hat{t}}$ heraus und bezeichnet man die Arbeitsproduktivität in $t$ mit $AP_t$, dann lässt sich (PB. 14) vereinfachen zu (vgl. Kossbiel 1988, S. 1060):

$$PB_t = \frac{W_t}{AP_t} \qquad \text{(PB. 15)}$$

Auch diese Gleichung kann – sofern die Wertschöpfung nicht negativ wird – als sinnvoll erachtet werden.

Die Gleichungen (PB. 1) bis (PB. 15) dienen in der vorliegenden Form der Personalbedarfsberechnung auf der Basis deterministischer Daten. In der Wirtschaftspraxis kann es jedoch erforderlich sein, auch stochastische oder unscharfe Daten in Ansatz zu bringen. Stochastische Personalbedarfe stellen Zufallsvariable dar, deren Determinanten (zumindest zum Teil) ebenfalls Zufallsvariable sind. Der stochastische Gesamtpersonalbedarf ergibt sich dann aus der Faltung korrespondierender Dichtefunktionen (vgl. Jarr 1978, S. 140 ff. und Kossbiel 1992, Sp. 1602 f.). Bei der Berechnung eines unscharfen Personalbedarfes liegen dessen Determinanten ganz oder teilweise in unscharfer Form vor, z.B. als $LR$-Fuzzy Zahlen oder $LR$-Fuzzy Intervalle, die relativ einfach arithmetisch über die gängigen Rechenregeln verarbeitet werden können (vgl. z.B. Rommelfanger 1994, S. 40 ff.).

## 11.3 Modelle zur rechnerischen Ermittlung der Personalausstattung

Unter der Personalausstattung verstehen wir die Art und die Anzahl der in einem bestimmten Zeitraum und an einem bestimmten Ort verfügbaren Arbeitskräfte. Bestände berechnet man nach der allgemeinen Skontrationsgleichung immer wie folgt: Der Bestand einer aktuellen Periode ergibt sich aus dem Bestand der Vorperiode zuzüglich aller zwischenzeitlichen Zugänge und abzüglich aller zwischenzeitlichen Abgänge.

Für die Berechnung der Personalausstattung in einer aktuellen Periode $t$ $(PA_t)$ folgt dann im Besonderen: $PA_t$ ist gleich $PA_{t-1}$ plus allen Zugängen (aus Schulungen, Beförderungen, Versetzungen und Einstellungen) sowie minus allen Abgängen (aus Schulungen, Beförderungen, Versetzungen, Entlassungen und betrieblich nicht induzierten Austritten). Zu den letztgenannten Abgängen zählen alle, die von den Arbeitskräften ausgehen (z.B. Arbeitnehmerkündigungen) oder zu denen diese genötigt sind (z.B. durch Erreichung der gesetzlichen Altersgrenze). Zum besseren Verständnis verwenden wir folgende Symbole:

$\overline{R}$ := $\{r = 1, \dots, R\}$ Menge der Arbeitskräftearten (hier: Qualifikationsarten)

$t$ := Periodenindex

$\overline{S}$ := $\{s = 1, \dots, S\}$ Menge der betrieblichen Sektoren (z.B. Abteilungen)

$\overline{P}$ := $\{p = 1, \dots, P\}$ Menge der hierarchischen Ränge, mit $P$ als höchstem Rang

$S_{rp}$ := Maximalzahl an Sektoren, in denen Arbeitskräfte der Art $r$ auf Rang $p$ eingesetzt werden können

$R'_r$ := $\{r' |$ von Basisqualifikationsart $r'$ aus können Arbeitskräfte zur Qualifikationsart $r$ geschult werden$\}$

$R^*_r$ := $\{r^* |$ zur Zielqualifikationsart $r^*$ können Arbeitskräfte von der Qualifikationsart $r$ aus geschult werden$\}$

$\tau_r^{r'(r^*)}$ := Dauer einer Schulung von der Basisqualifikationsart $r'$ (Qualifikationsart $r$) zur Qualifikationsart $r$ (Zielqualifikationsart $r^*$)

$PA_{rt}^{sp}$ := (Personal-) Ausstattung mit Arbeitskräften der Art $r$ auf Rang $p$ in Sektor $s$ und Periode $t$

$PE(S)^{sp}_{r',r,t-\tau_r^{r'}}$ := Anzahl an Arbeitskräften, die auf Rang $p$ in Sektor $s$ vor $t - \tau_r^{r'}$ Perioden eine Schulung von $r'$ nach $r$ begonnen haben

$PE(S)^{sp}_{r,r^*,t-\tau_r^{r^*}}$ := Anzahl an Arbeitskräften, die auf Rang $p$ in Sektor $s$ vor $t - \tau_r^{r^*}$ Perioden eine Schulung von $r$ nach $r^*$ begonnen haben

$v_{rt}^{s',s,p}$ := Anzahl an Arbeitskräften der Art $r$, die in Periode $t$ auf Rang $p$ von Sektor $s'$ in Sektor $s$ versetzt werden

$v_{rt}^{s,s^*,p}$ := Anzahl an Arbeitskräften der Art $r$, die in Periode $t$ auf Rang $p$ von Sektor $s$ in Sektor $s^*$ versetzt werden

$b_{rt}^{s',s,p',p}$ := Anzahl an Arbeitskräften der Art $r$, die in Periode $t$ von Rang $p'$ auf Rang $p$ befördert werden und dabei von Sektor $s'$ in Sektor $s$ wechseln

$b_{rt}^{s,s^*,p,p^*}$ := Anzahl an Arbeitskräften der Art $r$, die in Periode $t$ von Rang $p$ auf Rang $p^*$ befördert werden und dabei von Sektor $s$ in Sektor $s^*$ wechseln

$h_{rt}^{sp}$ := Anzahl an Arbeitskräften der Art $r$, die in Periode $t$ für Rang $p$ und Sektor $s$ eingestellt werden

$f_{rt}^{sp}$ := Anzahl an Arbeitskräften der Art $r$, die in Periode $t$ aus Rang $p$ und Sektor $s$ entlassen werden

$\overline{a}_{rt}^{sp}$ := sonstige Austritte von Arbeitskräften der Art $r$, in Periode $t$ aus Rang $p$ und Sektor $s$

Bei dieser Notation ist u.a. zu beachten, dass die Sektorenindices von Rang zu Rang neu durchgezählt werden und deshalb bei Beförderungen auch der Sektorindex wechseln kann. Ansonsten gilt, dass sich bei Schulungen nur der Qualifikationsartenindex, bei Versetzungen nur der Sektorindex und bei Beförderungen auf jeden Fall der Rangindex ändert. Damit ergibt sich für die Fortschreibung der Personalausstattung folgende Gleichung (PA. 1):

$$
\begin{aligned}
PA_{rt}^{sp} = \; & PA_{r,t-1}^{sp} && \} \text{ Anfangsausstattung} \\
& + \sum_{r' \in R_r'} PE(S)_{r',r,t-\tau_{r'}^{r}}^{sp} - \sum_{r^* \in R_r^*} PE(S)_{r,r^*,t-\tau_r^{r^*}}^{sp} && \} \text{ Schulung} \\
& + \sum_{s'=1}^{S_{rp}} v_{rt}^{s',s,p} - \sum_{s^*=1}^{S_{rp}} v_{rt}^{s,s^*,p} && \} \text{ Versetzung} \\
& + \sum_{p'<p} \sum_{s'=1}^{S_{rp'}} b_{rt}^{s',s,p',p} - \sum_{p^*>p} \sum_{s^*=1}^{S_{rp^*}} b_{rt}^{s,s^*,p,p^*} && \} \text{ Beförderung} \\
& + h_{rt}^{sp} && \} \text{ Einstellung} \\
& - f_{rt}^{sp} && \} \text{ Entlassung} \\
& - \overline{a}_{rt}^{sp} && \} \text{ sonstige Austritte}
\end{aligned}
\tag{PA. 1}
$$

Zugänge | Abgänge

Überträgt man diese Skontrationsgleichung in Tableauform, dann ergibt sich folgendes Personalbewegungstableau (vgl. **Tabelle 11.1**, Kossbiel 1988, S. 1068):

Das Tableau ist wie folgt aufgebaut: Sowohl in den Kopfzeilen als auch in den linken Randspalten werden die Qualifikationsarten $r$, betrieblichen Sektoren $s$ und hierarchischen Ränge $p$ notiert. Zudem beziehen sich die linken Randspalten auf die Vorperiode $t-1$ und die Kopfzeilen auf die aktuelle Periode $t$, man folgt also dem Muster „von $t-1$ nach $t$". In der ersten Fußzeile (Einstellungen) und der ersten rechten Randspalte (Freisetzungen und Austritte) hält man die externen Personalflüsse fest, während im Tableaukern die internen Flüsse (Schulungen, Versetzungen und Beförderungen) sowie (entlang der Hauptdiagonalen) der Verbleib auf der bisherigen Position $(r, s, p)$ notiert werden. Somit gelangt man in der unteren Fußzeile zu $PA_{rt}^{sp}$ und in der rechten Randspalte zu $PA_{r,t-1}^{sp}$.

**Tabelle 11.1** Personalbewegungstableau

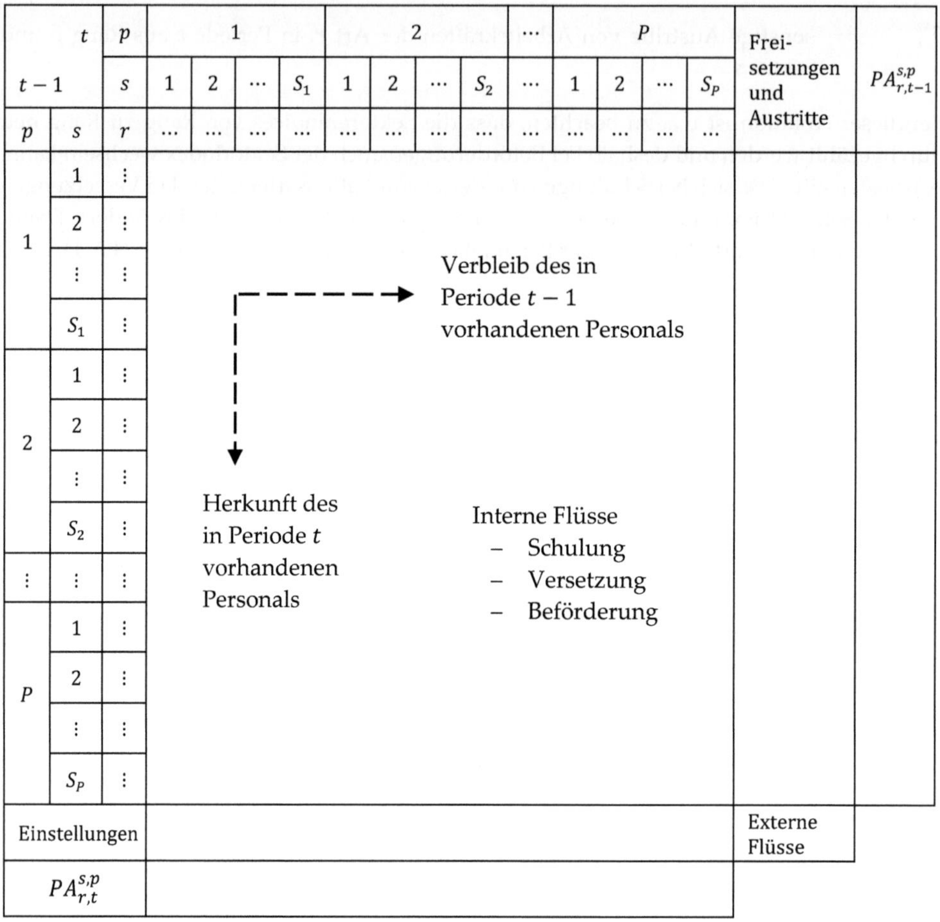

| $t-1$ \ $t$ | | $p$ | 1 | | | | 2 | | | | … | $P$ | | | | Frei-setzungen und Austritte | $PA_{r,t-1}^{s,p}$ |
|---|---|---|---|---|---|---|---|---|---|---|---|---|---|---|---|---|---|
| | | $s$ | 1 | 2 | … | $S_1$ | 1 | 2 | … | $S_2$ | … | 1 | 2 | … | $S_P$ | | |
| $p$ | $s$ | $r$ | … | … | … | … | … | … | … | … | … | … | … | … | … | | |
| 1 | 1 | ⋮ | | | | | | | | | | | | | | | |
| | 2 | ⋮ | | | | | | | | | | | | | | | |
| | ⋮ | ⋮ | | | | | Verbleib des in Periode $t-1$ vorhandenen Personals | | | | | | | | | | |
| | $S_1$ | ⋮ | | | | | | | | | | | | | | | |
| 2 | 1 | ⋮ | | | | | | | | | | | | | | | |
| | 2 | ⋮ | | | | | | | | | | | | | | | |
| | ⋮ | ⋮ | | | | | | | | | | | | | | | |
| | $S_2$ | ⋮ | Herkunft des in Periode $t$ vorhandenen Personals | | | | Interne Flüsse – Schulung – Versetzung – Beförderung | | | | | | | | | | |
| ⋮ | ⋮ | ⋮ | | | | | | | | | | | | | | | |
| $P$ | 1 | ⋮ | | | | | | | | | | | | | | | |
| | 2 | ⋮ | | | | | | | | | | | | | | | |
| | ⋮ | ⋮ | | | | | | | | | | | | | | | |
| | $S_P$ | ⋮ | | | | | | | | | | | | | | | |
| Einstellungen | | | | | | | | | | | | | | | | Externe Flüsse | |
| $PA_{r,t}^{s,p}$ | | | | | | | | | | | | | | | | | |

Während wir bei den obigen Ausführungen zur Personalausstattungsberechnung wiederum von deterministischen Zusammenhängen ausgegangen sind, lassen sich freilich auch hier unscharfe oder stochastische Daten in Ansatz bringen. Bei Verwendung unscharfer Größen bieten sich erneut *LR*-Fuzzy Zahlen und *LR*-Fuzzy Intervalle an. Stochastische Zusammenhänge können hingegen sehr gut über erneuerungstheoretische Modelle (vgl. Jarr 1978, S. 37 ff. und Kossbiel 1988, S. 1080 ff.) und über Markov-Ketten-Modelle (vgl. Jarr 1978, S. 25 ff., Kossbiel 1988, S. 1078 ff. und Gischer/Spengler 2008, S. 80 ff.) berücksichtigt werden. Auf die letztgenannten wollen wir nun etwas genauer eingehen:

Personalstrukturen können nach verschiedenen Merkmalen, wie z.B. Alters-, Qualifikations- und Tarifgruppen, hierarchischen Rängen, betrieblichen Sektoren, Dienstaltersstufen etc. differenziert werden. Die Personalausstattung einer Periode $t$ kann man dann als Vektor

$$\overrightarrow{\mathbf{PA}}_t := \left(PA_t^1 \cdots PA_t^i \cdots PA_t^m\right) \tag{PA. 2}$$

formulieren. Der Index $i$ ($i = 1, 2, \ldots, m$) steht dabei für eine bestimmte Konstellation der Strukturmerkmale, wie z.B. einer Konstellation aus hierarchischem Rang, betrieblichem Sektor und Qualifikationsgruppe. Vergleicht man diese Vektoren über mehrere Perioden, so lassen sich die vollzogenen internen und externen Flüsse (z.B. Beförderungen, Versetzungen, Schulungen, Austritte) ermitteln. Sofern diese Flüsse als stochastische Prozesse aufgefasst werden und wenn man unterstellen darf, dass es sich dabei um diskrete, endliche Prozesse vom Markov-Typ handelt, bei denen der Zustand, in dem sich ein Systemelement im Zeitpunkt $t$ befindet, ausschließlich davon abhängig ist, in welchem Zustand es sich in $t-1$ befand, so können sog. Markov-Ketten-Modelle formuliert werden, die sich u.E. besonders gut zur simulativen Entwicklung alternativer Personalausstattungsszenarien eignen.

Als zentrales Element dieser Modelle fungiert die sog. Matrix der Übergangswahrscheinlichkeiten $\mathbf{P}$, mit

$$\mathbf{P} := \begin{bmatrix} p_{11} & \cdots & p_{1j} & \cdots & p_{1m} \\ \vdots & \ddots & \vdots & \iddots & \vdots \\ p_{i1} & \cdots & p_{ij} & \cdots & p_{im} \\ \vdots & \iddots & \vdots & \ddots & \vdots \\ p_{m1} & \cdots & p_{mj} & \cdots & p_{mm} \end{bmatrix}$$

Für den Fall $i = j$ gibt $p_{ij}$ die Wahrscheinlichkeit des Verbleibens auf Position $i$ im Zeitraum von $t$ bis $t+1$ und für den Fall $i \neq j$ die Wahrscheinlichkeit des Wechsels von Position $i$ zu Position $j$ im Zeitraum von $t$ bis $t+1$ an. Zudem symbolisiert $w_i$ die Wahrscheinlichkeit des Ausscheidens des $i$-ten Systemelements, mit

$$w_i = \left(1 - \sum_{j=1}^{m} p_{ij}\right) \tag{PA. 3}$$

Zur differenzierten Berücksichtigung betrieblicher Eingriffe in die Personalausstattung empfiehlt sich die Verwendung eines Vektors der Einstellungen und Entlassungen

$$\vec{\mathbf{g}}_t := \left(g_t^1 \cdots g_t^i \cdots g_t^m\right),$$

wobei positive (bzw. negative) Elemente dieses Vektors die Anzahl der jeweiligen Einstellungen (bzw. Entlassungen) darstellen. Damit kann die Grundgleichung für die Personalausstattungsprognose wie folgt formuliert werden:

$$\overrightarrow{\mathbf{PA}}_t = \overrightarrow{\mathbf{PA}}_0 \cdot \mathbf{P}^t + \sum_{\tau=1}^{t} \vec{\mathbf{g}}_\tau \cdot \mathbf{P}^{t-\tau} \tag{PA. 4}$$

Auf Basis dieser Grundgleichung lassen sich vielfältige Simulationen durchführen. Beispielsweise kann über (PA. 4) berechnet werden, wie sich die Personalausstattung nach $t$ Perioden verändern wird, wenn man von einer stabilen Beförderungs-, Versetzungs- und Schulungspolitik (Stabilität von $\mathbf{P}$) ausgeht und auf Einstellungen sowie Entlassungen verzichtet oder Einstellungen und Entlassungen gemäß der jeweils gültigen Vektoren vornimmt. Man kann aber z.B. auch berechnen, mit welcher Personalanfangsausstattung man starten müsste, um nach $t$ Perioden zu einer vordefinierten Zielausstattung zu gelangen. Über die aus (PA. 4) abgeleitete Gleichung

$$\vec{\mathbf{g}}_t = \overrightarrow{\mathbf{PA}}_{t-1} \cdot [\mathbf{E} - \mathbf{P}], \text{ mit } \mathbf{E} := \text{Einheitsmatrix} \qquad \text{(PA. 5)}$$

lässt sich – um ein letztes Beispiel zu nennen – bestimmen, welche Einstellungen und Entlassungen vorzunehmen sind, damit Personalanfangs- und -zielausstattung übereinstimmen. Neben der Vorgabe von Ziel- oder Gleichgewichtsausstattungen eignen sich vor allem Variationen der Einstellungs- und Entlassungsvektoren aber auch der Übergangsmatrizen **P** als Simulationsparameter. Den letztgenannten Aspekt wollen wir abschließend wie folgt skizzieren: Die Matrix **P** kann nach Maßgabe der betrieblichen Beschäftigungspolitik unterschiedlich gestaltet sein. Geht man ohne Beschränkung der Allgemeinheit davon aus, dass die Wertigkeit der Positionen von $i = 1$ nach $m$ steigt, dann sieht man, dass die in **Abbildung 11.1** skizzierten Matrizen verschiedene idealtypische Beschäftigungspolitiken repräsentieren (die schraffierten bzw. linierten Bereiche symbolisieren positive Übergangswahrscheinlichkeiten, die nicht schraffierten Bereiche solche i. H. v. null):

**Abbildung 11.1** Idealisierte Übergangsmatrizen **P** bei alternativen Beschäftigungspolitiken

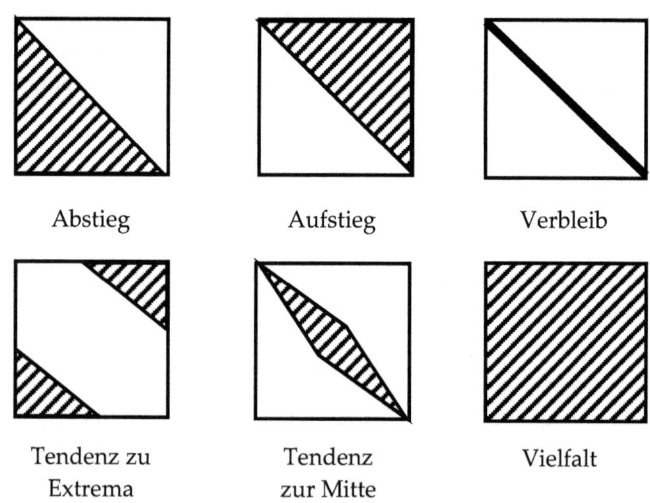


Solche Muster alternativer Beschäftigungspolitiken und die korrespondierenden Matrizen der Übergangswahrscheinlichkeiten liefern wertvolle Hinweise für die jeweils resultierenden Szenarien. Die Wahl der (nicht zuletzt durch demografische Konditionen restringierten) optimalen Personalpolitik sollte jedoch das Ergebnis einer rationalen betrieblichen Entscheidung sein. Mit der Formulierung von Entscheidungsmodellen beschäftigen wir uns in Kap. 12.

## 11.4 Ermittlung des Personaleinsatzes

In Kap. 2.1.2 stellen wir fest, dass der Personaleinsatz das Bindeglied zwischen den Problembereichen Personalbedarf und -ausstattung darstellt. Hier geht es um die Zuordnung verfügbarer Arbeitskräfte zu Allokationsobjekten (vgl. Spengler 2011, S. 573 ff.), wobei als Allokationsalternativen der Einsatz in Leistungsprozessen, also Tätigkeiten oder organisatorischen Einheiten (s. die lokale Dimension des Personalbedarfs), der Einsatz in Schulungsprozessen (sog. Off the Job-Schulung) oder der Einsatz in Ausleihprozessen (nicht-kommerzielle, d.h. echte, Arbeitnehmerüberlassung i.S. des AÜG) in Betracht kommen. Die Feststellung wie viele Arbeitskräfte welcher Art in welche Einsatzalternativen in Periode $t$ alloziiert werden, kann in Gleichungsform notiert werden. Im Gegensatz zur rechnerischen Ermittlung des Personalbedarfs und der Personalausstattung existieren hier keine besonderen Verfahren oder Modelle. Wir definieren folgende Symbole:

$\overline{R}$ := $\{r | r = 1, \dots, R\}$ Menge der Arbeitskräftearten

$\overline{Q}$ := $\{q | q = 1, \dots, Q\}$ Menge der Tätigkeitsarten

$\overline{T}$ := $\{t | t = 1, \dots, T\}$ Menge der Teilperioden

$\overline{S}$ := $\{s | s = 1, \dots, S\}$ Menge der Sektoren

$PE_r^{st}$ := Anzahl an Arbeitskräften der Art $r \in \overline{R}$ und aus Sektor $s \in \overline{S}$, die in Periode $t \in \overline{T}$ insgesamt eingesetzt werden

$PE_{rq}^{st}$ := Anzahl an Arbeitskräften der Art $r \in \overline{R}$, die in Periode $t \in \overline{T}$ und in Sektor $s \in \overline{S}$ im Leistungsprozess für Tätigkeiten der Art $q \in \overline{Q}$ eingesetzt werden

$PE(S)_{r,r^*}^{st}$ := Anzahl an Arbeitskräften der Art $r \in \overline{R}$ aus Abteilung $s \in \overline{S}$, die in Periode $t \in \overline{T}$ eine Schulung zur Zielqualifikation $r^*$ beginnen

$PE(L)_r^{st}$ := Anzahl an Arbeitskräften der Art $r \in \overline{R}$ aus Abteilung $s \in \overline{S}$, die in Periode $t \in \overline{T}$ (nicht-kommerziell) ausgeliehen werden

$R_r^*$ := Menge der Zielqualifikationsarten $r^*$ die von der Qualifikationsart $r \in \overline{R}$ aus erreicht werden können

$\tau_r^{r^*}$ := Dauer einer Schulung von der Qualifikationsart $r \in \overline{R}$ Zielqualifikationsart $r^*$

Berücksichtigt man zudem mit

$\delta_r^{r^*}$ := Erfolgswahrscheinlichkeit einer Schulung von der Qualifikationsart $r \in \overline{R}$ Zielqualifikationsart $r^*$

dann lässt sich zur Fundierung von $PE(S)_{r,r^*}^{st}$ ein Schulungstableau nach folgendem Muster aufstellen (s. **Tabelle 11.2**):

**Tabelle 11.2** Schulungstableau

| | | Zielqualifikationen | | | | | |
|---|---|---|---|---|---|---|---|
| | | 1 | 2 | … | $r^*$ | … | $R^*$ |
| Ausgangsqualifikationen | 1 | $\tau_r^{r^*} = \begin{cases} > 0, \text{ wenn } (r, r^*) \text{ ein realisierbarer Schulungsgang ist} \\ \text{nicht definiert sonst} \end{cases}$ | | | | | |
| | 2 | | | | | | |
| | ⋮ | | | | | | |
| | $r$ | $\delta_r^{r^*} = \begin{cases} \left.\begin{matrix} > 0 \\ \leq 1 \end{matrix}\right\}, \text{ wenn } (r, r^*) \text{ ein realisierbarer Schulungsgang ist} \\ \text{nicht definiert sonst} \end{cases}$ | | | | | |
| | ⋮ | | | | | | |
| | $R$ | | | | | | |

In einem solchen Tableau können mit - und × auch (un)zulässige Schulungsgänge oder aber Teilnehmerzahlen und andere Schulungsdaten vermerkt werden.

Die gesuchte Feststellungsgleichung lautet dann wie folgt:

$$PE_r^{st} = \sum_{q \in Q_r} PE_{rq}^{st} + \sum_{r^* \in R_r^*} \sum_{t'=t-\tau_r^{r^*}+1}^{t} PE(S)_{r,r^*}^{s,t'} + PE(L)_r^{st} \qquad \text{(PE. 1)}$$

Sie besagt, dass alle im Sektor $s$ und in Periode $t$ sich in Einsatz befindlichen Arbeitskräfte der Art $r$ entweder im Leistungsprozess oder in der Schulung oder in der Ausleihe eingesetzt werden. Als Schulungsgänge kommen solche in Frage, die von Qualifikationsart $r$ aus zu erreichbaren Zielqualifikationsarten $r^* \in R_r^*$ führen können. Arbeitskräfte, die vor $t - \tau_r^{r^*}$ Perioden oder früher die Schulung begonnen haben, haben diese mittlerweile beendet. In Schulung befinden sich in Periode $t$ somit nur solche Arbeitskräfte, die die Schulung im Zeitintervall $\left[t - \tau_r^{r^*} + 1, t\right]$ begonnen haben.

## 11.5 Übungsaufgaben

**Aufgabe 56**

Erläutern Sie folgende Aussagen unter Bezugnahme auf den expliziten und den impliziten Ansatz: Die Ermittlung aller drei Problembereichsausprägungen dient als Planungsgrundlage für das jeweilige Komplement. Wenn man also den Personalbedarf ermittelt, dann erfolgt dies zum Zwecke der Überprüfung der Personalausstattung (und ggf. des Personaleinsatzes) auf Bedarfsangemessenheit hin. Die Ausstattungsermittlung hat zum Ziel den Personalbedarf (und ggf. den Einsatz) auf Ausstattungsangemessenheit hin zu überprüfen und die Ermittlung des Personaleinsatzes hat zum Ziel, die beiden anderen Bereiche hinsichtlich ihrer Einsatzadäquanz auf den Prüfstand zu stellen.

**Aufgabe 57**

Inwiefern werden Personalbedarfe für Zeiträume oder Zeitpunkte ermittelt?

**Aufgabe 58**

Erläutern Sie, warum die Quotienten $[AE/AZ]$ und $[AZ/AE]$ als Arbeitsproduktivität und Arbeitskoeffizient bezeichnet werden!

**Aufgabe 59**

Ein Automobilzulieferer produziert genau eine Reifenart und die vom einzigen Kunden abgenommene Anzahl an Reifen ist für die nächsten drei Jahre vertraglich festgelegt. Um die vereinbarte Reifenanzahl liefern zu können, produziert das Unternehmen momentan 480 Reifen in der Woche. Aufgrund von Erfahrungswerten ist bekannt, dass ein Mitarbeiter im Durchschnitt einen Reifen pro Arbeitsstunde herstellt. Aktuell arbeiten die Mitarbeiter in der Reifenherstellung des Unternehmens acht Stunden am Tag bzw. 40 Stunden in der Woche.

a. Ermitteln Sie auf Basis der obigen Angaben die für die Produktion von 480 Reifen benötigte Anzahl an Arbeitskräften! Geben Sie explizit die Dimensionierung der von Ihnen in die Bedarfsermittlung einbezogenen Größen an!

b. Auf Wunsch des Betriebsrats soll das Unternehmen Überlegungen anstellen, inwiefern es sich als sinnvoll erweisen kann, die Arbeitszeit pro Tag um eine Stunde zu reduzieren. Diskutieren Sie die möglichen Auswirkungen dieser Maßnahme auf den Personalbedarf in der Reifenproduktion des Unternehmens!

c. Zur Überprüfung der Auswirkungen einer Arbeitszeitreduktion auf 35 Stunden pro Mitarbeiter und Woche möchte das Unternehmen im Rahmen einer „Test-Arbeitswoche" feststellen, inwieweit diese Reduktion die Produktionsmenge pro Woche tatsächlich beeinflusst. Die Anzahl eingesetzter Mitarbeiter entspricht dabei dem in a) bestimmten Personalbedarf. Zur Verwunderung des Managements wird das Produktionsziel von 480 Reifen trotz reduzierter Arbeitszeit erreicht.

   Welche Ursache könnte diesem Phänomen zugrunde liegen? Begründen Sie Ihre Antwort rechnerisch und gehen Sie explizit auf die Zusammenhänge zwischen der Maßnahme der Arbeitszeitreduktion und deren Wirkungen ein!

**Aufgabe 60**

Die Personalabteilung eines Aluminiumwerks hat von der Geschäftsführung den Auftrag erhalten, den Personalbedarf für seine Abteilung für Qualitätskontrollen zu ermitteln.

Im Rahmen der in dieser Abteilung anfallenden Qualitätskontrollen sind verschiedene Messungen durchzuführen. Der mit diesen Messungen verbundene Zeitaufwand und die Häufigkeiten der einzelnen Messvorgänge wurden von der Personalabteilung bereits ermittelt und sind in **Tabelle 11.3** dargestellt:

**Tabelle 11.3** Ergebnisse der Zeitstudie im Aluminiumwerk

<table>
<tr><th>Art der Arbeit</th><th>Durchschnittliche Anzahl pro Woche</th><th>Zeitaufwand pro Untersuchungsvorgang in Minuten (lt. Zeitstudie)</th><th>Durchschnittliche tatsächlich aufgewendete Zeit pro Woche</th></tr>
<tr><td>Gewichtsbestimmungen</td><td>400</td><td>2</td><td rowspan="5">168 Std. 45 Min.</td></tr>
<tr><td>Überprüfung der Maße</td><td>250</td><td>5</td></tr>
<tr><td>Härtetests</td><td>100</td><td>15</td></tr>
<tr><td>Überprüfung der Oberflächen auf Unebenheiten</td><td>275</td><td>8</td></tr>
<tr><td>Entgratungskontrollen</td><td>50</td><td>20</td></tr>
<tr><td>Sonstiges</td><td colspan="2">keine Angaben</td><td>31 Std. 15 Min.</td></tr>
</table>

Zudem hat die Personalabteilung festgestellt, dass durchschnittlich 17,5% der Arbeitszeit für Vor- und Nachbereitungsarbeiten anfallen, 10,5% als Erholungszuschlag anzusetzen sind und Ausfallzeiten von etwa 7% anfallen.

a. Ermitteln Sie mithilfe der Rosenkranz-Formel den Personalbedarf in der Abteilung für Qualitätskontrollen! Gehen Sie dabei von einer wöchentlichen Arbeitszeit von 40 Stunden aus!

b. Zeigen Sie, dass sich die Rosenkranz-Formel auf die Grundgleichung zur Ermittlung des Personalbedarfs zurückführen lässt!

**Aufgabe 61**

Ein mittelständisches Unternehmen verfüge über Arbeitskräfte, deren Position – ausgedrückt durch Ihren Rang *p*, ihre Abteilung *s* und ihre Qualifikation *r* – folgender Übersicht (vgl. **Abbildung 11.2**) zu entnehmen ist:

**Abbildung 11.2** Unternehmenshierarchie nach Rang, Abteilung und Qualifikation

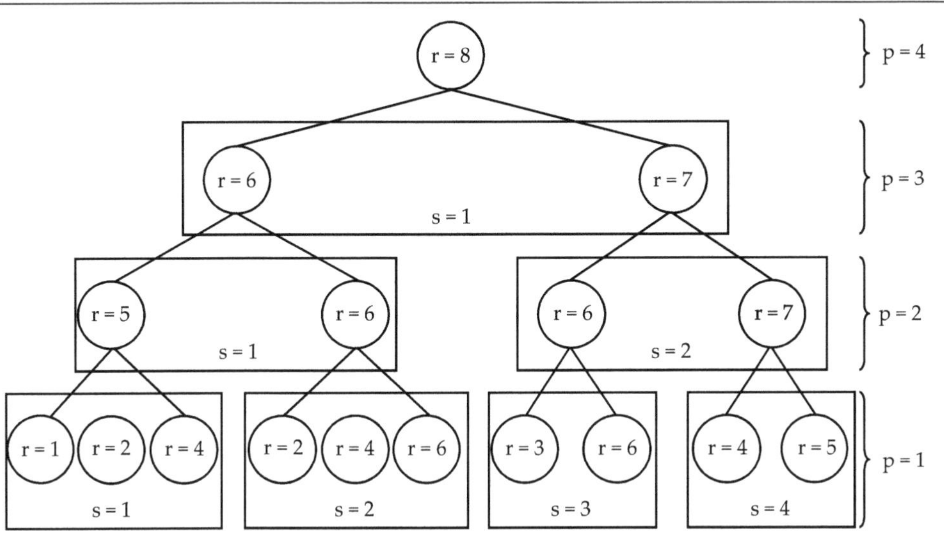


Grundsätzlich können innerhalb dieses Unternehmens alle logisch möglichen Versetzungen und Beförderungen veranlasst werden. Degradierungen sind hingegen ausgeschlossen. Zudem können Arbeitskräfte einer Qualifikation $r$ zu den in der folgenden **Tabelle 11.4** angegebenen Zielqualifikationen $r^*$ geschult werden:

**Tabelle 11.4** Schulungsmöglichkeiten

| | $r^* = 4$ | $r^* = 5$ | $r^* = 6$ | $r^* = 7$ |
|---|---|---|---|---|
| $r = 2$ | × | - | - | - |
| $r = 3$ | - | - | × | - |
| $r = 4$ | - | × | × | - |
| $r = 5$ | - | - | × | - |
| $r = 6$ | - | - | - | × |

a. Tragen Sie alle möglichen Beförderungen (B), Versetzungen (V) und Schulungen (S) von Arbeitskräften in ein Personalbewegungstableau ein!

b. Formulieren Sie die Gleichungen zur Fortschreibung der Personalausstattung für alle $PA_{r,t}^{s,p}$ für beliebige Perioden $t \in \overline{T}$! Gehen Sie dabei davon aus, dass für alle Personalausstattungen Einstellungen und Entlassungen möglich sind!

### Aufgabe 62

Als Grundlage für zukünftige personalwirtschaftliche Entscheidungen möchte das Unternehmen aus Aufgabe 61 die Entwicklungen der Personalausstattungen in den Abteilungen $s = 1$ und $s = 2$ auf Rang $p = 1$ abschätzen. Die entsprechenden Personalausstattungen $PA_{r,t}^{s,p}$ in $t = 0$ lauten:

$$PA_{1,0}^{1,1} = 23;\; PA_{2,0}^{1,1} = 35;\; PA_{4,0}^{1,1} = 32;\; PA_{2,0}^{2,1} = 42;\; PA_{4,0}^{2,1} = 37;\; PA_{6,0}^{2,1} = 18$$

Das Unternehmen geht nach einer intensiven Analyse der Daten der Vergangenheit davon aus, dass die Wahrscheinlichkeit eines Verbleibs einer Arbeitskraft in einer $r$-$s$-$p$-Konstellation für die erste Abteilung (zweite Abteilung) 0,79 (0,82) beträgt. Ebenso ergab die Analyse, dass Arbeitskräfte abteilungsunabhängig mit einer Wahrscheinlichkeit von 0,07 versetzt sowie mit einer Wahrscheinlichkeit von 0,03 geschult werden (die Schulungsdauer beträgt eine Periode).

a. Stellen Sie für den Fall, dass vorerst keine Einstellungen und Entlassungen vorgesehen sind, jeweils ein entsprechendes Markov-Ketten-Modell zur Schätzung der genannten Personalausstattungen für die Perioden $t = 1$ und $t = 3$ auf!

b. Gehen Sie nun davon aus, dass in $t = 1$ folgende Einstellungen $h_{r,t}^{s,p}$ und Entlassungen $f_{r,t}^{s,p}$ geplant sind:

$$h_{1,1}^{1,1} = 7;\; h_{2,1}^{1,1} = 2;\; h_{4,1}^{1,1} = 1;\; h_{2,1}^{2,1} = 0;\; h_{4,1}^{2,1} = 3;\; h_{6,1}^{2,1} = 4$$

$$f_{1,1}^{1,1} = 2;\; f_{2,1}^{1,1} = 0;\; f_{4,1}^{1,1} = 1;\; f_{2,1}^{2,1} = 1;\; f_{4,1}^{2,1} = 2;\; f_{6,1}^{2,1} = 0$$

Wie ändert sich die Lösung aus Aufgabenteil a. für die Periode $t = 1$?

### Aufgabe 63

Ein Unternehmen betreibt insgesamt 3 Standorte ($s = 1,2,3$), an welchen jeweils dieselben Arten von Aufgaben ($q = 1,2,3,4,5$) zu erledigen sind. Dafür stehen an allen Standorten insgesamt 6 Arten von Arbeitskräften ($r = 1,2,3,4,5,6$) zu Verfügung. Die entsprechenden Bereitstellungs- und Verwendungsmöglichkeiten sind in **Tabelle 11.5** aufgeführt:

**Tabelle 11.5** Bereitstellungs- und Verwendungsmöglichkeiten

| | $r = 1$ | $r = 2$ | $r = 3$ | $r = 4$ | $r = 5$ | $r = 6$ |
|---|---|---|---|---|---|---|
| $q = 1$ | × | - | × | - | × | - |
| $q = 2$ | - | × | - | × | × | - |
| $q = 3$ | - | - | × | | × | × |
| $q = 4$ | - | - | - | × | - | × |
| $q = 5$ | - | - | - | - | - | × |

Neben dem Einsatz im Leistungsprozess lässt das Unternehmen interne Leihprozesse von

Arbeitskräften der Art $r = 1,2,3$ und 4 von Standort $s = 1$ zu den anderen Standorten zu (weitere Leihprozesse sind ausgeschlossen). Zudem können an allen Standorten Arbeitskräfte nach Maßgabe des folgenden Tableaus (vgl. **Tabelle 11.6**) geschult werden:

**Tabelle 11.6** Schulungsmöglichkeiten

| | $r^* = 3$ | $r^* = 4$ | $r^* = 5$ |
|---|---|---|---|
| $r = 1$ | × | - | - |
| $r = 2$ | - | × | - |
| $r = 3$ | - | - | × |

Formulieren Sie alle Gleichungen zur Ermittlung der Personaleinsätze $PE_r^{s,t}$!

# 12 Isolierte, integrierte, sukzessive und simultane Entscheidungsmodelle der Personalplanung

## 12.1 Überblick

Bevor ein konkretes Planungsmodell formuliert werden kann, ist die Planungssituation (auch) daraufhin zu analysieren, welche Problembereiche als Datum und welche als Gegenstand der Planung anzusehen sind, d.h. es sind Referenz- und Teilbereiche der Planung festzulegen. Beachtet man, dass der Personalbedarf den Personalsektor mit den übrigen betrieblichen Teilbereichen verbindet, dass der Personaleinsatz nie Datum der Personalplanung sein kann, und definiert man simultane Personalplanungen als solche, bei denen alle drei o.g. Problembereiche der Personalplanung gleichzeitig geplant werden, dann lassen sich vier Typen von Planungsmodellen unterscheiden (Kossbiel 1988, S. 1106 und Vieth 1999, S. 20). In **Tabelle 12.1** sind diese Modelltypen aufgeführt:

**Tabelle 12.1** Referenz- und Teilbereiche der Personalplanung

| Personalplanung | sukzessive | simultane |
|---|---|---|
| isolierte | reine Personaleinsatzplanung | nicht definiert |
| | reine Personalbereitstellungsplanung | |
| integrierte | reine Personalverwendungsplanung | simultane Personalplanung |

Isoliert und sukzessiv sind Personalplanungen dann, wenn der Personalbedarf Datum ist. In dieser Klasse kennen wir zwei Modelltypen, nämlich die reine Personaleinsatzplanung, bei der unter gegebenem Personalbedarf und gegebener Personalausstattung der Personaleinsatz optimiert wird und die reine Personalbereitstellungsplanung, bei der die Personalausstattung und (ggf.) der Personaleinsatz durch Entscheidungsvariablen repräsentiert werden. Bei integrierten Personalplanungen wird der Personalbedarf als (Entscheidungs-) Variable in den Kalkül eingebracht, wobei entweder ein Modell der simultanen Personalplanung oder ein Modell der reinen Personalverwendungsplanung vorliegt, und bei letzterer lediglich die Personalausstattung als Referenzbereich der Planung fungiert.


T. Spengler et al., *Moderne Personalplanung*,
https://doi.org/10.1007/978-3-658-47677-9_12

## 12.2 Reine Personaleinsatzplanung

### 12.2.1 Grundmodell

Die Entscheidungssituation der reinen Personaleinsatzplanung ist dadurch charakterisiert, dass für den vorab (als Datum) festgelegten Personalbedarf und die vorab (als Datum) festgelegte Personalausstattung der optimale Personaleinsatzplan gesucht wird (vgl. Spengler 2004, Sp. 1469 ff.). Wir wollen im Folgenden ein (einperiodiges) Grundmodell formulieren, bei dem einzelne Arbeitskräfte $r^*$ ($r^* = 1, \dots, R^*$) einzelnen Arbeitsplätzen oder Jobs $q^*$ ($q^* = 1, \dots, Q^*$) optimal zugeordnet werden. Dieser – eine Variante eines erstmals von Dantzig (1954) formulierten Zuordnungsmodells darstellende – Ansatz dient zur Lösung des sog. klassischen Personnel Assignment-Problems und zählt nach obiger Definition zur Personalplanung im engsten Sinne. Wir haben es hier also mit einem Problem der sog. individuellen Personalplanung zu tun. Der Modellierung legen wir folgende Symbole zugrunde:

*Mengen*

$\overline{Q}^*$ := $\{q^* | q^* = 1, \dots, Q^*\}$ Menge einzelner Stellen oder Jobs

$\overline{R}^*$ := $\{r^* | r^* = 1, \dots, R^*\}$ Menge einzelner Arbeitskräfte

*Daten*

$e_{r^*q^*}$ := Zielfunktionskoeffizient bei Zuordnung von Arbeitskraft $r^*$ zu Job oder Stelle $q^*$ (z.B. Neigungs- oder Eignungsgrad, Kosten- oder Deckungsbeitragssatz)

*Entscheidungsvariable*

$$x_{r^*q^*} := \begin{cases} 1, \text{ wenn Arbeitskraft } r^* \text{ Job oder Stelle } q^* \text{ zugeordnet wird} \\ 0, \text{ sonst} \end{cases}$$

Mit diesen Symbolen lautet das Grundmodell wie folgt:

Zielfunktion:

$$\sum_{r^*=1}^{R^*} \sum_{q^*=1}^{Q^*} e_{r^*q^*} \cdot x_{r^*q^*} \rightarrow \text{max! oder min!} \qquad (Z.8)$$

[Lies: Ordne die Arbeitskräfte $r^*$ den Jobs oder Stellen $q^*$ so zu, dass die Zielfunktion maximiert oder minimiert wird. Als Zielfunktionskoeffizienten kommen z.B. Eignungsgrade, Neigungsgrade, Kosten- oder Deckungsbeitragssätze in Betracht.]

u.d.N.:

$$\sum_{q^*}^{Q^*} x_{r^*q^*} = 1 \quad \forall\, r^* \in \overline{R}^* \tag{R. 29}$$

[Lies: Ordne jede Arbeitskraft genau einer Stelle oder einem Job zu.]

$$\sum_{r^*}^{R^*} x_{r^*q^*} = 1 \quad \forall\, q^* \in \overline{Q}^* \tag{R. 30}$$

[Lies: Ordne jeder Stelle oder jedem Job genau eine Arbeitskraft zu.]

$$x_{r^*q^*} \in \{0{,}1\} \quad \forall\, q^* \in \overline{Q}^*, r^* \in \overline{R}^* \tag{R. 31}$$

[Lies: Alle Entscheidungsvariablen sind nicht-negativ und binär.]

Verzichtet man in (R. 31) auf die explizite Binaritätsforderung und bringt somit lediglich schlichte Nichtnegativitätsbedingungen in Ansatz, gelangt man aufgrund der spezifischen Problemstruktur (sog. Set Partitioning-Problem; vgl. van Krieken et al. 2004) ebenfalls stets zu binären Lösungen und kann somit ein aufwändig zu lösendes Problem der ganzzahligen Optimierung in ein einfach zu lösendes Problem der linearen Optimierung überführen (vgl. Domschke/Drexl 2002, S. 83).

Das beschriebene Grundmodell ist vielfältigen Variationen und Erweiterungen zugänglich: Durch Verwendung des expliziten Ansatzes (Kap. 2.2.1.2) kann es z.B. in ein Modell der kollektiven Personalplanung transformiert werden, es lässt sich durch eine geeignete Periodisierung problemlos in einen dynamischen Ansatz umwandeln (vgl. Kossbiel 1992, Sp. 1663 ff.) und steht der Integration von Personalschulungsvariablen, Leiharbeitskräften etc. offen. Zudem ist die Bestimmung der zuordnungsabhängigen Zielfunktionskoeffizienten nicht trivial. In aller Regel beruhen sie auf scharfen oder unscharfen Profilvergleichen (vgl. Meiritz 1984), Euklidischen Distanzen (vgl. Daegling/Hermsen 1973), anderen Abstandsmaßen oder probabilistischen (Übereinstimmungs-) Maßen (vgl. z.B. Hackstein/Zülch 1980 und Mensch 1971).

## 12.2.2 Dienstplanung

### 12.2.2.1 Dienstplanung im deterministischen Fall

Das Problem der Dienstplanung (vgl. z.B. Thielen 2018) stellt ein zentrales Problem der Personaleinsatzplanung dar und tritt in allen Betrieben auf, in denen die individuelle Arbeitszeit der Beschäftigten von der Betriebszeit des Unternehmens abweicht. Die Modellansätze zur Dienstplanung werden in der Literatur vielfach wie folgt differenziert (vgl. Günther 1989, S. 211 f. und Salewski 1998, S. 129 ff.): Über Ansätze des sog. Days Off Scheduling, auf die wir unten ausführlicher eingehen wollen, werden den Arbeitskräften je nach Festlegung des Planungszeitraumes Arbeitstage und arbeitsfreie Tage zugeordnet. Modelle des sog. Shift Scheduling sind häufig auf einen singulären Tag bezogen und thematisieren die Allokation von konsekutiven Schichtmustern zu Arbeitskräften, während über das sog. – eine Kombination der beiden erstgenannten Problemtypen darstellende – Tour Scheduling den Mitarbeitern Dienste mit differierenden (sich z.T. überschneidenden) Beginn- und Endzeitpunkten zugewiesen werden (**Abbildung 12.1**).

**Abbildung 12.1** Dienstplanungsprobleme

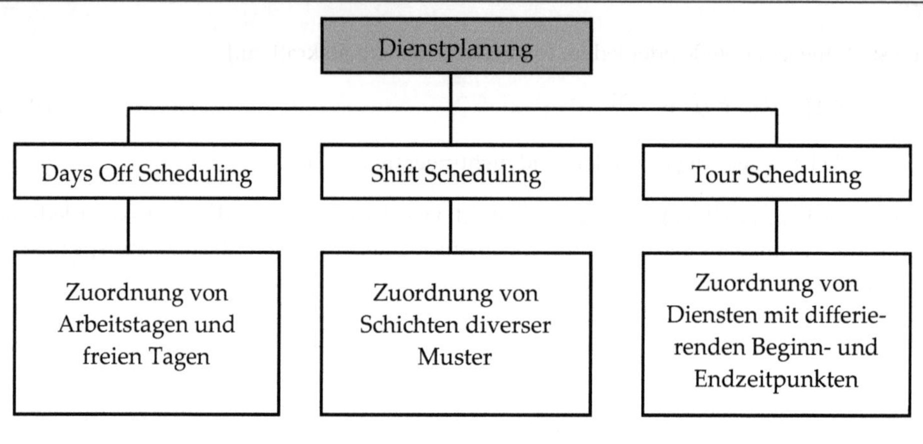


Quelle: Schroll/Spengler 2002, S. 124.

Zur Lösung deterministischer Days Off-Scheduling-Probleme wird in der Literatur eine Fülle spezifischer Algorithmen angeboten (vgl. Nanda/Browne 1992, S. 85 ff.). Für Fälle, in denen die Personalbedarfe und -ausstattungen homogen sind, in denen Personalbedarfsüber- im Gegensatz zu -unterdeckungen zulässig sind, und in denen alle Arbeitskräfte an fünf aufeinanderfolgenden Tagen arbeiten und dann en bloc zwei Tage frei haben, ist der sog. Bechtold-Algorithmus ein gut geeignetes (optimierendes) Lösungsverfahren (vgl. Bechtold 1981). Wir wollen diesen aus fünf Schritten bestehenden Algorithmus anhand des folgenden Beispiels erläutern, in dem die Personalbedarfe ($PB_t$) über eine 7-Tage-Woche wie folgt verteilt sind (vgl. **Tabelle 12.2**):

**Tabelle 12.2** Personalbedarfe

| $PB_1$ | $PB_2$ | $PB_3$ | $PB_4$ | $PB_5$ | $PB_6$ | $PB_7$ |
|---|---|---|---|---|---|---|
| 10 | 12 | 13 | 9 | 14 | 8 | 11 |

Für das genannte Dienstfolge-Grundmuster ergeben sich die folgenden sieben alternativen Dienstfolgemuster ($s = 1, \ldots, 7$), wobei „×" (bzw. „-") bedeutet, dass an Tag $t$ ein (bzw. kein) Einsatz vorgesehen ist (vgl. **Tabelle 12.3**):

**Tabelle 12.3** Dienstfolgemuster

| | $t = 1$ | $t = 2$ | $t = 3$ | $t = 4$ | $t = 5$ | $t = 6$ | $t = 7$ |
|---|---|---|---|---|---|---|---|
| $s = 1$ | × | - | - | × | × | × | × |
| $s = 2$ | × | × | - | - | × | × | × |
| $s = 3$ | × | × | × | - | - | × | × |
| $s = 4$ | × | × | × | × | - | - | × |
| $s = 5$ | × | × | × | × | × | - | - |
| $s = 6$ | - | × | × | × | × | × | - |
| $s = 7$ | - | - | × | × | × | × | × |

Die fünf Schritte lauten wie folgt:

Schritt (1): Bestimme zunächst alle Personalbedarfe, für die $PB_t > PB_{t+1}$ gilt! Gehe dabei von zyklischen Bedarfsfolgen aus, d.h. $PB_1 = PB_8$!

Schritt (2): Ermittle für die unter Schritt (1) identifizierten Tage $t$ die maximale Differenz $g$! Dabei gilt: $g = \max_t\{PB_t - \max(PB_{t+1}, PB_{t+2})\}$

Schritt (3): Setze den Tag $t$ mit der maximalen Differenz $g$ als Bezugstag! Auf diesen folgen unmittelbar zwei arbeitsfreie Tage! Sieh an den anderen Tagen für insgesamt $g$ Arbeitskräfte einen Einsatz vor (d.h. an diesen Tagen wird der Personalbedarf um den Betrag $g$ gekürzt, an den beiden arbeitsfreien Tagen bleibt er erhalten)!

Setze bei einem Maximum in Höhe von $g = 0$ eine Arbeitskraft ein!

Wenn $g$ für mehrere Bezugstage identisch ist, dann wähle einen beliebigen Tag $t$ als Bezugstag aus!

Schritt (4): Wiederhole die Schritte (1)-(3) solange, bis alle Personalbedarfe den Wert 0 annehmen!

Schritt (5): Notiere den Einsatzplan! [Hinweis: Addiere für jeden Bezugstag $t$ (erste Spalte in **Tabelle 12.4**) die jeweils zum Einsatz vorgesehenen Arbeitskräfte (zweite Spalte in **Tabelle 12.4**)! Diese beginnen definitionsgemäß am Tag $t - 4$ ihren Dienst und haben an den Tagen $t + 1$ und $t + 2$ frei.]

**Tabelle 12.4** Schritte 1-4 im Bechthold-Algorithmus

| $t$ | $g$ | $PB_1$ | $PB_2$ | $PB_3$ | $PB_4$ | $PB_5$ | $PB_6$ | $PB_7$ | |
|---|---|---|---|---|---|---|---|---|---|
| - | - | 10 | 12 | 13 | 9 | 14 | 8 | 11 | $\max\{-1,3,-1\} = 3$ |
| 5 | 3 | 7 | 9 | 10 | 6 | 11 | 8 | 11 | $\max\{-1,0,2\} = 2$ |
| 7 | 2 | 7 | 9 | 8 | 4 | 9 | 6 | 9 | $\max\{1,-1,0,0\} = 1$ |
| 2 | 1 | 6 | 8 | 8 | 4 | 8 | 5 | 8 | $\max\{0,0,0\} = 0 \Longrightarrow 1$ |
| 3 | 1 | 5 | 7 | 7 | 4 | 8 | 4 | 7 | $\max\{-1,1,0\} = 1$ |
| 5 | 1 | 4 | 6 | 6 | 3 | 7 | 4 | 7 | $\max\{-1,0,1\} = 1$ |
| 7 | 1 | 4 | 6 | 5 | 2 | 6 | 3 | 6 | $\max\{1,-1,0,0\} = 1$ |
| 2 | 1 | 3 | 5 | 5 | 2 | 5 | 2 | 5 | $\max\{0,0,0\} = 0 \Longrightarrow 1$ |
| 3 | 1 | 2 | 4 | 4 | 2 | 5 | 1 | 4 | $\max\{-1,1,0\} = 1$ |
| 5 | 1 | 1 | 3 | 3 | 1 | 4 | 1 | 4 | $\max\{-1,0,1\} = 1$ |
| 7 | 1 | 1 | 3 | 2 | 0 | 3 | 0 | 3 | $\max\{1,-1,0,0\} = 1$ |
| 2 | 1 | 0 | 2 | 2 | 0 | 2 | 0 | 2 | $\max\{0,0,0\} = 0 \Longrightarrow 1$ |
| 3 | 1 | 0 | 1 | 1 | 0 | 2 | 0 | 1 | $\max\{-1,1,0\} = 1$ |
| 5 | 1 | 0 | 0 | 0 | 0 | 1 | 0 | 1 | $\max\{0,1\} = 1$ |
| 7 | 1 | 0 | 0 | 0 | 0 | 0 | 0 | 0 | |

Aus der ersten Spalte in **Tabelle 12.4** ist zu entnehmen, dass im Beispiel die Tage $t = 5, 7, 2$ und 3 als Bezugstage fungieren. Am Bezugstag $t = 5$ beenden insgesamt (3+1+1+1=) 6, am Bezugstag $t = 7$ insgesamt (2+1+1+1=) 5, am Bezugstag $t = 2$ insgesamt (1+1+1=) 3 und am Bezugstag $t = 3$ beenden insgesamt (1+1+1=) 3 Arbeitskräfte ihren Dienst, so dass der in **Tabelle 12.5** aufgelistete Personaleinsatzplan entsteht.

Als Ergebnis erhalten wir somit einen (optimalen) Dienstplan, bei dem insgesamt 17 Arbeitskräfte eingesetzt und die Personalbedarfe für $t = 2, 5$ und 7 exakt gedeckt sowie an Tag $t =$ 1 Überdeckungen in Höhe von 2, an Tag $t = 3$ in Höhe von 1, an Tag $t = 4$ in Höhe von 2 und an Tag $t = 6$ in Höhe von 3 Arbeitskräften eingeplant werden.

**Tabelle 12.5** Einsatzplan

| | $t = 1$ | $t = 2$ | $t = 3$ | $t = 4$ | $t = 5$ | $t = 6$ | $t = 7$ |
|---|---|---|---|---|---|---|---|
| $s = 2$ | 3 | 3 | - | - | 3 | 3 | 3 |
| $s = 3$ | 3 | 3 | 3 | - | - | 3 | 3 |
| $s = 5$ | 6 | 6 | 6 | 6 | 6 | - | - |
| $s = 7$ | - | - | 5 | 5 | 5 | 5 | 5 |
| $PE_t$ | 12 | 12 | 14 | 11 | 14 | 11 | 11 |
| $PB_t$ | 10 | 12 | 13 | 9 | 14 | 8 | 11 |

Ein weiteres zur Lösung des geschilderten Problems geeignetes Verfahren ist das sog. First Period Principle (FPP) (vgl. Nanda/Browne 1992, S. 94 ff.). Diese Lösungsprozedur ist im Vergleich zum Bechtold-Algorithmus auf der einen Seite zwar häufig aufwändiger, auf der anderen Seite können jedoch auch andere (beliebige) Schichtgrundmuster in Ansatz gebracht werden und das Verfahren lässt sich zudem auch für Tour-Scheduling-Probleme verwenden. Der Algorithmus besteht aus den folgenden sieben Schritten:

Schritt (1): Liste die täglichen Personalbedarfe auf!

Schritt (2): Setze exakt die benötigte Anzahl an Arbeitskräften ein! Beginne mit dem ersten Tag und notiere an den Folgetagen nur die jeweils zusätzlich benötigten Arbeitskräfte! (Beachte, dass Arbeitskräfte, die am Tag $t$ ihren Dienst aufnehmen, an den Tagen $t + 5$ und $t + 6$ frei haben!)

Schritt (3): Fahre mit der Zuordnung solange nach (2) fort, bis sich die Zuordnungsmuster wiederholen!

Die Schritte (1)-(3) im FPP sind für unser Beispiel in **Tabelle 12.6** dargestellt:

**Tabelle 12.6** Schritte (1)-(3) im FPP [Hinweis: Das sich wiederholende Zuordnungsmuster besteht aus den in den Zeilen # 4-6 aufgeführten Allokationen.]

| | $PB_1$ | $PB_2$ | $PB_3$ | $PB_4$ | $PB_5$ | $PB_6$ | $PB_7$ |
|---|---|---|---|---|---|---|---|
| | 10 | 12 | 13 | 9 | 14 | 8 | 11 |
| # 1 | 10 | 2 | 1 | – | 1 | 4 | 5 |
| # 2 | – | 2 | 2 | – | 10 | – | – |
| # 3 | – | 2 | 11 | – | 1 | – | – |
| # 4 | 9 | 2 | 2 | – | 1 | 3 | 5 |
| # 5 | 1 | 2 | 2 | – | 9 | – | – |
| # 6 | 1 | 2 | 10 | – | 1 | – | – |
| # 7 | 9 | 2 | 2 | – | 1 | 3 | 5 |

Schritt (4): Bilde für jeden Wochentag das arithmetische Mittel ($AM$) über die sich wiederholenden Zuordnungsmuster (vgl. **Tabelle 12.7**)!

**Tabelle 12.7** Schritt (4) im FPP

| | $t = 1$ | $t = 2$ | $t = 3$ | $t = 4$ | $t = 5$ | $t = 6$ | $t = 7$ |
|---|---|---|---|---|---|---|---|
| $AM$ | 3,67 | 2 | 4,67 | 0 | 3,67 | 1 | 1,67 |

Schritt (5): Bilde für jeden Wochentag zunächst die kumulierte Summe der Durchschnittswerte ($KS$) und runde diese dann auf die nächsthöhere ganze Zahl ($INT$) (vgl. **Tabelle 12.8**)!

**Tabelle 12.8** Schritt (5) im FPP

| | $t = 1$ | $t = 2$ | $t = 3$ | $t = 4$ | $t = 5$ | $t = 6$ | $t = 7$ |
|---|---|---|---|---|---|---|---|
| $KS$ | 3,67 | 5,67 | 10,33 | 10,33 | 13,99 | 14,99 | 16,67 |
| $INT$ | 4 | 6 | 11 | 11 | 14 | 15 | 17 |

Schritt (6): Subtrahiere den kumulierten Wert des Vortages ($INT\_V$) vom kumulierten Wert des betrachteten Tages ($INT$), um die Anzahl der an diesem Tag mit dem Dienst beginnenden Arbeitskräfte zu ermitteln (vgl. **Tabelle 12.9**)!

**Tabelle 12.9** Schritt (6) im FPP

| | $t = 1$ | $t = 2$ | $t = 3$ | $t = 4$ | $t = 5$ | $t = 6$ | $t = 7$ |
|---|---|---|---|---|---|---|---|
| $INT\_V$ | 0 | 4 | 6 | 11 | 11 | 14 | 15 |
| Differenz | 4 | 2 | 5 | 0 | 3 | 1 | 2 |

Schritt (7): Notiere den Einsatzplan (vgl. **Tabelle 12.10**)!

**Tabelle 12.10** Schritt (7) im FPP

| | $t = 1$ | $t = 2$ | $t = 3$ | $t = 4$ | $t = 5$ | $t = 6$ | $t = 7$ |
|---|---|---|---|---|---|---|---|
| $s = 2$ | 3 | 3 | - | - | 3 | 3 | 3 |
| $s = 3$ | 1 | 1 | 1 | - | - | 1 | 1 |
| $s = 4$ | 2 | 2 | 2 | 2 | - | - | 2 |
| $s = 5$ | 4 | 4 | 4 | 4 | 4 | - | - |
| $s = 6$ | - | 2 | 2 | 2 | 2 | 2 | - |
| $s = 7$ | - | - | 5 | 5 | 5 | 5 | 5 |
| $PE_t$ | 10 | 12 | 14 | 13 | 14 | 11 | 11 |
| $PB_t$ | 10 | 12 | 13 | 9 | 14 | 8 | 11 |

Als Ergebnis erhalten wir somit einen (optimalen) Dienstplan, bei dem wiederum insgesamt 17 Arbeitskräfte eingesetzt und die Personalbedarfe nun für $t = 1, 2, 5$ und 7 exakt gedeckt sowie an Tag $t = 3$ Überdeckungen in Höhe von 1, an Tag $t = 4$ in Höhe von 4 und an Tag $t = 6$ in Höhe von 3 Arbeitskräften eingeplant werden.

### 12.2.2.2 Dienstplanung bei Unschärfe

Der deterministische Fall, in dem alle einschlägigen Daten und Relationen eindeutig bekannt sind und präzise angegeben werden können, stellt in der Praxis der Dienstplanung eher die Ausnahme als die Regel dar. Der für die Praxis typische Fall ist das Vorliegen von Unschärfe, mit dem wir es z.B. dann zu tun haben, wenn Personalbedarfe als „hoch" oder „gering" und Personalausstattungen als „mehr oder weniger" gefestigt eingeschätzt, Dienstpläne von den Mitarbeitern als „mehr oder minder" gerecht empfunden oder gewisse Schichtmuster als „viel besser" geeignet eingestuft werden als andere.

Des Weiteren bedient man sich in der Dienstplanungspraxis – aufgrund der obwaltenden arbeitsgesetzlichen, tarifvertraglichen und betriebsspezifischen Regelungen – einer kaum überschaubaren Fülle von Regeln, die teils scharf, teils unscharf formuliert werden und die wir hier nur äußerst selektiv ansprechen können. Solche Regeln beziehen sich u.a. auf die Anzahl einzusetzender Mitarbeiter, indem z.B. verlangt wird, dass die Personalbedarfe „möglichst gut" oder „ungefähr" gedeckt werden sollen. Bezüglich der Arbeitskräfte fordert man z.B., dass diese „möglichst eignungsadäquat" einzusetzen sind und in Hinblick auf die temporale Dimension beispielsweise, dass arbeitsfreie Tage „möglichst" en bloc gewährt werden „sollten".

Unscharfe Regeln lassen sich sehr gut über fuzzy Inferenzen verarbeiten (vgl. Kieper/Spengler 2002, S. 81 ff.). Darunter wird in der Theorie des Fuzzy Control das fuzzy-logische Schließen auf der Basis (un)scharfer Fakten und Regeln verstanden. Die fuzzy Inferenz umfasst mindestens eine Regel, ein Faktum und den korrespondierenden (logischen) Schluss (vgl. Kahlert/Frank 1994), wobei die auftretenden Unschärfen durch sog. unscharfe Ausdrücke in Ansatz gebracht werden. Diese wiederum bestehen aus linguistischen Variablen, Termen und Operatoren. Linguistische Variablen stellen die zu bewertenden bzw. einzuordnenden Kenngrößen dar, wie z.B. die Eignung einer Arbeitskraft, die Produktivität eines Mitarbeiters, der Personalbedarf einer Abteilung oder die Fairness eines Dienstplans. Die Ausprägungen linguistischer Ausdrücke kategorisiert man durch linguistische Terme, die als unscharfe Mengen (z.B. in den Abstufungen gering, mittel, hoch oder schlecht, gut und sehr gut) formuliert werden. Im Beispiel der folgenden **Abbildung 12.2** sind Personalbedarfe ($PB$) bis zu 5, zwischen 15 und 25 sowie ab 25 als eindeutig ($\mu(PB) = 1$) gering, mittel oder hoch eingeschätzt und die anderen Bedarfsausprägungen als abgestuft zu den genannten Termen gehörig ($0 \leq \mu(PB) < 1$):

**Abbildung 12.2** Linguistische Variable „Personalbedarf"

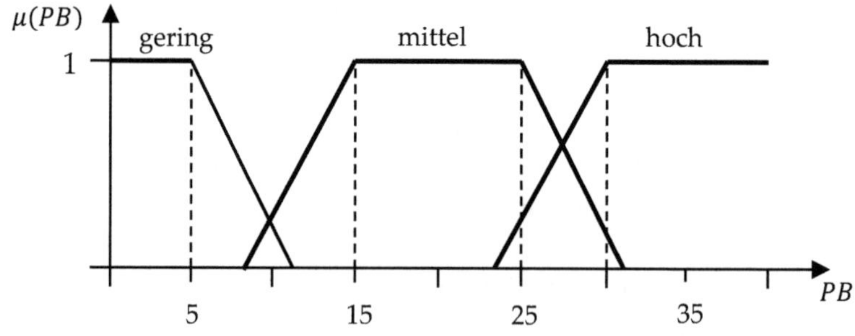

Durch linguistische Operatoren werden die linguistischen Terme linguistischer Variablen verknüpft, und zwar in Form der „Und-Verknüpfung" (sowohl – als auch), in Form der „Oder-Verknüpfung" (entweder – oder – oder beides) oder in Kombination dieser beiden Formen (vgl. Schroll/Spengler 2002, S. 134 ff.).

Wir wollen im Folgenden ein fuzzy Inferenzverfahren zur Dienstplanbewertung skizzieren, bei dem lediglich ein Teil der Regelbasis unscharf formuliert ist. Die verwendeten Daten sind aus Vereinfachungsgründen als scharfe Größen angegeben. Zur exemplarischen Verdeutlichung der Zusammenhänge formulieren wir ein Beispiel aus dem Bereich der Shift Scheduling-Probleme, in dem der betrachtete Betrieb von 6-21 Uhr geöffnet ist und die Arbeitskräfte jeweils 8 Stunden am Tag arbeiten sowie eine einstündige Pause einlegen müssen. Der tägliche Personalbedarf wird nach Zeitintervallen $i$ partitioniert und sortiert $PB_i$, und zwar wie folgt (vgl. **Tabelle 12.11**):

**Tabelle 12.11** Personalbedarfe

| $i$ | 06-09 Uhr | 09-12 Uhr | 12-15 Uhr | 15-18 Uhr | 18-21 Uhr |
|---|---|---|---|---|---|
| $PB_i$ | 14 | 15 | 18 | 14 | 16 |

Die Arbeitskräfte können um 6 Uhr, 8 Uhr, 10 Uhr oder 12 Uhr ihren Dienst beginnen und haben jeweils nach 4 Stunden ihre Pause. Gesucht ist ein Dienstplan, bei dem der Personalbedarf in den einzelnen Tagesabschnitten „möglichst" gut gedeckt wird und mit dem die Arbeitskräfte „möglichst" zufrieden sind. Die zu beachtenden Regeln, von denen zwei unscharf formuliert sind (nämlich die Regeln (1) und (3)), lauten somit wie folgt:

(1) Wenn Einsatz von Arbeitskräften, dann mit „möglichst angemessener" Personalbedarfsdeckung!

(2) Wenn Einsatz von Arbeitskräften, dann nur nach den vorgesehenen Dienst- und Pausenmustern!

(3) Wenn Einsatz von Arbeitskräften, dann derart, dass die Arbeitskräfte „möglichst zufrieden" sind!

Die Angemessenheit der Personalbedarfsdeckung und die Zufriedenheit der Mitarbeiter mit dem Dienstplan bringen wir über unscharfe Mengen zum Ausdruck. Wir gehen davon aus, dass der Dienstplaner mit (absoluten) Personalbedarfsabweichungen ($PBA$) in Höhe von 0 absolut zufrieden, mit Abweichungen im Intervall $[+20, \infty]$ sowie im Intervall $[-\infty, -10]$ absolut unzufrieden und mit dazwischenliegenden Abweichungen (linear) abgestuft zufrieden ist. Die gesuchte Zugehörigkeitsfunktion $\mu(PBA_i)$ der unscharfen Menge „gute Personalbedarfsdeckung in Tagesabschnitt $i$", die die auf das Intervall $[0, 1]$ normierte Zufriedenheit mit Bedarfsabweichungen in den jeweiligen Tagesabschnitten $i$ repräsentiert, ist damit wie folgt definiert:

$$\mu(PBA_i) = \begin{cases} \frac{PBA_i + 10}{10} & \text{für } -10 \leq PBA_i \leq 0 \text{ (Bedarfsunterdeckungen)} \\ \frac{20 - PBA_i}{20} & \text{für } 0 \leq PBA_i \leq 20 \text{ (Bedarfsüberdeckungen)} \\ 0 & \text{sonst} \end{cases}$$

Die Zufriedenheit der Arbeitskräfte mit einem Dienstbeginn zur Stunde $h$ wird über folgende Zugehörigkeitswerte $\mu(DB_h)$ ausgedrückt (vgl. **Tabelle 12.12**):

**Tabelle 12.12** Zufriedenheitswerte für Schichten

| Dienstbeginn | 6 Uhr | 8 Uhr | 10 Uhr | 12 Uhr |
|---|---|---|---|---|
| $\mu(DB_h)$ | 0,5 | 0,9 | 1,0 | 0,7 |

In der folgenden **Tabelle 12.13** haben wir für fünf alternative Dienstpläne ($DP_1, \dots, DP_5$), bei denen zur Stunde $h$ jeweils $PE_h$ Arbeitskräfte ihren Dienst beginnen, die resultierenden (jeweils als arithmetisches Mittel der Einzelwerte errechneten) Zufriedenheitswerte angegeben, und zwar aus Sicht des Betriebes $\mu^*(PBA)$, aus Sicht der Arbeitskräfte $\mu^*(DB)$ sowie die korrespondierenden Gesamtzufriedenheitswerte $\mu^*(GES)$:

**Tabelle 12.13** Alternative (bewertete) Dienstpläne

| | $PE_6$ | $PE_8$ | $PE_{10}$ | $PE_{12}$ | $\mu^*(PBA)$ | $\mu^*(DB)$ | $\mu^*(GES)$ |
|---|---|---|---|---|---|---|---|
| $DP_1$ | 4 | 5 | 0 | 6 | 0,26 | 0,7133 | 0,4867 |
| $DP_2$ | 9 | 10 | 0 | 11 | 0,6 | 0,7067 | 0,6534 |
| $DP_3$ | 9 | 1 | 9 | 11 | 0,59 | 0,7367 | 0,6634 |
| $DP_4$ | 14 | 15 | 0 | 16 | 0,6167 | 0,7044 | 0,6606 |
| $DP_5$ | 14 | 1 | 14 | 16 | 0,6133 | 0,7356 | 0,6745 |

Dabei berechnen wir $\mu^*(PBA)$ aus der Operation

$$\frac{\sum_{i \in I^*} \mu(PBA_i)}{|I^*|} \quad \text{(mit } I^* := \text{Menge der relevanten Tagesabschnitte).}$$

Wir verwenden hier als $I^*$ die Menge der einzelnen Stunden zwischen 6 und 21 Uhr, so dass diese bzgl. der Bedarfsabweichungen gleich gewichtet werden.
$\mu^*(DB)$ errechnen wir aus der Operation

$$\frac{\sum_{h \in H^*} \mu(DB_h) \cdot PE_h}{\sum_{h \in H^*} PE_h} \quad \text{(mit } H^* := \text{Menge der Dienstbeginnzeitpunkte)}$$

und $\mu^*(GES)$ ergibt sich aus $\frac{\mu^*(PBA)+\mu^*(DB)}{2}$.

Der Dienstplan $DP_5$ stellt sich hier als insgesamt zufriedenheitsmaximal heraus. Dieser Plan wird von den Mitarbeitern hinter $DP_3$ (und vor $DP_4$) als der zweitbeste eingestuft. Im Hinblick auf die Angemessenheit der Personalbedarfsdeckung rangiert er knapp hinter $DP_4$ auf Platz 2, da im Vergleich zu diesem die Abweichung vom Personalbedarf über den Tag hinweg zwar absolut gesehen gleich ($PBA = +129$), diese jedoch etwas ungünstiger verteilt ist.

Das hier skizzierte Verfahren gestattet es, auf relativ einfachem Wege Dienstplanungsprobleme auch auf der Basis unscharfer Regeln in relativ kurzer Zeit zu lösen. Darüber hinaus ist der Ansatz in vielfacher Hinsicht erweiterbar und Variationen zugänglich (vgl. Schroll/Spengler 2004). Zu den Erweiterungsmöglichkeiten zählen z.B. die Verarbeitung unscharfer Personalbedarfe, Produktivitätsfaktoren etc. Variationsmöglichkeiten bieten sich u.a. bzgl. der verwendeten Aggregationsoperatoren (vgl. Schroll/Spengler 2002): Durch die Verwendung des arithmetischen Mittels können auch Dienstpläne hinsichtlich der Gesamtzufriedenheit akzeptiert werden oder gar maximal sein, bei denen die Zufriedenheit mit der Personalbedarfsabweichung den Wert Null annimmt. Ist dieser Effekt vom Dienstplaner nicht erwünscht, empfiehlt es sich, solche Pläne von vornherein aus der Menge der zulässigen Lösungen zu eliminieren oder das geometrische Mittel als Aggregationsoperator zu verwenden. Darüber hinaus bieten sich zur Verbesserung von Dienstplänen, die auf Basis unscharfer Regeln generiert werden, moderne Verfahren des sog. Local Search – wie z.B. Tabu Search oder Simulated Annealing – an (vgl. Sixt 1996).

### 12.2.3 Übungsaufgaben

**Aufgabe 64**

In der Strategieabteilung eines Unternehmens sind derzeit 10 Mitarbeiter beschäftigt, die einen Masterabschluss in Wirtschaft besitzen ($r = 1$). Weiterhin gehören aktuell noch 25 Bachelorabsolventen (ebenfalls im Bereich Wirtschaft, $r = 2$), 11 Werkstudenten ($r = 3$) und 20 ausgebildete Informatiker ($r = 4$) zur Belegschaft der Abteilung.

Folgende Arten von Aufgaben fallen in den Verantwortungsbereich der Strategieabteilung:

$q = 1$ - Abteilung leiten

$q = 2$ - Strategien entwickeln

$q = 3$ - Daten analysieren und filtern

$q = 4$ - Prognosen erstellen

$q = 5$ - Recherchen durchführen

Die Bereitstellungs- bzw. die Verwendungsmöglichkeiten sowie korrespondierende Personalbedarfe $PB_q$ sind in **Tabelle 12.14** erfasst:

**Tabelle 12.14** Bereitstellungs- und Verwendungsmöglichkeiten

| | $r = 1$ | $r = 2$ | $r = 3$ | $r = 4$ | $PB_q$ |
|---|---|---|---|---|---|
| $q = 1$ | × | × | - | - | 1 |
| $q = 2$ | × | - | - | - | 5 |
| $q = 3$ | × | × | × | × | 30 |
| $q = 4$ | × | - | - | × | 10 |
| $q = 5$ | × | × | × | - | 20 |

Stellen Sie einen Planungsansatz zur Bestimmung eines kostenoptimalen und die Personalbedarfe deckenden Einsatzplans auf, für den Fall, dass die Personaleinsatzkostensätze $EK_{rq}$ (in Geldeinheiten [GE]) gemäß **Tabelle 12.15** anfallen!

**Tabelle 12.15** Personaleinsatzkostensätze

| | $r = 1$ | $r = 2$ | $r = 3$ | $r = 4$ |
|---|---|---|---|---|
| $q = 1$ | 5.000 GE | 4.500 GE | - | - |
| $q = 2$ | 4.000 GE | - | - | - |
| $q = 3$ | 2.500 GE | 2.000 GE | 1.000 GE | 3.000 GE |
| $q = 4$ | 3.000 GE | - | - | 3.000 GE |
| $q = 5$ | 2.500 GE | 2.000 GE | 750 GE | - |

**Aufgabe 65**

Eine Universität hat seit kurzem eine Professur für Personalplanung. Diese soll unter anderem auch dafür sorgen, dass die Planung des wissenschaftlichen Personals der Universität in Zukunft methodisch fundiert geschieht. Als Pilotprojekt wurde zunächst die Personalplanung innerhalb der Fakultät für Wirtschaftswissenschaft ausgewählt.

Diese ist aktuell mit dem folgenden wissenschaftlichen Personal ausgestattet:

- Es existieren insgesamt 10 Professuren, wobei sich diese auf 7 betriebswirtschaftliche und 3 volkswirtschaftliche Lehrstühle verteilen.
- Zusätzlich sind im BWL-Bereich 15 sowie im VWL-Bereich 5 wissenschaftliche Mitarbeiter angestellt.
- Ebenso verfügt die Fakultät über 10 studentische Tutoren, von denen jeweils 5 BWL bzw. 5 VWL studieren.

Dieses wissenschaftliche Personal wird dementsprechend in fünf Arbeitskräftearten $r$ ($r = 1, 2, ..., 5$) unterschieden:

$r = 1$ - Professoren im Bereich BWL

$r = 2$ - Professoren im Bereich VWL

$r = 3$ - Wissenschaftliche Mitarbeiter im Bereich BWL

$r = 4$ - Wissenschaftliche Mitarbeiter im Bereich VWL

$r = 5$ - Studentische Tutoren

Im Planungszeitraum fallen jeweils simultan die nachfolgend aufgelisteten Arten von Tätigkeiten an:

$q = 1$ - Vorlesung im Bereich BWL konzipieren und durchführen

$q = 2$ - Vorlesung im Bereich VWL konzipieren und durchführen

$q = 3$ - Übung im Bereich BWL konzipieren und durchführen

$q = 4$ - Übung im Bereich VWL konzipieren und durchführen

$q = 5$ - Begleitendes Tutorium zu mathematischen Grundlagen konzipieren und durchführen

Im BWL-Bereich sind 7 Vorlesungen und 12 Übungen durchzuführen. Die Vorlesungen können dabei nur von Inhabern eines betriebswirtschaftlichen Lehrstuhls gehalten werden, während die Übungen alternativ auch von einem wissenschaftlichen Mitarbeiter des BWL-Bereichs betreut werden können. Im VWL-Bereich sind hingegen nur 3 Vorlesungen und 5 Übungen abzuhalten. Die Einschränkungen bezüglich der Durchführung der Veranstaltungen gelten analog zum BWL-Bereich. In beiden Bereichen werden fachübergreifend zusätzlich 10 begleitende Tutorien in Kleingruppen zu mathematischen Grundlagen angeboten, die unabhängig vom Bereich oder Studium von allen Arbeitskräften durchgeführt werden können. Über die daraus resultierenden Personalbereitstellungs- bzw. Personalverwendungsmöglichkeiten informiert nachstehende **Tabelle 12.16**:

**Tabelle 12.16** Bereitstellungs- und Verwendungsmöglichkeiten

| | $r = 1$ | $r = 2$ | $r = 3$ | $r = 4$ | $r = 5$ |
|---|---|---|---|---|---|
| $q = 1$ | × | - | - | - | - |
| $q = 2$ | - | × | - | - | - |
| $q = 3$ | × | - | × | - | - |
| $q = 4$ | - | × | - | × | - |
| $q = 5$ | × | × | × | × | × |

Je nach Zuteilung zu einer Tätigkeitsart fallen für jede Art wissenschaftlichen Personals unterschiedliche Vorbereitungszeiten (z.B. aufgrund unterschiedlicher Erfahrungen mit den Inhalten und der Struktur der jeweiligen Veranstaltungen) an. Die zuordnungsabhängigen Vorbereitungszeiten $z_{rq}$ (in Minuten) sind in **Tabelle 12.17** erfasst:

**Tabelle 12.17** Zuordnungsabhängige Vorbereitungszeiten

| | $r = 1$ | $r = 2$ | $r = 3$ | $r = 4$ | $r = 5$ |
|---|---|---|---|---|---|
| $q = 1$ | 15 | - | - | - | - |
| $q = 2$ | - | 15 | - | - | - |
| $q = 3$ | 15 | - | 45 | - | - |
| $q = 4$ | - | 15 | - | 45 | - |
| $q = 5$ | 15 | 15 | 30 | 30 | 60 |

a. Formulieren Sie einen Planungsansatz zur Ermittlung eines optimalen Personaleinsatzes mit dem Ziel der Minimierung der Gesamtvorbereitungszeit!

b. Erläutern Sie, inwiefern es sinnvoll sein könnte, im Anschluss an die Kollektivplanung unter a. eine individuelle Einsatzplanung (im Sinne eines klassischen Personnel-Assignment-Problems) vorzunehmen!

**Aufgabe 66**

Das Personalmanagement eines Hotels an der Playa de s'Arenal auf Mallorca möchte den Schichtplan für die kommenden Tage erstellen. An jedem Tag sind von den Hotelmitarbeitern in zwölf zweistündigen Tagesabschnitten ($t = 1, \dots, 12$) Tätigkeiten der folgenden Arten zu erledigen:

$q = 1$ - Tätigkeiten an der Rezeption

$q = 2$ - Tätigkeiten des Sicherheitsdienstes

$q = 3$ - Tätigkeiten an der Hotelbar

$q = 4$ - Tätigkeiten im Hotelrestaurant

$q = 5$ - Tätigkeiten am Hotelpool

Aufgrund der Vielzahl an Freizeitangeboten im näheren Umkreis des Hotels und der unterschiedlichen Präferenzen der Gäste schwanken die Personalbedarfe $PB_q^t$ über die einzelnen Tagesabschnitte allerdings erheblich (vgl. **Tabelle 12.18**):

**Tabelle 12.18** Personalbedarfe für die einzelnen Tagesabschnitte

| | Tagesabschnitte | | | |
|---|---|---|---|---|
| | $t = 1,2,3$ (6:00 bis 12:00) | $t = 4,5,6$ (12:00 bis 18:00) | $t = 7,8,9$ (18:00 bis 0:00) | $t = 10,11,12$ (0:00 bis 6:00) |
| $q = 1$ | 2 | 4 | 4 | 2 |
| $q = 2$ | 3 | 1 | 2 | 5 |
| $q = 3$ | 2 | 2 | 8 | 6 |
| $q = 4$ | 4 | 4 | 6 | 2 |
| $q = 5$ | 1 | 2 | 4 | 1 |

Das Hotel beschäftigt Arbeitskräfte der folgenden Kategorien:

$r = 1$ - Hotelfachleute mit Schwerpunkt allgemeiner Service

$r = 2$ - Hotelfachleute mit Schwerpunkt Gastronomie

$r = 3$ - Köche

$r = 4$ - Sicherheitskräfte

Die Bereitstellungs- und Verwendungsmöglichkeiten der Arbeitskräfte sowie die gegebenen Personalausstattungen $PA_r$ für jede Arbeitskräftekategorie sind in **Tabelle 12.19** dargestellt:

**Tabelle 12.19** Bereitstellungs- und Verwendungsmöglichkeiten

| | $r = 1$ | $r = 2$ | $r = 3$ | $r = 4$ |
|---|---|---|---|---|
| $q = 1$ | × | - | - | - |
| $q = 2$ | - | - | - | × |
| $q = 3$ | × | × | × | - |
| $q = 4$ | × | × | × | - |
| $q = 5$ | - | × | - | × |
| $PA_r$ | 15 | 20 | 5 | 12 |

Aufgrund der höheren Arbeitsbelastung in den späteren Tagesabschnitten stehen dem Personalmanagement zwei achtstündige Frühschichten ($s = 1, 2$) sowie drei sechsstündige Spät-/Nachtschichten ($s = 3, 4, 5$) zur Auswahl. **Tabelle 12.20** macht Angaben darüber, welche Arbeitskräftekategorien $r$ in welchen Schichten $s$ eingesetzt werden können:

**Tabelle 12.20** Einsatzmöglichkeiten der Arbeitskräftekategorien in den Schichten

| | $r = 1$ | $r = 2$ | $r = 3$ | $r = 4$ |
|---|---|---|---|---|
| $s = 1$ (6:00 bis 14:00 Uhr) | × | × | × | × |
| $s = 2$ (12:00 bis 20:00 Uhr) | × | × | × | × |
| $s = 3$ (16:00 bis 22:00 Uhr) | × | × | × | × |
| $s = 4$ (22:00 bis 4:00 Uhr) | × | × | - | × |
| $s = 5$ (0:00 bis 6:00 Uhr) | × | - | - | × |

Das Personalmanagement muss bei der Schichtplanung zusätzlich darauf achten, dass in der Zeit von 6:00 bis 22:00 Uhr mindestens 2 Köche im Hotelrestaurant eingesetzt werden.

Je nach dem, in welcher Schicht das Hotel die Arbeitskräfte einsetzt, erhalten diese z.B. aufgrund von Nachtzuschlägen unterschiedliche Löhne. Diese sind in Abhängigkeit der Schicht und der Arbeitskräftekategorie in **Tabelle 12.21** angegeben:

**Tabelle 12.21** Löhne in Abhängigkeit von Arbeitskräftekategorie und Schicht

| | $r = 1$ | $r = 2$ | $r = 3$ | $r = 4$ |
|---|---|---|---|---|
| $s = 1$ | 150 | 150 | 200 | 180 |
| $s = 2$ | 150 | 150 | 200 | 180 |
| $s = 3$ | 180 | 180 | 300 | 320 |
| $s = 4$ | 250 | 250 | - | 350 |
| $s = 5$ | 250 | - | - | 350 |

Formulieren Sie ein lineares Optimierungsmodell mit dem Ziel der Personaleinsatzkostenminimierung zu dem oben geschilderten Problem! Definieren Sie die von Ihnen zusätzlich verwendeten Symbole!

**Aufgabe 67**

In einem täglich geöffneten Supermarkt soll für den Zeitraum von einer Woche ein neuer Dienstplan für Personal zur Bestückung von Warenregalen erstellt werden. Es werden an jedem Tag der Woche $t$ ($t = 1, 2, \ldots, 7$) neue Waren in unterschiedlichem Umfang angeliefert, welche entsprechend für den Verkauf direkt in die dafür vorgesehenen Regale einsortiert werden müssen. Aufgrund des schwankenden Umfangs der angelieferten und einzusortierenden Waren, schwanken auch die täglichen Bedarfe an Personal zur Bestückung der Regale (vgl. **Tabelle 12.22**). Dabei kann jede dem Supermarkt zur Verfügung stehende Arbeitskraft in jeder Schicht bzw. an jedem Tag zur Deckung dieser Bedarfe herangezogen werden.

**Tabelle 12.22** Tägliche Personalbedarfe

| Tag | Mo $t = 1$ | Di $t = 2$ | Mi $t = 3$ | Do $t = 4$ | Fr $t = 5$ | Sa $t = 6$ | So $t = 7$ |
|---|---|---|---|---|---|---|---|
| $PB_t$ | 10 | 12 | 10 | 15 | 20 | 10 | 10 |

Gemäß den Vorgaben der Supermarktleitung gilt es bei der Planung zu beachten, dass die Arbeitskräfte mindestens an drei zusammenhängenden Tagen arbeiten und mindestens zwei zusammenhängende arbeitsfreie Tage gewährt bekommen sollen. Vor diesem Hintergrund ergeben sich drei Schichtgrundmuster (5/4/3 Arbeitstage + 2/3/4 arbeitsfreie Tage), die bei der Planung berücksichtigt werden können.

Folgende Schichtmuster $s$ ($s = 1, 2, \dots, 7$) wurden in diesem Zusammenhang als geeignet herausgearbeitet (vgl. **Tabelle 12.23**):

**Tabelle 12.23** Schichtmuster

| Schicht-grundmuster | Schicht-muster | $t = 1$ | $t = 2$ | $t = 3$ | $t = 4$ | $t = 5$ | $t = 6$ | $t = 7$ |
|---|---|---|---|---|---|---|---|---|
| 5+2 | $s = 1$ | × | × | × | × | × | - | - |
| | $s = 2$ | × | × | - | - | × | × | × |
| | $s = 3$ | × | - | - | × | × | × | × |
| 4+3 | $s = 4$ | - | - | - | × | × | × | × |
| | $s = 5$ | - | × | × | × | × | - | - |
| 3+4 | $s = 6$ | × | × | × | - | - | - | - |
| | $s = 7$ | - | - | - | - | × | × | × |

Die zudem bei der Erstellung des Dienstplans zu verfolgenden Ziele sind zum einen die Gewährung „möglichst zufriedenstellender" Schichtmuster im Sinne der Arbeitskräfte und zum anderen die Realisierung „möglichst zufriedenstellender" Schichtausstattungen im Sinne des Supermarktes.

Die Operationalisierung der mitarbeiterseitigen Zufriedenheit mit den basierend auf den Vorgaben der Supermarktleitung realisierbaren Schichtgrundmustern erfolgt über unscharfe Mengen, deren Zugehörigkeitswerte als Zufriedenheitsmaße zu interpretieren sind. Diese wurden anhand einer Befragung der Mitarbeiter bestimmt und sind in **Tabelle 12.24** erfasst:

**Tabelle 12.24** Zugehörigkeitswerte der Schichtgrundmuster zur Menge „zufriedenstellender Schichtgrundmuster"

| Anzahl zusammenhängender Arbeitstage + Anzahl zusammenhängender freier Tage | Zugehörigkeitswerte zur unscharfen Menge „zufriedenstellender Schichtgrundmuster" |
|---|---|
| 5+2 | 1 |
| 4+3 | 0,8 |
| 3+4 | 0,5 |

Das Ziel der Realisierung „möglichst zufriedenstellender Schichtausstattungen" soll bei der Planung derart berücksichtigt werden, als der Personalbedarf ungefähr durch die Personal- bzw. Schichtausstattung gedeckt werden soll, wobei Personalbedarfsunterdeckungen und Personalüberausstattungen aus Sicht der Supermarktleitung bis zu einem gewissen Grad akzeptabel, aber auch nur zu einem gewissen Grad zufriedenstellend sind. Im Speziellen soll folgendes gelten:

- Wenn der Personalbedarf in $t$ durch die Personal- bzw. die Schichtausstattung in $t$ exakt gedeckt wird, dann ist die Supermarktleitung mit dieser Ausstattung voll zufrieden.
- Mit Schichtausstattungen, aus denen Personalbedarfsunterdeckungen oder -überausstattungen von 3 oder mehr Arbeitskräften in $t$ resultieren, ist die Supermarktleitung voll unzufrieden.
- Personalbedarfsunterdeckungen und -überausstattungen, die größer als 0 und kleiner als 3 sind, stellen die Supermarktleitung zu einem gewissen Grad zufrieden.

Diese Beurteilung soll ebenfalls durch eine unscharfe Menge formalisiert werden.

a. Stellen Sie grafisch die unscharfe Menge dar, die die Zufriedenheit mit der Schichtausstattung aus Sicht der Supermarktleitung unter Verarbeitung korrespondierender Informationen zum Ausdruck bringt! [*Hinweis: Gehen Sie dabei von einem linearen Verlauf der Zugehörigkeitsfunktion aus.*]

b. Im Zuge der ersten Planungsrunde werden der Unternehmensleitung die folgenden beiden Dienstpläne zur Prüfung vorgelegt (vgl. **Tabelle 12.25** und **Tabelle 12.26**):

**Tabelle 12.25** Dienstplan 1

| $t$ | 1 | 2 | 3 | 4 | 5 | 6 | 7 |
|---|---|---|---|---|---|---|---|
| $PB_t$ | **10** | **12** | **10** | **15** | **18** | **10** | **10** |
| $s = 1$ | 9 | 9 | 9 | 9 | 9 | - | - |
| $s = 4$ | - | - | - | 6 | 6 | 6 | 6 |
| $s = 6$ | 3 | 3 | 3 | - | - | - | - |
| $s = 7$ | - | - | - | - | 4 | 4 | 4 |
| $PA_{ges}$ | **12** | **12** | **12** | **15** | **19** | **10** | **10** |

**Tabelle 12.26** Dienstplan 2

| $t$ | 1 | 2 | 3 | 4 | 5 | 6 | 7 |
|---|---|---|---|---|---|---|---|
| $PB_t$ | **10** | **12** | **10** | **15** | **18** | **10** | **10** |
| $s = 2$ | 4 | 4 | - | - | 4 | 4 | 4 |
| $s = 3$ | 5 | - | - | 5 | 5 | 5 | 5 |
| $s = 5$ | - | 10 | 10 | 10 | 10 | - | - |
| $PA_{ges}$ | **9** | **14** | **10** | **15** | **19** | **9** | **9** |

Die beiden Dienstpläne sollen nun hinsichtlich der beiden formulierten Ziele

- Gewährung „möglichst zufriedenstellender" Schichtmuster im Sinne der Arbeitskräfte und
- Realisierung „möglichst zufriedenstellender" Schichtausstattungen im Sinne des Supermarktes

unter Verarbeitung der in diesem Kontext gegebenen unscharfen Informationen bewertet werden. Der Supermarktleitung ist bekannt, dass für eine solche Bewertung der Minimumoperator, der Maximumoperator oder das arithmetische Mittel herangezogen werden können.

Nehmen Sie eine operatorenspezifische Gesamtbewertung der beiden Dienstpläne vor!

## 12.3 Reine Personalbereitstellungsplanung

### 12.3.1 Grundmodell

Die Entscheidungssituation der reinen Personalbereitstellungsplanung ist dadurch charakterisiert, dass für den vorab (als Datum) festgelegten Personalbedarf die optimale Personalausstattung und ggf. der optimale Personaleinsatzplan gesucht werden. Wir wollen im Folgenden ein Grundmodell formulieren, bei dem der über die Teilperioden des Planungszeitraums schwankende Personalbedarf nach Tätigkeitskategorien differenziert wird. Der Modellierung legen wir folgende Symbole zugrunde:

*Mengen*

$\overline{T}$ $:= \{t|t = 1, \ldots, T\}$ Menge der Teilperioden

$\overline{R}$ $:= \{r|r = 1, \ldots, R\}$ Menge der Arbeitskräftearten

$\overline{Q}$ $:= \{q|q = 1, \ldots, q\}$ Menge der Tätigkeitsarten

$R_q$ $:= \{r|$Arbeitskräfte der Art r können Tätigkeiten der Art $q \in \overline{Q}$ erledigen$\}$

*Daten*

$PB_{qt}$ := (Personal-) Bedarf an Arbeitskräften zur Erledigung von Tätigkeiten der Art $q \in \overline{Q}$ in Periode $t \in \overline{T}$

$H_{rt}^{max}$ := Anzahl der in Periode $t \in \overline{T}$ maximal einstellbaren Arbeitskräfte der Art $r \in \overline{R}$

$F_{rt}^{max}$ := Anzahl der in Periode $t \in \overline{T}$ maximal zu entlassenden Arbeitskräfte der Art $r \in \overline{R}$

$HK_{rt}$ := Einstellungskosten je Arbeitskraft der Art $r \in \overline{R}$ in Periode $t \in \overline{T}$

$FK_{rt}$ := Entlassungskosten je Arbeitskraft der Art $r \in \overline{R}$ in Periode $t \in \overline{T}$

$GK_{rt}$ := Gehaltskosten je Arbeitskraft der Art $r \in \overline{R}$ in Periode $t \in \overline{T}$

$\ddot{U}E_{rt}$ := Ertrag je anderweitig eingesetzter Arbeitskraft der Art $r \in \overline{R}$ in Periode $t \in \overline{T}$ (Überausstattungserträge)

$UK_{qt}$ := Kosten je für die Erledigung von Tätigkeiten der Art $q \in \overline{Q}$ in Periode $t \in \overline{T}$ fehlender Arbeitskraft (Unterdeckungskosten)

*Entscheidungsvariable*

$PBU_{qt}$ := Zur Erledigung von Tätigkeiten der Art $q \in \overline{Q}$ in Periode $t \in \overline{T}$ fehlende Arbeitskräfte (Personalbedarfsunterdeckung)

$PA_{rt}$ := (Personal-) Ausstattung mit Arbeitskräften der Art $r \in \overline{R}$ in Periode $t \in \overline{T}$

$P\ddot{U}A_{rt}$ := Anzahl der anderweitig einzusetzenden Arbeitskräfte der Art $r \in \overline{R}$ in Periode $t \in \overline{T}$ (Personalüberausstattung)

$h_{rt}$ := Anzahl der in Periode $t \in \overline{T}$ einzustellenden Arbeitskräfte der Art $r \in \overline{R}$

$f_{rt}$ := Anzahl der in Periode $t \in \overline{T}$ zu entlassenden Arbeitskräfte der Art $r \in \overline{R}$

Mit diesen Symbolen lautet das Grundmodell wie folgt:

Zielfunktion:

$$\sum_{t\in\overline{T}}\left[\sum_{r\in\overline{R}}(GK_{rt}\cdot PA_{rt}+HK_{rt}\cdot h_{rt}+FK_{rt}\cdot f_{rt}-\ddot{U}E_{rt}\cdot P\ddot{U}A_{rt})+\sum_{q\in\overline{Q}}UK_{qt}\cdot PBU_{qt}\right]\rightarrow \text{min!} \qquad \text{(Z. 9)}$$

[Lies: Minimiere die einschlägige Kosten-Ertrags-Differenz. Bringe dazu die Einstellungs-, Entlassungs- und Gehaltskosten sowie die aus der Unterdeckung des Personalbedarfs resultierenden „Kosten" (z.B. Konventionalstrafen oder Umsatzeinbußen) einerseits und die Erträge aus anderweitiger Verwendung überzähliger Arbeitskräfte andererseits in Ansatz.]

u.d.N.:

Abstimmung Personalbedarf und Personalausstattung:

$$\sum_{q\in\hat{Q}}(PB_{qt}-PBU_{qt})\leq\sum_{r\in\bigcup_{q\in\hat{Q}}R_q}(PA_{rt}-P\ddot{U}A_{rt})\quad\forall\,\hat{Q}\in\mathfrak{P}(\overline{Q})\backslash\{\emptyset\},t\in\overline{T} \qquad \text{(R. 32)}$$

[Lies: Stimme Personalbedarf und -ausstattung ab, und zwar unter Verwendung einer – um Personalbedarfsunterdeckungen und Personalüberausstattungen – erweiterten Version des impliziten Ansatzes.]

Fortschreibung der Personalausstattung:

$$PA_{rt}=PA_{r,t-1}+h_{rt}-f_{rt}\quad\forall\,r\in\overline{R},t\in\overline{T} \qquad \text{(R. 33)}$$

[Lies: Jede Ausstattung mit Arbeitskräften der Art $r$ in Teilperiode $t$ ergibt sich aus der Ausstattung der Vorperiode zuzüglich der aktuellen Einstellungen abzüglich der aktuellen Entlassungen.]

Obergrenzen:

$$h_{rt}\leq H_{rt}^{max}\quad\forall\,r\in\overline{R},t\in\overline{T} \qquad \text{(R. 34)}$$

[Lies: Man kann in Periode $t$ nicht mehr Mitarbeiter der Art $r$ einstellen als maximal zur Verfügung stehen.]

$$f_{rt}\leq F_{rt}^{max}\quad\forall\,r\in\overline{R},t\in\overline{T} \qquad \text{(R. 35)}$$

[Lies: Man kann in Periode $t$ nicht mehr Mitarbeiter der Art $r$ entlassen als maximal erlaubt.]

Nichtnegativitätsbedingungen:

$$PBU_{qt},PA_{rt},P\ddot{U}A_{rt},h_{rt},f_{rt}\geq 0\quad\forall\text{ relevanten }q\in\overline{Q},r\in\overline{R},t\in\overline{T} \qquad \text{(R. 36)}$$

[Lies: Keine der Entscheidungsvariablen darf negativ werden.]

Durch geringfügige Variationen kann dieses Grundmodell in einen Ansatz des sog. Personnel Pooling oder in ein Hiring-Firing-Modell transformiert werden (vgl. Kossbiel/Spengler 2015, S. 441 f.). Bei Pooling-Modellen wird zu Beginn des Planungszeitraums ein – in den Folgeperioden nicht zu verändernder – Personalpool aufgebaut. Hiring-Firing-Modelle sehen hingegen die Unzulässigkeit von Personalbedarfsunterdeckungen sowie den weitest möglichen Verzicht auf Personalüberausstattungen vor, wobei $PÜA_{rt}$-Variable nicht in Ansatz gebracht werden. Weitere Variations- und Ergänzungsmöglichkeiten des Modells liegen z.B. in der Integration von Überstunden, Leiharbeitskräften, Personalschulung etc.

### 12.3.2 Beispiel

Wir wollen die Wirkungsweise des Grundmodells anhand des folgenden Beispiels illustrieren: In einer neu zu gründenden Abteilung sind zwei Arten von Tätigkeiten zu erledigen, die von insgesamt drei Arten von Arbeitskräften erledigt werden können (vgl. **Tabelle 12.27**). Die Personalbedarfe schwanken über den insges. sechs Teilperioden umfassenden Planungszeitraum wie folgt (vgl. **Tabelle 12.28**):

**Tabelle 12.27** Bereitstellungs- und Verwendungsmöglichkeiten

| | $r = 1$ | $r = 2$ | $r = 3$ |
|---|---|---|---|
| $q = 1$ | × | - | × |
| $q = 2$ | - | × | × |

**Tabelle 12.28** Personalbedarfe

| $t$ | 1 | 2 | 3 | 4 | 5 | 6 |
|---|---|---|---|---|---|---|
| $PB_{1t}$ | 20 | 10 | 15 | 25 | 5 | 15 |
| $PB_{2t}$ | 5 | 15 | 8 | 12 | 20 | 8 |

Die einschlägigen Kosten- und Ertragssätze sowie die geltenden Einstellungs- und Entlassungsobergrenzen sind in folgender **Tabelle 12.29** notiert:

**Tabelle 12.29** Obergrenzen, Kosten- und Ertragssätze

| | | $HK_{rt}$ | $FK_{rt}$ | $GK_{rt}$ | $ÜE_{rt}$ | $UK_{rt}$ | $H_{rt}^{max}$ | $F_{rt}^{max}$ |
|---|---|---|---|---|---|---|---|---|
| $t = 1,2,3$ | $r = 1$ | 40 | 50 | 100 | 30 | - | 8 | 8 |
| | $r = 2$ | 40 | 50 | 120 | 40 | - | 10 | 10 |
| | $r = 3$ | 40 | 50 | 138 | 50 | - | 20 | 20 |
| $t = 4,5,6$ | $r = 1$ | 40 | 36 | 105 | 33 | - | 8 | 8 |
| | $r = 2$ | 40 | 65 | 108 | 44 | - | 10 | 10 |
| | $r = 3$ | 40 | 75 | 91 | 69 | - | 20 | 20 |
| $t = 1, \ldots, 6$ | $q = 1$ | - | - | - | - | 140 | - | - |
| | $q = 2$ | - | - | - | - | 140 | - | - |

Geht man zusätzlich davon aus, dass der Abteilung vor Beginn des Planungszeitraums noch keinerlei Personal zur Verfügung steht ($PA_{r0} = 0 \;\; \forall\, r \in \overline{R}$), dann ergibt sich folgendes Ergebnis der Modellrechnung: Im vorliegenden Fall ist es optimal, lediglich den Personalbedarf der dritten und fünften Periode exakt zu decken und für die Perioden 1, 2 und 4 Unter- sowie für die Periode 6 Überdeckungen des Personalbedarfs vorzusehen (vgl. **Abbildung 12.3**). Weitere Variablenausprägungen finden sich in **Tabelle 12.30**, wobei nicht ausgewiesene Variablen im Optimum den Wert Null annehmen.

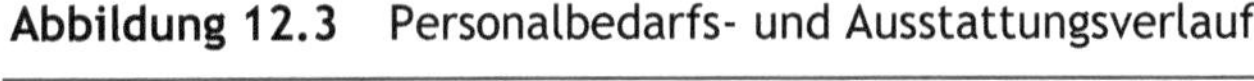

**Abbildung 12.3** Personalbedarfs- und Ausstattungsverlauf

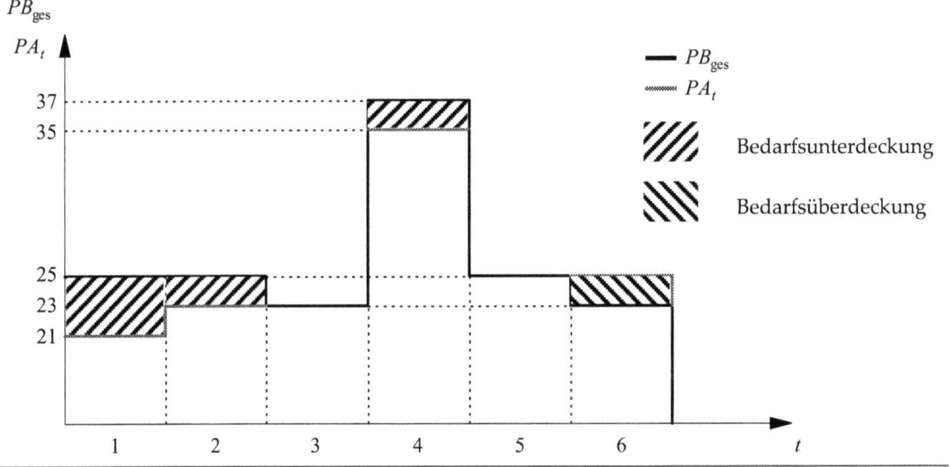

**Tabelle 12.30** Optimale Variablenausprägungen

| $t$ | $PA_{1t}$ | $PA_{2t}$ | $PA_{3t}$ | $h_{1t}$ | $h_{2t}$ | $h_{3t}$ | $f_{1t}$ | $PÜA_{3t}$ | $PBU_{1t}$ | $PBU_{2t}$ |
|---|---|---|---|---|---|---|---|---|---|---|
| 1 | 8 | 5 | 8 | 8 | 5 | 8 | 0 | 0 | 4 | 0 |
| 2 | 10 | 5 | 8 | 2 | 0 | 0 | 0 | 0 | 0 | 2 |
| 3 | 10 | 5 | 8 | 0 | 0 | 0 | 0 | 0 | 0 | 0 |
| 4 | 10 | 5 | 20 | 0 | 0 | 12 | 0 | 0 | 2 | 0 |
| 5 | 0 | 5 | 20 | 0 | 0 | 0 | 10 | 0 | 0 | 0 |
| 6 | 0 | 5 | 20 | 0 | 0 | 0 | 0 | 2 | 0 | 0 |

In diesem – gemessen an praxisrelevanten Fällen – sehr kleinen Beispiel sind bereits (u.a.) 38 Kosten- und Ertragssätze sowie 12 Personalbedarfsausprägungen im Entscheidungsprozess zu verarbeiten. Ob und in welchem Umfang Personal eingestellt oder entlassen, der Personalbedarf in den jeweiligen Perioden über- oder unterdeckt wird, hängt maßgeblich vom Zusammenspiel der Einstellungs-, Entlassungs-, Gehalts- und Unterdeckungskosten einerseits sowie der Überausstattungserträge andererseits ab. Dieses Datengeflecht und dessen Auswirkungen bei alternativen Entscheidungen ist mit intuitiven Entscheidungsprozeduren kaum zu bewältigen und erfordert (vor allem in größeren Fällen) ein systematisches, modellgestütztes Vorgehen. Ansonsten läuft der Betrieb Gefahr, wertvolles Erfolgspotenzial zu verschenken.

### 12.3.3 Reine Personalbereitstellungsplanung bei terminologischer und relationaler Unschärfe

Wir wollen nun das Grundmodell dahingehend variieren, dass die Personalbedarfe, die Rekrutierungs- und die Entlassungsobergrenzen nicht mehr als scharfe, sondern als unscharfe Größen modelliert werden (vgl. Spengler 1992, S. 501 ff.). Zudem werden unscharfe Anwesenheitsraten in Ansatz gebracht. Die Personalbedarfe und Anwesenheitsraten modellieren wir als *LR*-Fuzzy-Intervalle, die Einstellungs- und Entlassungsobergrenzen als *LR*-Fuzzy-Zahlen und zwar jeweils mit durchgängig linearen Zugehörigkeitsfunktionen. Darüber hinaus werden keine $PBU_{qt}$- und keine $PÜA_{rt}$-Variable verwendet.

Zusätzlich zu den bereits verwendeten definieren wir folgende Symbole:

$PE_{rqt}$ := (Personal)-Einsatz von Arbeitskräften der Art $r$ zur Erledigung von Tätigkeiten der Art $q$ in Teilperiode $t$

$\widetilde{H}_{rt} := (H_{rt}, 0, \overline{h}_{rt})$ := *LR*-Fuzzy-Zahl der in Teilperiode $t$ maximal einstellbaren Arbeitskräfte der Art $r$ (Gipfelpunkt: $H_{rt}$, linke Spreizung: 0, rechte Spreizung: $\overline{h}_{rt}$)

$\tilde{F}_{rt} := (F_{rt}, 0, \overline{f}_{rt})$ := $LR$-Fuzzy-Zahl der in Teilperiode $t$ maximal entlassbaren Arbeitskräfte der Art $r$ (Gipfelpunkt: $F_{rt}$, linke Spreizung: 0, rechte Spreizung: $\overline{f}_{rt}$)

$\widetilde{PB}_{qt} := \left(\underline{PB}_{qt}, \overline{PB}_{qt}, \underline{p}_{qt}, \overline{p}_{qt}\right)$ := $LR$-Fuzzy-Intervall der in Teilperiode $t$ zur Erledigung von Tätigkeiten der Art $q$ benötigten Arbeitskräfte (Stützstellen auf dem 1-Niveau: $\underline{PB}_{qt}$ und $\overline{PB}_{qt}$, linke Spreizung: $\underline{p}_{qt}$, rechte Spreizung: $\overline{p}_{qt}$)

$\tilde{a}_{rt} := (\underline{a}_{rt}, \overline{a}_{rt}, \underline{\underline{a}}_{rt}, \overline{\overline{a}}_{rt})$ := $LR$-Fuzzy-Intervall der unscharfen Anwesenheitsrate von Arbeitskräften der Art $r$ in Teilperiode $t$ (Stützstellen auf dem 1-Niveau: $\underline{a}_{rt}$ und $\overline{a}_{rt}$, linke Spreizung: $\underline{\underline{a}}_{rt}$, rechte Spreizung: $\overline{\overline{a}}_{rt}$)

Das unscharfe Ausgangsmodell lautet damit:

$$\sum_{t \in \overline{T}} \sum_{r \in \overline{R}} ( GK_{rt} \cdot PA_{rt} + HK_{rt} \cdot h_{rt} + FK_{rt} \cdot f_{rt}) \rightarrow \min! \qquad \text{(Z. 10)}$$

[Lies: Minimiere die Summe aller Gehalts-, Einstellungs- und Entlassungskosten!]

u.d.N.:

Abstimmung von Personaleinsatz und Personalbedarf:

$$\sum_{r \in R_q} \tilde{a}_{rt} \cdot PE_{rqt} \cong \widetilde{PB}_{qt} \quad \forall\, q \in \overline{Q}, t \in \overline{T} \qquad \text{(R. 37)}$$

[Lies: Jeder unscharfe tätigkeits- und periodenspezifische unscharfe Personalbedarf ist durch hinreichend qualifizierte Arbeitskräfte (mit unscharfem Absentismusverhalten) ungefähr zu decken.]

Abstimmung von Personaleinsatz und Personalausstattung:

$$\sum_{q \in Q_r} PE_{rqt} \leq PA_{rt} \quad \forall\, r \in \overline{R}, t \in \overline{T} \qquad \text{(R. 38)}$$

[Lies: Man kann von jeder Arbeitskräfteart und in jeder Teilperiode $t$ nicht mehr Arbeitskräfte in relevanten Leistungsprozessen einsetzen als zur Verfügung stehen.]

Fortschreibung der Personalausstattung:

$$PA_{rt} = PA_{r,t-1} + h_{rt} - f_{rt} \quad \forall\, r \in \overline{R}, t \in \overline{T} \qquad \text{(R. 39)}$$

[Lies: Jede Ausstattung mit Arbeitskräften der Art $r$ in Teilperiode $t$ ergibt sich aus der Ausstattung der Vorperiode zuzüglich der aktuellen Einstellungen abzüglich der aktuellen Entlassungen.]

Rekrutierungsobergrenzen:

$$h_{rt} \lesssim \tilde{H}_{rt} \quad \forall\, r \in \overline{R}, t \in \overline{T} \tag{R. 40}$$

[Lies: Man kann in Periode $t$ nicht mehr Mitarbeiter der Art $r$ einstellen als maximal zur Verfügung stehen.]

Entlassungsobergrenzen:

$$f_{rt} \lessapprox \tilde{F}_{rt} \quad \forall\, r \in \overline{R}, t \in \overline{T} \tag{R. 41}$$

[Lies: Man kann in Periode $t$ nicht mehr Mitarbeiter der Art $r$ entlassen als maximal erlaubt.]

Nichtnegativitätsbedingungen:

$$PA_{rt}, PE_{rqt}, h_{rt}, f_{rt} \geq 0 \quad \forall \text{ relevanten } q \in \overline{Q}, r \in \overline{R}, t \in \overline{T} \tag{R. 42}$$

[Lies: Keine der Entscheidungsvariablen darf negativ werden.]

Dieses Modell ist mit den gängigen Verfahren der linearen Optimierung nicht zu lösen. Wie in Kapitel 10.2.2 dargestellt, verwenden wir in diesem Buch die Lösungsprozedur FULPAL. Die gestaltet sich nach folgendem Muster (Skizze):

1. Transformation des Ausgangsmodells in ein Mehrzieloptimierungssystem unter linearen Nebenbedingungen
2. Beschreibung der Nutzenvorstellungen des Entscheidungsträgers durch die unscharfe Menge der zufriedenstellenden Zielwerte; Generierung der korrespondierenden Zugehörigkeitsfunktionen durch Ermittlung der „günstigsten" und der „ungünstigsten" Situation (über Hilfsmodelle)
3. Formulierung und Lösung des Kompromissprogramms

Zu 1. Formulierung des Mehrzieloptimierungssystems:

Zunächst ist jede Restriktion vom Typ (R. 37) zu ersetzen durch die fuzzy Restriktionen (R. 43) und (R. 44):

$$\sum_{r \in R_q} \tilde{a}_{rt} \cdot PE_{rqt} \gtrapprox \widetilde{PB}_{qt} \quad \forall\, q \in \overline{Q}, t \in \overline{T} \tag{R. 43}$$

$$\sum_{r \in R_q} \tilde{a}_{rt} \cdot PE_{rqt} \lessapprox \widetilde{PB}_{qt} \quad \forall\, q \in \overline{Q}, t \in \overline{T} \tag{R. 44}$$

Sei $\tilde{N}_{qt}^{u} := \left\{ \left( \sum_{r \in R_q} \underline{a}_{rt} \cdot PE_{rqt}; \mu_{\tilde{N}_{qt}^{u}} \left( \sum_{r \in R_q} \underline{a}_{rt} \cdot PE_{rqt} \right) \right) \right\}$ die unscharfe Menge des Nutzens des Entscheiders, wenn zur Deckung von $\widetilde{PB}_{qt}$ die Quantität $\sum_{r \in R_q} \underline{a}_{rt} \cdot PE_{rqt}$ bereitgestellt wird.

Dann wird für (jede) Restriktion (vom Typ) (R. 43) eine Surrogatungleichung

$$\sum_{r \in R_q} (\underline{a}_{rt} - \underline{\underline{a}}_{rt}) \cdot PE_{rqt} \geq \underline{PB}_{qt} - \underline{p}_{qt} \tag{R. 45}$$

und ein Ziel

$$\mu_{\widetilde{N}^u_{qt}}\left(\sum_{r \in R_q} \underline{a}_{rt} \cdot PE_{rqt}\right) \to \max! \tag{Z. 11}$$

in Ansatz gebracht.

Ersetzt man in (Z. 11) $\sum_{r \in R_q} \underline{a}_{rt} \cdot PE_{rqt}$ durch $g^u_{qt}$, dann gilt bei linearem Verlauf der Zugehörigkeitsfunktion:

$$\mu_{\widetilde{N}^u_{qt}}(g^u_{qt}) = \begin{cases} 0 & \text{für } g^u_{qt} < \underline{PB}_{qt} - d^u_{qt} \\ \dfrac{g^u_{qt} - (\underline{PB}_{qt} - d^u_{qt})}{d^u_{qt}} & \text{für } \underline{PB}_{qt} - d^u_{qt} \leq g^u_{qt} < \underline{PB}_{qt} \\ 1 & \text{für } \underline{PB}_{qt} \leq g^u_{qt} \end{cases} \tag{DF. 10}$$

mit $d^u_{qt} \leq \underline{p}_{qt}$ als Abweichungstoleranzparameter.

Sei $\widetilde{N}^o_{qt} := \left\{\left(\sum_{r \in R_q} \overline{a}_{rt} \cdot PE_{rqt}; \mu_{\widetilde{N}^o_{qt}}\left(\sum_{r \in R_q} \overline{a}_{rt} \cdot PE_{rqt}\right)\right)\right\}$ die unscharfe Menge des Nutzens des Entscheiders, wenn zur Deckung von $\widetilde{PB}_{qt}$ die Quantität $\sum_{r \in R_q} \overline{a}_{rt} \cdot PE_{rqt}$ bereitgestellt wird.

Dann wird für (jede) Restriktion (vom Typ) (R. 44) eine Surrogatungleichung

$$\sum_{r \in R_q} (\overline{a}_{rt} + \overline{\overline{a}}_{rt}) \cdot PE_{rqt} \geq \overline{PB}_{qt} + \overline{p}_{qt} \tag{R. 46}$$

und ein Ziel

$$\mu_{\widetilde{N}^o_{qt}}\left(\sum_{r \in R_q} \overline{a}_{rt} \cdot PE_{rqt}\right) \to \max! \tag{Z. 12}$$

in Ansatz gebracht.

Ersetzt man in (Z. 12) $\sum_{r \in R_q} \overline{a}_{rt} \cdot PE_{rqt}$ durch $g_{qt}^o$, dann gilt bei linearem Verlauf der Zugehörigkeitsfunktion:

$$\mu_{\tilde{N}_{qt}^o}(g_{qt}^o) = \begin{cases} 0 & \text{für } g_{qt}^o > \overline{PB}_{qt} + d_{qt}^o \\ 1 - \dfrac{g_{qt}^o - \overline{PB}_{qt}}{d_{qt}^o} & \text{für } \overline{PB}_{qt} + d_{qt}^o \geq g_{qt}^o > \overline{PB}_{qt} \\ 1 & \text{für } \overline{PB}_{qt} \geq g_{qt}^o \end{cases} \qquad \text{(DF. 11)}$$

mit $d_{qt}^o \leq \overline{p}_{qt}$ als Abweichungstoleranzparameter

Sei $\tilde{N}_{rt}^h := \left\{\left(h_{rt}; \mu_{\tilde{N}_{rt}^h}(h_{rt})\right)\right\}$ die unscharfe Menge des Nutzens des Entscheiders, wenn die Restriktionsgrenze $\tilde{H}_{rt}$ mit der Quantität $h_{rt}$ eingehalten wird.

Dann wird für (jede) Restriktion (vom Typ) (R. 40) eine Surrogatungleichung

$$h_{rt} \leq H_{rt} + \overline{h}_{rt} \qquad \text{(R. 47)}$$

und ein Ziel

$$\mu_{\tilde{N}_{rt}^h}(h_{rt}) \rightarrow \max! \qquad \text{(Z. 13)}$$

in Ansatz gebracht.

Bei linearem Verlauf gilt für die Zugehörigkeitsfunktion $\mu_{\tilde{N}_{rt}^h}$:

$$\mu_{\tilde{N}_{rt}^h}(h_{rt}) = \begin{cases} 0 & \text{für } h_{rt} > H_{rt} + d_{rt}^h \\ 1 - \dfrac{h_{rt} - H_{rt}}{d_{rt}^h} & \text{für } H_{rt} + d_{rt}^h \geq h_{rt} > H_{rt} \\ 1 & \text{für } H_{rt} \leq h_{rt} \end{cases} \qquad \text{(DF. 12)}$$

mit $d_{rt}^h \leq \overline{h}_{rt}$ als Abweichungstoleranzparameter

Sei $\tilde{N}_{rt}^f := \left\{\left(f_{rt}; \mu_{\tilde{N}_{rt}^f}(f_{rt})\right)\right\}$ die unscharfe Menge des Nutzens des Entscheiders, wenn die Restriktionsgrenze $\tilde{F}_{rt}$ mit der Quantität $f_{rt}$ eingehalten wird.
Dann wird für (jede) Restriktion (vom Typ) (R. 41) eine Surrogatungleichung

$$f_{rt} \leq F_{rt} + \overline{f}_{rt} \qquad \text{(R. 48)}$$

und ein Ziel

$$\mu_{\tilde{N}_{rt}^f}(f_{rt}) \rightarrow \max! \qquad \text{(Z. 14)}$$

in Ansatz gebracht.

Bei linearem Verlauf gilt für die Zugehörigkeitsfunktion $\mu_{\tilde{N}^f_{rt}}$:

$$\mu_{\tilde{N}^f_{rt}}(f_{rt}) = \begin{cases} 0 & \text{für } f_{rt} > F_{rt} + d^f_{rt} \\ 1 - \dfrac{f_{rt} - F_{rt}}{d^f_{rt}} & \text{für } F_{rt} + d^f_{rt} \geq f_{rt} > F_{rt} \\ 1 & \text{für } F_{rt} \leq f_{rt} \end{cases} \tag{DF. 13}$$

$$\text{mit } d^f_{rt} \leq \overline{f}_{rt} \text{ als Abweichungstoleranzparameter}$$

Das gesuchte **Mehrzieloptimierungssystem** lautet dann wie folgt:

$$\begin{pmatrix} -\sum_{t\in\overline{T}}\sum_{r\in\overline{R}}(GK_{rt}\cdot PA_{rt} + HK_{rt}\cdot h_{rt} + FK_{rt}\cdot f_{rt}) \\ \mu_{\tilde{N}^u_{qt}}(g^u_{qt}) \quad \forall\, q \in \overline{Q}, t \in \overline{T} \\ \mu_{\tilde{N}^o_{qt}}(g^o_{qt}) \quad \forall\, q \in \overline{Q}, t \in \overline{T} \\ \mu_{\tilde{N}^h_{rt}}(h_{rt}) \quad \forall\, r \in \overline{R}, t \in \overline{T} \\ \mu_{\tilde{N}^f_{rt}}(f_{rt}) \quad \forall\, r \in \overline{R}, t \in \overline{T} \end{pmatrix} \rightarrow \max! \tag{ZV. 3}$$

u.d.N.:

$$\sum_{r\in R_q}(\underline{a}_{rt} - \underline{\underline{a}}_{rt})\cdot PE_{rqt} \geq \underline{PB}_{qt} - \underline{p}_{qt} \quad \forall\, q \in \overline{Q}, t \in \overline{T} \tag{R. 49}$$

$$\sum_{r\in R_q}(\overline{a}_{rt} + \overline{\overline{a}}_{rt})\cdot PE_{rqt} \leq \overline{PB}_{qt} + \overline{p}_{qt} \quad \forall\, q \in \overline{Q}, t \in \overline{T} \tag{R. 50}$$

$$h_{rt} \leq H_{rt} + \overline{h}_{rt} \quad \forall\, r \in \overline{R}, t \in \overline{T} \tag{R. 51}$$

$$f_{rt} \leq F_{rt} + \overline{f}_{rt} \quad \forall\, r \in \overline{R}, t \in \overline{T} \tag{R. 52}$$

$$\sum_{q\in Q_r} PE_{rqt} \leq PA_{rt} \quad \forall\, r \in \overline{R}, t \in \overline{T} \tag{R. 38}$$

$$PA_{rt} = PA_{r,t-1} + h_{rt} - f_{rt} \quad \forall\, r \in \overline{R}, t \in \overline{T} \tag{R. 39}$$

$$PA_{rt}, PE_{rqt}, h_{rt}, f_{rt} \geq 0 \quad \forall \text{ relevanten } q \in \overline{Q}, r \in \overline{R}, t \in \overline{T} \tag{R. 42}$$

Zu 2. Beschreibung der Nutzenvorstellungen des Entscheidungsträgers durch die unscharfe Menge der zufriedenstellenden Zielwerte; Generierung der korrespondierenden Zugehörigkeitsfunktionen durch Ermittlung der „günstigsten" und der „ungünstigsten" Situation (über Hilfsmodelle):

Sei $\tilde{G} := \{(z; \mu_{\tilde{G}}(z)) | z \in \mathbb{R}\}$ die unscharfe Menge des Nutzens des Entscheiders von potenziellen Ausprägungen

$$z = z\left(\sum_{t\in\overline{T}}\sum_{r\in\overline{R}}(GK_{rt}\cdot PA_{rt} + HK_{rt}\cdot h_{rt} + FK_{rt}\cdot f_{rt})\right)$$

der Zielfunktion (Z. 10).

Diese lässt sich über zwei **Hilfsprogramme** (H1 und H2) konstruieren, bei denen (Z. 10) die Werte $\underline{z}$ und $\overline{z}$ annimmt, wobei

- H1 zu $\underline{z}$ führt, und aus (Z. 10), (R. 38), (R. 39), (R. 42) sowie (R. 49)-(R. 52) besteht
- H2 zu $\overline{z}$ führt, und aus (Z. 10), (R. 38), (R. 39), (R. 42) sowie (R. 49)-(R. 56) besteht, mit

$$\sum_{r\in R_q}\underline{a}_{rt}\cdot PE_{rqt} \geq \underline{PB}_{qt} \quad \forall\, q\in\overline{Q}, t\in\overline{T} \tag{R. 53}$$

$$\sum_{r\in R_q}\overline{a}_{rt}\cdot PE_{rqt} \leq \overline{PB}_{qt} \quad \forall\, q\in\overline{Q}, t\in\overline{T} \tag{R. 54}$$

$$h_{rt} \leq H_{rt} \quad \forall\, r\in\overline{R}, t\in\overline{T} \tag{R. 55}$$

$$f_{rt} \leq F_{rt} \quad \forall\, r\in\overline{R}, t\in\overline{T} \tag{R. 56}$$

Wählt man $\underline{z} \leq z_0 \wedge \overline{z} \geq z_0 + \Delta_0$, dann gilt bei linearem Verlauf und für den Fall $\underline{z} \leq \overline{z}$:

$$\mu_{\tilde{G}}(z) = \begin{cases} 0 & \text{für } z > z_0 + \Delta_0 \\ 1 - \dfrac{z - z_0}{\Delta_0} & \text{für } z_0 \leq z \leq z_0 + \Delta_0 \\ 1 & \text{für } z \leq z_0 \end{cases} \tag{DF. 14}$$

Zu 3. Formulierung und Lösung des Kompromissprogramms:

Das gesuchte Kompromissprogramm lautet nun wie folgt:

Zielfunktion:

$$\pi \rightarrow \text{max!} \tag{Z. 2}$$

u.d.N.:

$$\pi \leq \mu_{\tilde{G}}(z) \tag{R. 57}$$

$$\pi \leq \mu_{\tilde{N}_{qt}^{u}}\left(\sum_{r\in R_q}\underline{a}_{rt}\cdot PE_{rqt}\right) \quad \forall\, q\in\overline{Q}, t\in\overline{T} \tag{R. 58}$$

$$\pi \leq \mu_{\tilde{N}_{qt}^{o}}\left(\sum_{r\in R_q}\overline{a}_{rt}\cdot PE_{rqt}\right) \quad \forall\, q\in\overline{Q}, t\in\overline{T} \tag{R. 59}$$

$$\pi \leq \mu_{\tilde{N}_{rt}^{h}}(h_{rt}) \quad \forall\, r\in\overline{R}, t\in\overline{T} \tag{R. 60}$$

$$\pi \leq \mu_{\tilde{N}_{rt}^{f}}(f_{rt}) \quad \forall\, r\in\overline{R}, t\in\overline{T} \tag{R. 61}$$

$$\sum_{r \in R_q} (\underline{a}_{rt} - \underline{\underline{a}}_{rt}) \cdot PE_{rqt} \geq \underline{PB}_{qt} - \underline{p}_{qt} \quad \forall\, q \in \overline{Q}, t \in \overline{T} \tag{R.49}$$

$$\sum_{r \in R_q} (\overline{a}_{rt} + \overline{\overline{a}}_{rt}) \cdot PE_{rqt} \leq \overline{PB}_{qt} + \overline{p}_{qt} \quad \forall\, q \in \overline{Q}, t \in \overline{T} \tag{R.50}$$

$$h_{rt} \leq H_{rt} + \overline{h}_{rt} \quad \forall\, r \in \overline{R}, t \in \overline{T} \tag{R.51}$$

$$f_{rt} \leq F_{rt} + \overline{f}_{rt} \quad \forall\, r \in \overline{R}, t \in \overline{T} \tag{R.52}$$

$$\sum_{q \in Q_r} PE_{rqt} \leq PA_{rt} \quad \forall\, r \in \overline{R}, t \in \overline{T} \tag{R.38}$$

$$PA_{rt} = PA_{r,t-1} + h_{rt} - f_{rt} \quad \forall\, r \in \overline{R}, t \in \overline{T} \tag{R.39}$$

$$\pi, PA_{rt}, PE_{rqt}, h_{rt}, f_{rt} \geq 0 \quad \forall \text{ relevanten } q \in \overline{Q}, r \in \overline{R}, t \in \overline{T} \tag{R.62}$$

Die Restriktionen (R. 57)-(R. 61) können ersetzt werden durch:

$$\Delta_0 \cdot \pi + \sum_{t \in \overline{T}} \sum_{r \in \overline{R}} (GK_{rt} \cdot PA_{rt} + HK_{rt} \cdot h_{rt} + FK_{rt} \cdot f_{rt}) \leq z_0 + \Delta_0 \tag{R.63}$$

$$d_{qt}^{u} \cdot \pi - \sum_{r \in R_q} \underline{a}_{rt} \cdot PE_{rqt} \leq -(\underline{PB}_{qt} - d_{qt}^{u}) \quad \forall\, q \in \overline{Q}, t \in \overline{T} \tag{R.64}$$

$$d_{qt}^{o} \cdot \pi + \sum_{r \in R_q} \overline{a}_{rt} \cdot PE_{rqt} \leq \overline{PB}_{qt} + d_{qt}^{o} \quad \forall\, q \in \overline{Q}, t \in \overline{T} \tag{R.65}$$

$$d_{rt}^{h} \cdot \pi + h_{rt} \leq H_{rt} + d_{rt}^{h} \quad \forall\, r \in \overline{R}, t \in \overline{T} \tag{R.66}$$

$$d_{rt}^{f} \cdot \pi + f_{rt} \leq F_{rt} + d_{rt}^{f} \quad \forall\, r \in \overline{R}, t \in \overline{T} \tag{R.67}$$

Zur exemplarischen Verdeutlichung formulieren wir ein Beispiel mit den folgenden Verwendungs- und Bereitstellungsmöglichkeiten sowie Personalanfangsausstattungen (vgl. **Tabelle 12.31**), Gehalts-, Einstellungs- und Entlassungskosten (vgl. **Tabelle 12.32**), Personalbedarfen (vgl. **Tabelle 12.33**), Anwesenheitsraten (vgl. **Tabelle 12.34**) sowie Einstellungs- und Entlassungspotenzialen (vgl. **Tabelle 12.35**):

**Tabelle 12.31** Verwendungs- und Bereitstellungsmöglichkeiten sowie Personalanfangsausstattungen

| | $r = 1$ | $r = 2$ | $r = 3$ | $r = 4$ | $r = 5$ | $r = 6$ |
|---|---|---|---|---|---|---|
| $q = 1$ | × | - | - | × | - | × |
| $q = 2$ | - | × | - | × | × | × |
| $q = 3$ | - | - | × | - | × | × |
| $PA_{r0}$ | 40 | 60 | 40 | 15 | 5 | 15 |

**Tabelle 12.32** Gehalts-, Einstellungs- und Entlassungskosten

| | $r = 1$ | $r = 2$ | $r = 3$ | $r = 4$ | $r = 5$ | $r = 6$ |
|---|---|---|---|---|---|---|
| $GK_{rt}$ | 2.500 | 2.400 | 2.500 | 3.500 | 3.500 | 4.200 |
| $HK_{rt}$ | 1.500 | 1.500 | 1.700 | 2.000 | 2.200 | 1.800 |
| $FK_{rt}$ | 2.000 | 1.600 | 1.800 | 3.000 | 2.000 | 2.000 |

**Tabelle 12.33** Personalbedarfe

| | | $\underline{PB}_{qt} - \underline{p}_{qt}$ | $\underline{PB}_{qt}$ | $\overline{PB}_{qt}$ | $\overline{PB}_{qt} + \overline{p}_{qt}$ |
|---|---|---|---|---|---|
| $t = 1$ | $q = 1$ | 54 | 72 | 80 | 100 |
| | $q = 2$ | 81 | 108 | 116 | 145 |
| | $q = 3$ | 45 | 60 | 64 | 80 |
| $t = 2$ | $q = 1$ | 63 | 84 | 92 | 115 |
| | $q = 2$ | 72 | 96 | 104 | 130 |
| | $q = 3$ | 63 | 84 | 92 | 115 |
| $t = 3$ | $q = 1$ | 45 | 60 | 64 | 80 |
| | $q = 2$ | 90 | 120 | 128 | 160 |
| | $q = 3$ | 54 | 72 | 80 | 100 |

**Tabelle 12.34** Anwesenheitsraten

| | $r = 1$ | $r = 2$ | $r = 3$ | $r = 4$ | $r = 5$ | $r = 6$ |
|---|---|---|---|---|---|---|
| $\underline{a}_{r1}$ | 0,9 | 0,93 | 0,8 | 0,85 | 0,9 | 0,95 |
| $\underline{a}_{r1} - \underline{\underline{a}}_{r1}$ | 0,6 | 0,63 | 0,7 | 0,8 | 0,7 | 0,6 |
| $\overline{a}_{r1}$ | 0,93 | 0,96 | 0,9 | 0,92 | 0,95 | 0,98 |
| $\overline{a}_{r1} + \overline{\overline{a}}_{r1}$ | 1 | 1 | 1 | 1 | 1 | 1 |
| $\underline{a}_{r2}$ | 0,95 | 0,9 | 0,85 | 0,7 | 0,8 | 0,9 |
| $\underline{a}_{r2} - \underline{\underline{a}}_{r2}$ | 0,7 | 0,7 | 0,75 | 0,65 | 0,75 | 0,8 |
| $\overline{a}_{r2}$ | 0,98 | 0,95 | 0,92 | 0,9 | 0,95 | 0,95 |
| $\overline{a}_{r2} + \overline{\overline{a}}_{r2}$ | 1 | 1 | 1 | 1 | 1 | 1 |
| $\underline{a}_{r3}$ | 0,8 | 0,95 | 0,9 | 0,95 | 0,8 | 0,93 |
| $\underline{a}_{r3} - \underline{\underline{a}}_{r3}$ | 0,5 | 0,85 | 0,85 | 0,85 | 0,6 | 0,85 |
| $\overline{a}_{r3}$ | 0,9 | 0,98 | 0,95 | 0,98 | 0,9 | 0,98 |
| $\overline{a}_{r3} + \overline{\overline{a}}_{r3}$ | 1 | 1 | 1 | 1 | 1 | 1 |

**Tabelle 12.35** Einstellungs- und Entlassungspotenziale

| | $H_{rt}$ | $\overline{h}_{rt}$ | $F_{rt}$ | $\overline{f}_{rt}$ |
|---|---|---|---|---|
| $r = 1$ | 30 | 5 | 39 | 3 |
| $r = 2$ | 38 | 7 | 15 | 10 |
| $r = 3$ | 15 | 5 | 22 | 8 |
| $r = 4$ | 28 | 4 | 15 | 10 |
| $r = 5$ | 17 | 3 | 22 | 8 |
| $r = 6$ | 10 | 5 | 22 | 8 |

Mithilfe der Hilfsprogramme 1 und 2 ergeben sich $\underline{z} = 2.321.111{,}68$ und $\overline{z} = 3.343.959{,}05$.

Damit lautet das gesuchte Kompromissprogramm letztlich:

Zielfunktion:

$\pi \rightarrow \max!$

u.d.N.:

$$\triangle_0 \cdot \pi + \sum_{t=1}^{3} \sum_{r=1}^{6} GK_{rt} \cdot PA_{rt} + HK_{rt} \cdot h_{rt} + FK_{rt} \cdot f_{rt} \leq z_0 + \triangle_0$$

$1.022.847,37 \cdot \pi +$

$2.500 \cdot PA_{11} + 2.400 \cdot PA_{21} + 2.500 \cdot PA_{31} + 3.500 \cdot PA_{41} + 3.500 \cdot PA_{51} + 4.200 \cdot PA_{61} +$

$1.500 \cdot h_{11} + 1.500 \cdot h_{21} + 1.700 \cdot h_{31} + 2.000 \cdot h_{41} + 2.200 \cdot h_{51} + 1.800 \cdot h_{61} +$

$2.000 \cdot f_{11} + 1.600 \cdot f_{21} + 1.800 \cdot f_{31} + 3.000 \cdot f_{41} + 2.000 \cdot f_{51} + 2.000 \cdot f_{61} +$

$2.500 \cdot PA_{12} + 2.400 \cdot PA_{22} + 2.500 \cdot PA_{32} + 3.500 \cdot PA_{42} + 3.500 \cdot PA_{52} + 4.200 \cdot PA_{62} +$

$1.500 \cdot h_{12} + 1.500 \cdot h_{22} + 1.700 \cdot h_{32} + 2.000 \cdot h_{42} + 2.200 \cdot h_{52} + 1.800 \cdot h_{62} +$

$2.000 \cdot f_{12} + 1.600 \cdot f_{22} + 1.800 \cdot f_{32} + 3.000 \cdot f_{42} + 2.000 \cdot f_{52} + 2.000 \cdot f_{62} +$

$2.500 \cdot PA_{13} + 2.400 \cdot PA_{23} + 2.500 \cdot PA_{33} + 3.500 \cdot PA_{43} + 3.500 \cdot PA_{53} + 4.200 \cdot PA_{63} +$

$1.500 \cdot h_{13} + 1.500 \cdot h_{23} + 1.700 \cdot h_{33} + 2.000 \cdot h_{43} + 2.200 \cdot h_{53} + 1.800 \cdot h_{63} +$

$2.000 \cdot f_{13} + 1.600 \cdot f_{23} + 1.800 \cdot f_{33} + 3.000 \cdot f_{43} + 2.000 \cdot f_{53} + 2.000 \cdot f_{63} \leq 3.343.959,05$

$$d_{qt}^{u} \cdot \pi - \sum_{r \in R_q} \underline{a}_{rt} \cdot PE_{rqt} \leq -\left(\underline{PB}_{qt} - d_{qt}^{u}\right) \qquad \forall\, q \in \overline{Q}, t \in \overline{T}$$

$\underline{t = 1}$

$18 \cdot \pi - (0{,}9 \cdot PE_{111} + 0{,}85 \cdot PE_{411} + 0{,}95 \cdot PE_{611}) \leq -(72 - 18)$

$27 \cdot \pi - (0{,}93 \cdot PE_{221} + 0{,}85 \cdot PE_{421} + 0{,}9 \cdot PE_{521} + 0{,}95 \cdot PE_{621}) \leq -(108 - 27)$

$15 \cdot \pi - (0{,}8 \cdot PE_{331} + 0{,}9 \cdot PE_{531} + 0{,}95 \cdot PE_{631}) \leq -(60 - 15)$

$\underline{t = 2}$

$21 \cdot \pi - (0{,}95 \cdot PE_{112} + 0{,}7 \cdot PE_{412} + 0{,}9 \cdot PE_{612}) \leq -(84 - 21)$

$24 \cdot \pi - (0{,}9 \cdot PE_{222} + 0{,}7 \cdot PE_{422} + 0{,}8 \cdot PE_{522} + 0{,}9 \cdot PE_{622}) \leq -(96 - 24)$

$21 \cdot \pi - (0{,}85 \cdot PE_{332} + 0{,}8 \cdot PE_{532} + 0{,}9 \cdot PE_{632}) \leq -(84 - 21)$

$\underline{t = 3}$

$15 \cdot \pi - (0{,}8 \cdot PE_{113} + 0{,}95 \cdot PE_{413} + 0{,}93 \cdot PE_{613}) \leq -(60 - 15)$

$30 \cdot \pi - (0{,}8 \cdot PE_{223} + 0{,}95 \cdot PE_{423} + 0{,}8 \cdot PE_{523} + 0{,}93 \cdot PE_{623}) \leq -(120 - 30)$

$18 \cdot \pi - (0{,}9 \cdot PE_{333} + 0{,}8 \cdot PE_{533} + 0{,}93 \cdot PE_{633}) \leq -(72 - 18)$

$$d_{qt}^{o} \cdot \pi + \sum_{r \in R_q} \overline{a}_{rt} \cdot PE_{rqt} \leq \overline{PB}_{qt} + d_{qt}^{o} \qquad \forall\, q \in \overline{Q}, t \in \overline{T}$$

$\underline{t = 1}$

$$20 \cdot \pi + 0{,}93 \cdot PE_{111} + 0{,}92 \cdot PE_{411} + 0{,}98 \cdot PE_{611} \leq 80 + 20$$

$$29 \cdot \pi + 0{,}96 \cdot PE_{221} + 0{,}92 \cdot PE_{421} + 0{,}95 \cdot PE_{521} + 0{,}98 \cdot PE_{621} \leq 116 + 29$$

$$16 \cdot \pi + 0{,}9 \cdot PE_{331} + 0{,}95 \cdot PE_{531} + 0{,}98 \cdot PE_{631} \leq 64 + 16$$

$\underline{t = 2}$

$$23 \cdot \pi + 0{,}98 \cdot PE_{112} + 0{,}9 \cdot PE_{412} + 0{,}95 \cdot PE_{612} \leq 92 + 23$$

$$26 \cdot \pi + 0{,}95 \cdot PE_{222} + 0{,}9 \cdot PE_{422} + 0{,}95 \cdot PE_{522} + 0{,}95 \cdot PE_{622} \leq 104 + 26$$

$$23 \cdot \pi + 0{,}92 \cdot PE_{332} + 0{,}95 \cdot PE_{532} + 0{,}95 \cdot PE_{632} \leq 92 + 23$$

$\underline{t = 3}$

$$16 \cdot \pi + 0{,}9 \cdot PE_{113} + 0{,}98 \cdot PE_{413} + 0{,}98 \cdot PE_{613} \leq 64 + 16$$

$$32 \cdot \pi + 0{,}98 \cdot PE_{223} + 0{,}98 \cdot PE_{423} + 0{,}9 \cdot PE_{523} + 0{,}98 \cdot PE_{623} \leq 128 + 32$$

$$20 \cdot \pi + 0{,}95 \cdot PE_{333} + 0{,}9 \cdot PE_{533} + 0{,}98 \cdot PE_{633} \leq 80 + 20$$

$$d_{rt}^{h} \cdot \pi + h_{rt} \leq H_{rt} + d_{rt}^{h} \qquad \forall\, r \in \overline{R}, t \in \overline{T}$$

| $\underline{t = 1}$ | $\underline{t = 2}$ | $\underline{t = 3}$ |
|---|---|---|
| $5 \cdot \pi + h_{11} \leq 30 + 5$ | $5 \cdot \pi + h_{12} \leq 30 + 5$ | $5 \cdot \pi + h_{13} \leq 30 + 5$ |
| $7 \cdot \pi + h_{21} \leq 38 + 7$ | $7 \cdot \pi + h_{22} \leq 38 + 7$ | $7 \cdot \pi + h_{23} \leq 38 + 7$ |
| $5 \cdot \pi + h_{31} \leq 15 + 5$ | $5 \cdot \pi + h_{32} \leq 15 + 5$ | $5 \cdot \pi + h_{33} \leq 15 + 5$ |
| $4 \cdot \pi + h_{41} \leq 28 + 4$ | $4 \cdot \pi + h_{42} \leq 28 + 4$ | $4 \cdot \pi + h_{43} \leq 28 + 4$ |
| $3 \cdot \pi + h_{51} \leq 17 + 3$ | $3 \cdot \pi + h_{52} \leq 17 + 3$ | $3 \cdot \pi + h_{53} \leq 17 + 3$ |
| $5 \cdot \pi + h_{61} \leq 10 + 5$ | $5 \cdot \pi + h_{62} \leq 10 + 5$ | $5 \cdot \pi + h_{63} \leq 10 + 5$ |

$$d_{rt}^{f} \cdot \pi + f_{rt} \leq F_{rt} + d_{rt}^{f} \qquad \forall\, r \in \overline{R}, t \in \overline{T}$$

| $\underline{t = 1}$ | $\underline{t = 2}$ | $\underline{t = 3}$ |
|---|---|---|
| $3 \cdot \pi + f_{11} \leq 39 + 3$ | $3 \cdot \pi + f_{12} \leq 39 + 3$ | $3 \cdot \pi + f_{13} \leq 39 + 3$ |
| $10 \cdot \pi + f_{21} \leq 15 + 10$ | $10 \cdot \pi + f_{22} \leq 15 + 10$ | $10 \cdot \pi + f_{23} \leq 15 + 10$ |
| $8 \cdot \pi + f_{31} \leq 22 + 8$ | $8 \cdot \pi + f_{32} \leq 22 + 8$ | $8 \cdot \pi + f_{33} \leq 22 + 8$ |

$10 \cdot \pi + f_{41} \leq 15 + 10$ $\quad 10 \cdot \pi + f_{42} \leq 15 + 10$ $\quad 10 \cdot \pi + f_{43} \leq 15 + 10$

$8 \cdot \pi + f_{51} \leq 22 + 8$ $\quad 8 \cdot \pi + f_{52} \leq 22 + 8$ $\quad 8 \cdot \pi + f_{53} \leq 22 + 8$

$8 \cdot \pi + f_{61} \leq 22 + 8$ $\quad 8 \cdot \pi + f_{62} \leq 22 + 8$ $\quad 8 \cdot \pi + f_{63} \leq 22 + 8$

$$\sum_{r \in R_q} (\underline{a}_{rt} - \underline{\underline{a}}_{rt}) \cdot PE_{rqt} \geq \underline{PB}_{qt} - \underline{p}_{qt} \qquad \forall\, q \in \overline{Q}, t \in \overline{T}$$

<u>$t = 1$</u>

$0{,}6 \cdot PE_{111} + 0{,}8 \cdot PE_{411} + 0{,}6 \cdot PE_{611} \geq 54$

$0{,}63 \cdot PE_{221} + 0{,}8 \cdot PE_{421} + 0{,}7 \cdot PE_{521} + 0.6 \cdot PE_{621} \geq 81$

$0{,}7 \cdot PE_{331} + 0{,}7 \cdot PE_{531} + 0{,}6 \cdot PE_{631} \geq 45$

<u>$t = 2$</u>

$0{,}7 \cdot PE_{112} + 0{,}65 \cdot PE_{412} + 0{,}8 \cdot PE_{612} \geq 63$

$0{,}7 \cdot PE_{222} + 0{,}65 \cdot PE_{422} + 0{,}75 \cdot PE_{522} + 0.8 \cdot PE_{622} \geq 72$

$0{,}75 \cdot PE_{332} + 0{,}75 \cdot PE_{532} + 0{,}8 \cdot PE_{632} \geq 63$

<u>$t = 3$</u>

$0{,}5 \cdot PE_{113} + 0{,}85 \cdot PE_{413} + 0{,}85 \cdot PE_{613} \geq 45$

$0{,}85 \cdot PE_{223} + 0{,}85 \cdot PE_{423} + 0{,}6 \cdot PE_{523} + 0.85 \cdot PE_{623} \geq 90$

$0{,}85 \cdot PE_{333} + 0{,}6 \cdot PE_{533} + 0{,}85 \cdot PE_{633} \geq 54$

$$\sum_{r \in R_q} (\overline{a}_{rt} + \overline{\overline{a}}_{rt}) \cdot PE_{rqt} \leq \overline{PB}_{qt} + \overline{p}_{qt} \qquad \forall\, q \in \overline{Q}, t \in \overline{T}$$

<u>$t = 1$</u>

$1 \cdot PE_{111} + 1 \cdot PE_{411} + 1 \cdot PE_{611} \leq 100$

$1 \cdot PE_{221} + 1 \cdot PE_{421} + 1 \cdot PE_{521} + 1 \cdot PE_{621} \leq 145$

$1 \cdot PE_{331} + 1 \cdot PE_{531} + 1 \cdot PE_{631} \leq 80$

<u>$t = 2$</u>

$1 \cdot PE_{112} + 1 \cdot PE_{412} + 1 \cdot PE_{612} \leq 115$

$1 \cdot PE_{222} + 1 \cdot PE_{422} + 1 \cdot PE_{522} + 1 \cdot PE_{622} \leq 130$

$1 \cdot PE_{332} + 1 \cdot PE_{532} + 1 \cdot PE_{632} \leq 115$

$\underline{t=3}$
$1 \cdot PE_{113} + 1 \cdot PE_{413} + 1 \cdot PE_{613} \leq 80$

$1 \cdot PE_{223} + 1 \cdot PE_{423} + 1 \cdot PE_{523} + 1 \cdot PE_{623} \leq 160$

$1 \cdot PE_{333} + 1 \cdot PE_{533} + 1 \cdot PE_{633} \leq 100$

$h_{rt} \leq H_{rt} + \overline{h}_{rt} \qquad \forall\, r \in \overline{R}, t \in \overline{T}$

| $\underline{t=1}$ | $\underline{t=2}$ | $\underline{t=3}$ |
|---|---|---|
| $h_{11} \leq 35$ | $h_{12} \leq 35$ | $h_{13} \leq 35$ |
| $h_{21} \leq 45$ | $h_{22} \leq 45$ | $h_{23} \leq 45$ |
| $h_{31} \leq 20$ | $h_{32} \leq 20$ | $h_{33} \leq 20$ |
| $h_{41} \leq 32$ | $h_{42} \leq 32$ | $h_{43} \leq 32$ |
| $h_{51} \leq 20$ | $h_{52} \leq 20$ | $h_{53} \leq 20$ |
| $h_{61} \leq 15$ | $h_{62} \leq 15$ | $h_{63} \leq 15$ |

$f_{rt} \leq F_{rt} + \overline{f}_{rt} \qquad \forall\, r \in \overline{R}, t \in \overline{T}$

| $\underline{t=1}$ | $\underline{t=2}$ | $\underline{t=3}$ |
|---|---|---|
| $f_{11} \leq 42$ | $f_{12} \leq 42$ | $f_{13} \leq 42$ |
| $f_{21} \leq 25$ | $f_{22} \leq 25$ | $f_{23} \leq 25$ |
| $f_{31} \leq 30$ | $f_{32} \leq 30$ | $f_{33} \leq 30$ |
| $f_{41} \leq 25$ | $f_{42} \leq 25$ | $f_{43} \leq 25$ |
| $f_{51} \leq 30$ | $f_{52} \leq 30$ | $f_{53} \leq 30$ |
| $f_{61} \leq 30$ | $f_{62} \leq 30$ | $f_{63} \leq 30$ |

$$\sum_{q \in Q_r} PE_{rqt} \leq PA_{rt} \qquad \forall\, r \in \overline{R}, t \in \overline{T}$$

| $\underline{t=1}$ | $\underline{t=2}$ |
|---|---|
| $PE_{111} \leq PA_{11}$ | $PE_{112} \leq PA_{12}$ |
| $PE_{221} \leq PA_{21}$ | $PE_{222} \leq PA_{22}$ |
| $PE_{331} \leq PA_{31}$ | $PE_{332} \leq PA_{32}$ |
| $PE_{411} + PE_{421} \leq PA_{41}$ | $PE_{412} + PE_{422} \leq PA_{42}$ |

$PE_{521} + PE_{531} \leq PA_{51}$ $\quad$ $PE_{522} + PE_{532} \leq PA_{52}$

$PE_{611} + PE_{621} + PE_{631} \leq PA_{61}$ $\quad$ $PE_{612} + PE_{622} + PE_{632} \leq PA_{62}$

$\underline{t = 3}$

$PE_{113} \leq PA_{13}$

$PE_{223} \leq PA_{23}$

$PE_{333} \leq PA_{33}$

$PE_{413} + PE_{423} \leq PA_{43}$

$PE_{523} + PE_{533} \leq PA_{53}$

$PE_{613} + PE_{623} + PE_{633} \leq PA_{63}$

$PA_{rt} = PA_{rt-1} + h_{rt} - f_{rt} \qquad \forall\, r \in \overline{R}, t \in \overline{T}$

| $\underline{t = 1}$ | $\underline{t = 2}$ | $\underline{t = 3}$ |
|---|---|---|
| $PA_{11} = 40 + h_{11} - f_{11}$ | $PA_{12} = PA_{11} + h_{12} - f_{12}$ | $PA_{13} = PA_{12} + h_{13} - f_{13}$ |
| $PA_{21} = 60 + h_{21} - f_{21}$ | $PA_{22} = PA_{21} + h_{22} - f_{22}$ | $PA_{23} = PA_{22} + h_{23} - f_{23}$ |
| $PA_{31} = 40 + h_{31} - f_{31}$ | $PA_{32} = PA_{31} + h_{32} - f_{32}$ | $PA_{33} = PA_{32} + h_{33} - f_{33}$ |
| $PA_{41} = 15 + h_{41} - f_{41}$ | $PA_{42} = PA_{41} + h_{42} - f_{42}$ | $PA_{43} = PA_{42} + h_{43} - f_{43}$ |
| $PA_{51} = 5 + h_{51} - f_{51}$ | $PA_{52} = PA_{51} + h_{52} - f_{52}$ | $PA_{53} = PA_{52} + h_{53} - f_{53}$ |
| $PA_{61} = 15 + h_{61} - f_{61}$ | $PA_{62} = PA_{61} + h_{62} - f_{62}$ | $PA_{63} = PA_{62} + h_{63} - f_{63}$ |

$\pi, PA_{rt}, PE_{rqt}, h_{rt}, f_{rt} \geq 0 \qquad \forall$ relevanten $r \in \overline{R}, q \in \overline{Q}, t \in \overline{T}$

Der Kompromissparameter sowie alle Personalausstattungs-, Personaleinsatz-, Einstellungs- und Entlassungsvariablen müssen größer oder gleich Null sein.

Die optimale Lösung gestaltet sich dann wie folgt (vgl. **Tabelle 12.36** und **Tabelle 12.37**):

$\boldsymbol{\pi \approx 0{,}8085}$

**Tabelle 12.36** Optimale Personalausstattungen, Einstellungen und Entlassungen

| | | $r = 1$ | $r = 2$ | $r = 3$ | $r = 4$ | $r = 5$ | $r = 6$ |
|---|---|---|---|---|---|---|---|
| $t = 1$ | $PA_{r1}$ | 52,54 | 102,76 | 60 | 40,00 | 5 | 15 |
| | $h_{r1}$ | 12,54 | 42,76 | 20 | 25,00 | 0 | 0 |
| | $f_{r1}$ | 0 | 0 | 0 | 0 | 0 | 0 |
| $t = 2$ | $PA_{r2}$ | 52,54 | 102,76 | 76,02 | 40,00 | 5 | 15 |
| | $h_{r2}$ | 0 | 0 | 16,02 | 0 | 0 | 0 |
| | $f_{r2}$ | 0 | 0 | 0 | 0 | 0 | 0 |
| $t = 3$ | $PA_{r3}$ | 46,92 | 102,76 | 76,02 | 40,00 | 5 | 15 |
| | $h_{r3}$ | 0 | 0 | 0 | 0 | 0 | 0 |
| | $f_{r3}$ | 5,62 | 0 | 0 | 0 | 0 | 0 |

**Tabelle 12.37** Optimale Personaleinsätze

| | | $r = 1$ | $r = 2$ | $r = 3$ | $r = 4$ | $r = 5$ | $r = 6$ |
|---|---|---|---|---|---|---|---|
| $t = 1$ | $q = 1$ | 52,54 | - | - | 28,10 | - | 0 |
| | $q = 2$ | - | 102,76 | - | 11,91 | 5 | 5,39 |
| | $q = 3$ | - | - | 60 | - | 0 | 9,61 |
| $t = 2$ | $q = 1$ | 52,54 | - | - | 40 | - | 2,30 |
| | $q = 2$ | - | 102,76 | - | 0 | 0,09 | 0 |
| | $q = 3$ | - | - | 76,02 | - | 4,91 | 12,70 |
| $t = 3$ | $q = 1$ | 46,92 | - | - | 10,34 | - | 15 |
| | $q = 2$ | - | 102,76 | - | 29,66 | 4,83 | 0 |
| | $q = 3$ | - | - | 76,02 | - | 0,17 | 0 |

### 12.3.4 Übungsaufgaben

**Aufgabe 68**

Ein Bauunternehmen fertige zur Zeit parallel an drei unterschiedlichen Baustellen $s$ ($s$ =

1,2,3) Einfamilienhäuser. In der aktuellen Fertigungsphase ist die zukünftige Personalbereitstellung für die Erstellung der Rohbauten zu ermitteln. Auf jeder der drei Baustellen sind folgende Tätigkeiten der Art $q$ zu erledigen:

$q = 1$ - Einrichten der Baustellen

$q = 2$ - Errichtung der Wände

$q = 3$ - Gießen der Fußböden

$q = 4$ - Koordination der Arbeitsabläufe

Die Personalbedarfe $PB_{q,s}^{t}$ seien für die nächsten 4 Perioden $t$ (Arbeitswochen) bereits festgestellt worden und sind **Tabelle 12.38** zu entnehmen.

Zur Deckung dieser Bedarfe stehen dem Bauunternehmen verschiedene Arten von Arbeitskräften zur Verfügung, welche zum Teil baustellengebunden und zum Teil baustellenungebunden sind:

$r = 1$ - Baustellengebundene Hilfskräfte

$r^* = 1$ - Baustellenungebundene Hilfskräfte

$r = 2$ - Baustellengebundene Maurer

$r^* = 2$ - Baustellenungebundene Maurer

$r = 3$ - Baustellengebundene Vorarbeiter

$r = 4$ - Baustellengebundene Bauleiter

Die baustellengebundenen Arbeitskräfte können dabei nur zur Deckung der Bedarfe auf der Baustelle herangezogen werden, für welche sie angestellt sind, während die ungebundenen als Springer auf allen Baustellen einsetzbar sind. Die entsprechenden Verwendungs- und Bereitstellungsspektren sind in **Tabelle 12.38** dargestellt.

Für die Planung der Personalbereitstellung möchte das Bauunternehmen Versetzungen sowie Schulungen von Arbeitskräften ausschließen und zur Veränderung der einzelnen Personalausstattungen $PA_{r,s}^{t}$ bzw. $PA_{r^*}^{t}$ nur über entsprechende Einstellungen bzw. Entlassungen entscheiden. Vor diesem Hintergrund ist aufgrund der aktuellen Arbeitsmarktlage davon auszugehen, dass Einstellungen sowie Entlassungen für alle Arbeitskräftekategorien unbegrenzt möglich sind. Weiterhin ist sich das Bauunternehmen sicher, dass im Planungszeitraum weder mit Fluktuation noch mit Absentismus gerechnet werden muss.

**Tabelle 12.38** Bereitstellungs-, Verwendungsmöglichkeiten und Personalbedarfe

| | | $r=1$ | $r=2$ | $r=3$ | $r=4$ | $r^*=1$ | $r^*=2$ | $PB_{q,1}^t$ | $PB_{q,2}^t$ | $PB_{q,3}^t$ |
|---|---|---|---|---|---|---|---|---|---|---|
| $t=1$ | $q=1$ | × | × | × | × | × | × | 5 | 3 | 7 |
| | $q=2$ | - | × | × | × | - | × | 4 | 4 | 4 |
| | $q=3$ | - | - | × | × | - | - | 2 | 1 | 3 |
| | $q=4$ | - | - | - | × | - | - | 1 | 1 | 2 |
| $t=2$ | $q=1$ | × | × | × | × | × | × | 5 | 3 | 7 |
| | $q=2$ | - | × | × | × | - | × | 4 | 4 | 4 |
| | $q=3$ | - | - | × | × | - | - | 2 | 1 | 3 |
| | $q=4$ | - | - | - | × | - | - | 1 | 1 | 2 |
| $t=3$ | $q=1$ | × | × | × | × | × | × | 2 | 2 | 2 |
| | $q=2$ | - | × | × | × | - | × | 2 | 2 | 4 |
| | $q=3$ | - | - | × | × | - | - | 1 | 1 | 1 |
| | $q=4$ | - | - | - | × | - | - | 1 | 1 | 2 |
| $t=4$ | $q=1$ | × | × | × | × | × | × | 2 | 2 | 2 |
| | $q=2$ | - | × | × | × | - | × | 1 | 1 | 2 |
| | $q=3$ | - | - | × | × | - | - | 1 | 1 | 1 |
| | $q=4$ | - | - | - | × | - | - | 1 | 1 | 2 |

Die wöchentlichen Lohnkostensätze einer baustellengebundenen ($GK_{r,s}^t$) bzw. einer baustellenungebundenen ($GK_{r^*}^t$) Arbeitskraft sowie die entsprechenden Einstellungskostensätze $HK_{r,s}^t$ bzw. $HK_{r^*}^t$ und Entlassungskostensätze $FK_{r,s}^t$ bzw. $FK_{r^*}^t$ sind in **Tabelle 12.39** und **Tabelle 12.40** gegeben:

**Tabelle 12.39** Lohn-, Einstellungs- und Entlassungskostensätze für Perioden 1 und 2

| | $GK_{r,1}^t$ | $GK_{r,2}^t$ | $GK_{r,3}^t$ | $GK_{r^*}^t$ | $HK_{r,1}^t$ | $HK_{r,2}^t$ | $HK_{r,3}^t$ | $HK_{r^*}^t$ | $FK_{r,1}^t$ | $FK_{r,2}^t$ | $FK_{r,3}^t$ | $FK_{r^*}^t$ |
|---|---|---|---|---|---|---|---|---|---|---|---|---|
| $r=1$ | 250 | 250 | 250 | - | 100 | 100 | 100 | - | 80 | 80 | 80 | - |
| $r=2$ | 350 | 350 | 350 | - | 100 | 100 | 100 | - | 80 | 80 | 80 | - |
| $r=3$ | 500 | 500 | 500 | - | 200 | 200 | 200 | - | 140 | 140 | 140 | - |
| $r=4$ | 750 | 750 | 750 | - | 300 | 300 | 300 | - | 220 | 220 | 220 | - |
| $r^*=1$ | - | - | - | 275 | - | - | - | 120 | - | - | - | 90 |
| $r^*=2$ | - | - | - | 375 | - | - | - | 120 | - | - | - | 90 |

**Tabelle 12.40** Lohn-, Einstellungs- und Entlassungskostensätze für Perioden 3 und 4

| | $GK_{r,1}^t$ | $GK_{r,2}^t$ | $GK_{r,3}^t$ | $GK_{r^*}^t$ | $HK_{r,1}^t$ | $HK_{r,2}^t$ | $HK_{r,3}^t$ | $HK_{r^*}^t$ | $FK_{r,1}^t$ | $FK_{r,2}^t$ | $FK_{r,3}^t$ | $FK_{r^*}^t$ |
|---|---|---|---|---|---|---|---|---|---|---|---|---|
| $r = 1$ | 275 | 275 | 275 | - | 150 | 150 | 150 | - | 120 | 120 | 120 | - |
| $r = 2$ | 385 | 385 | 385 | - | 150 | 150 | 150 | - | 120 | 120 | 120 | - |
| $r = 3$ | 550 | 550 | 550 | - | 250 | 250 | 250 | - | 170 | 170 | 170 | - |
| $r = 4$ | 825 | 825 | 825 | - | 350 | 350 | 350 | - | 260 | 260 | 260 | - |
| $r^* = 1$ | - | - | - | 300 | - | - | - | 150 | - | - | - | 130 |
| $r^* = 2$ | - | - | - | 400 | - | - | - | 150 | - | - | - | 130 |

a. Formulieren Sie einen allgemeinen, linearen Planungsansatz zur Minimierung der Gesamtkosten der Personalbereitstellung für das geschilderte Problem! Definieren Sie die von Ihnen zusätzlich eingeführten Symbole!

b. Gehen Sie nun davon aus, dass das Bauunternehmen zum aktuellen Zeitpunkt über keinerlei Personal verfügt und formulieren Sie das konkrete Optimierungsmodell mithilfe der obenstehenden Informationen!

**Aufgabe 69**

Eine Unternehmensberatung übernimmt ausschließlich Projekte, in denen die folgenden Beratertätigkeiten gefragt sind:

$q = 1$ - Personalberatung

$q = 2$ - IT-Beratung

$q = 3$ - Strategieberatung

$q = 4$ - Finanzberatung

Zusätzlich zu den Beratertätigkeiten fallen zudem Tätigkeiten der Art $q = 5$ (Kundenakquise) an.

Zum aktuellen Zeitpunkt verfügt die Beratung über vier verschiedene Arten von Junior Consultants ($r = 1,2,3,4$), zwei Arten von Senior Consultants ($r = 5,6$) und Partner ($r = 7$). Die entsprechenden Bereitstellungs- und Verwendungsspektren sowie die aktuellen Personalausstattungen $PA_r^{t=0}$ sind in der nachfolgenden **Tabelle 12.41** dargestellt:

**Tabelle 12.41** Bereitstellungs- und Verwendungsmöglichkeiten sowie Personalanfangsausstattungen

| | $r=1$ | $r=2$ | $r=3$ | $r=4$ | $r=5$ | $r=6$ | $r=7$ |
|---|---|---|---|---|---|---|---|
| $q=1$ | × | - | - | - | × | - | × |
| $q=2$ | - | × | - | - | - | × | × |
| $q=3$ | - | - | × | - | × | × | × |
| $q=4$ | - | - | - | × | - | × | × |
| $q=5$ | - | - | - | - | - | - | × |
| $PA_r^0$ | 10 | 10 | 10 | 10 | 4 | 6 | 2 |

Aufgrund der Tatsache, dass die beiden Partner in drei ($t=4$) bzw. in fünf ($t=6$) Jahren altersbedingt in den Ruhestand gehen werden und aufgrund des Fachkräftemangels weder Senior Consultants noch Partner vom externen Arbeitsmarkt beschafft werden können, möchte die Beratung folgende Fortbildungsmaßnahmen ermöglichen:

Junior Consultants der Arten $r=1$ und $r=3$ können zu einem zweijährigen Vertiefungsstudium („Strategisches Management" bzw. „Personalmanagement") geschickt werden und würden mit erfolgreichem Abschluss dieses Studiums zu Senior Consultants der Art $r=5$. Die Unternehmensberatung schätzt die Abbruchquoten der beiden Studiengänge auf jeweils 10 Prozent.

Junior Consultants der Arten $r=2$, $r=3$ und $r=4$ können zu einem dreijährigen Vertiefungsstudium („Strategisches Finanzmanagement", „Wirtschaftsinformatik mit Schwerpunkt Finanzen" bzw. „Wirtschaftsinformatik mit Schwerpunkt Strategisches Management") geschickt werden und würden mit erfolgreichem Abschluss dieses Studiums zu Senior Consultants der Art $r=6$. Die Unternehmensberatung schätzt die Abbruchquoten der drei Studiengänge auf jeweils 20 Prozent.

Senior Consultants der Arten $r=5$ und $r=6$ können zu einem dreijährigen Promotionsstudium geschickt werden und würden mit erfolgreichem Abschluss dieses Studiums zu Partnern. Die Unternehmensberatung schätzt die Abbruchquote der Promotion auf 50 Prozent.

Aus personalpolitischen Gründen möchte die Unternehmensberatung jährlich maximal 5 % des gesamten Personals entlassen. Zudem können laut aktuellen Arbeitsmarktprognosen jährlich maximal 2 Junior Consultants jeder Kategorie eingestellt werden.

a. Formulieren Sie für den insgesamt 6 Jahre umfassenden Planungszeitraum einen allgemeinen, vollständigen Ansatz zur wechselseitigen Abstimmung von Personalbedarf, -ausstattung und -einsatz unter Vernachlässigung von Fluktuation (mit Ausnahme von $r=7$), Absentismus, spontanen Lernprozessen, Personalausleihe, Versetzungen und Beförderungen! Definieren Sie die von Ihnen zusätzlich eingeführten Symbole!

b. Gegeben seien nun auch die konkreten Personalbedarfe $PB_q^t$, Gehaltskostensätze $GK_r^t$, Einstellungskostensätze $HK_r^t$, Entlassungskostensätze $FK_r^t$ und Fortbildungskostensätze $SK_{r,r^*}^t$ (vgl. **Tabelle 12.42** und **Tabelle 12.43**):

**Tabelle 12.42** Personalbedarfe

| | | $t = 1$ | $t = 2$ | $t = 3$ | $t = 4$ | $t = 5$ | $t = 6$ |
|---|---|---|---|---|---|---|---|
| $PB_q^t$ | $q = 1$ | 9 | 9 | 11 | 11 | 8 | 8 |
| | $q = 2$ | 10 | 10 | 8 | 8 | 12 | 12 |
| | $q = 3$ | 11 | 11 | 9 | 9 | 10 | 10 |
| | $q = 4$ | 10 | 10 | 11 | 11 | 9 | 9 |
| | $q = 5$ | 2 | 2 | 2 | 2 | 2 | 2 |

**Tabelle 12.43** Gehalts-, Einstellungs-, Entlassungs- und Schulungskostensätze in Tausend Geldeinheiten

| | | $GK_r^t$ | $HK_r^t$ | $FK_r^t$ | $SK_{r,r^*=5}^t$ | $SK_{r,r^*=6}^t$ | $SK_{r,r^*=7}^t$ |
|---|---|---|---|---|---|---|---|
| $t = 1, \ldots, 6$ | $r = 1$ | 50 | 5 | 10 | 15 | - | - |
| | $r = 2$ | 50 | 5 | 10 | - | 25 | - |
| | $r = 3$ | 50 | 5 | 10 | 15 | 25 | - |
| | $r = 4$ | 50 | 5 | 10 | - | 25 | - |
| | $r = 5$ | 75 | - | 20 | - | - | 50 |
| | $r = 6$ | 75 | - | 20 | - | - | 50 |
| | $r = 7$ | 150 | - | 50 | - | - | - |

Formulieren Sie ein konkretes Optimierungsmodell zur Minimierung der Gesamtkosten mithilfe der obenstehenden Informationen!

## 12.4 Reine Personalverwendungsplanung

### 12.4.1 Grundmodell

Die Entscheidungssituation der reinen Personalverwendungsplanung ist dadurch charakterisiert, dass für eine vorab (als Datum) festgelegte und somit nicht mehr durch betriebliche Entscheidungen veränderbare Personalausstattung optimale Beschäftigungsmöglichkeiten – der optimale Personalbedarf – und ggf. der optimale Personaleinsatzplan gesucht werden. Man formuliert sie nicht zuletzt dann, wenn man eine vorhandene Personalausstattung halten möchte und für diese neuen Betätigungsfelder sucht, z.B. weil der Betrieb in eine vertriebliche Krise geraten ist. Wir wollen im Folgenden ein Grundmodell formulieren, bei dem die personellen Beschäftigungsmöglichkeiten über Prozesse und Tätigkeiten bestimmt werden (vgl. Kossbiel 1988, S. 1128 f. und Muche 1989). Der Modellierung legen wir folgende Symbole zugrunde:

*Mengen*

$\overline{T}$ $:= \{t|t = 1, \dots, T\}$ Menge der Teilperioden

$\overline{R}$ $:= \{r|r = 1, \dots, R\}$ Menge der Arbeitskräftearten

$\overline{Q}$ $:= \{q|q = 1, \dots, q\}$ Menge der Tätigkeitsarten

$\overline{K}$ $:= \{k|k = 1, \dots, K\}$ Menge der Prozessarten

$R_q$ $:= \{r|$Arbeitskräfte der Art $r$ können Tätigkeiten der Art $q \in \overline{Q}$ erledigen$\}$

$K_q$ $:= \{k|$Bei Prozessen der Art $k$ sind Tätigkeiten der Art $q \in \overline{Q}$ zu erledigen$\}$

*Daten*

$PA_{rt}$ := (Personal-) Ausstattung mit Arbeitskräften der Art $r \in \overline{R}$ in Teilperiode $t \in \overline{T}$

$D_k$ := Deckungsbeitrag, der mit der einmaligen Durchführung des Prozesses $k$ verbunden ist

$a_{qk}$ := (Personal-) Bedarf für Tätigkeiten der Art $q$ bei einmaliger Durchführung von Prozessen der Art $k$

$x_{kt}^{max}$ := bis zur Periode $t$ maximal zulässige Durchführungen des Prozesses $k$

*Entscheidungsvariable*

$x_{kt}$ := Niveau (d.h. Anzahl der Durchführungen) des Prozesses $k$ in Teilperiode $t$

Mit diesen Symbolen lautet das Grundmodell wie folgt:

$$\sum_{t\in\overline{T}}\sum_{k\in\overline{K}} D_k \cdot x_{kt} \rightarrow \max! \tag{Z. 15}$$

[Lies: Maximiere den Gesamtdeckungsbeitrag aller Prozessdurchführungen.]

u.d.N.:

Abstimmung Personalbedarf und Personalausstattung:

$$\sum_{q\in\hat{Q}}\sum_{k\in K_q} a_{qk} \cdot x_{kt} \leq \sum_{r\in\bigcup_{q\in\hat{Q}} R_q} PA_{rt} \quad \forall\, \hat{Q} \in \mathfrak{P}(\overline{Q})\backslash\{\emptyset\}, t \in \overline{T} \tag{R. 68}$$

[Lies: Stimme Personalbedarf und Personalausstattung nach Maßgabe des impliziten Ansatzes ab. Die jeweiligen Teilpersonalbedarfe sind Entscheidungsvariable. Sie ergeben sich aus der Umrechnung von prozessbezogenen in tätigkeitsbezogene Personalbedarfe.]

Obergrenzen:

$$\sum_{t'=1}^{t} x_{kt'} \leq x_{kt}^{max} \quad \forall\, k \in \overline{K}, t \in \overline{T} \tag{R. 69}$$

[Lies: Die bis zu Teilperiode $t$ kumulierte Anzahl der Prozessdurchführungen der Art $k$ darf die korrespondierende Obergrenze $x_{kt}^{max}$ nicht überschreiten.]

Nichtnegativitätsbedingungen:

$$x_{kt} \geq 0 \quad \forall\, k \in \overline{K}, t \in \overline{T} \tag{R. 70}$$

[Lies: Keine der Entscheidungsvariablen darf negativ werden.]

Das skizzierte Modell entspricht einer defensiven Personalverwendungsstrategie da die Personalausstattung nicht mehr durch betrieblicherseits induzierte Änderungen variiert werden kann. Bei offensiven Strategien könnte der Betrieb durch Personalentwicklungsmaßnahmen in die Personalausstattung eingreifen.

### 12.4.2 Übungsaufgaben

**Aufgabe 70**

In einer Näherei werden T-Shirts ($k = 1$) und Pullover ($k = 2$) gefertigt, wobei T-Shirts für einen Preis i.H.v. 20 €/Stück und Pullover für einen Preis i.H.v. 50 €/Stück direkt bei Modegeschäften abgesetzt werden können. Die Herstellung eines T-Shirts kostet die Näherei dabei 8 €, während die Produktionskosten eines Pullovers 28 € betragen. Aufgrund der beschränkten Anzahl der an Modegeschäfte weiter zu verkaufenden Kleidungsstücke möchte das Unternehmen täglich nicht mehr als 5.000 T-Shirts und 3.500 Pullover fertigen ($X_k^{max}$). Weiterhin nehmen die Modegeschäfte in der Regel ein bestimmtes Verhältnis von T-Shirt- und Pullover-Mengen ab. Daher soll die Produktion so ausgerichtet werden, dass mindestens 20% ($p_k^{min}$), jedoch maximal 35% ($p_k^{max}$) der Gesamtproduktionsmenge aus Pullovern besteht.

Der Großteil der Kleidungsproduktion erfolgt in der Näherei maschinell. Dennoch fallen bei der Herstellung der beiden Kleidungsstückarten drei Arten von Tätigkeiten $q$ ($q = 1,2,3$) an, die von Arbeitskräften zu erledigen sind:

$q = 1$ - Stoffe zuschneiden

$q = 2$ - Nähte überprüfen

$q = 3$ - Endkontrolle und Verpackung der Produkte

Die Näherei rechnet aufgrund der vergangenen Produktionsperioden damit, dass die Zeit für die Erledigung einer Tätigkeit der Art $q$ pro T-Shirt (Pullover) $a_{qk}$ den Angaben in der folgenden **Tabelle 12.44** entspricht:

**Tabelle 12.44** Zeit zur Aufgabenerledigung

| | T-Shirts ($\boldsymbol{k} = \mathbf{1}$) | Pullover ($\boldsymbol{k} = \mathbf{2}$) |
|---|---|---|
| Stoffe zuschneiden ($q = 1$) | 1 Minute | 2 Minuten |
| Nähte überprüfen ($q = 2$) | 0,5 Minuten | 1 Minute |
| Endkontrolle u. Verpackung ($q = 3$) | 2 Minuten | 3 Minuten |

Die der Näherei zur Verfügung stehenden Arbeitskräfte können in drei Arten $r$ ($r = 1,2,3$) untergliedert werden:

$r = 1$ - Schneider

$r = 2$ - Textilfacharbeiter

$r = 3$ - Hilfskräfte

Über die entsprechenden Bereitstellungs- und Verwendungsmöglichkeiten informiert das nachstehende Tableau (vgl. **Tabelle 12.45**):

**Tabelle 12.45** Bereitstellungs- und Verwendungsmöglichkeiten

| | $r = 1$ | $r = 2$ | $r = 3$ |
|---|---|---|---|
| $q = 1$ | × | × | × |
| $q = 2$ | × | - | - |
| $q = 3$ | × | × | - |

Zudem können die Arbeitskräfte entweder in Vollzeit (8 Arbeitsstunden pro Tag) oder in Teilzeit (4 Arbeitsstunden pro Tag) angestellt sein. Die gegebenen Personalausstattungen $PA_r^{VZ}$ sowie $PA_r^{TZ}$ sind in **Tabelle 12.46** aufgeführt:

**Tabelle 12.46** Anzahl der Arbeitskräfte in Voll- und Teilzeit

| | Vollzeit (8 Arbeitsstunden/Tag) | Teilzeit (4 Arbeitsstunden/Tag) |
|---|---|---|
| Schneider ($r = 1$) | 20 | - |
| Textilfacharbeiter ($r = 2$) | 10 | 10 |
| Hilfskräfte ($r = 3$) | 5 | 5 |

Formulieren Sie ein Modell der reinen Personalverwendungsplanung mit dem Ziel der Deckungsbeitragsmaximierung zum vorliegenden Problem! Verwenden Sie dabei $x_k$ als Entscheidungsvariable für die Anzahl der zu produzierenden Produkte der Art $k$!

**Aufgabe 71**

In einer Glasmanufaktur werden mithilfe zweier Prozesse (Prozess 1: „Glasfertigung"; Prozess 2: „Glasverzierung") die Produkte „Glasrohlinge" und „Gläserne Dekorationsobjekte" gefertigt. Während die gefertigten Glasrohlinge zu 60% als Endprodukte am Markt abgesetzt werden, gehen sie zu 40% als Zwischenprodukte in den Prozess der Glasverzierung ein. Die aus dem Prozess der Glasverzierung heraus entstandenen gläsernen Dekorationsobjekte werden ausschließlich als Endprodukte vertrieben. Es wird davon ausgegangen, dass beide Endprodukte unbegrenzt am Markt abgesetzt werden können.

Für die einmalige Durchführung des Prozesses „Glasfertigung" werden 3 kg Glasgranulat benötigt, woraus 20 Glasrohlinge gefertigt werden können. Bei einmaliger Durchführung des Prozesses „Glasverzierung" können 8 gläserne Dekorationsobjekte hergestellt werden, wofür zwei Tuben spezieller Glasfarbe benötigt werden. Die Beschaffung von Glasfarbe ist am Markt unbeschränkt möglich. Die Beschaffung von Glasgranulat ist allerdings auf 90 kg pro Tag beschränkt.

Weiterhin sind für die Durchführung der beiden Prozesse drei Arten von Aufgaben parallel zu verrichten. Bei einem Durchlauf des Prozesses „Glasfertigung" fällt die Erledigung der Aufgabenart „Glas formen" ($q = 1$) an. Für das Formen des Glases werden pro Prozessdurchlauf vier Arbeitskräfte benötigt. Bei einem Durchlauf des Prozesses „Glasverzierung" fällt die Erledigung der Aufgabenart „Glas bemalen" ($q = 2$) an, wofür zwei Arbeitskräfte benötigt werden. Zudem muss fortwährend eine „Qualitätskontrolle" ($q = 3$), sowohl bei der Glasfertigung als auch bei der Glasverzierung, erfolgen, wofür jeweils zwei Arbeitskräfte pro Prozessdurchlauf benötigt werden. Die geschilderten Zusammenhänge lassen sich wie in **Abbildung 12.4** grafisch veranschaulichen. Die Zahlen an den Pfeilen geben Auskunft über die Quantitäten, mit denen die Faktoren in den jeweiligen Prozess bei einmaliger Durchführung eingehen bzw. mit denen die Produkte aus dem jeweiligen Prozess bei einmaliger Durchführung hervorgehen.

**Abbildung 12.4** Prozessablaufübersicht

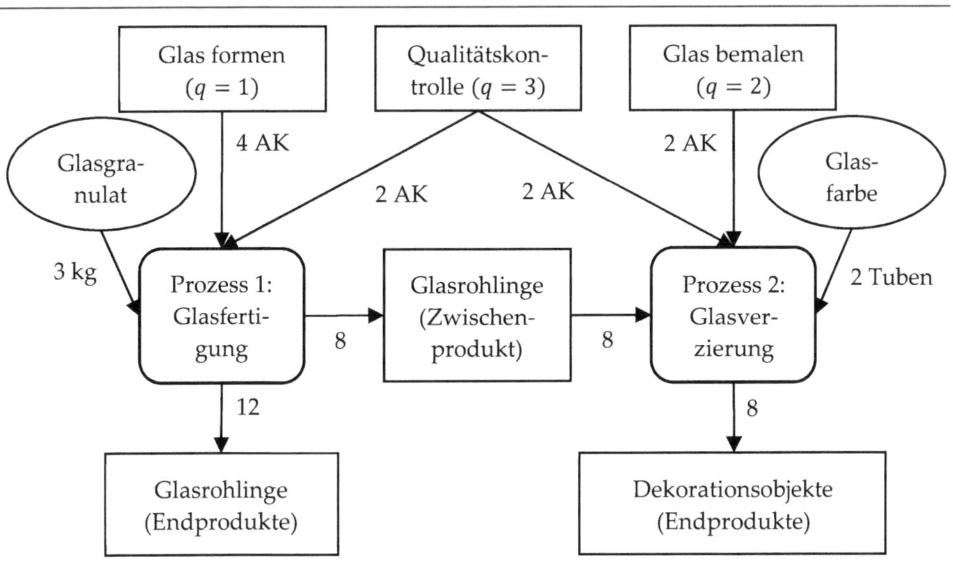


Es wird davon ausgegangen, dass gefertigte Glasrohlinge, die als Zwischenprodukte in den Prozess der Glasverzierung eingehen, unbeschränkt gelagert werden können. Jedoch gilt es sicherzustellen, dass die für die Glasverzierung vorgesehene Menge an Glasrohlingen die täglich in Prozess 1 gefertigte Menge an Glasrohlingen nicht übersteigt.

Aufgrund der beschränkten Verfügbarkeit von für die Prozessabläufe benötigten Apparaturen und Werkzeuge können höchstens vier Durchläufe des Prozesses „Glasfertigung" und vier Durchläufe des Prozesses „Glasverzierung" parallel durchgeführt werden.

Zur Erledigung der drei Arten von Tätigkeiten ($q = 1, 2, 3$) können Arbeitskräfte aus drei Kategorien ($r = 1, 2, 3$) herangezogen werden, wobei eine Arbeitskraft 8 Stunden pro Tag arbeitet. Über die verschiedenen Personalbereitstellungs- bzw. Personalverwendungsmöglichkeiten informiert nachstehende **Tabelle 12.47**. Ebenso geht aus dieser Tabelle die Struktur der aktuell vorhandenen Personalausstattung $PA_r$ sowie die Personalbedarfe $PB_q$ in Abhängigkeit von der Anzahl paralleler Durchläufe des Prozesses „Glasfertigung" ($x_1$) und des Prozesses „Glasverzierung" ($x_2$) hervor.

**Tabelle 12.47** Bereitstellungs- und Verwendungsmöglichkeiten

| | $r = 1$ | $r = 2$ | $r = 3$ | $PB_q$ |
|---|---|---|---|---|
| $q = 1$ | × | - | × | $4x_1$ |
| $q = 2$ | - | × | × | $2x_2$ |
| $q = 3$ | - | - | × | $2x_1 + 2x_2$ |
| $PA_r$ | 12 | 8 | 8 | |

Die Produktion wird täglich für 8 Stunden betrieben. Die Dauer einer einmaligen Durchführung des Prozesses „Glasfertigung" beträgt 80 Minuten und des Prozesses „Glasverzierung" entsprechend 40 Minuten. Es wird davon ausgegangen, dass sofern ein Prozess gestartet wird, dieser über die gesamte Produktionszeit ohne Unterbrechung durchgeführt werden muss. Der Deckungsbeitrag eines ganztägigen Durchlaufs des Prozesses „Glasfertigung" (bzw. „Glasverzierung") beträgt 180 (bzw. 480).

a. Formulieren Sie für das oben beschriebene Problem einen linearen Optimierungsansatz mit dem Ziel der Maximierung des täglichen Gesamtdeckungsbeitrags! Der Personaleinsatz muss dabei nicht explizit berücksichtigt werden!

b. Bestimmen Sie grafisch die Menge der zulässigen Lösungen sowie die optimale Anzahl paralleler Durchläufe der Prozesse 1 und 2! Geben Sie die optimale Lösung explizit an!

**Aufgabe 72**

Ein Veranstalter von geführten Abenteuer-Kurztrips erwägt, sog. Survival-Wochenenden in sein Portfolio mitaufzunehmen. Aufgrund dessen, dass für die Durchführung solcher Trips allerdings bisher nicht vorhandene Survival-Trainer benötigt werden und diese aktuell am Arbeitsmarkt nicht verfügbar sind, müsste das Unternehmen einen oder mehrere bereits angestellte Mitarbeiter zu einer entsprechenden Ausbildung schicken. Der Veranstalter möchte nun überprüfen, ob das Anbieten der Survival-Trips und die dafür benötigten Schulungen für das Unternehmen sinnvoll wären.

Zur Zeit bietet das Unternehmen Wild-Camping-Touren ($k = 1$), Kletter-Touren ($k = 2$) und Kanu-Touren ($k = 3$) an. Im Durchschnitt erwirtschaftet der Veranstalter pro durchgeführter Tour einen Deckungsbeitrag $DB_k$ i.H.v. 500€ ($DB_1$) , 750€ ($DB_2$) bzw. 300€ ($DB_3$).

Die während dieser Touren durchzuführenden Aufgaben der Art $q$ ($q$ = 1,2,3,4) und die damit verbundenen Anzahlen an benötigten Arbeitskräften pro Tour und Aufgabenart $a_{qk}$ sind im Folgenden (vgl. **Tabelle 12.48**) dargestellt:

**Tabelle 12.48** Personalbedarfe

| | Wild-Camping ($k = 1$) | Klettern ($k = 2$) | Kanu ($k = 3$) |
|---|---|---|---|
| Hilfestellungen beim Campen geben ($q = 1$) | 1 | - | - |
| Hilfestellungen beim Klettern geben ($q = 2$) | - | 2 | - |
| Erste Hilfe leisten ($q = 3$) | 1 | 1 | 1 |
| Ausrüstung vorbereiten und transportieren ($q = 4$) | 1 | 2 | 1 |

Zur Erledigung dieser Aufgaben stehen dem Unternehmen drei Arten von Arbeitskräften $r$ ($r$ = 1,2,3) zur Verfügung. Die entsprechenden Bereitstellungs- und Verwendungsmöglichkeiten sowie die aktuellen Personalausstattungen $PA_r^{t=0}$ sind dem nachstehenden Tableau (vgl. **Tabelle 12.49**) zu entnehmen:

**Tabelle 12.49** Bereitstellungs-, Verwendungsmöglichkeiten und Personalanfangsausstattungen

| | Wildführer ($r = 1$) | Klettertrainer ($r = 2$) | Studentische Aushilfen ($r = 3$) |
|---|---|---|---|
| Hilfestellungen beim Campen geben ($q = 1$) | × | - | - |
| Hilfestellungen beim Klettern geben ($q = 2$) | - | × | - |
| Erste Hilfe leisten ($q = 3$) | - | × | × |
| Ausrüstung vorbereiten und transportieren ($q = 4$) | × | × | × |
| $PA_r^{t=0}$ | 5 | 4 | 16 |

Für die einmonatige Schulung zum Survival-Trainer ($r = 4$) kommen nach Analyse des Veranstalters ausschließlich die Wildführer in Frage [Hinweis: Bei der Schulung werden bereits bestehende Qualifikationen **nicht verlernt**!]. Die Kosten dieser Ausbildung ($SK^t_{r,r^*}$) betragen 250€ pro Schulung und Mitarbeiter. Zudem wurde ermittelt, dass für die Durchführung der Survival-Wochenenden ($k = 4$) neben $q = 3$ und $q = 4$ auch die Aufgabenart „Survivaltraining durchführen" ($q = 5$) zu erledigen ist. Für jede Aufgabenart würde der Veranstalter einen Bedarf von einer Arbeitskraft pro Trip generieren.

Aufgrund einer ersten Nachfrageprognose für die Survival-Wochenenden möchte der Anbieter allerdings monatlich nicht mehr als zwei dieser Trips ($X^{max,t}_k$) in den kommenden Monaten anbieten.

Formulieren Sie unter Annahme, dass die Survival-Wochenenden einen durchschnittlichen Deckungsbeitrag von 2.000€ generieren, einen linearen Ansatz aus dem Bereich der offensiven Personalverwendungsplanung für die nächsten vier Monate! Verwenden Sie dabei die folgenden Entscheidungsvariablen:

$x^t_k$ := Anzahl durchzuführender Trips der Art $k$ in Periode $t$

$PE^t_{rq}$ := Personaleinsatz von Arbeitskräften der Art $r$ für die Erledigung von Aufgaben der Art $q$ in Periode $t$

$PA^t_r$ := Personalausstattung an Arbeitskräften der Art $r$ in Periode $t$

$PE(S)^t_{r,r^*}$ := Anzahl der Arbeitskräfte der Art $r$, die in Periode $t$ eine Schulung zu Arbeitskräften der Art $r^*$ beginnen

[Hinweis: Alle weiteren, oben nicht beschriebenen Möglichkeiten der Personalausstattungsveränderung sind ausgeschlossen!]

# 12.5 Simultane Personalplanung

## 12.5.1 Überblick

Bei simultanen Personalplanungen geht – ebenso wie bei der reinen Personalverwendungsplanung – der Personalbedarf als Entscheidungsvariable in den Optimierungskalkül ein. Im Gegensatz zu letztgenannter wird hier aber zusätzlich auch die optimale Personalausstattung gesucht. Des Weiteren sind simultane Personalplanungen immer durch Anbindungen an mindestens einen weiteren Funktionsbereich der Unternehmung charakterisiert (Stichwort: integrierte Personalplanung [vgl. Spengler 2009, S. 1033 f.]): Neben der Personalbereitstellung und -verwendung werden im Zuge der simultanen Personal- und

- Investitionsplanung Entscheidungen über die Art und Anzahl anzuschaffender Maschinen (vgl. Domsch 1970, Müller-Hagedorn 1974, Strutz 1974 und Kossbiel 1988, S. 1129 ff.)

- Produktionsplanung Entscheidungen über die Art und Anzahl zu produzierender Güter oder der Faktorbereitstellung (vgl. Jarr 1974, Kochen 1979, S. 127 ff., Kossbiel 1988, S. 1129 ff. und Kossbiel/Spengler 2015, S. 444 ff.)
- Organisationsplanung Entscheidungen über Art und Anzahl zu implementierender Stellen (vgl. Kossbiel 1972, S. 101 ff., 1980, Hilbert 1990, Spengler 1993, S. 159 ff., 1993a und Bürkle 1999, S. 43 ff.)

vorbereitet bzw. getroffen.

## 12.5.2 Simultane Personal- und Produktionsplanung

### 12.5.2.1 Darstellung

Im Zuge simultaner Personal- und Produktionsplanungen wird entweder nur das Produktionsprogramm oder der Produktionsprozess oder es werden beide geplant. Bei Produktionsprozessplanungen geht es u.a. um Entscheidungen über die Faktorbereitstellung (hier: ohne Arbeitskräfte), über Termine und über Reihenfolgen von Teilprozessen. Wir wollen im Folgenden jedoch ein einfach gehaltenes Grundmodell zur simultanen Personal- und Produktionsprogrammplanung vorstellen (vgl. Kossbiel/Spengler 2015, S. 444 ff.). Neben entsprechenden Entscheidungen über Personalausstattungen und Personaleinsätze sollen bei entscheidungsabhängigen Personalbedarfen Entscheidungen über die Art und Anzahl zu produzierender, zu lagernder und abzusetzender Güter getroffen werden. Seitens des Personaleinsatzes ist nur der Einsatz in Leistungsprozessen relevant, Fluktuation und Absentismus spielen keine Rolle, alle Daten sind deterministisch. Es handelt sich zudem um ein mehrperiodiges Planungsproblem.

Der Modellierung legen wir folgende Symbole zugrunde:

*Mengen*

$\overline{T}$ $:= \{t|t = 1, \dots, T\}$ Menge der Teilperioden

$\overline{R}$ $:= \{r|r = 1, \dots, R\}$ Menge der Arbeitskräftearten

$\overline{Q}$ $:= \{q|q = 1, \dots, Q\}$ Menge der Tätigkeitsarten

$\overline{K}$ $:= \{k|k = 1, \dots, K\}$ Menge der Prozessarten

$\overline{I}$ $:= \{i|i = 1, \dots, I\}$ Menge der Produktarten

$R_q$ $:= \{r|$Arbeitskräfte der Art $r$ können Tätigkeiten der Art $q \in \overline{Q}$ erledigen$\}$

$Q_r$ $:= \{q|$Tätigkeiten der Art $q$ können von Arbeitskräften der Art $r \in \overline{R}$ erledigt werden$\}$

$K_q$ $:= \{k|$Bei Prozessen der Art $k$ sind Tätigkeiten der Art $q \in \overline{Q}$ zu erledigen$\}$

<u>*Daten*</u>

$d_{kt}$ := Kosten der Durchführung eines Prozesses der Art $k \in \overline{K}$ in Teilperiode $t \in \overline{T}$

$l_{it}$ := Kosten der Lagerung eines Produktes der Art $i \in \overline{I}$ in Teilperiode $t \in \overline{T}$

$p_{it}$ := (Stück-) Preis eines Produktes der Art $i \in \overline{I}$ in Teilperiode $t \in \overline{T}$

$GK_{rt}$ := Gehaltskosten einer Arbeitskraft der Art $r \in \overline{R}$ in Teilperiode $t \in \overline{T}$

$HK_{rt}$ := Kosten der Einstellung einer Arbeitskraft der Art $r \in \overline{R}$ in Teilperiode $t \in \overline{T}$

$FK_{rt}$ := Kosten der Entlassung einer Arbeitskraft der Art $r \in \overline{R}$ in Teilperiode $t \in \overline{T}$

$a_{qk}$ := Personalbedarf für Tätigkeiten der Art $q$ bei einmaliger Durchführung von Prozessen der Art $k$

$c_{ik}$ := bei einmaliger Durchführung des Prozesses der Art $k \in \overline{K}$ ausgebrachte Menge eines Produktes der Art $i \in \overline{I}$

$\overline{PA}_{r0}$ := Anfangsausstattung mit Arbeitskräften der Art $r \in \overline{R}$

$\overline{m}_{i0}$ := Lageranfangsbestand der Produktart $i \in \overline{I}$

<u>*Entscheidungsvariable*</u>

$v_{it}$ := Absatzmenge von Produkten der Art $i \in \overline{I}$ in Teilperiode $t \in \overline{T}$

$x_{kt}$ := Niveau (d.h. Anzahl der Durchführungen) des Prozesses $k$ in Teilperiode $t$

$m_{it}$ := Lagermenge von Produkten der Art $i \in \overline{I}$ in Teilperiode $t \in \overline{T}$

$h_{rt}$ := Anzahl der in Teilperiode $t \in \overline{T}$ einzustellenden Arbeitskräfte der Art $r \in \overline{R}$

$f_{rt}$ := Anzahl der in Teilperiode $t \in \overline{T}$ zu entlassenden Arbeitskräfte der Art $r \in \overline{R}$

$PE_{rqt}$ := Anzahl an in Teilperiode $t \in \overline{T}$ für die Erledigung von Tätigkeiten der Art $q \in \overline{Q}$ einzusetzenden Arbeitskräfte der Art $r \in \overline{R}$

Mit diesen Symbolen lautet das Grundmodell wie folgt:

$$\sum_{t \in \overline{T}} \left[ \sum_{i \in \overline{I}} p_{it} \cdot v_{it} - \sum_{k \in \overline{K}} d_{kt} \cdot x_{kt} - \sum_{i \in \overline{I}} l_{it} \cdot m_{it} - \right.$$

$$\left. \sum_{r \in \overline{R}} \left[ \left[ HK_{rt} + \sum_{t \in \overline{T}} GK_{rt} \right] \cdot h_{rt} + \left[ FK_{rt} - \sum_{t \in \overline{T}} GK_{rt} \right] \cdot f_{rt} \right] \right] \rightarrow \text{max!} \qquad \text{(Z. 16)}$$

[Lies: Maximiere den Gesamtdeckungsbeitrag! Dieser ergibt sich als Differenz von Umsatzerlösen aus Produktverkäufen und der Summe von Produktions-, Lager-, Gehalts-, Einstellungs- und Entlassungskosten.]

u.d.N.:

Abstimmung Personalbedarf und Personaleinsatz:

$$\sum_{k \in K_q} a_{qk} \cdot x_{kt} = \sum_{r \in R_q} PE_{rqt} \quad \forall\, q \in \overline{Q}, t \in \overline{T} \tag{R.71}$$

[Lies: Decke gemäß explizitem Ansatz jeden tätigkeits- und periodenspezifischen Personalbedarf exakt durch den Einsatz hinreichend qualifizierter Arbeitskräfte! Die tätigkeits- und periodenspezifischen Personalbedarfe ergeben sich durch Umrechnung aus den prozess- und periodenspezifischen Personalbedarfen.]

Abstimmung Personaleinsatz und Personalausstattung:

$$\sum_{q \in Q_r} PE_{rqt} \leq \overline{PA}_{r0} + \sum_{\tau=1}^{t} (h_{r\tau} - f_{r\tau}) \quad \forall\, r \in \overline{R}, t \in \overline{T} \tag{R.72}$$

[Lies: Stelle gemäß explizitem Ansatz von jeder Arbeitskräftekategorie mindestens so viele Arbeitskräfte zur Verfügung, wie in entsprechenden Leistungsprozessen eingesetzt werden sollen! Die perioden- und qualifikationsspezifische Personalausstattung ergibt sich dabei aus der entsprechenden Anfangsausstattung zuzüglich aller korrespondierenden Einstellungen und abzüglich aller korrespondierenden Entlassungen.]

Lagerbestandsfortschreibung:

$$m_{it} = \overline{m}_{i0} + \sum_{\tau=1}^{t} \left( \sum_{k \in \overline{K}} c_{ik} \cdot x_{k\tau} - v_{i\tau} \right) \quad \forall\, i \in \overline{I}, t \in \overline{T} \tag{R.73}$$

[Lies: Schreibe die Lagerbestände periodenweise fort!]

Nichtnegativitätsbedingungen:

$$v_{it}, x_{kt}, m_{it}, h_{rt}, f_{rt}, PE_{rqt} \geq 0 \quad \forall \text{ relevanten } i \in \overline{I}, j \in \overline{J}, r \in \overline{R}, q \in \overline{Q}, t \in \overline{T} \tag{R.74}$$

Dieser bewusst einfach gehaltene Ansatz lässt sich in vielfacher Hinsicht erweitern, z.B. durch die Integration von Unter- und Obergrenzen für die Entscheidungsvariablen oder Fluktuations- und Absentismusraten. Man kann ihn zudem in ein sog. Produktionsglättungsmodell umformulieren (vgl. Jarr 1973, S. 434, 1974, S. 686 ff. und Kossbiel/Spengler 2015, S. 444).

### 12.5.2.2 Übungsaufgabe

**Aufgabe 73**

Ein Start-Up ist vor kurzem mit ultraleichten Fahrrädern an den Markt gegangen. Zur Zeit produziert das Unternehmen eine Damen-, Kinder- und Herrenvariante dieser Räder (Produkte $j = 1, 2, 3$). Aufgrund der Ähnlichkeit der Herstellung der Varianten sind die variablen Stückkosten identisch.

Wegen der hohen Nachfrage nach den Rädern ist das Unternehmen für die kommenden vier Monate absatztechnisch ausgelastet und hat dementsprechend die für diesen Zeitraum auszuliefernden Mengen ($l_{jt}$) bereits bestimmt (vgl. **Tabelle 12.50**):

**Tabelle 12.50** Auszuliefernde Mengen für die kommenden vier Monate

| | $t = 1$ | $t = 2$ | $t = 3$ | $t = 4$ |
|---|---|---|---|---|
| $j = 1$ | 75 | 125 | 100 | 85 |
| $j = 2$ | 25 | 50 | 10 | 60 |
| $j = 3$ | 120 | 85 | 150 | 50 |

Aufgrund der Produktion der vergangenen Monate verfügt das Start-Up allerdings noch über Restbestände der drei Fahrradvarianten (Lageranfangsbestände). Zudem möchte die Geschäftsleitung aus Flexibilitätsgründen sicherstellen, dass am Ende der kommenden vier Monate weiterhin Restbestände (Lagerendbestände) verfügbar sind. **Tabelle 12.51** enthält Informationen über diese Lageranfangs- und -endbestände sowie über die anfallenden Kosten pro gelagertem Rad und Monat:

**Tabelle 12.51** Lageranfangs-, Lagerendbestände und Lagerkostensätze

| | Lageranfangs-bestand | Lagerendbestand | Lagerkostensatz ($LK_j$) |
|---|---|---|---|
| $j = 1$ | 30 | 10 | 25 |
| $j = 2$ | 20 | 10 | 10 |
| $j = 3$ | 35 | 10 | 25 |

Das Unternehmen beschäftigt aktuell drei unterschiedliche Arten von Arbeitskräften ($r = 1,2,3$). Arbeitskräfte der Art $r = 1$ können jedoch nur für die Herstellung der Damen-

($j = 1$) und Kinderräder ($j = 2$), Arbeitskräfte der Art $r = 2$ nur für die Herstellung von Herren- ($j = 3$) und Kinderrädern und Arbeitskräfte der Art $r = 3$ ausschließlich für die Produktion der Kinderräder herangezogen werden.

Von den bereits beschäftigten Arbeitskräften darf aufgrund der Richtlinien von Investoren und staatlichen Förderern niemand entlassen werden. Das Start-Up kann jedoch unbegrenzt weitere Arbeitskräfte einstellen. Dadurch, dass der innovative Herstellungsprozess für die Fahrräder von neuen Arbeitskräften allerdings zunächst verinnerlicht werden muss, erbringen diese im ersten Monat ihrer Betriebszugehörigkeit nur 50% der Leistung einer voll eingearbeiteten Kraft. Die von einer voll eingearbeiteten Arbeitskraft durchschnittlich produzierten Räder, die aktuellen Personalausstattungen sowie eine mit den Investoren und staatlichen Förderern vereinbarte Mindestpersonalausstattung am Ende der nächsten vier Monate für jede Arbeitskräfteart sind in **Tabelle 12.52** aufgeführt:

**Tabelle 12.52** Monatsleistung einer voll eingearbeiteten Arbeitskraft, Personalanfangs- und gewünschte Personalendausstattungen

| Arbeitskräftekategorie | Monatsleistung einer voll eingearbeiteten Arbeitskraft bei Produkt $j$ | | | Personalanfangsausstattung | Gewünschte Mindestausstattung mit Personal am Ende der Planungsperiode ($PA_r^{t=4,min}$) |
|---|---|---|---|---|---|
| | $j = 1$ | $j = 2$ | $j = 3$ | | |
| $r = 1$ | 5 | 6 | - | 7 | 10 |
| $r = 2$ | - | 6 | 4 | 12 | 15 |
| $r = 3$ | - | 8 | - | 2 | 5 |

Arbeitskräfte, die für die Produktion von Fahrrädern eingesetzt werden, erhalten einen Monatslohn zuzüglich 10% Einsatzprämie. Nicht eingesetzte Arbeitskräfte erhalten ausschließlich den Monatslohn. Die Monatslöhne und Einstellungskosten sind in nachfolgender **Tabelle 12.53** aufgelistet:

**Tabelle 12.53** Monatslöhne und Einstellungskosten

| | $r = 1$ | $r = 2$ | $r = 3$ |
|---|---|---|---|
| Einstellungskosten pro neu eingestellter Arbeitskraft ($HK_r^t$) | 500 | 500 | 200 |
| Monatslohn pro Arbeitskraft bei Nichteinsatz in der Produktion ($GK_r^t$) | 2.500 | 2.500 | 2.200 |

Formulieren Sie unter Verwendung der folgenden zusätzlichen Symbole einen Ansatz zur simultanen Personal- und Produktionsprogrammplanung mit dem Ziel der Gesamtkostenminimierung!

$m_{j,t}$ := Lagermenge der Produktart $j$ am Ende des Monats $t$

$p_{j,t}$ := im Monat $t$ produzierte Menge der Produktart $j$

$PE_{j,r}^{t}$ := Anzahl der voll eingearbeiteten Arbeitskräfte der Kategorie $r$, die im Monat $t$ bei der Produktion der Produktart $j$ eingesetzt werden

$\overline{PE}_{j,r}^{t}$ := Anzahl der zu Beginn des Monats $t$ neueingestellten Arbeitskräfte der Kategorie $r$, die im gleichen Monat bei der Produktion der Produktart $j$ eingesetzt werden.

$\widetilde{PA}_{r}^{t}$ := Anzahl der voll eingearbeiteten Arbeitskräfte der Kategorie $r$ im Monat $t$

$h_{r}^{t}$ := Anzahl der zu Beginn des Monats $t$ neueingestellten Arbeitskräfte der Kategorie $r$

$f_{r}^{t}$ := Anzahl der zu Beginn des Monats $t$ entlassenen Arbeitskräfte der Kategorie $r$, die im Monat t nicht in der Produktion eingesetzt werden

$PNE_{r}^{t}$ := Anzahl der voll eingearbeiteten Arbeitskräfte der Kategorie $r$, die im Monat $t$ nicht in der Produktion eingesetzt werden

$\widetilde{PNE}_{r}^{t}$ := Anzahl der im Monat $t$ neueingestellten Arbeitskräfte der Kategorie $r$, die im gleichen Monat nicht in der Produktion eingesetzt werden

## 12.5.3 Simultane Personal- und Investitionsplanung

### 12.5.3.1 Darstellung

Der nachstehend formulierte Ansatz zur simultanen Personal- und Investitionsplanung stellt ein Kapitalwertmaximierungsmodell dar (vgl. Domsch 1970). Eine Investition umfasst dabei zwei Teile, nämlich eine Personal- und eine Sachinvestition. Die Sachinvestition ist beispielweise die Investition in eine Produktionsmaschine und die Personalinvestition entfällt dann auf das erforderliche Bedienpersonal. Der Kapitalwert eines einzelnen Investitionsobjektes $j \in \bar{J}$ ergibt sich folglich auch aus zwei Teilen, nämlich aus dem Kapitalwert der Personal- (a) und demjenigen der Sachinvestition (b).

Zu (a): Der Kapitalwert einer einzelnen Personalinvestition resultiert aus den Einstellungsauszahlungen (negatives Vorzeichen) für die erforderlichen Arbeitskräfte und dem Barwert der Lohnauszahlungen während der Laufzeit des Investitionsobjektes (negatives Vorzeichen). Dabei werden die jeweiligen Auszahlungssätze je Arbeitskraft mit der Anzahl der für eine einzelne Investition vom Typ $j \in \bar{J}$ erforderlichen Arbeitskräfte multipliziert.

Zu (b): Der Kapitalwert einer einzelnen Sachinvestition resultiert aus der Anschaffungsauszahlung für eine Sachinvestition vom Typ $j \in \bar{J}$ (negatives Vorzeichen), dem Barwert der Nettoeinzahlungen (Cashflows) während der Laufzeit des Investitionsobjektes (positives Vorzeichen) und dem Barwert des Liquidationserlöses einer Sachinvestition am Ende der Laufzeit des Investitionsobjektes (positives Vorzeichen).

Wir nehmen an, dass der Betrieb noch über keinerlei Personal für die Sachinvestitionen verfügt und die Sachinvestitionen zur Produkterzeugung erforderlich sind.

Der Modellierung legen wir folgende Symbole zugrunde:

Mengen

$\bar{I}$ $:= \{i | i = 1, \dots, I\}$ Menge der Produktarten

$\bar{J}$ $:= \{j | j = 1, \dots, J\}$ Menge der Investitionsarten

$\overline{R}$ $:= \{r | r = 1, \dots, R\}$ Menge der Arbeitskräftearten

$\overline{Q}$ $:= \{q | q = 1, \dots, Q\}$ Menge der Tätigkeitsarten

$R_q$ $:= \{r |$ Arbeitskräfte der Art $r$ können Tätigkeiten der Art $q \in \overline{Q}$ erledigen$\}$

Daten

$C_0^j$ := Kapitalwert einer einzelnen Investition vom Typ $j \in \bar{J}$

$Z_j$ := Anschaffungsauszahlung für eine einzelne Investition vom Typ $j \in \bar{J}$

$B$ := zu Beginn der Planungsperiode verfügbarer Finanzbetrag

$v_i^{max}$ := Absatzobergrenze der Produktart $i \in \bar{I}$

$h_r^{max}$ := Zahl der maximal einstellbaren Arbeitskräfte der Art $r \in \overline{R}$

$\bar{x}_{ij}$ := Periodenkapazität einer einzelnen Investition vom Typ $j \in \bar{J}$ in Mengeneinheiten der Produktart $i \in \bar{I}$

$\bar{a}_{qj}$ := Zahl der für eine einzelne Investition vom Typ $j \in \bar{J}$ und Erledigung von Tätigkeiten der Art $q \in \overline{Q}$ benötigten Arbeitskräfte

Entscheidungsvariable

$z_j$ := Zahl der durchzuführenden Investitionen vom Typ $j \in \bar{J}$

Mit diesen Symbolen lautet das Planungsmodell wie folgt:

$$\sum_{j\in\bar{J}} C_0^j \cdot z_j \rightarrow \text{max!} \qquad \text{(Z. 17)}$$

[Lies: Maximiere den Gesamtkapitalwert aller zu realisierenden Investitionsobjekte!]

u.d.N.:

Absatzobergrenzen:

$$\sum_{j\in\bar{J}} \bar{x}_{ij} \cdot z_j \leq v_i^{max} \quad \forall\, i \in \bar{I} \qquad \text{(R. 75)}$$

[Lies: Von jeder Produktart darf nicht mehr produziert werden als auch abgesetzt werden kann. Die Produktionsmenge hängt ab von Art und Anzahl der Sachinvestitionen.]

Finanzbudget:

$$\sum_{j\in\bar{J}} Z_j \cdot z_j \leq B \qquad \text{(R. 76)}$$

[Lies: Das zu Beginn der Planungsperiode verfügbare Finanzbudget darf nicht überschritten werden.]

Abstimmung Personalbedarf und Rekrutierungspotenzial:

$$\sum_{q\in\hat{Q}} \sum_{j\in\bar{J}} \bar{a}_{qj} \cdot z_j \leq \sum_{r\in\bigcup_{q\in\hat{Q}} R_q} h_r^{max} \quad \forall\, \hat{Q} \in \mathfrak{P}(\bar{Q})\backslash\{\emptyset\} \qquad \text{(R. 77)}$$

[Lies: Gemäß implizitem Ansatz sind alle Teilpersonalbedarfe und alle möglichen Kombinationen der Teilpersonalbedarfe mit den hinreichend qualifizierten und verfügbaren Arbeitskräften abzustimmen. Da der Betrieb annahmegemäß noch über keinerlei Personal verfügt, hat die Abstimmung mit dem betrieblichen Rekrutierungspotenzial zu erfolgen.]

Nichtnegativitätsbedingungen:

$$z_j \geq 0 \quad \forall\, j \in \bar{J} \qquad \text{(R. 78)}$$

[Lies: Keine der Variablen kann negativ werden.]

Auch dieser Ansatz ist bewusst einfach gehalten und kann in vielfältiger Weise erweitert und variiert werden, z.B. durch die Berücksichtigung von Anlernprozessen beim Bedienpersonal der Sachinvestitionen. Des Weiteren können vertiefende humankapitaltheoretische Überlegungen (vgl. Spengler 1994) und solche zur Maximierung des Vermögensendwertes angestellt werden (vgl. Kossbiel 1988, S, 1133 ff.).

### 12.5.3.2 Übungsaufgabe

**Aufgabe 74**

Eine Brauerei erwägt aufgrund der überschrittenen optimalen Nutzungsdauern ihrer Braukessel vom Typ 1 ($j = 1$) sowie ihrer Braukessel vom Typ 2 ($j = 2$), jeweils neue Maschinen dieser Typen zu erwerben. Beide Maschinentypen werden für die Herstellung der produzierten Biere der Sorte Pils ($k = 1$), Weizen ($k = 2$) und Dunkelbier ($k = 3$) verwendet. Die maximalen Periodenkapazitäten $a_{jk}$ der Maschinentypen für die Herstellung der unterschiedlichen Biere sind in Mengeneinheiten des jeweiligen Produkttyps in **Tabelle 12.54** angegeben:

**Tabelle 12.54** Maximale Periodenkapazitäten der Maschinentypen

| | $k = 1$ | $k = 2$ | $k = 3$ |
|---|---|---|---|
| $j = 1$ | 5.000 | 3.500 | 2.500 |
| $j = 2$ | 20.000 | 8.000 | 20.000 |

Die Kapitalwerte $c_{t=0}^{j}$ je anzuschaffender Maschine des Typs $j$ sind bereits bestimmt worden:

$c_{t=0}^{1} = 375.000$

$c_{t=0}^{2} = 225.000$

Aufgrund langjähriger Erfahrungen weiß die Unternehmensleitung, dass pro Periode maximal 85.000 Einheiten der Biersorte Pils ($A_1^{max}$), maximal 60.000 Einheiten der Biersorte Weizen ($A_2^{max}$)und maximal 25.000 Einheiten der Biersorte Dunkelbier ($A_3^{max}$) absetzbar sind.

Zudem hat der Vorstand in der vergangenen Sitzung maximal 2.500.000 Geldeinheiten ($B$) für die Investition in neue Anlagen genehmigt. Die von der Unternehmensleitung präferierten Anbieter von Braukesseln bieten eine Maschine vom Typ 1 bzw. Typ 2 aktuell zu einem Preis $p_j$ von 225.000 bzw. 165.000 Geldeinheiten an.

Der Einsatz beider Maschinentypen erfordert jeweils die zusätzliche Erledigung von vier Aufgabenarten der Art $q$ ($q = 1,2,3,4$). Der jeweilige Personalbedarf $pb_{qj}$ jeder eingesetzten Maschine des Typs $j$ ist in der folgenden **Tabelle 12.55** aufgeführt:

**Tabelle 12.55** Personalbedarfe pro eingesetzter Maschine

| | $j = 1$ | $j = 2$ |
|---|---|---|
| $q = 1$ | 2 | 1 |
| $q = 2$ | 1 | 2 |
| $q = 3$ | 4 | 2 |
| $q = 4$ | 1 | 3 |

Die anfallenden Aufgaben können von Mitarbeitern aus vier verschiedenen Arbeitskräftekategorien $r$ ($r = 1,2,\ldots,4$) erledigt werden. Informationen zu den gegebenen Personalausstattungen ($\overline{PA}_r$), den Bereitstellungs- und Verwendungsmöglichkeiten sowie den Leistungsfaktoren $\alpha_{rq}$ einer Arbeitskräftekategorie $r$ für die Erledigung von Aufgaben der Art $q$ sind der nachfolgenden **Tabelle 12.56** zu entnehmen:

**Tabelle 12.56** Bereitstellungs-, Verwendungsmöglichkeiten, Leistungsfaktoren und Personalausstattungen

| | $r = 1$ | $r = 2$ | $r = 3$ | $r = 4$ |
|---|---|---|---|---|
| $q = 1$ | 1 | 0 | 1,1 | 0,75 |
| $q = 2$ | 0 | 1,1 | 0 | 0,95 |
| $q = 3$ | 0 | 0,9 | 0,85 | 0 |
| $q = 4$ | 0,8 | 0 | 1,1 | 1,2 |
| $\overline{PA}_r$ | 25 | 25 | 15 | 15 |

Aufgrund der Unbeliebtheit bestimmter Aufgaben innerhalb der Belegschaft rechnet die Unternehmensleitung mit Abwesenheitsraten $\beta_{rq}$ von Arbeitskräften der Art $r$, die für die Erledigung von Tätigkeiten der Art $q$ eingesetzt werden (vgl. **Tabelle 12.57**):

**Tabelle 12.57** Abwesenheitsraten

| | $r = 1$ | $r = 2$ | $r = 3$ | $r = 4$ |
|---|---|---|---|---|
| $q = 1$ | - | - | - | 0,1 |
| $q = 2$ | - | - | - | - |
| $q = 3$ | - | 0,04 | 0,07 | - |
| $q = 4$ | 0,05 | - | - | - |

Die Unternehmensleitung möchte Einstellungen ($h_r$) und Entlassungen ($f_r$) grundsätzlich berücksichtigen, jedoch sollen in jeder Arbeitskräftekategorie nicht mehr als fünf Mitarbeiter neu eingestellt ($H_r^{max}$) bzw. entlassen ($F_r^{max}$) werden. Wegen der verzerrten Erwartungshaltung potentieller Arbeitskräfte in Bezug auf die Arbeit in einer Brauerei rechnet das Unternehmen jedoch damit, dass Neueingestellte den Betrieb mit einer Wahrscheinlichkeit von $h_r^v$ unmittelbar nach Einstellung wieder verlassen (vgl. **Tabelle 12.58**):

**Tabelle 12.58** Austrittswahrscheinlichkeit für neueingestellte Arbeitskräfte

| | $r = 1$ | $r = 2$ | $r = 3$ | $r = 4$ |
|---|---|---|---|---|
| $h_r^v$ | 0,07 | 0,05 | 0,03 | 0,01 |

Formulieren Sie einen Ansatz zur simultanen Investitions- und Personalplanung! Verwenden Sie dabei das Kriterium der Kapitalwertmaximierung und $z_j$ sowie $PE_{rq}$ als Entscheidungsvariablen für die Anzahl der zu erwerbenden Maschinen $j$ und den Personaleinsatz von Arbeitskräften der Art $r$ für Aufgaben der Art $q$!

## 12.5.4 Simultane Personal- und Organisationsplanung

### 12.5.4.1 Darstellung

Die Modellpalette im Bereich der simultanen Personal- und Organisationsplanung ist ebenfalls breit und gut bestückt (vgl. Spengler 1993, S. 51 ff.). Dies liegt nicht zunächst an der Vielfalt organisationsplanerischer Teilprobleme, bei denen es um Fragen der Organisationsstrukturplanung und damit (auch) um solche der Abteilungsgliederung und der gradualen Differenzierung, um Basisstellen- und Führungsstellenplanungen, um Festlegungen von Kontrollspannen (Stichwort: Subordinationsregeln) und – um letzte Beispiele zu nennen – um Probleme der segmentalen und funktionalen Differenzierung geht, wobei wir von rein funktionaler (segmentaler) Differenzierung dann sprechen, wenn allen Stellen unterschiedliche Aufgaben (dieselben Aufgabenarten) zugewiesen werden.

Stellvertretend und exemplarisch wollen wir nun ein relativ einfach gehaltenes Grundmodell zur simultanen Personal- und Basisstellenplanung vorstellen. Dieser Ansatz ist einperiodig und verzichtet auf sektorale und graduale Differenzierungen im Organigramm. Es werden also nicht verschiedene Abteilungen und auch keine unterschiedlichen hierarchischen Ränge betrachtet. Es dient der Minimierung von Stelleneinrichtungs- und Stellenbesetzungskosten. Dazu wird entschieden wie viele Stellen, welcher Art, eingerichtet und wie diese mit Personal besetzt werden sollen. Zentrales Steuerungselement sind dabei die Variablen $y_{ki}$, die angeben, zu welchem Anteil (Prozentsatz) am Gesamtumfang von Aufgaben der Art $k \in \overline{K}$ diese Aufgaben Stellen der Art $i \in \overline{I}$ zugeordnet werden. Beträgt z.B. $y_{ki} = 1$ (0), dann wird die Aufgabenart $k$ komplett (überhaupt nicht) der Stellenart $i$ übertragen. Ist $0 < y_{ki} < 1$, dann soll die Aufgabenart $k$ zum Teil auf Stellenart $i$ und zum Teil auf mindestens einer weiteren Stellenart erledigt werden. Ob bzw. inwieweit die Aufgaben auf den vorgesehenen Stellen tatsächlich erledigt werden, ist jedoch weniger eine Frage der Stellen- und vielmehr eine Frage der Personalzuordnung.

Der Modellierung legen wir folgende Symbole zugrunde:

*Mengen*

$\overline{K}$ := $\{k|k = 1, \dots, K\}$ Menge der Aufgabenarten

$\overline{I}$ := $\{i|i = 1, \dots, I\}$ Menge der Stellenarten

$I_k$ := Menge der Stellenarten $i \in \overline{I}$, auf denen Aufgaben der Art $k$ erledigt werden können

$K_i$ := Menge der Aufgabenarten $k$, die auf Stellen der Art $i \in \overline{I}$ erledigt werden können

*Daten*

$PK_{ir}$ := Periodisierte Personalkosten je Arbeitskraft der Art $r \in \overline{R}$ auf einer Stelle der Art $i \in \overline{I}$

$SK_i$ := Periodisierte Kosten der Einrichtung und Unterhaltung von Stellen der Art $i \in \overline{I}$

$t_{ki}$ := Durchschnittliche Zeit zur Erledigung einer Aufgabeneinheit der Art $k \in \overline{K}$ auf Stellen der Art $i \in \overline{I}$

$A_k$ := Gesamtumfang von Aufgaben der Art $k \in \overline{K}$

$T$ := Zeit, die einer Arbeitskraft in der Periode zur Verfügung steht

$\alpha_{ir}$ := Leistungsfaktor von einer auf Stellen der Art $i \in \overline{I}$ eingesetzten Arbeitskraft der Art $r \in \overline{R}$ (Ist-Arbeitsproduktivität/Normal-Arbeitsproduktivität)

$PA_r^{max}$ := maximale Anzahl verfügbarer Arbeitskräfte der Art $r \in \overline{R}$

*Entscheidungsvariable*

$PE_{ir}$ := Anzahl der auf Stellen der Art $i \in \overline{I}$ eingesetzten Arbeitskräfte der Art $r \in \overline{R}$

$x_i$ := Zahl der einzurichtenden Stellen der Art $i \in \overline{I}$

$y_{ki}$ := Anteil am Gesamtumfang von Aufgaben der Art $k \in \overline{K}$, der Stellen der Art $i \in \overline{I}$ übertragen werden soll

Mit diesen Symbolen lautet das Planungsmodell wie folgt:

$$\sum_{i\in\bar{I}}\left(\sum_{r\in R_i} PK_{ir}\cdot PE_{ir} + SK_i\cdot x_i\right) \rightarrow \text{min!} \qquad \text{(Z. 18)}$$

[Lies: Minimiere die gesamten periodisierten Stellenbesetzungs- und -einrichtungskosten! Da Stellen i.d.R. für mehrere Perioden eingerichtet und besetzt werden, wir hier aber nur einen einperiodigen Ansatz formulieren, werden die Stellenkosten periodisiert. Zum Zwecke der Periodisierung empfehlen wir die Verwendung von Annuitäten (vgl. Spengler 1993, S. 103).]

u.d.N.:

Vollständigkeitsbedingungen:

$$\sum_{i\in I_k} y_{ki} = 1 \quad \forall\, k\in\bar{K} \qquad \text{(R. 79)}$$

[Lies: Jede Aufgabe muss vollständig mindestens einer Stelle zugeordnet werden.]

Abstimmung Personalbedarf und Personaleinsatz:

$$\sum_{k\in K_i}\frac{t_{ki}\cdot A_k}{T}\cdot y_{ki} \leq \sum_{r\in R_i}\alpha_{ir}\cdot PE_{ir} \quad \forall\, i\in\bar{I} \qquad \text{(R. 80)}$$

[Lies: Gemäß des expliziten Ansatzes ist der stellenbezogene Personalbedarf mit dem Personaleinsatz abzustimmen. Der stellenbezogene Personalbedarf ergibt sich jeweils durch Umrechnung aus den korrespondierenden tätigkeitsbezogenen Personalbedarfen. Die Höhe der Personaleinätze kann durch Leistungsfaktoren moduliert werden, sofern diese von Eins abweichen.]

Abstimmung Personaleinsatz und Stellenausstattung:

$$\sum_{r\in R_i} PE_{ir} \leq x_i \quad \forall\, i\in\bar{I} \qquad \text{(R. 81)}$$

[Lies: Es müssen mindestens so viele Stellen eingerichtet werden, wie besetzt werden sollen.]

Abstimmung Personaleinsatz und Personalausstattung:

$$\sum_{i\in I_r} PE_{ir} \leq PA_r \quad \forall\, r\in\bar{R} \qquad \text{(R. 82)}$$

[Lies: Gemäß explizitem Ansatz müssen je Arbeitskräftekategorie $r\in\bar{R}$ mindestens so viele Arbeitskräfte bereitgestellt werden, wie eingesetzt werden sollen.]

Obergrenzen für die Personalausstattung:

$$PA_r \leq PA_r^{max} \quad \forall\, r \in \overline{R} \tag{R. 83}$$

[Lies: Es können nicht mehr Arbeitskräfte bereitgestellt werden als maximal (am Markt) verfügbar sind.]

Allgemeine Stellenbedingungen:

$$x_i \in \mathbb{N}_0 \quad \forall\, i \in \overline{I} \tag{R. 84}$$

[Lies: Die Stellenzahl je Stellentyp $i \in \overline{I}$ ist nicht-negativ und ganzzahlig. Weitere Stellenrestriktionen, wie z.B. Stellenausschluss- oder Parallelstellenbedingungen werden hier nicht gefordert.]

Differenzierungsbedingungen:

$$y_{ki} \geq 0 \qquad \forall\, i \in \overline{I}, k \in K_i \tag{R. 85}$$

[Lies: Es bleibt offen, ob rein segmentale oder rein funktionale Differenzierung oder eine Mischform gewählt werden soll.]

(Weitere) Nichtnegativitätsbedingungen:

$$PE_{ir}, PA_r \geq 0 \quad \forall \text{ relevanten } i \in \overline{I}, r \in \overline{R} \tag{R. 86}$$

[Lies: Keine der $PE$- und der $PA$-Variablen kann negativ werden.]

Auch dieser Ansatz kann in vielfältiger Weise erweitert und variiert werden, nicht zuletzt durch die Formulierung von Aufgabenvielfalts-, Aufgabenverträglichkeits- oder Stellenausschlussbedingungen.

### 12.5.4.2 Übungsaufgabe

**Aufgabe 75**

Aufgrund eines Wechsels in der Geschäftsführung sollen nach und nach die Stellenstrukturen der einzelnen Abteilungen einer Bank überprüft und ggf. optimiert werden. Als Pilotprojekt wird das Personalmanagement der Bank damit beauftragt, die Stellenstruktur und -besetzung der Abteilung Risikomanagement zu analysieren.

In einem ersten Schritt hat das Personalmanagement bereits eine umfassende Aufgabenanalyse durchgeführt und sieben Aufgabenarten $k$ ($k = 1, 2, \dots, 7$) der Abteilung identifiziert. Diese sind vollständig innerhalb des Risikomanagements zu bearbeiten und können auf vier verschiedene Stellenarten $i$ ($i = 1, 2, 3, 4$) verteilt werden. Weiterhin ergab die Analyse die Standardzeitbedarfe $t_{ki}$ für die Erledigung von Aufgaben der Art $k$ auf Stelle $i$ sowie deren durchschnittlichen Umfang pro Woche $A_k$ (vgl. **Tabelle 12.59**):

**Tabelle 12.59** Standardzeitbedarfe und durchschnittlicher Aufgabenumfang je Woche

| | $i = 1$ | $i = 2$ | $i = 3$ | $i = 4$ | durchschnittlicher Aufgabenumfang pro Woche |
|---|---|---|---|---|---|
| $k = 1$ | 0,2 | - | 0,3 | - | 1.000 |
| $k = 2$ | 0,5 | 0,9 | 0,7 | 0,6 | 1.750 |
| $k = 3$ | - | 1,2 | 0,9 | 1 | 1.200 |
| $k = 4$ | - | - | - | 0,2 | 500 |
| $k = 5$ | - | 2 | - | 1,5 | 850 |
| $k = 6$ | 0,1 | - | - | - | 620 |
| $k = 7$ | 0,4 | - | - | 0,6 | 920 |

Die Abteilung Risikomanagement verfügt über Arbeitskräfte der Arten $r$ ($r = 1, 2, 3, 4$), welche für die entsprechenden Aufgabenerledigungen verwendet werden können. Das Personalmanagement hat während der Aufgabenanalyse ermitteln können, dass Aufgaben der Art $k$ von Arbeitskräften der Art $r$ gemäß dem folgenden Tableau (vgl. **Tabelle 12.60**) erledigt werden können. Zusätzlich wird die maximale Anzahl bereitstellbarer Arbeitskräfte der Art $r$ ($PA_r^{max}$) durch die Geschäftsführung vorgegeben.

**Tabelle 12.60** Zuordnung der Erledigung von Aufgaben- durch Arbeitskräftearten sowie die maximale Anzahl bereitstellbarer Arbeitskräfte

| | $r = 1$ | $r = 2$ | $r = 3$ | $r = 4$ |
|---|---|---|---|---|
| $k = 1$ | × | × | × | - |
| $k = 2$ | × | × | × | × |
| $k = 3$ | × | × | × | × |
| $k = 4$ | - | - | × | × |
| $k = 5$ | - | × | × | × |
| $k = 6$ | × | - | × | - |
| $k = 7$ | × | - | × | × |
| $PA_r^{max}$ | 10 | 15 | 8 | 7 |

Alle Arbeitskräfte dieser Abteilung arbeiten laut Arbeitsvertrag wöchentlich 40 Stunden ($T$) und werden in Abhängigkeit ihrer Art und der Stelle, auf der sie eingesetzt werden, mit $PK_{ir}$ Geldeinheiten entlohnt. Für die Umstrukturierungen fallen zusätzlich je Stelle der Art $i$ Kosten in Höhe von $SK_i$ an.

Die Geschäftsführung hat den Spielraum für das Personalmanagement zur Neustrukturierung der Stellen zudem insofern eingegrenzt, als dass Obergrenzen für die Anzahl einzurichtender Stellen der Art $i$ festgesetzt wurden (vgl. **Tabelle 12.61**):

**Tabelle 12.61** Obergrenzen für Stellenarten

| | $i = 1$ | $i = 2$ | $i = 3$ | $i = 4$ |
|---|---|---|---|---|
| Obergrenze für die Einrichtung von Parallelstellen der Art $i$ | 7 | 10 | 11 | 14 |

a. Erstellen Sie zunächst ein Tableau für die möglichen Zuordnungen von Arbeitskräften der Art $r$ zu Stellen der Art $i$!

b. Formulieren Sie einen vollständigen linearen Planungsansatz für das oben beschriebene Problem der simultanen Personal- und Stellenplanung! Verwenden Sie dabei $x_i$, $y_{ki}$ und $PE_{ir}$ als Entscheidungsvariablen für die Anzahl der einzurichtenden Stellen der Art $i$, die Anteile am Gesamtumfang der auf Stellen der Art $i$ zu übertragenden Aufgaben $k$ und die Personaleinsätze von Arbeitskräften der Art $r$ auf Stellen der Art $i$!

# Teil 3
# Spezielle Anwendungsfelder der Personalplanung

# 13 Nachhaltige Personalplanung

## 13.1 Überblick

Aufgrund dessen, dass Nachhaltigkeitsaspekte durch gesellschaftlichen Druck und entsprechende Gesetze und Pflichten stetig an Bedeutung gewinnen, sind auch Unternehmen dazu gehalten, Nachhaltigkeit in ihre Entscheidungsfindung einzubeziehen. Dies ist zwar auch in der zunehmenden Anzahl an gesetzlichen Vorschriften begründet – das Corporate Social Responsibility-Richtlinie-Umsetzungsgesetz (CSR-RUG) regelt in Deutschland bspw. seit April 2017, welche Unternehmen in welchem Umfang Nachhaltigkeitsberichte erstellen müssen – jedoch kann nachhaltiges Handeln auch aus unternehmerischer Sicht Vorteile generieren. Wir wollen deshalb in diesem Kapitel zunächst auf den Begriff der Nachhaltigkeit sowie deren Auswirkungen auf personalwirtschaftliches Handeln im Allgemeinen eingehen, um anschließend einen Personalplanungsansatz unter der Berücksichtigung nachhaltiger Ziele zu konstruieren.

Das Schrifttum zum Thema Nachhaltigkeit beschränkt sich oftmals ausschließlich auf ökologische Aspekte. Die ökologischen Auswirkungen menschlichen Handelns sind zwar in der Tat ein wichtiger Teil von Nachhaltigkeitsüberlegungen, sie sind aus wissenschaftlicher Sicht allerdings nicht exklusiv zu untersuchen. Wir wollen uns daher zunächst etwas detaillierter mit dem Begriff der Nachhaltigkeit beschäftigen.

Unter Nachhalt versteht man etwas, „woran man sich hält, wenn alles andere nicht mehr hält" (Campe 1809, S.403) und als nachhaltig bezeichnen wir Dinge, die „auf längere Zeit anhaltend und wirkend" ausgelegt sind (Grimm/Grimm 1889, Sp. 69-71). Die Vereinten Nationen definieren nachhaltige Entwicklungen im sog. Brundlandt-Bericht der Weltkommission für Umwelt und Entwicklung als „[...] eine Entwicklung, die die Bedürfnisse der Gegenwart befriedigt, ohne zu riskieren, dass künftige Generationen ihre eigenen Bedürfnisse nicht befriedigen können" (Vereinte Nationen 1987, S.16 [Nr.27] i.V.m. BMZ [online]). Im Zuge nachhaltigen Handelns geht es dann stets um die Verfolgung von ökologischen, sozialen und ökonomischen Zielen (vgl. Corsten/Roth 2012, S. 1). Ökologisch bedeutet „die natürliche Umwelt des Menschen betreffend" bzw. auch „sich für ihren Schutz, ihre Erhaltung einsetzend" (Duden online (a), Stichwort: ökologisch). Dementsprechend sind ökologische Ziele solche, deren Realisation dem Schutz und der Erhaltung unserer Umwelt dient. Die Umsetzung sozialer Ziele dient „dem Gemeinwohl" bzw. „der Allgemeinheit" und somit dem Schutz der „[wirtschaftlich] Schwächeren" (Duden online (b), Stichwort: sozial). Und ökonomische Ziele, wie wir in diesem Buch bereits mehrfach betont haben, basieren auf dem ökonomischen Prinzip und betreffen die Nutzen- bzw. die Gewinnmaximierung. Aufgrund dessen, dass wir aus betriebswirtschaftlicher Sicht stets Rationalität unserer Handlungen bzw. Entscheidungen anstreben, ist auch im Hinblick auf nachhaltiges Handeln zu klären, ob dieses zweckrational (Orientierung an Handlungszweck, -mitteln und -folgen) oder wertrational (Vernachlässigung der Handlungsfolgen und Fokussierung des sog. Eigenwerts der


T. Spengler et al., *Moderne Personalplanung*,
https://doi.org/10.1007/978-3-658-47677-9_13

Handlung) betrachtet werden soll. Zudem ist aus materiellen Rationalitätsüberlegungen heraus festzulegen, ob neben den sozialen, ökologischen und ökonomischen weitere Legitimationsbasen der Handlungen bzw. Entscheidungen, wie bspw. die technische Machbarkeit oder die rechtliche Zulässigkeit, berücksichtigt werden sollen. Abschließend muss sich ein Entscheider diesbezüglich folgende Fragen stellen:

1. Sind die Beziehungen zwischen den Zielen konfliktär, komplementär oder neutral?
2. Wie sollen die ökonomischen, ökologischen und sozialen Ziele im Entscheidungskontext methodisch umgesetzt werden? Soll ein Einzielmodell (mit nur einer Zielfunktion) oder ein Mehrzielmodell (mit mehreren Zielfunktionen) formuliert werden? Sollen Teile der Ziele als Fixierungs-, Satisfizierungs- und/oder Approximierungsziele im Restriktionenraum berücksichtigt werden?

Die ökologische, soziale und ökonomische Dimension der Nachhaltigkeit sowie deren Interdependenzen werden oft im Drei-Säulen-Modell (**Abbildung 13.1**) oder als „Magisches Dreieck" bzw. Nachhaltigkeitsdreieck (**Abbildung 13.2**) dargestellt. Nach dem Drei-Säulen-Modell sollen bei (betrieblichen) Entscheidungen simultan und (sofern möglich) gleichgewichtet Ziele aller drei Dimensionen berücksichtigt und realisiert werden. Die zentrale Aussage dieses Konzepts ist dabei die Realisation von „Umwelt- und Sozialverträglichkeit bei wirtschaftlichem Erfolg" (Corsten/Roth 2012, S. 1).

**Abbildung 13.1** Dimensionen der Nachhaltigkeit im Drei-Säulen-Modell

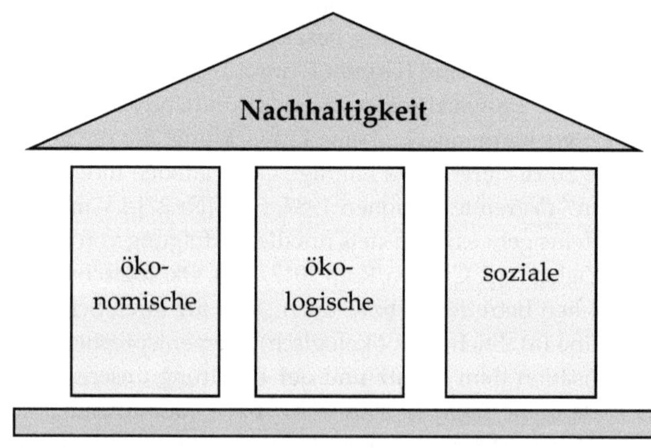


Quelle: Darstellung in Anlehnung an Corsten/Roth 2012, S. 2.

Das Nachhaltigkeitsdreieck (**Abbildung 13.2**) stellt hingegen verstärkt die meist konfliktären Zusammenhänge der drei Dimensionen in den Vordergrund. Dies ist darin begründet, dass die Optimierung einer der drei i.d.R. nicht zur Optimierung (zumindest einer) der anderen Zieldimensionen führt. So wird durch die isolierte Gewinnmaximierung in vielen Fällen nicht die umweltfreundlichste Produktion realisiert, z.B. wenn Strom aus fossilen Energieträgern kostengünstiger als solcher aus erneuerbaren Energien ist. Wir werden im folgenden Abschnitt auf die Arten von Zielkonflikten, entsprechende Beispiele sowie deren Auswirkungen auf betriebswirtschaftliche Entscheidungen im Allgemeinen und personalplanerische im Speziellen vertiefend eingehen.

**Abbildung 13.2** Dimensionen der Nachhaltigkeit im Nachhaltigkeitsdreieck

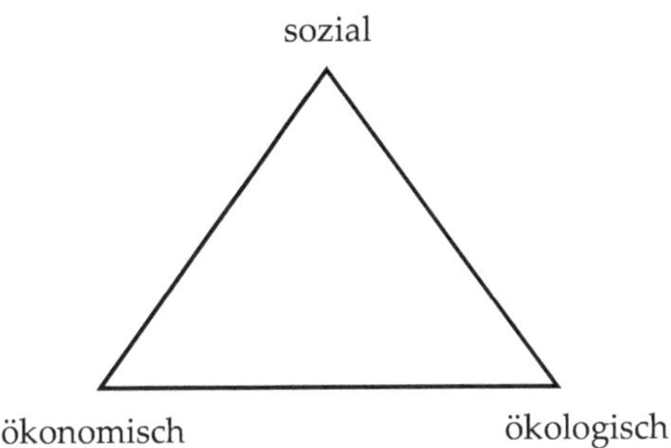


## 13.2 Auswirkungen von Nachhaltigkeitsüberlegungen auf die betriebliche Personalplanung

Grundsätzlich können Unternehmen ihre Entscheidungen auf Basis der isolierten, der teilweise oder der vollständig integrierten Betrachtung der ökologischen, sozialen und ökonomischen Dimension treffen. Die Isolation bzw. die (partielle) Integration dieser Ziele beschränkt sich jedoch auf deren Berücksichtigung als Extremierungsziele in der Zielfunktion. Dies liegt darin begründet, dass ein Unternehmen per Definition stets ökonomische Ziele verfolgt, als Teil der Gesellschaft niemals vollständig auf die Einhaltung sozialer Normen verzichten kann und (zumindest aus Existenzgründen) nicht daran interessiert sein kann, seine ökologische Umwelt zu zerstören. Dementsprechend sind sowohl in der isolierten als auch in der (partiell) integrierten Betrachtung der Nachhaltigkeitsdimensionen alle drei zumindest als Mindestmaß der Zielerreichung in den Restriktionen (bspw. als Unter- oder Obergrenzen) zu berücksichtigen. Stellt man diese Zusammenhänge als Venn-Diagramm mit entsprechenden Schnitten der (Zielfunktions-) Dimensionen dar (vgl. Mayer 2020, S. 31), ergibt sich das in **Abbildung 13.3** visualisierte Bild mit sieben verschiedenen Kombinationsfällen.

**Abbildung 13.3** Venn-Diagramm der Nachhaltigkeit

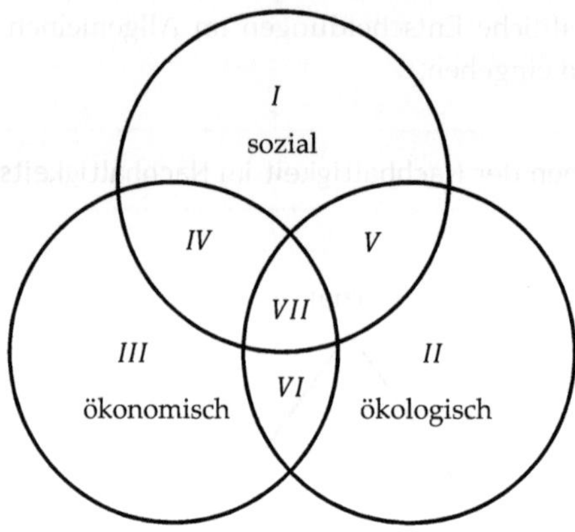


Quelle: Darstellung in Anlehnung an Mayer 2020, S. 31.

In den Fällen *I*, *II* bzw. *III* sind dann in der Zielfunktion ausschließlich soziale, ökologische bzw. ökonomische, in Fall *IV* sowohl soziale als auch ökonomische, in Fall *V* soziale und ökologische, in Fall *VI* ökologische sowie ökonomische und in Fall *VII* Ziele aller drei Dimensionen zu verfolgen. In den vorherigen Kapiteln beschäftigen wir uns fast ausschließlich mit Fall *III* bzw. teilweise mit Fall *IV* (s. Kap. 6.1). An dieser Stelle wollen wir nun zusätzlich relativ kurz die Fälle *I*, *II* und *IV*-*VI* thematisieren, um uns darauf aufbauend intensiv mit nachhaltigen betriebswirtschaftlichen Entscheidungen im Bereich der Personalplanung zu beschäftigen.

Zu *I*: Verfolgt ein Unternehmen beim Treffen bestimmter Entscheidungen ausschließlich soziale Extremierungsziele, so kann sich dies bspw. darin äußern, dass das Unternehmen auf für alle Beteiligten faire Geschäftspraktiken zugreifen möchte, durch Spenden oder Sponsoring soziale, öffentliche oder gemeinnützige Organisationen fördert oder durch die Berücksichtigung bzw. Förderung von Diversität, Gleichberechtigung und Geschlechtergerechtigkeit bzw. Familienfreundlichkeit und der sog. Work-Life-Balance eine mitarbeiterorientierte Personalpolitik betreibt. In diesem Fall könnten ökonomische bzw. ökologische Ziele in den Restriktionen bspw. über die Einhaltung einer Budgetrestriktion bzw. den Ausschluss von Spenden an „nicht umweltfreundliche" Organisationen berücksichtigt werden.

Zu *II*: Wird im Rahmen betrieblicher Entscheidungen hingegen exklusiv die ökologische Dimension in der Zielfunktion berücksichtigt, ist damit bspw. ein verantwortungsvoller Umgang mit natürlichen Ressourcen (z.B. durch Minimierung von Papier- und Wasserverbrauch), die Förderung des Umwelt- und Klimaschutzes durch Emissionsreduktionen, den Einsatz erneuerbarer Energien und ökologisch einwandfreier Rohstoffe in der Produktion oder die Förderung der Nutzung öffentlicher Verkehrsmittel durch die eigenen Mitarbeiter verbunden. In den Nebenbedingungen könnte jedoch gefordert werden, dass bspw. trotz Emissionsreduktionen eine gewisse Mindestproduktionsmenge erreicht werden muss oder dass trotz der Förderung der öffentlichen Verkehrsmittelnutzung eine hinreichende Anzahl an Parkplätzen vorgehalten wird.

Zu *IV*- *VI*: Die integrierte Betrachtung von zwei der drei Zieldimensionen beinhaltet die Verknüpfung der oben exemplarisch dargestellten Fälle. Diesbezüglich kann es dann zu Zielkomplementarität, wie bspw. bei der Schaffung einer angenehmen Atmosphäre am Arbeitsplatz in Form eines Parks auf dem Unternehmensgelände (Fall *V*), oder zu Zielkonflikt, wie z.B. bei der Minimierung der Produktionskosten durch Verwendung umweltabträglichen Kohlestroms (Fall *VI*), kommen.

Die Integration von Nachhaltigkeitsüberlegungen und die damit verbundene Verfolgung von ökologischen, sozialen und ökonomischen Zielen (Fall *VII*) wird i.d.R. zu letzterem führen. Dies liegt darin begründet, dass die Realisation sozialer und ökologischer Motive oft Aufwendungen erfordern, welche aus ökonomischer Sicht keinen zusätzlichen Ertrag generieren, und somit nach dem ökonomischen Prinzip bei gleichbleibendem Output und steigendem Input nicht wirtschaftlich sind. Die Extremierung einzelner geht dementsprechend nicht mit der aller in Ansatz gebrachten Zielgrößen einher und es entsteht ein Mehrziel- oder Vektor-Optimierungsproblem (s. Kap. 6). Der Entscheider ist dann wiederum auf der Suche nach einer geeigneten Kompromisslösung des Problems.

Wir betrachten vor diesem Hintergrund nochmals das Nachhaltigkeitsdreieck (**Abbildung 13.2**) und erweitern dieses um auf das baryzentrische Dreieck (s. S. 98 f.) bezogene Überlegungen, wodurch es uns gelingt, den Raum geeigneter Kompromisslösungen nachhaltiger betriebswirtschaftlicher Entscheidungen einzugrenzen (vgl. **Abbildung 13.4**).

**Abbildung 13.4** Baryzentrisches Dreieck der Nachhaltigkeit

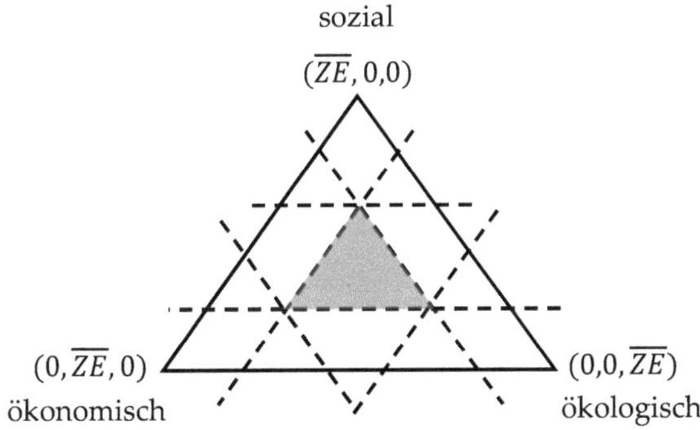

Wir bezeichnen dabei die maximal mögliche Zielerreichung einer Zieldimension mit $\overline{ZE}$. Die Zielerreichungsgrade ökologischer, sozialer und ökonomischer Ziele liegen dementsprechend im Intervall $[0,\overline{ZE}]$. Zudem gehen wir von additiven Zielerreichungsgraden der drei Zieldimensionen aus. Die Untergrenzen der Zielerreichungsgrade in ökologischer, sozialer und ökonomischer Hinsicht können als vom Unternehmen ausgegebene und gewünschte Mindestgrößen und die entsprechenden Obergrenzen als durch die Restriktionen der Problemstellung gegebene Maximalausprägungen verstanden werden. Der Raum zulässiger Kompromisslösungen ergibt sich dann wiederum als Polyeder im baryzentrischen Dreieck (vgl. graues Dreieck in **Abbildung 13.4**).

Wenn der Entscheider die hier verwendete Summennormierungsvorschrift als zu restriktiv einschätzt, könnte er die Situation ceteris paribus auch in Würfelform konstruieren (vgl. **Abbildung 13.5**). Die Summe der Zielerreichungsgrade muss dann in der optimalen Kompromisslösung nicht zwangsläufig $\overline{ZE}$ betragen, sondern kann auch geringere oder größere Werte (bis maximal $3 \cdot \overline{ZE}$) annehmen.

**Abbildung 13.5** Nachhaltigkeitswürfel

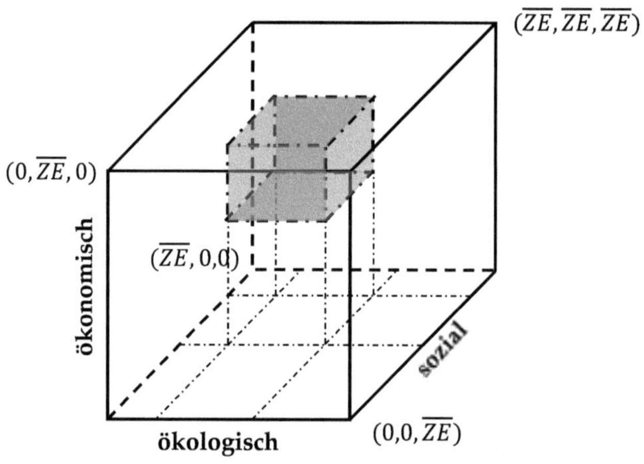


Möchten Unternehmen ihre betriebliche Personalplanung nachhaltig gestalten, so rücken personalplanerische Sachziele in den Fokus der ökonomischen Zieldimension. Dementsprechend sind dann in oberster Instanz, unter der Maxime der Gewinnmaximierung sowie der Extremierung sozialer und ökologischer Ziele, Entscheidungen zur Herstellung und Sicherung der Verfügbarkeit über Personal zu treffen. Zu diesem Zweck sind, je nach Art der zugrundeliegenden Entscheidungssituation, Modelle der reinen Personaleinsatz-, der reinen Personalbereitstellungs-, der reinen Personalverwendungs- oder der simultanen Personalplanung um soziale und ökologische Ziele zu erweitern, welche wiederum als Extremierungs-, Satisfizierungs-, Fixierungs- und/oder Approximierungsziele in Ansatz gebracht werden können.

Wir wollen unsere Überlegungen zur Nachhaltigkeit in der Betriebswirtschaft mit dem Hinweis abschließen, dass das unternehmensseitige Verantwortungsbewusstsein, nachhaltig zu handeln, im modernen Sprachgebrauch auch als „Corporate Social Responsibility" bezeichnet wird. Mayer definiert diese wie folgt: „Corporate (Social) Responsibility spiegelt das Verantwortungsbewusstsein eines Unternehmens, wo immer seine Geschäftstätigkeit Auswirkungen auf die Gesellschaft, die Belegschaft, die Umwelt und das wirtschaftliche Umfeld hat, wider." (Mayer 2020, S. 31).

Im folgenden Abschnitt präsentieren wir exemplarisch eine mögliche Modellformulierung zur nachhaltigen Personalplanung.

## 13.3 Ein Modell zur nachhaltigen Personalplanung

Die Integration von Nachhaltigkeitsüberlegungen in die betriebliche Personalplanung formulieren wir im Folgenden als Vektoroptimierungsmodell mit drei Zielfunktionen, die die Extremierung (a) ökologischer, (b) sozialer und (c) ökonomischer Ziele beinhalten.

Zu (a): Eine ökologisch orientierte Zielfunktion könnte bspw. darauf abzielen, die Summe der $CO_2$-Emissionen der betrieblichen Produktion zu minimieren, die Summe der verwendeten nachhaltigen Rohstoffe oder die Summe des verbrauchten Stroms aus erneuerbaren Energien zu maximieren.

Zu (b): Eine sozial orientierte Zielfunktion hingegen könnte bspw. die Maximierung der Mitarbeiteranzahl in der Stammbelegschaft eines Unternehmens, die Maximierung der Anzahl weiblicher Personen in der Personalausstattung oder die Minimierung der Entlassungen von Arbeitskräften zum Gegenstand haben.

Zu (c): Eine ökonomische Zielfunktion kann wiederum die Extremierung ökonomischer Kennzahlen, wie die Minimierung von Personalkosten oder die Maximierung von Verkaufserlösen, beinhalten.

Das im Folgenden konstruierte Modell basiert auf der Annahme, dass der Personalbedarf, die -ausstattung und der -einsatz jeweils Entscheidungsvariable darstellen. Das betriebliche Leistungsprogramm wird in diesem Ansatz insofern festgelegt, als dass aus einer Menge bekannter und grundsätzlich durchführbarer Prozessarten $k \in \overline{K}$ die Art und Häufigkeit der tatsächlich durchzuführenden Prozesse ($x_k$) auszuwählen ist. Für die Ausführung eines Prozessdurchlaufs fallen abhängig vom jeweiligen Prozess $k$ verschiedene Tätigkeitsarten $q \in \overline{Q}$ an, welche wiederum Personal- ($a_{qk}$) und Maschinenbedarfe ($c_{qk}$) je einmaliger Erledigung des Prozesses auslösen. Grundsätzlich können diesbezüglich drei Gesamtbedarfsfälle berücksichtigt werden:

a) Die einmalige Erledigung von Prozess $k$ löst ausschließlich Personalbedarfe aus ($a_{qk} > 0, c_{qk} = 0$).

b) Die einmalige Erledigung von Prozess $k$ löst ausschließlich Maschinenbedarfe aus ($a_{qk} = 0, c_{qk} > 0$).

c) Die einmalige Erledigung von Prozess $k$ löst sowohl Personal- als auch Maschinenbedarfe aus ($a_{qk} > 0, c_{qk} > 0$).

Zur Deckung anfallender Personal- bzw. Maschinenbedarfe können Arbeitskräfte der Art $r \in \overline{R}$ bzw. Maschinen der Art $m \in \overline{M}$ bereitgestellt werden. Die mit den Arbeitskräften korrespondierenden Personalausstattungen $PA_{rb}$ werden des Weiteren nach der Art ihres Beschäftigungsstatus $b \in \overline{B}$ (bspw. in Vollzeit/Teilzeit oder befristet/unbefristet) differenziert. Die Maschinenausstattungen $MA_m$ sind ausschließlich durch die Maschinenart determiniert. Die Personal- bzw. Maschineneinsätze für die Erledigung der anfallenden Tätigkeiten der Art $q$ werden dementsprechend mit $PE_{rbq}$ bzw. $ME_{mq}$ symbolisiert.

Die Extremierungsziele des Modells seien die Minimierung der mit den Maschineneinsätzen verbundenen Gesamtemission von $CO_2$, die Maximierung der Mitarbeiterzahl in der Stammbelegschaft sowie die Maximierung des Produktionsgewinns. Dabei ist sicherzustellen, dass vorgegebene Obergrenzen der Prozessdurchführungen nicht überschritten werden, nicht mehr Personal bzw. Maschinen eingesetzt werden, als in den jeweiligen Ausstattungen vorhanden sind und die Personal- sowie die Maschinenbedarfe jeweils exakt durch entsprechende Einsätze gedeckt werden.

Der Modellierung legen wir folgende Symbole zugrunde:

_Mengen_

$\overline{B}$ $:= \{b | b = 1,2, \dots, B\}$ Menge der Beschäftigungsstatus

$\overline{K}$ $:= \{k | k = 1,2, \dots, K\}$ Menge der Prozessarten

$\overline{M}$ $:= \{m | m = 1,2, \dots, M\}$ Menge der Maschinenarten

$\overline{Q}$ $:= \{q | q = 1,2, \dots, Q\}$ Menge der Tätigkeitsarten

$\overline{R}$ $:= \{r | r = 1,2, \dots, R\}$ Menge der Arbeitskräftearten

$B_r$ := Menge der Beschäftigungsstatus $b$, nach denen Arbeitskräfte der Art $r$ beschäftigt werden können

$B_s$ := Menge der Beschäftigungsstatus $b$, die der Stammbelegschaft des Unternehmens zugeordnet werden können

$M_q$ := Menge der Maschinenarten $m$, die zur Erledigung von Tätigkeiten der Art $q$ bereitgestellt werden können

$R_b$ := Menge der Arbeitskräftearten $r$, die im Beschäftigungsstatus $b$ beschäftigt werden können

$R_q$ := Menge der Arbeitskräftearten $r$, die zur Erledigung von Tätigkeiten der Art $q$ bereitgestellt werden können

$Q_k$ := Menge der Tätigkeiten der Art $q$, die bei der Durchführung von Prozessen der Art $k$ anfallen

$Q_m$ := Menge der Tätigkeiten der Art $q$, für die Maschinen der Art $m$ verwendet werden können

$Q_r$ := Menge der Tätigkeiten der Art $q$, für die Arbeitskräfte der Art $r$ verwendet werden können

*Daten*

$a_{qk}$ := Personalbedarf für die Erledigung von Tätigkeiten der Art $q$ bei einmaliger Erledigung von Prozessen der Art $k$

$BK_m$ := Betriebskostensatz einer Maschine der Art $m$

$c_{qk}$ := Maschinenbedarf für die Erledigung von Tätigkeiten der Art $q$ bei einmaliger Erledigung von Prozessen der Art $k$

$e_{mq}$ := $CO_2$-Emission einer Maschine der Art $m$ bei Erledigung von Tätigkeiten der Art $q$

$GK_{rb}$ := Gehaltskostensatz einer Arbeitskraft der Art $r$, die im Beschäftigungsstatus $b$ beschäftigt wird

$U_k$ := Umsatz, der mit einmaliger Durchführung eines Prozesses der Art $k$ verbunden ist

$X_k^{max}$ := maximal zulässige Anzahl der Durchführungen des Prozesses $k$

*Entscheidungsvariable*

$MA_m$ := Ausstattung mit Maschinen der Art $m$

$ME_{mq}$ := Einsatz von Maschinen der Art $m$ zur Erledigung von Tätigkeiten der Art $q$

$PA_{rb}$ := Ausstattung mit Arbeitskräften der Art $r$, die im Beschäftigungsstatus $b$ beschäftigt werden

$PE_{rbq}$ := Einsatz von Arbeitskräften der Art $r$, die im Beschäftigungsstatus $b$ beschäftigt werden und Tätigkeiten der Art $q$ erledigen

$x_k$ := Anzahl der Durchführungen von Prozessen der Art $k$

Damit lautet das zu formulierende Modell wie folgt:

Ökologische Zielfunktion:

$$\sum_{m=1}^{M} \sum_{q \in Q_m} e_{mq} \cdot ME_{mq} \rightarrow \text{min!} \tag{ZNH. 1}$$

[Lies: Minimiere die Summe der aufgrund von Maschineneinsätzen entstehenden $CO_2$-Emissionen!]

Soziale Zielfunktion:

$$\sum_{b \in B_s} \sum_{r \in R_b} PA_{rb} \rightarrow \text{max!} \tag{ZNH. 2}$$

[Lies: Maximiere die Summe der Mitarbeiter in der Stammbelegschaft des Unternehmens!]

Ökonomische Zielfunktion:

$$\sum_{k=1}^{K} U_k \cdot x_k - \sum_{r=1}^{R} \sum_{b \in B_r} GK_{rb} \cdot PA_{rb} - \sum_{m=1}^{M} BK_m \cdot MA_m \rightarrow \text{max!} \tag{ZNH. 3}$$

[Lies: Maximiere den Produktionsgewinn!]

u.d.N.:

Obergrenzen für die Prozessdurchführungen

$$x_k \leq X_k^{max} \quad \forall\, k \in \overline{K} \tag{NH. 1}$$

[Lies: Die Anzahl der durchzuführenden Prozesse der Art $k$ darf eine zuvor festgelegte Maximalanzahl nicht überschreiten.]

Abstimmung Personalbedarf und Personaleinsatz:

$$\sum_{k=1}^{K} a_{qk} \cdot x_k = \sum_{r \in R_q} \sum_{b \in B_r} PE_{rbq} \quad \forall\, q \in \overline{Q} \tag{NH. 2}$$

[Lies: Die von Art und Anzahl der durchgeführten Prozesse abhängigen, tätigkeitsbezogenen Personalbedarfe sind exakt durch den Einsatz hinreichend qualifizierter Arbeitskräfte zu decken.]

Abstimmung Maschinenbedarf und Maschineneinsatz:

$$\sum_{k=1}^{K} c_{qk} \cdot x_k = \sum_{m \in M_q} ME_{mq} \quad \forall\, q \in \overline{Q} \tag{NH. 3}$$

[Lies: Die von Art und Anzahl der durchgeführten Prozesse abhängigen, tätigkeitsbezogenen Maschinenbedarfe sind exakt durch den Einsatz dafür verwendbarer Maschinen zu decken.]

Abstimmung Personaleinsatz und Personalausstattung:

$$\sum_{q \in Q_r} PE_{rbq} \leq PA_{rb} \quad \forall\, r \in \overline{R}, b \in B_r \tag{NH. 4}$$

[Lies: Die Anzahl der im Leistungsprozess eingesetzten Arbeitskräfte darf die entsprechende, nach Arbeitskräfte- und Belegschaftsarten differenzierte Personalausstattung nicht überschreiten.]

Abstimmung Maschineneinsatz und Maschinenausstattung:

$$\sum_{q \in Q_m} ME_{mq} \leq MA_m \quad \forall\, m \in \overline{M} \tag{NH. 5}$$

[Lies: Die Anzahl der im Leistungsprozess eingesetzten Maschinen darf die entsprechende, nach Maschinenarten differenzierte Maschinenausstattung nicht überschreiten.]

Nichtnegativitätsbedingungen:

$$ME_{mq}, MA_m, PE_{rbq}, PA_{rb}, x_k \geq 0 \quad \forall \text{ relevanten } b \in \overline{B}, k \in \overline{K}, m \in \overline{M}, r \in \overline{R}, q \in \overline{Q} \tag{NH. 6}$$

[Lies: Keine der aufgeführten Entscheidungsvariablen darf negativ werden.]

Zur Lösung des oben formulierten Modells ist dann bspw. nach Maßgabe des in Kap. 10.2.2 vorgestellten Verfahrens ein Kompromissmodell aufzustellen.

Basierend auf diesem Grundmodell zur nachhaltigen Personalplanung existieren zudem vielfältige Erweiterungspotenziale. Wir wollen zum Abschluss dieses Kapitels eine Auswahl dieser Möglichkeiten skizzieren:

Es ist bspw. denkbar, Unter- und/oder Obergrenzen, wie eine minimal zulässige Anzahl an Arbeitskräften in der Stammbelegschaft ($PA_{B_s}^{min}$) oder eine maximal zulässige Summe an $CO_2$-Emissionen ($E^{max}$), zu integrieren:

$$\sum_{b \in B_s} \sum_{r \in R_b} PA_{rb} \geq PA_{B_s}^{min} \tag{NH. 7}$$

$$\sum_{m \in \overline{M}} \sum_{q \in Q_m} e_{mq} \cdot ME_{mq} \leq E^{max} \tag{NH. 8}$$

Zudem ist die Berücksichtigung anderer bzw. weiterer Differenzierungsmerkmale der Personalausstattungen, wie bspw. Geschlecht oder Alterskohorten, möglich (s. dazu auch Kap. 15):

$\overline{G}$ $:= \{g|g = w, h\}$ Menge der Geschlechter, mit $w :=$ weiblich und $h :=$ männlich

$\overline{D}$ $:= \{d|d = 1, \dots, D\}$ Menge der Alterskohorten

Optimiert man das vorliegende Modell über mehrere Teilperioden (mit $\overline{T} := \{t|t = 1,2, \dots, T\}$ als Menge der Teilperioden), dann können des Weiteren Personalausstattungs- und Maschinenausstattungsfortschreibungen unter Berücksichtigung von Einstellungen/Entlassungen bzw. Anschaffungen/Veräußerungen, Schulungen bzw. Umrüstungen sowie damit verbundenen Kosten bzw. Erlösen in Ansatz gebracht werden. Vor dem Hintergrund der Schulungsmöglichkeiten von Arbeitskräften kann dann auch das explizite Ziel der verstärkten Förderung weiblicher Arbeitskräfte berücksichtigt werden. Seien

$\overline{R}^*$ $:= \{r^*|r^* = 2, \dots, R^*\}$ Menge der Zielqualifikationen

$R_r^*$ := Menge der Zielqualifikationen $r^*$, die von der Basisqualifikation $r$ erreicht werden können

$PE(S)_{r,b,r^*,w,t} :=$ Anzahl der weiblichen Arbeitskräfte der Art $r$, die nach Beschäftigungsstatus $b$ beschäftigt sind und in Teilperiode $t$ eine Schulung zur Zielqualifikation $r^*$ begonnen haben

dann lautet eine entsprechende Zielfunktion z.B.:

$$\sum_{t=1}^{T} \sum_{r=1}^{R} \sum_{b \in B_r} \sum_{r^* \in R_r^*} PE(S)_{r,b,r^*,w} \rightarrow \max! \qquad \text{(ZNH. 4)}$$

# 14 Internationale Personalplanung

## 14.1 Überblick

Kontinuierliche politische und wirtschaftliche Entwicklungen, wie die Liberalisierung des Welthandels, die Übertragung einzelstaatlicher Befugnisse auf europäische Institutionen sowie die Sättigung heimischer Absatzmärkte führen zu steigendem unternehmerischem Druck, zur Sicherung der Wettbewerbsfähigkeit auf internationalen Märkten aktiv zu werden (vgl. Nahm/Söllinger 2015, S. 754). Auf der anderen Seite eröffnen solche Entwicklungen aber auch zahlreiche Möglichkeiten für Unternehmen, durch eine internationale Ausrichtung wirtschaftlich stärker zu werden und zu sog. „Global Players" zu wachsen. Ungeachtet der einzelnen Internationalisierungsmotive können wir eine zunehmende Tendenz von einer rein nationalen hin zu einer internationalen Ausrichtung von Unternehmen feststellen (für Ausführungen bezüglich entsprechender Tendenzen vgl. z.B. Festing et al. 2011, S. 6 ff., Holtbrügge/Welge 2015, S. 1 ff. und Sure 2017, S. 5 ff.).

Unternehmen gelten im Allgemeinen als international, wenn sie „auf Dauer angelegte grenzüberschreitende Aktivitäten, gleich in welcher Form und in welchem Umfang, tätigen." (Macharzina/Engelhard, 1987, S. 322; zu speziellen Aspekten vgl. z.B. Macharzina/Engelhard 1987, Stahl 1998 und Holtbrügge/Welge 2015).

Zu den in dieser Definition angesprochenen internationalen Unternehmensaktivitäten gehören beispielsweise Exporte, die Vergabe von Lizenzen an ausländische Partner sowie die Unterhaltung ausländischer Niederlassungen (vgl. Stahl 1998, S. 9). Nicht alle internationalen Unternehmen betreiben auch internationale Personalplanung. Diese wird nur von denjenigen Unternehmen betrieben, die nur vom Inland aus tätig sind, Mitarbeiter jedoch vom internationalen Arbeitsmarkt rekrutieren oder die Mitarbeiter in ausländischen Niederlassungen beschäftigen. In den Fokus der nachfolgenden Ausführungen wollen wir die Personalplanung jener Unternehmen mit dem Schwerpunkt auf Aktivitäten der letztgenannten Art rücken. Im Speziellen betrachten wir Personalplanungsprobleme von international tätigen Unternehmen mit einem Stammhaus im Inland und einer oder mehreren Niederlassung(en) (Tochtergesellschaften, Zweigniederlassungen oder Betriebsstätten) im Ausland.

Bei vertiefender Auseinandersetzung mit Problembereichen internationaler Unternehmen stellt man schnell fest, dass sich die größten Herausforderungen aus veränderten Rahmenbedingungen (ökonomischer, politisch-rechtlicher, sozio-kultureller und allgemein-technologischer Art [vgl. Farmer/Richman 1970, S. 28 ff. und Spengler 1999, S. 48 ff.]) ergeben, welche zwangsläufig daraus resultieren, dass Unternehmen nicht (mehr) nur in einem nationalen Kontext, sondern in verschiedenen Ländern oder auf verschiedenen Kontinenten agieren (vgl. dazu und weiterführend Festing et al. 2011, S. 4 ff.). Daraus ergibt sich Handlungsbedarf für Weiterentwicklungen bzw. sogar Erneuerungen von Unternehmensstrukturen (Standortplanung, Bestimmung des Ausmaßes an (De-)Zentralität etc.) und -strategien (z.B. Erschließung von und Positionierung auf ausländischen Märkten), woraus sich wiederum neue


T. Spengler et al., *Moderne Personalplanung*,
https://doi.org/10.1007/978-3-658-47677-9_14

Probleme hinsichtlich der Verfügbarkeit über und Wirksamkeit von Personal ergeben. Bei der Lösung entsprechender Probleme ist es in diesem Kontext besonders wichtig, eine Kompatibilität der Unternehmensbelange und -aktivitäten mit den o.g. Rahmenbedingungen jener Länder, in welchen Geschäftsbeziehungen aufgebaut und Standorte errichtet werden sollen, zu erreichen. Auf die sozio-kulturelle Komponente gehen wir in diesem Zusammenhang in Kap. 14.3 vertiefender ein. Hinzu kommt, dass das Unternehmen und entsprechend dessen Personal betreffende Entscheidungen i.d.R. nicht mehr ländermäßig isoliert, sondern unter der Berücksichtigung des Gesamtzusammenhangs getroffen werden können bzw. müssen. Das führt insgesamt zu gesteigerter Komplexität der zu lösenden Probleme und somit auch zu komplexeren Lösungsprozeduren (vgl. Macharzina/Engelhard 1987, S. 331). Im Folgenden gehen wir auf die generelle Bedeutung von Sozialisation, Interaktion, Kommunikation und Kultur für die internationale Personalplanung ein und konkretisieren danach die speziellen Auswirkungen der Internationalisierung auf die drei Problembereiche der Personalplanung. Anschließend wollen wir unter Berücksichtigung ausgewählter Aspekte ein Modell zur internationalen Personalplanung konstruieren.

## 14.2 Die generelle Bedeutung von Sozialisation, Interaktion, Kommunikation und Kultur für die internationale Personalplanung

Sozialisation ist nach Hillmann ein Begriff zur Beschreibung und Erklärung aller Prozesse, in deren Verlauf der Mensch zum Mitglied einer Gesellschaft und Kultur (Stichwort: Enkulturation) wird (vgl. Hillmann 2007, S. 818; zum Begriff der Enkulturation vgl. Hillmann 2007, S. 183). Nach Brandstätter et al. handelt es sich dabei um Lernprozesse in der „[…] sozialen Umwelt […], vorwiegend solche Verhaltensweisen zu zeigen, sowie Einstellungen, Werte, Bedürfnisse usw. zu übernehmen, die den in dieser sozialen Umwelt anerkannten Wertvorstellungen und Normen entsprechen, bzw. solche […] Einstellungen, (Werte, Bedürfnisse) usw. abzubauen, die damit in Widerspruch stehen." (Brandstätter et al. 1978, S. 128). Sozialisation ist Vergesellschaftung und Individuation des Menschen zugleich und bedeutet mithin Eingliederung in soziale Gruppen, Gemeinschaften oder Gesellschaften. Als Sozialisationsinstrumente kommen u.a. die Vorgabe von Normen, Geboten sowie Verboten des Handelns, die Vermittlung der Vorstellungen von Funktionalität (Zweckmäßigkeit), Rationalität (Vernunft) und Legitimität (Rechtmäßigkeit) von Normen, das Vorleben erwünschten Verhaltens (Stichwort: Beispiel geben), das Versprechen und Gewähren von Gratifikationen sowie das Androhen und Verhängen von Sanktionen in Betracht. Als Effekte dieser Instrumente können bewusstseinsbildende, persönlichkeitsfördernde, aber auch persönlichkeitsdeformierende Wirkungen eintreten.

Interaktion liegt laut Hillmann vor, „[…] wenn ein Handelnder (Individuum, Gruppe, Organisation) sich nicht nur am zufälligen oder gerade erkennbaren Verhalten eines anderen Handlungspartners, sondern auch und in erster Linie an dessen (vermuteten) Erwartungen (Absichten), positiven und negativen Einstellungen sowie der Einschätzung und Bewertung der gemeinsamen Situation orientiert." (Hillmann 2007, S. 387). Voraussetzung dafür ist ein Bestand an gemeinsamen normativen Mustern (Stichwort: minimaler Konsens), Symbolen und Kommunikationstechniken. Dabei könnte auf den Begriff „Interaktion" verzichtet werden, wenn das Verhalten durch die geteilten Normen (etwa durch formale Rollen) bereits festgelegt wäre. Mit Interaktion wird deshalb immer die Vorstellung verbunden, dass sich die konkrete Ausprägung der wechselseitigen Orientierung und Beeinflussung erst durch tatsächliches (aktionales und kommunikatives) Handeln in einem Prozess gegenseitiger Abstimmung und somit diskursiv entwickelt. Interaktionen sind damit nie eine Einzelhandlung, sondern immer eine Sequenz aus Aktionen und Reaktionen (Stichworte: Handlungszyklus, Handlungsdynamik).

Mit Kultur bezeichnet man nach Tylor den Komplex von Kenntnissen, Glaubensvorstellungen, Rechtsauffassungen, Bräuchen und Sitten etc., die eine Gesellschaft ausmachen, letztlich das geteilte und gelebte Wertesystem einer sozialen Bezugsgruppe (vgl. Tylor 1920, S 1 ff.).

In einer zunehmend globalisierten Welt bewegen sich immer mehr Unternehmen auf internationalem Terrain. Deren Geschäftserfolge werden u.a. auch von den transnationalen Interaktionen der Handlungspartner determiniert und diese wiederum hängen von den involvierten Kulturen, den erfolgten Sozialisationen sowie den verwendeten Kommunikationsmustern und -strategien ab. Dies ist im Kontext internationaler Personalplanung zu beachten. Dabei geht es u.a. um Fragen der Kompatibilität diverser Sozialisations-, Interaktions-, Kommunikations- und Enkulturationsmuster und zwar nicht zuletzt bei der Zusammensetzung von Teams.

## 14.3 Die spezielle Bedeutung von Internationalisierung für die Problembereiche der betrieblichen Personalplanung

Aus den obigen Ausführungen können wir ableiten, dass die Internationalisierung von Unternehmen Auswirkungen auf jeden einzelnen Problembereich der Personalplanung, also sowohl auf den (a) Personalbedarf als auch auf die (b) Personalausstattung sowie auf den (c) Personaleinsatz, hat.

Zu (a): Die Internationalisierung hat unterschiedliche Bedeutungen für die einzelnen Dimensionen des Personalbedarfs. Bezüglich der lokalen Dimension gilt es beispielsweise Interdependenzen hinsichtlich des Bedarfs in Haupt- und Auslandsniederlassungen zu beachten; z.B. können Bedarfe nur an einzelnen Standorten unabhängig voneinander oder niederlassungsübergreifend anfallen, was bei entsprechend zu formulierenden Ansätzen zu berücksichtigen ist. Hinsichtlich der temporalen Dimension müssen ggf. auch Reihenfolgebeziehungen zwischen den anfallenden Bedarfen in den einzelnen Niederlassungen berücksichtigt werden. Diese entstehen z.B. dann, wenn Teilprozesse an unterschiedlichen Standorten durchgeführt werden und die Durchführung einzelner Teilprozesse von der Fertigstellung anderer abhängig ist. Die qualitative Dimension ist insofern betroffen, als aufgrund veränderter Rahmenbedingungen ggf. neue Tätigkeitsarten definiert werden müssen, um den Gegebenheiten und Erfordernissen der Geschäftstätigkeit im Ausland gerecht zu werden.

Zu (b): Je nach Standort der Haupt- und Auslandsniederlassungen können sich die (potenziell) vorhandenen Arbeitskräfte in Art und Umfang stark unterscheiden. Zudem können sich aus den länderspezifischen Rahmenbedingungen neue Möglichkeiten aber auch Grenzen hinsichtlich der Disposition von Personal ergeben. Im Speziellen wollen wir kurz auf mögliche Auswirkungen auf Maßnahmen der Personalbeschaffung, -schulung, -versetzung, -beförderung und -degradierung eingehen.

Im Zuge der (internationalen) Personalbeschaffung gilt es u.a. zu klären, welche Arbeitsmärkte für die Beschaffung von Personal in Frage kommen. Schulungen müssen ggf. um die Vermittlung interkultureller Kompetenzen erweitert werden, z.B. wenn Teams mit Personal aus unterschiedlichen Kulturen besetzt werden sollen oder Entsendungen von Personal in Niederlassungen anderer Länder mit verstärkten kulturellen Unterschieden vorgesehen sind. Zudem gilt es ggf. zu berücksichtigen, dass Ausbildungskonzepte von Land zu Land unterschiedlich sein können (z.B. hinsichtlich der Konventionen, Bedingungen oder staatlicher Förderungen).

Bei Versetzungen, Beförderungen und Degradierungen müssen ggf. länderspezifische Regelungen (formelle Gegebenheiten) und Gepflogenheiten (informelle Gegebenheiten) im Zusammenhang mit Versetzungs- und Beförderungspraktiken (sowohl intra- als auch interorganisational) beachtet werden. Die Betonung liegt hier insbes. auf rechtlichen und sozio-kulturellen Aspekten.

Zu (c): Auch bezüglich der drei Einsatzalternativen (s. Kap. 11.4) gilt es im Vergleich zur nationalen Betrachtung internationalisierungsspezifische Aspekte zu berücksichtigen. So müssen Unternehmen u.U. (insbesondere in der Anfangsphase der Internationalisierung) aufgrund erweiterter oder neuer Tätigkeitsprofile mit erhöhtem Schulungsbedarf von Personal rechnen, was dazu führt, dass (off the job) geschultes Personal während der Schulung nicht für den Einsatz im Leistungsprozess verfügbar ist. Wenn sich der Leistungsprozess zugleich in Art und Umfang erweitert (wovon oftmals ausgegangen werden kann), so kann sich der Planungs- und Koordinationsaufwand für das entsprechende Unternehmen stark erhöhen. Zudem eröffnen die um zusätzliche Standorte erweiterten Unternehmensstrukturen ggf. neue Leihmöglichkeiten des Personals.

Einsätze in Auslandsniederlassungen führen ungeachtet der Art des Einsatzes grundsätzlich zu Entsendungsproblemen, von deren Planung und Umsetzung der Erfolg der ausländischen Unternehmenstätigkeit in nicht unerheblichem Maße abhängen kann. Auf Herausforderungen im Kontext von Personalbesetzungs- und damit verbundenen Entsendungsproblemen wollen wir im Folgenden vertiefender eingehen.

## 14.4 Personalbesetzungsprobleme im Kontext internationaler Personalplanungen

### 14.4.1 Grundlegende Stellenbesetzungsstrategien

Abhängig vom Grad der Internationalisierung, dem Grad an (De-)Zentralisierung sowie der strategischen Ausrichtung eines internationalen Unternehmens werden in der Literatur drei grundlegende Stellenbesetzungsstrategien unterschieden (vgl. dazu z.B. Deresky/Miller 2022, S. 293 ff., Festing et al. 2011, S.216 ff. und Sure 2017, S. 134 ff.).

Die grundlegende Annahme hinter diesen drei Basisstrategien ist, dass Stellen in einer ausländischen Niederlassung mit drei unterschiedlichen Arten von Mitarbeitern besetzt werden können, und zwar mit

- solchen des Stammhauses,
- solchen des Landes, in dem sich ausländische Niederlassungen befinden und
- solchen aus Drittländern (in denen sich weder das Stammhaus noch eine Niederlassung befindet).

Die grundlegende Strategie, bei der Stellen (insbes. mit Managementfunktion) hauptsächlich mit Mitarbeitern des Stammhauses (sog. Stammhausdelegierten) besetzt werden, wird als *ethnozentrische* Besetzungsstrategie bezeichnet. Diese wird in der Regel von Unternehmen gewählt, die sich in der Phase der internationalen Expansion befinden oder relativ stark zentralisierte Organisationsstrukturen aufweisen. Werden überwiegend lokale Mitarbeiter aus dem Land, in dem sich die Auslandsniederlassung befindet, für Positionen (insbes. mit Managementfunktion) rekrutiert und eingesetzt, wird dies als *polyzentrische* Besetzungsstrategie bezeichnet. Eine solche Besetzungsstrategie wird bei verstärkt dezentralisierten Organisationsstrukturen eingesetzt, um bspw. eine lokale Identität der ausländischen Niederlassung aufzubauen und zu erhalten. Erfolgt die Rekrutierung und Besetzung von (insbes. Management-)Positionen unabhängig von dem jeweiligen Herkunftsland der Personen (also unter Berücksichtigung des globalen Arbeitsmarktes), so spricht man von einer *geozentrischen* Besetzungsstrategie. Jede dieser Strategien (ob sie nun in Rein- oder Mischform von Unternehmen verfolgt werden) hat zahlreiche Vor- und Nachteile und wirft unterschiedliche zu lösende Folgeprobleme auf (Diskurse zu Vor- und Nachteilen dieser Strategien liefern z.B. Festing et al. 2011, S. 216 ff., Holtbrügge/Welge 2015, S. 327 und Sure 2017, S. 135 ff.). Eines dieser Probleme (welches insbesondere bei der erstgenannten Besetzungsstrategie präsent ist) ist die Entsendung von Stammhausdelegierten, worauf wir im Folgenden vertiefender eingehen wollen.

### 14.4.2 Entsendungsproblematik von Stammhausdelegierten

An die Grundsatzentscheidung, Stellen in ausländischen Niederlassungen mit Stammhausdelegierten zu besetzen, schließen sich Planungen bezüglich des darauffolgenden Entsendungsprozesses an. Dieser kann idealtypisch in vier Phasen untergliedert werden (vgl. Stahl 1998, S. 26 und Holtbrügge/Welge 2015, S. 329):

- Auswahlphase
- Vorbereitungsphase
- Einsatzphase
- Reintegrationsphase

Personalplanerische Bedeutung haben insbesondere die (a) Auswahl- sowie die (b) Reintegrationsphase, auf deren Problembereiche wir im Folgenden vertiefend eingehen wollen.

Zu (a): Die Auswahl von hinreichend qualifiziertem Stammhauspersonal für die Besetzung von Stellen in ausländischen Niederlassungen birgt zahlreiche Herausforderungen, insbesondere, wenn sich das Gastland hinsichtlich kultureller, politischer und rechtlicher Aspekte stark vom Heimatland unterscheidet. Korrespondierende Auswahlentscheidungen sind mit höchster Sorgfalt zu treffen, nicht zuletzt deshalb, weil Fehlbesetzungen gravierende (ökonomische) Folgen für die Leistungsprozesse der ausländischen Niederlassung sowie auf die persönliche als auch berufliche Entwicklung des Stammhausdelegierten haben können. Hierbei ist von besonderer Bedeutung, dass potenzielle Kandidaten nicht nur nach rein fachlichen Qualifikationsmerkmalen ausgewählt werden, sondern z.B. auch nach (Auslands-)Erfahrungen, physischer und psychischer Stabilität und persönlichen Kompetenzen im Zusammenhang mit der Auslandstätigkeit (vgl. z.B. Stahl 1998, S. 27 f., Holtbrügge/Welge 2015, S. 330 f. und Sure 2017, S. 139 f.). **Tabelle 14.1** enthält mögliche Anforderungskriterien für die Auswahl von Fach- und Führungskräften für den Einsatz im Ausland.

Durch einen Abgleich von Anforderungs- und Fähigkeitsprofilen der in Frage kommenden Mitarbeiter des Stammhauses kann die jeweilige Eignung der Kandidaten ermittelt (vgl. dazu Kossbiel 1988, S. 1091 ff.) und so der jeweils passende für die Entsendung ausgewählt werden. Bei korrespondierenden Personalplanungsansätzen können die entsprechenden Eignungsgrade (aber auch Neigungsgrade) direkt oder über Leistungsfaktoren in Ansatz gebracht werden.

**Tabelle 14.1** Mögliche Anforderungskriterien für die Auswahl von Fach- und Führungskräften für den Einsatz im Ausland

| | |
|---|---|
| Fachliche Kriterien | – Berufs- (u. ggf. Führungs-)erfahrung<br>– Tätigkeitsbezogene Fähigkeiten und Fertigkeiten<br>– Entwicklungspotenzial<br>– Kenntnisse der Unternehmung sowie der relevanten Produkte und Märkte |
| Kriterien bezogen auf personale, allgemein soziale und interkulturelle Kompetenzen | – Organisations- und Kommunikationsfähigkeit<br>– Flexibilität<br>– Selbstständigkeit<br>– Konflikt- und Ambiguitätstoleranz<br>– Anpassungs- und Empathievermögen bezüglich spezifischer Gastlandbedingungen<br>– Kenntnis der jeweiligen Gastlandsprache bzw. Bereitschaft, diese zu erlernen |
| Weitere personenbezogene Kriterien | – Alter<br>– Emotionale Stabilität<br>– Physische und psychische Belastbarkeit<br>– Familiäre und sonstige Bindungen<br>– Einstellung des (Ehe-)Partners und anderer Familienangehöriger zum Auslandsaufenthalt |

Quelle: Adaptiert nach Holtbrügge/Welge 2015, S. 331.

Zu (b): Die Wiedereingliederung von Stammhausdelegierten (sog. Repatriierung) ist ein weiteres zentrales Problem von Auslandsentsendungen, das eine rechtzeitige und umfassende Reintegrationsplanung erfordert. Aus empirischen Untersuchungen geht hervor, dass Mängel innerhalb von Planungen der Reintegrationsphase z.B. dazu führen können, dass Auslandsrückkehrer unzufrieden sind, Kündigungsabsichten hegen oder in die „innere Emigration" verfallen, wodurch sich eine dauerhafte Leistungsminderung einstellt oder gar das endgültige Ausscheiden aus dem Betrieb erfolgt. Dadurch können den betroffenen Unternehmen erhebliche Kosten entstehen, z.B. durch die notgedrungene Schaffung von „Auffangstellen", Anschlussentsendungen oder Abfindungen (vgl. dazu und weiterführend z.B. Stahl 1998, S. 34, Festing et al. 2011, S. 339 ff. und Holtbrügge/Welge 2015, S. 348). Teil einer erfolgreichen Entsendung ist also die rechtzeitige Findung von Nachfolge- und/oder Rückkehrregelungen unter Berücksichtigung der Erwartungen und Qualifikationen des Delegierten. Denkbare Handlungsalternativen seitens des Unternehmens sind in diesem Zusammenhang z.B.

- die Bereitstellung der gleichen oder einer vergleichbaren Stelle, die der Delegierte vor der Entsendung besetzt hat,

- die Bereitstellung einer Stelle, die mit der besetzten Stelle in der ausländischen Niederlassung hinsichtlich Tätigkeitsprofil, Verantwortungsumfang und Vergütung (zumindest teilweise) vergleichbar ist,
- Aufschiebung bzw. Umgehung der Reintegrationsproblematik durch eine erneute Entsendung des Mitarbeiters (vgl. Holtbrügge/Welge 2015, S. 348 f.).

Im folgenden Teilkapitel wollen wir ein Modell zur internationalen Personalplanung zunächst auf kollektiver Ebene konstruieren, um anschließend u.a. Erweiterungspotenziale hinsichtlich individueller Aspekte der Entsendungsproblematik zu diskutieren.

## 14.5 Ein Modell zur internationalen Personalplanung

Für die Formulierung des Ansatzes zur internationalen Personalplanung, der als Modell der simultanen Personal- und Organisationsplanung (s. Kap. 12.5.4) konzipiert wird, betrachten wir ein Unternehmen, das zum aktuellen Zeitpunkt nur an einem (Haupt-)Unternehmensstandort ($s = 1$) produziert (gekennzeichnet durch das karierte Fähnchen in **Abbildung 14.1**). Dieses hat allerdings Internationalisierungsmaßnahmen beschlossen und möchte dementsprechend $S - 1$ weitere Unternehmensstandorte ($s = 2, \dots, S$) im Ausland errichten (im Beispiel aus **Abbildung 14.1**: vier weitere Standorte $s = 2, 3, 4, 5$, gekennzeichnet durch die schraffierten Fähnchen). Im Zuge der Internationalisierung soll aber auch die Organisationsstruktur des Hauptstandortes $s = 1$ ggf. angepasst werden.

Das Unternehmen hat die in Zukunft zu erledigenden Aufgaben in zwei verschiedene Kategorien unterteilt. Zum einen gibt es standortgebundene Aufgaben der Arten $k \in \overline{K}$ (bspw. Fertigungsaufgaben, Aufgaben der Personalverwaltung etc.) und zum anderen standortübergreifende Tätigkeiten der Arten $k^* \in \overline{K}^*$ (z.B. Aufgaben des externen Rechnungswesen, Aufgaben der strategischen Planung etc.). Der Gesamtumfang an standortgebundenen bzw. standortübergreifenden Aufgaben wird mit $A_{ks}$ bzw. $A_{k^*}$ bezeichnet.

An jedem Standort kann das Unternehmen Stellen der Art $i \in \overline{I}$ einrichten, auf welche die oben genannten Aufgaben zu verteilen sind. Im Zuge der Aufgabenverteilung ist

a) für jeden Standort zu klären, welcher Anteil $y_{kis}$ am Gesamtaufgabenumfang $A_{ks}$ auf Stellen der Art $i$ zu verteilen ist bzw.

b) über alle Standorte zu klären, welcher Anteil $y_{k^*is}$ am Gesamtaufgabenumfang $A_{k^*}$ auf Stellen der Art $i$ am Standort $s$ zu verteilen ist.

Die konkrete Erledigung der Stellen der Art $i$ an Standort $s$ zugeordneten Aufgaben der Art $k$ und der Art $k^*$ erfolgt über diesen Stellen alloziierte Arbeitskräfte der Art $r$ (Personaleinsätze $PE_{irs}$). Abhängig von Stellen- und Arbeitskräfteart sowie dem Einsatz-Standort werden diese Personaleinsätze mit Leistungsfaktoren $\alpha_{irs}$ multipliziert. Entsprechend der Anzahl der eingesetzten Mitarbeiter auf Stellen der Art $i$ muss an jedem Unternehmensstandort $s$

eine ausreichende Anzahl dieser Stellen ($x_{is}$) eingerichtet werden.

**Abbildung 14.1** Ausgangssituation

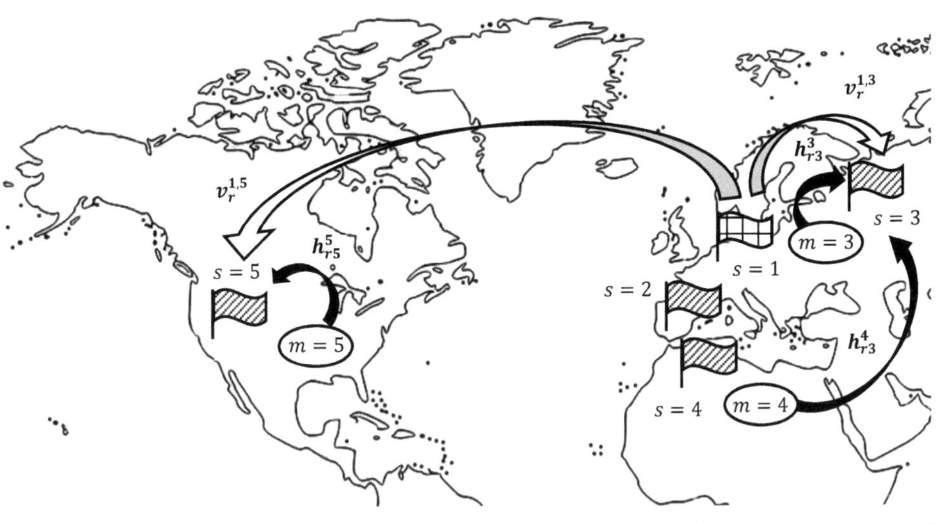


Zum Planungszeitpunkt verfügt das Unternehmen ausschließlich über Anfangspersonalausstattungen am Hauptstandort ($PA_{rs=1}^0$). Zur Versorgung der neu errichteten Standorte mit Personal stehen dem Unternehmen zwei Möglichkeiten zur Verfügung:

1. Versetzungen von Arbeitskräften aus dem Hauptstandort $s = 1$ zum neuen Standort $s'$ ($v_r^{s=1,s'}$) (exemplarisch für $s' = 3, 5$ durch die weißen Pfeile in **Abbildung 14.1** dargestellt).
2. Neueinstellungen von Arbeitskräften aus verschiedenen Arbeitsmärkten $m \in \overline{M}$ ($h_{rs'}^m$) (exemplarisch für $m = 3, 4, 5$ durch die schwarzen Pfeile in **Abbildung 14.1** dargestellt).

Die Arbeitsmärkte $m$ stellen dabei immer die nationalen Arbeitsmärkte an den verschiedenen Unternehmensstandorten dar.

Um den reibungslosen Ablauf an den neuen Standorten zu gewährleisten, möchte das Unternehmen jedoch mindestens $v_{r,min}^{s=1,s'}$ Arbeitskräfte jeder Art $r$ vom Hauptstandort an jeden dieser Standorte $s'$ versetzen. Des Weiteren sollen aber insgesamt auch nicht mehr als $vp_{s=1}$ Prozent der Gesamt-Anfangspersonalausstattung am Hauptstandort versetzt werden, damit die dortigen Abläufe weiterhin funktionieren. Bezüglich der Neueinstellungen an den Standorten $s \in \{2, ..., S\}$ soll zudem sichergestellt werden, dass mindestens $hp_s$ Prozent der einzustellenden Arbeitskräfte vom nationalen Arbeitsmarkt ($m = s$) stammen.

Das Extremierungsziel des Modells ist die Minimierung der Summe der Personaleinsatz-,

Stelleneinrichtungs-, Versetzungs- sowie Einstellungskosten.

Der Modellierung legen wir folgende Symbole zugrunde:

*Mengen*

$\overline{I}$ := $\{i | i = 1,2, \dots, I\}$ Menge der Stellenarten

$\overline{K}$ := $\{k | k = 1,2, \dots, K\}$ Menge der (standortgebundenen) Aufgabenarten, die an jedem Standort separat anfallen und vollständig auf die dort einzurichtenden Stellen zu verteilen sind

$\overline{K}^*$ := $\{k^* | k^* = K + 1, K + 2, \dots, K^*\}$ Menge der Aufgabenarten, die standortübergreifend anfallen und auf mehrere im Unternehmen einzurichtende Stellen standortübergreifend verteilt werden können

$\overline{M}$ := $\{m | m = 1,2, \dots, M\}$ Menge der Arbeitsmärkte

$\overline{R}$ := $\{r | r = 1,2, \dots, R\}$ Menge der Arbeitskräftearten

$\overline{S}$ := $\{s | s = 1,2, \dots, S; \text{mit } s = 1\text{: Stammhaus}\}$ Menge der Unternehmensstandorte

$I_k$ := Menge der Stellenarten $i$, auf denen Aufgaben der Art $k$ erledigt werden können

$I_{k^*}$ := Menge der Stellenarten $i$, auf denen Aufgaben der Art $k^*$ erledigt werden können

$I_r$ := Menge der Stellenarten $i$, die mit Arbeitskräften der Art $r$ besetzt werden können

$I_s$ := Menge der Stellenarten $i$, die an Unternehmensstandort $s$ eingerichtet werden können

$K_i$ := Menge der Aufgabenarten $k$, die auf Stellen der Art $i$ erledigt werden können

$K_i^*$ := Menge der Aufgabenarten $k^*$, die auf Stellen der Art $i$ erledigt werden können

$M_s$ := Menge der Arbeitsmärkte $m$, von denen der Unternehmensstandort $s$ Arbeitskräfte rekrutieren kann

$R_i$ := Menge der Arbeitskräftearten $r$, die Stellen der Art $i$ besetzen können

$S_{k^*}$ := Menge der Unternehmensstandorte $s$, auf die Aufgaben der Art $k^*$ verteilt werden können

*Daten*

$A_{ks}$ := Gesamtumfang der an Unternehmensstandort $s$ anfallenden Aufgaben der Art $k$

$A_{k^*}$ := Gesamtumfang an Aufgaben der Art $k^*$

$\alpha_{irs}$ := Leistungsfaktor einer auf einer Stelle der Art $i$ an Unternehmensstandort $s$ eingesetzten Arbeitskraft der Art $r$

$H_r^{m,max}$ := Maximale Anzahl an einstellbaren Arbeitskräften der Art $r$ von Arbeitsmarkt $m$

$HK_{rs}^m$ := Kostensatz der Einstellung einer Arbeitskraft der Art $r$ von Arbeitsmarkt $m$ an Unternehmensstandort $s$

$hp_s^m$ := Minimaler Anteil der vom Arbeitsmarkt $m$ stammenden Arbeitskräfte an der Gesamtpersonalausstattung, die an Unternehmensstandort $s$ einzustellen sind (Angaben in %)

$PA_{rs=1}^0$ := Personalanfangsausstattung mit Arbeitskräften der Art $r$ an Unternehmensstandort $s = 1$

$PK_{irs}$ := Periodisierter Personalkostensatz je Arbeitskraft der Art $r$, die auf einer Stelle der Art $i$ an Unternehmensstandort $s$ eingesetzt wird

$SK_{is}$ := Periodisierter Kostensatz der Einrichtung und Unterhaltung von Stellen der Art $i$ an Unternehmensstandort $s$

$T$ := Zeit, die eine Arbeitskraft in der Planungsperiode zur Verfügung steht

$t_{kis}$ := Durchschnittliche Zeit zur Erledigung einer Aufgabeneinheit der Art $k$ auf einer Stelle der Art $i$ an Unternehmensstandort $s$

$t_{k^*is}$ := Durchschnittliche Zeit zur Erledigung einer Aufgabeneinheit der Art $k^*$ auf Stellen der Art $i$ an Unternehmensstandort $s$

$VK_r^{s=1,s'}$ := Kostensatz der Versetzung einer Arbeitskraft der Art $r$ von Unternehmensstandort $s = 1$ zu einem anderen Unternehmensstandort $s'$

$v_{r,min}^{s=1,s'}$ := Mindestanzahl an Versetzungen von Arbeitskräften der Art $r$ von Unternehmensstandort $s = 1$ zu einem anderen Unternehmensstandort $s'$

$vp_{s=1}$ := Maximaler Anteil der an einen anderen Unternehmensstandort ($s > 1$) zu versetzenden Arbeitskräfte an der Gesamtpersonalausstattung am Unternehmensstandort $s = 1$ (Angaben in %)

*Entscheidungsvariable*

$h_{rs}^m$ := Anzahl der Einstellungen von Arbeitskräften der Art $r$ aus Arbeitsmarkt $m$ an Unternehmensstandort $s$

$PA_{rs}$ := Personalausstattung mit Arbeitskräften der Art $r$ an Unternehmensstandort $s$

$PE_{irs}$ := Anzahl der auf Stellen der Art $i$ an Unternehmensstandort $s$ einzusetzenden Arbeitskräfte der Art $r$

$v_r^{s=1,s'}$ := Anzahl der von Unternehmensstandort $s = 1$ aus zu einem anderen Unternehmensstandort $s'$ zu versetzenden Arbeitskräfte der Art $r$

$x_{is}$ := Zahl der an Unternehmensstandort $s$ einzurichtenden Stellen der Art $i$

$y_{kis}$ := Anteil am Gesamtumfang an Aufgaben der Art $k$, der Stellen der Art $i$ an Unternehmensstandort $s$ übertragen werden soll

$y_{k^*is}$ := Anteil am Gesamtumfang an Aufgaben der Art $k^*$, der Stellen der Art $i$ an Unternehmensstandort $s$ übertragen werden soll

Damit lautet das zu formulierende Modell wie folgt:

Zielfunktion:

$$\sum_{s=1}^{S}\sum_{i\in I_s}\sum_{r\in R_i} PK_{irs}\cdot PE_{irs} + \sum_{s=1}^{S}\sum_{i\in I_s} SK_{is}\cdot x_{is} + \sum_{r=1}^{R}\sum_{s'=2}^{S} VK_r^{1s'}\cdot v_r^{1s'}$$

$$+\sum_{r=1}^{R}\sum_{s=1}^{S}\sum_{m\in M_s} HK_{rs}^{m}\cdot h_{rs}^{m} \rightarrow \min! \qquad \text{(ZIM. 1)}$$

[Lies: Minimiere die Summe der an allen Unternehmensstandorten anfallenden Kosten für Personaleinsätze, Stelleneinrichtungen, Versetzungen und Neueinstellungen von Arbeitskräften!]

u.d.N.:

Vollständigkeitsbedingungen für

a) Aufgaben der Art $k$ an Unternehmensstandorten $s$

$$\sum_{i\in I_k} y_{kis} = 1 \quad \forall\, k\in\overline{K}, s\in\overline{S} \qquad \text{(IM. 1)}$$

[Lies: An jedem Unternehmensstandort ist der Gesamtumfang an standortgebundenen Aufgaben vollständig auf für deren Erledigung vorgesehene Stellen zu verteilen.]

b) Aufgaben der Art $k^*$

$$\sum_{s\in S_{k^*}}\sum_{i\in I_{k^*}\cap I_s} y_{k^*is} = 1 \quad \forall\, k^*\in\overline{K}^* \qquad \text{(IM. 2)}$$

[Lies: Über alle Unternehmensstandorte ist der Gesamtumfang an standortübergreifenden Aufgaben vollständig auf für deren Erledigung vorgesehene Stellen zu verteilen.]

Abstimmung Personalbedarf und Personaleinsatz:

$$\sum_{k\in K_i}\frac{t_{kis}\cdot A_{ks}}{T}\cdot y_{kis} + \sum_{k^*\in K_i^*}\frac{t_{k^*is}\cdot A_{k^*}}{T}\cdot y_{k^*is} \le \sum_{r\in R_i}\alpha_{irs}\cdot PE_{irs} \quad \forall\, s\in\overline{S}, i\in I_s \qquad \text{(IM. 3)}$$

[Lies: Der einem Unternehmensstandort zugeordnete stellenbezogene Personalbedarf ist durch den Einsatz hinreichend qualifizierter Arbeitskräfte auf den für die Aufgabenerledigung vorgesehenen Stellen mindestens zu decken.]

Abstimmung Personaleinsatz und Stellenausstattung:

$$\sum_{r \in R_i} PE_{irs} \leq x_{is} \quad \forall\, s \in \overline{S}, i \in I_s \tag{IM. 4}$$

[Lies: An jedem Unternehmensstandort sind mindestens so viele Stellen der Art $i$ einzurichten, wie Arbeitskräfte auf diesen eingesetzt werden sollen.]

Abstimmung Personaleinsatz und Personalausstattung:

$$\sum_{i \in I_r} PE_{irs} \leq PA_{rs} \quad \forall\, r \in \overline{R}, s \in \overline{S} \tag{IM. 5}$$

[Lies: An jedem Unternehmensstandort können maximal so viele Arbeitskräfte auf Stellen der Art $i$ eingesetzt werden, wie in der jeweiligen Personalausstattung der Arbeitskräftekategorie vorhanden sind.]

Personalausstattungsermittlung für

a) den Unternehmensstandort $s = 1$

$$PA_{r1} = PA_{r1}^{0} - \sum_{s' \in \overline{S} \setminus \{s=1\}} v_r^{1s'} + h_{r1}^{1} \quad \forall\, r \in \overline{R} \tag{IM. 6}$$

[Lies: Die Personalausstattung der Arbeitskräftekategorie $r$ setzt sich am Hauptstandort des Unternehmens aus der entsprechenden Anfangsausstattung abzgl. der Versetzungen an andere Unternehmensstandorte und zzgl. der Neueinstellungen vom nationalen Arbeitsmarkt zusammen. Rückversetzungen an den Hauptstandort sowie Entlassungen an diesem sind nicht vorgesehen.]

b) die Unternehmensstandorte $s' \in \{2, \ldots, S\}$

$$PA_{rs'} = v_r^{1s'} + \sum_{m \in M_s} h_{rs'}^{m} \quad \forall\, r \in \overline{R}, s' \in \{2, \ldots, S\} \tag{IM. 7}$$

[Lies: Die Personalausstattung der Arbeitskräftekategorie $r$ an den neuen Unternehmensstandorten setzt sich aus den Versetzungen von Arbeitskräften des Hauptstandortes und den Neueinstellungen aus verschiedenen Arbeitsmärkten zusammen.]

Versetzungsobergrenze für Unternehmensstandort $s = 1$

$$\sum_{r=1}^{R} \sum_{s' \in \overline{S} \setminus \{s'=1\}} v_r^{1s'} \leq vp_1 \cdot \sum_{r=1}^{R} PA_{r1}^{0} \tag{IM. 8}$$

[Lies: Die Gesamtanzahl an vom Hauptstandort an andere Unternehmensstandorte zu versetzenden Arbeitskräften darf einen zuvor festgelegten Anteil an der Personalanfangsausstattung nicht überschreiten.]

Versetzungsuntergrenze für die Unternehmensstandorte $s' \in \{2, \dots, S\}$

$$v_r^{1s'} \geq v_{r,min}^{1s'} \quad \forall\, r \in \overline{R}, s' \in \{2, \dots, S\} \tag{IM. 9}$$

[Lies: An jeden neuen Unternehmensstandort ist eine zuvor festgelegte Mindestanzahl an Arbeitskräften des Hauptstandortes zu versetzen.]

Einstellungsobergrenzen der Arbeitsmärkte $m$:

$$\sum_{s \in S_m} h_{rs}^m \leq H_r^{m,max} \quad \forall\, r \in \overline{R}, m \in \overline{M} \tag{IM. 10}$$

[Lies: Die Anzahl an einstellbaren Arbeitskräften ist auf jedem Arbeitsmarkt $m$ für jede Arbeitskräftekategorie $r$ nach oben beschränkt.]

Einstellungsuntergrenzen für die Unternehmensstandorte $s \in \{2, \dots, S\}$ auf den Arbeitsmärkten $m \in \{2, \dots, M\}$

$$\sum_{r=1}^{R} PA_{rs} \cdot hp_s \leq \sum_{r=1}^{R} h_{rs}^m \quad \forall\, s \in \{2, \dots, S\}, m \in \{2, \dots, M\} \text{ mit } s = m \tag{IM. 11}$$

[Lies: An jedem neuen Unternehmensstandort ist mindestens ein zuvor festgelegter Anteil der gesamten Personalausstattung an diesem Standort durch Einstellungen vom nationalen Arbeitsmarkt zu beschaffen.]

Nichtnegativitätsbedingungen:

$$h_{rs}^m, PA_{rs}, PE_{irs}, v_r^{s=1,s'}, x_{is}, y_{kis}, y_{k^*is} \geq 0 \quad \forall \text{ relevanten } i \in \overline{I}, k \in \overline{K}, k^* \in \overline{K}^*, m \in \overline{M}, r \in \overline{R}, s \in \overline{S} \tag{IM. 12}$$

[Lies: Keine der Entscheidungsvariablen darf negativ werden.]

Analog zum Grundmodell der nachhaltigen Personalplanung wollen wir auch an dieser Stelle eine Auswahl möglicher Erweiterungspotenziale des oben formulierten Modells skizzieren:

Zum einen könnten die Versetzungen vom Hauptstandort $s = 1$ zu anderen Standorten $s'$ hinsichtlich der ausschließlichen Berücksichtigung von Arbeitskräften mit Führungsqualifikation spezifiziert werden. Dazu definieren wir:

$R_f$ := Menge der Arbeitskräftearten $r$, die Führungsaufgaben übernehmen können

und führen die Restriktion (IM. 9') [Versetzungsuntergrenze für die Unternehmensstandorte $s' \in \{2, \dots, S\}$] ein, mit:

$$v_r^{1s'} \geq v_{r,min}^{1s'} \quad \forall\, r \in R_f, s' \in \{2, \dots, S\} \tag{IM. 9'}$$

Zum anderen ist die Einführung weiterer, von Unternehmensstandorten unabhängiger Arbeitsmärkte (geozentrische Personalbesetzungsstrategie [s. Kap. 14.4.1]) denkbar.

Legt man das Modell auf eine mehrperiodige Optimierung (mit $\overline{T} := \{t | t = 1,2,\dots,T\}$ als Menge der Teilperioden) aus, wäre zudem die Einführung von Schulungsmöglichkeiten bzw. Berücksichtigung von Investitionen in das Humankapital im Allgemeinen möglich (vgl. z.B. Spengler 1994, S. 416 ff.). Außerdem könnten dann auch Puffer für die Rückkehr von Arbeitskräften, die nur für eine gewisse Zeit an einem Unternehmensstandort im Ausland tätig sein sollen, in Ansatz gebracht werden. Wir definieren folgende Symbole:

$v_{rt}^{s=1,s'}$ := Anzahl der Versetzungen von Arbeitskräften der Art $r$ von Unternehmensstandort $s = 1$ zu einem anderen Unternehmensstandort $s'$ in Teilperiode $t$

$x_{is=1}^{*t}$ := Anzahl freizuhaltender Stellen der Art $i$ an Unternehmensstandort $s = 1$ in Teilperiode $t$

Dann lautet Möglichkeit 1:

Für jede zu versetzende Arbeitskraft der Art $r$ vom Unternehmensstandort $s = 1$ ist für eine Teilperiode eine Stelle der Arten $i \in I_r$ freizuhalten.

$$\sum_{s' \in \overline{S} \setminus \{s=1\}} v_{rt}^{1s'} \leq \sum_{i \in I_r} x_{is=1}^{*t} \qquad \forall\, r \in \overline{R}, t \in \overline{T} \tag{IM. 13}$$

Abstimmung Personaleinsatz und Stellenausstattung:

$$\sum_{r \in R_i} PE_{ir1}^{t} + x_{i1}^{*t} \leq x_{i1} \qquad \forall\, i \in I_1, t \in \overline{T} \tag{IM. 14}$$

$$\sum_{r \in R_i} PE_{irs}^{t} \leq x_{is} \qquad \forall\, s \in \{2,\dots,S\}, i \in I_s, t \in \overline{T} \tag{IM. 4'}$$

Möglichkeit 2 lautet wie folgt:

Für jede zu versetzende Arbeitskraft der Art $r$ vom Unternehmensstandort $s = 1$ ist für $T_{x^*}$ Teilperioden eine Stelle der Arten $i \in I_r$ freizuhalten.

$$\sum_{s' \in \overline{S} \setminus \{s=1\}} v_{rt}^{1s'} \leq \sum_{i \in I_r} x_{is=1}^{*t'} \qquad \forall\, r \in \overline{R}, t \in \overline{T}, t' \in \{t,\dots,t+T_{x^*}\} \tag{IM. 13'}$$

Abstimmung Personaleinsatz und Stellenausstattung:

$$\sum_{r \in R_i} PE_{ir1}^{t} + x_{i1}^{*t} \leq x_{i1} \qquad \forall\, i \in I_1, t \in \overline{T} \tag{IM. 14}$$

$$\sum_{r \in R_i} PE_{irs}^{t} \leq x_{is} \qquad \forall\, s \in \{2,\dots,S\}, i \in I_s, t \in \overline{T} \tag{IM. 4'}$$

Ebenso besteht auch die Möglichkeit, individuelle Arbeitskräfte anstelle von Arbeitskräftekategorien zu betrachten, um bspw. Nachfolge- und/oder Rückkehrregelungen zu integrieren:

$\bar{J} := \{j | j = 1,2, \dots, J\}$ Menge der individuellen Arbeitskräfte

$$PE_{ijrs}^{t} := \begin{cases} 1, \text{wenn } j \text{ mit Qualifikation } r \text{ auf einer Stelle der Art } i \text{ am Standort } s \\ \quad \text{in Teilperiode } t \text{ eingesetzt wird} \\ 0, \text{sonst} \end{cases}$$

$$v_{jrt}^{s,s'} := \begin{cases} 1, \text{wenn } j \text{ mit Qualifikation } r \text{ in Teilperiode } t \text{ von Standort } s \\ \quad \text{an Standort } s' \text{ versetzt wird} \\ 0, \text{sonst} \end{cases}$$

Jedes vom Hauptstandort zu einem anderen Standort versetzte Individuum $j$ muss im Betrachtungszeitraum zum Hauptstandort zurückversetzt werden:

$$\sum_{t \in \bar{T}} \sum_{s' \in \bar{S} \setminus \{s=1\}} \sum_{r \in \bar{R}} v_{jrt}^{s=1,s'} \leq \sum_{t \in \bar{T}} \sum_{s' \in \bar{S} \setminus \{s=1\}} \sum_{r \in \bar{R}} v_{jrt}^{s',s=1} \qquad \forall j \in \bar{J} \tag{IM. 15}$$

Sobald ein Individuum von einem anderen Standort zurück an den Hauptstandort versetzt wird, muss diesem Individuum auch eine Stelle zugeordnet werden.

$$v_{jrt}^{s',s=1} \leq \sum_{i \in I_r} PE_{ijrs}^{t} \qquad \forall j \in \bar{J}, s' \in \bar{S} \setminus \{s = 1\}, r \in \bar{R}, t \in \bar{T} \tag{IM. 16}$$

# 15 Demografiesensitive Personalplanung

## 15.1 Überblick

Seit einigen Jahren ist in den Industrienationen, nicht zuletzt auch in Deutschland, der sog. Demografische Wandel in aller Munde. In den Debatten wird dieser Wandel von politischer und gesellschaftlicher Seite aus jedoch häufig auf die isolierte Betrachtung der sich ändernden Altersstruktur („Die Bevölkerung wird immer älter und es gibt kaum noch junge Menschen.") und der insgesamt sinkenden Gesamtbevölkerung reduziert (vgl. Gischer/Spengler 2008, S. 69 f.). Betrachten wir aber die Bedeutung des Wortes Demografie, stellen wir fest, dass „dẽmos" (griechisch) *das Volk* bezeichnet und „gráphein" (griechisch) *schreiben* bedeutet (vgl. Duden online (c), Stichwort: Demografie). Demografie ist also die Beschreibung der Bevölkerung und beinhaltet daher (selbstverständlich) mehr als die Betrachtung der Altersstruktur und Quantität. Grundsätzlich können wir daher Merkmale wie Einkommen, Körpergröße, Haarfarbe, stratifikatorische Differenzierung (soziale Schichtung), Ausbildung, etc. zur Klassifikation von Bevölkerungsgruppen heranziehen. Welche aus dem Kranz aller möglichen Charakteristika für eine derartige Beschreibung zweckmäßig sind, hängt vom jeweiligen Kontext ab. Wir stellen unten fest, dass Merkmale wie bspw. Haarfarbe und Körpergröße eines Individuums aus betriebswirtschaftlicher Sicht in der Regel unerheblich und somit zu vernachlässigen sind, Einkommen, soziale Schichtung und Ausbildung jedoch eine wichtige Rolle für betriebswirtschaftliche Entscheidungen spielen können.

Demografische Entwicklungen werden durch diverse Größen und Phänomene beeinflusst. Zu diesen zählen u.a. Kennzahlen wie Geburten- und Sterberaten, Wanderungssaldi und Erwerbstätigenzahlen, aber auch (Mega-) Trends wie Internationalisierung (s. Kap. 14), Nachhaltigkeit (s. Kap. 13), Digitalisierung (vgl. Kap. 16) oder Akademisierung. Abhängig von den Ausprägungen dieser Faktoren verändert sich eine Bevölkerung sowohl mengenmäßig als auch strukturell über die Zeit. Liegt in einer Volkswirtschaft bspw. die Geburten- langfristig über der Sterberate und sind die Zuwanderungen größer als die Abwanderungen, wird diese tendenziell eine steigende Einwohnerzahl sowie eine jünger und internationaler werdende Bevölkerung aufweisen.

Aus Sicht der betrieblichen Personalplanung können Aspekte der demografischen Entwicklung auf (inter-) nationaler, regionaler und/oder innerbetrieblicher Ebene vor allem für die Prognose und Gestaltung des Niveaus und der Struktur der Personalausstattung relevant sein. Wir wollen im Folgenden ausgewählt aufzeigen, welche Auswirkungen demografische Entwicklungen auf die Personalplanung eines Unternehmens haben können, um darauf aufbauend einen Ansatz zur demografiesensitiven Personalplanung entwickeln zu können.


T. Spengler et al., *Moderne Personalplanung*,
https://doi.org/10.1007/978-3-658-47677-9_15

## 15.2 Auswirkungen demografischer Entwicklungen auf die betriebliche Personalplanung

Unternehmen können von demografischen Entwicklungen insofern betroffen sein, als dass sich diese Veränderungen u.a. auf die Art (bspw. hinsichtlich der Qualifikationen) und Anzahl (a) der auf dem Arbeitsmarkt verfügbaren oder (b) der dem Betrieb bereits zur Verfügung stehenden Arbeitskräfte sowie auf (c) deren Anforderungen an Arbeitszeit- oder Vergütungssysteme (Stichwort: Work-Life-Balance) auswirken.

Zu (a): Von Belang ist für den Betrieb hier weniger der Gesamtarbeitsmarkt, sondern viel mehr relevante Teilarbeitsmärkte. Relevant sind diejenigen, die das betriebliche Rekrutierungspotenzial beeinflussen und somit Arbeitskräfte enthalten, die hinreichende Qualifikationen aufweisen, einer geeigneten Alterskohorte angehören und sich für eine Beschäftigung in dem in Rede stehenden Betrieb interessieren (vgl. dazu auch Spengler 2017, S. 118 f.).

So werden oftmals vor allem 25-30-jährige Hochschulabsolventen zum Kreis der potentiellen Trainees gezählt, während zur Besetzung von Führungspositionen eher Individuen ab 35 Jahren mit hinreichender Berufserfahrung in Frage kommen.

Unternehmen haben sich dann diesbezüglich Fragen nach dem aktuellen Ist-Zustand bzw. nach möglichen zukünftigen Zustandsszenarien bzgl. dieser Potentiale zu stellen. Zu diesem Zweck sind dann geeignete Diagnose- bzw. Prognosemodelle auszuwählen.

Zu (b): Analog zu (a) müssen sich Unternehmen intern damit beschäftigen, wie sich das Niveau und die Struktur der aktuellen und der zukünftigen Personalausstattung gestaltet bzw. gestalten wird. Diese Fragen lassen sich in der Personalwirtschaft dem Bereich der Personalstruktur(-analyse) zuordnen. Kossbiel definiert eine Personalstruktur in diesem Kontext als „eine Menge […] von Teilmengen […] der Menge […] aller Arbeitskräfte einer Organisation […]" (Kossbiel 2004, Sp. 1640). Bezeichnen wir die Gesamtmenge aller Arbeitskräfte eines Unternehmens mit $PS$ und deren Teilmengen mit $PS_i$ $(i = 1, \dots, I)$, so muss eine Personalstruktur zudem folgenden Postulaten genügen (vgl. Kossbiel 2004, Sp. 1640 i.V.m. Muche 1989, S.16):

Vollständigkeitspostulat:

$$\bigcup_{i=1}^{I} PS_i = PS$$

Dieses Postulat bezieht sich auf die Vollständigkeit der Personalstruktur und fordert letztlich (s. Beispiel auf S. 241 f.), dass jede Arbeitskraft mindestens einer Teilmenge $PS_i$ zugehörig ist.

Disjunktivitätspostulat:

$$PS_i \cap PS_j = \emptyset \quad \forall\, i, j = 1, \dots, I \text{ mit } i \neq j$$

Dieses Postulat bezieht sich auf die Überschneidungsfreiheit der Personalstruktur und fordert, dass jede Arbeitskraft höchstens einer Teilmenge $PS_i$ zugehörig ist.

Die Mächtigkeiten der $PS$ bzw. der einzelnen $PS_i$ interpretieren wir dann als die uns bereits bekannten Personalausstattungen $PA_i$, wobei der Index $i$ in diesem Fall für einzelne Ausprägungen oder Ausprägungskombinationen von Differenzierungskriterien für Personalstrukturen/-ausstattungen (wie Qualifikationen, Sektoren, Gehälter, Geschlecht, etc.) stehen kann. Die konkrete Differenzierung der Teilpersonalstrukturen und -ausstattungen kann dabei für eine Gesamtpersonalstruktur durchaus unterschiedlich erfolgen. Betrachten wir zur Verdeutlichung ein kurzes Beispiel:

Ein Unternehmen beschäftige zwölf Mitarbeiter $MA_i^{r,s}$, wobei $i = 1, \dots, 12$ den Kodierungsindex für die einzelnen Mitarbeiter, $r = 1, \dots, 6$ verschiedene Qualifikationsarten und $s = 1, \dots, 4$ verschiedene Abteilungen des Unternehmens darstellen. Die gesamte Personalstruktur des Unternehmens sei

$$PS = \{MA_1^{5,1}, MA_2^{6,1}, MA_3^{1,2}, MA_4^{2,2}, MA_5^{1,2}, MA_6^{2,3}, MA_7^{3,3}, MA_8^{2,3}, MA_9^{4,3}, MA_{10}^{3,4}, MA_{11}^{3,4}, MA_{12}^{3,4}\}$$

Das Unternehmen kann seine $PS$ nun auf diverse Weisen differenzieren (vgl. **Abbildung 15.1**):

**Abbildung 15.1** Venn-Diagramm zur Differenzierung der Personalstruktur

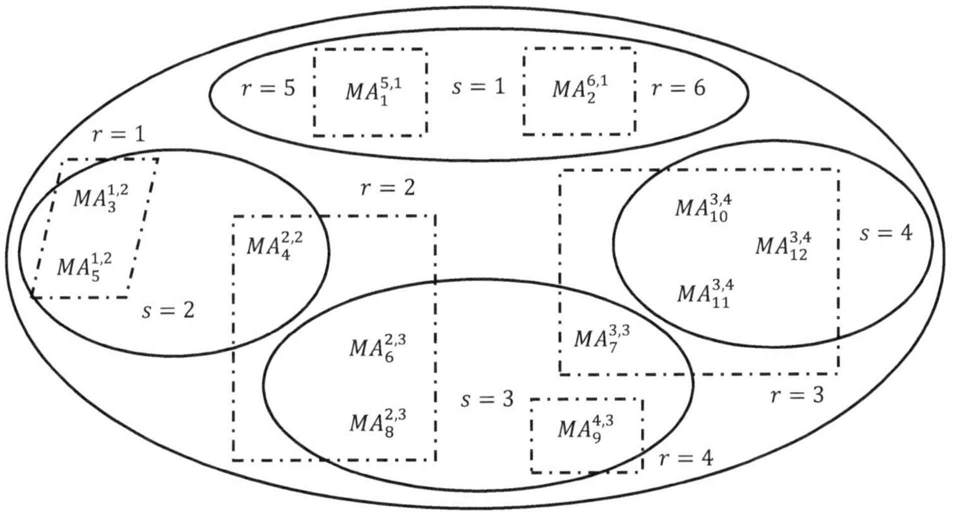


Differenziert das Unternehmen die Teilpersonalstrukturen $PS_s$ nach Abteilungen (dargestellt durch Ellipsen in **Abbildung 15.1**), ergibt sich folgendes Bild:

$PS_1 = \{MA_1^{5,1}, MA_2^{6,1}\}$ $PS_2 = \{MA_3^{1,2}, MA_4^{2,2}, MA_5^{1,2}\}$

$PS_3 = \{MA_6^{2,3}, MA_7^{3,3}, MA_8^{2,3}, MA_9^{4,3}\}$ $PS_4 = \{MA_{10}^{3,4}, MA_{11}^{3,4}, MA_{12}^{3,4}\}$

$$\bigcup_{s=1}^{4} PS_s = PS_1 \cup PS_2 \cup PS_3 \cup PS_4 =$$

$$\{MA_1^{5,1}, MA_2^{6,1}, MA_3^{1,2}, MA_4^{2,2}, MA_5^{1,2}, MA_6^{2,3}, MA_7^{3,3}, MA_8^{2,3}, MA_9^{4,3}, MA_{10}^{3,4}, MA_{11}^{3,4}, MA_{12}^{3,4}\} = PS$$

$PS_1 \cap PS_2 = \emptyset$ $PS_1 \cap PS_4 = \emptyset$ $PS_2 \cap PS_4 = \emptyset$

$PS_1 \cap PS_3 = \emptyset$ $PS_2 \cap PS_3 = \emptyset$ $PS_3 \cap PS_4 = \emptyset$

$|PS_1| = 2 = PA_1$ $|PS_2| = 3 = PA_2$ $|PS_3| = 4 = PA_3$ $|PS_4| = 3 = PA_4$

$$\sum_{s=1}^{4} |PS_s| = 12 = PA$$

Bei einer Differenzierung der Teilpersonalstrukturen $PS_r$ nach Qualifikationen (dargestellt durch die gestrichelten Rechtecke in **Abbildung 15.1**), ergibt sich hingegen:

$PS_1 = \{MA_3^{1,2}, MA_5^{1,2}\}$ $PS_4 = \{MA_9^{4,3}\}$

$PS_2 = \{MA_4^{2,2}, MA_6^{2,3}, MA_8^{2,3}\}$ $PS_5 = \{MA_1^{5,1}\}$

$PS_3 = \{MA_7^{3,3}, MA_{10}^{3,4}, MA_{11}^{3,4}, MA_{12}^{3,4}\}$ $PS_6 = \{MA_2^{6,1}\}$

$$\bigcup_{r=1}^{6} PS_r = PS_1 \cup PS_2 \cup PS_3 \cup PS_4 \cup PS_5 \cup PS_6 =$$

$$\{MA_1^{5,1}, MA_2^{6,1}, MA_3^{1,2}, MA_4^{2,2}, MA_5^{1,2}, MA_6^{2,3}, MA_7^{3,3}, MA_8^{2,3}, MA_9^{4,3}, MA_{10}^{3,4}, MA_{11}^{3,4}, MA_{12}^{3,4}\} = PS$$

$PS_1 \cap PS_2 = \emptyset$ $PS_1 \cap PS_6 = \emptyset$ $PS_2 \cap PS_6 = \emptyset$ $PS_4 \cap PS_5 = \emptyset$

$PS_1 \cap PS_3 = \emptyset$ $PS_2 \cap PS_3 = \emptyset$ $PS_3 \cap PS_4 = \emptyset$ $PS_4 \cap PS_6 = \emptyset$

$PS_1 \cap PS_4 = \emptyset$ $PS_2 \cap PS_4 = \emptyset$ $PS_3 \cap PS_5 = \emptyset$ $PS_5 \cap PS_6 = \emptyset$

$PS_1 \cap PS_5 = \emptyset$ $PS_2 \cap PS_5 = \emptyset$ $PS_3 \cap PS_6 = \emptyset$

$|PS_1| = 2 = PA_1$ $|PS_2| = 3 = PA_2$ $|PS_3| = 4 = PA_3$ $|PS_4| = 1 = PA_4$

$|PS_5| = 1 = PA_5$ $|PS_6| = 1 = PA_6$

$$\sum_{r=1}^{6} |PS_r| = 12 = PA$$

Die dritte Strukturierungsmöglichkeit in diesem Beispiel wäre die Differenzierung der Teilpersonalstrukturen bzw. -ausstattungen $PS_{rs}$ bzw. $PA_{rs}$ nach Qualifikationen und Abteilungen, deren Darstellung wir an dieser Stelle aus Vereinfachungsgründen auslassen.

Die strukturierte Erfassung demografischer Merkmale des Personals eines Unternehmens kann dementsprechend so erfolgen, dass die einzelnen Teilpersonalstrukturen z.B. nach den oben erwähnten Gesichtspunkten differenziert werden. Darauf aufbauend kann sodann die aktuelle Struktur sowie das aktuelle Niveau der Personalausstattung festgestellt werden. Für die Vorhersage der zukünftigen Entwicklung der Personalstruktur kann bspw. wiederum auf die oben (s. Kap. 5) beschriebenen Prognosemodelle zurückgegriffen werden (vgl. bspw. Peters et al. 2010, S. 46 ff.).

Zu (c): Eigenschaften der unter (a) und (b) beschriebenen Teile der Bevölkerung wirken sich in der Regel auf die Bedürfnisse der jeweils zugehörigen Individuen, hier also die der aktuellen und zukünftigen Mitarbeiter eines Unternehmens, aus. Dementsprechend ist es aus betriebswirtschaftlicher Sicht sinnvoll, diese Bedürfnisse zu kennen, um kompatible Voraussetzungen innerhalb der Organisation zu schaffen. Heutzutage werden viele dieser Bedürfnisse unter dem angestrebten Ziel einer zufriedenstellenden Work-Life-Balance, also einem ausgewogenen Zustand zwischen Beruflichem und Privatem, subsumiert.

Im folgenden Abschnitt wollen wir exemplarisch ein Personalplanungsmodell unter Berücksichtigung demografischer Aspekte der Personalstruktur vorstellen.

## 15.3 Ein Modell zur demografiesensitiven Personalplanung

Wir wollen nun einen demografische Aspekte berücksichtigenden Personalplanungsansatz konstruieren. Durch das Modell soll dabei bestimmt werden, wie durch geeignete Einstellungs- und Entlassungsmaßnahmen die zur Erledigung der Betriebsaufgaben hinreichende Personalausstattung unter Vorgabe bestimmter struktureller Anforderungen gestaltet werden kann.

Wir gehen vor diesem Hintergrund davon aus, dass die Differenzierung der Teilpersonalausstattungen $PA_{rnag}^{t}$ nach der Qualifikationsart $r$, dem Geschlecht $g$, der Nationalität $n$ und dem Alter $a$ der Arbeitskräfte sowie der betrachteten Teilperiode $t$ erfolgt. Demografische Veränderungen innerhalb der Personalausstattungen werden in Analogie zu Markov-Ketten-Modellen (s. Kap. 11.3) über entsprechende Übergangs- und Verbleibenswahrscheinlichkeiten berücksichtigt. Zudem soll sichergestellt werden, dass für bestimmte Teilpersonalausstattungen zuvor festgelegte Mindestniveaus nicht unterschritten werden. Die zu deckenden Bedarfe werden wie gewohnt nach den Tätigkeitsarten $q$ und ebenfalls nach den Teilperioden $t$ unterschieden. Wir formulieren einen Ansatz aus der Klasse der reinen Personalbereitstellungsmodelle.

Der Modellierung legen wir folgende Symbole zugrunde:

<u>Mengen</u>

$\overline{A}$ := $\{a|a = 1,2,\dots,A\}$ Menge der Alterskohorten

$\overline{G}$ := $\{g|g = w,m\}$ Menge der Geschlechter (weiblich/männlich)

$\overline{N}$ := $\{n|n = \text{nat}, \text{int}\}$ Menge der Nationalitäten (national/international)

$\overline{Q}$ := $\{q|q = 1,2,\dots,Q\}$ Menge der Tätigkeitsarten

$\overline{R}$ := $\{r|r = 1,2,\dots,R\}$ Menge der Arbeitskräftearten (Qualifikationsarten)

$\overline{T}$ := $\{t|t = 1,2,\dots,T\}$ Menge der Teilperioden

$R_q$ := Menge der Arbeitskräftearten $r$, die zur Erledigung von Tätigkeiten der Art $q$ bereitgestellt werden können

$R'_r$ := Menge der Arbeitskräftearten $r'$, die zur Arbeitskräfteart $r$ geschult werden können

$R^*_r$ := Menge der Arbeitskräftearten $r^*$, die durch Schulung von Arbeitskräfteart $r$ aus erreicht werden können

<u>Daten</u>

$PA^{t=0}_{rnag}$ := Personalanfangsausstattung mit Arbeitskräften der Art $r$ und des Geschlechts $g$ mit Nationalität $n$ in der Alterskohorte $a$

$PB^t_q$ := Personalbedarf für die Erledigung von Tätigkeiten der Art $q$ in Teilperiode $t$

$p^{min}_a$ := minimaler Anteil von Arbeitskräften der Alterskohorte $a$ an der Gesamtpersonalausstattung (in Prozent)

$p^{min}_{int}$ := minimaler Anteil von internationalen Arbeitskräften an der Gesamtpersonalausstattung (in Prozent)

$p^{min}_g$ := minimaler Anteil von Arbeitskräften des Geschlechts $g$ an der Gesamtpersonalausstattung (in Prozent)

$p^{rng}_{a-1,a}$ := Wahrscheinlichkeit, dass eine Arbeitskraft der Art $r$ und des Geschlechts $g$ mit Nationalität $n$ aus Alterskohorte $a-1$ zu Alterskohorte $a$ übergeht

$p^{rng}_{a,a+1}$ := Wahrscheinlichkeit, dass eine Arbeitskraft der Art $r$ und des Geschlechts $g$ mit Nationalität $n$ aus Alterskohorte $a$ zu Alterskohorte $a+1$ übergeht

$p^{nag}_{r',r}$ := Wahrscheinlichkeit, dass eine Arbeitskraft und des Geschlechts $g$ mit Nationalität $n$ aus Alterskohorte $a$ (durch Schulung) von Arbeitskräfteart $r'$ zu Arbeitskräfteart $r$ übergeht

$p_{r,r^*}^{nag}$ := Wahrscheinlichkeit, dass eine Arbeitskraft und des Geschlechts $g$ mit Nationalität $n$ aus Alterskohorte $a$ (durch Schulung) von Arbeitskräfteart $r$ zu Arbeitskräfteart $r^*$ übergeht

$w_{rnag}$ := Wahrscheinlichkeit, dass eine Arbeitskraft der Art $r$ und des Geschlechts $g$ mit Nationalität $n$ aus Alterskohorte $a$ das Unternehmen eigenständig verlässt oder in Ruhestand geht

*Entscheidungsvariable*

$f_{rnag}^t$ := Anzahl zu entlassender Arbeitskräfte der Art $r$ und des Geschlechts $g$ mit Nationalität $n$ in der Alterskohorte $a$ in Teilperiode $t$

$h_{rnag}^t$ := Anzahl einzustellender Arbeitskräfte der Art $r$ und des Geschlechts $g$ mit Nationalität $n$ in der Alterskohorte $a$ in Teilperiode $t$

$PA_{rnag}^t$ := (Personal-) Ausstattung mit Arbeitskräften der Art $r$ und dem Geschlecht $g$ mit Nationalität $n$ in der Alterskohorte $a$ in Teilperiode $t$

Damit lautet das zu formulierende Modell wie folgt:

Zielfunktion:

$$\sum_{t\in\overline{T}}\sum_{r\in\overline{R}}\sum_{n\in\overline{N}}\sum_{a\in\overline{A}}\sum_{g\in\overline{G}} PA_{rnag}^t \rightarrow \text{min!} \qquad \text{(ZDM. 1)}$$

[Lies: Minimiere das Gesamtniveau der Personalausstattung!]

u.d.N.:

Abstimmung Personalbedarf und Personalausstattung:

$$\sum_{q\in\hat{Q}} PB_q^t \leq \sum_{r\in\bigcup_{q\in\hat{Q}}R_q}\sum_{n\in\overline{N}}\sum_{a\in\overline{A}}\sum_{g\in\overline{G}} PA_{rnag}^t \qquad \forall\, \hat{Q}\in\mathfrak{P}(\overline{Q})\backslash\{\emptyset\}, t\in\overline{T} \qquad \text{(DM. 1)}$$

[Lies: Die isolierten Teilpersonalbedarfe und alle möglichen Kombinationen dieser Teilpersonalbedarfe sind in jeder Teilperiode jeweils mit der Personalausstattung nach Maßgabe des impliziten Ansatzes abzustimmen.]

Fortschreibung der Personalausstattung:

$$\begin{aligned} PA_{rnag}^t &= (1 - w_{rnag}) \cdot PA_{rnag}^{t-1} + \\ &\quad + h_{rnag}^t - f_{rnag}^t + \\ &\quad + p_{a-1,a}^{rng} \cdot PA_{rna-1g}^{t-1} - p_{a,a+1}^{rng} \cdot PA_{rnag}^{t-1} + \\ &\quad + \sum_{r'\in R_r'} p_{r',r}^{nag} \cdot PA_{r'nag}^{t-1} - \sum_{r^*\in R_r^*} p_{r,r^*}^{nag} \cdot PA_{rnag}^{t-1} \qquad \forall\, r\in\overline{R}, n\in\overline{N}, g\in\overline{G}, a\in\overline{A}, t\in\overline{T} \quad \text{(DM. 2)} \end{aligned}$$

[Lies: Jede Teilpersonalausstattung setzt sich in jeder Teilperiode aus der Ausstattung der Vorperiode zzgl. der eingestellten, der aus einer anderen Alterskohorte und der durch Schulung hinzukommenden Arbeitskräfte sowie abzgl. der entlassenen, der autonom ausscheidenden, der in eine andere Alterskohorte übergehenden und der durch Schulung wechselnden Arbeitskräfte zusammen.]

Untergrenzen für die Alterskohorten:

$$\sum_{r\in\bar{R}}\sum_{n\in\bar{N}}\sum_{g\in\bar{G}} PA_{rnag}^{t} \geq p_{a}^{min} \cdot \sum_{r\in\bar{R}}\sum_{n\in\bar{N}}\sum_{a\in\bar{A}}\sum_{g\in\bar{G}} PA_{rnag}^{t} \qquad \forall\, a \in \bar{A}, t \in \bar{T} \qquad \text{(DM. 3)}$$

[Lies: Die nach Alterskohorten differenzierten Teilpersonalausstattungen dürfen in jeder Teilperiode zahlenmäßig nicht geringer als ein zuvor festgelegter Anteil an der Gesamtpersonalausstattung sein.]

Untergrenze für die internationalen Arbeitskräfte:

$$\sum_{r\in\bar{R}}\sum_{a\in\bar{A}}\sum_{g\in\bar{G}} PA_{rintag}^{t} \geq p_{int}^{min} \cdot \sum_{r\in\bar{R}}\sum_{n\in\bar{N}}\sum_{a\in\bar{A}}\sum_{g\in\bar{G}} PA_{rnag}^{t} \qquad \forall\, t \in \bar{T} \qquad \text{(DM. 4)}$$

[Lies: Die Teilpersonalausstattung an internationalen Arbeitskräften darf in jeder Teilperiode zahlenmäßig nicht geringer als ein zuvor festgelegter Anteil an der Gesamtpersonalausstattung sein.]

Untergrenzen für Geschlechteranteile:

$$\sum_{r\in\bar{R}}\sum_{a\in\bar{A}}\sum_{n\in\bar{N}} PA_{rnag}^{t} \geq p_{g}^{min} \cdot \sum_{r\in\bar{R}}\sum_{n\in\bar{N}}\sum_{a\in\bar{A}}\sum_{g\in\bar{G}} PA_{rnag}^{t} \qquad \forall\, g \in \bar{G}, t \in \bar{T} \qquad \text{(DM. 5)}$$

[Lies: Die nach Geschlechtern differenzierten Teilpersonalausstattungen dürfen in jeder Teilperiode zahlenmäßig nicht geringer als ein zuvor festgelegter Anteil an der Gesamtpersonalausstattung sein.]

Nichtnegativitätsbedingungen:

$$PA_{rnag}^{t}, h_{rnag}^{t}, f_{rnag}^{t} \geq 0 \qquad \forall\, r \in \bar{R}, n \in \bar{N}, g \in \bar{G}, a \in \bar{A}, t \in \bar{T} \qquad \text{(DM. 6)}$$

[Lies: Keine der Entscheidungsvariablen darf negativ werden.]

# 16 Personalplanung in Zeiten der Digitalisierung

## 16.1 Überblick

Seit dem Ende des 20. Jahrhunderts wird die sog. Digitalisierung intensiv und immer häufiger bezüglich ihrer Auswirkungen auf Gesellschaft, Politik und Wirtschaft diskutiert. Dabei kommt die Auseinandersetzung mit dem Begriff selbst oft zu kurz. Beschäftigt man sich etwas eingehender sowohl mit der wörtlichen Bedeutung von Digitalisierung als auch mit den Verwendungskontexten, kann man relativ schnell feststellen, dass die zweckmäßige Definition dieses Terminus mithin nicht trivial und dessen Abgrenzung zu verwandten Begriffen wie bspw. *analog* oder *nicht-digital* anspruchsvoll ist. Wir wollen daher – mit dem Fokus auf personalwirtschaftliche Aspekte der Digitalisierung und ohne Anspruch auf Vollständigkeit – nur kurz auf (a) wesentliche Inhalte einer Definition des Digitalisierungsbegriffes sowie auf (b) ausgewählte digitale Technologien eingehen, um darauf aufbauend die Auswirkungen der Digitalisierung auf die Personalwirtschaft im Allgemeinen sowie die betriebliche Personalplanung im Speziellen erläutern zu können. Für eine tiefgründige und umfassendere Beschäftigung mit Digitalisierung einerseits (vgl. bspw. Volkmer 2023, Mithas et al. 2013, Lasi et al. 2014 und Arntz et al. 2016) und damit korrespondierender künstlicher Intelligenz im Kontext personalwirtschaftlicher Entscheidungen andererseits (vgl. bspw. Spengler et al. 2023) sei auf die einschlägige Fachliteratur verwiesen.

Zu (a): Das Wort „digital" geht auf die lateinischen Worte „digitus" (Finger) bzw. „digitalis" (fingerdick, zum Finger gehörig) sowie auf das englische Wort „digit" ([zum Zählen benutzter] Finger, Ziffer) zurück (vgl. DWDS (a), Stichwort: digital). In Wörterbüchern findet man zudem Erläuterungen wie „(Medizin) mithilfe des Fingers erfolgend", „(Physik) in Stufen erfolgend; in Einzelschritte aufgelöst", „(Technik) in Ziffern darstellend; in Ziffern dargestellt" (Duden online (d), Stichwort: digital), „auf der Umwandlung von Signalen in Folgen binärer Zeichen beruhend" oder „nicht real, virtuell, vom Computer oder im Internet simuliert" (DWDS (a), Stichwort: digital). Im Zuge der in unserem Kontext diskutierten Auslegung der Digitalisierung sind dabei vor allem die zweite, dritte, vierte und fünfte Begriffsbeschreibung relevant. In diesem Sinne geht es bei Digitalem also um die stufenweise (oder diskrete) sowie ziffernmäßige (also in Zahlen erfolgende) Darstellung. In der Welt der Computer sind damit die diskreten Zahlen von Binärcodes, also Elemente mit den Ausprägungen Null oder Eins (Bits; [Bit ist ein Kunstwort aus „binary digit" (engl.), also binäre Ziffer (Duden online (e), Stichwort: Bit).]) bzw. deren Kombinationen (Bytes; 8 Bits sind 1 Byte) gemeint. Dementsprechend ist Digitales all jenes, das computerbasiert in Form von Binärcodes erzeugt und verarbeitet wird (vgl. Spengler et al. 2020, Volkmer 2023).

Der Akt des Digitalisierens kann sich dann zum einen dadurch auszeichnen, dass von in nicht-digitaler Form Bestehendem eine digitale Version erzeugt wird. Wir können hierbei


T. Spengler et al., *Moderne Personalplanung*,
https://doi.org/10.1007/978-3-658-47677-9_16

bspw. an die Digitalisierung von Ton- oder Bildaufnahmen auf Kassetten, von Handschriftdokumenten oder an die Online-Bestellung von Waren denken. Zum anderen kann Digitalisieren aber auch bedeuten, etwas Neues digital zu erschaffen. Beispiele hierfür sind Computerspiele, Softwareprogramme oder die Speicherung von Daten in sog. Clouds. Es ist aber auch offensichtlich, dass das Digitalisieren stets nicht-digitale Komponenten, wie bspw. Teile der Hardware und menschliches Zutun, erfordert.

Digitalisierung beinhaltet beide Arten des Digitalisierens, kann dabei jedoch in unterschiedlichen Formen in Erscheinung treten. Als erstes können wir uns Digitalisierung als extern gegebene Bedingungen unserer Umwelt vorstellen. Diese können sich bspw. rechtlich als Pflicht zur elektronischen Dokumentation (bspw. im Rahmen des sog. E-Government-Gesetzes), gesellschaftlich als Erreichbarkeitsbarrieren (Stichwort: „Generation Smartphone"), technisch als Möglichkeiten und Grenzen der Realisierbarkeit oder ökonomisch als Wettbewerbsbedingungen (bspw. auf Online-Märkten) äußern. Zudem können Digitalisierungsziele formuliert werden. Diesbezüglich könnten Unternehmen anstreben, einen oder mehrere Prozess(e), ganze Bereiche oder Abteilungen sowie das Unternehmen selbst zu digitalisieren. Auf Basis der formulierten Ziele sind dann entsprechende Handlungsalternativen zur Digitalisierung zu entwickeln. Solche könnten bspw. die Entwicklung bzw. der Erwerb einer Warenbestellsoftware oder digitaler Produktionsrobotik (auf diesen Begriff gehen wir unten noch intensiver ein) sein. Zuletzt münden die aufgrund der formulierten Ziele ausgewählten (und realisierten) Digitalisierungsmaßnahmen in digitalen Wirkungen. Einfach ausgedrückt können wir dann konstatieren: Etwas ist (teilweise) digitalisiert oder eben (teilweise) nicht digitalisiert.

Gelten entsprechende Bedingungen der Digitalisierung für die Umwelt eines Unternehmens und verhalten sich (zumindest einige) Akteure dieser Umwelt in Bezug auf ihre Zielsetzung und Alternativenwahl in diesem Sinne, können wir sagen: Das Unternehmen agiert in Zeiten der Digitalisierung und sollte die damit einhergehenden Aspekte in seiner Planung im Allgemeinen und seiner Personalplanung im Speziellen berücksichtigen.

Zu (b): Im Zuge von Digitalisierung werden Sie oft moderne Begriffe wie „Internet der Dinge", „Cyber-Physische Systeme", „Big Data" oder „Cloud Computing" etc. hören (vgl. Arntz et al. 2016). Wir wollen im Folgenden kurz auf eine Auswahl dieser Schlagwörter eingehen und deren wesentliche Zusammenhänge erläutern. Als Cyber-Physische Systeme [Wir erinnern uns: Ein System ist eine Menge von Elemente, zwischen denen Beziehungen bestehen.] bezeichnen wir solche, in denen materielle Objekte (in der Regel mechanische oder elektronische, z.B. in Form von Maschinen) durch ein Netzwerk miteinander verbunden sind (vgl. Arntz et al. 2016, Lee 2010 und Anderl 2014). Es interagiert also Physisches mit Digitalem. Dadurch wird Kommunikation zwischen Mensch und Maschine oder zwischen Maschine und Maschine in Echtzeit ermöglicht. Das bedeutet, dass wir zu jeder Zeit von nahezu jedem beliebigen Ort aus Maschinen kontrollieren und steuern können, und dass Maschinen sich ebenso gegenseitig Informationen oder Aufträge übermitteln können. Beispiele für diese Systeme sind Drohnen sowie Pflege-, Transport- oder Fertigungsroboter.

„Cyber" stammt vom englischen Substantiv Cybernetics (Kybernetik, Steuerungskunst, Regelungstechnik) ab. Die Voraussetzung für die Nutzung Cyber-Physischer Systeme ist das sog. Internet der Dinge. Dieses ermöglicht es uns überhaupt, physische Objekte durch die Zuweisung einer eigenen IP-Adresse digital anzusprechen (vgl. Anderl 2014 und Arntz et al. 2016). Eine IP-Adresse können wir uns dabei als „digitale Hausnummer" in einem Computernetzwerk vorstellen. Durch diese wissen wir also genau, wo wir ein Objekt im Netzwerk finden und können es dementsprechend adressieren. Das bedeutet, dass wir in der heutigen Zeit Dinge wie Glühbirnen, Heizkörper oder Waschmaschinen in ein Computernetzwerk aufnehmen können, indem wir diesen eine solche Adresse zuweisen. Wir sind dann (bspw. über ein Smartphone) in der Lage, das Licht, die Heizung oder eine Waschmaschine auch von unterwegs ein- bzw. auszuschalten oder diese Vorgänge für einen späteren Zeitpunkt/-raum zu terminieren.

Aufgrund der fortschreitenden Digitalisierung und der damit einhergehenden Vernetzung von Gegenständen und Systemen entstehen (oft beiläufig) riesige Datenmengen in den jeweiligen Speichern der Computer (vgl. Arntz et al. 2016). Diese werden Big Data genannt. Auf der einen Seite bieten diese Potenziale, die darin enthaltenden Informationen zu analysieren und bspw. für die Optimierung der Produktionskontrolle und -steuerung zu nutzen. Auf der anderen Seite gehen damit auch zu lösende Probleme wie bspw. bezüglich der Speicherung und der Gewährleistung des Datenschutzes einher.

Eine Möglichkeit der Speicherung (sehr großer) Datenmengen ist das sog. Cloud Computing. Dieses beinhaltet sowohl das Bereitstellen von dezentralen digitalen Speichern als auch das Betreiben der entsprechenden Hardware (vgl. Armbrust et al. 2010). Auf einer Cloud können wir zeit- und ortsunabhängig Daten über das Internet speichern und somit auch überall und jederzeit wieder darauf zugreifen.

Im Folgenden zeigen wir, wie sich die dargestellten Aspekte der Digitalisierung und die aus ihr hervorgehenden Technologien speziell auf die Personalplanung eines Unternehmens auswirken (können).

## 16.2 Auswirkungen der Digitalisierung auf die betriebliche Personalplanung

Die Angst vor arbeitsplatzvernichtenden Wirkungen technologischen Wandels gibt es seit Beginn der Industrialisierung. Man findet sie auch im Zeitalter der Digitalisierung vor.

Im Kern ist damit gemeint, dass aufgrund der fortschreitenden Digitalisierung menschliche Arbeit zunehmend durch digitale Technologien ersetzbar wird und Unternehmen immer weniger Personal zur Erledigung ihrer Betriebsaufgaben benötigen. Wir werden im Folgenden zeigen, dass die Auswirkungen der Digitalisierung zwar in der Tat dazu führen (können), dass Teile (sic!) der Aufgaben eines Unternehmens bereits jetzt bzw. zukünftig durch entsprechende Technologien erledigt werden (können), dies aber weder immer so ist noch so sein muss.

Grundsätzlich können sich die oben geschilderten Phänomene der Digitalisierung auf das Produktionsprogramm bzw. den Produktionsablauf eines Unternehmens auswirken. Aufgrund dessen, dass das betriebliche Personal als dispositiver bzw. elementarer Produktionsfaktor eines Unternehmens Teil der Ablaufplanung ist, konzentrieren wir uns im Folgenden auf diesen Teilbereich. Die Auswirkungen auf das Produktionsprogramm und die korrespondierende Aufnahme digitaler Produkte (vgl. hierzu bspw. Luxem 2001, Nylén/Holmström 2015 und Armengaud et al. 2017) wollen wir hier außen vorlassen.

Wie oben bereits angesprochen, kann Digitalisieren zum einen das Erschaffen einer digitalen Version von bereits Bestehendem und zum anderen die Erzeugung von etwas Neuem bedeuten. So kann im Rahmen des Produktionsablaufs ebenso von der Digitalisierung bereits vorhandener sowie von der Entwicklung neuer digitaler Produktionsfaktoren gesprochen werden. Im ersten Fall geht es dann bspw. um die Digitalisierung der Warenbestellung (via entsprechender Software), während im zweiten Fall bspw. digitale Robotik (z.B. Pflegeroboter oder Robo Advisor) zum Einsatz kommen. Nun kann der Produktionsfaktor menschliche Arbeitskraft selbstverständlich nicht digitalisiert werden. Jedoch können auf der einen Seite zuvor von Menschen nicht-digital ausgeführte Arbeitsschritte zukünftig (a) von diesen digital durchzuführen sein oder (b) ausschließlich von digitalen Produktionsfaktoren erledigt werden. Betrachten wir dazu die folgenden Beispiele in einer Pflegeeinrichtung:

Zu (a): Die Dokumentation der Pflege erfolgte bisher in Papierform und wird zukünftig digital durchgeführt. Trotz dieser Umstellung sind weiterhin die Pflegekräfte für die Dokumentation zuständig. Allerdings werden in Zukunft die Produktionsfaktoren Papier, Aktenordner, Stifte, etc. durch ein digitales Dokumentationssystem und Computer ersetzt.

Zu (b) Das Lagern und Aufrichten von Bewohnern oder Patienten der Pflegeeinrichtung wird zukünftig nicht mehr von Pflegekräften, sondern ausschließlich von Pflegerobotern übernommen.

Beispiel (a) verdeutlicht, dass die Digitalisierung eines Prozesses nicht vollständig, sondern auch nur partiell erfolgen kann (periphere Substitution). Jedoch, auch wenn menschliche Arbeitskraft an dieser Stelle nicht durch Digitalisierung in Gänze ersetzt wird, führt diese zu einer nicht unwesentlichen Änderung des Anforderungsprofils der Tätigkeit. In Beispiel (b) hingegen findet eine solche (totale) Substitution statt. Allerdings wird man schnell feststellen, dass zwar die Erledigung der Aufgaben Lagern und Aufrichten nicht mehr in den Zuständigkeitsbereich des Pflegepersonals fällt, aber neue Aufgabenfelder wie bspw. die Programmierung, die Überwachung, die Wartung sowie das Aufladen der Roboter entstehen.

Die Digitalisierung der Produktionsabläufe bedingt also Veränderungen der betrieblichen Aufgabenstrukturen, -umfänge sowie Aufgabenerledigungen. Ein Unternehmen hat vor diesem Hintergrund grundsätzlich zu klären und ökonomisch zu begründen, ob und inwieweit Produktionsfaktoren zu digitalisieren sind bzw. digitale Produktionsfaktoren zu erwerben und zu nutzen sind. Zudem stellt sich aus personalwirtschaftlicher Sicht die Frage nach sich ändernden Anforderungsprofilen sowie nach neu entstehenden Aufgabentypen und damit einhergehenden Anpassungen der Qualifikationsprofile des eigenen Personals (bspw. durch Schulungen). Grundsätzlich können diese Überlegungen aus personalplanerischer Sicht in

Modellen der simultanen Produktionsablauf- und Personalplanung, der simultanen Investitions- und Personalplanung, der reinen Personalbereitstellungs-, der reinen Personalverwendungs- oder der reinen Personaleinsatzplanung münden. Erstgenannte thematisieren simultane Entscheidungen bezüglich der zu erwerbenden und einzusetzenden digitalen Produktionsfaktoren sowie der Personalbereitstellung und -verwendung (vgl. Volkmer 2023). Isolierte Ansätze der Bereitstellungs-, Verwendungs- und Einsatzplanung zielen hingegen auf die Optimierung der drei personalwirtschaftlichen Problembereiche unter Berücksichtigung einer gegebenen Ausstattung digitaler Produktionsfaktoren ab.

Zum aktuellen Zeitpunkt existieren, zumindest nach unserem Kenntnisstand, im wissenschaftlichen Schrifttum keine Ansätze zu derartigen Problemen. Aus diesem Grund werden wir im folgenden Abschnitt exemplarisch ein Modell zur simultanen Investitions- und Personalplanung in Zeiten der Digitalisierung vorschlagen.

## 16.3 Ein Modell zur simultanen Investitions- und Personalplanung in Zeiten der Digitalisierung

Wir gehen im Folgenden davon aus, dass ein Unternehmen gleichzeitig darüber zu entscheiden hat, ob in eine oder mehrere digitale Technologien investiert wird, inwieweit diese ggf. zur Deckung der gegebenen betrieblichen Tätigkeitsbedarfe herangezogen werden und inwieweit Arbeitskräfte verschiedener Arten dafür bereitgestellt werden (vgl. Volkmer 2023). Dabei betrachten wir zwei Arten von Technologien. Zum einen sind dies digitale Technologien $d \in \overline{D}$, die für die digitale Erledigung von zuvor nicht-digital durchzuführenden Tätigkeiten benötigt werden und zu Produktionssteigerungen der für diese Tätigkeiten eingesetzten Arbeitskräfte führen (bspw. Dokumentationssoftware). Zum anderen berücksichtigen wir digitale Roboter $e \in \overline{E}$, die Arbeitskräfte (teilweise) substituieren können, jedoch die Erledigung einer neuen Tätigkeitsart (bspw. deren Überwachung) erfordern. Dementsprechend werden zwei grundlegende Mengen von Tätigkeitsarten unterschieden. Die Menge $\overline{Q}$ beinhaltet alle (aktuell) durchzuführende Tätigkeitsarten $q$ und die Menge $\overline{Q}^*$ umfasst alle durch den (potentiellen) Einsatz digitaler Technologien hinzukommenden Tätigkeitsarten $q^*$. $\overline{Q}$ wird zudem in mehrere Teilmengen differenziert:

1. Teilmengen mit Tätigkeitsarten $q$, für deren Erledigung digitale Technologien der Art $d$ unterstützend verwendet werden können ($q \in Q_d \subseteq \overline{Q} \quad \forall\, d \in \overline{D}$).
2. Teilmengen mit Tätigkeitsarten $q$, für deren Erledigung digitale Technologien der Art $e$ substituierend verwendet werden können ($q \in Q_e \subseteq \overline{Q} \quad \forall\, e \in \overline{E}$).
3. Teilmenge mit Tätigkeitsarten $q$, für deren Erledigung weder digitale Technologien der Art $d$ unterstützend noch digitale Technologien der Art $e$ substituierend verwendet werden können ($\forall\, q \in \overline{Q} \setminus \bigcup_{d \in \overline{D}} Q_d \cup \bigcup_{e \in \overline{E}} Q_e$).

Das Unternehmen muss bei der Planung zudem beachten, dass für die Verwendung der zweiten Art von Technologien entweder das vorhandene Personal geschult oder (in begrenztem Umfang) neues Personal eingestellt werden muss.

Der Modellierung legen wir folgende Symbole zugrunde:

*Mengen*

$\overline{D}$ := $\{d|d = 1,2, \dots, D\}$ Menge der den menschlichen Handlungsvollzug unterstützenden digitalen Technologien

$\overline{E}$ := $\{e|e = 1,2, \dots, E\}$ Menge der menschlichen Arbeit substituierenden digitalen Technologien

$\overline{Q}$ := $\{q|q = 1,2, \dots, Q\}$ Menge der Tätigkeitsarten

$\overline{Q}^*$ := $\{q^*|q^* = Q + 1, Q + 2, \dots, Q^*\}$ Menge der Tätigkeitsarten, die durch Einsätze digitaler Technologien anfallen

$\overline{R}$ := $\{r|r = 1,2, \dots, R\}$ Menge der Arbeitskräftearten

$\overline{T}$ := $\{t|t = 1,2, \dots, T\}$ Menge der Teilperioden

$D_q$ := Menge der digitalen Technologien $d$, die unterstützend zur Erledigung von Tätigkeiten der Art $q$ bereitgestellt werden können

$E_q$ := Menge der menschliche Arbeit substituierenden digitalen Technologien $e$, die zur Erledigung von Tätigkeiten der Art $q$ bereitgestellt werden können

$Q_d$ := Menge der Tätigkeitsarten $q$, für die digitale Technologien der Art $d$ verwendet werden können

$Q_e$ := Menge der Tätigkeitsarten $q$, für die digitale Technologien der Art $e$ verwendet werden können

$Q_r$ := Menge der Tätigkeitsarten $q$, für die Arbeitskräfteart $r$ verwendet werden kann

$R_q$ := Menge der Arbeitskräftearten $r$, die zur Erledigung von Tätigkeiten der Art $q$ bereitgestellt werden können

$R^*{}_r$ := Menge der Arbeitskräftearten $r^*$, zu denen Arbeitskräfte der Art $r$ hin geschult werden können

*Daten*

$EZ_t$ := Einzahlungen in Teilperiode $t$

$BD_d^t$ := Betriebs- und Instandhaltungsauszahlungen, die mit einer digitalen Technologie der Art $d$ pro Teilperiode $t$ verbunden sind

$BE_e^t$ := Betriebs- und Instandhaltungsauszahlungen, die mit einer digitalen Technologie der Art $e$ pro Teilperiode $t$ verbunden sind

$ID_d^t$ := Anschaffungsauszahlung, die mit dem Erwerb einer digitalen Technologie der Art $d$ in Teilperiode $t$ verbunden ist

$IE_e^t$ := Anschaffungsauszahlung, die mit dem Erwerb einer digitalen Technologie der Art $e$ in Teilperiode $t$ verbunden ist

$i$ := Zinssatz

$GK_r^t$ := Gehaltsauszahlungen, die für eine Arbeitskraft der Art $r$ in Teilperiode $t$ anfallen

$KD_{dq^*}$ := Koeffizient für den Überwachungsbedarf $q^*$ von digitalen Technologien der Art $d$ durch Arbeitskräfte (Dimension: [Arbeitskräfte/Digitale Technologie])

$KE_{eq^*}$ := Koeffizient für den Überwachungsbedarf $q^*$ von digitalen Technologien der Art $e$ durch Arbeitskräfte (Dimension: [Arbeitskräfte/Digitale Technologie])

$SD_{eq}$ := Substitutionskoeffizient von digitalen Technologien der Art $e$ zu Arbeitskräften bezüglich der Erledigung von Tätigkeiten der Art $q$ (Dimension: [Digitale Technologien/Arbeitskraft]

$SK_{r,r^*}^t$ := Auszahlungen, die mit der Schulung einer Arbeitskraft der Art $r$ zu einer Arbeitskraft der Art $r^*$ in Teilperiode $t$ verbunden sind

$\alpha_{rdq}$ := Leistungsfaktor von Arbeitskräften der Art $r$ bei der durch eine Technologie der Art $d$ unterstützten Erledigung von Tätigkeiten der Art $q$

$\tau_r^{r^*}$ := Dauer einer Schulung von Arbeitskräften der Art $r$ zu Arbeitskräften der Art $r^*$

<u>*Entscheidungsvariable*</u>

$b_{eq}^t$ := Anteil, zu dem Tätigkeiten der Art $q$ durch digitale Technologien der Art $e \in E_q$ in Teilperiode $t$ erledigt werden sollen

$$DA_d^t := \begin{cases} 1, \text{ wenn eine digitale Technologie der Art } d \text{ in Teilperiode } t \text{ dem Unternehmen} \\ \quad \text{zur Verfügung steht} \\ 0, \text{ sonst} \end{cases}$$

$$DE_{dq}^t := \begin{cases} 1, \text{ wenn eine digitale Technologie der Art } d \text{ zur Erledigung einer Tätigkeit der} \\ \quad \text{Art } q \text{ in Teilperiode t eingesetzt wird} \\ 0, \text{ sonst} \end{cases}$$

$EA_e^t$ := Ausstattung mit digitalen Technologien der Art $e$ in Teilperiode $t$

$EE_{eq}^t$ := Anzahl der in Teilperiode t eingesetzten digitalen Technologien der Art $e$ zur Erledigung von Tätigkeiten der Art $q$

$f_r^t$ := Anzahl der in Teilperiode $t$ zu entlassenden Arbeitskräfte der Art $r$

$h_r^t$ := Anzahl der in Teilperiode $t$ einzustellenden Arbeitskräfte der Art $r$

$ke_e^t$ := Anzahl der in Teilperiode $t$ zu erwerbenden digitalen Technologien der Art $e$

$kd_d^t := \begin{cases} 1, \text{wenn eine digitale Technologie der Art } d \text{ in Teilperiode } t \text{ erworben wird} \\ 0, \text{sonst} \end{cases}$

$PA_r^t$ := (Personal-) Ausstattung mit Arbeitskräften der Art $r$ in Teilperiode $t$

$PE_{rq}^t$ := (Personal-) Einsatz von Arbeitskräften der Art $r$ zur Erledigung von Tätigkeiten der Art $q$ in Teilperiode $t$

$PE(S)_{r,r^*}^t$ := Anzahl an Arbeitskräften der Art $r$, die in Teilperiode $t$ eine Schulung zu Arbeitskräften der Art $r^*$ beginnen

Damit lautet das zu formulierende Modell wie folgt:

Zielfunktion:

$$\sum_{t=1}^{T}\left[EZ_t - \sum_{r=1}^{R}\left[GK_r^t \cdot PA_r^t + \sum_{r^* \in R^*_r}\sum_{t'=t-\tau_r^{r^*}+1}^{t} SK_{r,r^*}^{t'} \cdot PE(S)_{r,r^*}^{t'}\right]\right.$$

$$\left. - \sum_{d=1}^{D}\left[ID_d^t \cdot kd_d^t + BD_d^t \cdot DA_d^t\right] - \sum_{e=1}^{E}\left[IE_e^t \cdot ke_e^t + BE_e^t \cdot EA_e^t\right]\right] \cdot (1+i)^{-t} \rightarrow \max! \qquad \text{(ZDG. 1)}$$

[Lies: Maximiere den Kapitalwert aus den Investitionen in digitale Technologien sowie in die Schulungen der Arbeitskräfte!]

u.d.N.:

Abstimmung Personalbedarfe und Personaleinsätze:

a)

$$PB_q^t \leq \sum_{r \in R_q} PE_{rq}^t \quad \forall\, q \in \overline{Q} \setminus \bigcup_{d \in \overline{D}} Q_d \cup \bigcup_{e \in \overline{E}} Q_e, t \in \overline{T} \qquad \text{(DG. 1)}$$

[Lies: Perioden- und tätigkeitsbezogene Personalbedarfe, die weder durch den Einsatz unterstützender digitaler Technologien $d \in \overline{D}$ noch durch den Einsatz substituierender digitaler Technologien $e \in \overline{E}$ gedeckt werden können, sind in allen Perioden ausschließlich durch den Einsatz entsprechend qualifizierter Arbeitskräfte zu decken.]

b)

$$\left(1 - DE_{dq}^t\right) \cdot PB_q^t \leq \sum_{r \in R_q} PE_{rq}^t \quad \forall\, d \in \overline{D}, q \in Q_d, t \in \overline{T} \qquad \text{(DG. 2)}$$

$$DE_{dq}^{t} \cdot PB_{q}^{t} \leq \sum_{r \in R_q} \alpha_{rdq} \cdot PE_{rq}^{t} \quad \forall\, d \in D, q \in Q_d, t \in \overline{T} \text{ mit } \alpha_{rdq} > 1 \tag{DG. 3}$$

$$\sum_{d \in D_q} DE_{dq}^{t} \leq 1 \quad \forall\, q \in Q_d, t \in \overline{T} \tag{DG. 4}$$

[Lies: Je nachdem, ob eine digitale Technologie der Art $d$ unterstützend zur Erledigung von Tätigkeiten der Art $q$ eingesetzt ($DE_{dq}^{t} = 1$) bzw. nicht eingesetzt wird ($DE_{dq}^{t} = 0$), ist der Leistungsfaktor der Arbeitskräfte der Art $r$ $\alpha_{rdq} > 1$ bzw. $= 1$. Das bedeutet, dass der Einsatz einer digitalen Technologie der Art $d$ zu Arbeitsproduktivitätssteigerungen führt. Sollte es mehrere Technologien $d \in D_q$ geben, kann maximal eine von diesen zur Unterstützung herangezogen werden.]

c)

$$\sum_{r \in R_q} PE_{rq}^{t} \leq \left(1 - b_{eq}^{t}\right) \cdot PB_{q}^{t} \quad \forall\, q \in \bigcup_{e \in \overline{E}} Q_e, t \in \overline{T} \tag{DG. 5}$$

$$\sum_{e \in E_q} EE_{eq}^{t} \leq b_{eq}^{t} \cdot SD_{eq} \cdot PB_{q}^{t} \quad \forall\, q \in Q_e, t \in \overline{T} \tag{DG. 6}$$

[Lies: Sollen Tätigkeitsbedarfe zu einem gewissen Anteil ($1 > b_{eq}^{t} > 0$) durch dafür einsetzbare digitale Technologien der Art $e$ gedeckt werden, so sind $1 - b_{eq}^{t}$ des Gesamtbedarfs für die Erledigung von Tätigkeiten der Art $q$ durch den Einsatz hinreichend qualifizierte Arbeitskräfte und $b_{eq}^{t}$ dieses Gesamtbedarfs durch den Einsatz der in Frage kommenden digitalen Technologien zu erledigen. In den Fällen $b_{eq}^{t} = 1$ bzw. $b_{eq}^{t} = 0$ ist der Gesamtbedarf ausschließlich durch entsprechende digitale Technologien bzw. Arbeitskräfte zu decken.
Der Substitutionskoeffizient $SD_{eq}$ stellt dabei sicher, dass der in Arbeitskräften ($AK$) angegebene Personalbedarf ($PB_{q}^{t}$) in einen digitalen Bedarf ($DB_{q}^{t} = SD_{eq} \cdot PB_{q}^{t}$) an digitalen Technologien ($DT$) transformiert wird: $b_{eq}^{t}[\text{dimensionslos}] \cdot SD_{eq}\left[\frac{DT}{AK}\right] \cdot PB_{q}^{t}[AK] = [DT]$]

d)

$$\sum_{q \in Q_d} DE_{dq}^{t} \cdot KD_{dq^*} \leq \sum_{r \in R_{q^*}} PE_{rq^*}^{t} \quad \forall\, d \in \overline{D}, q^* \in Q_d^*, t \in \overline{T} \tag{DG. 7}$$

$$\sum_{q \in Q_e} EE_{eq}^{t} \cdot KE_{eq^*} \leq \sum_{r \in R_{q^*}} PE_{rq^*}^{t} \quad \forall\, e \in \overline{E}, q^* \in Q_e^*, t \in \overline{T} \tag{DG. 8}$$

[Lies: Werden digitale Technologien der Art $d$ (der Art $e$) verwendet, so sind zur Deckung der in diesem Fall anfallenden Bedarfe für die Erledigung von Tätigkeiten der Art $q^*$ (bspw. Überwachung, Programmierung, etc.) hinreichend qualifizierte Arbeitskräfte einzusetzen.]

Abstimmung Personaleinsätze und Personalausstattungen:

a) Personalausstattungen

$$\sum_{q \in Q_r} PE_{rq}^t + \sum_{r^* \in R_r^*} \sum_{t'=t-\tau_r^{r^*}+1}^{t} PE(S)_{r,r^*}^{t'} \leq PA_r^t \quad \forall r \in \overline{R}, t \in \overline{T} \tag{DG. 9}$$

[Lies: Die Anzahl der im Leistungsprozess und in Schulungen eingesetzten Arbeitskräfte einer Kategorie darf die Anzahl der verfügbaren Arbeitskräfte pro Periode nicht überschreiten.]

b) Maschinenausstattungen

$$\sum_{q \in Q_d} DE_{dq}^t \leq DA_d^t \quad \forall d \in \overline{D}, t \in \overline{T} \tag{DG. 10}$$

$$\sum_{q \in Q_e} EE_{eq}^t \leq EA_e^t \quad \forall e \in \overline{E}, t \in \overline{T} \tag{DG. 11}$$

[Lies: Eine digitale Technologie der Art $d$ kann nur verwendet werden, wenn diese dem Unternehmen auch zur Verfügung steht. Zudem darf die Anzahl eingesetzter Technologien die Anzahl der verfügbaren Technologien der Art $e$ pro Periode nicht überschreiten.]

Ausstattungsfortschreibungen:

a) Personalausstattungsfortschreibung

$$PA_r^t = PA_r^{t-1} + \sum_{r' \in R_r'} PE(S)_{r',r}^{t-\tau_{r'}^{r}} - \sum_{r^* \in R_r^*} PE(S)_{r,r^*}^{t-\tau_r^{r^*}} \quad \forall r \in \overline{R}, t \in \overline{T} \tag{DG. 12}$$

[Lies: Die Personalausstattung an Arbeitskräften der Art $r$ setzt sich in jeder Periode aus der Ausstattung der Vorperiode zzgl. der von $r'$ zu $r$ bzw. abzgl. der von $r$ zu $r^*$ geschulten Arbeitskräfte zusammen.

Einstellungen und Entlassungen von Arbeitskräften der Art $r$ seien ausgeschlossen.]

b) Ausstattungsfortschreibung für digitale Technologien $d \in \overline{D}$

$$DA_d^t = DA_d^{t-1} + kd_d^t \quad \forall d \in \overline{D}, t \in \overline{T} \tag{DG. 13}$$

$$\sum_{t=1}^{T} kd_d^t \leq 1 \quad \forall d \in \overline{D} \tag{DG. 14}$$

[Lies: Die Verfügbarkeit einer digitalen Technologie der Art $d$ ($DA_d^t \in \{0,1\}$) ist im Wesentlichen davon abhängig, ob diese in Periode $t$ erworben wird ($kd_d^t = 1$) oder nicht ($kd_d^t = 0$). Im Planungszeitraum kann diese logischerweise auch nur einmal erworben werden. Verkäufe digitaler Technologien der Art $d$ seien ausgeschlossen.]

c) Ausstattungsfortschreibung für digitale Technologien $e \in \overline{E}$

$$EA_e^t = EA_e^{t-1} + ke_e^t \quad \forall\, e \in \overline{E}, t \in \overline{T} \qquad \text{(DG. 15)}$$

[Lies: Die Ausstattung an digitalen Technologien der Art $e$ setzt sich in jeder Periode aus der Ausstattung der Vorperiode zzgl. der erworbenen Technologien in Periode $t$ zusammen. Verkäufe digitaler Technologien der Art $e$ seien ausgeschlossen.]

Nichtnegativitätsbedingungen:

$$b_{eq}^t, DA_d^t, DE_{dq}^t, EA_e^t, EE_{eq}^t, kd_d^t, ke_e^t, PA_r^t, PE_{rq}^t, PE(S)_{r,r^*}^t \geq 0 \quad \forall \text{ relevanten } d \in \overline{D}, e \in \overline{E}, q \in \overline{Q}, r \in \overline{R}, r^* \in \overline{R}^*, t \in \overline{T}$$

[Lies: Die Entscheidungsvariablen dürfen nicht negativ werden.] (DG. 16)

# 17 Personalplanung im Kontext der Personalentwicklung

## 17.1 Überblick

Die metaphorische Bedeutung des den griechischen Philosophen Heraklit und Platon zugeschriebenen und später auch von Goethe, Hegel und Hölderlin aufgegriffenen Aphorismus „panta rhei“ liegt darin, dass die Welt permanenter Dynamik ausgesetzt ist, so freilich auch die betriebliche Umwelt. Wenn sich diese verändert, ist der Betrieb gut beraten, darauf flexibel zu (re)agieren, um Stabilität seiner Existenz und Persistenz seines Erfolgs zu gewährleisten. Auf personalwirtschaftlicher Seite ist es dann u.a. sinnvoll, über Maßnahmen der Personalentwicklung nachzudenken und diese ggf. zu ergreifen.

Personalentwicklungsthemen werden in Forschung und Praxis seit einigen Jahren verstärkt diskutiert (vgl. z.B. Becker 1993, S. 11, Riekhof 1986 und Thom 1992, Sp. 1677). Mit engeren und weiteren Personalentwicklungsbegriffen beschäftigen sich u.a. Kossbiel 1982a, Flohr/Niederfeichtner 1982 sowie Neuberger 1994. Neudeutsch spricht man in diesem Kontext auch von Talent- (vgl. Bednarczuk/Wendenburg 2008, S. 199 ff.), Transition- (vgl. Laser 2017, S. 141 ff.) und Transfermanagement (vgl. Meifert 2008, S. 496 ff.). Die Erkenntnis, dass Investitionen in Humankapital (vielfach) weitreichende Effekte auf den ökonomischen Erfolg der Unternehmung implizieren und somit sinnvoll zum Gegenstand von Rentabilitätsüberlegungen gemacht werden können (vgl. Sadowski 1980, Kossbiel 1982a, S. 5 f., Flohr 1984 und Alewell 1993) stellt mittlerweile eine Binsenweisheit dar. Da dies in allen Phasen des Konjunkturzyklus gilt, sind in Aufschwung- wie in Abschwungphasen ökonomisch legitimierte Entscheidungen über das betriebliche Humankapital zu treffen. Dies sieht man nicht zuletzt an aktuellen (teilweise disruptiven) Veränderungen an den Produkt- und Faktormärkten, wozu u.a. der bereits frühzeitig absehbare Fach- und Führungskräftemangel zählt (vgl. z.B. Gischer/Spengler 2008).

Das vorliegende Kapitel ist sowohl Konjunkturphasen gewidmet, in denen bei wirtschaftlicher Rezession hohe Arbeitslosigkeit herrscht, aber auch solchen, in denen wirtschaftliche Progression mit geringer Arbeitslosigkeit einhergeht. In beiden Fällen sind verstärkte Anstrengungen erforderlich, die Unternehmung zu wirtschaftlicher Prosperität zurückzuführen bzw. diese zu erhalten oder gar auszubauen. Für rezessive Phasen wollen wir im Folgenden dafür plädieren, dass der Betrieb zunächst einmal die Verwendungsmöglichkeiten seiner Personalausstattung analysiert, bevor Entlassungen durchgeführt werden, damit die Einzahlungs- und Auszahlungskomponenten der Humankapitalinvestitionen „angemessen“ Berücksichtigung finden (vgl. Thielenhaus 1981, S. 46 f. und Thom 1992, Sp. 1678). Der zielgerichtete Ausbau und Erhalt des qualifikatorischen Potenzials von Arbeitskräften hat bis dato bei vielen Unternehmen zur Verbesserung ihrer wirtschaftlichen Situation beigetragen.


T. Spengler et al., *Moderne Personalplanung*,
https://doi.org/10.1007/978-3-658-47677-9_17

Dies sei durch folgende Beispiele belegt: Wirtschaftsprüfungsgesellschaften nutzen das betriebswirtschaftliche Know-how ihrer Mitarbeiter zur Gründung von Consultings, Bahnbetriebe verwenden Lokomotiv- bzw. Straßenbahnführer als Busfahrer, um von „der unrentablen Schiene" auf die Straße auszuweichen, Betriebe der Werftindustrie diversifizieren, indem das multifunktional einsetzbare Personal zur Herstellung von Spezialschiffen und von Offshore-Gerät herangezogen wird und Softwarehäuser produzieren nicht nur Programme, sondern unterstützen ihre Kunden bei der Softwareimplementation und -adaption.

Das vorliegende Teilkapitel beschäftigt sich mit Möglichkeiten und Grenzen einer zielgerichteten Personalentwicklungsplanung. Unter Personalentwicklung verstehen wir, primär den internen Arbeitsmarkt betreffende, Prozesse zur Veränderung der Personalausstattung hinsichtlich ihres Umfangs und ihrer qualifikatorischen (inkl. gradualen und sektoralen) Strukturierung (sog. Qualifikationsentwicklung), bezüglich des personalen Verhaltens (sog. Verhaltensentwicklung) sowie in Hinsicht auf die individuelle Persönlichkeit (sog. Persönlichkeitsentwicklung), und zwar unter Berücksichtigung von Betriebs- und Mitarbeiterzielen. Mitarbeiterziele sind bei der Personalentwicklung notwendig zu berücksichtigen, da Personalentwicklung über die Köpfe der Mitarbeiter hinweg nicht realisiert werden kann (vgl. Drumm 2005, S. 400 ff.). Eine ähnliche Aufteilung der Personalentwicklungssphären findet man u.a. auch bei Weibler (2023, S. 432). Korrespondierende Überlegungen werden im nachstehenden Venn-Diagramm skizziert (vgl. **Abbildung 17.1**):

**Abbildung 17.1** Venn-Diagramm der Personalentwicklung

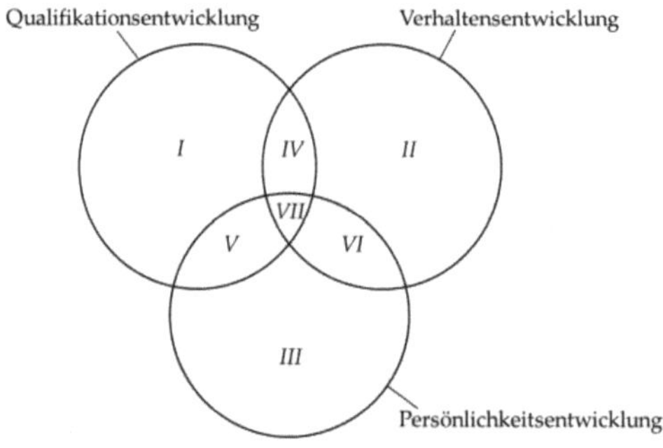


In den Feldern *I*, *II* und *III* werden jeweils isolierte Betrachtungen zur Qualifikations-, Verhaltens- und Persönlichkeitsentwicklung thematisiert.

Zu *I*: In diesem Kontext sind diverse Entscheidungen zu treffen und auf individueller Ebene zu überprüfen, inwiefern die mit den vom einzelnen Mitarbeiter auszuführenden Tätigkeiten verbundenen Anforderungen mit dessen Qualifikationen übereinstimmen. Dazu bedient man sich der sog. Profilvergleichsmethode (vgl. Meiritz 1984 und Spengler 1993, S. 65 ff. sowie Teilkapitel 12.2.1 der vorliegenden Arbeit S. 141):

Diese sieht vor, dass man zunächst einmal eine Menge von Beurteilungskriterien ($\overline{K}$) definiert. Auf dieser Basis erstellt man dann ein tätigkeitsbezogenes Anforderungs- und ein individuelles Qualifikationsprofil des Mitarbeiters. Diese Profile stellen Vektoren dar, die zum einen den Ausprägungsgrad $\psi_\kappa$ des Anforderungsmerkmals $\kappa \in \overline{K}$ und zum anderen denjenigen $\chi_\kappa$ des Qualifikationsmerkmals $\kappa \in \overline{K}$ repräsentieren. Wir verwenden im Einzelnen folgende Symbole:

$\overline{K}$ $:= \{\kappa | \kappa = 1,2, \dots, K\}$ die Menge der Beurteilungskriterien

$\psi_\kappa$ := Anforderungsausprägung des Beurteilungskriteriums $\kappa \in \overline{K}$

$\chi_\kappa$ := Qualifikationsausprägung des Beurteilungskriteriums $\kappa \in \overline{K}$

Für die Beurteilungskriterien können z.B. fachliches Können, physisches Leistungsvermögen und die Bereitschaft zur Übernahme von Verantwortung u.ä. in Frage kommen. In allgemeiner Notation ergibt sich in vektorieller Darstellung $\vec{\psi}$ (QEG.1) bzw. $\vec{\chi}$ (QEG.2) für das Profil der Anforderungsausprägungen bzw. Qualifikationsausprägungen.

$$\vec{\psi} = \begin{pmatrix} \psi_{\kappa=1} \\ \psi_{\kappa=2} \\ \vdots \\ \psi_{\kappa=K} \end{pmatrix} \tag{QEG.1}$$

$$\vec{\chi} = \begin{pmatrix} \chi_{\kappa=1} \\ \chi_{\kappa=2} \\ \vdots \\ \chi_{\kappa=K} \end{pmatrix} \tag{QEG.2}$$

Es gilt dann, diese beiden Profile zu vergleichen, um ein Urteil über die Eignung eines Mitarbeiters zur Ausführung einer Tätigkeit abzuleiten:

$$\vec{\psi} \underset{\geq}{\overset{?}{<}} \vec{\chi}$$

Methodisch kommen hierzu u.a. die Ermittlung der sog. Abweichungssumme und der sog. (auf dem Satz des Pythagoras basierenden) euklidischen Distanz in Betracht.

Die Abweichungssumme $AS$ erhält man durch Summierung der entsprechenden absoluten Abweichungen:

$$AS = \sum_{\kappa \in \overline{K}} |\psi_\kappa - \chi_\kappa| \tag{QEG.3}$$

Die Eignung eines Mitarbeiters zur Übernahme eines Jobs steigt bei Verwendung von (QEG. 3) mit sinkender Abweichungssumme, gleichzeitig sinkt der Qualifizierungsbedarf.

Die euklidische Distanz $ED$ ergibt sich hingegen aus der radizierten Summe der quadrierten Abstände, also:

$$ED = \sqrt{\sum_{\kappa \in \bar{K}} (\psi_\kappa - \chi_\kappa)^2} \qquad \text{(QEG.4)}$$

Bei Verwendung von (QEG. 4) ist die korrespondierende Eignung umso höher (und der Qualifizierungsbedarf umso geringer), je geringer die euklidische Distanz ausfällt.

Lt. wissenschaftlichem Schrifttum ist es erforderlich, den Personalentwicklungsbedarf zu ermitteln (vgl. z.B. Drumm 2005, S 412 ff.). Da wir in Feld *I* jedoch die Qualifikationsentwicklung fokussieren, geht es uns hier lediglich um den Qualifikations- und nicht um den totalen Personalentwicklungsbedarf (inkl. Verhaltens- und Persönlichkeitsentwicklung). Auf der Basis entsprechender Profilvergleiche lassen sich vorläufige (sic!) individuelle Qualifikationsentwicklungsbedarfe identifizieren. Für Kriterien, bei denen $\psi_\kappa > \chi_\kappa$ gilt, entsteht ein solcher Bedarf. Gilt hingegen $\psi_\kappa \leq \chi_\kappa$, so entsteht er nicht. Amalgamiert man alle Teilbedarfe über alle Beurteilungskriterien und über alle Angehörige einer Mitarbeitergruppe, so gelangt man zum vorläufigen kollektiven Qualifikationsentwicklungsbedarf. Dieser ist umso geringer, je geringer *AS* und *ED* ausfallen. Der endgültige kollektive Qualifikationsentwicklungsbedarf resultiert hingegen aus simultanen Entscheidungen über Schulungsmaßnahmen, die Einstellung und die Ausleihe sowie ggf. die Entlassung von Arbeitskräften (s. Kap. 2.2.1.2 des vorliegenden Buches). Erst wenn diese Entscheidungen vorliegen (und dies setzt bei Beabsichtigung ökonomischer Rationalität die Anwendung eines geeigneten Entscheidungsmodells voraus), lässt sich der resultierende endgültige kollektive Qualifikationsentwicklungsbedarf ableiten (zu institutionalen Überlegungen der Qualifikationsentwicklung vgl. z.B. Sadowski 1980, S. 123 ff., Möhring-Lotsch/Spengler 2008a, 2008b und 2009, Ostermann/Patzina 2019 und Bellmann 2023).

Zu *II*: Das Mitarbeiterverhalten hängt vor allem davon ab, wie die Mitarbeiter instruiert, motiviert, qualifiziert und präpariert sind (vgl. Kossbiel/Spengler 1998, S. 22 sowie 2015, S. 420 und Siegling et al. 2023b, S. 25) Bei der Instruktion geht es darum, was diese tun (oder unterlassen) sollen, bei der Motivation hingegen darum, was sie tun (oder nicht tun) wollen. Die Qualifikation bezieht sich auf deren Fähigkeiten, Fertigkeiten und Kenntnisse und die Präparation darauf, wie sie mit Ressourcen ausgestattet sind. Im Zuge der Verhaltensentwicklung geht es dann u.a. um die Akzeptanz betrieblicher Instruktionen, den Willen, sich im Sinne des Betriebes zu verhalten, die Einbringung vorhandener Qualifikationen sowie um den sachgerechten Umgang mit vom Betrieb bereitgestellten Ressourcen.

Zu *III*: Die Persönlichkeit eines Menschen umfasst „die einzigartigen psychologischen Eigenschaften [sowie Gewohnheiten und Motive, *d. Verf.* (vgl. Heckhausen/Heckhausen 2010, S. 4)] eines Individuums, die eine Vielzahl von charakteristischen (offenen und verdeckten) Verhaltensmustern über verschiedene Situationen und den Lauf der Zeit hinweg beeinflussen" (Gerrig/Zimbardo 2004, S. 854). Wirtz (2020, S. 1327) nennt als Beispiele für Persönlichkeitseigenschaften u.a. Intelligenz, Aggressivität, Geselligkeit und Leistungsmotivation (zur personalwirtschaftlichen Bedeutung des Konstrukts der Persönlichkeit und zur Bedeutung der Persönlichkeit im Kontext der Personalentwicklung vgl. u.a. Grün 2003, S. 31 ff. sowie S.

135 ff.). Eine wesentliche Persönlichkeitsdeterminante ist der personale Charakter des Mitarbeiters. Hierzu existiert ein breites Spektrum wissenschaftlicher Untersuchungen (vgl. u.a. König 2010), die wir in diesem Buch nicht weiter darlegen können (z.B. beschäftigen sich Steyrer 1999 sowie Steyrer/Schiffinger 2023, S. 236 mit Charisma als wesentlichem Persönlichkeitsattribut), und zwar nicht zuletzt deswegen, weil sie eher die personalwirtschaftliche Funktionalitäts- und weniger die Disponibilitätsproblematik betreffen.

Im Zuge der Persönlichkeitsentwicklung geht es dann um Bemühungen, Persönlichkeitseigenschaften des Mitarbeiters im Sinne des Betriebes weiterzuentwickeln. Da dessen Persönlichkeit allerdings weitgehend überdauernd ist, ist dies ein recht schwieriges Unterfangen. Es geht dann eher um entsprechende Eingriffe in die Personalausstattung (z.B. durch deren (Re-) Strukturierung über Einstellungen) und weniger um die Veränderung personaler Eigenschaften.

In den Feldern *IV*, *V* und *VI* werden kombinative Betrachtungen von jeweils zwei Entwicklungsgegenständen angestellt.

Zu *IV*: Bei der Kombination von Qualifikations- und Verhaltensentwicklung geht es vor allem um die Frage, wie stark der Wille, sich weiterzubilden (und das korrespondierende Engagement), Instruktionen zu beherzigen und Ressourcen zu verwenden ausgeprägt ist und beeinflusst werden kann.

Zu *V*: Hier untersucht man Fragen und Probleme, die mit dem Einfluss der Persönlichkeit von Mitarbeitern auf den Qualifikationserwerb verbunden sind, z.B. wie stark ein Angestellter mit überwiegend depressivem oder phobischem Ungleichgewicht (vgl. König 2010, S. 72 ff.) willens und in der Lage ist, sich weiterzubilden.

Zu *VI*: Im Zuge simultaner Verhaltens- und Persönlichkeitsentwicklung betrachtet man die Interdependenzen zwischen den o.g. Determinanten des Personalverhaltens und den individuellen Persönlichkeitsmerkmalen sowie die betrieblichen Möglichkeiten und Grenzen deren Beeinflussung.

Zu *VII*: In diesem Feld werden alle drei Personalentwicklungssphären kombiniert, worauf wir nach Erläuterung der Felder *I* bis *VI* nicht gesondert eingehen wollen.

Im Anschluss an die Definitionen und Beschreibungen des Personalentwicklungsbegriffes wollen wir hier noch kurz den Terminus Personalentwicklungsplanung allgemein definieren, unter dem wir hier die Vorbereitung und das Treffen von Entscheidungen über betrieblicherseits bewusst induzierte Prozesse zur Qualifikations-, Verhaltens- und Persönlichkeitsentwicklung verstehen. Die Qualifikationsentwicklung betrifft primär die personalwirtschaftliche Disponibilitäts-, die Verhaltens- und Persönlichkeitsentwicklung hingegen vor allem die personalwirtschaftliche Funktionalitätsthematik. Wenn wir uns nun über Personalentwicklung im Kontext der Personalplanung Gedanken machen, steht die Qualifikationsentwicklung aus logischen Gründen im Vordergrund. Somit fokussieren wir hier Feld *I* des obigen Venn-Diagramms, denken aber auch die Felder *II-VII* mit.

Wir werden nun in Teilkapitel 17.2 einige „markante“ betriebliche Reaktionsmöglichkeiten auf eine rückläufige und eine ansteigende Produktnachfrage aufzeigen. Dabei wird deutlich, dass die Entscheidungsfelder im Bereich der Qualifikationsentwicklungsplanung äußerst komplex sind, sodass wir für ein systematisches, modellgestütztes Vorgehen bei der Entscheidungsfindung plädieren. Wir untersuchen daher anschließend, wie sich die alternativen Reaktionsmöglichkeiten in personalwirtschaftlichen Entscheidungsmodellen berücksichtigen bzw. umsetzen lassen, und zwar indem zunächst ein Grundmodell zur Personalentwicklungsplanung (verbal) beschrieben und danach formal dargestellt wird (Teilkapitel 17.3.1). In einem weiteren Teilabschnitt erörtern wir einige Vereinfachungs- und Erweiterungsmöglichkeiten des Grundmodells (Teilkapitel 17.3.2).

## 17.2 Betriebliche Reaktionsmöglichkeiten auf Nachfrageänderungen

Analysiert man die Determinanten des betrieblichen Personalbedarfs (vgl. Kossbiel 1992 sowie Teilkap. 11.2 der vorliegenden Arbeit), so stellt man fest, dass er sich (c.p.) mit rückläufigem (bzw. steigendem) Arbeitsanfall, mit zunehmender (bzw. sinkender) Arbeitsproduktivität sowie mit steigender (bzw. abnehmender) Arbeitszeit pro Arbeitskraft und Periode verringert (bzw. erhöht). Während der letzten Rezession konnten wir (nicht nur) für die Bundesrepublik Deutschland feststellen, dass in vielen Wirtschaftsbranchen trotz (oder sogar als Folge von) personalbedarfsreduzierend wirkenden Arbeitszeitverkürzungen (sofern sie Arbeitsproduktivitätsfortschritte und/oder Leistungsprogrammschrumpfungen (in entsprechender Höhe) auslösen) aufgrund von Arbeitsproduktivitätsfortschritten und Einschränkungen betrieblicher Leistungsprogramme, letztere hervorgerufen durch Nachfrageeinbrüche, die Personalbedarfe der Betriebe teilweise drastisch zurückgingen (vgl. Siegling et al. 2024).

Wir wollen im Folgenden einige (zu weiteren vgl. z.B. Kossbiel 1982b) betriebliche Reaktionsmöglichkeiten auf Reduktionen und Progressionen der betrieblichen Produktnachfrage skizzieren (vgl. **Tabelle 17.1**).

Welche Maßnahmen man ergreift, hängt u.a. davon ab, ob man sich in einer rezessiven oder expansiven Phase der Konjunkturentwicklung befindet. In rezessiven Phasen wird man mit Nachfragerückgängen, in expansiven hingegen mit Nachfrageanstiegen konfrontiert. Als Reaktion hierauf muss der Betrieb korrespondierende Stagnations-, Kontraktions-, Expansions- oder Konsolidierungsstrategien (vgl. Spengler 1999, S. 66) formulieren und ergreifen.

Aus der Randspalte und der Kopfzeile der in der **Tabelle 17.1** aufgezeigten Matrix ist ersichtlich, dass der Personalbedarf (*PB*) und die Personalausstattung (*PA*) autonomen (Einflüssen) sowie betrieblicherseits bewusst induzierten (Eingriffen) Änderungen unterliegen können. Ausgangspunkt der in der **Tabelle 17.1** skizzierten Überlegungen ist zum einen eine Schrumpfung und zum anderen eine Zunahme der Nachfrage nach Erzeugnissen des Betriebes und die damit einhergehende Verminderung bzw. Erhöhung der korrespondierenden Personalbedarfe. Der Betrieb kann (abgesehen von der Möglichkeit des Lageraufbaus) auf den Nachfragerückgang reagieren, indem er seitens des Personalbedarfs oder seitens der Personalausstattung bewusste Niveau- bzw. Strukturveränderungen herbeiführt oder indem er die autonomen Änderungen schlicht akzeptiert. Bei zunehmender Nachfrage ergeben sich ähnliche Möglichkeiten, wenngleich unter umgekehrten Vorzeichen.

**Tabelle 17.1** **Betriebliche Reaktionsmöglichkeiten auf Reduktionen und Progressionen der betrieblichen Produktnachfrage**

| | Situationen bei Nachfragerückgang | | | Situationen bei Nachfrageanstieg | | |
|---|---|---|---|---|---|---|
| | autonome Änderungen der Personalausstattung | induzierte Änderungen der Personalausstattung | | autonome Änderungen der Personalausstattung | induzierte Änderungen der Personalausstattung | |
| | | Entlassungen | Qualifikationsentwicklung | | Einstellungen | Qualifikationsentwicklung |
| induzierte Änderungen des Personalbedarfs | (1)<br>(defensive) Personalverwendungsstrategie:<br>- Ausweichtätigkeiten (kurzfr.)<br>- Nutzung struktureller Flexibilität der PA (langfr.) | (3)<br>kombinative<br>PB-Wachstums-/<br>PA-Schrumpfungs-strategie | (5)<br>(offensive) Personalentfaltungsstrategie:<br>- Aufbau und Nutzung von Schlüssel- und/oder Spezialqualifikationen<br>(kurz-/langfr.) | (7)<br>(offensive) Personalverwendungsstrategie:<br>- Erweiterung des Leistungsprogramms (langfr.)<br>- Nutzung struktureller Flexibilität der PA | (9)<br>kombinative PB- und PA-Wachstumsstrategie | (11)<br>(offensive) Personalentfaltungsstrategie:<br>- Aufbau und Nutzung von Schlüssel- und/oder Spezialqualifikationen<br>(kurz-/langfr.) |
| autonome Änderungen des Personalbedarfs | (2)<br>Vertrauensstrategie<br>(„Prinzip Hoffnung“) | (4)<br>reaktive oder proaktive Adaptionsstrategie | (6)<br>Vertrauensstrategie („Prinzip Hoffnung“) | (8)<br>Vertrauensstrategie<br>(„Prinzip Hoffnung“) | (10)<br>reaktive oder proaktive Adaptionsstrategie | (12)<br>Vertrauensstrategie („Prinzip Hoffnung“) |

Quelle: Erweiterung von Tabelle 1 bei Spengler 1996, S. 285.

Wir wollen hier nicht alle betrieblichen Reaktionsalternativen erläutern, sondern lediglich auf die Fälle der Qualifikationsentwicklung [(5), (6), (11) und (12)] eingehen. Bei induzierten Änderungen des Personalbedarfs und gleichzeitigen betrieblichen Eingriffen in die Personalausstattung als Reaktion auf Nachfragerückgänge [(5)] sowie auf Nachfragesteigerungen [(11)] sucht man simultan nach neuen Beschäftigungsfeldern und dazu notwendigen strukturellen Verbesserungen der Personalausstattung. Die dafür notwendig zu tragenden Qualifizierungskosten müssen dann von den Umsatzerlösen gedeckt werden. In beiden Fällen handelt es sich um eine offensiv ausgerichtete Personalentfaltungsstrategie, die auf Umstellungen des betrieblichen Leistungsprogramms hinsichtlich Breite und Tiefe bei gleichzeitiger Nutzung der künftigen und Erweiterung der aktuellen qualifikatorischen Flexibilität der Personalausstattung basiert. Dabei bildet die gegebene Personalausstattung eine Basis der Überlegungen. Man analysiert deren qualifikatorisches Potenzial mit anschließender Suche nach adäquaten Beschäftigungsmöglichkeiten. Seitens der Mitarbeiter werden Qualifizierungsmaßnahmen erwogen und durchgeführt, durch die die Arbeitskräfte zusätzliche (Schlüssel - und/oder Spezial-) Qualifikationen erwerben (vgl. Gaugler 1987 und Wenger 1993). Man untersucht somit das aktuelle Qualifikationspotenzial und überlegt, wie dieses Potenzial sinnvoll erweitert und vor allem genutzt werden kann (vgl. Ridder 1993, S. 23 sowie Thom 1992, Sp. 1682: „Die Besetzung bzw. Planung einer Folge von zu besetzenden Stellen muss in der vorrangigen Absicht erfolgen, dadurch die Qualifikationen von Unternehmungsmitgliedern anzupassen, zu erweitern und zu vertiefen bzw. das Leistungsvermögen bestmöglich zur Entfaltung gelangen zu lassen.")

Verzichtet man hingegen auf Eingriffe in Personalbedarf und Personalausstattung, so verfährt man in den Situationen (6) und (12) nach dem „Prinzip Hoffnung", indem man auf die Selbstheilungskräfte der Märkte setzt und darauf vertraut, dass sich alles ohne betriebliches Zutun „zum Guten" wendet.

## 17.3 Entscheidungsmodelle zur Qualifikationsentwicklungsplanung

### 17.3.1 Grundmodell zur Qualifikationsentwicklungsplanung

Das in diesem Abschnitt zu beschreibende Entscheidungsmodell zur Planung von Qualifikationsentwicklungsmaßnahmen ist ein relativ einfach gehaltener LP-Ansatz aus der Klasse der simultanen Personal- und Produktionsprogrammplanungsmodelle (zur Unterscheidung isolierter und integrativer Ansätze der Entwicklungsplanung vgl. Kossbiel 1991, S. 250 ff.).

Im Grundmodell zur Qualifikationsentwicklungsplanung (vgl. Spengler 1996, S. 287 ff.) werden mit $x_{kt}, x_{ckt}, PE_{rc^*}, PA_{rt}$ insgesamt vier Typen von Entscheidungsvariablen in Ansatz gebracht. Wir wollen diese nun etwas näher betrachten. Ziel des Ansatzes ist es, das Produktionsprogramm, die Personalausstattung und die Qualifikationsentwicklungsmaßnahmen für den Planungszeitraum so festzulegen, dass die Differenz aus perioden- und produktspezifischen Deckungsbeiträgen einerseits und die Qualifikationsentwicklungskosten (z.B. Schulungskosten) sowie sonstigen Personalkosten (z.B. Gehalts- und Einstellungskosten) andererseits maximiert wird. In diesem Zusammenhang sei auf Drumm 2005 (S. 59) verwiesen: „Die betriebswirtschaftliche Evaluation von Fortbildungsmaßnahmen über die Zuordnung von Kosten und Erträgen [...] scheitert jedoch an der Unlösbarkeit des Zurechnungsproblems. Hax schlägt daher zu Recht die Anwendung des [in gewisser Hinsicht als Binsenweisheit daherkommenden; *d. Verf.*] Tragfähigkeitsprinzips vor. Es besagt, dass der Fortbildungsaufwand insgesamt durch den Gesamtdeckungsbeitrag abgedeckt werden muss." Für die Modellkonstruktion verwenden wir u.a. sog. Karrierepfade ($c^*$) [synonym: Positionssequenzen, Entwicklungspfade], die Angaben darüber beinhalten, auf welchen innerbetrieblichen Positionen ($c$) sich die Arbeitskräfte (die zu homogenen Gruppen $r$ zusammengefasst werden) – sofern sie zur aktuellen Personalausstattung des Betriebes zählen – während des Planungszeitraums befinden (vgl. z.B. Kossbiel/Spengler 1995). Arbeitskräfte, denen z.B. der (in periodisch aufsteigender Reihenfolge definierte) Karrierepfad $c^* = (0,3,4,4)$ zugewiesen wird, gehören in der ersten Periode noch nicht dem Betrieb an, werden in der zweiten Periode eingestellt sowie auf Position 3 eingesetzt und nehmen dann bis zum Ende des vierperiodigen Betrachtungszeitraums Position 4 ein.

Das Modell kann zum decision support bezüglich (a) des künftigen Produktionsprogramms, (b) der zu realisierenden Personalausstattung (einschließlich Einstellungen und Entlassungen), (c) der Zuweisung von Karrierepfaden und (d) der Stellenschneidung herangezogen werden.

Zu (a): Die Variablen $x_{kt}$ geben Auskunft darüber, welche Anzahl von Produkten (der Art $k$) in den Teilperioden des Planungszeitraums ($t$) hergestellt werden soll. Je nachdem, wie die Menge der Erzeugnisarten $\overline{K}$ definiert ist, können Entscheidungen darüber getroffen werden, ob und zu welchem Zeitpunkt z.B. völlig neuartige Produkte in das Produktionsprogramm aufgenommen werden sollen, ob die bereits realisierte Sortimentspolitik fortzuführen ist etc. Auch wenn wir im Grundmodell vereinfachungsbedingt von einstufiger Produktion ausgehen, trägt das Modell den Anforderungen rezessiver und progressiver Phasen der Wirtschaftsentwicklung an das Produktionsmanagement insofern Rechnung, als ein Überdenken der bisherigen Sortimentspolitik unabdingbar für die Steigerung der Ertragskraft des Unternehmens ist.

Zu (b): Produkte können nur erzeugt und marktlich verwertet werden, wenn in ausreichendem Umfang hinreichend qualifizierte Arbeitskräfte zur Verfügung stehen. Das Modell berücksichtigt diese Prämisse vordergründig über die Variablen $PA_{rt}$, die Auskunft darüber geben, in welcher Anzahl Arbeitskräfte verschiedener Kategorien ($r$) in den einzelnen Teilperioden ($t$) bereitzustellen sind. Die Formulierung des Grundmodells lässt dabei die konkrete Interpretation des Kategorienindex $r$ weitgehend offen, denn die Arbeitskräfte werden formal danach unterschieden (und zu Gruppen zusammengefasst), für welche Positionssequenzen sie in Betracht kommen. Dahinter verbergen sich jedoch zumindest Aussagen über die Qualifikation, möglicherweise aber auch die hierarchische Lozierung, das Alter, das Geschlecht, die Staatsangehörigkeit und weitere personenbezogene Daten der Arbeitskräfte.

Zu (c): $PE_{rc^*}$ stellt die eigentliche ‚Kernvariable' des Modells dar. Sie besagt, wie vielen Arbeitskräften (der einzelnen Kategorien $r$) die diversen Karrierepfade ($c$) zugewiesen werden, und bringt damit zum Ausdruck, ob und wie Arbeitskräfte weiterentwickelt werden sollen. Hinter dem Index $c^*$ verbirgt sich eine Fülle konkreter, situationsbezogener Informationen über die verschiedenen Positionen ($c$). Einige Konkretisierungsmöglichkeiten für die Positionsindizes $c$ sind in **Tabelle 17.2** aufgeführt. Die mit (1) bzw. (2) in dieser Tabelle gekennzeichneten Positionen sind zwar im Grundmodell vereinfachungsbedingt nicht bzw. nicht differenziert erfasst, können jedoch problemlos integriert werden.

**Tabelle 17.2** Konkretisierungsmöglichkeiten für die Positionsindizes ($c$)

| **Karriererelevante Positionen** | | | |
|---|---|---|---|
| Job- oder Stellenpositionen | Schulungspositionen | Ausleihpositionen | Freisetzungspositionen (2) |
| - Positionen zur Erzeugung von Endprodukten (einschl. on the job-trainings)<br>- Positionen zur Erzeugung von Zwischenprodukten (1)<br>- Sonstige Jobpositionen (z.B. im Managementbereich) (1) | - diverse off-the-job-trainings<br>- Fortbildung<br>- Weiterbildung<br>- Umschulung | - diverse Ausleihmöglichkeiten an (von) andere(n) Unternehmen (1) | - Entlassung<br>- Babypause<br>- Sabbatical<br>- Hochschulstudium<br>- etc. |

Eine weitere anspruchsvolle Aufgabe ist die Klärung der Frage, welche Arbeitskräfte für einen bestimmten Karrierepfad in Betracht kommen. Dazu müssen die Anforderungsprofile der in $c^*$ enthaltenen Positionen ($c$) und die Fähigkeitsprofile der Arbeitskräfte(kategorien) verglichen werden, was mitunter recht aufwendig sein kann (vgl. Herzig 1986, S. 65 ff., Drumm 2005, S. 52 ff. und Scholz 2014, S. 525).

Zu (d): Die Entscheidungsvariable $x_{ckt}$ macht Aussagen darüber, wie viele Produkte der Art $k$ in den einzelnen Teilperioden ($t$) hergestellt werden sollen und auf welchen Positionen ($c$) dies geschehen soll. Somit wird das Problem der Stellenschneidung (vgl. Kossbiel 1980 sowie Spengler 1993, S. 108 f.) – wenn auch stark vereinfacht – vom Modell erfasst.

Über die Zielfunktion (ZQE.1) strebt das Modell die Maximierung der Differenz aus (produkt- sowie periodenabhängigem) Gesamtdeckungsbeitrag und Qualifikationsentwicklungskosten an. Der Restriktionenraum beinhaltet Obergrenzen für die Herstellung von Produkten (QE.1), Definitionsgleichungen für die Stellenschneidung (QE.2), Restriktionen zur Abstimmung von positionsbezogenem Personalbedarf und Personaleinsatz (QE.3) sowie zur Abstimmung von Personaleinsatz und Personalausstattung (QE.4), Gleichungen zur Personalausstattungsfortschreibung (QE.5), Obergrenzen für die Rekrutierung (QE.6) und Entlassung von Arbeitskräften (QE.7) sowie Nichtnegativitätsbedingungen für alle Entscheidungsvariablen (QE.8-QE.11).

Bevor wir auf einige Variationsmöglichkeiten des Grundmodells eingehen, wollen wir uns jedoch zunächst der formalen Darstellung dieses Modells zuwenden. Zur Formulierung des Modells benötigen wir folgende Symbole:

<u>*Indizes und Indexmengen*</u>

$\overline{T}$ := $\{t|t = 0,1,2,\dots,T\}$ die Menge der Teilperioden des Betrachtungszeitraums, mit $t = 0$ als letzter Periode vor Beginn des Planungs- bzw. Entscheidungszeitraums ($t = 1,2,\dots,T$),

$\overline{R}$ := $\{r|r = 1,2,\dots,R\}$ die Menge der Arbeitskräftekategorien,

$\overline{C}$ := $\{c|c = 0,1,2,\dots,C_1,C_1+1,\dots,C\}$ die Menge der einnehmbaren Positionen. Arbeitskräfte, die Position $c = 0$ einnehmen, gehören nicht zur aktuellen Personalausstattung des Betriebes, die Positionen $c = 1,2,\dots,C_1$ kennzeichnen Jobpositionen und die Positionen $c = C_1+1,\dots,C$ kennzeichnen (Off the job-) Schulungspositionen,

$c_t$ := die in Periode $t \in \overline{T}$ eingenommen Position $c \in \overline{C}$,

$\overline{C^*}$ := $\{c^*|c^* = 1,2,\dots,C^*; c^* = (c_0,c_1,\dots,c_{t-1},c_t,c_{t+1},\dots,c_T)\}$ die Menge (aller $T+1$-Tupel) der Positionssequenzen,

$\overline{C_t^*}$ := die Menge der Positionssequenzen $c^* \in \overline{C^*}$, bei denen in Periode $t \in \overline{T}$ eine Position $c > 0$ eingenommen wird,

$\overline{KompC_t^*}$ := die Menge der Positionssequenzen $c^* \in \overline{C^*}$, bei denen in Periode $t \in \overline{T}$ die Position $c = 0$ eingenommen wird (Komplement der Menge $\overline{C_t^*}$)

$\overline{C_{ct}^*}$ := die Menge der Positionssequenzen $c^* \in \overline{C^*}$, bei denen in Periode $t \in \overline{T}$ die Position $c$ eingenommen wird,

$\overline{C_t^+}$ := die Menge der Positionssequenzen $c^* \in \overline{C^*}$, bei denen in Periode $t \in \overline{T} \setminus \{0\}$ eine Einstellung erfolgt ($c_t > 0, c_{t-1} = 0$),

$\overline{C_t^-}$ := die Menge der Positionssequenzen $c^* \in \overline{C^*}$, bei denen in Periode $t \in \overline{T} \setminus \{0\}$ eine Entlassung erfolgt ($c_t = 0, c_{t-1} > 0$),

$\overline{C_r^{**}}$ := die Menge der Positionssequenzen $c^* \in \overline{C^*}$, die Arbeitskräften der Art $r \in \overline{R}$ zugewiesen werden können,

$\overline{R_{c^*}}$ := die Menge der Arbeitskräftekategorien $r \in \overline{R}$, denen die Positionssequenz $c^* \in \overline{C^*}$ zugewiesen werden kann,

$\overline{R_{ct}}$ := die Menge der Arbeitskräftekategorien $r \in \overline{R}$, die in Periode $t \in \overline{T}$ die Position $c \in \overline{C}$ einnehmen können,

$\overline{K}$ := $\{k|k = 1,2, \dots, K\}$ die Menge der Produktarten,

$\overline{K_c}$ := die Menge der Produktarten $k \in \overline{K}$, die auf Position $c \in \overline{C}$ erzeugt werden können,

$\overline{C_k}$ := die Menge der Positionen $c \in \overline{C}$, auf denen Produkte der Art $k \in \overline{K}$ erzeugt werden können,

<u>Daten</u>

$\alpha_{r,c^*,c,t}$ := den Leistungsfaktor von Arbeitskräften der Art $r \in \overline{R}$, denen die Positions sequenz $c^* \in \overline{C^*}$ zugewiesen wird, bei der sie in Periode $t \in \overline{T} \setminus \{0\}$ die Position $c \in \overline{C}$ einnehmen (Verhältnis der Arbeitsproduktivität des Positionsinhabers zur Arbeitsproduktivität eines *Standard-Positionsinhabers*),

$VZ$ := die Zeit, die eine Arbeitskraft in einer Periode auf einer Position zur Verfügung stellt,

$a_{ck}$ := die (durchschnittliche) Zeit, die zur Herstellung einer Einheit des Gutes $k \in \overline{K}$ auf Position $c$ $(c = 1, \dots, C_1)$ benötigt wird,

$D_{kt}$ := den Deckungsbeitrag einer Einheit der Güterart $k \in \overline{K}$ in Periode $t \in \overline{T} \setminus \{0\}$,

$\phi_{rc^*}$ := die Kosten für die einer Arbeitskraft der Art $r \in \overline{R}$ zugeordnete Positionssequenz $c^* \in \overline{C^*}$,

$X_{kt}^{max}$ := die Anzahl der in Periode $t \in \overline{T} \setminus \{0\}$ maximal herstellbaren Güter der Art $k \in \overline{K}$,

$F_{rt}^{max}$ := die Anzahl der in Periode $t \in \overline{T} \setminus \{0\}$ maximal entlassbaren Arbeitskräfte der Art $r \in \overline{R}$,

$H_{rt}^{max}$ := die Anzahl der in Periode $t \in \overline{T} \setminus \{0\}$ maximal einstellbaren Arbeitskräfte der Art $r \in \overline{R}$

*Entscheidungsvariable*

$x_{kt}$ := die Anzahl der in Periode $t \in \overline{T} \setminus \{0\}$ herzustellenden Güter der Art $k \in \overline{K}$

$x_{ckt}$ := die Anzahl der in Periode $t \in \overline{T} \setminus \{0\}$ auf Position $c$ $(c = 1, \dots, C_1)$ herzustellenden Güter der Art $k \in \overline{K}$

$PA_{rt}$ := die Anzahl der in Periode $t \in \overline{T} \setminus \{0\}$ zur Verfügung stehenden Arbeitskräfte der Art $r \in \overline{R}$ (Personalausstattung),

$PE_{rc^*}$ := die Anzahl der Arbeitskräfte der Art $r \in \overline{R}$, denen die Positionssequenz $c^* \in \overline{C^*}$ zugewiesen wird.

Von zentraler Bedeutung für das Verständnis und die Formulierung des Modells sind die Mengen $\overline{C^*}, \overline{C_t^*}, \overline{KompC_t^*}, \overline{C_t^+}$ und $\overline{C_t^-}$. Der Modellanwender muss bei der Formulierung dieser Mengen die nachstehend aufgeführten – aus den obigen Definitionen folgenden – logischen Forderungen (LF.1-LF.7) berücksichtigen: Ein Karrierepfad, der

- in Periode $t$ das Ausscheiden einer Arbeitskraft vorsieht, muss für die Vorperiode den Einsatz der Arbeitskraft vorsehen:

$$\overline{C_t^-} \cap \overline{KompC_{t-1}^*} = \emptyset \text{ und } \overline{C_t^-} \subseteq \overline{C_{t-1}^*} \quad \text{(LF.1)}$$

- in Periode $t$ die Rekrutierung einer Arbeitskraft vorsieht, muss in $t$ den Einsatz der Arbeitskraft vorsehen:

$$\overline{C_t^+} \subseteq \overline{C_t^*} \quad \text{(LF.2)}$$

- in Periode $t$ das Ausscheiden einer Arbeitskraft vorsieht, darf in $t$ keinen Einsatz der Arbeitskraft vorsehen:

$$\overline{C_t^-} \subseteq \overline{KompC_t^*} \quad \text{(LF.3)}$$

- in Periode $t$ die Rekrutierung einer Arbeitskraft vorsieht, darf in $t-1$ nicht die Entlassung der Arbeitskraft vorsehen:

$$\overline{C_t^+} \subseteq \overline{KompC_{t-1}^*} \text{ und } \overline{C_t^+} \cap \overline{C_{t-1}^*} = \emptyset \quad \text{(LF.4)}$$

- in Periode $t$ die Rekrutierung einer Arbeitskraft vorsieht, darf in $t$ nicht die Entlassung der Arbeitskraft vorsehen:

$$\overline{C_t^+} \cap \overline{C_t^-} = \emptyset \quad \text{(LF.5)}$$

- in Periode $t$ den Einsatz einer Arbeitskraft vorsieht, darf in $t$ nicht die Entlassung der Arbeitskraft vorsehen:

$$\overline{C_t^-} \cap \overline{C_t^*} = \emptyset \text{ und } \overline{C_t^*} \cap \overline{C_t^-} = \emptyset \quad \text{(LF.6)}$$

- in Periode $t$ den Einsatz einer Arbeitskraft vorsieht, darf nicht in $t$ deren Nichteinsatz vorsehen:

$$\overline{C_t^*} \cap \overline{KompC_t^*} = \emptyset \qquad \text{(LF.7)}$$

Aus den obigen Definitionen und Forderungen lassen sich u.a. die folgenden drei Bestimmungsgleichungen (BG.1-BG.3) für die Mengen $\overline{C_t^*}$ und $\overline{KompC_t^*}$ ableiten:

- Die Menge der Karrierepfade, die in Periode $t$ keinen Einsatz einer Arbeitskraft vorsehen, umfasst die Menge von Karrierepfaden, die in $t$ das Ausscheiden einer Arbeitskraft vorsehen, sowie die Menge der Karrierepfade, die bereits für die Vorperiode keinen Einsatz und zugleich keine Einstellung in $t$ vorsehen:

$$\overline{KompC_t^*} = \overline{C_t^-} \cup \overline{KompC_{t-1}^*} \setminus \overline{C_t^+} \quad \forall t \in \overline{T} \qquad \text{(BG.1)}$$

- Die Menge der Karrierepfade, die in Periode $t$ den Einsatz einer Arbeitskraft vorsehen, ergibt sich aus der Menge aller Karrierepfade, vermindert um die Positionssequenzen, die in $t$ das Ausscheiden einer Arbeitskraft vorsehen und um die Positionssequenzen, die bereits für die Vorperiode keinen Einsatz und zugleich keine Einstellung in $t$ vorsehen:

$$\overline{C_t^*} = \overline{C^*} \setminus \{\overline{C_t^-} \cup \overline{KompC_{t-1}^*} \setminus \overline{C_t^+}\} \quad \forall t \in \overline{T} \qquad \text{(BG.2)}$$

- Die Menge derjenigen Karrierepfade, die in Periode $t$ einen Einsatz vorsehen, umfasst aber auch sowohl diejenigen Karrierepfade, bei denen in $t$ eine Rekrutierung erfolgt, als auch diejenigen Karrierepfade, die in der Vorperiode den Einsatz und in $t$ keine Entlassung vorsehen:

$$\overline{C_t^*} = \overline{C_t^+} \cup \overline{C_{t-1}^*} \setminus \overline{C_t^-} \quad \forall t \in \overline{T} \qquad \text{(BG.3)}$$

Zur Verdeutlichung der Definitionen von $\overline{C^*}, \overline{C_t^*}, \overline{KompC_t^*}, \overline{C_t^+}, \overline{C_t^-}$ und deren Interdependenzen betrachten wir folgendes Beispiel (vgl. Spengler 1996, S. 292 ff.), in dem wir sechs potenzielle Karrierepfade ($c^* = 1,2,\ldots,6$) verwenden:

Karrierepfad $c^* = 1$ sieht eine Einstellung zur ersten Periode des Planungszeitraums und die anschließende kontinuierliche Weiterbeschäftigung auf diversen Positionen (z.B. Job- und Schulungspositionen) vor, während in Karrierepfad $c^* = 2$ eine drei Perioden umfassende Freistellungsphase (z.B. Langzeiturlaub, Babypause, freiwillige externe Weiterbildung etc.) eingebaut ist. Die (eher ungewöhnliche) Positionssequenz $c^* = 3$ beinhaltet einen ständigen Wechsel zwischen Ein- und Freistellung (solche Karrierepfade kommen u.a. für Saisonarbeiter in Betracht (z.B. für Kellner, die im Sommer am Meer und im Winter im Skigebiet arbeiten)), die Karrierepfade $c^* = 4$ und $c^* = 5$ hingegen sehen die kontinuierliche Beschäftigung auf mehreren Positionen vor. Arbeitskräfte, denen die sechse Positionssequenz zugewiesen wird, werden erst in der Periode $t = 3$ eingestellt und von da an durchgängig auf der Position $c = 4$ eingesetzt. Aus **Tabelle 17.3** wird u.a. deutlich, dass

- $\overline{C^*}$ in jeder Periode die(selben) Karrierepfade $c^* = 1$ bis $c^* = 6$ umfasst,

- $\overline{C_t^*} = \overline{C^*}$ (hier: $t = 4$ und $t = 6$) und $\overline{C_t^*} \subset \overline{C^*}$ gelten kann (hier: $t = 0,1,2,3,5,6$)
- in Perioden, in denen $\overline{KompC_{t-1}^*}$ leer ist, auch $\overline{C_t^+}$ leer sein muss (hier: $t = 5$)
- in Perioden, in denen $\overline{KompC_t^*}$ leer ist, auch $\overline{C_t^-}$ leer sein muss (hier: $t = 4$ und 6)

**Tabelle 17.3** Beispiel zu den Mengen $\overline{C^*}, \overline{C_t^*}, \overline{KompC_t^*}, \overline{C_t^+}, \overline{C_t^-}$

| | $c_{t=0}$ | $c_{t=1}$ | $c_{t=2}$ | $c_{t=3}$ | $c_{t=4}$ | $c_{t=5}$ | $c_{t=6}$ |
|---|---|---|---|---|---|---|---|
| $c^* = 1$ | 0 | 1 | 2 | 3 | 3 | 7 | 7 |
| $c^* = 2$ | 1 | 0 | 0 | 0 | 2 | 2 | 3 |
| $c^* = 3$ | 1 | 0 | 1 | 0 | 1 | 0 | 1 |
| $c^* = 4$ | 1 | 2 | 3 | 2 | 2 | 3 | 3 |
| $c^* = 5$ | 4 | 5 | 6 | 6 | 7 | 7 | 7 |
| $C^* = 6$ | 0 | 0 | 0 | 4 | 4 | 4 | 4 |
| $\overline{C^*}$ | {1, …,6} | {1, …,6} | {1, …,6} | {1, …,6} | {1, …,6} | {1, …,6} | {1, …,6} |
| $\overline{C_t^*}$ | {2,3,4,5} | {1,4,5} | {1,3,4,5} | {1,4,5,6} | {1, …,6} | {1,2,4,5,6} | {1, …,6} |
| $\overline{KompC_t^*}$ | {1,6} | {2,3,6} | {2,6} | {2,3} | ∅ | {3} | ∅ |
| $\overline{C_t^+}$ | nicht def. | {1} | {3} | {6} | {2,3} | ∅ | {3} |
| $\overline{C_t^-}$ | nicht def. | {2,3} | ∅ | {3} | ∅ | {3} | ∅ |

Quelle: in Anlehnung an Spengler (1996), S. 292.

Wir verdeutlichen basierend auf den Angaben aus **Tabelle 17.3** für alle Perioden den Aufbau der Bestimmungsgleichungen.

Aufbau der Bestimmungsgleichung (BG.1) im Beispiel:

$t = 1$:

$\overline{KompC_1^*} = \overline{C_1^-} \cup \overline{KompC_{1-1}^*} \backslash \overline{C_1^+} = \{2,3\} \cup \{1,6\} \setminus \{1\} = \{2,3,6\}$

$t = 2$:

$\overline{KompC_2^*} = \overline{C_2^-} \cup \overline{KompC_{2-1}^*} \backslash \overline{C_2^+} = \emptyset \cup \{2,3,6\} \setminus \{3\} = \{2,6\}$

$t = 3$:

$\overline{KompC_3^*} = \overline{C_3^-} \cup \overline{KompC_{3-1}^*} \backslash \overline{C_3^+} = \{3\} \cup \{2,6\} \setminus \{6\} = \{2,3\}$

$t = 4$:

$\overline{KompC_4^*} = \overline{C_4^-} \cup \overline{KompC_{4-1}^*} \backslash \overline{C_4^+} = \emptyset \cup \{2,3\} \setminus \{2,3\} = \emptyset$

$t = 5$:

$\overline{KompC_5^*} = \overline{C_5^-} \cup \overline{KompC_{5-1}^*} \backslash \overline{C_5^+} = \{3\} \cup \emptyset \setminus \emptyset = \{3\}$

$t = 6$:

$\overline{KompC_6^*} = \overline{C_6^-} \cup \overline{KompC_{6-1}^*} \backslash \overline{C_6^+} = \emptyset \cup \{3\} \setminus \{3\} = \emptyset$

Aufbau der Bestimmungsgleichung (BG.2) im Beispiel:

$t = 1$:

$\overline{C_1^*} = \overline{C^*} \setminus \left\{\overline{C_1^-} \cup \overline{KompC_{1-1}^*} \setminus \overline{C_1^+}\right\} = \{1,2,3,4,5,6\} \setminus \left\{\{2,3\} \cup \{1,6\} \setminus \{1\}\right\} = \{1,4,5\}$

$t = 2$:

$\overline{C_2^*} = \overline{C^*} \setminus \left\{\overline{C_2^-} \cup \overline{KompC_{2-1}^*} \setminus \overline{C_2^+}\right\} = \{1,2,3,4,5,6\} \setminus \left\{\emptyset \cup \{2,3,6\} \setminus \{3\}\right\} = \{1,3,4,5\}$

$t = 3$:

$\overline{C_3^*} = \overline{C^*} \setminus \left\{\overline{C_3^-} \cup \overline{KompC_{3-1}^*} \setminus \overline{C_3^+}\right\} = \{1,2,3,4,5,6\} \setminus \left\{\{3\} \cup \{2,6\} \setminus \{6\}\right\} = \{1,4,5,6\}$

$t = 4$:

$\overline{C_4^*} = \overline{C^*} \setminus \left\{\overline{C_4^-} \cup \overline{KompC_{4-1}^*} \setminus \overline{C_4^+}\right\}$

$= \{1,2,3,4,5,6\} \setminus \left\{\emptyset \cup \{2,3\} \setminus \{2,3\}\right\} = \{1,2,3,4,5,6\}$

$t = 5$:

$\overline{C_5^*} = \overline{C^*} \setminus \left\{\overline{C_5^-} \cup \overline{KompC_{5-1}^*} \setminus \overline{C_5^+}\right\} = \{1,2,3,4,5,6\} \setminus \left\{\{3\} \cup \emptyset \setminus \emptyset\right\} = \{1,2,4,5,6\}$

$t = 6$:

$\overline{C_6^*} = \overline{C^*} \setminus \left\{\overline{C_6^-} \cup \overline{KompC_{6-1}^*} \setminus \overline{C_6^+}\right\} = \{1,2,3,4,5,6\} \setminus \left\{\emptyset \cup \{3\} \setminus \{3\}\right\} = \{1,2,3,4,5,6\}$

Aufbau der Bestimmungsgleichung (BG.3) im Beispiel:

$t = 1$:

$\overline{C_1^*} = \overline{C_1^+} \cup \overline{C_{1-1}^*} \setminus \overline{C_1^-} = \{1\} \cup \{2,3,4,5\} \setminus \{2,3\} = \{1,4,5\}$

$t = 2$:

$\overline{C_2^*} = \overline{C_2^+} \cup \overline{C_{2-1}^*} \setminus \overline{C_2^-} = \{3\} \cup \{1,4,5\} \setminus \emptyset = \{1,3,4,5\}$

$t = 3$:

$\overline{C_3^*} = \overline{C_3^+} \cup \overline{C_{3-1}^*} \setminus \overline{C_3^-} = \{6\} \cup \{1,3,4,5\} \setminus \{3\} = \{1,4,5,6\}$

$t = 4$:

$\overline{C_4^*} = \overline{C_4^+} \cup \overline{C_{4-1}^*} \setminus \overline{C_4^-} = \{2,3\} \cup \{1,4,5,6\} \setminus \emptyset\} = \{1,2,3,4,5,6\}$

$t = 5$:

$\overline{C_5^*} = \overline{C_5^+} \cup \overline{C_{5-1}^*} \setminus \overline{C_5^-} = \emptyset \cup \{1,2,3,4,5,6\} \setminus \{3\} = \{1,2,4,5,6\}$

$t = 6$:

$\overline{C_6^*} = \overline{C_6^+} \cup \overline{C_{6-1}^*} \setminus \overline{C_6^-} = \{3\} \cup \{1,2,4,5,6\} \setminus \emptyset = \{1,2,3,4,5,6\}$

Im nächsten Tableau (vgl. **Tabelle 17.4**) werden die Leistungsfaktoren $\alpha_{r,c^*,c,t}$ für die Positionen $c = 2{,}3$ und 4 sowie für eine fiktive Arbeitskräftekategorie $r = 3$, von der wir annehmen, dass ihr die Positionssequenzen $c^* = 1{,}2{,}4{,}5$ und 6 zugeordnet werden können, exemplifiziert. In diesem Beispiel unterstellen wir eine kontinuierliche Erhöhung der Leistungsfaktoren für den Fall, dass ein Karrierepfad den wiederholten Einsatz auf derselben Position vorsieht:

**Tabelle 17.4** Fiktive Leistungsfaktoren

| | | | $t = 0$ | $t = 1$ | $t = 2$ | $t = 3$ | $t = 4$ | $t = 5$ | $t = 6$ |
|---|---|---|---|---|---|---|---|---|---|
| $r = 3$ | $c = 2$ | $c^* = 1$ | - | - | 0,5 | - | - | - | - |
| | | $c^* = 2$ | - | - | - | - | 0,5 | 1,0 | - |
| | | $c^* = 4$ | - | 0,5 | - | 0,8 | 1,0 | - | - |
| | $c = 3$ | $c^* = 1$ | - | - | - | 0,9 | 1,0 | - | - |
| | | $c^* = 2$ | - | - | - | - | - | - | 0,7 |
| | | $c^* = 4$ | - | - | 0,8 | - | - | 1,0 | 1,2 |
| | $c = 4$ | $c^* = 5$ | 1,0 | - | - | - | - | - | - |
| | | $c^* = 6$ | - | - | - | 0,5 | 0,7 | 1,0 | 1,3 |

Quelle: in Anlehnung an Spengler (1996), S. 293.

Die nächsten vier Tableaus demonstrieren den grundsätzlichen Aufbau verschiedener Indexmengen, wobei die Zugehörigkeit (bzw. Nichtzugehörigkeit) von Elementen zu einer Indexmenge jeweils durch „ד (bzw. „-") gekennzeichnet wird. Während die Angaben der folgenden Tableaus (vgl. **Tabelle 17.5** bis **Tabelle 17.7**) voneinander unabhängig sind, folgt der Inhalt von Matrizen des in **Tabelle 17.8** gezeigten Typs aus einer Synthese der in den Tableaus von **Tabelle 17.6** und **Tabelle 17.7** aufgezeigten Matrizen:

**Tabelle 17.5** Die Positionsspektren der Produkte ($\overline{C_k}$) und Produktspektren der Positionen ($\overline{K_c}$)

| | $k = 1$ | $\cdots$ | $k = K$ | | |
|---|---|---|---|---|---|
| $c = 1$ | ×/- | $\cdots$ | ×/- | $K_1$ | $\overline{K_c}$ |
| $\vdots$ | $\vdots$ | $\vdots$ | $\vdots$ | $\vdots$ | |
| $c = C_1$ | ×/- | $\cdots$ | ×/- | $\overline{K_{C_1}}$ | |
| | $\overline{C_1}$ | $\cdots$ | $\overline{C_K}$ | | |
| | $\overline{C_k}$ | | | | |

**Tabelle 17.6** Die auf Karrierepfade bezogenen Bereitstellungs- ($\overline{R_{c^*}}$) und auf die Arbeitskräfte bezogenen Verwendungsspektren ($\overline{C_r^{**}}$)

| | $r = 1$ | $\cdots$ | $r = R$ | | |
|---|---|---|---|---|---|
| $c^* = 1$ | ×/- | $\cdots$ | ×/- | $R_1$ | $\overline{R_{c^*}}$ |
| $\vdots$ | $\vdots$ | $\vdots$ | $\vdots$ | $\vdots$ | |
| $c^* = C^*$ | ×/- | $\cdots$ | ×/- | $R_{C^*}$ | |
| | $\overline{C_1^{**}}$ | $\cdots$ | $\overline{C_R^{**}}$ | | |
| | $\overline{C_r^{**}}$ | | | | |

**Tabelle 17.7** Die Karrierespektren der Positionen ($\overline{C_{ct}^*}$)

| | $t = 0$ | | | … | $t = T$ | | |
|---|---|---|---|---|---|---|---|
| | $c = 0$ | … | $c = C$ | … | $c = 0$ | … | $c = C$ |
| $c^* = 1$ | ×/- | … | ×/- | … | ×/- | … | ×/- |
| ⋮ | ⋮ | ⋮ | ⋮ | ⋮ | ⋮ | ⋮ | ⋮ |
| $c^* = C^*$ | ×/- | … | ×/- | … | ×/- | … | ×/- |
| | $\overline{C_{00}^*}$ | … | $\overline{C_{C0}^*}$ | … | $\overline{C_{0T}^*}$ | … | $\overline{C_{CT}^*}$ |
| | $\overline{C_{ct}^*}$ | | | | | | |

**Tabelle 17.8** Die auf Arbeitskräfte bezogenen Bereitstellungsspektren der Positionen ($\overline{R_{it}}$)

| | $t = 0$ | | | … | $t = T$ | | |
|---|---|---|---|---|---|---|---|
| | $c = 0$ | … | $c = C$ | … | $c = 0$ | … | $c = C$ |
| $r = 1$ | ×/- | … | ×/- | … | ×/- | … | ×/- |
| ⋮ | ⋮ | ⋮ | ⋮ | ⋮ | ⋮ | ⋮ | ⋮ |
| $r = R$ | ×/- | … | ×/- | … | ×/- | … | ×/- |
| | $\overline{R_{00}}$ | … | $\overline{R_{C0}}$ | … | $\overline{R_{0T}}$ | … | $\overline{R_{CT}}$ |
| | $\overline{R_{ct}}$ | | | | | | |

Wir sind nun in der Lage, das Grundmodell zur Qualifikationsentwicklungsplanung zu formulieren:

Zielfunktion:

$$\sum_{t=1}^{T} \sum_{k \in \overline{K}} D_{kt} \cdot x_{kt} - \sum_{r \in \overline{R}} \sum_{c^* \in \overline{C_1^{**}}} \phi_{rc^*} \cdot PE_{rc^*} \rightarrow max! \qquad \text{(ZQE.1)}$$

[Lies: Maximiere die Differenz aus Gesamtdeckungsbeitrag und Gesamtkosten der Qualifikationsentwicklung!]

u.d.N.:

Einhaltung von Produktions- und Absatzobergrenzen:

$$x_{kt} \leq X_{kt}^{max} \forall k \in \overline{K}, t \in \overline{T} \setminus \{0\} \quad \text{(QE.1)}$$

[Lies: In jeder Teilperiode können nicht mehr als $X_{kt}^{max}$ Erzeugnisse der jeweiligen Produktart hergestellt werden.]

Verteilung der Produktionsmenge auf Positionen:

$$\sum_{c \in \overline{C_1}} x_{ckt} \leq x_{kt} \forall k \in \overline{K}, t \in \overline{T} \setminus \{0\} \quad \text{(QE.2)}$$

[Lies: Die Gesamtzahl der in Teilperiode $t$ hergestellten Produkte der Art $k$ ergibt sich aus der Summe der auf den einzelnen Positionen erzeugten Güter.]

Deckung positionsabhängiger Personalbedarf durch den Einsatz hinreichend qualifizierter Arbeitskräfte unter Berücksichtigung von Leistungsfaktoren:

$$\frac{1}{VZ} \cdot \sum_{k \in \overline{K_c}} a_{ck} \cdot x_{ckt} \leq \sum_{r \in \overline{R_{ct}}} \sum_{c^* \in \left\{\overline{C_{ct}^*} \cap \overline{C_r^{**}}\right\}} \alpha_{r,c^*,c,t} \cdot PE_{rc^*} \quad \forall c = 1, \ldots, C_1, t \in \overline{T} \setminus \{0\} \quad \text{(QE.3)}$$

[Lies: Multipliziert man die zur Herstellung einer Einheit einer Güterart auf einer Stelle benötigte Zeit mit der Anzahl der in einer Periode auf dieser Stelle erzeugten Produkte und dividiert man dies durch die Stellenbesetzungszeit, so erhält man den perioden-, produkt- und stellenspezifischen Personalbedarf. Die Addition dieser Personalbedarfe (über alle Produktarten einer Stellenart) ergibt den stellenspezifischen Personalbedarf in der Teilperiode (linke Seite von (QE.3)). Dieser ist durch den Einsatz solcher Arbeitskräfte zu decken, denen ein Karrierepfad zugewiesen wird, der in der Betrachtungsperiode auch den Einsatz auf der entsprechenden Stelle vorsieht. Dabei sinkt (bzw. steigt) mit steigenden (bzw. sinkenden) Ausprägungen der Leistungsfaktoren freilich die Anzahl einzusetzender Arbeitskräfte (rechte Seite von (QE.3)). Da in der Größe $PE_{rc^*}$ – neben den zur Personalbedarfsdeckung heranzuziehenden – möglicherweise (in mindestens einer Teilperiode) auch abundante Arbeitskräfte enthalten sind, ist hier zur Abstimmung von Personalbedarf und -einsatz anstatt strikter Gleichheit die $\leq$-Relation zu wählen.]

Zuweisung von Karrierepfaden zu (allen) Arbeitskräften:

$$\sum_{c^* \in \{\overline{C_r^{**}} \cap \overline{C_t^*}\}} PE_{rc^*} = PA_{rt} \;\forall r \in \overline{R}, t \in \overline{T} \setminus \{0\} \quad \text{(QE.4)}$$

[Lies: Allen Arbeitskräften, die in Periode $t$ zur Personalausstattung des Betriebes zählen, ist ein Karrierepfad zuzuordnen, der in Periode $t$ den Einsatz dieser Arbeitskräfte vorsieht.]

Fortschreibung der Personalausstattung:

$$PA_{rt} = PA_{r,t-1} + \sum_{c^* \in \{\overline{C_r^{**}} \cap \overline{C_t^+}\}} PE_{ri^*} - \sum_{c^* \in \{\overline{C_r^{**}} \cap \overline{C_t^-}\}} PE_{rc^*} \;\; \forall r \in \overline{R}, t \in \overline{T} \setminus \{0\} \qquad \text{(QE.5)}$$

Mit $PA_{r0}$ = Datum

[Lies: Die Ausstattung mit Arbeitskräften einer Kategorie $r$ in Periode $t$ ergibt sich aus der um aktuelle Einstellungen erhöhten und um aktuelle Entlassungen verminderten Ausstattung der Vorperiode.]

Einstellungsobergrenzen:

$$\sum_{c^* \in \{\overline{C_r^{**}} \cap \overline{C_t^+}\}} PE_{rc^*} \le H_{rt}^{max} \;\; \forall r \in \overline{R}, t \in \overline{T} \setminus \{0\} \qquad \text{(QE.6)}$$

[Lies: In jeder Teilperiode können nicht mehr als $H_{rt}^{max}$ Arbeitskräfte der jeweiligen Kategorie eingestellt werden.]

Entlassungsobergrenzen:

$$\sum_{c^* \in \{\overline{C_r^{**}} \cap \overline{C_t^-}\}} PE_{rc^*} \le F_{rt}^{max} \;\; \forall r \in \overline{R}, t \in \overline{T} \setminus \{0\} \qquad \text{(QE.7)}$$

[Lies: In jeder Teilperiode können nicht mehr als $F_{rt}^{max}$ Arbeitskräfte der jeweiligen Kategorie entlassen werden.]

Nichtnegativitätsbedingungen:

$$x_{ckt} \ge 0 \;\forall c \in \overline{C}, k \in \overline{K}, t \in \overline{T} \setminus \{0\} \qquad \text{(QE.8)}$$

$$x_{kt} \ge 0 \;\forall k \in \overline{K}, t \in \overline{T} \setminus \{0\} \qquad \text{(QE.9)}$$

$$PA_{rt} \ge 0 \;\forall r \in \overline{R}, t \in \overline{T} \setminus \{0\} \qquad \text{(QE.10)}$$

$$PE_{rc^*} \ge 0 \;\forall r \in \overline{R}, c^* \in \overline{C_r^{**}} \qquad \text{(QE.11)}$$

[Lies: Keine der Entscheidungsvariablen darf negativ werden.]

## 17.3.2 Variationen des Grundmodells

### 17.3.2.1 Vereinfachungsmöglichkeiten

Obwohl das Grundmodell recht einfach strukturiert ist, kann es einen erheblichen Bearbeitungsaufwand induzieren (vgl. Spengler 1996, S. 296 ff.): bezeichnet man mit $K$ die Anzahl der Produktarten, mit $T$ die Anzahl der Planungsperioden, mit $C$ die Anzahl der im Betrieb einnehmbaren Positionen, mit $C_1$ die Anzahl der Positionen im Leistungsprozess, mit $R$ die Anzahl der Arbeitskräftekategorien und mit $C^*$ die Anzahl der Karrierepfade, so kann das

Modell unter Vernachlässigung der Schlupfvariablen und Nichtnegativitätsbedingungen maximal

- $K \times T\ x_{kt}$-variable,
- $K \times C_1 \times T\ x_{ckt}$-variable (mit $C_1 \leq 2^K - 1$),
- $R \times C^*PE_{rc^*}$-variable (mit $C^* \leq (C+1)^{T+1}$ *und* $R \leq 2^{C^*} - 1$),
- $R \times T\ PA_{rt}$-variable sowie
- $C_1 + 2 \cdot K + 7 \cdot T + 4 \cdot R$ Restriktionen

umfassen.

Für die Obergrenzen $C_1$ (a), $C^*$ (b) und $R$ (c) (vgl. auch das Symbolverzeichnis in Teilkap. 17.3.1) gilt:

Zu (a): Es lassen sich unterschiedliche Jobpositionen definieren, und zwar solche, auf denen nur eine Produktart hergestellt wird, solche, auf denen zwei Produktarten, solche, auf denen drei Produktarten (usw.) bis zu solchen, auf denen $K$ Produktarten erzeugt werden können. Somit sind zur Bestimmung der Höchstzahl der logisch möglichen Positionen im Leistungsprozess alle Kombinationen zur ersten bis zur $K$-ten Klasse zu summieren; für diese Operation kann nach dem Binomischen Lehrsatz die o.a. vereinfachte Formel verwendet werden.

Zu (b): Der gesamte Betrachtungszeitraum umfasst $T+1$ Teilperioden, nämlich $T$ Planungs(teil)perioden und die Periode unmittelbar vor Beginn des Planungszeitraums. Die Menge der einnehmbaren Positionen umfasst $C$ innerbetriebliche Positionen zuzüglich einer Scheinposition, die denjenigen Arbeitskräften zugewiesen wird, die nicht zur aktuellen Personalausstattung des Betriebes zählen. Da jede der Positionen in jeder Teilperiode eingenommen werden kann, ist zur Bestimmung der Höchstzahl logisch möglicher Karrierepfade die Anzahl der Variationen von $T+1$ Elementen aus $C+1$ Elementen zu berechnen.

Zu (c): analog zu (a).

Bei nur zwei Produktarten, zwei Planungsperioden und einer Schulungsposition ergibt sich bereits eine maximale Anzahl von $[2 \cdot 2 =]\ 4\ x_{kt}$-, $[2 \cdot 3 \cdot 2 =] 12\ x_{ckt}$-, $(2^{125} - 1) \cdot 125\ PE_{rc^*}$- sowie $(2^{125} - 1) \cdot 2\ PA_{rt}$-variablen und $21 + 4 \cdot (2^{125} - 1)$ Restriktionen und damit eine kaum zu bewältigende Modellgröße. Beschränkt man jedoch nur die Anzahl der zulässigen Karrierepfade auf zehn, reduziert sich die Modellgröße schon auf 4 $x_{kt}$-, 12 $x_{ckt}$-, 10230 $PE_{rc^*}$- sowie 2046 $PA_{rt}$-variable und 4113 Restriktionen.

Vor allem durch Beschränkungen von $C$, $C^*$ und $R$ kann also das Modell auf eine unter Formulierungs- und Lösbarkeitsgesichtspunkten angemessene Größe zugeschnitten werden. Solche Restriktionen lassen sich dadurch erreichen, dass man (1) die Stellenschneidungsalternativen begrenzt, (2) nur „erwünschte" Karrierepfade berücksichtigt, (3) einzelne Positionen zu Positionsgruppen bündelt oder (4) $R$ nicht über alle logisch möglichen $c^*$-Kombinationen generiert (vgl. Spengler 1996, S.297).

Zu (1): Bei dieser Möglichkeit zur Komplexitätsreduktion verzichtet man darauf, alle $2^K - 1$ logisch möglichen Jobpositionen zu betrachten und beschränkt sich bei der Bestimmung von $C_1$ lediglich auf solche Positionen, die dem Betrieb besonders sinnvoll erscheinen (z.B. indem man alle Positionen vernachlässigt, auf denen zwei oder mehr völlig verschiedenartige Produkte mit gänzlich unterschiedlichen Produktionsverfahren hergestellt werden).

Zu (2): In der Maximalzahl logisch möglicher Karrierepfade sind u. a. auch Positionssequenzen enthalten, bei denen von Periode zu Periode die Arbeitskräfte eingestellt und entlassen werden [Schaukelpolitik: z.B. $c^* = (1,0,1,0,1,0,1,0)$], überlange Freistellungsphasen gewährt [z.B. $c^* = (4,0,0,0,0,0,0,4)$], ausschließlich Schulungen besucht oder alle möglichen Stellen des Positionsspektrums eingenommen werden [z.B. $c^* = (1,2,3,4,5,6,7,8)$] (logisch möglich sind selbstverständlich auch Karrierepfade, die Degradierungen vorsehen). Durch Vernachlässigung solch ‚wenig sinnvoller' Positionssequenzen lässt sich $\underline{C}^*$ in erheblichem Umfang reduzieren.

Zu (3): Einzelpositionen können beispielsweise dadurch zu Positionsgruppen gebündelt werden, dass man ähnliche Schulungsgänge lediglich zu einem Repräsentanten $c$ zusammenfasst.

Zu (4): Die Modellkomplexität lässt sich nicht zuletzt dadurch reduzieren, dass der Modellanwender nicht alle logisch möglichen Arbeitskräftekategorien in den Kalkül einbezieht, sondern z.B. solche Arbeitskräftegruppen vernachlässigt, denen mehr als eine bestimmte Höchstzahl an Positionssequenzen zugewiesen werden können. Gerade wenn man beachtet, dass sich die Arbeitskräftekategorien letztendlich aus Individuen mit spezifischen Qualifikationsmerkmalen rekrutieren, erscheinen solche Vereinfachungen sinnvoll.

### 17.3.2.2 Erweiterungsmöglichkeiten

Der Realitätsgehalt des oben beschriebenen Modells zur Qualifikationsentwicklungsplanung lässt sich durch die Möglichkeit der Integration einer breiten Palette zusätzlicher Modellbestandteile in erheblichem Umfang steigern (vgl. Spengler 1996, S. 297 ff.). Beispielsweise können Fluktuationsraten relativ problemlos in den Gleichungen zur Fortschreibung der Personalausstattung (QE.5) und Absentismusraten ohne größeren Aufwand bei den Restriktionen zur Abstimmung von Personalbedarf und Personaleinsatz (QE.3) berücksichtigt werden. Des Weiteren lassen sich Finanz- und Lagerestriktionen in den Ansatz einbauen und die Betriebsmittelausstattung zum Gegenstand der Entscheidung erheben. Auch kann die Stellenschneidungsproblematik wesentlich differenzierter im Modell verarbeitet werden, indem man diverse Gruppen von Tätigkeitsarten sowie graduale Differenzierungen der Positionen berücksichtigt. Des Weiteren ist eine Anreicherung des Modells durch die Betrachtung mehrstufiger Produktion prinzipiell möglich. Vor allem die drei zuletzt genannten Erweiterungsmöglichkeiten sind im Kontext Qualifikationsentwicklungsplanung während rezessiver und progressiver Phasen besonders relevant, da sich so (differenzierter) berücksichtigen lässt, dass die Arbeitskräfte durch Qualifizierung in die Lage versetzt werden, zusätzliche Tätigkeiten auszuführen, in der Unternehmenshierarchie aufzusteigen und andere als bisher im Produktionsprogramm des Betriebes enthaltene Erzeugnisse zu entwickeln, herzustellen etc. und somit die Ertragskraft des Unternehmens gesteigert werden kann.

Die bisher skizzierten Erweiterungspotenziale beziehen sich fast ausschließlich auf Entscheidungsvariable. Zum Abschluss der Untersuchung wollen wir noch solche Modellerweiterungen, die (a) auf die Zielfunktion und solche, die (b) auf die Datenqualität gerichtet sind, thematisieren.

Zu (a): Das Grundmodell beinhaltet lediglich eine einzige – ausschließlich Betriebsziele berücksichtigende – Zielfunktion. In der Literatur wird jedoch berechtigterweise die gleichzeitige Verfolgung von Betriebs- und Mitarbeiterinteressen als konstitutives Merkmal der Personalentwicklungsplanung aufgeführt und vor allem damit begründet, dass Karrierepfade nicht gegen das Interesse der betroffenen Arbeitnehmer gerichtet sein dürfen, da die qua Direktionsrecht verfügte Übernahme einer Positionssequenz mit hoher Wahrscheinlichkeit zu Fluktuation, Produktivitätseinbußen o.ä. pathologischen Folgen führt (vgl. z.B. Conradi 1983, S. 4 ff. und Domsch/Reinecke 1982, S. 71).

Zu (b): Die zur Modellanwendung benötigten Deckungsbeiträge, Qualifikationsentwicklungskostensätze, Arbeitskoeffizienten und Leistungsfaktoren sowie die verschiedenen im Modell enthaltenen Obergrenzen sind i.d.R. nicht als einwertige Größen verfügbar, sondern lassen sich vielfach – aufgrund bruchstückhafter Informationen über ihre Determinanten und deren (Inter-)Dependenzen – lediglich in Form unscharfer Daten angeben (s. Kap. 10.2.2).

Wir wollen nun skizzieren, wie das Grundmodell der Qualifikationsentwicklungsplanung zu einem Fuzzy-Vektoroptimierungsmodell erweitert werden kann; in diesem Modell finden die soeben unter (a) und (b) aufgeführten Gesichtspunkte Berücksichtigung:

Da zum einen Betriebs- und Mitarbeiterziele häufig in konfliktärem Verhältnis zueinander stehen – weil z.B. das Unternehmen Personalkosten einsparen, die Arbeitskräfte hingegen ihr persönliches Einkommen maximieren wollen – und zum anderen sowohl Mitarbeiter als auch Unternehmung oft mehrere, unterschiedlich dimensionierte Ziele verfolgen, wäre ein auf lediglich einer einzigen Zielfunktion basierendes Entscheidungsmodell für eine realitätsgerechte Abbildung der Entscheidungssituation wenig hilfreich (vgl. Thom 1992, Sp. 1678); man ist dann auf die Formulierung eines Vektoroptimierungsmodells angewiesen. Im Kontext der Qualifikationsentwicklungsplanung sind neben dem bereits in Zielfunktion (ZQE.1) berücksichtigten Betriebsziel (ZQE.1a) u.a. Ziele wie die Eignungsmaximierung bei der Zuweisung von Karrierepfaden [Betriebsziel (ZQE.1b)], die Maximierung von Gehaltszahlungen (ZQE.1c) oder der Zufriedenheit mit Positionssequenzen (ZQE.1d) [Mitarbeiterziele] relevant (vgl. Domsch/Reinecke 1982, S. 65f). Diese Ziele wollen wir nun in den Zielfunktionsvektor aufnehmen. Während über die Restriktionen (QE.1a), (QE.6a) und (QE.7a) die Einhaltung der jeweiligen unscharfen Obergrenze gewährleistet wird, bringt Restriktion (QE.3a) die Forderung zum Ausdruck, dass die unscharfen stellenbezogenen Personalbedarfe durch den (mit unscharfen Leistungsfaktoren gewichteten) Personaleinsatz *möglichst* gedeckt werden:

**Zielfunktionen:**

*Unscharfer* Deckungsbeitrag – *unscharfe* Qualifikationsentwicklungskosten → *max*! (ZQE.1a)

*Unscharfe* Eignungsgradsumme → *max*! (ZQE.1b)

*Unscharfe* Lohnzahlungen → *max*! (ZQE.1c)

*Unscharfe* Neigungsgradsumme → *max*! (ZQE.1d)

Nebenbedingungen: (QE.2), (QE.4), (QE.5), (QE.8)-(QE.11) sowie

Einhaltung *unscharfer* Produktions- und Absatzobergrenzen (QE.1a)

Deckung des *unscharfen* positionsabhängigen Personalbedarfs durch den Einsatz hinreichend qualifizierter Arbeitskräfte (unter Berücksichtigung *unscharfer* Leistungsfaktoren) (QE.3a)

Einhaltung *unscharfer* Einstellungsobergrenzen (QE.6a)

Einhaltung *unscharfer* Entlassungsobergrenzen (QE.7a)

Ein solches Modell kann zwar nicht direkt mit den traditionellen Verfahren der Linearen Optimierung gelöst werden, doch wurde in der Literatur bereits hinlänglich nachgewiesen, dass sich hierfür Ersatzprogramme formulieren lassen, die der Bestimmung optimaler Kompromisslösungen dienen (vgl. z.B. Spengler 1993, Rommelfanger 1994). Solche Kompromissprogramme streben nach der Maximierung einer (auf das Intervall [0,1] normierten) Entscheidungsvariablen, die die Zufriedenheit des Entscheidungsträgers mit der ermittelten Variablenkonstellation widerspiegelt; die originären Zielfunktionen [in unserem Falle (ZQE.1a)-(ZQE.1d)] werden in leicht veränderter Form in den Restriktionenraum integriert. Dabei wenden wir das in der Fuzzy Set-Theorie weit verbreitete Symmetrieprinzip von Bellman/Zadeh (1970) an, nach dem Ziele und Restriktionen gleich behandelt werden und die Kompromisslösung über den sog. Minimumoperator zu ermitteln ist (s. Kap. 6 und Teilkap. 12.3.3 der vorliegenden Arbeit sowie Leberling (1983) und Zimmermann (1976) für die ersten unscharfen LP-Ansätze und zur Diskussion und Darstellung anderer Operatoren vgl. z.B. die bei Spengler (1993, S. 15) und Schroll (2007, S. 104 ff.) angegebene Literatur).

Über fuzzy set-basierte Modelle ist es auf relativ einfachem Wege möglich, divergierende Arbeitgeber- und Arbeitnehmerinteressen im Kontext der Personalentwicklungsplanung zu berücksichtigen und der Unschärfe, mit der die relevanten Daten häufig behaftet sind, „angemessen" Rechnung zu tragen. Dadurch, dass solche Modelle den Informationsstand der Entscheidungsträger weit mehr ausschöpfen als lediglich einwertige Daten verarbeitende Entscheidungsmodelle, steigt allerdings auch die Modellkomplexität. Diesen Sachverhalt müssen die Planungsinstanzen bei der Formulierung des Modells bedenken, indem sie die relevanten Zugehörigkeitsfunktionen möglichst einfach (aber sachadäquat) konstruieren.

## 17.4 Fazit

In wirtschaftlich ‚schwierigen' Zeiten, aber auch in solchen mit Nachfrageprogression, ist es erforderlich, dass Unternehmen die Bedarfsangemessenheit ihrer Personalausstattung überprüfen. Diese Aussage sollte jedoch nicht dahingehend interpretiert werden, dass man (ausschließlich) über reaktive Anpassungsstrategien nach einer schlichten Reduktion oder Expansion des Ausstattungsniveaus strebt, sondern die Unternehmensleitung sollte zunächst analysieren, ob Personalentfaltungsstrategien die Ertragskraft des Unternehmens nachhaltig verbessern können. Das aktivitätsanalytische Axiom der Nichtexistenz des Schlaraffenlandes [ohne Input kein Output] (vgl. Fandel, 1996, S. 39) gilt freilich auch im Bereich der Personalwirtschaft: Wenn man in Krisenzeiten zielgerichtet in das Humankapital der Mitarbeiter investiert, besteht die Chance, durch Nutzung einer so geschaffenen (angemessenen) Personalausstattung neue Produkte zu entwickeln sowie neue Märkte zu erschließen und somit den Betrieb aus der Krise zu führen. Die oben aufgeführten Ansätze tragen zur Vorbereitung zielgerichteter Entscheidungen bzgl. der zukünftigen Sortimentspolitik, der künftigen Personalausstattung sowie künftiger Karriereverläufe bei und können insofern zu einer modellgestützten Evaluation alternativer Personalentfaltungsstrategien herangezogen werden. Allerdings wird man mit einiger Berechtigung feststellen können, dass die Größenordnungsproblematik u.a. durch die fortschreitende Entwicklung der Soft- und Hardwaretechnik in den letzten Jahrzenten an Stichhaltigkeit eingebüßt hat. Sie dienen darüber hinaus der Verbindung kollektiver und individueller Personalplanung. Die (Karriere-)Interessen der Arbeitskräfte finden im Grundmodell im Restriktionenraum und im Fuzzy-Vektoroptimierungsmodell über Zielfunktionen und Nebenbedingungen Berücksichtigung. Gemessen am Entwicklungsstand der gesamten Personalplanungsliteratur wurden bisher relativ wenige Entscheidungsmodelle zur Karriereplanung sowie zur Abstimmung von kollektiver und individueller Personalplanung formuliert (vgl. z.B. Schneider 1980).

# Teil 4
# Lösungen zu den Übungsaufgaben

# 18 Lösungen zu Übungsaufgaben aus Teil 1

**Lösung zu Aufgabe 1**

Betriebswirtschaftliches Denken ist grundsätzlich ein Denken in Modellen. Gemäß dem konstruktivistischen Modellbegriff – den wir den Ausführungen der vorliegenden Arbeit zugrunde legen – sind Modelle im Allgemeinen als menschliche Konstruktionen bzw. Definitionen von subjektiv wahrgenommenen realen Phänomenen (z.B. Sachverhalten, Gegenständen oder Situationen), die lediglich selektiv eingefangen und (komplexitäts-) reduziert dargestellt (konstruiert) werden, zu verstehen.

Ausgehend von sog. mentalen (impliziten) Modellen, die aus Gedanken, Überlegungen und Anschauungen heraus individuell im Geiste konstruiert werden, werden mit der Absicht, Strukturen zu (er-) finden, rationales Handeln zu unterstützen bzw. zu ermöglichen, explizite Modelle abgeleitet.

Bei expliziten Modellen werden die Vorstellungen über die vorhandenen (sich auf der Ebene des rein Gedanklichen befindlichen) mentalen Modelle vom Modellierenden systematisiert und so (je nach expliziter Zielsetzung) in eine bestimmte Form gebracht. Die Systematisierung (und damit die Beschreibung bzw. Erfassung) der relevanten Modellkomponenten und deren Zusammenhänge kann auf natürlich- oder formalsprachlicher (z.B. mathematischer) Ebene erfolgen. Auf welcher dieser sprachlichen Ebenen die explizite Formulierung erfolgt, ist abhängig vom dabei verfolgten Zweck.

**Lösung zu Aufgabe 2**

Für die Konstruktion und Anwendung von Entscheidungsmodellen sind die inhaltlich präzise sowie formal korrekte Erfassung relevanter Entscheidungskomponenten und ihrer Beziehungen von wesentlicher Bedeutung. Ziel dabei ist es, Probleme, die man zunächst als relativ komplex und unscharf wahrnimmt, mittels eines Modells entscheidbar zu machen, und das derart, als eine rationale Problemlösung daraus abgeleitet werden kann. Sowohl bei der Konstruktion als auch bei der Anwendung von Entscheidungsmodellen ist stets auf die Skalierung der Merkmale der zu erfassenden entscheidungsrelevanten Objekte zu achten. Je nachdem, wie die entsprechenden Merkmale skaliert sind (welches Skalenniveau sie also aufweisen), unterscheiden sich die Möglichkeiten ihrer (mathematischen) Handhabbarkeit sowie der Interpretierbarkeit der daraus resultierenden Ergebnisse. In diesem Zusammenhang werden Nominal-, Ordinal-, Intervall-, Ratio- und absolute Skalen unterschieden.

Ist das betrachtete Merkmal nominalskaliert, so können die bezüglich dieses Merkmals zu beurteilenden Objekte lediglich in Klassen unterteilt werden. Objekte, die hinsichtlich eines solchen Merkmals gleichartig (identisch) sind, werden in einer Klasse zusammengefasst. Sie weisen demnach die gleiche Ausprägung des zu bewertenden Merkmals auf und erhalten denselben Skalenwert (ausgedrückt durch Buchstaben, Zahlen oder Buchstaben-Zahlen-


T. Spengler et al., *Moderne Personalplanung*,
https://doi.org/10.1007/978-3-658-47677-9_18

Kombinationen). Objekte, die unterschiedlich (divers) sind, weisen ungleiche Merkmalsausprägungen auf, was entsprechend über unterschiedliche Skalenwerte zum Ausdruck gebracht wird. Rangfolgen, Abstände und Größenverhältnisse von Skalenwerten nominalskalierter Merkmale lassen sich nicht sinnvoll interpretieren. Vor diesem Hintergrund ist die Durchführung jeglicher arithmetischer Operationen auf diesen weder sinnvoll noch zulässig.

Beispiele: Klassifizierung von Mitarbeitern nach Geschlecht (Ausprägungen: „weiblich", „männlich") oder Familienstand (Ausprägungen: „ledig", „in eingetragener Lebenspartnerschaft", „verheiratet" usw.).

Bei ordinalskalierten Merkmalen lässt sich neben der Identität bzw. Diversität auch die Rangfolge entsprechender Merkmalsausprägungen erfassen und interpretieren. Falls ein solches Merkmal bei einem Objekt stärker (schwächer) ausgeprägt ist als bei einem anderen, wird der korrespondierenden Ausprägung ein höherer (niedrigerer) Wert zugewiesen. Auch bei ordninalskalierten Merkmalen können weder Abstände noch Größenverhältnisse ihrer Ausprägungen sinnvoll interpretiert werden. Daher ist die Durchführung arithmetischer Operationen auch auf diesen unzulässig.

Beispiele: Mitarbeiterzufriedenheit (Ausprägungen: von 1 = „sehr unzufrieden" bis 5 = „sehr zufrieden"); Hierarchiestufen in einem Unternehmen.

Bei intevallskalierten Merkmalen können die entsprechenden Skalenwerte hinsichtlich Identität bzw. Diversität, Rangfolge und Abstand beurteilt werden. Aufgrund dessen, dass Intervallskalen bis auf den Skalennullpunkt und die Maßeinheit eindeutig festgelegt sind, kann zwar die Differenz zweier Skalenwerte (also der Abstand) sinnvoll interpretiert werden, deren Größenverhältnis jedoch nicht. Skalenwerte dürfen demnach subtrahiert und die Skalenwertdifferenzen dividiert werden. Die Division von Skalenwerten ist nicht sinnvoll interpretierbar und somit auch nicht zulässig.

Beispiele: Geburtsdaten von Mitarbeitern (Kalenderzeitrechnung); Punktzahlen in einem Intelligenztest.

Ratioskalen (Verhältnisskalen) besitzen einen natürlichen Nullpunkt und sind bis auf die Maßeinheit eindeutig bestimmt. Neben Identität bzw. Diversität, Rangfolge und Abstand informieren Verhältnisskalen also auch über die Größenverhältnisse zwischen den Skalenwerten entsprechender Merkmale. Der Quotient zweier Skalenwerte ist sinnvoll interpretierbar und bringt zum Ausdruck, um wie viel das zu beurteilende Merkmal bei einem Objekt im Verhältnis zu einem anderen stärker ausgeprägt ist. Mit verhältnisskalierten Merkmalsausprägungen dürfen sämtliche arithmetischen Operationen durchgeführt werden.

Beispiele: (Betriebs-)Alter von Mitarbeitern (in Jahren); Umsatz pro Periode (in €).

Absolute Skalen verfügen hinsichtlich mathematischer Handhabbarkeit und korrespondierender Interpretierbarkeit über dieselben Eigenschaften wie Ratioskalen. Zusätzlich ist jedoch neben dem eindeutig bestimmten natürlichen Nullpunkt auch die Maßeinheit der Skalenwerte eindeutig bestimmt. Die absolute Skala gilt als jene mit den höchsten Anforderungen an das Skalenniveau von Merkmalen.

<u>Beispiele:</u> Anzahl von Mitarbeitern in einem Unternehmen; (Prozentuales) Verhältnis zwischen männlichen und weiblichen Mitarbeitern in einem Unternehmen.

Intervall-, Ratio- und absolute Skalen werden i.d.R. unter den Begriff der metrischen Skalen subsumiert.

Wir sollten stets anstreben, für die in einer Entscheidungssituation zu erfassenden Modellkomponenten metrisch skalierte Werte zu verwenden, weil davon auszugehen ist, dass die zu treffende Entscheidung – im Vergleich zur Verwendung nicht-metrisch skalierter Bewertungen – präziser abgeleitet und in höherem Maße formal begründet werden kann. Grundsätzlich sollten wir jedoch immer gewissenhaft mit diesen Anforderungen an das Skalenniveau der für uns relevanten Komponenten umgehen. Wenn einerseits ausgewählte Komponenten lediglich ordinal skaliert dargestellt werden können, so sollte man dies akzeptieren und sich mit weniger präzisen Aussagen und Ergebnissen zufriedengeben (vgl. Momsen/Schroll 2005, S.119 ff.). Jegliche Versuche, ordinal skalierte Größen auf höhere Skalenniveaus heraufheben zu wollen, können zu Scheinpräzision und damit einhergehend zu Ergebnisverzerrungen führen. Andererseits sollte man nicht die Flinte ins Korn werfen, wenn die uns interessierenden Komponenten kein metrisches Skalenniveau aufweisen, weil eine Rangreihung vielfach aussagekräftig genug sein kann, um als Entscheidungshilfe zu dienen.

**Lösung zu Aufgabe 3**

Unter dem Begriff „entscheiden" verstehen wir die Auswahl einer aus einer Menge sich gegenseitig ausschließende (Handlungs-) Alternativen und die daran anschließende Umsetzung (oder Realisation). Im Kontext dieses Buches verwenden wir zudem den konstruktivistischen Modellbegriff. Das heißt, dass ein Modell nicht die möglichst detailgetreue Rekonstruktion von realen Phänomenen, sondern eine möglichst präzise, komplexitätsreduzierende und einem (mehreren) bestimmten Ziel(en) folgende menschliche Konstruktion dieser Phänomene darstellt. Es ist also wichtig, ein Modell so zu konstruieren, dass in Bezug auf ein bzw. mehrere zuvor festgelegte Ziel(e) die wichtigsten (also nicht alle) Eigenschaften, Zusammenhänge, etc., bspw. eines realen Sachverhalts, hinreichend genau beschrieben werden. Bringen wir beide Begriffe zusammen, ist ein Entscheidungsmodell dementsprechend eine einer konkreten Zielstellung folgende, hinreichend präzise und die Komplexität der realen Problemstellung reduzierende Konstruktion einer Situation, in welcher eine von mehreren Handlungsalternativen auszuwählen ist.

Zur Veranschaulichung ein kurzes Beispiel:

Stellen Sie sich vor, Sie wollen mit Ihrem/Ihrer Partner/in sieben Tage in Urlaub fahren und müssen nun das Reiseziel bestimmen. Als mögliche Urlaubsorte haben Sie gemeinsam die Städte Rom, Sydney und Los Angeles bestimmt. Diese drei Möglichkeiten schließen sich gegenseitig aus, da Sie Ihren einwöchigen Urlaub nicht mit stundenlangen Reisen verbringen wollen und ein Besuch mehrerer dieser Orte während Ihrer Reise daher für Sie nicht in Frage kommt. Rom, Sydney und Los Angeles sind also die drei Alternativen, von denen Sie nun gemeinsam eine auswählen müssen.

Nehmen wir zudem an, dass Ihr einzig relevanter Anspruch an die gemeinsame Reise ist, möglichst kostengünstig zu verreisen. Dementsprechend wäre in diesem Fall das einzig verfolgte Ziel bei der Entscheidung über den Urlaubsort die Minimierung der Reisekosten. Alle weiteren Aspekte, wie bspw. das Wetter oder das Freizeitangebot vor Ort, spielen dementsprechend keine Rolle für die Auswahl des Reiseziels.

Ganz gleich, ob Sie die Modellüberlegungen nun implizit oder explizit anstellen, würden Sie anschließend genau diejenigen Aspekte der realen Situation betrachten, die Einfluss auf Ihre Reisekosten haben. Und auch hier würden Sie vermutlich nicht alle, sondern nur die relevanten wie Flug-, Zug-, Auto-, Hotel-, Lebensmittelkosten, etc. in Ihre Überlegungen mit einbeziehen. Die Preise für eine Packung Kaugummi am Urlaubsort würden Sie (wahrscheinlich) eher vernachlässigen.

Bei der oben beschriebenen Konstruktion der Entscheidungssituation würden Sie also bewusst Details, wie die politische Lage, das Wetter oder das Verkehrsaufkommen am Urlaubsort, ausblenden. Das heißt, Sie reduzieren die Komplexität der realen Situation und konzentrieren sich ausschließlich auf die wichtigsten, Ihr gesetztes Ziel (günstigstes Reiseziel) beeinflussenden Eigenschaften und Zusammenhänge. Diese betrachten Sie jedoch sehr präzise, um letztendlich die beste Entscheidung treffen zu können (also jene, die Ihr gesetztes Ziel am besten erfüllt).

Ein (mathematisches) Optimierungsmodell hingegen ist eine spezielle Form eines Entscheidungsmodells. Da „optimieren" immer bedeutet, das Beste zu finden, ist das Ziel eines Optimierungsmodells stets die Ermittlung der besten Lösung eines Entscheidungsproblems. Das Beste äußert sich dabei in Form eines der bekannten Extrema Minimum oder Maximum und besteht dementsprechend immer aus mindestens einer Extremierungszielfunktion (max! oder min!). Aufgrund dessen, dass die Auswahl einer Handlungsalternative durch bestimmte Bedingungen beeinflusst wird, ist (sind) diese Zielfunktion(en) unter Nebenbedingungen in Form von (Un-)Gleichungssystemen zu extremieren. Andernfalls würde die entsprechende Lösung des Optimierungsproblems abhängig von der geltenden Extremierungsvorschrift auch stets $+\infty$ bzw. $-\infty$ lauten.

Ein Optimierungsmodell bezeichnen wir als linear, wenn alle Entscheidungsvariablen ausschließlich mit Skalaren (also mit Zahlenwerten wie bspw. $5 \cdot x$, $0.3 \cdot x$ oder $17 \cdot x$ und nicht mit anderen Variablen wie $x \cdot y$) multipliziert und nur in der ersten Potenz ($\sqrt{x} = x^{0.5}$ oder $x^2$ sind dementsprechend unzulässig) in den Ansatz eingehen. Für ein „rein" lineares Optimierungsmodell müssen alle Variablen zudem stetig und nicht diskret definiert sein. Das heißt, dass keine ganzzahligen Variablen in Ansatz gebracht werden dürfen. Ein solches Modell wird exemplarisch in der Lösung zu Aufgabe 4 formuliert. Werden Variablen entsprechend mit sich selbst oder mit anderen Variablen multipliziert, befinden wir uns im Bereich der nicht-linearen Optimierung. Im Besonderen sprechen wir von Ansätzen der ganzzahligen bzw. der gemischt-ganzzahligen Optimierung, wenn ganzzahlige bzw. ganzzahlige und stetige Variablen in ein Optimierungsmodell integriert werden. Das oben eingeführte Beispiel zur Urlaubsplanung ließe sich bspw. wie folgt als ganzzahliges Optimierungsmodell formulieren:

Symbole:

$u_{Rom} \quad := \begin{cases} 1, \text{wenn Rom als Urlaubsort gewählt wird} \\ 0, \text{sonst} \end{cases}$

$u_{Syd.} \quad := \begin{cases} 1, \text{wenn Sydney als Urlaubsort gewählt wird} \\ 0, \text{sonst} \end{cases}$

$u_{LA} \quad := \begin{cases} 1, \text{wenn Los Angeles als Urlaubsort gewählt wird} \\ 0, \text{sonst} \end{cases}$

$UK_{Rom}$ := Urlaubskosten einer Reise nach Rom

$UK_{Syd.}$ := Urlaubskosten einer Reise nach Sydney

$UK_{LA}$ := Urlaubskosten einer Reise nach Los Angeles

Zielfunktion:

$UK_{Rom} \cdot u_{Rom} + UK_{Syd.} \cdot u_{Syd.} + UK_{LA} \cdot u_{LA} \rightarrow \text{min!}$

u.d.N.:

$u_{Rom} + u_{Syd.} + u_{LA} = 1$

$u_{Rom}, u_{Syd.}, u_{LA} \in \{0,1\}$

**Lösung zu Aufgabe 4**

a.

Symbole:

*Mengen*

$\bar{J}$ := $\{j | j = 1, 2\}$ Menge der Saatgutarten (Kartoffel- ($j = 1$) und Maissaatgut ($j = 2$))

*Daten*

$B$ := Budget für die Beschaffung von Saatgut

$d_j$ := Deckungsbeitrag pro mit Saatgut $j$ bepflanztem $m^2$ Ackerfläche

$k_j$ := Kosten pro beschafftem Saatgut $j$ für einen $m^2$ der Ackerfläche

$P_j^{max}$ := maximale Anzahl an $m^2$ der Ackerfläche, die mit Saatgut $j$ bepflanzt werden sollen

$PM^{max}$ := maximale $m^2$-Anzahl an zu bepflanzender Ackerfläche

_Entscheidungsvariable_

$x_j$ := Anzahl der mit Saatgut $j$ zu bepflanzenden $m^2$ der Ackerfläche

b.

Zielfunktion:

$$\sum_{j \in \bar{J}} d_j \cdot x_j \rightarrow \max!$$

$$125x_1 + 150x_2 \rightarrow \max!$$

u.d.N.:

| (1) | (2) | (3) | (4) |
|---|---|---|---|
| $\sum_{j \in \bar{J}} x_j \leq PM^{max}$ | $x_j \leq P_j^{max} \quad \forall j \in J$ | $\sum_{j \in \bar{J}} k_j \cdot x_j \leq B$ | $x_j \geq 0 \quad \forall j \in J$ |
| | $x_1 \leq 80$ | | $x_1, x_2 \geq 0$ |
| $x_1 + x_2 \leq 100$ | $x_2 \leq 60$ | $800x_1 + 400 \cdot x_2 \leq 64.000$ | |

c.

Eine Nebenbedingung ist genau dann redundant (mehrfach bzw. wiederholt vorhanden), wenn sie daher, dass sie in mindestens einer der anderen Nebenbedingungen enthalten ist, den Lösungsraum des betrachteten Problems nicht einschränkt und somit bei der Lösungsfindung vernachlässigt werden kann.

Der einfachste Weg zur Überprüfung des Vorliegens redundanter Nebenbedingungen ist (hier), die Problemstellung grafisch in einem $x_1$-$x_2$-Koordinatensystem darzustellen (vgl. **Abbildung 18.1**). Dazu sind alle Restriktionen nach einer der beiden Variablen aufzulösen (hier: nach $x_2$) und als lineare Funktionen einzuzeichnen.

Beispiel Restriktion (3):

$800x_1 + 400 \cdot x_2 \leq 64.000 \qquad |-800x_1$

$400 \cdot x_2 \leq 64.000 - 800x_1 \qquad |:400$

$x_2 \leq 160 - 2x_1$

Als $x_1$- bzw. $x_2$-Achsenabschnitt ergeben sich die Werte $x_1 = 80$ bzw. $x_2 = 160$.

Aus der grafischen Darstellung geht hervor, dass die Nebenbedingung (2a) redundant ist, da sie den Lösungsraum (gepunktete Fläche in **Abbildung 18.1**) des Problems nicht einschränkt und somit zur Lösung „überflüssig“ ist. Ohne die Berücksichtigung von (2a) würde sich dementsprechend derselbe Lösungsraum und ceteris paribus auch dieselbe optimale Lösung des Problems ergeben.

**Abbildung 18.1** Grafische Lösung

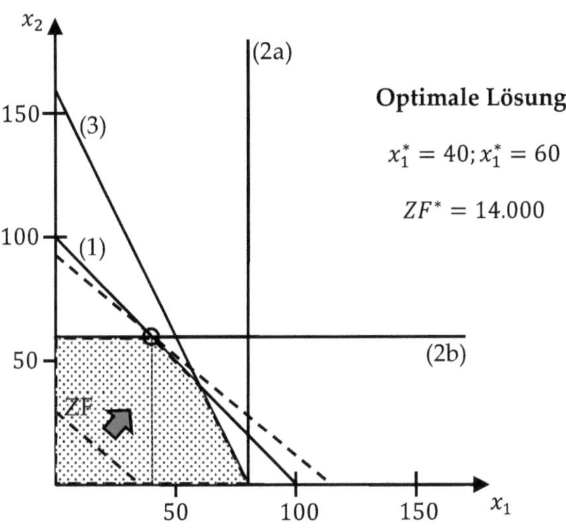


d.

Die Lösung dieses Optimierungsproblems kann man ebenfalls grafisch ermitteln, indem man exemplarisch einen Zielfunktionswert annimmt und die Zielfunktion (z.B.) nach $x_2$ auflöst:

$$125x_1 + 150x_2 = 4.500 \quad |-125x_1$$

$$150x_2 = 4.500 - 125x_1 \quad |:150$$

$$x_2 = 30 - \frac{5}{6}x_1$$

Als $x_1$- bzw. $x_2$-Achsenabschnitt ergeben sich die Werte $x_1 = 36$ bzw. $x_2 = 30$. Die optimale Lösung des Problems ergibt sich dann durch eine Parallelverschiebung der Zielfunktion (ZF) bis an den äußersten Eckpunkt des Lösungsraums (vgl. Abb. **Abbildung 18.1**).

Was würde sich am Lösungsraum und an der Lösung ändern, falls

- Mais und/oder Kartoffeln auf einer Fläche von insgesamt genau 100 $m^2$ angebaut werden sollten?

Das Relationszeichen der Nebenbedingung (1) würde sich zu einem Gleichheitszeichen ändern:

$$\sum_{j \in \bar{J}} x_j = PM^{max}$$

$$x_1 + x_2 = 100$$

Dementsprechend würde sich der Lösungsraum auf den Teil der Geraden von NB (1) beschränken, der Teil des „alten" Lösungsraums ist (vgl. fett-markierte Gerade in **Abbildung 18.2**). Die optimale Lösung des Problems bliebe unverändert:

**Abbildung 18.2** Veränderungen des Lösungsraums und der Lösung

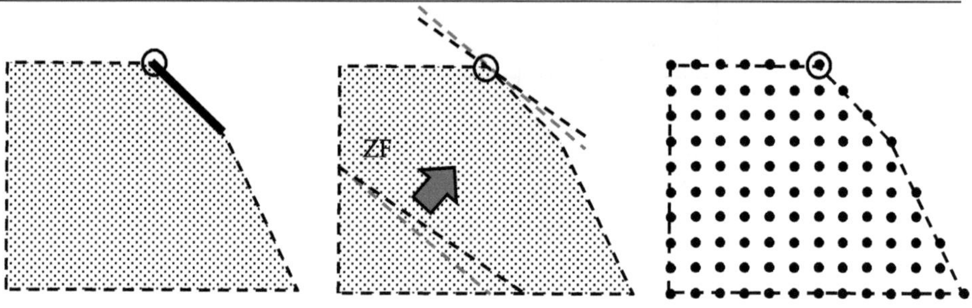


Was würde sich am Lösungsraum und an der Lösung ändern, falls

- der Deckungsbeitrag für Kartoffeln 100 €/$m^2$ anstatt 125 €/$m^2$ betragen würde?

Eine Änderung des Deckungsbeitrags von Kartoffeln führt zur Änderung der Zielfunktion (vgl. schwarz-gestrichelte Linie in **Abbildung 18.2**):

$$100x_1 + 150x_2 = 4.500 \qquad |-100x_1$$

$$150x_2 = 4.500 - 100x_1 \qquad |:150$$

$$x_2 = 30 - \frac{2}{3}x_1$$

Dadurch ändert sich in diesem Fall der Zielfunktionswert von 14.000 auf 13.000. Die Variablenausprägungen im Optimum sowie der Lösungsraum blieben unverändert.

Was würde sich am Lösungsraum und an der Lösung ändern, falls

- der Landwirt nur ganzzahlige Flächen zum Anbau verwenden könnte?

In diesem Fall bestünde der Lösungsraum nur noch aus allen Punkten ganzzahliger $x_1$-$x_2$-Kombinationen innerhalb des „alten" Lösungsraums (exemplarisch dargestellt durch die schwarzen Punkte in Abb. **Abbildung 18.2**). Die optimale Lösung bliebe wiederum unverändert, da diese bereits ganzzahlig ist.

**Lösung zu Aufgabe 5**

Eine Entscheidungsvariable stellt in Optimierungsmodellen stets eine veränderliche Größe dar, über deren konkrete Ausprägung im Kontext des betrachteten Problems entschieden werden soll. Ein Datum hingegen ist eine gegebene Größe, deren Ausprägung vom Entscheider nicht beeinflusst werden kann (zumindest nicht direkt). Je nachdem, welches konkrete Problem in dem Optimierungsmodell betrachtet wird, kann eine Größe sowohl eine Entscheidungsvariable als auch ein Datum darstellen. So wird bspw. im Rahmen der Produktionsplanung zwischen der Planung des Produktionsprogramms und der des -ablaufs unterschieden. In der ersten Modellkategorie stellen die Produktionsmengen Entscheidungsvariablen dar. Es soll also darüber entschieden, welche Produkte in welcher Anzahl zu produzieren sind. Bei Ansätzen der Produktionsablaufplanung hingegen gehen diese Produktionsmengen als Datum in die Optimierung ein. An dieser Stelle ist nun zu entscheiden, wie (also unter Einsatz welcher Produktionsfaktoren) die vorgegebenen Produktionsmengen zu produzieren sind (bspw. mit welchen Maschinen).

Entscheidungsvariablen und Daten sind in Optimierungsmodellen stets Teil der Zielfunktion und des Restriktionenraums. In der Zielfunktion treten Daten als Zielfunktionskoeffizienten $c_j$ auf:

$$\sum_{j\in\bar{J}} c_j \cdot x_j \rightarrow \text{min! oder max!}$$

Diese können entweder explizit ($c_j \neq 1$) oder implizit ($c_j = 1$) erfasst werden.

In den Nebenbedingungen können Daten sowohl als Koeffizienten $a_{ij}$ als auch als Konstanten $B_i$ auftreten:

$$\text{a)} \sum_{j\in\bar{J}} a_{ij} \cdot x_j \leq B_i \qquad \forall\, i \in \bar{I}$$

$$\text{b)} \sum_{j\in\bar{J}} a_{ij} \cdot x_j \geq B_i \qquad \forall\, i \in \bar{I}$$

$$\text{c)} \sum_{j\in\bar{J}} a_{ij} \cdot x_j = B_i \qquad \forall\, i \in \bar{I}$$

Auch in den Restriktionen können die entsprechenden Koeffizienten explizit ($a_{ij} \neq 1$) oder implizit ($a_{ij} = 1$) erfasst sein. Die Konstanten $B_i$ können entweder a) Ober- oder b) Untergrenzen oder c) Fixwerte darstellen.

Bei den Entscheidungsvariablen ist zwischen solchen, die Teil der Zielfunktion sind, und solchen, die nicht Teil der Zielfunktion sind, zu unterscheiden. Betrachten wir dazu folgendes Beispiel:

Zielfunktion:

$10 \cdot x_1 + 15 \cdot x_2 \rightarrow$ max!

u.d.N.:

$$\frac{1}{8} \cdot r_1 + \frac{1}{2} \cdot r_2 \geq x_1$$

$$\frac{1}{4} \cdot r_3 + \frac{1}{6} \cdot r_4 \geq x_2$$

$$1.5 \cdot r_1 + 2 \cdot r_2 + 3 \cdot r_3 + 2 \cdot r_4 \leq 100$$

$$x_1, x_2, r_1, r_2, r_3, r_4 \geq 0$$

In diesem Beispiel werden zwei Arten von Entscheidungsvariablen in Ansatz gebracht. Die Variablen $x_1$ und $x_2$ sind dabei Bestandteil der Zielfunktion und der Nebenbedingungen. Die Variablen $r_1$-$r_4$ werden hingegen ausschließlich in den Nebenbedingungen berücksichtigt. Dementsprechend müssen nicht alle Entscheidungsvariablen Teil der Zielfunktion sein. Es gilt jedoch, dass jede Variable, die in der Zielfunktion erfasst ist, auch in zumindest einer Nebenbedingung berücksichtigt werden muss. Ansonsten wäre die entsprechende Variable unbeschränkt und würde je nach verfolgtem Extremierungsziel die Werte $+\infty$ oder $-\infty$ annehmen. Im obigen Beispiel werden $x_1$ und $x_2$ durch die erste bzw. die zweite Restriktion nach oben und durch die Nichtnegativitätsbedingungen nach unten beschränkt.

**Lösung zu Aufgabe 6**

a.

Verwendungsspektren $Q_r$:

$Q_1 = \{q = 1\},\ Q_2 = \{q = 2\}, Q_3 = \{q = 3\}, Q_4 = \{q = 1,2\}, Q_5 = \{q = 1,2,3\}$

Bereitstellungsspektren $R_q$:

$R_1 = \{r = 1,4,5\}, R_2 = \{r = 2,4,5\}, R_3 = \{r = 3,5\}$

b.

Anzahl der Restriktionen: $2^Q - 1$

$Q = 3$ (Anzahl der Aufgabenarten) $\Rightarrow 2^3 - 1 = 8 - 1 = 7$ Restriktionen

Potenzmenge von $\overline{Q}$:

$\mathfrak{P}(\overline{Q}) :=$ Menge aller Teilmengen von $Q$ (inklusive der leeren Menge und der Menge selbst)

$\mathfrak{P}(\overline{Q}) = \{\{\emptyset\}, \{q = 1\}, \{q = 2\}, \{q = 3\}, \{q = 1,2\}, \{q = 1,3\}, \{q = 2,3\}, \{q = 1,2,3\}\}$

c.

Grundform:

$$\sum_{q \in \hat{Q}} PB_q \leq \sum_{r \in \bigcup_{q \in \hat{Q}} R_q} PA_r \qquad \forall\, \hat{Q} \in \mathfrak{P}(\overline{Q}) \setminus \{\emptyset\}$$

1) $\hat{Q} = \{q = 1\}$:

$$\Rightarrow r \in \bigcup_{q \in \hat{Q}} R_q \Rightarrow r \in R_1 = \{r = 1, 4, 5\}$$

$$PB_1 \leq PA_1 + PA_4 + PA_5 \Rightarrow 25 \leq 20 + 15 + 10 = 45$$

2) $\hat{Q} = \{q = 2\}$:

$$\Rightarrow r \in \bigcup_{q \in \hat{Q}} R_q \Rightarrow r \in R_2 = \{r = 2, 4, 5\}$$

$$PB_2 \leq PA_2 + PA_4 + PA_5 \Rightarrow 30 \leq 20 + 15 + 10 = 45$$

3) $\hat{Q} = \{q = 3\}$:

$$\Rightarrow r \in \bigcup_{q \in \hat{Q}} R_q \Rightarrow r \in R_3 = \{r = 3, 5\}$$

$$PB_3 \leq PA_3 + PA_5 \Rightarrow 40 \leq 30 + 10 = 40$$

4) $\hat{Q} = \{q = 1, 2\}$:

$$\Rightarrow r \in \bigcup_{q \in \hat{Q}} R_q \Rightarrow r \in R_1 \cup R_2 = \{r = 1, 2, 4, 5\}$$

$$PB_1 + PB_2 \leq PA_1 + PA_2 + PA_4 + PA_5 \Rightarrow 25 + 30 = 55 \leq 20 + 20 + 15 + 10 = 65$$

5) $\hat{Q} = \{q = 1, 3\}$:

$$\Rightarrow r \in \bigcup_{q \in \hat{Q}} R_q \Rightarrow r \in R_1 \cup R_3 = \{r = 1, 3, 4, 5\}$$

$$PB_1 + PB_3 \leq PA_1 + PA_3 + PA_4 + PA_5 \Rightarrow 25 + 40 = 65 \leq 20 + 30 + 15 + 10 = 75$$

6) $\hat{Q} = \{q = 2, 3\}$:

$$\Rightarrow r \in \bigcup_{q \in \hat{Q}} R_q \Rightarrow r \in R_2 \cup R_3 = \{r = 2, 3, 4, 5\}$$

$$PB_2 + PB_3 \leq PA_2 + PA_3 + PA_4 + PA_5 \Rightarrow 30 + 40 = 70 \leq 20 + 30 + 15 + 10 = 75$$

7) $\hat{Q} = \{q = 1, 2, 3\}$:

$$\Rightarrow r \in \bigcup_{q \in \hat{Q}} R_q \Rightarrow r \in R_1 \cup R_2 \cup R_3 = \{r = 1, 2, 3, 4, 5\}$$

$$PB_1 + PB_2 + PB_3 \leq PA_1 + PA_2 + PA_3 + PA_4 + PA_5$$

$\Rightarrow 25 + 30 + 40 = 95 \leq 20 + 20 + 30 + 15 + 10 = 95$

Die Personalausstattung des Unternehmens ist quantitativ und strukturell ausreichend, um den Personalbedarf zu decken!

d.

Grundform:

$$(1)\ PB_q = \sum_{r \in R_q} PE_{rq} \quad \forall\, q \in Q$$

$$(2) \sum_{q \in Q_r} PE_{rq} \leq PA_r \quad \forall\, r \in R$$

(1) Abstimmung Personalbedarf und Personaleinsatz:

$q = 1,\ R_1 = \{r = 1, 4, 5\}$:

$PB_1 = 25 = PE_{11} + PE_{41} + PE_{51}$

$q = 2,\ R_2 = \{r = 2, 4, 5\}$:

$PB_2 = 30 = PE_{22} + PE_{42} + PE_{52}$

$q = 3,\ R_3 = \{r = 3, 5\}$:

$PB_3 = 40 = PE_{33} + PE_{52}$

(2) Abstimmung Personaleinsatz und Personalausstattung:

$r = 1,\ Q_1 = \{q = 1\}$:

$PE_{11} \leq PA_1 = 20$

$r = 2,\ Q_2 = \{q = 2\}$:

$PE_{22} \leq PA_2 = 20$

$r = 3,\ Q_3 = \{q = 3\}$:

$PE_{33} \leq PA_3 = 30$

$r = 4,\ Q_4 = \{q = 1, 2\}$:

$PE_{41} + PE_{42} \leq PA_4 = 15$

$r = 5,\ Q_5 = \{q = 1, 2, 3\}$:

$PE_{51} + PE_{52} + PE_{53} \leq PA_5 = 10$

Zulässiger Einsatzplan (**Tabelle 18.1**):

**Tabelle 18.1** Zulässiger Einsatzplan

| | $r = 1$ | $r = 2$ | $r = 3$ | $r = 4$ | $r = 5$ | $PB_q$ |
|---|---|---|---|---|---|---|
| $q = 1$ | 20 | - | - | 5 | 0 | 25 |
| $q = 2$ | - | 20 | - | 10 | 0 | 30 |
| $q = 3$ | - | - | 30 | - | 10 | 40 |
| $PA_r$ | 20 | 20 | 30 | 15 | 10 | |

**Lösung zu Aufgabe 7**

a.

**Tabelle 18.2** zeigt die Bereitstellungs- und Verwendungsmöglichkeiten:

**Tabelle 18.2** Tableau der Bereitstellungs- und Verwendungsmöglichkeiten

| | $r = 1$ | $r = 2$ | $r = 3$ | $R_q$ |
|---|---|---|---|---|
| $q = 1$ | - | × | - | $R_1 = \{r = 2\}$ |
| $q = 2$ | × | × | - | $R_2 = \{r = 1, 2\}$ |
| $q = 3$ | × | - | - | $R_3 = \{r = 1\}$ |
| $q = 4$ | × | × | × | $R_4 = \{r = 1, 2, 3\}$ |
| $Q_r$ | $Q_1 = \{q = 2, 3, 4\}$ | $Q_2 = \{q = 1, 2, 4\}$ | $Q_3 = \{q = 4\}$ | |

b.

Grundform:

$$\sum_{q \in \hat{Q}} PB_{qs} \leq \sum_{r \in \bigcup_{q \in \hat{Q}} R_q} PA_{rs} \quad \forall\, \hat{Q} \in \mathfrak{P}(\overline{Q}) \backslash \{\emptyset\}, s \in \overline{S}$$

$$\mathfrak{P}(\overline{Q}) = \{\{\emptyset\}, \{q = 1\}, \{q = 2\}, \{q = 3\}, \{q = 4\}, \{q = 1, q = 2\}, \{q = 1, q = 3\}, \{q = 1, q = 4\}, \{q = 2, q = 3\}, \{q = 2, q = 4\}, \{q = 3, q = 4\}, \{q = 1, q = 2, q = 3\}, \{q = 1, q = 2, q = 4\}, \{q = 1, q = 3, q = 4\}, \{q = 2, q = 3, q = 4\}, \{q = 1, q = 2, q = 3, q = 4\}\}$$

In diesem Fall sind genau $(2^Q - 1) \cdot S = (2^4 - 1) \cdot 2 = 30$ Abstimmungen zwischen Personalbedarf und -ausstattung aufzustellen:

Produktionshalle $s = 1$:

1) $\hat{Q} = \{q = 1\}$:

$$\Rightarrow r \in \bigcup_{q \in \hat{Q}} R_q \Rightarrow r \in R_1 = \{r = 2\}$$

$$PB_{11} \leq PA_{21} \Rightarrow 20 \leq 35$$

2) $\hat{Q} = \{q = 2\}$:

$$\Rightarrow r \in \bigcup_{q \in \hat{Q}} R_q \Rightarrow r \in R_2 = \{r = 1,2\}$$

$$PB_{21} \leq PA_{11} + PA_{21} \Rightarrow 25 \leq 30 + 35 = 65$$

3) $\hat{Q} = \{q = 3\}$:

$$\Rightarrow r \in \bigcup_{q \in \hat{Q}} R_q \Rightarrow r \in R_3 = \{r = 1\}$$

$$PB_{31} \leq PA_{11} \Rightarrow 20 \leq 30$$

4) $\hat{Q} = \{q = 4\}$:

$$\Rightarrow r \in \bigcup_{q \in \hat{Q}} R_q \Rightarrow r \in R_4 = \{r = 1,2,3\}$$

$$PB_{41} \leq PA_{11} + PA_{21} + PA_{31} \Rightarrow 10 \leq 30 + 35 + 15 = 80$$

5) $\hat{Q} = \{q = 1,2\}$:

$$\Rightarrow r \in \bigcup_{q \in \hat{Q}} R_q \Rightarrow r \in R_1 \cup R_2 = \{r = 1,2\}$$

$$PB_{11} + PB_{21} \leq PA_{11} + PA_{21} \Rightarrow 20 + 25 = 45 \leq 30 + 35 = 65$$

6) $\hat{Q} = \{q = 1,3\}$:

$$\Rightarrow r \in \bigcup_{q \in \hat{Q}} R_q \Rightarrow r \in R_1 \cup R_3 = \{r = 1,2\}$$

$$PB_{11} + PB_{31} \leq PA_{11} + PA_{21} \Rightarrow 20 + 20 = 40 \leq 30 + 35 = 65$$

7) $\hat{Q} = \{q = 1,4\}$:

$$\Rightarrow r \in \bigcup_{q \in \hat{Q}} R_q \Rightarrow r \in R_1 \cup R_4 = \{r = 1,2,3\}$$

$$PB_{11} + PB_{41} \leq PA_{11} + PA_{21} + PA_{31} \Rightarrow 20 + 10 = 30 \leq 30 + 35 + 15 = 80$$

8) $\hat{Q} = \{q = 2,3\}$:

$$\Rightarrow r \in \bigcup_{q \in \hat{Q}} R_q \Rightarrow r \in R_2 \cup R_3 = \{r = 1,2\}$$

$PB_{21} + PB_{31} \leq PA_{11} + PA_{21} \Longrightarrow 25 + 20 = 45 \leq 30 + 35 = 65$

9) $\hat{Q} = \{q = 2, 4\}$:

$\Longrightarrow r \in \bigcup_{q \in \hat{Q}} R_q \Longrightarrow r \in R_2 \cup R_4 = \{r = 1, 2, 3\}$

$PB_{21} + PB_{41} \leq PA_{11} + PA_{21} + PA_{31} \Longrightarrow 25 + 10 = 35 \leq 30 + 35 + 15 = 80$

10) $\hat{Q} = \{q = 3, 4\}$:

$\Longrightarrow r \in \bigcup_{q \in \hat{Q}} R_q \Longrightarrow r \in R_3 \cup R_4 = \{r = 1, 2, 3\}$

$PB_{31} + PB_{41} \leq PA_{11} + PA_{21} + PA_{31} \Longrightarrow 20 + 10 = 30 \leq 30 + 35 + 15 = 80$

11) $\hat{Q} = \{q = 1, 2, 3\}$:

$\Longrightarrow r \in \bigcup_{q \in \hat{Q}} R_q \Longrightarrow r \in R_1 \cup R_2 \cup R_3 = \{r = 1, 2\}$

$PB_{11} + PB_{21} + PB_{31} \leq PA_{11} + PA_{21} \Longrightarrow 20 + 25 + 20 = 65 \leq 30 + 35 = 65$

12) $\hat{Q} = \{q = 1, 2, 4\}$:

$\Longrightarrow r \in \bigcup_{q \in \hat{Q}} R_q \Longrightarrow r \in R_1 \cup R_2 \cup R_4 = \{r = 1, 2, 3\}$

$PB_{11} + PB_{21} + PB_{41} \leq PA_{11} + PA_{21} + PA_{31} \Longrightarrow 20 + 25 + 10 = 55 \leq 30 + 35 + 15 = 80$

13) $\hat{Q} = \{q = 1, 3, 4\}$:

$\Longrightarrow r \in \bigcup_{q \in \hat{Q}} R_q \Longrightarrow r \in R_1 \cup R_3 \cup R_4 = \{r = 1, 2, 3\}$

$PB_{11} + PB_{31} + PB_{41} \leq PA_{11} + PA_{21} + PA_{31} \Longrightarrow 20 + 20 + 10 = 50 \leq 30 + 35 + 15 = 80$

14) $\hat{Q} = \{q = 2, 3, 4\}$:

$\Longrightarrow r \in \bigcup_{q \in \hat{Q}} R_q \Longrightarrow r \in R_2 \cup R_3 \cup R_4 = \{r = 1, 2, 3\}$

$PB_{21} + PB_{31} + PB_{41} \leq PA_{11} + PA_{21} + PA_{31} \Longrightarrow 25 + 20 + 10 = 55 \leq 30 + 35 + 15 = 80$

15) $\hat{Q} = \{q = 1, 2, 3, 4\}$:

$\Longrightarrow r \in \bigcup_{q \in \hat{Q}} R_q \Longrightarrow r \in R_1 \cup R_2 \cup R_3 \cup R_4 = \{r = 1, 2, 3\}$

$PB_{11} + PB_{21} + PB_{31} + PB_{41} \leq PA_{11} + PA_{21} + PA_{31}$

$\Longrightarrow 20 + 25 + 20 + 10 = 75 \leq 30 + 35 + 15 = 80$

Produktionshalle $s = 2$:

16) $\hat{Q} = \{q = 1\}$:

$\Rightarrow r \in \bigcup_{q \in \hat{Q}} R_q \Rightarrow r \in R_1 = \{r = 2\}$

$PB_{12} \leq PA_{22} \Rightarrow 30 \leq 55$

17) $\hat{Q} = \{q = 2\}$:

$\Rightarrow r \in \bigcup_{q \in \hat{Q}} R_q \Rightarrow r \in R_2 = \{r = 1, 2\}$

$PB_{22} \leq PA_{12} + PA_{22} \Rightarrow 45 \leq 55 + 55 = 110$

18) $\hat{Q} = \{q = 3\}$:

$\Rightarrow r \in \bigcup_{q \in \hat{Q}} R_q \Rightarrow r \in R_3 = \{r = 1\}$

$PB_{32} \leq PA_{12} \Rightarrow 30 \leq 55$

19) $\hat{Q} = \{q = 4\}$:

$\Rightarrow r \in \bigcup_{q \in \hat{Q}} R_q \Rightarrow r \in R_1 = \{r = 1, 2, 3\}$

$PB_{42} \leq PA_{12} + PA_{22} + PA_{32} \Rightarrow 15 \leq 55 + 55 + 20 = 130$

20) $\hat{Q} = \{q = 1, 2\}$:

$\Rightarrow r \in \bigcup_{q \in \hat{Q}} R_q \Rightarrow r \in R_1 \cup R_2 = \{r = 1, 2\}$

$PB_{12} + PB_{22} \leq PA_{12} + PA_{22} \Rightarrow 30 + 45 = 75 \leq 55 + 55 = 110$

21) $\hat{Q} = \{q = 1, 3\}$:

$\Rightarrow r \in \bigcup_{q \in \hat{Q}} R_q \Rightarrow r \in R_1 \cup R_3 = \{r = 1, 2\}$

$PB_{12} + PB_{32} \leq PA_{12} + PA_{22} \Rightarrow 30 + 30 = 60 \leq 55 + 55 = 110$

22) $\hat{Q} = \{q = 1, 4\}$:

$\Rightarrow r \in \bigcup_{q \in \hat{Q}} R_q \Rightarrow r \in R_1 \cup R_4 = \{r = 1, 2, 3\}$

$PB_{12} + PB_{42} \leq PA_{12} + PA_{22} + PA_{32} \Rightarrow 30 + 15 = 45 \leq 55 + 55 + 20 = 130$

23) $\hat{Q} = \{q = 2, 3\}$:

$\Rightarrow r \in \bigcup_{q \in \hat{Q}} R_q \Rightarrow r \in R_2 \cup R_3 = \{r = 1, 2\}$

$PB_{22} + PB_{32} \leq PA_{12} + PA_{22} \Rightarrow 45 + 30 = 75 \leq 55 + 55 = 110$

24) $\hat{Q} = \{q = 2, 4\}$:

$\Rightarrow r \in \bigcup_{q \in \hat{Q}} R_q \Rightarrow r \in R_2 \cup R_4 = \{r = 1, 2, 3\}$

$PB_{22} + PB_{42} \leq PA_{12} + PA_{22} + PA_{32} \Longrightarrow 45 + 15 = 60 \leq 55 + 55 + 20 = 130$

25) $\hat{Q} = \{q = 3, 4\}$:

$\Longrightarrow r \in \bigcup_{q \in \hat{Q}} R_q \Longrightarrow r \in R_3 \cup R_4 = \{r = 1, 2, 3\}$

$PB_{32} + PB_{42} \leq PA_{12} + PA_{22} + PA_{32} \Longrightarrow 30 + 15 = 45 \leq 55 + 55 + 20 = 130$

26) $\hat{Q} = \{q = 1, 2, 3\}$:

$\Longrightarrow r \in \bigcup_{q \in \hat{Q}} R_q \Longrightarrow r \in R_1 \cup R_2 \cup R_3 = \{r = 1, 2\}$

$PB_{12} + PB_{22} + PB_{32} \leq PA_{12} + PA_{22} \Longrightarrow 30 + 45 + 30 = 105 \leq 55 + 55 = 110$

27) $\hat{Q} = \{q = 1, 2, 4\}$:

$\Longrightarrow r \in \bigcup_{q \in \hat{Q}} R_q \Longrightarrow r \in R_1 \cup R_2 \cup R_4 = \{r = 1, 2, 3\}$

$PB_{12} + PB_{22} + PB_{42} \leq PA_{12} + PA_{22} + PA_{32} \Longrightarrow 30 + 45 + 15 = 90 \leq 55 + 55 + 20 = 130$

28) $\hat{Q} = \{q = 1, 3, 4\}$:

$\Longrightarrow r \in \bigcup_{q \in \hat{Q}} R_q \Longrightarrow r \in R_1 \cup R_3 \cup R_4 = \{r = 1, 2, 3\}$

$PB_{12} + PB_{32} + PB_{42} \leq PA_{12} + PA_{22} + PA_{32} \Longrightarrow 30 + 30 + 15 = 75 \leq 55 + 55 + 20 = 130$

29) $\hat{Q} = \{q = 2, 3, 4\}$:

$\Longrightarrow r \in \bigcup_{q \in \hat{Q}} R_q \Longrightarrow r \in R_2 \cup R_3 \cup R_4 = \{r = 1, 2, 3\}$

$PB_{22} + PB_{32} + PB_{42} \leq PA_{12} + PA_{22} + PA_{32} \Longrightarrow 45 + 30 + 15 = 90 \leq 55 + 55 + 20 = 130$

30) $\hat{Q} = \{q = 1, 2, 3, 4\}$:

$\Longrightarrow r \in \bigcup_{q \in \hat{Q}} R_q \Longrightarrow r \in R_1 \cup R_2 \cup R_3 \cup R_4 = \{r = 1, 2, 3\}$

$PB_{12} + PB_{22} + PB_{32} + PB_{42} \leq PA_{12} + PA_{22} + PA_{31}$

$\Longrightarrow 30 + 45 + 30 + 15 = 120 \leq 55 + 55 + 20 = 130$

c.

Grundform:

(1) $PB_{qs} = \sum_{r \in R_q} PE_{rqs} \quad \forall\, q \in \overline{Q}, s \in \overline{S}$

(2) $\sum_{q \in Q_r} PE_{rqs} \leq PA_{rs} \quad \forall\, r \in \overline{R}, s \in \overline{S}$

(1) Abstimmung Personalbedarf und Personaleinsatz:

Produktionshalle $s = 1$:

$q = 1, R_1 = \{r = 2\}$:

$PB_{11} = 20 = PE_{211}$

$q = 2, R_2 = \{r = 1, 2\}$:

$PB_{21} = 25 = PE_{121} + PE_{221}$

$q = 3, R_3 = \{r = 1\}$:

$PB_{31} = 20 = PE_{131}$

$q = 4, R_4 = \{r = 1, 2, 3\}$:

$PB_{41} = 10 = PE_{141} + PE_{241} + PE_{341}$

Produktionshalle $s = 2$:

$q = 1, R_1 = \{r = 2\}$:

$PB_{12} = 30 = PE_{212}$

$q = 2, R_2 = \{r = 1, 2\}$:

$PB_{22} = 45 = PE_{122} + PE_{222}$

$q = 3, R_3 = \{r = 1\}$:

$PB_{32} = 30 = PE_{132}$

$q = 4, R_4 = \{r = 1, 2, 3\}$:

$PB_{42} = 15 = PE_{142} + PE_{242} + PE_{342}$

(2) Abstimmung Personaleinsatz und Personalausstattung:

Produktionshalle $s = 1$:

$r = 1, Q_1 = \{q = 2, 3, 4\}$:

$PE_{121} + PE_{131} + PE_{141} \leq PA_{11} = 30$

$r = 2, Q_2 = \{q = 1, 2, 4\}$:

$PE_{211} + PE_{221} + PE_{241} \leq PA_{21} = 35$

$r = 3, Q_3 = \{q = 4\}$:

$PE_{341} \leq PA_{31} = 15$

Produktionshalle $s = 2$:

$r = 1, Q_1 = \{q = 2, 3, 4\}$:

$PE_{122} + PE_{132} + PE_{142} \leq PA_{12} = 55$

$r = 2, Q_2 = \{q = 1, 2, 4\}$:

$PE_{212} + PE_{222} + PE_{242} \leq PA_{22} = 55$

$r = 3, Q_3 = \{q = 4\}$:

$PE_{342} \leq PA_{32} = 20$

d.

Möchte der Automobilhersteller in der betrieblichen Personalplanung zusätzlich nach Perioden $t \in \overline{T}$ differenzieren, so müssen alle betrachteten und von der Periode abhängigen Größen mit einem Periodenindex versehen werden:

$PB_{qst}$ := Personalbedarf für die Aufgabenart $q$ in Produktionshalle $s$ in Periode $t$

$PA_{rst}$ := Personalausstattung an Arbeitskräften der Art $r$ in Produktionshalle $s$ in Periode $t$

$PE_{rqst}$ := Personaleinsatz von Arbeitskräften der Art $r$ für Tätigkeitsart $q$ in Produktionshalle $s$ in Periode $t$

Im impliziten Ansatz müssen dementsprechend $(2^Q - 1) \cdot S \cdot T = (2^4 - 1) \cdot 2 \cdot 3 = 90$ Abstimmungen zwischen Personalbedarf und -ausstattung aufgestellt werden.

Expliziter Ansatz ($t = 3$):

Grundform:

$$(1)\ PB_{qst} = \sum_{r \in R_q} PE_{rqst} \quad \forall\, q \in \overline{Q}, s \in \overline{S}, t \in \overline{T}$$

$$(2)\ \sum_{q \in Q_r} PE_{rqst} \leq PA_{rst} \quad \forall\, r \in \overline{R}, s \in \overline{S}, t \in \overline{T}$$

(1) Abstimmung Personalbedarf und Personaleinsatz:

Produktionshalle $s = 1$:

$q = 1, R_1 = \{r = 2\}$:

$PB_{113} = 20 = PE_{2113}$

$q = 2, R_2 = \{r = 1, 2\}$:

$PB_{213} = 25 = PE_{1213} + PE_{2213}$

$q = 3, R_3 = \{r = 1\}$:

$PB_{313} = 20 = PE_{1313}$

$q = 4, R_4 = \{r = 1, 2, 3\}$:

$PB_{413} = 10 = PE_{1413} + PE_{2413} + PE_{3413}$

Produktionshalle $s = 2$:

$q = 1, R_1 = \{r = 2\}$:

$PB_{123} = 30 = PE_{2123}$

$q = 2, R_2 = \{r = 1, 2\}$:

$PB_{223} = 45 = PE_{1223} + PE_{2223}$

$q = 3, R_3 = \{r = 1\}$:

$PB_{323} = 30 = PE_{1323}$

$q = 4, R_4 = \{r = 1, 2, 3\}$:

$PB_{423} = 15 = PE_{1423} + PE_{2423} + PE_{3423}$

(2) Abstimmung Personalbedarf und Personaleinsatz:

Produktionshalle $s = 1$:

$r = 1, Q_1 = \{q = 2, 3, 4\}$:

$PE_{1213} + PE_{1313} + PE_{1413} \leq PA_{113} = 30$

$r = 2, Q_2 = \{q = 1, 2, 4\}$:

$PE_{2113} + PE_{2213} + PE_{2413} \leq PA_{213} = 35$

$r = 3, Q_3 = \{q = 4\}$:

$PE_{3413} \leq PA_{313} = 15$

Produktionshalle $s = 2$:

$r = 1, Q_1 = \{q = 2, 3, 4\}$:

$PE_{1223} + PE_{1323} + PE_{1423} \leq PA_{123} = 55$

$r = 2, Q_2 = \{q = 1, 2, 4\}$:

$PE_{2123} + PE_{2223} + PE_{2423} \leq PA_{223} = 55$

$r = 3, Q_3 = \{q = 4\}$:

$PE_{3423} \leq PA_{323} = 20$

**Lösung zu Aufgabe 8**

Personalplanungen sind grundsätzlich notwendig, wenn Mehrdeutigkeiten bezüglich der Bereitstellung und/oder der Verwendung von Arbeitskräftearten in qualitativer, lokaler oder temporaler Hinsicht bestehen (vgl. **Tabelle 2.2**, Kap. 2.3).

Wir verwenden im vorliegenden Buch durchgängig den sog. dispositiven Planungsbegriff, nach welchem man nur dann von Planung spricht, wenn der Planungsprozess auch in einer Entscheidung mündet. Entscheiden ist somit immer der Schlussakt einer jeden Planung. Dies wiederum führt dazu, dass Personalplanungen in solchen Fällen notwendig sind, in denen Entscheidungen getroffen werden müssen und das ist dann der Fall, wenn Mehrdeutigkeiten bezüglich der Personalbereitstellung oder der Personalverwendung vorliegen.

Wie **Tabelle 2.2** zu entnehmen ist, wird Personalplanung somit dann notwendig, wenn

- Arbeitskräfte einer Art ($r$) mehreren Aufgabenarten ($q$), mehreren Orten ($s$) oder mehreren Zeiträumen ($t$) zugeordnet werden können (***Fall 2***),
- Arbeitskräfte mehrerer Arten ($r$) nur einer Aufgabenart ($q$), nur einem Ort ($s$) oder nur einem Zeitraum ($t$) zugeordnet werden können (***Fall 3***),
- Arbeitskräfte mindestens einer Art ($r$) mehreren Aufgabenarten ($q$), mehreren Orten ($s$) oder mehreren Zeiträumen ($t$) zugeordnet werden können, während bzgl. mindestens einer Arbeitskräfteart ($r$) Verwendungseindeutigkeit in qualitativer, lokaler oder temporaler Hinsicht besteht (***Fall 4***).

Nur in ***Fall 1*** ist die Zuordnung von Arbeitskräftearten ($r$) zu Aufgabenarten ($q$), Orten ($s$) und /oder Zeiträumen ($t$) eindeutig bestimmt, sodass in diesem Fall Personalplanung nicht notwendig ist (vgl. Kossbiel 1974, S. 13 f. und 1988, S. 1094).

Offenkundig sind Mischformen denkbar, in denen Bereitstellungs- bzw. Verwendungsmehrdeutigkeiten die qualitative, lokale und temporale Dimension in unterschiedlichen Kombinationen betreffen.

Betrachten wir zur Illustration folgendes Beispiel:

***Fall 1: Bereitstellungs- und Verwendungseindeutigkeit***

Ein Friseur-Unternehmen bietet ausschließlich Herrenhaarschnitte ($q = 1$) in einem Friseur-Salon ($s = 1$) an. Aufgrund dessen, dass die Öffnungszeiten Montag bis Freitag in der Zeit von 10:00 – 18:00 Uhr liegen, gibt es nur eine Schicht ($t = 1$), nach der in diesem Salon gearbeitet wird. Die angestellten Friseure seien als Friseure der Art 1 ($r = 1$) bezeichnet.

a) Es liegt qualitative Bereitstellungs- und Verwendungseindeutigkeit vor, da für die Durchführung der Herrenhaarschnitte ausschließlich Friseure der Art 1 bereitgestellt und die Friseure der Art 1 ausschließlich für die Durchführung der Herrenhaarschnitte verwendet werden können.

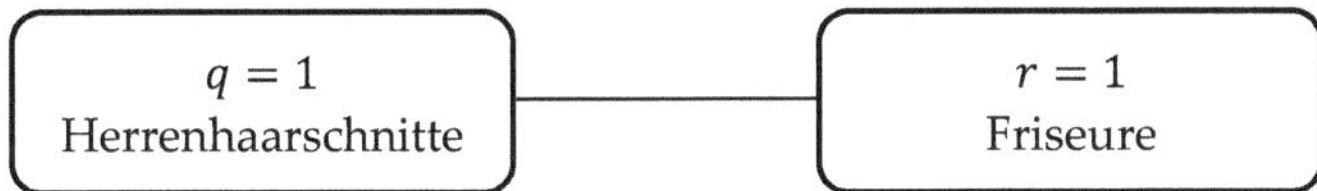


b) Es liegt lokale Bereitstellungs- und Verwendungseindeutigkeit vor, da in dem Friseur-Salon ausschließlich Friseure der Art 1 bereitgestellt und diese Friseure ausschließlich in diesem Friseur-Salon verwendet werden können.

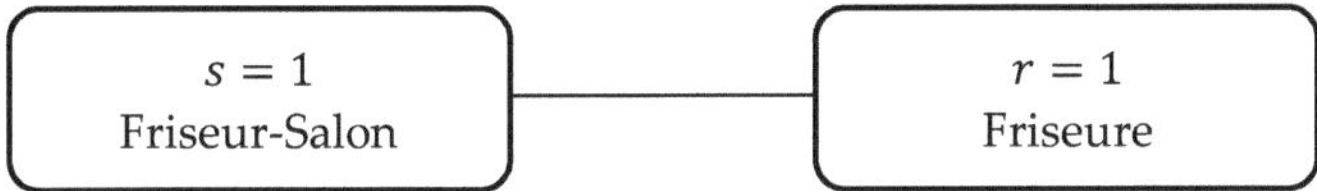


c) Es liegt temporale Bereitstellungs- und Verwendungseindeutigkeit vor, da für die einzig verfügbare Schicht ausschließlich Friseure der Art 1 bereitgestellt und diese Friseure ausschließlich innerhalb dieser Schicht verwendet werden können.

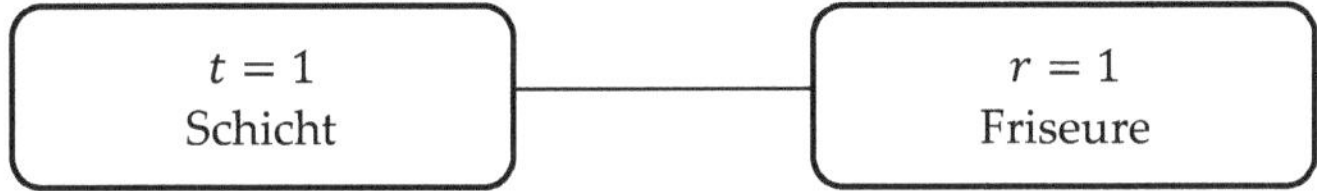


***Fall 2: Bereitstellungsein- und Verwendungsmehrdeutigkeit***

Das Friseur-Unternehmen möchte nun zusätzlich zu den Herrenhaarschnitten ($q = 1$) auch Rasuren ($q = 2$) anbieten und zusätzlich zum ersten Friseursalon ($s = 1$) einen weiteren Friseursalon ($s = 2$) eröffnen. Weiterhin sollen die Öffnungszeiten in beiden Salons in Zukunft Montag bis Freitag in der Zeit von 8:00 – 20:00 Uhr liegen und es soll in zwei Schichten $t = 1$ (8:00 – 14:00 Uhr) und $t = 2$ (14:00 – 20:00 Uhr) gearbeitet werden.

a) Es liegt qualitative Bereitstellungsein- und Verwendungsmehrdeutigkeit vor, da für die Durchführung der Herrenhaarschnitte und der Rasuren jeweils ausschließlich Friseure der Art 1 bereitgestellt und diese Friseure sowohl für die Durchführung der Herrenhaarschnitte als auch für die der Rasuren verwendet werden können.

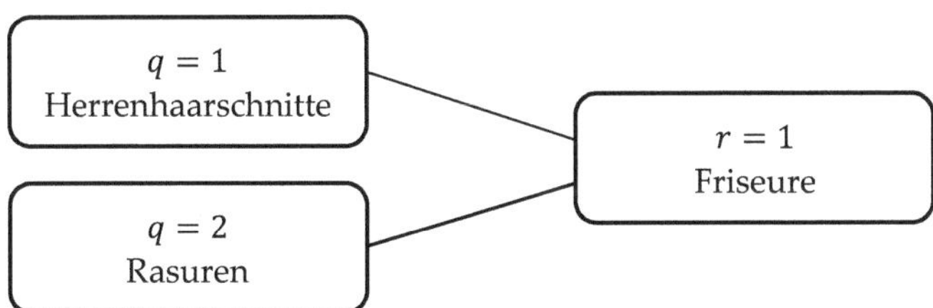


b) Es liegt lokale Bereitstellungsein- und Verwendungsmehrdeutigkeit vor, da in beiden Friseur-Salons ausschließlich Friseure der Art 1 bereitgestellt und diese Friseure sowohl im ersten als auch im zweiten Friseur-Salon verwendet werden können.

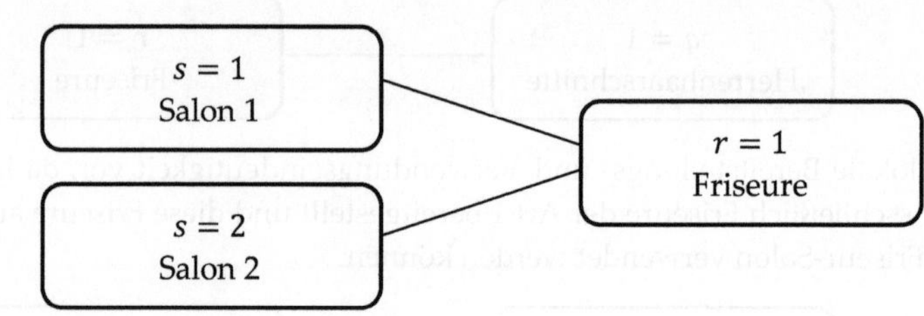


c) Es liegt temporale Bereitstellungsein- und Verwendungsmehrdeutigkeit vor, da für die beiden verfügbaren Schichten ausschließlich Friseure der Art 1 bereitgestellt und diese Friseure sowohl innerhalb der ersten als auch innerhalb der zweiten Schicht verwendet werden können.

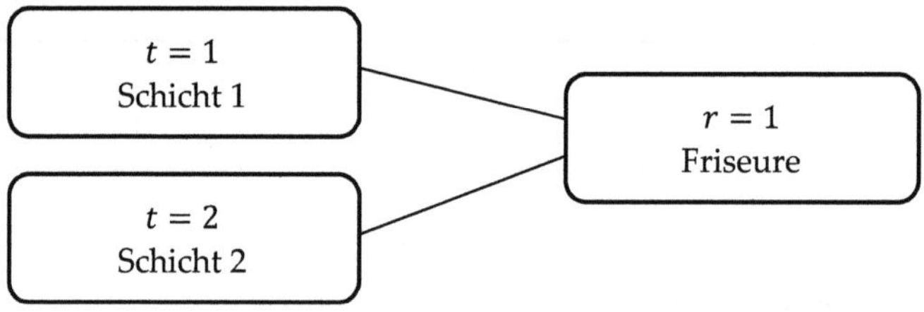


***Fall 3: Bereitstellungsmehr- und Verwendungseindeutigkeit***

Das Friseur-Unternehmen beschäftigt nun in Abgrenzung zu Fall 1 zusätzlich zu den Friseuren der Art 1 ($r = 1$) noch Friseure der Art 2 ($r = 2$).

a) Es liegt qualitative Bereitstellungsmehr- und Verwendungseindeutigkeit vor, da für die Durchführung der Herrenhaarschnitte sowohl Friseure der Art 1 als auch Friseure der Art 2 bereitgestellt und beide Kategorien von Friseuren ausschließlich für die Durchführung der Herrenhaarschnitte verwendet werden können.

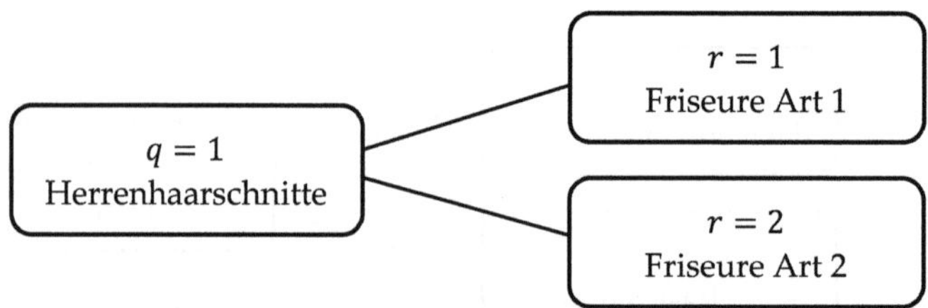


b) Es liegt lokale Bereitstellungsmehr- und Verwendungseindeutigkeit vor, da in dem Friseur-Salon sowohl Friseure der Art 1 als auch Friseure der Art 2 bereitgestellt und die Friseure ausschließlich in diesem Friseur-Salon verwendet werden können.

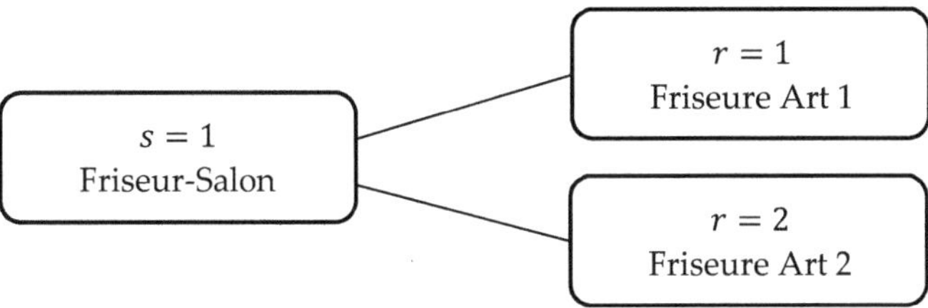


c) Es liegt temporale Bereitstellungsmehr- und Verwendungseindeutigkeit vor, da für die einzig verfügbare Schicht sowohl Friseure der Art 1 als auch Friseure der Art 2 bereitgestellt und die Friseure ausschließlich innerhalb dieser Schicht verwendet werden können.

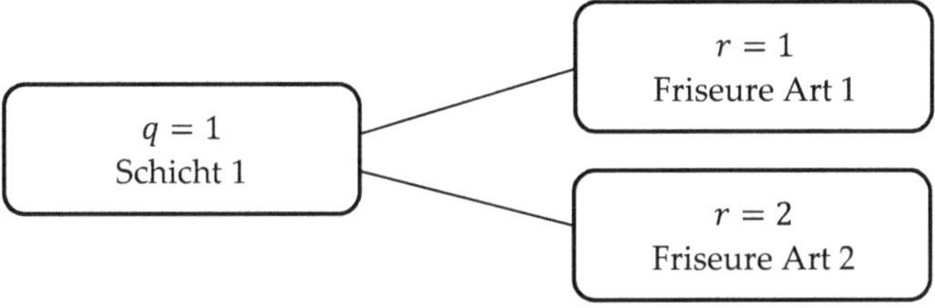


***Fall 4: Bereitstellungs- und Verwendungsmehrdeutigkeit***

Das Friseur-Unternehmen beschäftige nun wiederum Friseure der Art 1 ($r = 1$) und Friseure der Art 2 ($r = 2$). Außerdem möchte es nun zusätzlich zu den Herrenhaarschnitten ($q = 1$) auch Rasuren ($q = 2$) anbieten sowie zusätzlich zum ersten Friseur-Salon ($s = 1$) einen weiteren Friseur-Salon ($s = 2$) eröffnen. Weiterhin sollen die Öffnungszeiten in beiden Salons in Zukunft Montag bis Freitag in der Zeit von 8:00 – 20:00 Uhr liegen und es soll in zwei Schichten $t = 1$ (8:00 – 14:00 Uhr) und $t = 2$ (14:00 – 20:00 Uhr) gearbeitet werden.

In diesem Fall können a1) Friseure der Art 1 sowohl zur Erledigung von $q = 1$ als auch von $q = 2$ herangezogen werden und a2) Friseure der Art 2 nur für Rasuren verwendet werden, b1) Friseure der Art 1 in beiden Salons ($s = 1, 2$) und b2) Friseure der Art 2 nur in Salon $s = 2$ und c1) Friseure der Art 1 innerhalb beider Schichten ($t = 1, 2$) und c2) Friseure der Art 2 nur in Schicht $t = 2$ arbeiten.

a) Es liegt qualitative Bereitstellungs- und Verwendungsmehrdeutigkeit vor, da für die Durchführung der Rasuren sowohl Friseure der Art 1 als auch Friseure der Art 2 bereitgestellt und die Friseure der Art 1 sowohl für die Durchführung der Herrenhaarschnitte als auch für die der Rasuren verwendet werden können. Bezüglich der Friseure der Art 2 besteht jedoch qualitative Verwendungseindeutigkeit und bezüglich der Herrenhaarschnitte qualitative Bereitstellungseindeutigkeit.

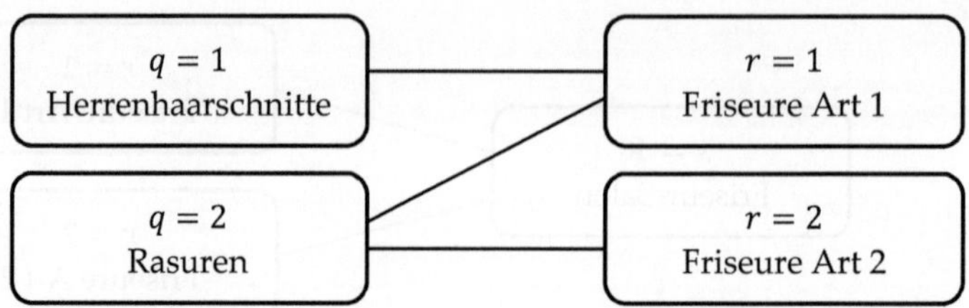


b) Es liegt lokale Bereitstellungs- und Verwendungsmehrdeutigkeit vor, da in Friseur-Salon 2 sowohl Friseure der Art 1 als auch Friseure der Art 2 bereitgestellt und die Friseure der Art 1 sowohl im ersten als auch im zweiten Friseur-Salon verwendet werden können. Bezüglich der Friseure der Art 2 besteht jedoch lokale Verwendungseindeutigkeit und bezüglich Salon 1 lokale Bereitstellungseindeutigkeit.

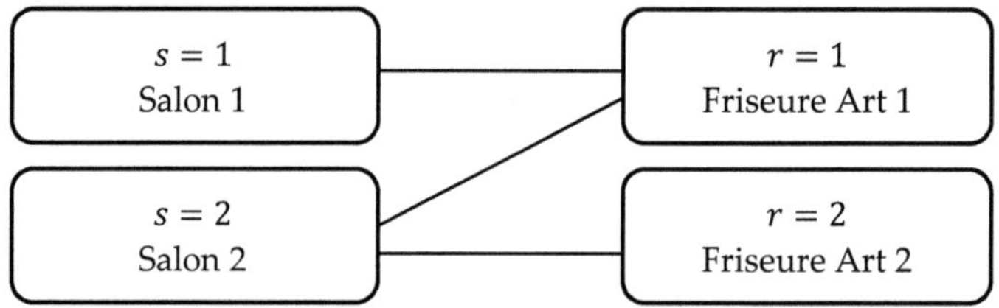


c) Es liegt temporale Bereitstellungs- und Verwendungsmehrdeutigkeit vor, da für Schicht 2 sowohl Friseure der Art 1 als auch Friseure der Art 2 bereitgestellt und die Friseure der Art 1 sowohl innerhalb der ersten als auch innerhalb der zweiten Schicht verwendet werden können. Bezüglich der Friseure der Art 2 besteht jedoch temporale Verwendungseindeutigkeit und bezüglich der Schicht 1 temporale Bereitstellungseindeutigkeit.

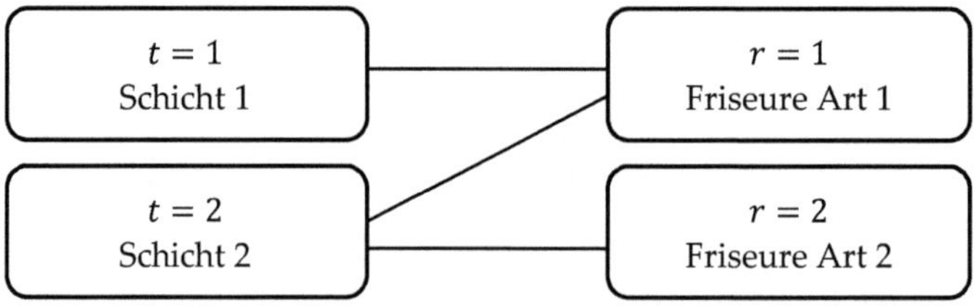


Es fällt auf, dass in Fällen mit gleichzeitiger Bereitstellungs- und Verwendungsmehrdeutigkeit auch partielle Bereitstellungs- und partielle Verwendungseindeutigkeit vorliegt. Dies ist deshalb notwendig, da ansonsten alle Arbeitskräftearten in allen Aufgabenarten, an allen Orten und zu allen Zeiten eingesetzt werden könnten und daher kein Anlass bestünde, entsprechende Arten $q, r, s$ und $t$ zu differenzieren.

**Lösung zu Aufgabe 9**

Im „klassischen Schema der Personalplanung" wird von Personalbeständen gesprochen. Diese Bestände thematisieren in diesem Zusammenhang ausschließlich die Anzahl an verfügbaren Arbeitskräften und weder deren Art (wie bspw. die Qualifikationen der Arbeitskräfte) noch den Ort (wie bspw. Unternehmensstandorte) oder die Zeit (wie bspw. Schichten) ihrer Verfügbarkeit. Somit ermöglicht die reine Betrachtung des Personalbestands lediglich Aussagen über den Umfang und nicht über die Struktur des verfügbaren Personals.

Außerdem werden im „klassischen Schema der Personalplanung" der Personalbestand und der Personalbedarf gleichgesetzt (Soll-Personalbestand = Brutto-Personalbedarf; Ist-Personalbestand + Abgänge – Zugänge = Netto-Personalbedarf). Dies erscheint nicht zweckmäßig, da der Personalbedarf angibt, wie viele Arbeitskräfte zur Erledigung der Betriebsaufgaben benötigt werden und somit nicht notwendig der Anzahl der dem Betrieb tatsächlich zur Verfügung stehenden Arbeitskräfte (hier als Personalbestand bezeichnet) entspricht (einfach gesagt: Haben $\neq$ Brauchen).

Betrachten wir zur Illustration folgendes Beispiel:

Eine Bäckerei beschäftigt fünf Bäcker und drei Verkäufer. Genau diese Anzahl an Bäckern und Verkäufern wird benötigt, um den Bedarf an Bäckern und Verkäufern zu decken. Dementsprechend wäre der Soll-Personalbestand (oder Brutto-Personalbedarf) in diesem Fall acht (5+3) und der Ist-Personalbestand ebenfalls acht (5+3). Wenn wir davon ausgehen, dass ein Verkäufer kündigt und ein weiterer Bäcker eingestellt würde, ergebe sich folgendes Bild:

| | | |
|---|---|---|
| | 8 | (Soll-Personalbestand o. Brutto-Personalbedarf) |
| – | 8 | (Ist-Personalbestand) |
| + | 1 | (Abgänge) |
| – | 1 | (Zugänge) |
| = | 0 | (Netto-Personalbedarf) |

Sieht man zunächst von der oben beschriebenen Begriffsproblematik ab, stellt man fest, dass die Gleichung „aufgeht" und keine Personalengpässe existieren. Betrachtet man ausschließlich die Anzahl an vorhandenem Personal, so entsprächen die acht verfügbaren den acht benötigten Arbeitskräften. Wirft man hingegen einen Blick auf die Struktur des Personals (hier in Form der Qualifikationsarten Bäcker und Verkäufer), fällt auf, dass der Bedarf von drei benötigten durch die zwei verfügbaren Verkäufer nicht gedeckt werden kann.

Die rein mengenmäßige Betrachtung des verfügbaren Personals in Form von Personalbeständen führt also dazu, dass strukturelle Personalengpässe nicht erkannt werden können. Außerdem suggeriert in diesem Beispiel die Ausprägung des Netto-Personalbedarfs i. H. v. null, dass kein (zusätzliches) Personal benötigt wird. Wie oben beschrieben, werden hier aber fünf Bäcker und drei Verkäufer benötigt.

Deshalb wird im vorliegenden Buch von Personalausstattungen, welche die **Art** und **Anzahl** der dem Betrieb zu einer gewissen **Zeit** an einem gewissen **Ort** verfügbaren Arbeitskräfte beschreibt, gesprochen. Diese sind getrennt von Personalbedarf zu betrachten und mit diesem entsprechend implizit oder explizit abzustimmen.

# 19 Lösungen zu Übungsaufgaben aus Teil 2

**Lösung zu Aufgabe 10**

Neben dem kalendarischen Zeitbezug können kurz-, mittel- und langfristige Personalplanungen auch hinsichtlich ihres Ausmaßes an Freiheitsgraden voneinander abgegrenzt werden. Im Speziellen geht es dabei um die Differenzierung nach dem Umfang an innerhalb des verwendeten Planungsansatzes frei variierbaren Größen, über welche Entscheidungen zu treffen sind.

Kurzfristige Planungen werden in diesem Zusammenhang als solche mit den wenigsten Freiheitsgraden verstanden. Dazu gehören i.d.R. Probleme der reinen Personaleinsatzplanung, insofern als der Personaleinsatz bei diesen die einzige Größe darstellt, über die entschieden werden soll, während Personalbedarfe und -ausstattungen als Daten vorliegen.

Mittelfristige Planungen weisen – wie schon der Begriff – ein mittleres Ausmaß an Freiheitsgraden auf. Reine Bereitstellungs- und Verwendungsplanungen, bei denen jeweils nur eine Größe (im ersten Fall der Personalbedarf, im zweiten Fall die Personalausstattung) als Datum vorliegt, zählen in diesem Zusammenhang eher zu den mittelfristigen Planungen.

Langfristige Planungen werden als solche mit den meisten Freiheitsgraden klassifiziert. Hierzu gehören insbesondere simultane Planungen, innerhalb derer gleichzeitig über Personalbedarf, -ausstattung und -einsatz sowie über mindestens einen weiteren betrieblichen Funktionsbereich zu entscheiden ist.

**Lösung zu Aufgabe 11**

Der Begriff der Erklärung ist in der deutschen Sprache grundsätzlich mit unterschiedlichen Interpretationen verbunden. Das semantische Spektrum des Begriffs umfasst dabei vornehmlich Deutungen im Sinne von Rekonstruktion, Deklaration und Explikation.

Unter Erklärung im Sinne der Rekonstruktion versteht man die Darlegung, Erläuterung, Veranschaulichung oder Aufklärung. Erklärung im Sinne der Deklaration bedeutet hingegen so viel wie Verkündigung, Kundmachung. Diese Begriffsdeutungen sind für uns im Kontext des wissenschaftlichen Arbeitens weniger von Relevanz. Viel mehr interessiert uns in diesem Zusammenhang die Erklärung von Sachverhalten bzw. Phänomenen im Sinne der Explikation. Wenn wir uns als Betrieb beispielsweise fragen, warum unsere Kapitalausstattung die aktuelle Struktur aufweist, wieso der Aktienkurs eine gewisse Entwicklung genommen hat oder weshalb die Produktivität in der Fertigungsabteilung zurückgegangen ist, sind wir damit beschäftigt, Ursachen, Wirkungen und entsprechende Zusammenhänge zu ergründen.

Aus betriebswirtschaftlicher Sicht kann die Erklärung dabei bezüglich autonomer oder (selbst) induzierter Veränderungen erfolgen. Erklärungsmodelle dienen dann dazu, sofern


T. Spengler et al., *Moderne Personalplanung*,
https://doi.org/10.1007/978-3-658-47677-9_19

möglich, eben geschehene Veränderungen betriebswirtschaftlicher Sachverhalte ökonomisch zu erklären. Wir suchen also nach den Hintergründen autonomer, auf deren Zustandekommen wir selbst wenig bis keinen Einfluss haben, sowie nach Begründungen der von uns induzierten Änderungen von Sachverhalten oder Phänomenen (vgl. weiterführend Kotte 2018, S. 10 ff.).

Im Bereich der Personalwirtschaft geht es häufig (und sinnvollerweise) um letztgenannte, durch vergangene Personalentscheidungen herbeigeführte Veränderungen. Wir können uns also retrospektiv fragen, warum bestimmte Entscheidungen in Bezug auf das betriebliche Personal so getroffen worden sind, wie sie getroffen wurden und ob die mit diesen Entscheidungen einhergegangenen Wirkungen ökonomisch sinnvoll sind. In diesem Zusammenhang ist dann bspw. zu klären, welche Entscheidungen zur Zusammensetzung der aktuellen Personalausstattung geführt haben und inwieweit diese quantitativ sowie strukturell ökonomisch sinnvoll gestaltet ist. Dabei ist allerdings anzumerken, dass sich die tatsächliche Durchführung einer derartigen Analyse aufgrund der benötigten Kenntnisse über alle Entscheidungsmodelle, alle Erwartungen (bzgl. Bedingungen und Wirkungen) der Entscheider sowie über alle von diesen erwogenen Ziele und Handlungsalternativen (etc.) zu allen vergangenen Entscheidungszeitpunkten als durchaus schwierig erweisen kann bzw. zumindest keinen Anspruch auf Vollständigkeit erheben kann (vgl. Spengler 1999, S. 60 ff.).

**Lösung zu Aufgabe 12**

Der Personaleinsatz fungiert als Bindeglied zwischen dem Personalbedarf und der -ausstattung. Dementsprechend erfolgt über ihn die konkrete Zuordnung von hinreichend qualifizierten Arbeitskräften einer oder mehrerer Kategorien zur Erledigung der anfallenden Bedarfe. Wenn der optimale Personaleinsatz im Leistungsprozess feststünde, dann kann aus diesem über den expliziten Ansatz der Personalbedarf automatisch errechnet werden. Stehen zudem der optimale Personaleinsatz in Leih- und Schulungsprozessen sowie ggf. der Nicht-Einsatz von Arbeitskräften fest, kann aus dem expliziten Ansatz auch die Personalausstattung bestimmt werden. Durch die Vorschrift $PE \leq PA$ könnte diese zwar auch größer als der feststehende Personaleinsatz werden, dies wäre jedoch ökonomisch nicht rational.

Um beispielhaft zeigen zu können, dass der Personaleinsatz (im Gegensatz zu Personalbedarf und -ausstattung) nie als Datum und dementsprechend stets als Variable in Ansatz zu bringen ist, sind (unter Vernachlässigung von Leihen, Schulungen und Nicht-Einsatz) drei Konstellationen zu prüfen:

(a) $\overline{PB}, PA$

(b) $PB, \overline{PA}$

(c) $\overline{PB}, \overline{PA}$

Zu (a): In Fällen, in denen der Personalbedarf als Datum vorliegt, stehen definitionsgemäß Art und Umfang der zu deckenden Bedarfe sowie Ort und Zeit ihrer Erledigung fest. Ist die Personalausstattung variabel, so ist über deren Ausprägung grundsätzlich in allen vier genannten Dimensionen zu entscheiden. Würde in diesem Fall der Personaleinsatz jedoch auch als Datum vorliegen, also die konkrete (optimale) Zuordnung von Arbeitskräften aus der Personalausstattung zu den gegebenen Personalbedarfen bereits erfolgt sein, ergäbe sich die (optimale) Personalausstattung wiederum aus dieser Zuordnung und wäre somit nicht variabel.

Betrachten wir zur Veranschaulichung folgendes Beispiel:

$PB_1 = PB_2 = 10;\ R_1 = \{1{,}3\};\ R_2 = \{2{,}3\};\ PE_{11} = PE_{31} = 5;\ PE_{22} = 7;\ PE_{32} = 3$

$PB_1 = 10 \leq PE_{11} + PE_{31} = 5 + 5$

$PB_2 = 10 \leq PE_{22} + PE_{32} = 7 + 3$

Dadurch, dass je fünf Arbeitskräfte der Art $r = 1$ bzw. $r = 3$ der Bedarfsdeckung von $q = 1$ und sieben Arbeitskräfte der Art $r = 2$ bzw. drei der Art $r = 3$ der Bedarfsdeckung von $q = 2$ zugeordnet sind, ergibt sich sinnvollerweise für die Personalausstattungen $PA_1, PA_2$ und $PA_3$:

$PA_1 = PE_{11} = 5$

$PA_2 = PE_{22} = 7$

$PA_3 = PE_{31} + PE_{32} = 5 + 3 = 8$

Es wäre unzulässig, weniger als diese Anzahl von Arbeitskräften in jeder Kategorie bereitzustellen, und ökonomisch irrational, mehr als diese Anzahl von Arbeitskräften in jeder Kategorie bereitzustellen. Folglich gibt es in diesem Fall nichts zu entscheiden und die Personalausstattung wäre ebenfalls ein Datum.

Zu (b): Ist die Personalausstattung gegeben und der Personalbedarf variabel, würde ein ebenfalls gegebener Personaleinsatz auch an dieser Stelle dazu führen, dass keine Entscheidung zu treffen wäre. Denn auch in einem solchen Fall ergibt sich der vermeintlich variable Personalbedarf aus den gegebenen -ausstattungen und -einsätzen:

$R_1 = \{1{,}3\};\ R_2 = \{2{,}3\};\ PE_{11} = PE_{31} = 5;\ PE_{22} = 7;\ PE_{32} = 3;$

$PA_1 = 5;\ PA_2 = 7;\ PA_3 = 8$

$PA_1 = 5 \geq PE_{11} = 5$

$PA_2 = 7 \geq PE_{22} = 7$

$PA_3 = 8 \geq PE_{31} + PE_{32} = 5 + 3 = 8$

$PB_1 \leq PE_{11} + PE_{31} = 5 + 5 = 10$ → Durch den Einsatz von 10 Arbeitskräften kann nur ein Bedarf von maximal 10 gedeckt werden.

$PB_2 \leq PE_{22} + PE_{32} = 7 + 3 = 10$ → Durch den Einsatz von 10 Arbeitskräften kann nur ein Bedarf von maximal 10 gedeckt werden.

Einen Bedarf von mehr als 10 Arbeitskräften pro Bedarfsart zu bestimmen, ist dementsprechend unzulässig, und Bedarfe von jeweils weniger als 10 Arbeitskräften anzusetzen, wäre ökonomisch irrational. Es folgt, dass auch im zweiten Fall keine Entscheidung zu treffen wäre und der Personalbedarf ebenfalls als Datum feststünde.

Zu (c): Im dritten Fall wären sowohl Personalbedarf als auch -ausstattung als auch -einsatz gegebene Größen und über keine der drei Größen wäre zu entscheiden.

Zusammenfassend lässt sich also festhalten, dass in keinem der beschriebenen Fälle, in denen der Personaleinsatz als Datum in einen Personalplanungsansatz einginge, Entscheidungen zu treffen sind. Aufgrund dessen, dass wir in diesem Buch den dispositiven Planungsbegriff zugrunde legen und planen dementsprechend auch stets entscheiden impliziert, ist es also nicht sinnvoll, den Personaleinsatz als Datum in Entscheidungsmodelle zur Personalplanung eingehen zu lassen.

**Lösung zu Aufgabe 13**

Bei Selektionsentscheidungen bezüglich zukünftigen Personals greifen wir in der Regel auf die Feststellung der Eignung eines Individuums für gewisse Stellen oder bestimmte Aufgaben zurück. Eignung ist dabei als Profilabgleich zwischen dem sog. Anforderungsprofil (bspw. der Stelle) und dem sog. Qualifikationsprofil des Kandidaten definiert. Vor diesem Hintergrund können Monte Carlo-Simulationen im Rahmen der Personalrekrutierung beispielsweise in zwei Formen eingesetzt werden:

(a) Zur Bestimmung der Anzahl der Fälle, in denen sich ein Bewerber, dessen Qualifikationsprofil (zumindest in Teilen) unsicher ist, als geeignet erweist.

(b) Zur Bestimmung der Wahrscheinlichkeiten für die Ausprägungen einer Qualifikation bei einem Bewerber.

Zu (a): Im ersten Fall sind die möglichen Ausprägungen der Qualifikationen eines Individuums mit Wahrscheinlichkeitsurteilen zu belegen und darauf aufbauend stichprobenartig „Qualifikationsszenarien" zu simulieren. Nach einer zuvor festgelegten Anzahl simulierter Szenarien wird dann überprüft, in wie vielen dieser Fälle der Abgleich des Qualifikations- mit dem Anforderungsprofil bspw. zu dem Urteil „Bewerber ist geeignet" führt. Auf Basis dieser Simulationsergebnisse kann dann bspw. entschieden werden, ob das Individuum in der Erwartung des Unternehmens als eher geeignet oder eher ungeeignet eingestuft wird.

Zu (b): Im zweiten Fall könnte über die die Ausprägung einer Qualifikation bestimmenden Faktoren analog eine Simulation durchführen. Diese ergibt die Anzahl der Szenarien, in denen die betreffende Person eine Qualifikation in einer bestimmten Ausprägung besitzt oder nicht besitzt. Durch die Bildung relativer Häufigkeiten kommt man zu einem entsprechenden Wahrscheinlichkeitsurteil bezüglich der Qualifikationsausprägung.

Beispiel:

$$\frac{\text{Anzahl der Szenarien, in denen Person Qualifikationsausprägung besitzt}}{\text{Gesamtanzahl der Szenarien}}$$

**Lösung zu Aufgabe 14**

Die Akronyme MADM und MODM stehen für „Multi Attribute Decision Making" und „Multi Objective Decision Making". Der wesentliche Unterschied zwischen diesen beiden Teilgebieten des „Multi Criteria Decision Making" (also der Mehrzielentscheidungen) liegt in der Beschaffenheit ihrer Lösungsräume. Während bei Entscheidungen aus dem MADM-Bereich diskrete (ex ante vollständig bekannte) Alternativen vorliegen, sind die Lösungsräume bei MODM-Problemen stetig. Das bedeutet, dass bei multiattributiven Entscheidungsmodellen mehrere, explizit ausgewiesene Alternativen hinsichtlich verschiedener Kriterien zu bewerten sind und darauf aufbauend die beste auszuwählen ist. Eine solche Entscheidungssituation wird in der Regel als Entscheidungsmatrix dargestellt und kann je nach Informationsstand und Skalenniveau der verwendeten Kriterien über verschiedenste Ansätze (bspw. Minimax- oder Maximax-Regel (vgl. Wald 1949), Analytical Hierarchy Process (AHP) (vgl. Saaty 1980 und 1990), Technique for Ordering Preferences by Similarity to Ideal Solution (TOPSIS) (vgl. Hwang/Yoon 1981), etc.) gelöst werden:

Im Fall der MODM-Probleme hingegen sind die Alternativen nicht vorab bestimmt, sondern ergeben sich als Kombinationen von Entscheidungsvariablenausprägungen, welche den geltenden Restriktionen genügen. Die Menge der Alternativen wird also durch alle zulässigen Lösungen eines Optimierungsproblems determiniert. Die Bestimmung der besten aus der Menge der zulässigen Lösungen erfolgt dann über die Extremierung mehrerer (möglicherweise konfliktärer) Zielfunktionen.

**Lösung zu Aufgabe 15**

a.

Eine mathematische Funktion bildet die Elemente einer Menge $X := \{x\}$ in die Elemente einer anderen Menge $Y := \{y\}$ ab. Das bedeutet, dass durch die entsprechende Funktion jedem Element $x \in X$ genau ein Element $y \in Y$ zugeordnet wird (vgl. bspw. Ohse 2004). Formal ausgedrückt schreiben wir dann:

$f: X \to Y$ oder $X \overset{f}{\to} Y$

[Lies: $f$ ist eine Abbildung von (der Menge) $X$ in (die Menge) $Y$.]

$f: x \to y$ oder $x \overset{f}{\to} y$

[Lies: $f$ bildet die Elemente $x$ (eindeutig) in die Elemente $y$ ab.]

Wir können die oben beschriebene Abhängigkeit der Elemente aus den Mengen $X$ und $Y$ ebenso als Funktionsgleichung der Form $f(x) = y$ [Lies: „$f$ von $x$ ist gleich $y$"] schreiben.

Eine Funktion (oder auch Abbildung) kann zudem als sog. eindeutige und eineindeutige Abbildung von $X$ in $Y$ vorliegen. Im ersten Fall wird zwar jedem $x$ genau ein $y$ zugeordnet, mehreren $x$ kann jedoch dasselbe $y$ zugewiesen werden. Bei eineindeutigen Funktionen hingegen wird jedem $x$ ein anderes $y$ zugeordnet. Betrachten wir zur Veranschaulichung die beiden Funktionen $f(x) = x^2 = y$ und $f(x) = 2x = y$ sowie deren Funktionsverläufe (vgl. **Abbildung 19.1**):

**Abbildung 19.1** Beispiele für Funktionsverläufe

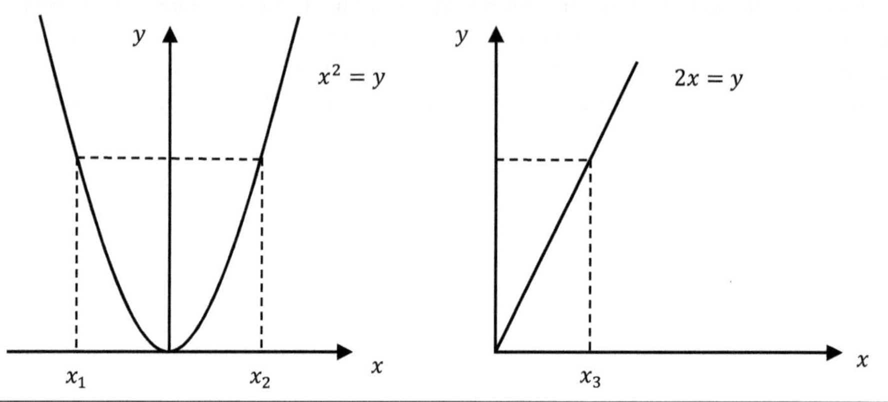


Während bei der Funktion $f(x) = x^2 = y$ den Elementen $x_1$ und $x_2$ dasselbe Element $y$ zugewiesen wird, ordnet die Funktion $f(x) = 2x = y$ jedem $x$ stets unterschiedliche $y$ zu. Die linke Funktion ist dementsprechend eine eindeutige und die rechte eine eineindeutige Abbildung von $X$ in $Y$.

Eine Zugehörigkeitsfunktion ist eine spezielle mathematische Funktion. Sie stellt die Zuordnung der Elemente $x$ einer oben beschriebenen klassischen Menge $X$ zu einer unscharfen Aussage (unscharfe Menge $\widetilde{M}$) über sog. Zugehörigkeitswerte dar. Die Zugehörigkeitsfunktion $\mu_{\widetilde{M}}(x)$ ist dabei definiert als Abbildung von Elementen einer Grundmenge $X$ in die Menge der reellen Zahlen von 0 bis 1:

$\mu_{\widetilde{M}}: X \to [0,1]$

Dementsprechend wird jedem Element $x$ genau ein Element aus dem Intervall [0,1] zugeordnet.

b.

**Abbildung 19.2** zeigt den Grafen der Zugehörigkeitsfunktion zum Beispiel auf S. 48. Bei diesem ist zu beachten, dass er aufgrund dessen, dass die Grundmenge $X := \{x | x = \text{Herr A}, \text{Frau B}, \text{Herr C}, \text{Herr D}, \text{Frau E}, \text{Frau F}\}$ diskret ist, nur aus einzelnen Punkten besteht.

**Abbildung 19.2** Graf der Zugehörigkeitsfunktion zur unscharfen Menge „Motivierte Mitarbeiter“

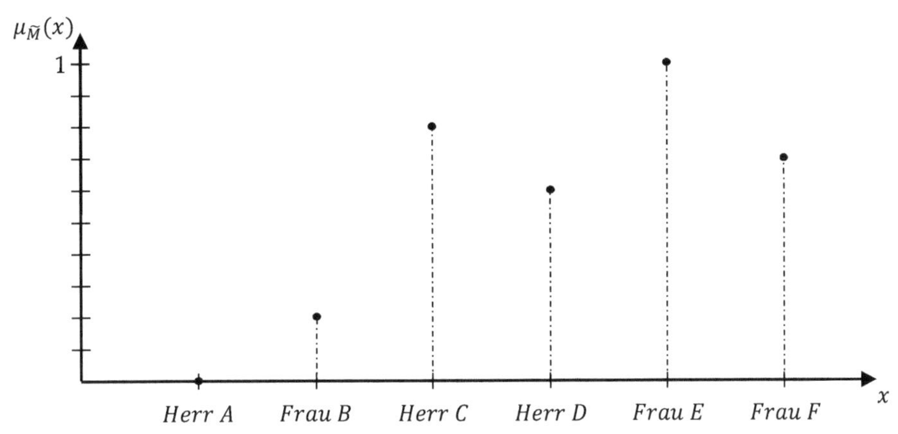


Dies könnte man verändern, indem die diskreten Punkte des Grafen durch sog. Polygonzüge, die z.B. linear verlaufen können, verbunden werden (vgl. **Abbildung 19.3**).

**Abbildung 19.3** Graf der Zugehörigkeitsfunktion zur unscharfen Menge „Motivierte Mitarbeiter“ mit Polygonzügen

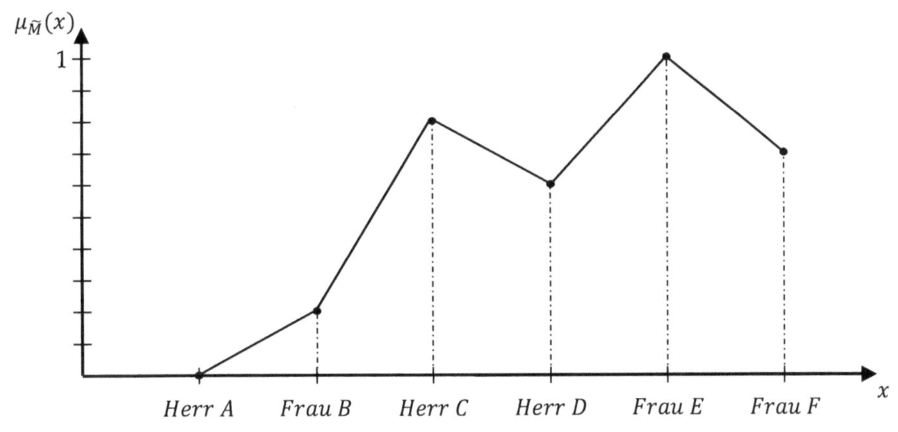


Somit würde künstlich aus einer diskreten eine stetige Funktion. In einem solchen Fall müsste man inhaltlich allerdings davon ausgehen, dass es innerhalb der Grundmenge bspw. zwischen Herrn A und Frau B (unendlich viele) weitere Individuen gäbe, denen ebenfalls Zugehörigkeitswerte zur Menge der motivierten Mitarbeiter zugeordnet würden.

Anders verhält es sich, wenn wir bspw. die zu leistenden Arbeitsstunden pro Woche $h \in [20{,}60]$ jedes einzelnen der sechs Mitarbeiter hinsichtlich der unscharfen Aussage „zufriedenstellende Arbeitszeit" ($\tilde{A}$) beurteilen. In diesem Zusammenhang könnte für Herrn D bspw. Folgendes gelten:

$$\tilde{A} := \{(h, \mu_{\tilde{A}}(h)) | h \in [20{,}60]\} \text{ mit } \mu_{\tilde{A}}(h) := \begin{cases} 1 & \text{für h} < 35 \\ \frac{h-55}{-20} & \text{für } 35 \leq \text{h} \leq 55 \\ 0 & \text{für h} > 55 \end{cases}$$

Dementsprechend gehören für Herrn D Arbeitsstunden pro Woche bis einschließlich $h = 35$ vollständig zur Menge der zufriedenstellenden Arbeitszeiten, wöchentliche Arbeitsstunden zwischen 35 und 55 hingegen nur zu einem gewissen linear absteigenden Grad und eine Arbeitszeit von 55 oder mehr Stunden vollständig nicht zu den zufriedenstellenden Arbeitszeiten. Der Graf dieser Zugehörigkeitsfunktion ist in **Abbildung 19.4** dargestellt.

**Abbildung 19.4** Graf der Zugehörigkeitsfunktion zur unscharfen Menge „Zufriedenstellende Arbeitszeit"

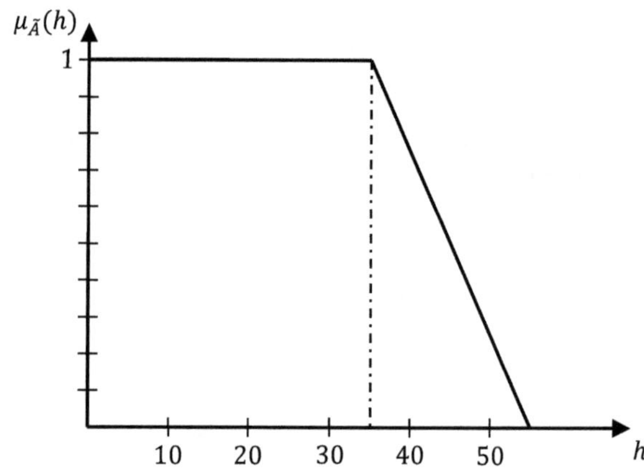


**Lösung zu Aufgabe 16**

Kommen in einem Vektoroptimierungsproblem [VOP] beide Arten von Extremierungsvorschriften (bspw. $k = 1, \dots, K$ Maximierungsziele und $k^* = 1, \dots, K^*$ Minimierungsziele) vor, sind entweder (a) die Koeffizienten $c_{kj}$ der zu maximierenden Zielfunktionen mit $(-1)$ zu multiplizieren und der entstehende Zielfunktionsvektor zu minimieren oder (b) die Koeffizienten $c'_{k^*j}$ der zu minimierenden Zielfunktionen mit $(-1)$ zu multiplizieren und der entstehende Zielfunktionsvektor zu maximieren:

Zu (a):

$$\begin{bmatrix} \sum_{j\in\bar{J}} c_{1j}\cdot x_j \rightarrow \max! \\ \vdots \\ \sum_{j\in\bar{J}} c_{Kj}\cdot x_j \rightarrow \max! \\ \sum_{j\in\bar{J}} c'_{1j}\cdot x_j \rightarrow \min! \\ \vdots \\ \sum_{j\in\bar{J}} c'_{K^*j}\cdot x_j \rightarrow \min! \end{bmatrix} \Rightarrow \begin{bmatrix} \sum_{j\in\bar{J}} -c_{1j}\cdot x_j \\ \vdots \\ \sum_{j\in\bar{J}} -c_{Kj}\cdot x_j \\ \sum_{j\in\bar{J}} c'_{1j}\cdot x_j \\ \vdots \\ \sum_{j\in\bar{J}} c'_{K^*j}\cdot x_j \end{bmatrix} \rightarrow \min!$$

Durch die Minimierung der Zielfunktionen $\sum_{j\in\bar{J}} -c_{kj}\cdot x_j \;\; \forall\, k\in\bar{K}$ wird der jeweilige Zielfunktionswert in Richtung $-\infty$ „gedrückt". Das führt dazu, dass die Ausprägungen der $x_j$ im Optimum so groß wie möglich sein werden. Dementsprechend führt die Minimierung einer „negativen Zielfunktion" zur Maximierung der Variablenausprägungen.

Zu (b):

$$\begin{bmatrix} \sum_{j\in\bar{J}} c_{1j}\cdot x_j \rightarrow \max! \\ \vdots \\ \sum_{j\in\bar{J}} c_{Kj}\cdot x_j \rightarrow \max! \\ \sum_{j\in\bar{J}} c'_{1j}\cdot x_j \rightarrow \min! \\ \vdots \\ \sum_{j\in\bar{J}} c'_{K^*j}\cdot x_j \rightarrow \min! \end{bmatrix} \Rightarrow \begin{bmatrix} \sum_{j\in\bar{J}} c_{1j}\cdot x_j \\ \vdots \\ \sum_{j\in\bar{J}} c_{Kj}\cdot x_j \\ \sum_{j\in\bar{J}} -c'_{1j}\cdot x_j \\ \vdots \\ \sum_{j\in\bar{J}} -c'_{K^*j}\cdot x_j \end{bmatrix} \rightarrow \max!$$

Durch die Maximierung der Zielfunktionen $\sum_{j\in\bar{J}} -c'_{k^*j}\cdot x_j \;\; \forall\, k^*\in\bar{K}^*$ wird der jeweilige Zielfunktionswert in Richtung $\infty$ „gedrückt". Das führt dazu, dass die Ausprägungen der $x_j$ im Optimum so klein wie möglich sein werden (aufgrund der NNB aber minimal 0). Dementsprechend führt die Maximierung einer „negativen Zielfunktion" zur Minimierung der Variablenausprägungen.

Bezogen auf (ZV.1) aus dem Beispiel auf Seite 49 ff. bedeutet das, dass diese entweder nach der Maßgabe der in Fall a) oder der in Fall b) beschriebenen Vorgehensweise zu ändern wäre, wenn eine oder mehrere der Teilzielfunktionen zu minimieren ist bzw. sind.

**Lösung zu Aufgabe 17**

a.

Das Dominanzprinzip wird in der Betriebswirtschaft zur Vorauswahl von Handlungsalternativen verwendet. Es leitet sich direkt aus dem ökonomischen Prinzip ab, da eine Alternative dominant (oder effizient) ist, wenn keine weitere Alternative existiert, die bei Einsatz desselben Inputs einen höheren Output generiert oder denselben Output unter geringerem Input erzeugt oder beides zugleich. Trifft einer der drei beschriebenen Fälle auf zwei Alternativen zu, dominiert die eine die andere Alternative. Letztendlich sind alle Alternativen dominant (oder effizient), die von keiner anderen Alternative dominiert werden.

Betrachten wir zur Veranschaulichung im Mehrzielentscheidungsfall folgendes Beispiel:

Ein Bereichsleiter muss aufgrund von Mitarbeitergesprächen eine Dienstreise antreten und hat mehrere Reisemöglichkeiten $(A, B, C, D)$ zur Auswahl, die alle die Vorgabe, die Gespräche an einem Tag durchzuführen, erfüllen. Der Output kann in diesem Fall also als gleichwertig gegeben angenommen werden. Die Reisemöglichkeiten unterscheiden sich allerdings hinsichtlich der Ausprägungen der beiden relevanten und zu minimierenden Inputs Reisezeit und -kosten (vgl. **Abbildung 19.5**). In diesem Fall könnte die Alternative $D$ bereits vor der Entscheidung eliminiert werden, da diese durch Alternative $C$ dominiert wird. Die restlichen Alternativen $A, B$ und $C$ sind hingegen dominant.

**Abbildung 19.5** Darstellung der Reisemöglichkeiten $A$-$D$ in Abhängigkeit von Reisekosten und -zeit

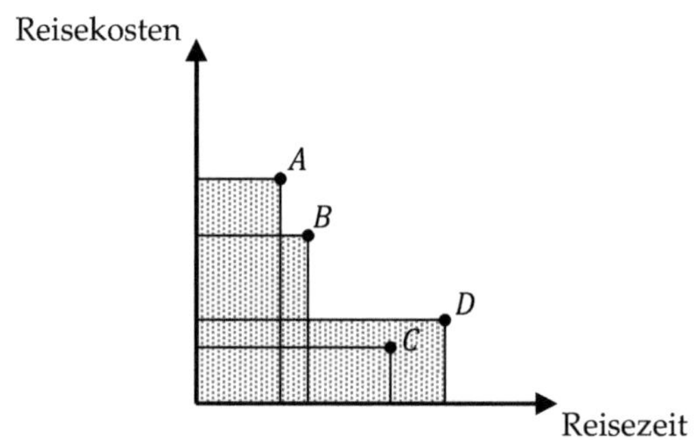


b.

Wir definieren die vollständige Lösung eines [VOP], d.h. die Menge aller Lösungen die nach dem unter a) beschriebenen Dominanzprinzip nicht dominiert und somit effizient sind, als

$$V := \{\mathbf{x} \in \mathbf{X}_s \mid \nexists\, \bar{\mathbf{x}} \in \mathbf{X}_s \text{ mit } \left(z_1(\bar{\mathbf{x}}), \dots, z_K(\bar{\mathbf{x}})\right) \geq (z_1(\mathbf{x}), \dots, z_K(\mathbf{x})) \text{ und } z_k(\bar{\mathbf{x}}) > z_k(\mathbf{x}) \text{ für mindestens ein } k\}$$

Das bedeutet in Worten formuliert, dass die Menge $V$ aus den Vektoren $\mathbf{x}$ besteht, die selbst Element der Menge $\mathbf{X}_s$ aller zulässigen Vektoren sind, also Teil jener Vektoren, die alle Nebenbedingungen des Problems einhalten. Betrachten wir dazu einen Fall mit zwei Variablen $x_1$ und $x_2$ sowie den korrespondierenden Vektoren der Variablenausprägungen $\mathbf{x} = \binom{x_1}{x_2}$. Zudem sei das Restriktionensystem aus **Abbildung 19.6** gegeben. Der hellgrau gepunktete Bereich in dieser Abbildung stellt die Variablenausprägungen $(x_1, x_2)$ dar, die den drei gegebenen $\leq$-Restriktionen sowie den NNB genügen. Es ist also der Raum der zulässigen Lösungen, den wir hier als Menge $\mathbf{X}_s$ bezeichnen.

**Abbildung 19.6** Beispiel für ein Restriktionensystem eines [VOP] mit zwei Variablen

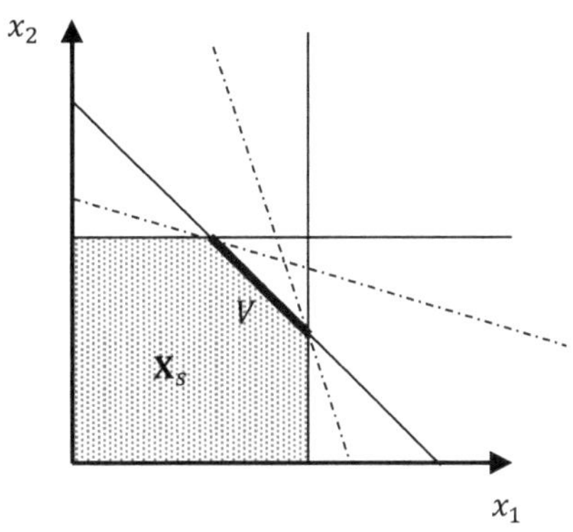


Für die Elemente $\mathbf{x}$ aus $\mathbf{X}_s$, die Teil von $V$ sind, wird nun zusätzlich hinter dem Senkrechtstrich eine Bedingung formuliert. Für diese muss nämlich gelten, dass kein weiterer Vektor $\bar{\mathbf{x}} \in \mathbf{X}_s$ existiert ($\nexists$:= „es gibt keinen"),

- dessen Zielfunktionswerte $\left(z_1(\bar{\mathbf{x}}), \dots, z_K(\bar{\mathbf{x}})\right)$ für alle Zielfunktionen mindestens genauso groß sind wie die Zielfunktionswerte $(z_1(\mathbf{x}), \dots, z_K(\mathbf{x}))$ des betrachteten Vektors und
- dessen Zielfunktionswert für mindestens ein Ziel $k$ tatsächlich größer ist als der des betrachteten Vektors $(z_k(\bar{\mathbf{x}}) > z_k(\mathbf{x}))$.

Dem Dominanzprinzip folgend dürfen die Vektoren $\mathbf{x} \in V$ bezüglich der Zielfunktionswerte also nicht dominiert sein.

Lassen Sie uns in unserem Beispiel von zwei zu maximierenden Zielfunktionen ausgehen. Durch das in Kapitel 6.1 beschriebene Verfahren zur Ermittlung der oberen Zielfunktionsschranken und deren grafische Darstellung kann man $V$ dann als fett markierte Gerade in Abb. **Abbildung 19.6** ermitteln.

Die vollständige Lösung $V$ eines [VOP] ist also eine Teilmenge der zulässigen Lösungen $\mathbf{X}_s$.

**Lösung zu Aufgabe 18**

Werden in einem [VOP] Minimierungs- anstatt Maximierungsziele verfolgt, muss die Konstruktion der entsprechenden Zugehörigkeitsfunktionen zur (unscharfen) Zufriedenheit des Entscheiders mit der Zielfunktionsausprägung des $k$-ten Ziels „umgekehrt" erfolgen:

$$\mu_{\tilde{Z}_k}(\mathbf{x}) = \begin{cases} 0 & \text{für } z_k(\mathbf{x}) > w_k + \triangle_k \\ 1 - \dfrac{z_k(\mathbf{x}) - w_k}{\triangle_k} & \text{für } w_k + \triangle_k \geq z_k(\mathbf{x}) > w_k \\ 1 & \text{für } w_k \geq z_k(\mathbf{x}) \end{cases}$$

Ausprägungen, die echt größer als $w_k + \triangle_k$ sind, wird ein Zugehörigkeitswert von 0 und Ausprägungen, die kleiner oder gleich $w_k$ sind, ein Zugehörigkeitswert von 1 zugewiesen. Zielfunktionsausprägungen zwischen $w_k$ und $w_k + \triangle_k$ wird in diesem Fall ein linear fallender Zugehörigkeitswert zugeordnet.

**Lösung zu Aufgabe 19**

$$\pi \leq \mu_{\tilde{Z}_k}(\mathbf{x}) \quad \forall\, k = 1, \dots, K$$

Mit $\mu_{\tilde{Z}_k}(\mathbf{x}) = \dfrac{z_k(\mathbf{x}) - (w_k - \triangle_k)}{\triangle_k}$ ergibt sich:

$$\pi \leq \frac{z_k(\mathbf{x}) - (w_k - \triangle_k)}{\triangle_k} \quad \forall\, k = 1, \dots, K$$

Mit $z_k(\mathbf{x}) = \sum_{j \in \bar{J}} c_{kj} \cdot x_j$ ergibt sich:

$$\pi \leq \frac{\sum_{j \in \bar{J}} c_{kj} \cdot x_j - (w_k - \triangle_k)}{\triangle_k} \quad \forall\, k = 1, \dots, K$$

Multipliziert man beide Seiten mit $\triangle_k$ ergibt sich:

$$\triangle_k \cdot \pi \leq \sum_{j \in \bar{J}} c_{kj} \cdot x_j - (w_k - \triangle_k) \quad \forall\, k = 1, \dots, K$$

Subtrahiert man nun auf beiden Seiten $\sum_{j \in \bar{J}} c_{kj} \cdot x_j$ ergibt sich:

$$\triangle_k \cdot \pi - \sum_{j \in \bar{J}} c_{kj} \cdot x_j \leq -(w_k - \triangle_k) \quad \forall\, k = 1, \dots, K$$

**Lösung zu Aufgabe 20**

Als $(x_1, x_2)$-Lösungsraum des Vektoroptimierungsproblems ergibt sich die in **Abbildung 19.7** dargestellte Grafik:

**Abbildung 19.7** Lösungsraum, gewinn- und beschäftigungsoptimales Produktionsprogramm sowie optimaler Kompromiss des [VOP]

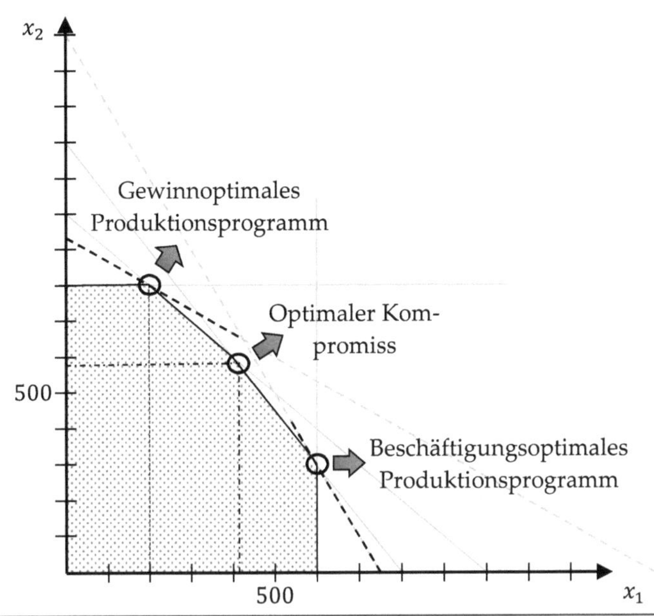


**Lösung zu Aufgabe 21**

a.

**Tabelle 19.1** zeigt das Ergebnis der Heuristik „An jeden Platz die beste Kraft!":

**Tabelle 19.1** Anwendung der Heuristik „An jeden Platz die beste Kraft!"

| | *A* | *B* | *C* | *D* | *E* | *F* |
|---|---|---|---|---|---|---|
| $r' = 1$ | 140 | **159** | 138 | 131 | 132 | 158 |
| $r' = 2$ | 148 | 155 | 137 | 128 | 125 | **124** |
| $r' = 3$ | **154** | 139 | 141 | 135 | 131 | 130 |
| $r' = 4$ | 123 | 143 | 127 | 134 | **136** | 134 |
| $r' = 5$ | 121 | 143 | **160** | 121 | 154 | 123 |
| $r' = 6$ | 122 | 121 | 133 | **149** | 127 | 144 |

Insgesamt wird bei dieser Lösung ein Gesamtjahresumsatz von 882 Tausend GE generiert.

b.

**Tabelle 19.2** zeigt das Ergebnis der Heuristik „Jede Kraft an den Platz, für den sie am besten geeignet ist!"

**Tabelle 19.2** Anwendung der Heuristik „Jede Kraft an den Platz, für den sie am besten geeignet ist!" (1)

| | *A* | *B* | *C* | *D* | *E* | *F* | Zeilenmax. – Zeilenmin. | | | | |
|---|---|---|---|---|---|---|---|---|---|---|---|
| $r' = 1$ | 140 | 159 | 138 | 131 | 132 | 158 | 28 | 28 | **27** | - | - |
| $r' = 2$ | 148 | 155 | 137 | 128 | 125 | 124 | 31 | **31** | - | - | - |
| $r' = 3$ | 154 | 139 | 141 | 135 | 131 | 130 | 24 | 24 | 24 | 23 | **23** |
| $r' = 4$ | 123 | 143 | 127 | 134 | 136 | 134 | 20 | 20 | 13 | 13 | 13 |
| $r' = 5$ | 121 | 143 | 160 | 121 | 154 | 123 | **39** | - | - | - | - |
| $r' = 6$ | 122 | 121 | 133 | 149 | 127 | 144 | 28 | 28 | 27 | **27** | - |

In dieser Lösung werden 912 Tausend GE Gesamtjahresumsatz generiert. Anhand dieses Beispiels wird auch schnell die Problematik dieser Heuristik erkennbar. Im dritten Schritt ergibt sich als Differenz aus dem Zeilenmaximum und dem Zeilenminimum für zwei Arbeitskräfte ($r' = 1$ und $r' = 6$) die gleiche Zahl (27). Dementsprechend ist es von Willkür geprägt, ob die Zuteilung von $r' = 1$ oder $r' = 6$ durchgeführt wird.

**Tabelle 19.3** Anwendung der Heuristik „Jede Kraft an den Platz, für den sie am besten geeignet ist!" (2)

| | *A* | *B* | *C* | *D* | *E* | *F* | Zeilenmax. – Zeilenmin. | | | | |
|---|---|---|---|---|---|---|---|---|---|---|---|
| $r' = 1$ | 140 | 159 | 138 | 131 | 132 | 158 | 28 | 28 | 27 | **26** | - |
| $r' = 2$ | 148 | 155 | 137 | 128 | 125 | 124 | 31 | **31** | - | - | - |
| $r' = 3$ | 154 | 139 | 141 | 135 | 131 | 130 | 24 | 24 | 24 | 24 | **23** |
| $r' = 4$ | 123 | 143 | 127 | 134 | 136 | 134 | 20 | 20 | 13 | 13 | 13 |
| $r' = 5$ | 121 | 143 | 160 | 121 | 154 | 123 | **39** | - | - | - | - |
| $r' = 6$ | 122 | 121 | 133 | 149 | 127 | 144 | 28 | 28 | **27** | - | - |

In der in **Tabelle 19.2** angegebenen Lösung wird sich für $r' = 1$ entschieden. Die Lösung in **Tabelle 19.3** ergibt sich alternativ bei Wahl von $r' = 6$. Auch in diesem Fall liegt der generierte Gesamtjahresumsatz bei 912 Tausend GE. Dies muss allerdings nicht immer der Fall sein.

**Lösung zu Aufgabe 22**

Zu Beginn eines Local Search-Verfahrens wird mit einer zulässigen Lösung für das zu betrachtende Problem begonnen. Diese Lösung kann entweder mittels Eröffnungsverfahren oder durch zufällige Generierung gefunden werden (vgl. Domschke et al. 2015, S. 136). Als Eröffnungsverfahren kommen, exemplarisch genannt, sog. Greedy-Heuristiken oder uninformierte Verfahren (bspw. Nordwesteckenregel) in Frage (vgl. Domschke/Scholl 2006, S. 4 und Zimmermann 2008, S. 288). Durch den Erhalt einer Ausgangslösung kann man nun mit dem eigentlichen Local Search-Verfahren beginnen. Dafür wird die Nachbarschaft dieser Ausgangslösung nach weiteren zulässigen Lösungen untersucht. Es ist herauszustellen, dass die Suche nach einer neuen Lösung immer in direkter Nachbarschaft erfolgt, also nur lokal. Die Nachbarschaft einer Ausgangslösung ist dadurch gekennzeichnet, dass sie alle Lösungen enthält, die sich durch eine elementare Transformation generieren lassen (vgl. Wäscher 1998, S. 1301 und Domschke/Scholl 2006, S. 5). Diese Transformation wird auch als Zug (engl. move) bezeichnet (vgl. Domschke/Scholl 2006, S. 5). Ziel der Nachbarschaftssuche ist es also, mittels Transformation eine Menge neuer Lösungen zu generieren. Hierbei kann $x$ bspw. als generierte Ausgangslösung betrachtet werden. Darauf aufbauend bezeichnet $N(x)$ die Nachbarschaft der Ausgangslösung. Deshalb kann man neu generierte Lösungen $x' \in N(x)$ als Nachbarn von $x$ bezeichnen (vgl. Habenicht/Geiger 2006, S. 52). Bezugnehmend auf das Problem des Handlungsreisenden (engl. Traveling Salesman Problem) kann eine solche Transformation bspw. durch einen sog. Zweieraustauschschnitt (engl. 2-Opt-Move) durchgeführt werden. Hierbei werden zwei nicht benachbarte Kanten gegen zwei andere Kanten ausgetauscht (vgl. Wäscher 1998, S. 1301). Zur Veranschaulichung dieses Schnittes dient **Abbildung 19.8** (vgl. ebd., S. 1302).

**Abbildung 19.8** Durchführung eines Zweieraustauschschnitts (1)

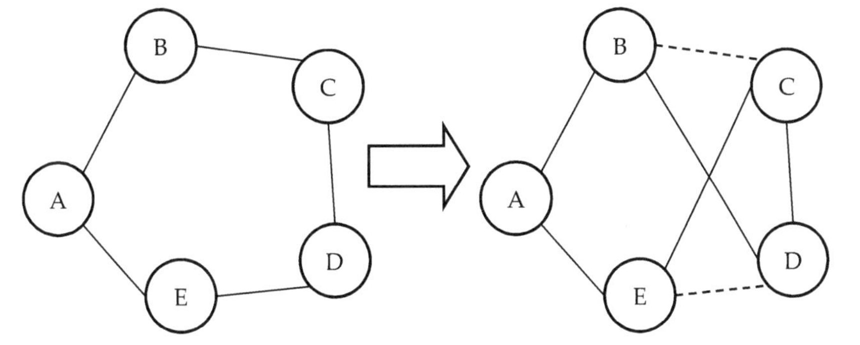

Durch die Entfernung der Kanten $\overline{BC}$ und $\overline{DE}$ und der Einführung von $\overline{BD}$ und $\overline{CE}$ entsteht eine neue Route für den Handlungsreisenden und dementsprechend eine Lösung. Entsprechend der Ausgangslösung, also dem Zielwert der ursprünglichen Handlungsroute, stellen alle möglichen Zweieraustauschschnitte die Nachbarschaft der Ausgangslösung dar (vgl. Wäscher 1998, S. 1301). Ein weiterer Zweieraustauschschnitt (in Bezug auf die ursprüngliche Handlungsroute) könnte bspw. durch **Abbildung 19.9** dargestellt werden.

**Abbildung 19.9** Durchführung eines Zweieraustauschschnitts (2)

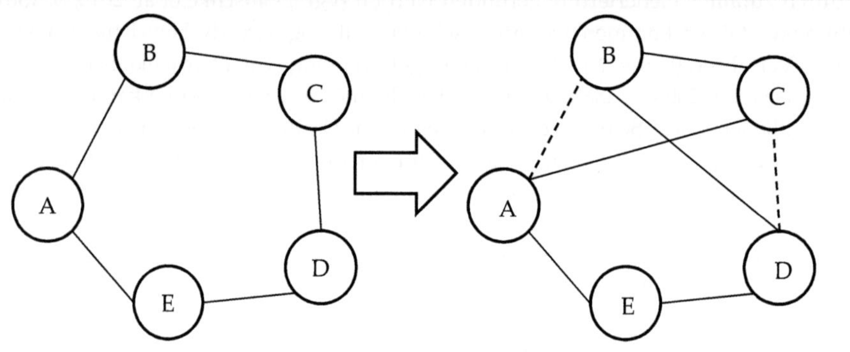


Durch den Tausch zweier anderer Kanten entsteht demnach wieder eine neue Route und diese führt dadurch (unter Annahme verschiedener Kantengewichtungen) zu einem neuen Zielwert. Der Zweieraustauschschnitt soll hier nur als Beispiel für die grundsätzliche Vorgehensweise bei der Nachbarschaftssuche dienen. Freilich gibt es viele weitere Operationen oder Transformationen, die durchgeführt werden können, um neue Nachbarschaftslösungen zu generieren.

Die grundsätzliche Vorgehensweise des Local Search-Verfahrens lässt sich damit folgendermaßen darstellen (vgl. **Abbildung 19.10**):

**Abbildung 19.10** Darstellung der Vorgehensweise eines Local Search-Verfahrens

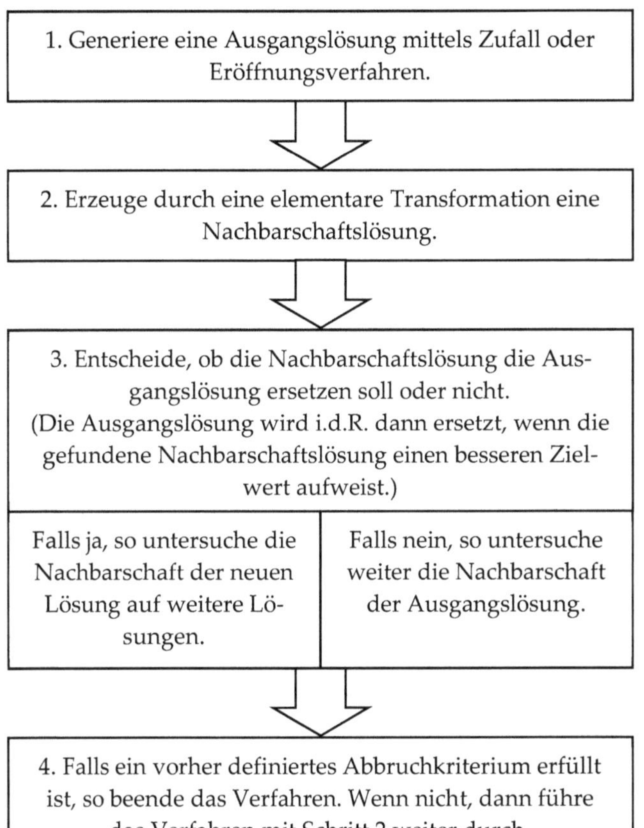


**Lösung zu Aufgabe 23**

Der wesentliche Unterschied zwischen klassischen und modernen Local Search-Verfahren besteht in der Akzeptanz von generierten Lösungen. Beim klassischen Local Search werden nur Lösungen akzeptiert, die eine Zielwertverbesserung darstellen. Demzufolge wird ein Verfahren eingestellt, sobald in der Nachbarschaft keine Lösung mehr gefunden wird, die eine Zielwertverbesserung darstellt. Dadurch unterliegt man der Gefahr, dass ein Verfahren zwar abgebrochen, aber lediglich ein lokales Optimum gefunden wird (vgl. Wäscher 1998, S. 1302). Zur Illustration wird nachfolgende **Abbildung 19.11** betrachtet.

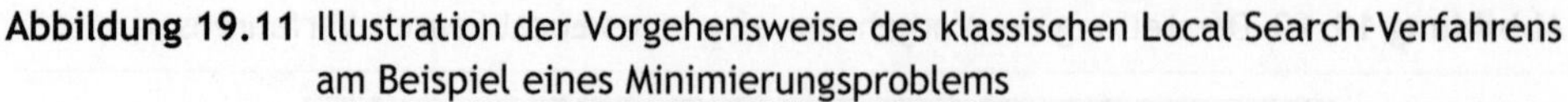

**Abbildung 19.11** Illustration der Vorgehensweise des klassischen Local Search-Verfahrens am Beispiel eines Minimierungsproblems

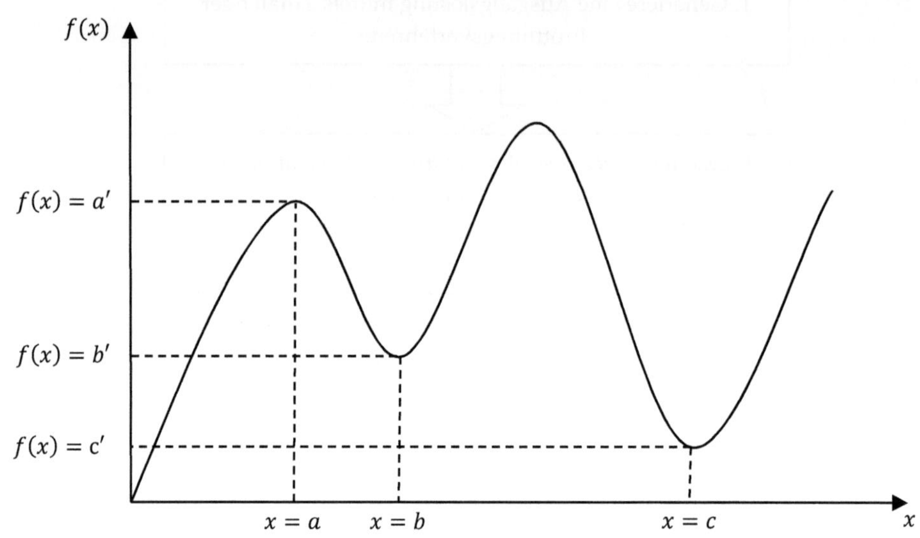


Es sei angenommen, dass eine zufällige Startlösung für ein Minimierungsproblem bei $x = a$ und der zugehörige Funktionswert bei $f(x) = a'$ liegt. Im Sinne des klassischen Local Search Verfahrens wird nun in der Nachbarschaft von $x$ nach einem Wert $x$ gesucht, der einen niedrigeren Funktionswert aufweist. Das Verfahren wird (bei entsprechender Vorgabe, dass eine optimale Lösung bei steigendem $x$ gesucht wird) letztendlich bis zum Wert $x = b$ und dem zugehörigen Funktionswert $f(x) = b'$ gelangen. In der darauffolgenden Untersuchung der Nachbarschaft wird das klassische Local Search-Verfahren erkennen, dass keine weitere zielwertverbessernde Lösung gefunden werden kann und dementsprechend das Verfahren abbrechen. Die Problematik ergibt sich daraus, dass dem Verfahren somit ein mögliches globales Optimum an der Stelle $x = c$ mit dem entsprechenden Funktionswert $f(x) = c'$ entgeht.

Im Gegensatz dazu ist es mit Hilfe moderner Local Search-Verfahren möglich, Werte zu akzeptieren, die eine Verschlechterung des Zielwertes zulassen (vgl. Wäscher 1998, S. 1302). Demnach ist es möglich, nach dem Finden eines lokalen Optimums das Verfahren dennoch weiter laufen zu lassen, um ein globales Optimum zu finden. Bezugnehmend auf **Abbildung 19.11** ist ein modernes Local Search-Verfahren, ausgehend von $x = a$, dazu in der Lage, das globale Optimum an der Stelle $x = c$ zu erreichen.

**Lösung zu Aufgabe 24**

a.

Aus den gegebenen Informationen kann nachfolgendes Optimierungsproblem aufgestellt werden:

Zielfunktion:

$KW = 10 \cdot x_1 + 33 \cdot x_2 + 34 \cdot x_3 + 17 \cdot x_4 + 31 \cdot x_5 + 26 \cdot x_6 + 35 \cdot x_7 \rightarrow \max!$

u.d.N.:

$9 \cdot x_1 + 9 \cdot x_2 + 8 \cdot x_3 + 5 \cdot x_4 + 5 \cdot x_5 + 7 \cdot x_6 + 8 \cdot x_7 \leq 35$

$x_i \in \{0,1\} \qquad \forall\, i \in 1, \dots, 7$

Grundsätzlich kann dieses Optimierungsproblem schnell und unkompliziert gelöst werden. An dieser Stelle soll aber das Verfahren der Local Search angewandt werden.

Die ermittelte Ausgangslösung ($u$) kann in Vektorschreibweise folgendermaßen dargestellt werden: $x = (1,1,1,0,0,0,0)$

Diese Schreibweise gibt an, dass die Investitionen $i = 1, i = 2$ und $i = 3$ durchgeführt sowie die Investitionen $i = 4, i = 5, i = 6$ und $i = 7$ nicht durchgeführt werden. Diese Ausgangslösung führt zu einem Zielfunktionswert von 77 GE unter Einhaltung der Budgetrestriktion.

Laut Aufgabenstellung kann im Zuge einer elementaren Transformation lediglich eine Komponente verändert werden. Dies heißt, dass entweder eine zusätzliche Investition durchgeführt werden kann, oder eine bestehende Investition aus der Ausgangslösung entfernt wird.

**Tabelle 19.4** Nachbarschaftslösungen

| | $x_1$ | $x_2$ | $x_3$ | $x_4$ | $x_5$ | $x_6$ | $x_7$ | $KW_i$ | $K_i$ |
|---|---|---|---|---|---|---|---|---|---|
| $u$ | 1 | 1 | 1 | 0 | 0 | 0 | 0 | 77 | 26 |
| $v = 1$ | 0 | 1 | 1 | 0 | 0 | 0 | 0 | 67 | 17 |
| $v = 2$ | 1 | 0 | 1 | 0 | 0 | 0 | 0 | 44 | 17 |
| $v = 3$ | 1 | 1 | 0 | 0 | 0 | 0 | 0 | 43 | 18 |
| $v = 4$ | 1 | 1 | 1 | 1 | 0 | 0 | 0 | 94 | 31 |
| $v = 5$ | 1 | 1 | 1 | 0 | 1 | 0 | 0 | 108 | 31 |
| $v = 6$ | 1 | 1 | 1 | 0 | 0 | 1 | 0 | 103 | 33 |
| $v = 7$ | 1 | 1 | 1 | 0 | 0 | 0 | 1 | 112 | 34 |

Daraus resultieren sieben verschiedene Nachbarn ($v = 1, \dots ,7$), die von der Ausgangssituation ausgehend generiert werden können. **Tabelle 19.4** fasst diese Nachbarn zusammen. Die jeweils veränderte Komponente ist grau hinterlegt.

Unter Einhaltung der Budgetrestriktion und der gegebenen Zielsetzung, dass der Gesamtkapitalwert maximiert werden soll, ist (ausgehend von der Ausgangslösung) der optimale Nachbar $v = 7$.

b.

Bei einem gegebenen Budget von 35 GE sind alle sieben Nachbarn der Ausgangslösung gleichzeitig auch zulässige Nachbarschaftslösungen. Sollte das Budget allerdings nur 30 GE betragen, so würden die Nachbarn $v = 4, v = 5, v = 6$ und $v = 7$ diese Restriktion verletzen und würden als zulässige Nachbarschaftslösungen nicht in Betracht kommen. Die Ausgangslösung $u$ wäre somit in der Situation die beste Lösung.

**Lösung zu Aufgabe 25**

Das Tabu Search-Verfahren funktioniert so, dass nach Findung eines optimalen Nachbarn von einer bestehenden Ausgangssituation aus, der vorgenommene Zug fixiert wird. Das heißt, dass die Entscheidungsvariable, die verändert wird, in der aktuellen Konstellation als unveränderbar angesehen wird. Dementsprechend wird das Komplement dazu auf die Tabuliste gesetzt.

Die neue Ausgangslösung ($u'$) wird durch den Zug erreicht, dass $x_7 = 1$ gesetzt wird. Das heißt, dass $x_7 = 1$ fixiert wird und es „tabu ist", $x_7 = 0$ zu setzen.

Zu dieser neuen Ausgangslösung werden erneut alle Nachbarn aufgelistet, die durch die Änderung einer einzigen Komponente erreicht werden können (vgl. **Tabelle 19.5**).

**Tabelle 19.5** 1. Iteration

| | $x_1$ | $x_2$ | $x_3$ | $x_4$ | $x_5$ | $x_6$ | $x_7$ | $KW_i$ | $K_i$ |
|---|---|---|---|---|---|---|---|---|---|
| $u'$ | 1 | 1 | 1 | 0 | 0 | 0 | **1** | 112 | 34 |
| $v = 1$ | 0 | 1 | 1 | 0 | 0 | 0 | **1** | 102 | 25 |
| $v = 2$ | 1 | 0 | 1 | 0 | 0 | 0 | **1** | 79 | 25 |
| ~~$v = 3$~~ | 1 | 1 | 0 | 0 | 0 | 0 | **1** | 78 | 26 |
| ~~$v = 4$~~ | 1 | 1 | 1 | 1 | 0 | 0 | **1** | 129 | 39 |
| ~~$v = 5$~~ | 1 | 1 | 1 | 0 | 1 | 0 | **1** | 143 | 39 |
| ~~$v = 6$~~ | 1 | 1 | 1 | 0 | 0 | 1 | **1** | 138 | 41 |

Dadurch, dass die Nachbarn $v = 3, v = 4$, $v = 5$ und $v = 6$ die Budgetbegrenzung überschreiten, kommen sie nicht als zulässige Lösungen in Betracht.

Dementsprechend können für die weitere Betrachtung nur die Nachbarn $v = 1$ und $v = 2$ in Frage kommen.

Für den nächsten Schritt wird der Nachbar $v = 1$ als neue Ausgangslösung betrachtet, mit einem Kapitalwert von 102.

In der nächsten Iteration (vgl. **Tabelle 19.6**) wird nun $x_1 = 0$ gesetzt, $x_7 = 1$ bleibt weiterhin fixiert. Damit landet $x_1 = 1$ auf der Tabuliste. Daraus resultieren mit $x = (0,1,1,0,0,0,1)$ als neuer Lösung ($u''$) nachfolgende Nachbarn:

**Tabelle 19.6** 2. Iteration

| | $x_1$ | $x_2$ | $x_3$ | $x_4$ | $x_5$ | $x_6$ | $x_7$ | $KW_i$ | $K_i$ |
|---|---|---|---|---|---|---|---|---|---|
| $u''$ | **0** | 1 | 1 | 0 | 0 | 0 | **1** | 102 | 25 |
| $v = 1$ | **0** | 0 | 1 | 0 | 0 | 0 | **1** | 69 | 16 |
| $v = 2$ | **0** | 1 | 0 | 0 | 0 | 0 | **1** | 68 | 17 |
| $v = 3$ | **0** | 1 | 1 | 1 | 0 | 0 | **1** | 119 | 30 |
| $v = 4$ | **0** | 1 | 1 | 0 | 1 | 0 | **1** | 133 | 30 |
| $v = 5$ | **0** | 1 | 1 | 0 | 0 | 1 | **1** | 128 | 32 |

An dieser Stelle bietet der Nachbar $v = 4$ unter Einhaltung der Budgetrestriktion den höchsten Kapitalwert und wird demzufolge als neue Lösung gesetzt. Auf Basis dessen wird $x_5 = 1$ gesetzt und $x_5 = 0$ landet ebenfalls auf der Tabuliste. Mit der neuen Lösung ergeben sich wiederum nachfolgende neue Nachbarn (vgl. **Tabelle 19.7**).

**Tabelle 19.7** 3. Iteration

| | $x_1$ | $x_2$ | $x_3$ | $x_4$ | $x_5$ | $x_6$ | $x_7$ | $KW_i$ | $K_i$ |
|---|---|---|---|---|---|---|---|---|---|
| $u'''$ | **0** | 1 | 1 | 0 | **1** | 0 | **1** | 133 | 30 |
| $v = 1$ | **0** | 0 | 1 | 0 | **1** | 0 | **1** | 100 | 21 |
| $v = 2$ | **0** | 1 | 0 | 0 | **1** | 0 | **1** | 99 | 22 |
| $v = 3$ | **0** | 1 | 1 | 1 | **1** | 0 | **1** | 150 | 35 |
| ~~$v = 4$~~ | **0** | 1 | 1 | 0 | **1** | 1 | **1** | 159 | 37 |

Unter Einhaltung der Budgetrestriktion bietet Nachbar $v = 3$ die beste Lösung und führt zum Lösungsvektor $x = (0,1,1,1,1,0,1)$ mit einem Zielfunktionswert von 150. Durch den Zug $x_4 = 1$ wird diese Lösung erreicht, dementsprechend wird $x_4 = 1$ fixiert und $x_4 = 0$ landet auf der Tabuliste. Theoretisch kann diese Lösung als erneute Ausgangslösung für eine weitere Iteration verwendet werden. Allerdings kann mittels Optimierungssoftware ermittelt werden, dass die optimale Lösung des Problems genau durch den ermittelten Lösungsvektor $x = (0,1,1,1,1,0,1)$ repräsentiert wird.

An dieser Stelle sei noch einmal auf den entscheidenden Unterschied zwischen den klassischen und modernen Local Search-Verfahren hingewiesen.

Klassische Local Search-Verfahren hätten bereits nach der 1. Iteration das Verfahren abgebrochen. Der ursprüngliche Lösungsvektor $x = (1,1,1,0,0,0,0)$ aus Aufgabe 24 weist einen Zielfunktionswert von 77 GE auf. In der Nachbarschaftssuche wird der Lösungsvektor $x = (1,1,1,0,0,0,1)$ als bester Nachbar mit einem Zielfunktionswert von 112 GE identifiziert. Im nächsten Schritt (1. Iteration) kann kein Nachbar identifiziert werden, der bei Einhaltung der Budgetrestriktion einen höheren Zielfunktionswert besitzt. Dementsprechend, dem klassischen Local Search-Verfahren entsprechend, würde das Verfahren abgebrochen werden.

Mit der Tabu Search kann allerdings als modernem Local Search-Verfahren das globale Optimum mit dem Lösungsvektor $x = (0,1,1,1,1,0,1)$ und einem Zielwert von 150 GE gefunden werden.

**Lösung zu Aufgabe 26**

a.

Das Entscheidungsproblem kann mittels Entscheidungsbaum (vgl. **Abbildung 19.12**) und dem damit einhergehenden Roll-back-Verfahren gelöst werden. Der Entscheidungsbaum ist so aufgebaut, dass die viereckigen Knoten in den Perioden $t = 1, t = 2$ und $t = 3$ Entscheidungsknoten darstellen. Die rautenförmigen Knoten zum Zeitpunkt $t = 4$ stellen Ergebnisknoten dar. Die Ergebnisknoten geben die generierten Nettoerfolge an, die aus der jeweiligen Ablauffolge entstehen. Die Zahlenangaben in den Entscheidungsknoten zeigen die Erwartungswerte der jeweiligen Nettoerfolge der verschiedenen alternativen Aktionen in den Zeitpunkten $t = 1, t = 2$ sowie $t = 3$ an. Darüber hinaus besteht der Baum aus runden Verzweigungsknoten und davon abgehenden Kanten. An diesen Kanten stehen die bedingten Wahrscheinlichkeiten für die Umweltzustände.

Die optimale Aktionsfolge, die mittels Roll-back-Verfahren ermittelt wird, wird durch die gestrichelte (bzw. durchgezogene) Kante gekennzeichnet. Diese Kante wird auch als Entscheidungskante bezeichnet. Das Symbol X (bzw. Y) bezeichnet die Zahl der anzunehmenden Aufträge (bzw. der anzuschaffenden Anlagen) zum jeweiligen Zeitpunkt.

Der Entscheidungsbaum kann nun folgendermaßen interpretiert werden:

Zum Zeitpunkt $t = 1$ soll genau ein Auftrag angenommen und eine Maschine beschafft werden. Die Handlung zum Zeitpunkt $t = 2$ ist nun von dem eintretenden Umweltzustand abhängig. Tritt der Umweltzustand $z = 2$ (es geht ein Auftrag ein) ein, dann wird keine weitere Maschine gekauft und es wird der eingehende Auftrag angenommen.

In der darauffolgenden Periode $t = 3$ wird dann ebenfalls der eingehende Auftrag angenommen und keine weitere Maschine beschafft. Ist zum Zeitpunkt $t = 2$ allerdings Umweltzustand $z = 3$ (es gehen zwei Aufträge ein) eingetreten, so wird eine weitere Maschine beschafft und es werden beide Aufträge auch angenommen. Zum Zeitpunkt $t = 3$ ist die Auswahl der Handlungsalternative ebenfalls zustandsabhängig. Insofern $z = 5$ (es gehen zwei Aufträge ein) eintritt, so wird keine weitere Maschine beschafft und es wird ein Auftrag angenommen. Tritt Zustand $z = 7$ ein (es gehen zwei Aufträge ein), so wird ebenfalls keine neue Maschine beschafft und es werden beide Aufträge angenommen.

Die mittels Roll-back-Verfahren ermittelte optimale Lösung, also des Erwartungswertes des Nettoerfolges, beträgt somit 412 GE.

**Abbildung 19.12** Entscheidungsbaum

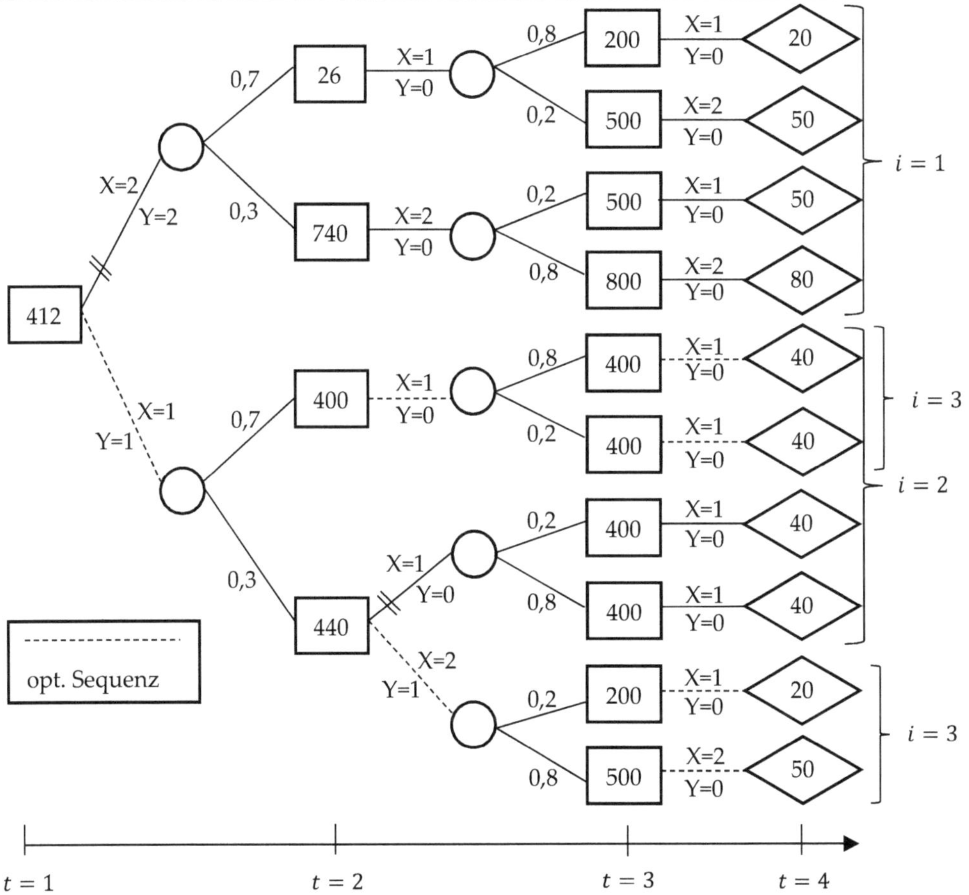

b.

Auf Basis des Entscheidungsbaumes aus Aufgabenteil a. können wir eine zugehörige Entscheidungsmatrix aufstellen. Je nach Eintreten der unterschiedlichen Zustände können wir diese Zustandsfolgen in der Kopfzeile der Entscheidungsmatrix darstellen. Dementsprechend gibt es vier Spalten mit den Zustandsfolgen 1 – 2 – 4, 1 – 2 – 5, 1 – 3 – 6 sowie 1 – 3 – 7. Die zugehörigen bedingten Wahrscheinlichkeiten ergeben sich aus der Multiplikation der einzelnen Wahrscheinlichkeiten an den Kanten des Zustandsbaumes. Aus dem Entscheidungsbaum resultieren drei zu betrachtende Aktionsfolgen ($i = 1, i = 2$ sowie $i = 3$).

Die Folge $i = 1$ ergibt sich daraus, dass zum Zeitpunkt $t = 1$ im Zustand $z = 1$ zwei Maschinen beschafft werden und gleichzeitig beide eingehende Aufträge angenommen werden. Darauf aufbauend werden in den darauffolgenden Perioden alle eingehenden Aufträge angenommen und keine zusätzlichen Maschinen mehr beschafft werden. Die Aktionsfolge $i = 2$ sieht vor, dass zum Zeitpunkt $t = 1$ eine Maschine beschafft wird und ein Auftrag angenommen wird. In den darauffolgenden Perioden werden keine weiteren Maschinen mehr beschafft und dementsprechend auch jeweils nur ein Auftrag angenommen. Die letzte Aktionsfolge $i = 3$ startet damit, dass zum Zeitpunkt $t = 1$ eine Maschine beschafft wird und ein Auftrag angenommen wird. Tritt zum Zeitpunkt $t = 2$ der Zustand $z = 2$ ein, so wird keine weitere Maschine beschafft und es wird ein Auftrag angenommen. Analog gilt dies auch für den Zeitpunkt $t = 3$, es wird ein Auftrag angenommen und keine weitere Maschine beschafft. Tritt allerdings in $t = 2$ der Zustand $z = 3$ ein, so wird eine weitere Maschine beschafft und beide eingehenden Aufträge angenommen. Zum Zeitpunkt $t = 3$ wird dann entweder ein Auftrag angenommen oder beide Aufträge angenommen (je nach Eintreten von Zustand $z = 6$ oder Zustand $z = 7$). Eine weitere Maschine wird in $t = 3$ demnach nicht mehr beschafft.

In der nachfolgenden Entscheidungsmatrix (vgl. **Tabelle 19.8**) sind in der rechten Spalte die korrespondierenden Erwartungswerte des Nettoerfolges $\mu$ abgetragen.

**Tabelle 19.8** Entscheidungsmatrix

| | $w_{2\|1} \cdot w_{4\|2} = 0{,}56$ Zustände: 1,2,4 | $w_{2\|1} \cdot w_{5\|2} = 0{,}14$ Zustände: 1,2,5 | $w_{3\|1} \cdot w_{6\|3} = 0{,}06$ Zustände: 1,3,6 | $w_{3\|1} \cdot w_{7\|3} = 0{,}24$ Zustände: 1,3,7 | $\mu$ |
|---|---|---|---|---|---|
| $i = 1$ | 200 | 500 | 500 | 800 | 404 |
| $i = 2$ | 400 | 400 | 400 | 400 | 400 |
| $i = 3$ | 400 | 400 | 200 | 500 | 412 |

Der optimale Erwartungswert ergibt sich auch hier i.H.v. 412 GE und wird bei der (optimalen) Aktionsfolge $i = 3$ erreicht.

**Lösung zu Aufgabe 27**

Der Ausdruck $\widehat{w}_z$ bezeichnet die (unbedingte) Wahrscheinlichkeit dafür, dass ein Umweltzustand $z \in Z_T$ eintritt. Hierbei beinhaltet die Menge $Z_T$ die Elemente $z$, mit $z$ als ein im letzten Entscheidungspunkt eintretender Umweltzustand.

An dieser Stelle wird Bezug genommen auf Aufgabe 26. In der Periode $t = 3$ können die Zustände 4, 5, 6 und 7 eintreten. Dementsprechend können wir schreiben $z \in Z_T = \{4,5,6,7\}$.

Damit ergibt sich, dass wir die Wahrscheinlichkeiten $\widehat{w}_4, \widehat{w}_5, \widehat{w}_6$ und $\widehat{w}_7$ betrachten. Zu jedem $z \in Z_T$ ist nun die Indexmenge $Z_z^*$ mit den Vorgängern von Zustand $z$ zu bestimmen:

$Z_4^* = \{1,2\}; Z_5^* = \{1,2\}; Z_6^* = \{1,3\}; \ Z_7^* = \{1,3\}$

Mit anderen Worten:

Die Zustände 1 und 2 sind Vorgänger des Zustandes 4, die Zustände 1 und 2 sind Vorgänger des Zustandes 5 und die Zustände 1 bzw. 3 sind jeweils Vorgänger der Zustände 6 bzw. 7.

$\widehat{w}_z$ ergibt sich also aus dem Produkt der bedingten Wahrscheinlichkeiten $w_{z^*|z^{*-}}$.

Nachfolgend soll die Vorgehensweise zur Ermittlung der Wahrscheinlichkeiten $\widehat{w}_z$ näher betrachtet werden.

In Aufgabe 26 heißt es, dass in der ersten Periode mit Sicherheit 2 Aufträge, in der zweiten Periode entweder 1 oder 2 Aufträge und in der dritten Periode ebenfalls 1 oder 2 Aufträge eingehen.

Wir können somit schreiben:

$B$ := Eingang von 2 Aufträgen in Periode $t = 2$

$B^C$ := Eingang von 1 Auftrag in Periode $t = 2$

$A \cap B$ := Eingang von 2 Aufträgen in Periode $t = 2$ und Eingang von 2 Aufträgen in $t = 3$

$A^C \cap B$ := Eingang von 2 Aufträgen in Periode $t = 2$ und Eingang von 1 Auftrag in $t = 3$

$A \cap B^C$ := Eingang von 1 Auftrag in Periode $t = 2$ und Eingang von 2 Aufträgen in $t = 3$

$A^C \cap B^C$ := Eingang von 1 Auftrag in Periode $t = 2$ und Eingang von 1 Auftrag in $t = 3$

Die korrespondierenden Wahrscheinlichkeiten lauten somit:

$P(B)$ := Wahrscheinlichkeit dafür, dass in $t = 2$ 2 Aufträge eingehen

$P(B^C)$ $:=$ Wahrscheinlichkeit dafür, dass in $t = 2$ 1 Auftrag eingeht

$P(A|B)$ $:=$ Wahrscheinlichkeit dafür, dass in $t = 3$ 2 Aufträge eingehen, gegeben, dass in $t = 2$ 2 Aufträge eingegangen sind

$P(A^C|B)$ $:=$ Wahrscheinlichkeit dafür, dass in $t = 3$ 1 Auftrag eingeht, gegeben, dass in $t = 2$ 2 Aufträge eingegangen sind

$P(A|B^C)$ $:=$ Wahrscheinlichkeit dafür, dass in $t = 3$ 2 Aufträge eingehen, gegeben, dass in $t = 2$ 1 Auftrag eingegangen ist

$P(A^C|B^C)$ $:=$ Wahrscheinlichkeit dafür, dass in $t = 3$ 1 Auftrag eingeht, gegeben, dass in $t = 2$ 1 Auftrag eingegangen ist

Nachfolgender Zustandsbaum (vgl. **Abbildung 19.13**) stellt die Situation mit den Ereignissen und den zugehörigen Wahrscheinlichkeiten dar.

**Abbildung 19.13** Zustandsbaum

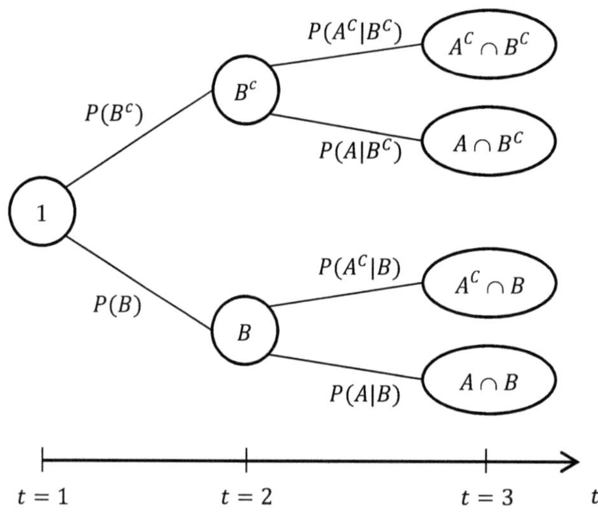


Mit Hilfe des Multiplikationssatzes können nun die Wahrscheinlichkeiten für das Eintreten eines Umweltzustandes in der letzten Periode ermittelt werden:

$$P(A \cap B) = P(A|B) \cdot P(B)$$

Aus Aufgabe 26 kennen wir die ermittelten Wahrscheinlichkeiten für die Pfade:

| | | |
|---|---|---|
| $P(B) = 0{,}3$ | $P(A^C|B^C) = 0{,}8$ | $P(A^C|\mathrm{B}) = 0{,}2$ |
| $P(B^C) = 0{,}7$ | $P(A|B^C) = 0{,}2$ | $P(A|B) = 0{,}8$ |

Damit können wir den Multiplikationssatz anwenden und die Wahrscheinlichkeiten für

$$P(A^C \cap B^C) = \widehat{w}_4 \qquad P(A^C \cap B) = \widehat{w}_6$$

$$P(A \cap B^C) = \widehat{w}_5 \qquad P(A \cap B) = \widehat{w}_7$$

berechnen:

$$P(A^C \cap B^C) = \widehat{w}_4 = P(A^C|B^C) \cdot P(B^C) = 0{,}56$$

$$P(A \cap B^C) = \widehat{w}_5 = P(A|B^C) \cdot P(B^C) = 0{,}14$$

$$P(A^C \cap B) = \widehat{w}_6 = P(A^C|\mathrm{B}) \cdot P(B) = 0{,}06$$

$$P(A \cap B) = \widehat{w}_7 = P(A|\mathrm{B}) \cdot P(B) = 0{,}24$$

Die Summe der Wahrscheinlichkeiten über die Zustände $\widehat{w}_4, \widehat{w}_5\ \widehat{w}_6$ und $\widehat{w}_7$ muss sich zu eins aufaddieren.

**Lösung zu Aufgabe 28**

$$\sum_{q \in \hat{Q}} \sum_{p \in P_q} a_{qp} \cdot x_{pz} \leq \sum_{r \in \bigcup_{q \in \hat{Q}} R_q} PA_{rz} \qquad \forall\, z \in \overline{Z}, \hat{Q} \in \mathfrak{P}(\overline{Q}) \backslash \{\emptyset\}$$

Die Restriktion setzt sich auf der linken Seite der Ungleichung aus dem Produkt eines Personalbedarfskoeffizienten sowie der Anzahl der herzustellenden Produkte zusammen. Dieses Produkt entspricht dem tätigkeitsbezogenen Personalbedarf der Erzeugung der Produktart $p$. Die innere Summe dieses Produkts ergibt den gesamten tätigkeitsbezogenen Personalbedarf für eine Tätigkeit $q$. Der Personalbedarfskoeffizient ist dimensioniert als $\left[\frac{AK \cdot P}{AE}\right]$, also Input geteilt durch Output. Die benötigten Arbeitskräfteperioden stellen den Input dar und die Arbeitseinheiten in Form der produzierten Güter den Output. Die Anzahl der herzustellenden Produkte sind dimensioniert als $\left[\frac{AE}{P}\right]$, also als Arbeitseinheiten je Periode.
Dementsprechend gelangen wir auf der linken Seite der Ungleichung zu einem Produkt aus den Dimensionen

$$\left[\frac{AK \cdot P}{AE}\right] \cdot \left[\frac{AE}{P}\right]$$

Durch diese Multiplikation kürzen sich $AE$ und $P$ weg und wir erhalten auf der linken Seite der Ungleichung die Dimension $[AK]$. Somit generiert man aus einem produkt- und tätigkeitsbezogenen Personalbedarf einen Personalbedarf, der nur noch auf die Tätigkeitsart $q$ bezogen ist. Die so ermittelten tätigkeitsbezogenen Personalbedarfe werden dann nach Maßgabe des impliziten Ansatzes verarbeitet.

Die rechte Seite der Ungleichung, also die Personalausstattung der Arbeitskräfteart $r$ im Zustand $z$, ist ebenfalls als $[AK]$ dimensioniert.

**Lösung zu Aufgabe 29**

$H_{rz}^{max}$ bezeichnet das gesamte am Markt vorhandene Arbeitsmarktpotenzial der Arbeitskräfteart $r$ im Zustand $z$. Zur Ermittlung dieses Potenzials werden entsprechende empirische Kenntnisse aus der Arbeitsmarktforschung benötigt. $H_{rz}^{max}$ kann aber auch der dem Betrieb zur Verfügung stehende Anteil des Arbeitskräftepotenzials vom Arbeitsmarkt sein. Dieses äußert sich darin, dass nicht jede Arbeitskraft auf dem Arbeitsmarkt auch ein Interesse daran hat, in jedem Unternehmen tätig zu werden. Dementsprechend wird $H_{rz}^{max}$ als Restriktion benötigt, um diesen Sachverhalt zu erfassen. Die Ermittlung dieses zur Verfügung stehenden Anteils des Potenzials ist ungleich schwieriger als die Einschätzung des Rekrutierungspotenzials auf dem Gesamtmarkt. Hierbei wird es in aller Regel auf die Markt- und Fachkenntnisse der betrieblichen Experten ankommen.

$F_{rz}^{max}$ ist eine Größe, die arbeitsrechtlich, organisationskulturell und ökonomisch bedingt ist und korrespondierenden personalpolitischen Normen entspringt. Unternehmen und unternehmerische Handlungen unterliegen immer Rahmenbedingungen, so auch im Fall von Entlassungen. So muss bspw. darauf geachtet werden, dass nicht die vollständige Belegschaft eines Unternehmens entlassen werden kann. Ansonsten würde das Unternehmen nicht mehr existieren können. Weiterhin können keine Mitarbeiter entlassen werden, die unter Kündigungsschutz stehen, bspw. durch Mitgliedschaft in einem Betriebsrat.

$X_{rz}^{max}$ ist definiert als die maximale Nachfrage im Zustand $z$ nach Produkten der Art $p$. Da das formulierte Modell Lagerhaltung ausschließt, sind erzeugte Güter sofort nach Produktion am Markt abzusetzen. Aufgrund dessen beschränkt das Absatzpotenzial das Produktionspotenzial nach oben. Dieses kann zusätzlich durch relative Knappheiten der betrieblichen Produktionskapazität eingeschränkt sein.

**Lösung zu Aufgabe 30**

a.

*Entscheidungsvariable*

$PA_{rz}$ := Ausstattung mit Arbeitskräften der Art $r$ im Zustand $z$

$x_{pz}$ := Anzahl der im Zustand $z$ herzustellenden Güter der Art $p$

$NE_z$ := Nettoerfolg, der bei der zu Zustand $z \in Z_T$ führenden Zustandsfolge erzielt wird

$h_{rz}$ := Anzahl der einzustellenden Arbeitskräfte der Art $r$ im Zustand $z$

$f_{rz}$ := Anzahl der zu entlassenden Arbeitskräfte der Art $r$ im Zustand $z$

Zielfunktion:

Maximierung des Erwartungswertes des Nettoerfolges:

$$\sum_{z \in Z_T} \widehat{w}_z \cdot NE_z \rightarrow \text{max!}$$

$$\widehat{w}_4 \cdot NE_4 + \widehat{w}_5 \cdot NE_5 + \widehat{w}_6 \cdot NE_6 + \widehat{w}_7 \cdot NE_7 \rightarrow \text{max!}$$

u.d.N.:

(1) Abstimmung von Personalbedarf und Personalausstattung:

$$\sum_{q \in \widehat{Q}} \sum_{p \in P_q} a_{qp} \cdot x_{pz} \leq \sum_{r \in \bigcup_{q \in \widehat{Q}} R_q} PA_{rz} \quad \forall z \in \overline{Z}, \widehat{Q} \in \mathfrak{P}(\overline{Q}) \backslash \{\emptyset\}$$

<u>z = 1</u>

$$a_{11} \cdot x_{11} + a_{12} \cdot x_{21} \leq PA_{11} + PA_{21} + PA_{31} + PA_{41}$$

$$a_{21} \cdot x_{11} \leq PA_{21} + PA_{41}$$

$$a_{32} \cdot x_{21} \leq PA_{31} + PA_{41}$$

$$a_{11} \cdot x_{11} + a_{12} \cdot x_{21} + a_{21} \cdot x_{11} \leq PA_{11} + PA_{21} + PA_{31} + PA_{41}$$

$$a_{11} \cdot x_{11} + a_{12} \cdot x_{21} + a_{32} \cdot x_{21} \leq PA_{11} + PA_{21} + PA_{31} + PA_{41}$$

$$a_{21} \cdot x_{11} + a_{32} \cdot x_{21} \leq PA_{21} + PA_{31} + PA_{41}$$

$$a_{11} \cdot x_{11} \cdot a_{12} \cdot x_{21} + a_{21} \cdot x_{11} + a_{32} \cdot x_{21} \leq PA_{11} + PA_{21} + PA_{31} + PA_{41}$$

<u>z = 2</u>

$$a_{11} \cdot x_{12} + a_{12} \cdot x_{22} \leq PA_{12} + PA_{22} + PA_{32} + PA_{42}$$

$$a_{21} \cdot x_{12} \leq PA_{22} + PA_{42}$$

$$a_{32} \cdot x_{22} \leq PA_{32} + PA_{42}$$

$$a_{11} \cdot x_{12} + a_{12} \cdot x_{22} + a_{21} \cdot x_{12} \leq PA_{12} + PA_{22} + PA_{32} + PA_{42}$$

$$a_{11} \cdot x_{12} + a_{12} \cdot x_{22} + a_{32} \cdot x_{22} \leq PA_{12} + PA_{22} + PA_{32} + PA_{42}$$

$$a_{21} \cdot x_{12} + a_{32} \cdot x_{22} \leq PA_{22} + PA_{32} + PA_{42}$$

$$a_{11} \cdot x_{12} + a_{12} \cdot x_{22} + a_{21} \cdot x_{12} + a_{32} \cdot x_{22} \leq PA_{12} + PA_{22} + PA_{32} + PA_{42}$$

z = 3

$a_{11} \cdot x_{13} + a_{12} \cdot x_{23} \leq PA_{13} + PA_{23} + PA_{33} + PA_{43}$

$a_{21} \cdot x_{13} \leq PA_{23} + PA_{43}$

$a_{32} \cdot x_{23} \leq PA_{33} + PA_{43}$

$a_{11} \cdot x_{13} + a_{12} \cdot x_{23} + a_{21} \cdot x_{13} \leq PA_{13} + PA_{23} + PA_{33} + PA_{43}$

$a_{11} \cdot x_{13} + a_{12} \cdot x_{23} + a_{32} \cdot x_{23} \leq PA_{13} + PA_{23} + PA_{33} + PA_{43}$

$a_{21} \cdot x_{13} + a_{32} \cdot x_{23} \leq PA_{23} + PA_{33} + PA_{43}$

$a_{11} \cdot x_{13} + a_{12} \cdot x_{23} + a_{21} \cdot x_{13} + a_{32} \cdot x_{23} \leq PA_{13} + PA_{23} + PA_{33} + PA_{43}$

z = 4

$a_{11} \cdot x_{14} + a_{12} \cdot x_{24} \leq PA_{14} + PA_{24} + PA_{34} + PA_{44}$

$a_{21} \cdot x_{14} \leq PA_{24} + PA_{44}$

$a_{32} \cdot x_{24} \leq PA_{34} + PA_{44}$

$a_{11} \cdot x_{14} + a_{12} \cdot x_{24} + a_{21} \cdot x_{14} \leq PA_{14} + PA_{24} + PA_{34} + PA_{44}$

$a_{11} \cdot x_{14} + a_{12} \cdot x_{24} + a_{32} \cdot x_{24} \leq PA_{14} + PA_{24} + PA_{34} + PA_{44}$

$a_{21} \cdot x_{14} + a_{32} \cdot x_{24} \leq PA_{24} + PA_{34} + PA_{44}$

$a_{11} \cdot x_{14} + a_{12} \cdot x_{24} + a_{21} \cdot x_{14} + a_{32} \cdot x_{24} \leq PA_{14} + PA_{24} + PA_{34} + PA_{44}$

z = 5

$a_{11} \cdot x_{15} + a_{12} \cdot x_{25} \leq PA_{15} + PA_{25} + PA_{35} + PA_{45}$

$a_{21} \cdot x_{15} \leq PA_{25} + PA_{45}$

$a_{32} \cdot x_{25} \leq PA_{35} + PA_{45}$

$a_{11} \cdot x_{15} + a_{12} \cdot x_{25} + a_{21} \cdot x_{15} \leq PA_{15} + PA_{25} + PA_{35} + PA_{45}$

$a_{11} \cdot x_{15} + a_{12} \cdot x_{25} + a_{32} \cdot x_{25} \leq PA_{15} + PA_{25} + PA_{35} + PA_{45}$

$a_{21} \cdot x_{15} + a_{32} \cdot x_{25} \leq PA_{25} + PA_{35} + PA_{45}$

$a_{11} \cdot x_{15} + a_{12} \cdot x_{25} + a_{21} \cdot x_{15} + a_{32} \cdot x_{25} \leq PA_{15} + PA_{25} + PA_{35} + PA_{45}$

<u>$z = 6$</u>

$a_{11} \cdot x_{16} + a_{12} \cdot x_{26} \leq PA_{16} + PA_{26} + PA_{36} + PA_{46}$

$a_{21} \cdot x_{16} \leq PA_{26} + PA_{46}$

$a_{32} \cdot x_{26} \leq PA_{36} + PA_{46}$

$a_{11} \cdot x_{16} + a_{12} \cdot x_{26} + a_{21} \cdot x_{16} \leq PA_{16} + PA_{26} + PA_{36} + PA_{46}$

$a_{11} \cdot x_{16} + a_{12} \cdot x_{26} + a_{32} \cdot x_{26} \leq PA_{16} + PA_{26} + PA_{36} + PA_{46}$

$a_{21} \cdot x_{16} + a_{32} \cdot x_{26} \leq PA_{26} + PA_{36} + PA_{46}$

$a_{11} \cdot x_{16} + a_{12} \cdot x_{26} + a_{21} \cdot x_{16} + a_{32} \cdot x_{26} \leq PA_{16} + PA_{26} + PA_{36} + PA_{46}$

<u>$z = 7$</u>

$a_{11} \cdot x_{17} + a_{12} \cdot x_{27} \leq PA_{17} + PA_{27} + PA_{37} + PA_{47}$

$a_{21} \cdot x_{17} \leq PA_{27} + PA_{47}$

$a_{32} \cdot x_{27} \leq PA_{37} + PA_{47}$

$a_{11} \cdot x_{17} + a_{12} \cdot x_{27} + a_{21} \cdot x_{17} \leq PA_{17} + PA_{27} + PA_{37} + PA_{47}$

$a_{11} \cdot x_{17} + a_{12} \cdot x_{27} + a_{32} \cdot x_{27} \leq PA_{17} + PA_{27} + PA_{37} + PA_{47}$

$a_{21} \cdot x_{17} + a_{32} \cdot x_{27} \leq PA_{27} + PA_{37} + PA_{47}$

$a_{11} \cdot x_{17} + a_{12} \cdot x_{27} + a_{21} \cdot x_{17} + a_{32} \cdot x_{27} \leq PA_{17} + PA_{27} + PA_{37} + PA_{47}$

(2) Fortschreibung der Personalausstattung:

$PA_{rz} = PA_{rz^-} + h_{rz} - f_{rz} \quad \forall\, z \in \overline{Z}, r \in \overline{R}$

<u>$z = 1$</u>

$PA_{11} = PA_{10} + h_{11} - f_{11}$

$PA_{21} = PA_{20} + h_{21} - f_{21}$

$PA_{31} = PA_{30} + h_{31} - f_{31}$

$PA_{41} = PA_{40} + h_{41} - f_{41}$

<u>$z = 2$</u>

$PA_{12} = PA_{11} + h_{12} - f_{12}$

$PA_{22} = PA_{21} + h_{22} - f_{22}$

$PA_{32} = PA_{31} + h_{32} - f_{32}$

$PA_{42} = PA_{41} + h_{42} - f_{42}$

$\underline{z=3}$

$PA_{13} = PA_{11} + h_{13} - f_{13}$

$PA_{23} = PA_{21} + h_{23} - f_{23}$

$PA_{33} = PA_{31} + h_{33} - f_{33}$

$PA_{43} = PA_{41} + h_{43} - f_{43}$

$\underline{z=4}$

$PA_{14} = PA_{12} + h_{14} - f_{14}$

$PA_{24} = PA_{22} + h_{24} - f_{24}$

$PA_{34} = PA_{32} + h_{34} - f_{34}$

$PA_{44} = PA_{42} + h_{44} - f_{44}$

$\underline{z=5}$

$PA_{15} = PA_{12} + h_{15} - f_{15}$

$PA_{25} = PA_{22} + h_{25} - f_{25}$

$PA_{35} = PA_{32} + h_{35} - f_{35}$

$PA_{45} = PA_{42} + h_{45} - f_{45}$

$\underline{z=6}$

$PA_{16} = PA_{13} + h_{16} - f_{16}$

$PA_{26} = PA_{23} + h_{26} - f_{26}$

$PA_{36} = PA_{33} + h_{36} - f_{36}$

$PA_{46} = PA_{43} + h_{46} - f_{46}$

$\underline{z=7}$

$PA_{17} = PA_{13} + h_{17} - f_{17}$

$PA_{27} = PA_{23} + h_{27} - f_{27}$

$PA_{37} = PA_{33} + h_{37} - f_{37}$

$PA_{47} = PA_{43} + h_{47} - f_{47}$

(3) Absatzobergrenzen:

$x_{pz} \leq \overline{X}_{pz}^{max} \quad \forall p \in \overline{P}, z \in \overline{Z}$

$\underline{p=1}$

$x_{11} \leq 30 \quad x_{12} \leq 50 \quad x_{13} \leq 40 \quad x_{14} \leq 60 \quad x_{15} \leq 40 \quad x_{16} \leq 60 \quad x_{17} \leq 40$

$\underline{p=2}$

$x_{21} \leq 20 \quad x_{22} \leq 40 \quad x_{23} \leq 10 \quad x_{24} \leq 60 \quad x_{25} \leq 20 \quad x_{26} \leq 60 \quad x_{27} \leq 20$

(4) Einstellungs- und Entlassungsobergrenzen:

$h_{rz} \leq H_{rz}^{max} \quad \forall r \in \overline{R}, z \in \overline{Z}$

$f_{rz} \leq F_{rz}^{max} \quad \forall r \in \overline{R}, z \in \overline{Z}$

| $z=1$ | $z=2$ | $z=3$ | $z=4$ | $z=5$ | $z=6$ | $z=7$ |
|---|---|---|---|---|---|---|
| $h_{11} \leq 10$ | $h_{12} \leq 10$ | $h_{13} \leq 10$ | $h_{14} \leq 10$ | $h_{15} \leq 10$ | $h_{16} \leq 10$ | $h_{17} \leq 10$ |
| $h_{21} \leq 15$ | $h_{22} \leq 15$ | $h_{23} \leq 15$ | $h_{24} \leq 15$ | $h_{25} \leq 15$ | $h_{26} \leq 15$ | $h_{27} \leq 15$ |
| $h_{31} \leq 8$ | $h_{32} \leq 8$ | $h_{33} \leq 8$ | $h_{34} \leq 8$ | $h_{35} \leq 8$ | $h_{36} \leq 8$ | $h_{37} \leq 8$ |
| $h_{41} \leq 12$ | $h_{42} \leq 12$ | $h_{43} \leq 12$ | $h_{44} \leq 12$ | $h_{45} \leq 12$ | $h_{46} \leq 12$ | $h_{47} \leq 12$ |
| $f_{11} \leq 5$ | $f_{12} \leq 5$ | $f_{13} \leq 5$ | $f_{14} \leq 5$ | $f_{15} \leq 5$ | $f_{16} \leq 5$ | $f_{17} \leq 5$ |
| $f_{21} \leq 5$ | $f_{22} \leq 5$ | $f_{23} \leq 5$ | $f_{24} \leq 5$ | $f_{25} \leq 5$ | $f_{26} \leq 5$ | $f_{27} \leq 5$ |
| $f_{31} \leq 5$ | $f_{32} \leq 5$ | $f_{33} \leq 5$ | $f_{34} \leq 5$ | $f_{35} \leq 5$ | $f_{36} \leq 5$ | $f_{37} \leq 5$ |
| $f_{41} \leq 5$ | $f_{42} \leq 5$ | $f_{43} \leq 5$ | $f_{44} \leq 5$ | $f_{45} \leq 5$ | $f_{46} \leq 5$ | $f_{47} \leq 5$ |

(5) Nettoerfolgsdefinitionen:

$$NE_z = \sum_{z^* \in Z_z^*} \left( \sum_{p \in \overline{P}} DB_{pz^*} \cdot x_{pz^*} - \sum_{r \in \overline{R}} (GK_{rz^*} \cdot PA_{rz^*} + HK_{rz^*} \cdot h_{rz^*} + FK_{rz^*} \cdot f_{rz^*}) \right) \quad \forall\, z \in Z_T$$

$$\begin{aligned} NE_4 = \; & DB_{11} \cdot x_{11} + DB_{21} \cdot x_{21} - GK_{11} \cdot PA_{11} - GK_{21} \cdot PA_{21} - GK_{31} \cdot PA_{31} - GK_{41} \cdot PA_{41} \\ & + DB_{12} \cdot x_{12} + DB_{22} \cdot x_{22} - GK_{12} \cdot PA_{12} - GK_{22} \cdot PA_{22} - GK_{32} \cdot PA_{32} - GK_{42} \cdot PA_{42} \\ & + DB_{14} \cdot x_{14} + DB_{24} \cdot x_{24} - GK_{14} \cdot PA_{14} - GK_{24} \cdot PA_{24} - GK_{34} \cdot PA_{34} - GK_{44} \cdot PA_{44} \\ & - HK_{11} \cdot h_{11} - HK_{21} \cdot h_{21} - HK_{31} \cdot h_{31} - HK_{41} \cdot h_{41} - HK_{12} \cdot h_{12} - HK_{22} \cdot h_{22} \\ & - HK_{32} \cdot h_{32} - HK_{42} \cdot h_{42} - HK_{14} \cdot h_{14} - HK_{24} \cdot h_{24} - HK_{34} \cdot h_{34} - HK_{44} \cdot h_{44} \\ & - FK_{11} \cdot f_{11} - FK_{21} \cdot f_{21} - FK_{31} \cdot f_{31} - FK_{41} \cdot f_{41} - FK_{12} \cdot f_{12} - FK_{22} \cdot f_{22} - FK_{32} \cdot f_{32} \\ & - FK_{42} \cdot f_{42} - FK_{14} \cdot f_{14} - FK_{24} \cdot f_{24} - FK_{34} \cdot f_{34} - FK_{44} \cdot f_{44} \end{aligned}$$

$$\begin{aligned} NE_5 = \; & DB_{11} \cdot x_{11} + DB_{21} \cdot x_{21} - GK_{11} \cdot PA_{11} - GK_{21} \cdot PA_{21} - GK_{31} \cdot PA_{31} - GK_{41} \cdot PA_{41} \\ & + DB_{12} \cdot x_{12} + DB_{22} \cdot x_{22} - GK_{12} \cdot PA_{12} - GK_{22} \cdot PA_{22} - GK_{32} \cdot PA_{32} - GK_{42} \cdot PA_{42} \\ & + DB_{15} \cdot x_{15} + DB_{25} \cdot x_{25} - GK_{15} \cdot PA_{15} - GK_{25} \cdot PA_{25} - GK_{35} \cdot PA_{35} - GK_{45} \cdot PA_{45} \\ & - HK_{11} \cdot h_{11} - HK_{21} \cdot h_{21} - HK_{31} \cdot h_{31} - HK_{41} \cdot h_{41} - HK_{12} \cdot h_{12} - HK_{22} \cdot h_{22} \\ & - HK_{32} \cdot h_{32} - HK_{42} \cdot h_{42} - HK_{15} \cdot h_{15} - HK_{25} \cdot h_{25} - HK_{35} \cdot h_{35} - HK_{45} \cdot h_{45} \\ & - FK_{11} \cdot f_{11} - FK_{21} \cdot f_{21} - FK_{31} \cdot f_{31} - FK_{41} \cdot f_{41} - FK_{12} \cdot f_{12} - FK_{22} \cdot f_{22} - FK_{32} \cdot f_{32} \\ & - FK_{42} \cdot f_{42} - FK_{15} \cdot f_{15} - FK_{25} \cdot f_{25} - FK_{35} \cdot f_{35} - FK_{45} \cdot f_{45} \end{aligned}$$

$$\begin{aligned} NE_6 = \; & DB_{11} \cdot x_{11} + DB_{21} \cdot x_{21} - GK_{11} \cdot PA_{11} - GK_{21} \cdot PA_{21} - GK_{31} \cdot PA_{31} - GK_{41} \cdot PA_{41} \\ & + DB_{13} \cdot x_{13} + DB_{23} \cdot x_{23} - GK_{13} \cdot PA_{13} - GK_{23} \cdot PA_{23} - GK_{33} \cdot PA_{33} \\ & - GK_{43} \cdot PA_{43} + DB_{16} \cdot x_{16} + DB_{26} \cdot x_{26} - GK_{16} \cdot PA_{16} - GK_{26} \cdot PA_{26} - GK_{36} \cdot PA_{36} \\ & - GK_{46} \cdot PA_{46} - HK_{11} \cdot h_{11} - HK_{21} \cdot h_{21} - HK_{31} \cdot h_{31} - HK_{41} \cdot h_{41} - HK_{13} \cdot h_{13} \\ & - HK_{23} \cdot h_{23} - HK_{33} \cdot h_{33} - HK_{43} \cdot h_{43} - HK_{16} \cdot h_{16} - HK_{26} \cdot h_{26} - HK_{36} \cdot h_{36} \\ & - HK_{46} \cdot h_{46} - FK_{11} \cdot f_{11} - FK_{21} \cdot f_{21} - FK_{31} \cdot f_{31} - FK_{41} \cdot f_{41} - FK_{13} \cdot f_{13} \\ & - FK_{23} \cdot f_{23} - FK_{33} \cdot f_{33} - FK_{43} \cdot f_{43} - FK_{16} \cdot f_{16} - FK_{26} \cdot f_{26} - FK_{36} \cdot f_{36} - FK_{46} \cdot f_{46} \end{aligned}$$

$$\begin{aligned} NE_7 = {} & DB_{11} \cdot x_{11} + DB_{21} \cdot x_{21} - GK_{11} \cdot PA_{11} - GK_{21} \cdot PA_{21} - GK_{31} \cdot PA_{31} - GK_{41} \cdot PA_{41} \\ & + DB_{13} \cdot x_{13} + DB_{23} \cdot x_{23} - GK_{13} \cdot PA_{13} - GK_{23} \cdot PA_{23} - GK_{33} \cdot PA_{33} - GK_{43} \cdot PA_{43} \\ & + DB_{17} \cdot x_{17} + DB_{27} \cdot x_{27} - GK_{17} \cdot PA_{17} - GK_{27} \cdot PA_{27} - GK_{37} \cdot PA_{37} - GK_{47} \cdot PA_{47} \\ & - HK_{11} \cdot h_{11} - HK_{21} \cdot h_{21} - HK_{31} \cdot h_{31} - HK_{41} \cdot h_{41} - HK_{13} \cdot h_{13} - HK_{23} \cdot h_{23} \\ & - HK_{33} \cdot h_{33} - HK_{43} \cdot h_{43} - HK_{17} \cdot h_{17} - HK_{27} \cdot h_{27} - HK_{37} \cdot h_{37} - HK_{47} \cdot h_{47} \\ & - FK_{11} \cdot f_{11} - FK_{21} \cdot f_{21} - FK_{31} \cdot f_{31} - FK_{41} \cdot f_{41} - FK_{13} \cdot f_{13} - FK_{23} \cdot f_{23} \\ & - FK_{33} \cdot f_{33} - FK_{43} \cdot f_{43} - FK_{17} \cdot f_{17} - FK_{27} \cdot f_{27} - FK_{37} \cdot f_{37} - FK_{47} \cdot f_{47} \end{aligned}$$

(6) Nichtnegativitätsbedingungen:

$x_{pz} \geq 0 \quad \forall p \in \overline{P}, z \in \overline{Z}$

$PA_{rz} \geq 0 \quad \forall r \in \overline{R}, z \in \overline{Z}$

$NE_z \geq 0 \quad \forall z \in \overline{Z}$

$f_{rz} \geq 0 \quad \forall r \in \overline{R}, z \in \overline{Z}$

$h_{rz} \geq 0 \quad \forall r \in \overline{R}, z \in \overline{Z}$

Nach Einsetzen aller gegebenen Größen kommen wir zu folgender Optimallösung (vgl. **Tabelle 19.9**) für die Produktion der Produkte $p = 1$ sowie $p = 2$ bei flexibler Planung:

**Tabelle 19.9** Optimallösung

| $x_{11}$ | $x_{21}$ | $x_{12}$ | $x_{22}$ | $x_{13}$ | $x_{23}$ | $x_{14}$ | $x_{24}$ | $x_{15}$ | $x_{25}$ | $x_{16}$ | $x_{26}$ | $x_{17}$ | $x_{27}$ |
|---|---|---|---|---|---|---|---|---|---|---|---|---|---|
| 15 | 10 | 14 | 20 | 20 | 5 | 13 | 30 | 20 | 5 | 20 | 15 | 20 | 10 |

Dies führt uns zu einem Nettoerfolgserwartungswert i.H.v. 88.278,48 GE.

b.

Ein starrer Plan ist dadurch gekennzeichnet, dass bereits zu Beginn des Planungszeitraums eine Aktionenfolge festgelegt wird. In unserem Beispiel können wir vier verschiedene starre Pläne identifizieren.

Der Plan $A_1$ bestimmt die „optimale" Aktionenfolge unter der Prämisse, dass die Zustandsfolge $1 - 2 - 4$ eintritt. $A_2$ bestimmt die „optimale" Aktionsfolge unter der Annahme, dass $1 - 2 - 5$ eintritt. Analog dazu bilden der Plan $A_3$ (bzw. $A_4$) die „optimale" Folge ab, wenn $1 - 3 - 6$ (bzw. $1 - 3 - 7$) eintritt.

Die Anwendung der starren Planung führt zu den Ergebnissen aus **Tabelle 19.10** ($NE$ bezeichnet hier den Nettoerfolg):

**Tabelle 19.10** Aktionsfolgen bei starrer Planung

| | | | | | | | |
|---|---|---|---|---|---|---|---|
| $A_1$ | $x_{11}$ | $x_{21}$ | $x_{12}$ | $x_{22}$ | $x_{14}$ | $x_{24}$ | $NE$ |
| | 15 | 10 | 14 | 20 | 13 | 30 | 128.294 |
| $A_2$ | $x_{11}$ | $x_{21}$ | $x_{12}$ | $x_{22}$ | $x_{15}$ | $x_{25}$ | $NE$ |
| | 15 | 10 | 13 | 20 | 20 | 5 | 90.587 |
| $A_3$ | $x_{11}$ | $x_{21}$ | $x_{13}$ | $x_{23}$ | $x_{16}$ | $x_{26}$ | $NE$ |
| | 15 | 10 | 20 | 5 | 24 | 15 | 89.582 |
| $A_4$ | $x_{11}$ | $x_{21}$ | $x_{13}$ | $x_{23}$ | $x_{17}$ | $x_{27}$ | $NE$ |
| | 15 | 10 | 20 | 5 | 20 | 10 | 81.280 |

Die Problematik, die sich bei starren Plänen ergibt, ist die, dass zwar bspw. davon ausgegangen wird, dass die Zustandsfolge $1-2-4$ eintritt, sie aber nicht eintreten muss. In diesem Fall müssen Konsequenzen getragen werden, die daraus resultieren, wenn eine andere Zustandsfolge eintritt.

So ergibt sich bspw. bei Anwendung des starren Plans $A_1$, dass bei Eintritt von Zustandsfolge $1-2-5$ in der Periode $t=3$ von den produzierten Einheiten $x_{24}=30$ lediglich 10 Einheiten aufgrund der Nachfragerestriktion abgesetzt werden können. Dies führt zu entgehenden Erlösen i.H.v. $20 \cdot 4.000 = 80.000$ und damit zu einem verringerten Nettoerfolg in der Zustandsfolge $1-2-5$ von 48.294 GE.

Analog zu dem beschriebenen Vorgehen können somit für alle vier starren Pläne die Nettoerfolge von den abweichenden Zustandsfolgen angegeben werden.

Mit Hilfe dieser können die Erwartungswerte $\mu$ ermittelt und in nachfolgender **Tabelle 19.11** eingetragen werden. Offensichtlich ist das Ergebnis der flexiblen Planung (in der Erwartung) besser als die Ergebnisse aller starren Pläne.

**Tabelle 19.11** Erwartungswerte der Aktionsfolgen bei starrer Planung

| | $1-2-4$<br>$\widehat{w}_4=0{,}06$ | $1-2-5$<br>$\widehat{w}_5=0{,}24$ | $1-3-6$<br>$\widehat{w}_6=0{,}28$ | $1-3-7$<br>$\widehat{w}_7=0{,}42$ | $\mu$ |
|---|---|---|---|---|---|
| $A_1$ | 128.294 | 48.294 | 68.294 | -11.706 | 33.494 |
| $A_2$ | 90.587 | 90.587 | 30.587 | 30.587 | 48.587 |
| $A_3$ | 89.582 | 57.528 | 89.582 | 57.582 | 68.462 |
| $A_4$ | 81.280 | 81.280 | 81.280 | 81.280 | 81.280 |
| $A_{flex}$ | 128.294 | 90.512 | 88.632 | 81.050 | 88.278,48 |

**Lösung zu Aufgabe 31**

Strategien können hinsichtlich einer Vielzahl an Kriterien differenziert werden. Zur Erinnerung: Strategien stellen Maßnahmenbündel dar und keine konkreten Einzelmaßnahmen. Dementsprechend geht es bei der Differenzierung von verschiedenen Strategien immer um die Differenzierung von Maßnahmenbündeln und nicht um konkrete Einzelmaßnahmen.

Bei einer Orientierung an betrieblichen Funktionen oder Objekten können wir z.B. Absatz-, Finanzierungs-, Produktions- oder Personalstrategien voneinander abgrenzen. Absatzstrategien können bspw. darauf ausgerichtet sein, einen maximalen Absatz an produzierten Gütern anzustreben, Finanzierungsstrategien können sich z.B. auf die Beschaffung von Kapital oder die Kapitalstruktur beziehen. So könnte eine Strategie sein, dass ein Unternehmen möglichst viel Eigenkapital und möglichst wenig Fremdkapital besitzt. Welche konkreten Einzelmaßnahmen dann umgesetzt werden, wird an dieser Stelle nicht betrachtet.

Strategien, die sich an organisationalen Geltungsbereichen orientieren, können bspw. Unternehmens-, Geschäftsbereichs- oder Funktionsbereichsstrategien sein. So kann sich eine Strategie bspw. auf ein Unternehmen als Ganzes beziehen oder „nur" auf einzelne Geschäftsbereiche. Demnach kann eine Strategie bspw. lauten, dass möglichst viele Aufträge vom gesamten Unternehmen angenommen werden oder nur von einem einzelnen Geschäftsbereich.

Orientieren sich Strategien an Veränderungen von Objektausprägungen, so können wir bspw. Expansions-, Konsolidierungs-, Stagnations- und Kontraktionsstrategien voneinander unterscheiden. Expansionsstrategien können z.B. einen Raum von Handlungsmöglichkeiten darstellen, die das Ziel verfolgen, das Unternehmen zu vergrößern. Die Stagnationsstrategie kann Maßnahmenbündel beschreiben, die dafür sorgen sollen, dass das Unternehmen zwar stabil bleibt, aber keinerlei Wachstum erfährt.

Strategien, die sich hinsichtlich des Verhaltens gegenüber Konkurrenten differenzieren lassen, können Offensiv-, Neutralitäts- und Defensivstrategien genannt werden. Als Offensivstrategien können solche Maßnahmenbündel bezeichnet werden, die eingesetzt werden, um eine Erhöhung des Marktanteils auf dem Absatzmarkt zu generieren. Defensivstrategien bezeichnen dahingegen Maßnahmenbündel, die dafür eingesetzt werden, um ein Überleben des Unternehmens auf dem Markt zu sichern.

Strategien bzgl. der Produkt- und Marktentwicklung können hinsichtlich Marktdurchdringungs-, Marktentwicklungs-, Produktentwicklungs- und Diversifikationsstrategien differenziert werden. Marktdurchdringungsstrategien bezeichnen Maßnahmenbündel, die dafür eingesetzt werden, mit bestehenden Produkten auf bestehenden Märkten zu agieren. Produktentwicklungsstrategien werden verwendet, um auf bestehenden Märkten mit neuen Produkten zu arbeiten. Marktentwicklungsstrategien sind darauf ausgerichtet, mit bestehenden Produkten neue Märkte zu erschließen, wohingegen Diversifikationsstrategien sowohl neue Produkte als auch neue Märkte erschließen (vgl. Ansoff 1957, S. 114).

Strategien, die sich hinsichtlich ihrer Möglichkeiten der Koalitionsbildung differenzieren lassen, sind bspw. Unabhängigkeits-, Kooperations-, Akquisitions- oder Beteiligungsstrategien.

Akquisitionsstrategien können z.B. Maßnahmenbündel umfassen, die darauf ausgelegt sind, möglichst viele Konkurrenten vom Markt zu übernehmen. Wohingegen Unabhängigkeitsstrategien bspw. angestrebt werden, um möglichst unabhängig von der Konkurrenz agieren zu können (vgl. Spengler 1999, S. 65 ff.).

**Lösung zu Aufgabe 32**

Bei dem Begriff Niveau geht es um die quantitative Ausrichtung. Dementsprechend betrachten wir bei dem Niveau einer Personalausstattung deren quantitative Dimension. Zur Erinnerung: Wir betrachten immer vier Dimensionen, die lokale, temporale, quantitative und qualitative Dimension.

Hinsichtlich der quantitativen Dimension kann die Personalausstattung weiter differenziert werden. Bspw. können wir die Gesamtpersonalausstattung des Unternehmens betrachten, oder lediglich die Personalausstattungen in Teilbereichen. Wenn wir von Niveaukonstanz sprechen, dann ist damit gemeint, dass wir die quantitative Dimension, demnach die Anzahl an Arbeitskräften, über den Zeitverlauf konstant halten. Dies kann sich auf die gesamte Personalausstattung des Unternehmens beziehen oder lediglich auf Teilbereiche oder sogar auf Personalausstattungen einzelner Arbeitskräftearten.

Bei der Struktur einer Personalausstattung wird die strukturelle Zusammensetzung der Ausstattung betrachtet, also bspw. die Qualifikationen der Arbeitskräftearten. Demnach bedeutet eine Konstanz der Struktur, dass wir keine Veränderungen an der qualifikatorischen Zusammensetzung und somit bspw. keine Schulungen vornehmen. Darüber hinaus werden keine Arbeitskräftekategorien der Personalausstattung hinzugefügt, die andere, weniger oder mehr Qualifikationen aufweisen, als die aktuellen.

Sofern beides vorherrscht, also Niveau- und Strukturkonstanz, wird die Personalausstattung als gegeben und unveränderbar angesehen.

**Lösung zu Aufgabe 33**

Personalbereitstellung ist dadurch gekennzeichnet, dass der Personalbedarf als gegeben angesehen werden kann. Das heißt, dass der Personalbedarf bereits über Ermittlungsmodelle festgestellt wurde und somit in deterministischer, stochastischer oder unscharfer Form vorliegt. Die Ermittlung des Personalbedarfs kann bspw. durch die Grundgleichung oder durch die Rosenkranz-Formel vorgenommen werden (s. Kap. 11.2). Das bedeutet, dass der Personalbedarf im Zuge von Personalbereitstellungsstrategien keine Entscheidungsvariable darstellt. Dementsprechend gilt es, Entscheidungen zu treffen, wie dieser ermittelte Personalbedarf gedeckt werden soll. Im Zuge der Bereitstellungsstrategien sollen also Entscheidungen über die Personalstruktur und deren Niveau getroffen werden. Letztendlich geht es dabei um die Einrichtung einer optimalen Personalausstattung und den daraus resultierenden optimalen Personaleinsatz.

Bei Personalverwendungsstrategien geht es um die Analyse der bestehenden Personalausstattung und darauf aufbauend um die Ausschöpfung von Personalpotenzialitäten. Bei der Personalverwendung ist nur die Personalausstattung als gegeben anzusehen, während der

Personalbedarf und der Personaleinsatz Entscheidungsvariablen darstellen. Bei Personalverwendungsstrategien können wir zwischen einem offensiven und einem defensiven Vorgehen unterscheiden. Während offensive Verwendungsstrategien darauf ausgerichtet sind, die Potenziale in der Ausstattung zu entfalten (bspw. durch Qualifizierungsmaßnahmen / Schulungen), wird in defensiven Verwendungsstrategien die gegebene Personalausstattung als struktur- und niveaukonstant betrachtet.

**Lösung zu Aufgabe 34**

Zielfunktion:

$$\sum_{t\in\overline{T}}\sum_{r\in\overline{R}}\Bigg[\sum_{q\in Q_r}\sum_{l\in L_q} GKL_{qt}^{l}\cdot PEL_{rq}^{lt} + \sum_{g\in G_r}(GKG_{rt}^{g}\cdot PAG_r^{gt} + HK_{rt}\cdot hG_r^{gt} + FK_{rt}\cdot fG_r^{gt}) +$$

$$+\sum_{l\in L_r}(HK_{rt}\cdot hL_r^{lt} + FK_{rt}\cdot fL_r^{lt} + \sum_{n\in N_l} GKN_t^{n}\cdot PEN_r^{lt})\Bigg] \rightarrow \text{min!}$$

$\underline{t=1}$

$$GKL_{11}^{1}\cdot PEL_{11}^{11} + GKL_{11}^{2}\cdot PEL_{11}^{21} + GKG_{11}^{1}\cdot PAG_1^{11} + HK_{11}\cdot hG_1^{11} + FK_{11}\cdot fG_1^{11} + HK_{11}\cdot hL_1^{11}$$
$$+HK_{11}\cdot hL_1^{21} + FK_{11}\cdot fL_1^{11} + FK_{11}\cdot fL_1^{21} + GKN_1^{1}\cdot PEN_1^{11} + GKN_1^{2}\cdot PEN_1^{21}$$
$$+GKL_{11}^{1}\cdot PEL_{21}^{11} + GKL_{11}^{2}\cdot PEL_{21}^{21} + GKL_{21}^{2}\cdot PEL_{22}^{21} + GKL_{21}^{3}\cdot PEL_{22}^{31} + GKG_{21}^{1}\cdot PAG_2^{11}$$
$$+HK_{21}\cdot hG_2^{11} + FK_{21}\cdot fG_2^{11} + GKG_{21}^{2}\cdot PAG_2^{21} + HK_{21}\cdot hG_2^{21} + FK_{21}\cdot fG_2^{21} + HK_{21}\cdot hL_2^{11}$$
$$+HK_{21}\cdot hL_2^{21} + HK_{21}\cdot hL_2^{31} + FK_{21}\cdot fL_2^{11} + FK_{21}\cdot fL_2^{21} + FK_{21}\cdot fL_2^{31} + GKN_1^{1}\cdot PEN_2^{11}$$
$$+GKN_1^{2}\cdot PEN_2^{21} + GKN_1^{3}\cdot PEN_2^{31}$$
$$+GKL_{21}^{2}\cdot PEL_{32}^{21} + GKL_{21}^{3}\cdot PEL_{32}^{31} + GKL_{31}^{2}\cdot PEL_{33}^{21} + GKL_{31}^{3}\cdot PEL_{33}^{31} + GKL_{31}^{4}\cdot PEL_{33}^{41}$$
$$+GKG_{31}^{2}\cdot PAG_3^{21} + HK_{31}\cdot hG_3^{21} + FK_{31}\cdot fG_3^{21} + GKG_{31}^{3}\cdot PAG_3^{31} + HK_{31}\cdot hG_3^{31} + FK_{31}\cdot fG_3^{31}$$
$$+HK_{31}\cdot hL_3^{21} + HK_{31}\cdot hL_3^{31} + HK_{31}\cdot hL_3^{41} + FK_{31}\cdot fL_3^{21} + FK_{31}\cdot fL_3^{31} + FK_{31}\cdot fL_3^{41}$$
$$+GKN_1^{2}\cdot PEN_3^{21} + GKN_1^{3}\cdot PEN_3^{31} + GKN_1^{4}\cdot PEN_3^{41}$$
$$+GKL_{11}^{1}\cdot PEL_{41}^{11} + GKL_{11}^{2}\cdot PEL_{41}^{21} + GKL_{21}^{2}\cdot PEL_{42}^{21} + GKL_{21}^{3}\cdot PEL_{42}^{31} + GKL_{31}^{2}\cdot PEL_{43}^{21}$$
$$+GKL_{31}^{3}\cdot PEL_{43}^{31} + GKL_{31}^{4}\cdot PEL_{43}^{41} + GKG_{41}^{1}\cdot PAG_4^{11} + HK_{41}\cdot hG_4^{11} + FK_{41}\cdot fG_4^{11}$$
$$+GKG_{41}^{2}\cdot PAG_4^{21} + HK_{41}\cdot hG_4^{21} + FK_{41}\cdot fG_4^{21} + GKG_{41}^{3}\cdot PAG_4^{31} + HK_{41}\cdot hG_4^{31} + FK_{41}\cdot fG_4^{31}$$
$$+HK_{41}\cdot hL_4^{11} + HK_{41}\cdot hL_4^{21} + HK_{41}\cdot hL_4^{31} + HK_{41}\cdot hL_4^{41} + FK_{41}\cdot fL_4^{11} + FK_{41}\cdot fL_4^{21}$$
$$+FK_{41}\cdot fL_4^{31} + FK_{41}\cdot fL_4^{41} + GKN_1^{1}\cdot PEN_4^{11} + GKN_1^{2}\cdot PEN_4^{21} + GKN_1^{3}\cdot PEN_4^{31}$$
$$+GKN_1^{4}\cdot PEN_4^{41} +$$

$\underline{t=2}$

$GKL_{12}^1 \cdot PEL_{11}^{12} + GKL_{12}^2 \cdot PEL_{11}^{22} + GKG_{12}^1 \cdot PAG_1^{12} + HK_{12} \cdot hG_1^{12} + FK_{12} \cdot fG_1^{12} + HK_{12} \cdot hL_1^{12}$
$+HK_{12} \cdot hL_1^{22} + FK_{12} \cdot fL_1^{12} + FK_{12} \cdot fL_1^{22} + GKN_2^1 \cdot PEN_1^{12} + GKN_2^2 \cdot PEN_1^{22}$
$+GKL_{12}^1 \cdot PEL_{21}^{12} + GKL_{12}^2 \cdot PEL_{21}^{22} + GKL_{22}^2 \cdot PEL_{22}^{22} + GKL_{22}^3 \cdot PEL_{22}^{32} + GKG_{22}^1 \cdot PAG_2^{12}$
$+HK_{22} \cdot hG_2^{12} + FK_{22} \cdot fG_2^{12} + GKG_{22}^2 \cdot PAG_2^{22} + HK_{22} \cdot hG_2^{22} + FK_{22} \cdot fG_2^{22} + HK_{22} \cdot hL_2^{12}$
$+HK_{22} \cdot hL_2^{22} + HK_{22} \cdot hL_2^{32} + FK_{22} \cdot fL_2^{12} + FK_{22} \cdot fL_2^{22} + FK_{22} \cdot fL_2^{32} + GKN_2^1 \cdot PEN_2^{12}$
$+GKN_2^2 \cdot PEN_2^{22} + GKN_2^3 \cdot PEN_2^{32}$
$+GKL_{22}^2 \cdot PEL_{32}^{22} + GKL_{22}^3 \cdot PEL_{32}^{32} + GKL_{32}^2 \cdot PEL_{33}^{22} + GKL_{32}^3 \cdot PEL_{33}^{32} + GKL_{32}^4 \cdot PEL_{33}^{42}$
$+GKG_{32}^2 \cdot PAG_3^{22} + HK_{32} \cdot hG_3^{22} + FK_{32} \cdot fG_3^{22} + GKG_{32}^3 \cdot PAG_3^{32} + HK_{32} \cdot hG_3^{32} + FK_{32} \cdot fG_3^{32}$
$+HK_{32} \cdot hL_3^{22} + HK_{32} \cdot hL_3^{32} + HK_{32} \cdot hL_3^{42} + FK_{32} \cdot fL_3^{22} + FK_{32} \cdot fL_3^{32} + FK_{32} \cdot fL_3^{42}$
$+GKN_2^2 \cdot PEN_3^{22} + GKN_2^3 \cdot PEN_3^{32} + GKN_2^4 \cdot PEN_3^{42}$
$+GKL_{12}^1 \cdot PEL_{41}^{12} + GKL_{12}^2 \cdot PEL_{41}^{22} + GKL_{22}^2 \cdot PEL_{42}^{22} + GKL_{22}^3 \cdot PEL_{42}^{32} + GKL_{32}^2 \cdot PEL_{43}^{22}$
$+GKL_{32}^3 \cdot PEL_{43}^{32} + GKL_{32}^4 \cdot PEL_{43}^{42} + GKG_{42}^1 \cdot PAG_4^{12} + HK_{42} \cdot hG_4^{12} + FK_{42} \cdot fG_4^{12}$
$+GKG_{42}^2 \cdot PAG_4^{22} + HK_{42} \cdot hG_4^{22} + FK_{42} \cdot fG_4^{22} + GKG_{42}^3 \cdot PAG_4^{32} + HK_{42} \cdot hG_4^{32} + FK_{42} \cdot fG_4^{32}$
$+HK_{42} \cdot hL_4^{12} + HK_{42} \cdot hL_4^{22} + HK_{42} \cdot hL_4^{32} + HK_{42} \cdot hL_4^{42} + FK_{42} \cdot fL_4^{12} + FK_{42} \cdot fL_4^{22}$
$+FK_{42} \cdot fL_4^{32} + FK_{42} \cdot fL_4^{42} + GKN_2^1 \cdot PEN_4^{12} + GKN_2^2 \cdot PEN_4^{22} + GKN_2^3 \cdot PEN_4^{32}$
$+GKN_2^4 \cdot PEN_4^{42} +$

$\underline{t=3}$

$GKL_{13}^1 \cdot PEL_{11}^{13} + GKL_{13}^2 \cdot PEL_{11}^{23} + GKG_{13}^1 \cdot PAG_1^{13} + HK_{13} \cdot hG_1^{13} + FK_{13} \cdot fG_1^{13} + HK_{13} \cdot hL_1^{13}$
$+HK_{13} \cdot hL_1^{23} + FK_{13} \cdot fL_1^{13} + FK_{13} \cdot fL_1^{23} + GKN_3^1 \cdot PEN_1^{13} + GKN_3^2 \cdot PEN_1^{23}$
$+GKL_{13}^1 \cdot PEL_{21}^{13} + GKL_{13}^2 \cdot PEL_{21}^{23} + GKL_{23}^2 \cdot PEL_{22}^{23} + GKL_{23}^3 \cdot PEL_{22}^{33} + GKG_{23}^1 \cdot PAG_2^{13}$
$+HK_{23} \cdot hG_2^{13} + FK_{23} \cdot fG_2^{13} + GKG_{23}^2 \cdot PAG_2^{23} + HK_{23} \cdot hG_2^{23} + FK_{23} \cdot fG_2^{23} + HK_{23} \cdot hL_2^{13}$
$+HK_{23} \cdot hL_2^{23} + HK_{23} \cdot hL_2^{33} + FK_{23} \cdot fL_2^{13} + FK_{23} \cdot fL_2^{23} + FK_{23} \cdot fL_2^{33} + GKN_3^1 \cdot PEN_2^{13}$
$+GKN_3^2 \cdot PEN_2^{23} + GKN_3^3 \cdot PEN_2^{33}$
$+GKL_{23}^2 \cdot PEL_{32}^{23} + GKL_{23}^3 \cdot PEL_{32}^{33} + GKL_{33}^2 \cdot PEL_{33}^{23} + GKL_{33}^3 \cdot PEL_{33}^{33} + GKL_{33}^4 \cdot PEL_{33}^{43}$
$+GKG_{33}^2 \cdot PAG_3^{23} + HK_{33} \cdot hG_3^{23} + FK_{33} \cdot fG_3^{23} + GKG_{33}^3 \cdot PAG_3^{33} + HK_{33} \cdot hG_3^{33} + FK_{33} \cdot fG_3^{33}$
$+HK_{33} \cdot hL_3^{23} + HK_{33} \cdot hL_3^{33} + HK_{33} \cdot hL_3^{43} + FK_{33} \cdot fL_3^{23} + FK_{33} \cdot fL_3^{33} + FK_{33} \cdot fL_3^{43}$
$+GKN_3^2 \cdot PEN_3^{23} + GKN_3^3 \cdot PEN_3^{33} + GKN_3^4 \cdot PEN_3^{43}$
$+GKL_{13}^1 \cdot PEL_{41}^{13} + GKL_{13}^2 \cdot PEL_{41}^{23} + GKL_{23}^2 \cdot PEL_{42}^{23} + GKL_{23}^3 \cdot PEL_{42}^{33} + GKL_{33}^2 \cdot PEL_{43}^{23}$
$+GKL_{33}^3 \cdot PEL_{43}^{33} + GKL_{33}^4 \cdot PEL_{43}^{43} + GKG_{43}^1 \cdot PAG_4^{13} + HK_{43} \cdot hG_4^{13} + FK_{43} \cdot fG_4^{13}$
$+GKG_{43}^2 \cdot PAG_4^{23} + HK_{43} \cdot hG_4^{23} + FK_{43} \cdot fG_4^{23} + GKG_{43}^3 \cdot PAG_4^{33} + HK_{43} \cdot hG_4^{33} + FK_{43} \cdot fG_4^{33}$

$+HK_{43} \cdot hL_4^{13} + HK_{43} \cdot hL_4^{23} + HK_{43} \cdot hL_4^{33} + HK_{43} \cdot hL_4^{43} + FK_{43} \cdot fL_4^{13} + FK_{43} \cdot fL_4^{23}$
$+FK_{43} \cdot fL_4^{33} + FK_{43} \cdot fL_4^{43} + GKN_3^1 \cdot PEN_4^{13} + GKN_3^2 \cdot PEN_4^{23} + GKN_3^3 \cdot PEN_4^{33}$
$+GKN_3^4 \cdot PEN_4^{43} \rightarrow \text{min!}$

u.d.N.:

(1) Abstimmung von Personalbedarf und Personaleinsatz:

$$\overline{PB}_{qt} = \sum_{r \in R_q} \left( \sum_{l \in L_q} PEL_{rq}^{lt} + \sum_{g \in G_r} PEG_{rq}^{gt} \right) \quad \forall\, t \in \overline{T}, q \in \overline{Q}$$

<u>$t = 1$</u>

$$\overline{PB}_{11} = PEL_{11}^{11} + PEL_{11}^{21} + PEL_{21}^{11} + PEL_{21}^{21} + PEL_{41}^{11} + PEL_{41}^{21} + PEG_{11}^{11} + PEG_{21}^{11} + PEG_{21}^{21} + PEG_{41}^{11} + PEG_{41}^{21} + PEG_{41}^{31}$$

$$\overline{PB}_{21} = PEL_{22}^{21} + PEL_{22}^{31} + PEL_{32}^{21} + PEL_{32}^{31} + PEL_{42}^{21} + PEL_{42}^{31} + PEG_{22}^{11} + PEG_{22}^{21} + PEG_{32}^{21} + PEG_{32}^{31} + PEG_{42}^{11} + PEG_{42}^{21} + PEG_{42}^{31}$$

$$\overline{PB}_{31} = PEL_{33}^{21} + PEL_{33}^{31} + PEL_{33}^{41} + PEL_{43}^{21} + PEL_{43}^{31} + PEL_{43}^{41} + PEG_{33}^{21} + PEG_{33}^{31} + PEG_{43}^{11} + PEG_{43}^{21} + PEG_{43}^{31}$$

<u>$t = 2$</u>

$$\overline{PB}_{12} = PEL_{11}^{12} + PEL_{11}^{22} + PEL_{21}^{12} + PEL_{21}^{22} + PEL_{41}^{12} + PEL_{41}^{22} + PEG_{11}^{12} + PEG_{21}^{12} + PEG_{21}^{22} + PEG_{41}^{12} + PEG_{41}^{22} + PEG_{41}^{32}$$

$$\overline{PB}_{22} = PEL_{22}^{22} + PEL_{22}^{32} + PEL_{32}^{22} + PEL_{32}^{32} + PEL_{42}^{22} + PEL_{42}^{32} + PEG_{22}^{12} + PEG_{22}^{22} + PEG_{32}^{22} + PEG_{32}^{32} + PEG_{42}^{12} + PEG_{42}^{22} + PEG_{42}^{32}$$

$$\overline{PB}_{32} = PEL_{33}^{22} + PEL_{33}^{32} + PEL_{33}^{42} + PEL_{43}^{22} + PEL_{43}^{32} + PEL_{43}^{42} + PEG_{33}^{22} + PEG_{33}^{32} + PEG_{43}^{12} + PEG_{43}^{22} + PEG_{43}^{32}$$

<u>$t = 3$</u>

$$\overline{PB}_{13} = PEL_{11}^{13} + PEL_{11}^{23} + PEL_{21}^{13} + PEL_{21}^{23} + PEL_{41}^{13} + PEL_{41}^{23} + PEG_{11}^{13} + PEG_{21}^{13} + PEG_{21}^{23} + PEG_{41}^{13} + PEG_{41}^{23} + PEG_{41}^{33}$$

$$\overline{PB}_{23} = PEL_{22}^{23} + PEL_{22}^{33} + PEL_{32}^{23} + PEL_{32}^{33} + PEL_{42}^{23} + PEL_{42}^{33} + PEG_{22}^{13} + PEG_{22}^{23} + PEG_{32}^{23} + PEG_{32}^{33} + PEG_{42}^{13} + PEG_{42}^{23} + PEG_{42}^{33}$$

$$\overline{PB}_{33} = PEL_{33}^{23} + PEL_{33}^{33} + PEL_{33}^{43} + PEL_{43}^{23} + PEL_{43}^{33} + PEL_{43}^{43} + PEG_{33}^{23} + PEG_{33}^{33} + PEG_{43}^{13} + PEG_{43}^{23} + PEG_{43}^{33}$$

(2) Abstimmung von Personaleinsatz und Personalausstattung für Potenziallohnbezieher:

$$\sum_{q \in Q_r} PEG_{rq}^{gt} \leq PAG_r^{gt} \quad \forall\, t \in \overline{T}, r \in \overline{R}, g \in G_r$$

$\underline{t=1}$

$\underline{r=1}$

$PEG_{11}^{11} \leq PAG_{1}^{11}$

$\underline{r=2}$

$PEG_{21}^{11} + PEG_{22}^{11} \leq PAG_{2}^{11}$

$PEG_{21}^{21} + PEG_{22}^{21} \leq PAG_{2}^{21}$

$\underline{r=3}$

$PEG_{32}^{21} + PEG_{33}^{21} \leq PAG_{3}^{21}$

$PEG_{32}^{31} + PEG_{33}^{31} \leq PAG_{3}^{31}$

$\underline{r=4}$

$PEG_{41}^{11} + PEG_{42}^{11} + PEG_{43}^{11} \leq PAG_{4}^{11}$

$PEG_{41}^{21} + PEG_{42}^{21} + PEG_{43}^{21} \leq PAG_{4}^{21}$

$PEG_{41}^{31} + PEG_{42}^{31} + PEG_{43}^{31} \leq PAG_{4}^{31}$

$\underline{t=2}$

$\underline{r=1}$

$PEG_{11}^{12} \leq PAG_{1}^{12}$

$\underline{r=2}$

$PEG_{21}^{12} + PEG_{22}^{12} \leq PAG_{2}^{12}$

$PEG_{21}^{22} + PEG_{22}^{22} \leq PAG_{2}^{22}$

$\underline{r=3}$

$PEG_{32}^{22} + PEG_{33}^{22} \leq PAG_{3}^{22}$

$PEG_{32}^{32} + PEG_{33}^{32} \leq PAG_{3}^{32}$

$\underline{r=4}$

$PEG_{41}^{12} + PEG_{42}^{12} + PEG_{43}^{12} \leq PAG_{4}^{12}$

$PEG_{41}^{22} + PEG_{42}^{22} + PEG_{43}^{22} \leq PAG_{4}^{22}$

$PEG_{41}^{32} + PEG_{42}^{32} + PEG_{43}^{32} \leq PAG_{4}^{32}$

$\underline{t=3}$

$\underline{r=1}$

$PEG_{11}^{13} \leq PAG_{1}^{13}$

$\underline{r=2}$

$PEG_{21}^{13} + PEG_{22}^{13} \leq PAG_{2}^{13}$

$PEG_{21}^{23} + PEG_{22}^{23} \leq PAG_{2}^{23}$

$\underline{r=3}$

$PEG_{32}^{23} + PEG_{33}^{23} \leq PAG_{3}^{23}$

$PEG_{32}^{33} + PEG_{33}^{33} \leq PAG_{3}^{33}$

$\underline{r=4}$

$PEG_{41}^{13} + PEG_{42}^{13} + PEG_{43}^{13} \leq PAG_{4}^{13}$

$PEG_{41}^{23} + PEG_{42}^{23} + PEG_{43}^{23} \leq PAG_{4}^{23}$

$PEG_{41}^{33} + PEG_{42}^{33} + PEG_{43}^{33} \leq PAG_{4}^{33}$

(3) Abstimmung von Personaleinsatz und Personalausstattung für Anforderungslohnbezieher:

$$\sum_{q \in Q_r \cap Q_l} PEL_{rq}^{lt} + PEN_r^{lt} = PAL_r^{lt} \quad \forall\, t \in \overline{T}, r \in \overline{R}, l \in L_r$$

$\underline{t=1}$

$\underline{r=1}$

$PEL_{11}^{11} + PEN_1^{11} = PAL_1^{11}$

$PEL_{11}^{21} + PEN_1^{21} = PAL_1^{21}$

$\underline{r=2}$

$PEL_{21}^{11} + PEN_2^{11} = PAL_2^{11}$

$PEL_{21}^{21} + PEL_{22}^{21} + PEN_2^{21} = PAL_2^{21}$

$PEL_{22}^{31} + PEN_2^{31} = PAL_2^{31}$

$\underline{r=3}$

$PEL_{32}^{21} + PEL_{33}^{21} + PEN_3^{21} = PAL_3^{21}$

$PEL_{32}^{31} + PEL_{33}^{31} + PEN_3^{31} = PAL_3^{31}$

$PEL_{33}^{41} + PEN_3^{41} = PAL_3^{41}$

$\underline{r=4}$

$PEL_{41}^{11} + PEN_4^{11} = PAL_4^{11}$

$PEL_{41}^{21} + PEL_{42}^{21} + PEL_{43}^{21} + PEN_4^{21} = PAL_4^{21}$

$PEL_{42}^{31} + PEL_{43}^{31} + PEN_4^{31} = PAL_4^{31}$

$PEL_{43}^{41} + PEN_4^{41} = PAL_4^{41}$

$\underline{t=2}$

$\underline{r=1}$

$PEL_{11}^{12} + PEN_1^{12} = PAL_1^{12}$

$PEL_{11}^{22} + PEN_1^{22} = PAL_1^{22}$

$\underline{r=2}$

$PEL_{21}^{12} + PEN_2^{12} = PAL_2^{12}$

$PEL_{21}^{22} + PEL_{22}^{22} + PEN_2^{22} = PAL_2^{22}$

$PEL_{22}^{32} + PEN_2^{32} = PAL_2^{32}$

$\underline{r=3}$

$PEL_{32}^{22} + PEL_{33}^{22} + PEN_3^{22} = PAL_3^{22}$

$PEL_{32}^{32} + PEL_{33}^{32} + PEN_3^{32} = PAL_3^{32}$

$PEL_{33}^{42} + PEN_3^{42} = PAL_3^{42}$

$\underline{r=4}$

$PEL_{41}^{12} + PEN_4^{12} = PAL_4^{12}$

$PEL_{41}^{22} + PEL_{42}^{22} + PEL_{43}^{22} + PEN_4^{22} = PAL_4^{22}$

$PEL_{42}^{32} + PEL_{43}^{32} + PEN_4^{32} = PAL_4^{32}$

$PEL_{43}^{42} + PEN_4^{42} = PAL_4^{42}$

$\underline{t=3}$

$\underline{r=1}$

$PEL_{11}^{13} + PEN_1^{13} = PAL_1^{13}$

$PEL_{11}^{23} + PEN_1^{23} = PAL_1^{23}$

$\underline{r=2}$

$PEL_{21}^{13} + PEN_2^{13} = PAL_2^{13}$

$PEL_{21}^{23} + PEL_{22}^{23} + PEN_2^{23} = PAL_2^{23}$

$PEL_{22}^{33} + PEN_2^{33} = PAL_2^{33}$

$\underline{r=3}$

$PEL_{32}^{23} + PEL_{33}^{23} + PEN_3^{23} = PAL_3^{23}$

$PEL_{32}^{33} + PEL_{33}^{33} + PEN_3^{33} = PAL_3^{33}$

$PEL_{33}^{43} + PEN_3^{43} = PAL_3^{43}$

$\underline{r=4}$

$PEL_{41}^{13} + PEN_4^{13} = PAL_4^{13}$

$PEL_{41}^{23} + PEL_{42}^{23} + PEL_{43}^{23} + PEN_4^{23} = PAL_4^{23}$

$PEL_{42}^{33} + PEL_{43}^{33} + PEN_4^{33} = PAL_4^{33}$

$PEL_{43}^{43} + PEN_4^{43} = PAL_4^{43}$

(4) Fortschreibung der Ausstattung mit Potenziallohn erhaltenden Arbeitskräfte:

$PAG_r^{gt} = PAG_r^{g,t-1} + hG_r^{gt} - fG_r^{gt}$ mit $PAG_r^{g0}$ als Datum und $\forall\, t \in \overline{T}, r \in \overline{R}, g \in G_r$

$\underline{t=1}$

$\underline{r=1}$

$PAG_1^{11} = PAG_1^{10} + hG_1^{11} - fG_1^{11}$

$\underline{r=2}$

$PAG_2^{11} = PAG_2^{10} + hG_2^{11} - fG_2^{11}$

$PAG_2^{21} = PAG_2^{20} + hG_2^{21} - fG_2^{21}$

$\underline{r=3}$

$PAG_3^{21} = PAG_3^{20} + hG_3^{21} - fG_3^{21}$

$PAG_3^{31} = PAG_3^{30} + hG_3^{31} - fG_3^{31}$

$\underline{r=4}$

$PAG_4^{11} = PAG_4^{10} + hG_4^{11} - fG_4^{11}$

$PAG_4^{21} = PAG_4^{20} + hG_4^{21} - fG_4^{21}$

$PAG_4^{31} = PAG_4^{30} + hG_4^{31} - fG_4^{31}$

$\underline{t=2}$

$\underline{r=1}$

$PAG_1^{12} = PAG_1^{11} + hG_1^{12} - fG_1^{12}$

$\underline{r=2}$

$PAG_2^{12} = PAG_2^{11} + hG_2^{12} - fG_2^{12}$

$PAG_2^{22} = PAG_2^{21} + hG_2^{22} - fG_2^{22}$

r = 3

$PAG_3^{22} = PAG_3^{21} + hG_3^{22} - fG_3^{22}$

$PAG_3^{32} = PAG_3^{31} + hG_3^{32} - fG_3^{32}$

r = 4

$PAG_4^{12} = PAG_4^{11} + hG_4^{12} - fG_4^{12}$

$PAG_4^{22} = PAG_4^{21} + hG_4^{22} - fG_4^{22}$

$PAG_4^{32} = PAG_4^{31} + hG_4^{32} - fG_4^{32}$

t = 3

r = 1

$PAG_1^{13} = PAG_1^{12} + hG_1^{13} - fG_1^{13}$

r = 2

$PAG_2^{13} = PAG_2^{12} + hG_2^{13} - fG_2^{13}$

$PAG_2^{23} = PAG_2^{22} + hG_2^{23} - fG_2^{23}$

r = 3

$PAG_3^{23} = PAG_3^{22} + hG_3^{23} - fG_3^{23}$

$PAG_3^{33} = PAG_3^{32} + hG_3^{33} - fG_3^{33}$

r = 4

$PAG_4^{13} = PAG_4^{12} + hG_4^{13} - fG_4^{13}$

$PAG_4^{23} = PAG_4^{22} + hG_4^{23} - fG_4^{23}$

$PAG_4^{33} = PAG_4^{32} + hG_4^{33} - fG_4^{33}$

(5) Fortschreibung der Ausstattung mit Anforderungslohn erhaltenden Arbeitskräfte:

$PAL_r^{lt} = PAL_r^{l,t-1} + hL_r^{lt} - fL_r^{lt}$ mit $PAL_r^{l0}$ als Datum und $\forall\, t \in \overline{T}, r \in \overline{R}, l \in L_r$

t = 1

r = 1

$PAL_1^{11} = PAL_1^{10} + hL_1^{11} - fL_1^{11}$

$PAL_1^{21} = PAL_1^{20} + hL_1^{21} - fL_1^{21}$

r = 2

$PAL_2^{11} = PAL_2^{10} + hL_2^{11} - fL_2^{11}$

$PAL_2^{21} = PAL_2^{20} + hL_2^{21} - fL_2^{21}$

$PAL_2^{31} = PAL_2^{30} + hL_2^{31} - fL_2^{31}$

r = 3

$PAL_3^{21} = PAL_3^{20} + hL_3^{21} - fL_3^{21}$

$PAL_3^{31} = PAL_3^{30} + hL_3^{31} - fL_3^{31}$

$PAL_3^{41} = PAL_3^{40} + hL_3^{41} - fL_3^{41}$

r = 4

$PAL_4^{11} = PAL_4^{10} + hL_4^{11} - fL_4^{11}$

$PAL_4^{21} = PAL_4^{20} + hL_4^{21} - fL_4^{21}$

$PAL_4^{31} = PAL_4^{30} + hL_4^{31} - fL_4^{31}$

$PAL_4^{41} = PAL_4^{40} + hL_4^{41} - fL_4^{41}$

<u>$t = 2$</u>

<u>$r = 1$</u>

$PAL_1^{12} = PAL_1^{11} + hL_1^{12} - fL_1^{12}$

$PAL_1^{22} = PAL_1^{21} + hL_1^{22} - fL_1^{22}$

<u>$r = 2$</u>

$PAL_2^{12} = PAL_2^{11} + hL_2^{12} - fL_2^{12}$

$PAL_2^{22} = PAL_2^{21} + hL_2^{22} - fL_2^{22}$

$PAL_2^{32} = PAL_2^{31} + hL_2^{32} - fL_2^{32}$

<u>$r = 3$</u>

$PAL_3^{22} = PAL_3^{21} + hL_3^{22} - fL_3^{22}$

$PAL_3^{32} = PAL_3^{31} + hL_3^{32} - fL_3^{32}$

$PAL_3^{42} = PAL_3^{41} + hL_3^{42} - fL_3^{42}$

<u>$r = 4$</u>

$PAL_4^{12} = PAL_4^{11} + hL_4^{12} - fL_4^{12}$

$PAL_4^{22} = PAL_4^{21} + hL_4^{22} - fL_4^{22}$

$PAL_4^{32} = PAL_4^{31} + hL_4^{32} - fL_4^{32}$

$PAL_4^{42} = PAL_4^{41} + hL_4^{42} - fL_4^{42}$

<u>$t = 3$</u>

<u>$r = 1$</u>

$PAL_1^{13} = PAL_1^{12} + hL_1^{13} - fL_1^{13}$

$PAL_1^{23} = PAL_1^{22} + hL_1^{23} - fL_1^{23}$

<u>$r = 2$</u>

$PAL_2^{13} = PAL_2^{12} + hL_2^{13} - fL_2^{13}$

$PAL_2^{23} = PAL_2^{22} + hL_2^{23} - fL_2^{23}$

$PAL_2^{33} = PAL_2^{32} + hL_2^{33} - fL_2^{33}$

<u>$r = 3$</u>

$PAL_3^{23} = PAL_3^{22} + hL_3^{23} - fL_3^{23}$

$PAL_3^{33} = PAL_3^{32} + hL_3^{33} - fL_3^{33}$

$PAL_3^{43} = PAL_3^{42} + hL_3^{43} - fL_3^{43}$

<u>$r = 4$</u>

$PAL_4^{13} = PAL_4^{12} + hL_4^{13} - fL_4^{13}$

$PAL_4^{23} = PAL_4^{22} + hL_4^{23} - fL_4^{23}$

$PAL_4^{33} = PAL_4^{32} + hL_4^{33} - fL_4^{33}$

$PAL_4^{43} = PAL_4^{42} + hL_4^{43} - fL_4^{43}$

(6) Ausschlussbedingungen für die Potenziallohnsätze:

$PAG_r^{g^*t} \leq y_{rg^*t} \cdot M \quad \forall\, t \in \overline{T}, r \in \overline{R}, g^* \in G_r$

<u>$t = 1$</u>

<u>$r = 1$</u>

$PAG_1^{11} \leq y_{111}M$

<u>$t = 2$</u>

<u>$r = 1$</u>

$PAG_1^{12} \leq y_{112}M$

<u>$t = 3$</u>

<u>$r = 1$</u>

$PAG_1^{13} \leq y_{113}M$

<u>$r = 2$</u> | <u>$r = 2$</u> | <u>$r = 2$</u>

$PAG_2^{11} \leq y_{211}M$ $\quad PAG_2^{12} \leq y_{212}M$ $\quad PAG_2^{13} \leq y_{213}M$

$PAG_2^{21} \leq y_{221}M$ $\quad PAG_2^{22} \leq y_{222}M$ $\quad PAG_2^{23} \leq y_{223}M$

<u>$r = 3$</u> | <u>$r = 3$</u> | <u>$r = 3$</u>

$PAG_3^{21} \leq y_{321}M$ $\quad PAG_3^{22} \leq y_{322}M$ $\quad PAG_3^{23} \leq y_{323}M$

$PAG_3^{31} \leq y_{331}M$ $\quad PAG_3^{32} \leq y_{332}M$ $\quad PAG_3^{33} \leq y_{333}M$

<u>$r = 4$</u> | <u>$r = 4$</u> | <u>$r = 4$</u>

$PAG_4^{11} \leq y_{411}M$ $\quad PAG_4^{12} \leq y_{412}M$ $\quad PAG_4^{13} \leq y_{413}M$

$PAG_4^{21} \leq y_{421}M$ $\quad PAG_4^{22} \leq y_{422}M$ $\quad PAG_4^{23} \leq y_{423}M$

$PAG_4^{31} \leq y_{431}M$ $\quad PAG_4^{32} \leq y_{432}M$ $\quad PAG_4^{33} \leq y_{433}M$

$$\sum_{g \in G_r \setminus \{g^*\}} PAG_r^{gt} \leq \left(1 - y_{rg^*t}\right) \cdot M \quad \forall\, t \in \overline{T}, r \in \overline{R}, g^* \in G_r$$

<u>$t = 1$</u> | <u>$t = 2$</u> | <u>$t = 3$</u>

<u>$r = 1$</u> | <u>$r = 1$</u> | <u>$r = 1$</u>

$0 \leq (1 - y_{111})M$ $\quad 0 \leq (1 - y_{112})M$ $\quad 0 \leq (1 - y_{113})M$

<u>$r = 2$</u> | <u>$r = 2$</u> | <u>$r = 2$</u>

$PAG_2^{21} \leq (1 - y_{211})M$ $\quad PAG_2^{22} \leq (1 - y_{212})M$ $\quad PAG_2^{23} \leq (1 - y_{213})M$

$PAG_2^{11} \leq (1 - y_{221})M$ $\quad PAG_2^{12} \leq (1 - y_{222})M$ $\quad PAG_2^{13} \leq (1 - y_{223})M$

<u>$r = 3$</u> | <u>$r = 3$</u> | <u>$r = 3$</u>

$PAG_3^{31} \leq (1 - y_{321})M$ $\quad PAG_3^{32} \leq (1 - y_{322})M$ $\quad PAG_3^{33} \leq (1 - y_{323})M$

$PAG_3^{21} \leq (1 - y_{331})M$ $\quad PAG_3^{22} \leq (1 - y_{332})M$ $\quad PAG_3^{23} \leq (1 - y_{333})M$

<u>$t = 1$</u> | <u>$t = 2$</u>

<u>$r = 4$</u> | <u>$r = 4$</u>

$PAG_4^{21} + PAG_4^{31} \leq (1 - y_{411})M$ $\quad PAG_4^{22} + PAG_4^{32} \leq (1 - y_{412})M$

$PAG_4^{11} + PAG_4^{31} \leq (1 - y_{421})M$ $\quad PAG_4^{12} + PAG_4^{32} \leq (1 - y_{422})M$

$PAG_4^{11} + PAG_4^{21} \leq (1 - y_{431})M$ $\quad PAG_4^{12} + PAG_4^{22} \leq (1 - y_{432})M$

$\underline{t=3}$

$\underline{r=4}$

$PAG_4^{23} + PAG_4^{33} \leq (1 - y_{413})M$

$PAG_4^{13} + PAG_4^{33} \leq (1 - y_{423})M$

$PAG_4^{13} + PAG_4^{23} \leq (1 - y_{433})M$

(7) Ausschlussbedingungen für die Anforderungslohnsätze:

$PAL_r^{l^*t} \leq \hat{y}_{rl^*t} \cdot M \quad \forall\, t \in \overline{T}, r \in \overline{R}, l^* \in L_r$

$\underline{t=1}$

$\underline{r=1}$

$PAL_1^{11} \leq \hat{y}_{111}M$

$PAL_1^{21} \leq \hat{y}_{121}M$

$\underline{r=2}$

$PAL_2^{11} \leq \hat{y}_{211}M$

$PAL_2^{21} \leq \hat{y}_{221}M$

$PAL_2^{31} \leq \hat{y}_{231}M$

$\underline{r=3}$

$PAL_3^{21} \leq \hat{y}_{321}M$

$PAL_3^{31} \leq \hat{y}_{331}M$

$PAL_3^{41} \leq \hat{y}_{341}M$

$\underline{r=4}$

$PAL_4^{11} \leq \hat{y}_{411}M$

$PAL_4^{21} \leq \hat{y}_{421}M$

$PAL_4^{31} \leq \hat{y}_{431}M$

$PAL_4^{41} \leq \hat{y}_{441}M$

$\underline{t=2}$

$\underline{r=1}$

$PAL_1^{12} \leq \hat{y}_{112}M$

$PAL_1^{22} \leq \hat{y}_{122}M$

$\underline{r=2}$

$PAL_2^{12} \leq \hat{y}_{212}M$

$PAL_2^{22} \leq \hat{y}_{222}M$

$PAL_2^{32} \leq \hat{y}_{232}M$

$\underline{r=3}$

$PAL_3^{22} \leq \hat{y}_{322}M$

$PAL_3^{32} \leq \hat{y}_{332}M$

$PAL_3^{42} \leq \hat{y}_{342}M$

$\underline{r=4}$

$PAL_4^{12} \leq \hat{y}_{412}M$

$PAL_4^{22} \leq \hat{y}_{422}M$

$PAL_4^{32} \leq \hat{y}_{432}M$

$PAL_4^{42} \leq \hat{y}_{442}M$

$\underline{t=3}$

$\underline{r=1}$

$PAL_1^{13} \leq \hat{y}_{113}M$

$PAL_1^{23} \leq \hat{y}_{123}M$

$\underline{r=2}$

$PAL_2^{13} \leq \hat{y}_{213}M$

$PAL_2^{23} \leq \hat{y}_{223}M$

$PAL_2^{33} \leq \hat{y}_{233}M$

$\underline{r=3}$

$PAL_3^{23} \leq \hat{y}_{323}M$

$PAL_3^{33} \leq \hat{y}_{333}M$

$PAL_3^{43} \leq \hat{y}_{343}M$

$\underline{r=4}$

$PAL_4^{13} \leq \hat{y}_{413}M$

$PAL_4^{23} \leq \hat{y}_{423}M$

$PAL_4^{33} \leq \hat{y}_{433}M$

$PAL_4^{43} \leq \hat{y}_{443}M$

$$\sum_{l \in L_r \setminus \{l^*\}} PAL_r^{lt} \leq (1 - \hat{y}_{rl^*t}) \cdot M \quad \forall\, t \in \overline{T}, r \in \overline{R}, l^* \in L_r$$

<u>$t = 1$</u>

<u>$r = 1$</u>

$PAL_1^{21} \leq (1 - \hat{y}_{111})M$

$PAL_1^{11} \leq (1 - \hat{y}_{121})M$

<u>$t = 2$</u>

<u>$r = 1$</u>

$PAL_1^{22} \leq (1 - \hat{y}_{112})M$

$PAL_1^{12} \leq (1 - \hat{y}_{122})M$

<u>$t = 3$</u>

<u>$r = 1$</u>

$PAL_1^{23} \leq (1 - \hat{y}_{113})M$

$PAL_1^{13} \leq (1 - \hat{y}_{123})M$

<u>$t = 1$</u>

<u>$r = 2$</u>

$PAL_2^{21} + PAL_2^{31} \leq (1 - \hat{y}_{211})M$

$PAL_2^{11} + PAL_2^{31} \leq (1 - \hat{y}_{221})M$

$PAL_2^{11} + PAL_2^{21} \leq (1 - \hat{y}_{231})M$

<u>$t = 2$</u>

<u>$r = 2$</u>

$PAL_2^{22} + PAL_2^{32} \leq (1 - \hat{y}_{212})M$

$PAL_2^{12} + PAL_2^{32} \leq (1 - \hat{y}_{222})M$

$PAL_2^{12} + PAL_2^{22} \leq (1 - \hat{y}_{232})M$

<u>$t = 3$</u>

<u>$r = 2$</u>

$PAL_2^{23} + PAL_2^{33} \leq (1 - \hat{y}_{213})M$

$PAL_2^{13} + PAL_2^{33} \leq (1 - \hat{y}_{223})M$

$PAL_2^{13} + PAL_2^{23} \leq (1 - \hat{y}_{233})M$

<u>$t = 1$</u>

<u>$r = 3$</u>

$PAL_3^{31} + PAL_3^{41} \leq (1 - \hat{y}_{321})M$

$PAL_3^{21} + PAL_3^{41} \leq (1 - \hat{y}_{331})M$

$PAL_3^{21} + PAL_3^{31} \leq (1 - \hat{y}_{341})M$

<u>$t = 2$</u>

<u>$r = 3$</u>

$PAL_3^{32} + PAL_3^{42} \leq (1 - \hat{y}_{322})M$

$PAL_3^{22} + PAL_3^{42} \leq (1 - \hat{y}_{332})M$

$PAL_3^{22} + PAL_3^{32} \leq (1 - \hat{y}_{342})M$

<u>$t = 3$</u>

<u>$r = 3$</u>

$PAL_3^{33} + PAL_3^{43} \leq (1 - \hat{y}_{323})M$

$PAL_3^{23} + PAL_3^{43} \leq (1 - \hat{y}_{333})M$

$PAL_3^{23} + PAL_3^{33} \leq (1 - \hat{y}_{343})M$

<u>$t = 1$</u>

<u>$r = 4$</u>

$PAL_4^{21} + PAL_4^{31} + PAL_4^{41} \leq (1 - \hat{y}_{411})M$

$PAL_4^{11} + PAL_4^{31} + PAL_4^{41} \leq (1 - \hat{y}_{421})M$

$PAL_4^{11} + PAL_4^{21} + PAL_4^{41} \leq (1 - \hat{y}_{431})M$

<u>$t = 2$</u>

<u>$r = 4$</u>

$PAL_4^{22} + PAL_4^{32} + PAL_4^{42} \leq (1 - \hat{y}_{412})M$

$PAL_4^{12} + PAL_4^{32} + PAL_4^{42} \leq (1 - \hat{y}_{422})M$

$PAL_4^{12} + PAL_4^{22} + PAL_4^{42} \leq (1 - \hat{y}_{432})M$

$PAL_4^{11} + PAL_4^{21} + PAL_4^{31} \leq (1 - \hat{y}_{441})M$ $PAL_4^{12} + PAL_4^{22} + PAL_4^{32} \leq (1 - \hat{y}_{442})M$

$\underline{t = 3}$

$\underline{r = 4}$

$PAL_4^{23} + PAL_4^{33} + PAL_4^{43} \leq (1 - \hat{y}_{413})M$

$PAL_4^{13} + PAL_4^{33} + PAL_4^{43} \leq (1 - \hat{y}_{423})M$

$PAL_4^{13} + PAL_4^{23} + PAL_4^{43} \leq (1 - \hat{y}_{433})M$

$PAL_4^{13} + PAL_4^{23} + PAL_4^{33} \leq (1 - \hat{y}_{443})M$

(8) Ausschlussbedingungen für die Lohnformen:

$$\sum_{g \in G_r} PAG_r^{gt} \leq y_r \cdot M \quad \forall t \in \overline{T}, r \in \overline{R}$$

| $\underline{t = 1}$ | $\underline{t = 2}$ | $\underline{t = 3}$ |
|---|---|---|
| $\underline{r = 1}$ | $\underline{r = 1}$ | $\underline{r = 1}$ |
| $PAG_1^{11} \leq y_1 M$ | $PAG_1^{12} \leq y_1 M$ | $PAG_1^{13} \leq y_1 M$ |
| $\underline{r = 2}$ | $\underline{r = 2}$ | $\underline{r = 2}$ |
| $PAG_2^{11} + PAG_2^{21} \leq y_2 M$ | $PAG_2^{12} + PAG_2^{22} \leq y_2 M$ | $PAG_2^{13} + PAG_2^{23} \leq y_2 M$ |
| $\underline{r = 3}$ | $\underline{r = 3}$ | $\underline{r = 3}$ |
| $PAG_3^{21} + PAG_3^{31} \leq y_3 M$ | $PAG_3^{22} + PAG_3^{32} \leq y_3 M$ | $PAG_3^{23} + PAG_3^{33} \leq y_3 M$ |

| $\underline{t = 1}$ | $\underline{t = 2}$ |
|---|---|
| $\underline{r = 4}$ | $\underline{r = 4}$ |
| $PAG_4^{11} + PAG_4^{21} + PAG_4^{31} \leq y_4 M$ | $PAG_4^{12} + PAG_4^{22} + PAG_4^{32} \leq y_4 M$ |

$\underline{t = 3}$

$\underline{r = 4}$

$PAG_4^{13} + PAG_4^{23} + PAG_4^{33} \leq y_4 M$

$$\sum_{q \in Q_r} \sum_{l \in L_q} PEL_{rq}^{lt} \leq (1 - y_r) \cdot M \quad \forall t \in \overline{T}, r \in \overline{R}$$

$\underline{t=1}$

$\underline{r=1}$

$PEL_{11}^{11} + PEL_{11}^{21} \leq (1 - y_1)M$

$\underline{r=2}$

$PEL_{21}^{11} + PEL_{21}^{21} + PEL_{22}^{21} + PEL_{22}^{31} \leq (1 - y_2)M$

$\underline{r=3}$

$PEL_{32}^{21} + PEL_{32}^{31} + PEL_{33}^{21} + PEL_{33}^{31} + PEL_{33}^{41} \leq (1 - y_3)M$

$\underline{r=4}$

$PEL_{41}^{11} + PEL_{41}^{21} + PEL_{42}^{21} + PEL_{42}^{31} + PEL_{43}^{21} + PEL_{43}^{31} + PEL_{43}^{41} \leq (1 - y_4)M$

$\underline{t=2}$

$\underline{r=1}$

$PEL_{11}^{12} + PEL_{11}^{22} \leq (1 - y_1)M$

$\underline{r=2}$

$PEL_{21}^{12} + PEL_{21}^{22} + PEL_{22}^{22} + PEL_{22}^{32} \leq (1 - y_2)M$

$\underline{r=3}$

$PEL_{32}^{22} + PEL_{32}^{32} + PEL_{33}^{22} + PEL_{33}^{32} + PEL_{33}^{42} \leq (1 - y_3)M$

$\underline{r=4}$

$PEL_{41}^{12} + PEL_{41}^{22} + PEL_{42}^{22} + PEL_{42}^{32} + PEL_{43}^{22} + PEL_{43}^{32} + PEL_{43}^{42} \leq (1 - y_4)M$

$\underline{t=3}$

$\underline{r=1}$

$PEL_{11}^{13} + PEL_{11}^{23} \leq (1 - y_1)M$

$\underline{r=2}$

$PEL_{21}^{13} + PEL_{21}^{23} + PEL_{22}^{23} + PEL_{22}^{33} \leq (1 - y_2)M$

$\underline{r=3}$

$PEL_{32}^{23} + PEL_{32}^{33} + PEL_{33}^{23} + PEL_{33}^{33} + PEL_{33}^{43} \leq (1 - y_3)M$

$\underline{r=4}$

$PEL_{41}^{13} + PEL_{41}^{23} + PEL_{42}^{23} + PEL_{42}^{33} + PEL_{43}^{23} + PEL_{43}^{33} + PEL_{43}^{43} \leq (1-y_4)M$

(9) Rekrutierungsobergrenzen für Potenziallohnempfänger:

$hG_r^{gt} \leq HG_{grt}^{max} \quad \forall\, t \in \bar{T}, r \in \bar{R}, g \in G_r$

| $\underline{t=1}$ | $\underline{t=2}$ | $\underline{t=3}$ |
|---|---|---|
| $\underline{r=1}$ | $\underline{r=1}$ | $\underline{r=1}$ |
| $hG_1^{11} \leq HG_{111}^{max}$ | $hG_1^{12} \leq HG_{112}^{max}$ | $hG_1^{13} \leq HG_{113}^{max}$ |
| $\underline{r=2}$ | $\underline{r=2}$ | $\underline{r=2}$ |
| $hG_2^{11} \leq HG_{121}^{max}$ | $hG_2^{12} \leq HG_{122}^{max}$ | $hG_2^{13} \leq HG_{123}^{max}$ |
| $hG_2^{21} \leq HG_{221}^{max}$ | $hG_2^{22} \leq HG_{222}^{max}$ | $hG_2^{23} \leq HG_{223}^{max}$ |
| $\underline{r=3}$ | $\underline{r=3}$ | $\underline{r=3}$ |
| $hG_3^{21} \leq HG_{231}^{max}$ | $hG_3^{22} \leq HG_{232}^{max}$ | $hG_3^{23} \leq HG_{233}^{max}$ |
| $hG_3^{31} \leq HG_{331}^{max}$ | $hG_3^{32} \leq HG_{332}^{max}$ | $hG_3^{33} \leq HG_{333}^{max}$ |
| $\underline{r=4}$ | $\underline{r=4}$ | $\underline{r=4}$ |
| $hG_4^{11} \leq HG_{141}^{max}$ | $hG_4^{12} \leq HG_{142}^{max}$ | $hG_4^{13} \leq HG_{143}^{max}$ |
| $hG_4^{21} \leq HG_{241}^{max}$ | $hG_4^{22} \leq HG_{242}^{max}$ | $hG_4^{23} \leq HG_{243}^{max}$ |
| $hG_4^{31} \leq HG_{341}^{max}$ | $hG_4^{32} \leq HG_{342}^{max}$ | $hG_4^{33} \leq HG_{343}^{max}$ |

(10) Entlassungsobergrenzen für Potenziallohnempfänger:

$fG_r^{gt} \leq FG_{grt}^{max} \quad \forall\, t \in \bar{T}, r \in \bar{R}, g \in G_r$

| $\underline{t=1}$ | $\underline{t=2}$ | $\underline{t=3}$ |
|---|---|---|
| $\underline{r=1}$ | $\underline{r=1}$ | $\underline{r=1}$ |
| $fG_1^{11} \leq FG_{111}^{max}$ | $fG_1^{12} \leq FG_{112}^{max}$ | $fG_1^{13} \leq FG_{113}^{max}$ |
| $\underline{r=2}$ | $\underline{r=2}$ | $\underline{r=2}$ |
| $fG_2^{11} \leq FG_{121}^{max}$ | $fG_2^{12} \leq FG_{122}^{max}$ | $fG_2^{13} \leq FG_{123}^{max}$ |

| | | |
|---|---|---|
| $fG_2^{21} \leq FG_{221}^{max}$ | $fG_2^{22} \leq FG_{222}^{max}$ | $fG_2^{23} \leq FG_{223}^{max}$ |
| $\underline{r=3}$ | $\underline{r=3}$ | $\underline{r=3}$ |
| $fG_3^{21} \leq FG_{231}^{max}$ | $fG_3^{22} \leq FG_{232}^{max}$ | $fG_3^{23} \leq FG_{233}^{max}$ |
| $fG_3^{31} \leq FG_{331}^{max}$ | $fG_3^{32} \leq FG_{332}^{max}$ | $fG_3^{33} \leq FG_{333}^{max}$ |
| $\underline{r=4}$ | $\underline{r=4}$ | $\underline{r=4}$ |
| $fG_4^{11} \leq FG_{141}^{max}$ | $fG_4^{12} \leq FG_{142}^{max}$ | $fG_4^{13} \leq FG_{143}^{max}$ |
| $fG_4^{21} \leq FG_{241}^{max}$ | $fG_4^{22} \leq FG_{242}^{max}$ | $fG_4^{23} \leq FG_{243}^{max}$ |
| $fG_4^{31} \leq FG_{341}^{max}$ | $fG_4^{32} \leq FG_{342}^{max}$ | $fG_4^{33} \leq FG_{343}^{max}$ |

(11) Rekrutierungsobergrenzen für Anforderungslohnempfänger:

$hL_r^{lt} \leq HL_{lrt}^{max} \quad \forall\, t \in \bar{T}, r \in \bar{R}, l \in L_r$

| | | |
|---|---|---|
| $\underline{t=1}$ | $\underline{t=2}$ | $\underline{t=3}$ |
| $\underline{r=1}$ | $\underline{r=1}$ | $\underline{r=1}$ |
| $hL_1^{11} \leq HL_{111}^{max}$ | $hL_1^{12} \leq HL_{112}^{max}$ | $hL_1^{13} \leq HL_{113}^{max}$ |
| $hL_1^{21} \leq HL_{211}^{max}$ | $hL_1^{22} \leq HL_{212}^{max}$ | $hL_1^{23} \leq HL_{213}^{max}$ |
| $\underline{r=2}$ | $\underline{r=2}$ | $\underline{r=2}$ |
| $hL_2^{11} \leq HL_{121}^{max}$ | $hL_2^{12} \leq HL_{122}^{max}$ | $hL_2^{13} \leq HL_{123}^{max}$ |
| $hL_2^{21} \leq HL_{221}^{max}$ | $hL_2^{22} \leq HL_{222}^{max}$ | $hL_2^{23} \leq HL_{223}^{max}$ |
| $hL_2^{31} \leq HL_{321}^{max}$ | $hL_2^{32} \leq HL_{322}^{max}$ | $hL_2^{33} \leq HL_{323}^{max}$ |
| $\underline{r=3}$ | $\underline{r=3}$ | $\underline{r=3}$ |
| $hL_3^{21} \leq HL_{231}^{max}$ | $hL_3^{22} \leq HL_{232}^{max}$ | $hL_3^{23} \leq HL_{233}^{max}$ |
| $hL_3^{31} \leq HL_{331}^{max}$ | $hL_3^{32} \leq HL_{332}^{max}$ | $hL_3^{33} \leq HL_{333}^{max}$ |
| $hL_3^{41} \leq HL_{431}^{max}$ | $hL_3^{42} \leq HL_{432}^{max}$ | $hL_3^{43} \leq HL_{433}^{max}$ |
| $\underline{r=4}$ | $\underline{r=4}$ | $\underline{r=4}$ |
| $hL_4^{11} \leq HL_{141}^{max}$ | $hL_4^{12} \leq HL_{142}^{max}$ | $hL_4^{13} \leq HL_{143}^{max}$ |
| $hL_4^{21} \leq HL_{241}^{max}$ | $hL_4^{22} \leq HL_{242}^{max}$ | $hL_4^{23} \leq HL_{243}^{max}$ |

| | | |
|---|---|---|
| $hL_4^{31} \leq HL_{341}^{max}$ | $hL_4^{32} \leq HL_{342}^{max}$ | $hL_4^{33} \leq HL_{343}^{max}$ |
| $hL_4^{41} \leq HL_{441}^{max}$ | $hL_4^{42} \leq HL_{442}^{max}$ | $hL_4^{43} \leq HL_{443}^{max}$ |

(12) Entlassungsobergrenzen für Anforderungslohnempfänger

$fL_r^{lt} \leq FL_{lrt}^{max} \quad \forall\, t \in \bar{T}, r \in \bar{R}, l \in L_r$

| $\underline{t=1}$ | $\underline{t=2}$ | $\underline{t=3}$ |
|---|---|---|
| $\underline{r=1}$ | $\underline{r=1}$ | $\underline{r=1}$ |
| $fL_1^{11} \leq FL_{111}^{max}$ | $fL_1^{12} \leq FL_{112}^{max}$ | $fL_1^{13} \leq FL_{113}^{max}$ |
| $fL_1^{21} \leq FL_{211}^{max}$ | $fL_1^{22} \leq FL_{212}^{max}$ | $fL_1^{23} \leq FL_{213}^{max}$ |
| $\underline{r=2}$ | $\underline{r=2}$ | $\underline{r=2}$ |
| $fL_2^{11} \leq FL_{121}^{max}$ | $fL_2^{12} \leq FL_{122}^{max}$ | $fL_2^{13} \leq FL_{123}^{max}$ |
| $fL_2^{21} \leq FL_{221}^{max}$ | $fL_2^{22} \leq FL_{222}^{max}$ | $fL_2^{23} \leq FL_{223}^{max}$ |
| $fL_2^{31} \leq FL_{321}^{max}$ | $fL_2^{32} \leq FL_{322}^{max}$ | $fL_2^{33} \leq FL_{323}^{max}$ |
| $\underline{r=3}$ | $\underline{r=3}$ | $\underline{r=3}$ |
| $fL_3^{21} \leq FL_{231}^{max}$ | $fL_3^{22} \leq FL_{232}^{max}$ | $fL_3^{23} \leq FL_{233}^{max}$ |
| $fL_3^{31} \leq FL_{331}^{max}$ | $fL_3^{32} \leq FL_{332}^{max}$ | $fL_3^{33} \leq FL_{333}^{max}$ |
| $fL_3^{41} \leq FL_{431}^{max}$ | $fL_3^{42} \leq FL_{432}^{max}$ | $fL_3^{43} \leq FL_{433}^{max}$ |
| $\underline{r=4}$ | $\underline{r=4}$ | $\underline{r=4}$ |
| $fL_4^{11} \leq FL_{141}^{max}$ | $fL_4^{12} \leq FL_{142}^{max}$ | $fL_4^{13} \leq FL_{143}^{max}$ |
| $fL_4^{21} \leq FL_{241}^{max}$ | $fL_4^{22} \leq FL_{242}^{max}$ | $fL_4^{23} \leq FL_{243}^{max}$ |
| $fL_4^{31} \leq FL_{341}^{max}$ | $fL_4^{32} \leq FL_{342}^{max}$ | $fL_4^{33} \leq FL_{343}^{max}$ |
| $fL_4^{41} \leq FL_{441}^{max}$ | $fL_4^{42} \leq FL_{442}^{max}$ | $fL_4^{43} \leq FL_{443}^{max}$ |

Der optimale Zielfunktionswert für das beschriebene Problem beträgt 2.480.000 GE.

**Lösung zu Aufgabe 35**

Das Entscheidungsfeld setzt sich aus der Menge der Handlungsalternativen, den Umweltzuständen, deren Glaubwürdigkeitsurteilen sowie den Ergebnissen zusammen. Dementsprechend wird also ein konkretes Entscheidungsproblem zur Alternativenbewertung durch ein Entscheidungsfeld abgebildet (vgl. Laux et al. 2018, S. 5). Die Entscheidungsregel und das Entscheidungsfeld bilden somit die Basiselemente eines Entscheidungsmodells (vgl. ebd., S. 30). Eine Entscheidungsregel gibt an, wie eine Alternative aus einem Alternativenraum ausgewählt werden soll (vgl. ebd., S. 34). Die Zielfunktion ist nun nichts anderes, als eine formale Darstellung der Entscheidungsregel (vgl. ebd., S. 34). Sie dient also der funktionalen Beschreibung des Zusammenhangs zwischen den relevanten Zielgrößen, der Präferenzfunktion und dem jeweiligen Optimierungskriterium.

**Lösung zu Aufgabe 36**

Obwohl in der Realität nur Ambiguität (Mehrdeutigkeit) auftritt, sollte man sich dennoch mit Univozität (Eindeutigkeit) auseinandersetzen. Eine theoretische Aufarbeitung von Fällen der Eindeutigkeit führt zu einem besseren Verständnis der Thematik. Anhand simpler Modelle, die Eindeutigkeit enthalten, können bestimmte auftretende Effekte aufgezeigt werden, ohne die Komplexität mittels Ambiguität zu sehr zu erhöhen. Dementsprechend sind Fälle der Eindeutigkeit dazu geeignet, Komplexitätsreduktion zu betreiben und einfach gehaltene Sachverhalte näher zu beleuchten. Bei realen Problemen sollte ein Entscheider jedoch darauf achten, die Komplexität nicht übermäßig zu reduzieren, damit die durch ein Modell bestimmte Lösung verwertbar ist.

**Lösung zu Aufgabe 37**

Ein Axiom ist ein grundlegender Satz in einem Aussagensystem, der unmittelbar einleuchtet und (als Grundlage des Aussagensystems) nicht aus anderen Aussagen bewiesen werden kann, soll oder muss. Wir können also vereinfacht sagen, dass ein Axiom ein Satz ist, der keines Beweises bedarf.

Als Beispiele dafür gelten die Kolmogoroffschen Axiome, das Ordnungsaxiom oder auch das Transitivitätsaxiom. In der Physik zählen bspw. die Newtonschen Gesetze zu den Axiomen.

Die Wissenschaft hat regelmäßig ein hohes Interesse an axiomatisierten Theorien, da sie keiner näheren Untersuchung bedürfen.

**Lösung zu Aufgabe 38**

Zur Erläuterung der Bedingungen (DW.1)-(DW.8) kann bspw. das einmalige Würfeln eines sechsseitigen (idealen, also nicht manipulierten) Würfels betrachtet werden.

Die Menge der möglichen Ergebnisse (Ergebnisraum) lautet $\Theta = \{1, 2, 3, 4, 5, 6\}$. Die korrespondierende Potenzmenge $\mathfrak{P}(\Theta)$ ist die Menge aller Teilmengen von $\Theta$ inklusive der leeren Menge $\emptyset$ und der Menge $\Theta$ selbst. Sie besteht aus $2^{|\Theta|}$, hier also aus $2^6 = 64$ Elementen und lautet (Auszug): $\mathfrak{P}(\Theta) = \{\{\emptyset\}, \{1\}, \{2\}, \{3\}, \{4\}, \{5\}, \{6\}, \{1,2\}, \{1,3\}, \dots, \{1, 2, 3, 4, 5, 6\}\}$.

Stellen wir uns vor, für uns seien drei verschiedene Ereignisse ($A_1, A_2$ und $A_3$) relevant, die wie folgt definiert sind:

$A_1$: Es wird eine 1 gewürfelt ($A_1 = \{1\}$);

$A_2$: Es wird eine 6 gewürfelt ($A_2 = \{6\}$);

$A_3$: Es wird eine Primzahl gewürfelt, also eine 2, 3 oder 5 ($A_3 = \{2,3,5\}$).

Um diesen Ereignissen Wahrscheinlichkeiten im Kolmogoroffschen Sinne zuordnen zu können, benötigen wir eine geeignete $\sigma$-Algebra $\mathfrak{F}$, für die gilt: $\mathfrak{F} \subseteq \mathfrak{P}(\Theta)$. (DW. 1)-(DW. 3) geben Auskunft darüber, wie diese auszusehen hat:

Nach (DW. 1) muss das unmögliche Ereignis $\emptyset$ [hier: Keine der Zahlen von 1-6 wird fallen.] und das sichere Ereignis $\Theta$ [hier: Es wird mit Sicherheit eine der Zahlen 1-6 fallen.] zur $\sigma$-Algebra gehören.

Nach (DW. 2) müssen die Ereignisse $A_1 = \{1\}$, $A_2 = \{6\}$ sowie $A_3 = \{2,3,5\}$ und damit auch ihre Gegenereignisse $A_1^C = \{2,3,4,5,6\}$ [Es wird keine 1 gewürfelt.], $A_2^C = \{1,2,3,4,5\}$ [Es wird keine 6 gewürfelt.] und $A_3^C = \{1,4,6\}$ [Es wird keine Primzahl gewürfelt.] Elemente der $\sigma$-Algebra sein.

Nach (DW. 3) müssen alle möglichen Vereinigungen der Ereignisse, also $A_1 \cup A_2 = \{1,6\}$ [Es wird eine 1 oder eine 6 gewürfelt.], $A_1 \cup A_3 = \{1,2,3,5\}$ [Es wird eine 1 oder eine Primzahl gewürfelt.], $A_2 \cup A_3 = \{2,3,5,6\}$ [Es wird eine 6 oder eine Primzahl gewürfelt.] und $A_1 \cup A_2 \cup A_3 = \{1,2,3,5,6\}$ [Es wird entweder eine 1, eine 6 oder eine Primzahl gewürfelt.] zur $\sigma$-Algebra gehören. Hier müssen wir beachten, dass nach (DW. 2) für jedes Element, das der $\sigma$-Algebra angehört (also auch die Vereinigungen), entsprechend wieder das jeweilige Gegenereignisse beinhalten müssen. D.h., dass zusätzlich die korrespondierenden Gegenereignisse für die Vereinigungen zu definieren sind:

$(A_1 \cup A_2)^C = \{2,3,4,5\}$ [Es wird weder eine 1, noch eine 6 gewürfelt.],

$(A_1 \cup A_3)^C = \{4,6\}$ [Es wird weder eine 1, noch eine Primzahl gewürfelt.],

$(A_2 \cup A_3)^C = \{1,4\}$ [Es wird weder eine 6 noch eine Primzahl gewürfelt.] und

$(A_1 \cup A_2 \cup A_3)^C = \{4\}$ [Es wird weder eine 1 oder 6 noch eine Primzahl gewürfelt.].

Unsere $\sigma$-Algebra lautet sodann:

$$\mathfrak{F} = \{\{\emptyset\}, \{1\}, \{4\}, \{6\}, \{1,4\}, \{1,6\}, \{4,6\}, \{1,4,6\}, \{2,3,5\}, \{1,2,3,5\}, \{2,3,4,5\}, \{2,3,5,6\},$$
$$\{1,2,3,4,5\}, \{1,2,3,5,6\}, \{2,3,4,5,6\}, \{1,2,3,4,5,6\}\}$$

$\mathfrak{F}$ erfüllt die Bedingungen (DW. 1)-(DW. 3) und ist – wie leicht zu sehen ist – eine echte Teilmenge von $\mathfrak{P}(\Theta)$. Auf dieser $\sigma$-Algebra können wir nun gemäß (DW. 4)-(DW. 8) (Kolmogoroffsche) Wahrscheinlichkeiten für die Ereignisse $A_1$-$A_3$ definieren.

Entsprechend der klassischen Wahrscheinlichkeitsdefinition (vgl. dazu z.B. Spengler 1999, S. 86) haben die einzelnen Ergebnisse (sie werden auch als sog. Elementarereignisse bezeichnet) eines einmaligen (idealen) Würfelwurfs, also das Würfeln einer 1, 2, 3, 4, 5 oder 6, die Wahrscheinlichkeit von jeweils $\frac{1 \text{ (Zahl der günstigen Fälle)}}{6 \text{ (Zahl der gleichmöglichen Fälle)}}$. In Verbindung mit (DW. 4)-(DW. 8) ergeben sich folgende Werte für unser Beispiel:

$Prob(\Theta = \{1, 2, 3, 4, 5, 6\}) = 1$ [Die Wahrscheinlichkeit dafür, dass eine Zahl 1-6 fällt ist 1.]

➔ entspricht Bedingung (DW. 5)

$Prob(\emptyset) = 0$ [Die Wahrscheinlichkeit dafür, dass keine der Zahlen 1-6 fällt ist 0.]

➔ entspricht Bedingung (DW. 8)

$Prob(A_1 = \{1\}) = \frac{1}{6}$ [Die Wahrscheinlichkeit dafür, dass eine 1 fällt, beträgt $\frac{1}{6}$.]

$Prob(A_2 = \{6\}) = \frac{1}{6}$ [Die Wahrscheinlichkeit dafür, dass eine 6 fällt, beträgt $\frac{1}{6}$.]

$Prob(A_3 = \{2,3,5\}) = \frac{3}{6}$ [Die Wahrscheinlichkeit dafür, dass eine Primzahl fällt, beträgt $\frac{3}{6}$.]

$A_3$ setzt sich aus drei (disjunkten) Elementarereignissen zusammen. Sie werden gemäß (DW. 6) zum Ereignis „Eine Primzahl wird gewürfelt" (d.h. es wird eine 2 oder eine 3 oder eine 5 gewürfelt) zusammengefasst.

Unter Rückgriff auf unsere $\sigma$-Algebra können wir mithilfe von (DW. 6) zusätzlich auch die Wahrscheinlichkeiten für die jeweils gebildeten Vereinigungen von $A_1$, $A_2$ und $A_3$ bestimmen:

$Prob(A_1 \cup A_2 = \{1, 6\}) = \frac{1}{6} + \frac{1}{6} = \frac{2}{6}$ [Die Wahrscheinlichkeit dafür, dass eine 1 oder eine 6 gewürfelt wird beträgt $\frac{2}{6}$.];

$Prob(A_1 \cup A_3 = \{1, 2, 3, 5\}) = \frac{1}{6} + \frac{3}{6} = \frac{4}{6}$ [Die Wahrscheinlichkeit dafür, dass eine 1 oder eine Primzahl gewürfelt wird beträgt $\frac{4}{6}$.];

$Prob(A_2 \cup A_3 = \{2, 3, 5, 6\}) = \frac{1}{6} + \frac{3}{6} = \frac{4}{6}$ [Die Wahrscheinlichkeit dafür, dass eine 6 oder eine Primzahl gewürfelt wird beträgt $\frac{4}{6}$.];

$Prob(A_1 \cup A_2 \cup A_3 = \{1, 2, 3, 5, 6\}) = \frac{1}{6} + \frac{1}{6} + \frac{3}{6} = \frac{5}{6}$ [Die Wahrscheinlichkeit dafür, dass eine 1, eine 6 oder eine Primzahl gewürfelt wird, beträgt $\frac{5}{6}$.]

Gemäß Bedingung (DW. 7) lassen sich analog nun auch die Wahrscheinlichkeiten für die sich in der $\sigma$-Algebra befindlichen Gegenereignisse bestimmen.

Wie leicht zu sehen ist, sind alle hergeleiteten Wahrscheinlichkeiten nicht negativ, womit (DW. 4) ebenfalls erfüllt ist.

**Lösung zu Aufgabe 39**

Entscheider agieren in einer komplexen und vielfältigen Umwelt. Es ist für einen Entscheider grundsätzlich schwierig, die bereits angesprochene $\sigma$-Algebra aufzustellen. Häufig ist es schier unmöglich, alle möglichen Ereignisse erfassen zu können, dafür sind viele Probleme (einfach gesagt) zu komplex.

Betrachten wir das Beispiel eines Atomkraftwerks. In einem Atomkraftwerk spielen so viele mögliche Ereignisse eine Rolle, dass ein Entscheider diese gar nicht alle in seine Entscheidungsfindung einbeziehen kann.

Nehmen wir an, Sie seien ein Student und überlegen, ob Sie am morgigen Tag zur Vorlesung gehen oder nicht. Grundsätzlich gibt es zwei Alternativen: entweder Sie gehen zur Vorlesung oder Sie gehen nicht.

Es gibt jetzt eine Vielzahl von Umweltzuständen, die eintreten und dementsprechend auch (im Risikofall) mit Eintrittswahrscheinlichkeiten versehen werden können. Sie könnten zur Vorlesung gehen und der Dozent erzählt Ihnen etwas Klausurrelevantes (Zustand 1), dementsprechend ist ihr Nutzen hoch. Genauso gut kann es aber auch sein, dass der Dozent nichts Klausurrelevantes erzählt (Zustand 2) und Sie sich langweilen. Jetzt könnten Sie sich überlegen, dass die Wahrscheinlichkeit für das Eintreten des Zustandes 1 bei 0,8 liegt und die Wahrscheinlichkeit für Zustand 2 bei 0,2. Dabei berücksichtigen Sie aber nur zwei mögliche Zustände. Genauso gut könnte es Ihnen passieren, dass Sie auf dem Weg einen Fahrradunfall haben (Zustand 3) und die Vorlesung gar nicht erst erreichen. Es könnte auch passieren, dass während der Vorlesung ein Meteor vom Himmel stürzt (Zustand 4) usw. Dementsprechend ist eine fundierte Angabe von traditionellen Wahrscheinlichkeiten sehr schwierig, da Entscheider häufig nicht in der Lage dazu sind, alle möglichen Ereignisse in ihrer Entscheidungsfindung zu berücksichtigen.

Das hält uns allerdings nicht davon ab, mit klassischen Wahrscheinlichkeiten zu arbeiten, da wir nur die möglicherweise eintretenden Umweltzustände in unseren Kalkül mit einbeziehen, die wir als relevant für eine Entscheidung ansehen. Ob es eine Möglichkeit gibt, dass ein Meteor vom Himmel fällt oder nicht, ist für Ihre Entscheidung, ob Sie zur Vorlesung gehen vermutlich irrelevant.

### Lösung zu Aufgabe 40

Die Zugehörigkeitsfunktion für das Beispiel auf S. 94 ist im Folgenden dargestellt (vgl. **Abbildung 19.14**):

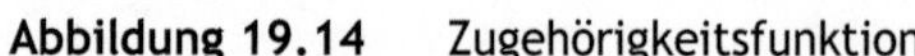
**Abbildung 19.14** Zugehörigkeitsfunktion

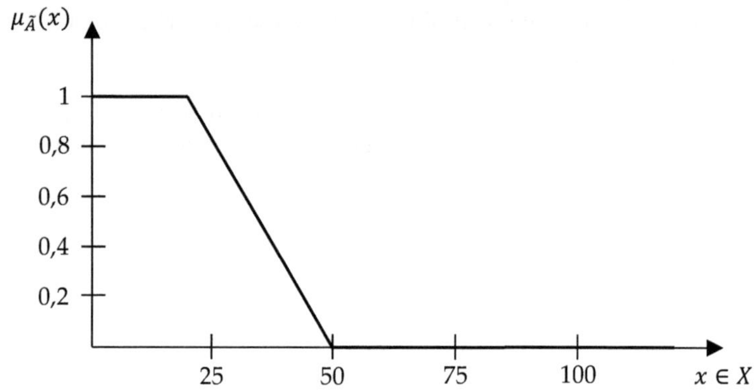


### Lösung zu Aufgabe 41

Der wesentliche Unterschied zwischen deterministischen und stochastischen Modellen liegt darin, dass in stochastischen Modellen Wahrscheinlichkeitsverteilungen berücksichtigt werden. In deterministischen Modellen sind entscheidungsrelevante Daten bereits exakt bestimmt und festgelegt. Dementsprechend liegen spätestens zum Zeitpunkt der Entscheidung die Menge der relevanten Handlungsalternativen, Umweltzustände und Ergebnisse vor. Darüber hinaus ist der eintretende Umweltzustand mit Sicherheit bekannt, es gibt also keinen Ungewissheits- oder Risikofall.

### Lösung zu Aufgabe 42

Bei rein semantischer Betrachtung bezeichnen die Begriffe Probabilität (lat. probabilitas) die Wahrscheinlichkeit, Possibilität (lat. possibilitas) die Möglichkeit und Nezessität (lat. necessitas) die Notwendigkeit. Im vorliegenden Anwendungskontext geht es um inhaltlich unterschiedliche Unbestimmtheitsmaßzahlen, die auch formal unterschiedlich konstruiert sind.

Probabilitätswerte, ob nun additive (d.h. Kolmogoroffsche laut Definition 10.2) oder nichtadditive (laut DW. 10 und DW.11 aus Definition 10.3), bringen Urteile des Entscheiders zum Ausdruck, zu welchem Grade er es für wahr erachtet, dass zukünftig ein gewisses Ereignis ($A$) eintritt (formal: $Prob(A)$). Possibilitätswerte hingegen drücken die Einschätzung des Entscheiders darüber aus, ob und zu welchem Grade er den Eintritt eines Ereignisses für möglich hält (formal: $Poss(A)$). Wie Probabilitäten können auch Possibilitäten Werte aus dem Einheitsintervall $[0,1]$ annehmen, wobei $Poss(A) = 1$ bedeutet, dass das Eintreten des Ereignisses $A$ auf jeden Fall für möglich erachtet, während die Bewertung $Prob(A) = 1$ bedeutet, dass das Ereignis $A$ mit Sicherheit eintreten wird. Possibilitäten sind im Verhältnis zu Probabilitäten also schwächere Bewertungen, sodass gilt $Poss(A) \geq Prob(A)$.

Die Beziehung von Probabilität und Possibilität kann dahingehend wie folgt konkretisiert werden:

Ein Ereignis $A$, das

- als möglich eingeschätzt wird, kann, muss aber nicht, wahrscheinlich sein ($Poss(A) > 0 \Longrightarrow Prob(A) \geq 0$);
- als wahrscheinlich eingeschätzt wird, muss zwangsläufig auch möglich sein ($Prob(A) > 0 \Longrightarrow Poss(A) > 0$);
- unmöglich ist, kann nicht wahrscheinlich sein ($Poss(A) = 0 \Longrightarrow Prob(A) = 0$);
- unwahrscheinlich ist, muss nicht, kann aber trotzdem möglich sein ($Prob(A) = 0 \Longrightarrow Poss(A) \geq 0$).

Mittels Nezessitätswerten, die ebenfalls zwischen 0 und 1 liegen können, wird ausgedrückt, zu welchem Grade der Entscheider den Eintritt eines Ereignisses für notwendig erachtet (formal: $Nec(A)$). Zwischen Possibilitäts- und Nezessitätsmaßen herrscht eine Dualitätsbeziehung, woraus folgende Zusammenhänge abgeleitet werden können:

Wenn ein Ereignis $A$

- als notwendig eingeschätzt wird, muss es auf jeden Fall möglich sein

  ($Nec(A) > 0 \Longrightarrow Poss(A) = 1$);
- als nicht gänzlich möglich bewertet wird (kommt also in Frage, dass $A$ zu einem gewissen Grade auch unmöglich ist), dann ist ausgeschlossen ist, dass $A$ notwendig sein kann ($Poss(A) < 1 \Longrightarrow Nec(A) = 0$).

Aufgrund der Dualitätsbeziehung können Nezessitätsgrade aus den korrespondierenden Possibilitätsgraden abgeleitet werden (et vice versa).

So ergibt sich der Grad der Notwendigkeit von $A$ als Differenz aus 1 und dem Grad der Möglichkeit des Gegenereignisses ($A^c$):

$$Nec(A) = 1 - Poss(A^c)$$

[Beispiel: Der Grad der Notwendigkeit dafür, dass ein Mitarbeiter befördert wird, ist gleich dem Grad, zu dem es unmöglich ist, dass er nicht befördert wird.]

Analog ergibt sich der Grad der Möglichkeit von $A$ als Differenz aus 1 und dem Grad der Notwendigkeit des Gegenereignisses ($A^c$):

$$Poss(A) = 1 - Nec(A^c)$$

[Beispiel: Der Grad der Möglichkeit dafür, dass ein Mitarbeiter befördert wird, ist gleich dem

Grad, zu dem es nicht notwendig ist, dass er nicht befördert wird.]

Aus den oben beschriebenen einzelnen Zusammenhängen kann zudem abgeleitet werden, dass

- Possibilitätsgrade mindestens so groß sein müssen, wie korrespondierende Nezessitätsgrade ($Poss(A) \geq Nec(A)$),
- die Summe aus den Graden der Möglichkeit von Ereignis $A$ und dem korrespondierenden Gegenereignis Werte größer eins annehmen kann ($Poss(A) + Poss(A^c) \geq 1$) und
- die Summe aus den Graden der Notwendigkeit von Ereignis A und dem korrespondierenden Gegenereignis Werte kleiner eins annehmen kann ($Nec(A) + Nec(A^c) \leq 1$),

was zum Ausdruck bringt, dass die Bedingung der $\sigma$-Additivität für Possibilitäten und Nezessitäten nicht zwangsläufig erfüllt sein muss.

Zusammenfassend gilt:

$Nec(A) \leq Prob(A) \leq Poss(A)$

**Lösung zu Aufgabe 43**

Gemäß (DW.9) aus Definition 10.3 gilt ein Maß als additiv, wenn die Summe der bewerteten Einzelereignisse dem Wert der Vereinigung dieser Ereignisse entspricht ($v(A \cup B) = v(A\,) + v(B\,)$). Aus (DW.6) der Definition 10.2 geht hervor, dass diese Bedigung für (Kolmogoroffsche) Wahrscheinlichkeiten erfüllt ist.

Ein Maß ist dann subadditiv, wenn die Summe der bewerteten Einzelereignisse größer als der Wert der Vereinigung dieser Ereignisse ist ($v(A \cup B) \leq v(A\,) + v(B\,)$).

Ein Maß ist dann superadditiv, wenn die Summe der bewerteten Einzelereignisse kleiner als der Wert der Vereinigung dieser Ereignisse ist ($v(A \cup B) \geq v(A\,) + v(B\,)$).

Betrachten wir die LPI-Verteilung aus **Abbildung 10.3**:

$$0{,}2 \leq w_1 \leq 0{,}5$$

$$0{,}3 \leq w_2 \leq 0{,}6$$

$$0{,}1 \leq w_3 \leq 0{,}3$$

Aus (DW.5) der Definition 10.2 ist uns bekannt, dass das sichere Ereignis den Wert 1 annehmen muss. Für das vorliegende Beispiel gilt in diesem Zusammenhang also

$w(\Theta) = w(z = 1 \cup z = 2 \cup z = 3) = 1$

[Lies: Die Wahrscheinlichkeit dafür, dass Umweltzustand $z = 1$ oder $z = 2$ oder $z = 3$ eintritt ist eins; alternativ: Es wird mit Sicherheit Umweltzustand $z = 1$ oder $z = 2$ oder $z = 3$ eintreten.]

Bilden wir die Summe der unteren Wahrscheinlichkeiten ($\sum \underline{w}_z = 0{,}2 + 0{,}3 + 0{,}1 = 0{,}6$) so stellen wir fest, dass diese kleiner eins ist. Bilden wir die Summe der oberen Wahrscheinlichkeiten ($\sum \overline{w}_z = 0{,}5 + 0{,}6 + 0{,}3 = 1{,}4$) so stellen wir fest, dass diese größer eins ist.

Untere Wahrscheinlichkeiten sind demnach immer superadditiv und obere subadditiv. Es gilt stets: $\underline{w}_z \leq w_z \leq \overline{w}_z$.

**Lösung zu Aufgabe 44**

Die Angabe $w_1 \leq w_2$ heißt lediglich, dass $w_2$ immer größer gleich $w_1$ sein muss. Bei dieser Angabe handelt es sich um die Darstellung komparativer Wahrscheinlichkeiten. Daraus lässt sich schlussfolgern, dass $w_2$ im Intervall von 0,5 bis 1 und $w_1$ im Intervall von 0 bis 0,5 liegt. Grafisch lässt sich dies aus der nachfolgenden **Abbildung 19.15** ableiten, wobei $w_2$ auf der Ordinate und $w_1$ auf Abszisse abgetragen ist. Die fettmarkierte Linie repräsentiert nun den Bereich, in dem $w_1 \leq w_2$ erfüllt ist. Demnach lässt sich die komparative Wahrscheinlichkeit auch als Intervallwahrscheinlichkeit darstellen:

$$LPI(w) = \begin{pmatrix} 0 \leq w_1 \leq 0{,}5 \\ 0{,}5 \leq w_2 \leq 1 \end{pmatrix}$$

Des Weiteren wird der Fall $w_1 + w_2 \geq w_3$ betrachtet. Da es in diesem Fall um eine Wahrscheinlichkeitsverteilung über drei Umweltzustände geht, können wir diese Verteilung im baryzentrischen Dreieck grafisch darstellen (vgl. **Abbildung 19.15**).

**Abbildung 19.15** Grafische Darstellung der Intervallwahrscheinlichkeiten

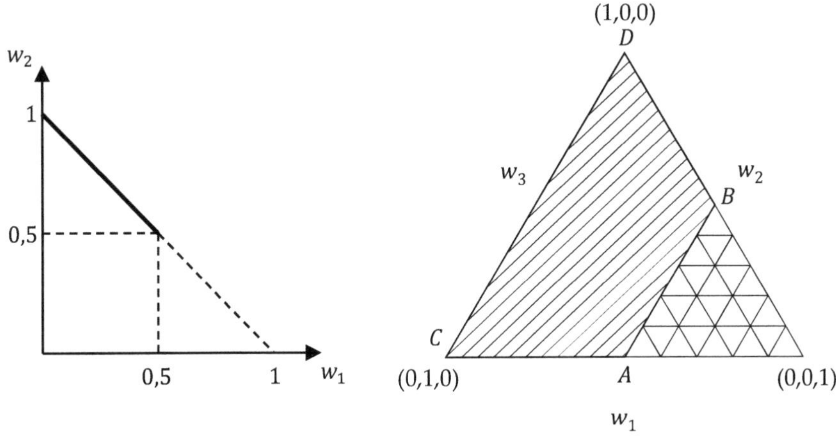

Die additiv verknüpften Wahrscheinlichkeiten in der Form $w_1 + w_2 \geq w_3$ spannen den oben dargestellten Polyeder auf. Zur Erläuterung, warum dies so ist, sollen an dieser Stelle ausgewählte Punkte aus dem schraffierten Polyeder herausgegriffen werden.

Betrachten wir den Punkt A, so stellen wir fest, dass dieser Eckpunkt die Wahrscheinlichkeiten $w_1 = 0$, $w_2 = 0{,}5$ und $w_3 = 0{,}5$ aufweist. Damit ist die Ungleichung $w_1 + w_2 \geq w_3$ erfüllt. Analog dazu tritt dies an Punkt B mit $w_1 = 0{,}5$, $w_2 = 0$ und $w_3 = 0{,}5$ auf. Im Punkt C (D) treten die Wahrscheinlichkeiten $w_1 = 0$ $(w_1 = 1)$, $w_2 = 1$ $(w_2 = 0)$ und $w_3 = 0$ auf. Auch diese Verteilungen erfüllen die Ungleichung. Jeder Eckpunkt des Polyeders und jeder Punkt in diesem Polyeder erfüllt die Bedingung $w_1 + w_2 \geq w_3$. Diese additiv verknüpften Wahrscheinlichkeiten können wir auch, aus dem Polyeder ableitend, als Intervallwahrscheinlichkeiten formulieren:

$$LPI(w) = \begin{pmatrix} 0 \leq w_1 \leq 1 \\ 0 \leq w_2 \leq 1 \\ 0 \leq w_3 \leq 0{,}5 \end{pmatrix}$$

**Lösung zu Aufgabe 45**

Nein, die LPI-Theorie ist nicht auf Fälle mit drei Umweltzuständen beschränkt. Wie bereits aus Aufgabe 44 ersichtlich ist, sind auch Fälle mit zwei Umweltzuständen durch die LPI-Theorie darstellbar und anwendbar. Allerdings können nur die Fälle mit drei Umweltzuständen im (zweidimensionalen) baryzentrischen Dreieck dargestellt werden.

Allerdings können wir die benötigte Extremalpunktematrix (Eckpunktematrix) auf analytischem Weg bestimmen.

Dazu sei an dieser Stelle die folgende Wahrscheinlichkeitsverteilung gegeben:

$$LPI(w) = \begin{pmatrix} 0{,}4 \leq w_1 \leq 0{,}6 \\ 0{,}1 \leq w_2 \leq 0{,}3 \\ 0{,}2 \leq w_3 \leq 0{,}4 \\ 0{,}1 \leq w_4 \leq 0{,}3 \end{pmatrix}$$

Bekanntermaßen können wir bei drei Umweltzuständen ein baryzentrisches Dreieck konstruieren und mittels des aufgespannten Polyeders die Eckpunkte der Wahrscheinlichkeitsverteilungen ablesen.

Auf analytischem Wege funktioniert die Ermittlung der Eckpunkte folgendermaßen:

Wir ermitteln alle möglichen Kombinationen aus Obergrenzen und Untergrenzen von drei Wahrscheinlichkeitsintervallen $w_i$ mit $i \in I$ und $I := \{1,2,3,4\}$ und lassen die vierte Intervallwahrscheinlichkeit als Residualgröße offen und dementsprechend variabel. Bei Anwendung der Formel $I \cdot 2^{I-1}$ ergeben sich somit $4 \cdot 2^{4-1} = 32$ verschiedene Kombinationen, die überprüft werden müssen.

Darauf aufbauend lassen sich folgende Tabellen bzw. Matrizendarstellungen (vgl. **Tabelle 19.12** und **Tabelle 19.13**) für die Kombinationen erstellen. Dabei werden alle Kombinationen von drei Intervallen und deren Ober- und Untergrenzen fixiert und eine Residualgröße (hier die jeweils fett gedruckte Zeile) frei gelassen. Die Residualgröße ergibt sich aus der Differenz von 1 und der Summe der drei fixierten Wahrscheinlichkeiten. Dementsprechend ermittelt sich die erste Spalte exemplarisch betrachtet:

$$\overline{w}_1 + \overline{w}_3 + \overline{w}_4 = 0{,}6 + 0{,}4 + 0{,}3 = 1{,}3$$

$$w_2 = 1 - 1{,}3 = -0{,}3$$

Das heißt, dass die „Wahrscheinlichkeit" für $w_4 = -0{,}3$ beträgt. Offensichtlich ist dies keine zulässige Lösung, da Wahrscheinlichkeiten nicht negativ werden dürfen.

Dies führt uns zum zweiten Schritt der Ermittlung der Extremalpunktematrix. Nach Aufstellen aller möglichen Kombinationen werden alle unzulässigen sowie alle doppelten (und dementsprechend überflüssigen) Wahrscheinlichkeiten „weggestrichen". Unzulässig sind hier zum einen alle negativen „Wahrscheinlichkeiten" sowie diejenigen Wahrscheinlichkeiten, die die Intervallgrenzen verletzen (also über- oder unterschreiten).

**Tabelle 19.12** Ermittlung der Extremalpunktematrix (1)

| $\overline{w}_1$ | $\underline{w}_1$ | $\overline{w}_1$ | $\overline{w}_1$ | $\underline{w}_1$ | $\overline{w}_1$ | $\underline{w}_1$ | $\underline{w}_1$ | $\boldsymbol{w_1}$ | $\boldsymbol{w_1}$ | $\boldsymbol{w_1}$ | $\boldsymbol{w_1}$ | $\boldsymbol{w_1}$ | $\boldsymbol{w_1}$ | $\boldsymbol{w_1}$ | $\boldsymbol{w_1}$ |
|---|---|---|---|---|---|---|---|---|---|---|---|---|---|---|---|
| $\boldsymbol{w_2}$ | $\boldsymbol{w_2}$ | $\boldsymbol{w_2}$ | $\boldsymbol{w_2}$ | $\boldsymbol{w_2}$ | $\boldsymbol{w_2}$ | $\boldsymbol{w_2}$ | $\boldsymbol{w_2}$ | $\overline{w}_2$ | $\underline{w}_2$ | $\overline{w}_2$ | $\overline{w}_2$ | $\underline{w}_2$ | $\overline{w}_2$ | $\underline{w}_2$ | $\underline{w}_2$ |
| $\overline{w}_3$ | $\overline{w}_3$ | $\underline{w}_3$ | $\overline{w}_3$ | $\underline{w}_3$ | $\underline{w}_3$ | $\overline{w}_3$ | $\underline{w}_3$ | $\overline{w}_3$ | $\overline{w}_3$ | $\underline{w}_3$ | $\overline{w}_3$ | $\underline{w}_3$ | $\underline{w}_3$ | $\overline{w}_3$ | $\underline{w}_3$ |
| $\overline{w}_4$ | $\overline{w}_4$ | $\overline{w}_4$ | $\underline{w}_4$ | $\overline{w}_4$ | $\underline{w}_4$ | $\underline{w}_4$ | $\underline{w}_4$ | $\overline{w}_4$ | $\overline{w}_4$ | $\overline{w}_4$ | $\underline{w}_4$ | $\overline{w}_4$ | $\underline{w}_4$ | $\underline{w}_4$ | $\underline{w}_4$ |
| 0,6 | 0,4 | 0,6 | 0,6 | 0,4 | 0,6 | 0,4 | 0,4 | 0 | 0,2 | 0,2 | 0,2 | 0,4 | 0,4 | 0,4 | 0,6 |
| -0,3 | -0,1 | -0,1 | -0,1 | 0,1 | 0,1 | 0,1 | 0,3 | 0,3 | 0,1 | 0,3 | 0,3 | 0,1 | 0,3 | 0,1 | 0,1 |
| 0,4 | 0,4 | 0,2 | 0,4 | 0,2 | 0,2 | 0,4 | 0,2 | 0,4 | 0,4 | 0,2 | 0,4 | 0,2 | 0,2 | 0,4 | 0,2 |
| 0,3 | 0,3 | 0,3 | 0,1 | 0,3 | 0,1 | 0,1 | 0,1 | 0,3 | 0,3 | 0,3 | 0,1 | 0,3 | 0,1 | 0,1 | 0,1 |

**Tabelle 19.13** Ermittlung der Extremalpunktematrix (2)

| $\overline{w}_1$ | $\underline{w}_1$ | $\overline{w}_1$ | $\overline{w}_1$ | $\underline{w}_1$ | $\overline{w}_1$ | $\underline{w}_1$ | $\underline{w}_1$ | $\overline{w}_1$ | $\underline{w}_1$ | $\overline{w}_1$ | $\overline{w}_1$ | $\underline{w}_1$ | $\overline{w}_1$ | $\underline{w}_1$ | $\underline{w}_1$ |
|---|---|---|---|---|---|---|---|---|---|---|---|---|---|---|---|
| $\overline{w}_2$ | $\overline{w}_2$ | $\underline{w}_2$ | $\overline{w}_2$ | $\underline{w}_2$ | $\underline{w}_2$ | $\overline{w}_2$ | $\underline{w}_2$ | $\overline{w}_2$ | $\overline{w}_2$ | $\underline{w}_2$ | $\overline{w}_2$ | $\underline{w}_2$ | $\underline{w}_2$ | $\overline{w}_2$ | $\underline{w}_2$ |
| $\overline{w}_3$ | $\overline{w}_3$ | $\overline{w}_3$ | $\underline{w}_3$ | $\overline{w}_3$ | $\underline{w}_3$ | $\underline{w}_3$ | $\underline{w}_3$ | $\boldsymbol{w_3}$ | $\boldsymbol{w_3}$ | $\boldsymbol{w_3}$ | $\boldsymbol{w_3}$ | $\boldsymbol{w_3}$ | $\boldsymbol{w_3}$ | $\boldsymbol{w_3}$ | $\boldsymbol{w_3}$ |
| $\boldsymbol{w_4}$ | $\boldsymbol{w_4}$ | $\boldsymbol{w_4}$ | $\boldsymbol{w_4}$ | $\boldsymbol{w_4}$ | $\boldsymbol{w_4}$ | $\boldsymbol{w_4}$ | $\boldsymbol{w_4}$ | $\overline{w}_4$ | $\overline{w}_4$ | $\overline{w}_4$ | $\underline{w}_4$ | $\overline{w}_4$ | $\underline{w}_4$ | $\underline{w}_4$ | $\underline{w}_4$ |
| 0,6 | 0,4 | 0,6 | 0,6 | 0,4 | 0,6 | 0,4 | 0,4 | 0,6 | 0,4 | 0,6 | 0,6 | 0,4 | 0,6 | 0,4 | 0,4 |
| 0,3 | 0,3 | 0,1 | 0,3 | 0,1 | 0,1 | 0,3 | 0,1 | 0,3 | 0,3 | 0,1 | 0,3 | 0,1 | 0,1 | 0,3 | 0,1 |
| 0,4 | 0,4 | 0,4 | 0,2 | 0,4 | 0,2 | 0,2 | 0,2 | -0,2 | 0 | 0 | 0 | 0,2 | 0,2 | 0,2 | 0,4 |
| -0,3 | -0,1 | -0,1 | -0,1 | 0,1 | 0,1 | 0,1 | 0,3 | 0,3 | 0,3 | 0,3 | 0,1 | 0,3 | 0,1 | 0,1 | 0,1 |

Durch dieses „Wegstreichen" bleiben nur noch die Kombinationen über, die Eckpunkte darstellen. Demnach können wir nun die Extremalpunktematrix aufstellen:

$$M(LPI) = \begin{pmatrix} 0{,}4 & 0{,}6 & 0{,}4 & 0{,}4 \\ 0{,}1 & 0{,}1 & 0{,}1 & 0{,}3 \\ 0{,}2 & 0{,}2 & 0{,}4 & 0{,}2 \\ 0{,}3 & 0{,}1 & 0{,}1 & 0{,}1 \end{pmatrix}$$

Mit Hilfe dieser Extremalpunktematrix kann nun weitergearbeitet werden, um bei gegebenen Werten Nutzenerwartungswerte zu ermitteln und eine Entscheidung hinsichtlich der Auswahl von zur Verfügung stehenden Alternativen zu treffen.

Es ist somit deutlich gemacht, dass die LPI-Theorie nicht nur auf die Fälle von drei Umweltzuständen beschränkt ist. Lediglich eine grafische Darstellung im (zweidimensionalen) baryzentrischen Dreieck ist bei mehr als drei Umweltzuständen nicht durchführbar.

**Lösung zu Aufgabe 46**

Zur Lösung der Aufgabe wird zuerst die Extremalpunktematrix (Eckpunktematrix) bestimmt. Diese kann zum einen auf analytischem Weg ermittelt, oder aus der grafischen Darstellung des baryzentrischen Dreiecks abgelesen werden. Wie der Name bereits sagt, gibt die Eckpunktematrix alle Eckpunkte wider, die aus der Konstruktion des Polyeders entstehen.

Die Extremalpunktematrix (mit $w_1$ in der ersten, $w_2$ in der zweiten und $w_3$ in der dritten Zeile) lautet im vorliegen Beispiel:

$$M(LPI) = \begin{bmatrix} 0{,}2 & 0{,}2 & 0{,}3 & 0{,}5 & 0{,}5 & 0{,}4 \\ 0{,}5 & 0{,}6 & 0{,}6 & 0{,}4 & 0{,}3 & 0{,}3 \\ 0{,}3 & 0{,}2 & 0{,}1 & 0{,}1 & 0{,}2 & 0{,}3 \end{bmatrix}$$

Mit Hilfe dieser Matrix können wir nun die Erwartungswertvektoren der einzelnen Handlungsalternativen bestimmen:

$E(j = 1) = U(1) \cdot M(LPI) = (200\ 500\ 800) \cdot M(LPI) = (530\ 500\ 440\ 380\ 410\ 470).$

Die einzelnen Werte können mit der Rechenregel „Zeile mal Spalte" ermittelt werden:

$530 = 200 \cdot 0{,}2 + 500 \cdot 0{,}5 + 800 \cdot 0{,}3$

$500 = 200 \cdot 0{,}2 + 500 \cdot 0{,}6 + 800 \cdot 0{,}2$

$440 = 200 \cdot 0{,}3 + 500 \cdot 0{,}6 + 800 \cdot 0{,}1$

$380 = 200 \cdot 0{,}5 + 500 \cdot 0{,}4 + 800 \cdot 0{,}1$

$410 = 200 \cdot 0{,}5 + 500 \cdot 0{,}3 + 800 \cdot 0{,}2$

$470 = 200 \cdot 0{,}4 + 500 \cdot 0{,}3 + 800 \cdot 0{,}3$

Analog dazu ergeben sich für die beiden anderen Handlungsalternativen nachfolgende Erwartungswerte:

$E(j=2) = U(2) \cdot M(LPI) = (400\ 400\ 400) \cdot M(LPI) = (400\ 400\ 400\ 400\ 400\ 400)$

$E(j=3) = U(3) \cdot M(LPI) = (400\ 200\ 500) \cdot M(LPI) = (330\ 300\ 290\ 330\ 360\ 370)$

Es ist ersichtlich, dass der Erwartungswertvektor von $j=3$ sowohl von $j=1$ als auch von $j=2$ dominiert wird.

Aus diesen berechneten Erwartungswerten können wir nun die jeweiligen minimalen sowie maximalen Erwartungswerte ablesen:

$E_{min}(j=1) = 380$ $E_{min}(j=2) = 400$ $E_{min}(j=3) = 290$

$E_{max}(j=1) = 530$ $E_{max}(j=2) = 400$ $E_{max}(j=3) = 370$

Damit ergibt sich bei Anwendung des MaxE$_{min}$-Prinzips, dass die Alternative $j=2$ gewählt wird, da hierbei der maximale Mindestnutzen erreicht wird. Bei Anwendung des MaxE$_{max}$-Prinzips wird Alternative $j=1$ gewählt, da in dem Fall der maximale Höchstnutzenwert erreicht wird.

Für die Anwendung des Hurwicz-Prinzips wird jetzt ein Optimismusparameter in die Berechnung mit einbezogen. Wir können also folgende Formel verwenden:

$$\beta \cdot E_{max} + (1-\beta) \cdot E_{min}$$

Exemplarisch soll an dieser Stelle von einem Optimismusparameter von $\beta = 0{,}4$ ausgegangen werden. Somit ergeben sich Werte für die einzelnen Handlungsalternativen:

$$E(j=1) = 0{,}4 \cdot E_{max}(j=1) + (1-0{,}4) \cdot E_{min}(j=1) = 0{,}4 \cdot 530 + 0{,}6 \cdot 380 = \mathbf{440}$$

$$E(j=2) = 0{,}4 \cdot E_{max}(j=2) + (1-0{,}4) \cdot E_{min}(j=2) = 0{,}4 \cdot 400 + 0{,}6 \cdot 400 = 400$$

$$E(j=3) = 0{,}4 \cdot E_{max}(j=3) + (1-0{,}4) \cdot E_{min}(j=3) = 0{,}4 \cdot 370 + 0{,}6 \cdot 290 = 322$$

Somit kann festgestellt werden, dass bei Anwendung des Hurwicz-Prinzips und einem angesetzten Optimismusparameter von $\beta = 0{,}4$ die Alternative $j=1$ gewählt wird.

**Lösung zu Aufgabe 47**

*LR*-Fuzzy Sets sind entweder *LR*-Fuzzy-Zahlen oder *LR*-Fuzzy-Intervalle.

Fuzzy-Zahlen sind als (normalisierte, konvexe) unscharfe Mengen, deren Zugehörigkeitsfunktionen (zumindest stückweise) stetig sind und für die nur ein Element der Grundmenge einen Zugehörigkeitswert von 1 aufweist (vgl. Spengler 1993, S.13). Wir können Fuzzy-Zahlen (für den praktischen Umgang) mit geeigneten Referenzfunktionen (vgl. (DF.2) auf S. 102) in *LR*-Form formulieren:

$$\mu_{\tilde{Z}}(x) = \begin{cases} L\left(\frac{m-x}{\underline{\alpha}}\right) & \text{für } x \leq m, \underline{\alpha} > 0 \\ R\left(\frac{x-m}{\overline{\alpha}}\right) & \text{für } x > m, \overline{\alpha} > 0 \end{cases}$$

Fuzzy-Intervalle sind als (normalisierte, konvexe) unscharfe Mengen, deren Zugehörigkeitsfunktionen (zumindest stückweise) stetig sind und für die ausschließlich Elemente aus einem Intervall der Grundmenge einen Zugehörigkeitswert von 1 aufweisen (vgl. Spengler 1993, S.13). Wir können Fuzzy-Intervalle (für den praktischen Umgang) mit geeigneten Referenzfunktionen (vgl. (DF.2) auf S. 102) in $LR$-Form formulieren:

$$\mu_{\tilde{I}}(x) = \begin{cases} L\left(\frac{m_1-x}{\underline{\alpha}}\right) & \text{für } x \leq m_1, \underline{\alpha} > 0 \\ 1 & \text{für } m_1 < x \leq m_2 \\ R\left(\frac{x-m_2}{\overline{\alpha}}\right) & \text{für } x > m_2, \overline{\alpha} > 0 \end{cases}$$

Die Verknüpfung unscharfer Mengen basiert auf einem sog. Erweiterungsprinzip (z.B. auf dem Extension Principle von Zadeh 1965 und 1975). Dieses Prinzip erfordert bei infiniten (oder sehr großen) Mengen unendlich viele (oder sehr viele) Verknüpfungsschritte, sodass die Verknüpfung nicht (oder nur mit sehr hohem Aufwand) gelingen kann. $LR$-Fuzzy-Sets hingegen begrenzen den Verknüpfungsaufwand auf ein beherrschbares Maß. So ergibt sich bspw. die Summe der Fuzzy-Zahlen $\tilde{A} = (m, \underline{\alpha}, \overline{\alpha})_{LR}$ und $\tilde{B} = (n, \underline{\beta}, \overline{\beta})_{LR}$ zu:

$$\tilde{A} \oplus \tilde{B} = (m + n, \underline{\alpha} + \underline{\beta}, \overline{\alpha} + \overline{\beta})_{LR}$$

Die Verwendung von unscharfen Größen in Planungsmodellen wäre demzufolge bei infiniten (oder sehr großen) Mengen ohne $LR$-Fuzzy-Zahlen nicht (oder nur mit sehr hohem Aufwand) möglich.

**Lösung zu Aufgabe 48**

Zur Bedeutsamkeit der linguistischen Variablen möchten wir an dieser Stelle ein wenig weiter ausholen.

Wie bereits deutlich gemacht, gehört ein Element $x$ in der klassischen Mengentheorie entweder zu einer Menge $X$ oder eben nicht. Das heißt, dass für den Zugehörigkeitswert des Elementes $x$ gilt:

$$\mu(x) = \begin{cases} 1, \text{ wenn } x \in X \\ 0, \text{ wenn } x \notin X \end{cases}$$

Allerdings lassen sich viele Sachverhalte nicht durch die scharfe Zugehörigkeit von „0" oder „1" abbilden.

Denken wir bspw. an die angesprochenen Beispiele von S. 106. Dort werden als Beispiele die Personalausstattung, Arbeitskoeffizienten und Fluktuationsraten benannt. Als weitere Beispiele für linguistische Variablen können bspw. die Temperatur oder das Alter dienen.

Diesen linguistischen Variablen werden linguistische Terme zugeordnet, also „Ausprägungen“. Diese könnten im Fall des Alters bspw. „sehr jung“, „jung“, „mittleres Alter“, „alt“ und „sehr alt“ sein. Jetzt muss sich die Frage gestellt werden, was bedeutet „sehr jung“? Ist „sehr jung“ jemand, der bspw. 3, 6 oder 10 Jahre alt ist?

Wie bereits erläutert, wird eine linguistische Variable durch ein Quadrupel dargestellt, in der Form $(LV, LT(LV), \overline{X}, SR)$.

Dementsprechend stellt das Alter unsere $LV$ dar. Die linguistischen Terme $LT(LV)$ sind {sehr jung; jung; mittleres Alter; alt; sehr alt}. Die Grundmenge $\overline{X}$ seien in diesem Fall „Jahre“. Die semantische Regel $SR$ weist jedem linguistischen Term eine eigene Zugehörigkeitsfunktion zu. So können wir scharfe Eingangswerte (bspw. das Alter 25 Jahre) über die Zugehörigkeitsfunktionen der einzelnen linguistischen Terme der linguistischen Variable „Alter“ zuordnen.

Wenn man $LR$-Fuzzy-Zahlen nicht operationalisieren kann oder will, ist man auf linguistische Variablen angewiesen.

**Lösung zu Aufgabe 49**

Singletons sind definiert als eine unscharfe Menge, deren stützende Menge die Mächtigkeit 1 aufweist. Der Vorteil von Singletons besteht in der problemlosen Modellierung von ordinal- oder nominalskalierten Variablen. Durch diese Modellierung sind wir in der Lage, in unscharfen Planungsmodellen sowohl metrische als auch nicht-metrische Variablen in Ansatz zu bringen.

**Lösung zu Aufgabe 50**

Der Algorithmus FUzzyLinearProgramming with Aspiration Levels (FULPAL) wird zur Lösung unscharfer linearen Programme (Fuzzy Linear Programs [FLP]) verwendet, da dieser Modelltyp mit Standardmethoden der linearen Optimierung (wie bspw. dem Simplex-Algorithmus) nicht lösbar ist.

Aufgrund dessen, dass in FLP bspw. die Beschränkungsgrößen als LR-Fuzzy-Zahlen des Typs $\tilde{B}_i = (b_i, 0, \overline{b}_i)$ und nicht als scharfe Werte $B_i$ vorliegen, ist für den Entscheider (und somit letztlich auch für das Optimierungsmodell) nicht eindeutig klar, bis zu welcher Höhe die beschränkte linke Seite der entsprechenden Restriktion „ausgereizt“ werden kann. Dem Entscheider ist ausschließlich bekannt, dass diese auf jeden Fall bis $b_i$, höchstens jedoch bis $b_i + \overline{b}_i$ ausgeschöpft werden darf. Dabei wird angenommen, dass mit einer Auflockerung der Beschränkungsgröße, also mit einer rechten Seite echt größer $b_i$, jedoch ein Nutzenverlust für den Entscheider einher geht. Betrachten wir dazu ein einfaches Beispiel (zu $\leq$-Restriktionen):

Ein Logistikunternehmen hat zu entscheiden, mit wie vielen Containern des Typs 1 ($x_1$) und mit wie vielen Containern des Typs 2 ($x_2$) ein Schiff zu beladen ist. Das Gewicht eines Containers des Typs 1 (Typs 2) beträgt dabei 5 (7,5) Tonnen.

Laut Vorgabe des Herstellers kann das zu beladene Containerschiff in der angegebenen Nutzungsdauer von 20 Jahren problemlos 1.000 Tonnen ($b_i$) Fracht pro Fahrt transportieren. Dementsprechend lautet die Kapazitätsrestriktion des Containerschiffs:

$$5 \cdot x_1 + 7{,}5 \cdot x_2 \leq 1.000$$

Das nach Herstellerangaben maximal mögliche Frachtgewicht beträgt hingegen 1.200 Tonnen. Demzufolge lautet die Restriktion für die absolute Maximalkapazität:

$$5 \cdot x_1 + 7{,}5 \cdot x_2 \leq 1.200$$

Jedoch gehen Ladungen mit einem Gewicht von über 1.000 Tonnen mit einem erhöhten Verschleiß des Containerschiffes und somit bspw. mit höheren Reparatur- bzw. Wartungskosten oder einer kürzeren Nutzungsdauer einher. Die Beladung des Containerschiffes mit mehr als 1.000 Tonnen Gewicht führt also zu Nutzeneinbußen des Entscheiders.

Allerdings führt die höhere Frachtlast auch zu einem höheren Zielfunktionswert. Gehen wir unserem Beispiel davon aus, dass das Logistikunternehmen pro verschifftem Container des Typs 1 (Typs 2) einen Umsatz i. H. v. 1.000 GE (1.500 GE) erzielt, lautet die entsprechende Zielfunktion:

$$1.000 \cdot x_1 + 1.500 \cdot x_2 \rightarrow \max!$$

Bei einer Frachtlast von 1.200 Tonnen können insgesamt mehr Container verschifft werden und dementsprechend kann ein höherer Gesamtumsatz erzielt werden. Es entsteht also ein Trade-off hinsichtlich der Zielsetzungen bzgl. erhöhtem Verschleiß und Umsatz für das Logistikunternehmen. Aufgrund dessen, dass das Unternehmen sinnvollerweise den Verschleiß des Containerschiffs minimieren möchte, entsteht neben der Umsatzmaximierung ein weiteres Extremierungsziel.

Bei FULPAL werden aus diesem Grund für die Einhaltung der Nebenbedingungen unscharfe Nutzenmengen konstruiert. Diese werden so gestaltet, dass der Nutzen des Entscheiders mit einer zunehmenden Beschränkungsgröße abnimmt. Für unser Beispiel bedeutet das, dass der Nutzen der Einhaltung der Kapazitätsrestriktion mit zunehmendem Frachtgewicht und damit verbundenem zunehmendem Verschleiß sinkt. Bezeichnen wir den unscharfen Nutzen der Einhaltung der Kapazitätsrestriktion mit $\mu_{\tilde{N}_i}(5 \cdot x_1 + 7{,}5 \cdot x_2)$, ergibt sich für das Logistikunternehmen folgender Zielfunktionsvektor:

$$\begin{bmatrix} 1.000 \cdot x_1 + 1.500 \cdot x_2 \\ \mu_{\tilde{N}_i}(5 \cdot x_1 + 7{,}5 \cdot x_2) \end{bmatrix} \rightarrow \max!$$

Zur Lösung des entstehenden Mehrzielprogramms ist dann ebenfalls (wie in Kap. 10.2.2 beschrieben) eine unscharfe Nutzenmenge für die Zielfunktionsausprägungen zu konstruieren und aufgrund des oben erläuterten Zielkonflikts zwischen Verschleiß und Umsatz mittels Kompromissprogramm ein optimaler Kompromiss für die Erreichung der einzelnen Ziele zu suchen.

**Lösung zu Aufgabe 51**

$\pi \leq \mu_{\tilde{G}}(x)$

Mit $\mu_{\tilde{G}}(x) = \frac{z - (z_0 - \Delta_0)}{\Delta_0}$ ergibt sich:

$$\pi \leq \frac{z - (z_0 - \Delta_0)}{\Delta_0}$$

Mit $z = \sum_{j \in \bar{J}} c_j \cdot x_j$ ergibt sich:

$$\pi \leq \frac{\sum_{j \in \bar{J}} c_j \cdot x_j - (z_0 - \Delta_0)}{\Delta_0}$$

Multipliziert man beide Seiten mit $\Delta_0$ ergibt sich:

$$\Delta_0 \cdot \pi \leq \sum_{j \in \bar{J}} c_j \cdot x_j \; - (z_0 - \Delta_0)$$

Subtrahiert man nun auf beiden Seiten $\sum_{j \in \bar{J}} c_j \cdot x_j$ ergibt sich:

$$\Delta_0 \cdot \pi - \sum_{j \in \bar{J}} c_j \cdot x_j \leq -(z_0 - \Delta_0)$$

Analoges Vorgehen führt uns von (R.26) zu (R.28):

$$\pi \leq \mu_{\tilde{N}_i}\left(\sum_{j \in \bar{J}} \bar{a}_{ij} \cdot x_j\right) \quad \forall i \in \bar{I}$$

Mit $\mu_{\tilde{N}_i}\left(\sum_{j \in \bar{J}} \bar{a}_{ij} \cdot x_j\right) = 1 - \frac{\sum_{j \in \bar{J}} \bar{a}_{ij} \cdot x_j - b_i}{\Delta_i}$ ergibt sich:

$$\pi \leq 1 - \frac{\sum_{j \in \bar{J}} \bar{a}_{ij} \cdot x_j - b_i}{\Delta_i} \qquad \forall\, i \in \bar{I}$$

Multipliziert man beide Seiten mit $\Delta_0$ ergibt sich:

$$\pi \cdot \Delta_i \leq \Delta_i - \left(\sum_{j \in \bar{J}} \bar{a}_{ij} \cdot x_j - b_i\right) \quad \forall i \in \bar{I}$$

Addiert man nun auf beiden Seiten $\sum_{j \in \bar{J}} \bar{a}_{ij} \cdot x_j$ ergibt sich:

$$\pi \cdot \Delta_i + \sum_{j \in \bar{J}} \bar{a}_{ij} \cdot x_j \leq \Delta_i - (-b_i) \quad \forall i \in \bar{I}$$

bzw.:

$$\pi \cdot \Delta_i + \sum_{j \in \bar{J}} \bar{a}_{ij} \cdot x_j \leq \Delta_i + b_i \quad \forall i \in \bar{I}$$

**Lösung zu Aufgabe 52**

Kybernetik leitet sich aus dem griechischen Wort „kybernētikós" (zum Steuern gehörig, geeignet) ab und bezeichnet die „Wissenschaft von den allgemeinen Gesetzmäßigkeiten dynamischer, sich selbst regulierender und organisierender Systeme in Natur, Technik und Gesellschaft" (vgl. DWDS (b), Stichwort: Kybernetik). Die Wissenschaftsdisziplin der Kybernetik befasst sich also mit dynamischen (veränderlichen) Systemen sowie mit den Abläufen und typischen Verhaltensmustern innerhalb dieser Systeme vor dem Hintergrund von Steuerungs- und Regelungsaspekten (vgl. Kube 1974, S. 163).

Ein kybernetisches System ist ein sich selbst regelndes, welches in der Lage ist, auf externe (zufällige) Einflüsse durch interne, systemeigene Prozesse zu reagieren. Dies kann zum einen bedeuten, den Status quo des Systems wiederherzustellen. Zum anderen sind kybernetische Systeme aber auch dazu fähig, sich durch Lernen weiterzuentwickeln. Die Verarbeitung externer Einflüsse geschieht dabei über Regelungs- und Steuerungsvorgänge (vgl. Kube 1974, S. 163-164). Demnach ist ein kybernetisches System ein Steuerungssystem mit Systeminputs, -regelungen/-regeln und -outputs.

**Lösung zu Aufgabe 53**

Das Kernkonstrukt eines Fuzzy-Control-Systems ist die sog. Regelbasis. Sie ist Bestandteil der Fuzzy-Inferenz, also der Schlussfolgerungsprozedur (3. Phase), und dient der Verknüpfung fuzzyfizierter Inputvariablen gemäß eines vordefinierten Inferenz- (also Schluss-) schemas, mit dem Ziel, eine Menge unscharfer Outputvariablen zu erzeugen (vgl. Schroll 2007, S.138). Das standardmäßig verwendete Inferenzschema in einem Fuzzy-Control-System basiert auf dem modus (ponendo) ponens (kurz: modus ponens), einer weitverbreiteten Schlussfigur der Deduktion (für vertiefende Ausführungen zum deduktiven Schließen vgl. z.B. Zoglauer 2021). In seiner Grundform besteht der modus ponens aus zwei Prämissen und einer Konklusion. Die erste Prämisse ist eine Implikation in Form einer Wenn-Dann-Aussage, z.B. „Wenn es regnet, dann wird die Straße nass.". Die Wenn-Komponente wird in diesem Zusammenhang als Bedingung für die Dann-Komponente verstanden und kann durchaus auch aus mehreren, mittels der Und-Verknüpfung verbundenen Teilaussagen bestehen (z.B. „Wenn es regnet und keine Überdachung vorhanden ist und ..., dann wird die Straße nass."). Die zweite Prämisse bezieht sich auf die Wenn-Komponente der Implikation und besagt, dass, falls die in dieser Komponente formulierte(n) Bedingung(en) erfüllt ist bzw. sind, auf die in der Dann-Komponente formulierte Folgerung geschlossen werden kann. Folgende Darstellung veranschaulicht unseren beispielhaften Schluss [Wir bleiben der Einfachheit halber bei einer singulären Wenn-Komponente.]:

1. Prämisse: Wenn es regnet, dann wird die Straße nass.

2. Prämisse: Es regnet.

Konklusion: Die Straße wird nass.

Der modus ponens in seiner Grundform ist auf das scharfe Schließen beschränkt. Aufgrund dessen, dass im Fuzzy Control ein Schlussmechanismus zur Verarbeitung von unscharfen Aussagen benötigt wird, verwendet man dafür den sog. generalisierten modus ponens. Bei diesem besteht die zweite Prämisse aus einer unscharfen Aussage bezüglich der Wenn-Komponente (sie wird auch als Fuzzy-Prämisse bezeichnet), woraus eine unscharfe Konklusion abgeleitet werden kann (vgl. dazu z.B. Jaanineh/Maijohann 1996, S.187 ff.). Bezogen auf das obige Beispiel könnte der (unscharfe) Schluss dann bspw. wie folgt aussehen:

Prämisse 1: Wenn es regnet, dann wird die Straße nass.

Prämisse 2: Es regnet *stark*.

Konklusion: Die Straße wird *sehr* nass.

Um zu beurteilen, zu welchem Grade die Bedingung(en) aus der Wenn-Komponente erfüllt ist bzw. sind, wird der sog. Degree of Fullfilment (DOF) rechnerisch ermittelt. Wenn alle Teile der Wenn-Komponente zu einem gewissen Grad erfüllt sind (der DOF also positiv ist), werden die korrespondierenden Regeln als aktive oder auch feuernde Regeln bezeichnet. Lediglich die aktiven Regeln werden zur Erzeugung des Outputs herangezogen (für vertiefende Ausführungen zur DOF-Bestimmung vgl. Schroll 2007, S. 140 ff.).

**Lösung zu Aufgabe 54**

Linguistische Variable werden mit Hilfe von linguistischen Termen klassifiziert. Bezugnehmend auf das Beispiel des Alters als linguistischer Variable (vgl. Lösung zu Aufgabe 48) haben wir verschiedene linguistische Terme eingeführt (sehr jung, jung, mittleres Alter, alt sowie sehr alt). Für jeden linguistischen Term kann eine Zugehörigkeitsfunktion konstruiert werden.

Das heißt, dass jedem Alter in Form von Jahren (oder anderer Periodisierung) ein Zugehörigkeitswert zu einem linguistischen Term zugewiesen werden kann. So kommt man zu dem Ergebnis, dass bspw. das Alter 5 Jahre zu einem gewissen Grad zum linguistischen Term „sehr jung" und zu einem gewissen Grad zu „jung" gehört.

Im Zuge der scharfen Mengentheorie existieren für die Zugehörigkeitswerte nur die Ausprägungen „0" oder „1", das heißt, dass ein Element entweder zu einer Menge gehört, oder eben nicht. Aufbauend auf diesen Überlegungen kommt man zu dem Ergebnis, dass die scharfe

Mengentheorie nichts anderes als ein Grenzfall der unscharfen Mengentheorie ist. Deshalb kann der Aussage zugestimmt werden, dass linguistische Variable immer fuzzy Größen sein müssen.

**Lösung zu Aufgabe 55**

Im Zuge der Szenario-Technik wird im Schrifttum häufig gefordert, Szenarien mit einer möglichst hohen Eintrittswahrscheinlichkeit auszuwählen. Problematisch ist hierbei allerdings, dass aufgrund der dem Wahrscheinlichkeitsmaß zugrundeliegenden Kolmogoroffschen Axiome Additivität der Eintrittswahrscheinlichkeiten vorliegen muss. Betrachten wir einerseits bspw. einen Fall mit sechs Szenarien und den Eintrittswahrscheinlichkeiten 0.1, 0.2, 0.05, 0.25, 0.3 und 0.1, ist die Auswahl von möglichst wahrscheinlichen Szenarien durchaus schwierig. Es stellt sich nämlich bspw. die Frage, ob selbst die höchste Eintrittswahrscheinlichkeit von 0.3 überhaupt hoch ist. Andererseits würde eine Wahrscheinlichkeitsverteilung, die einem Szenario bspw. eine Eintrittswahrscheinlichkeit i. H. v. 0.7 zuordnet, vermutlich zur exklusiven Auswahl genau dieses Szenarios führen (vgl. Spengler 2012, S. 81). Zudem ist in vielen Fällen die vorgelagerte Bestimmung von Eintrittswahrscheinlichkeiten selbst aufgrund der nahezu unmöglichen Ermittlung von geeigneten Sigma-Algebren zumindest relativ herausfordernd (vgl. Lösung zu Aufgabe 38).

Um diesem Problem zu entgehen, ist es daher ratsam, possibilistische an Stelle von probabilistischen Cross-Impact-Analysen zu verwenden. Zum einen bieten diese den Vorteil, dass nicht-additive Maße wie Possibilitäten oder Nezessitäten weniger strikten Anforderungen (und bspw. nicht den Kolmogoroffschen Axiomen) genügen müssen (vgl. Lösung zu Aufgabe 42). Zum anderen ist der menschliche Verstand eher in der Lage, Möglichkeitsaussagen anstatt konkrete Wahrscheinlichkeitsurteile bezüglich bestimmter Ereignisse zu treffen (vgl. Spengler 2012, S. 81).

**Lösung zu Aufgabe 56**

Eine (vollständige) Personalbedarfs- (***Fall 1***) bzw. Personalausstattungsermittlung (***Fall 2***) führt zur Kenntnis des Entscheiders über die Ausprägungen des Personalbedarfs bzw. der Personalausstattung in quantitativer, qualitativer, lokaler und temporaler Hinsicht. In der Folge liegt der jeweilige Problembereich als gegebene Größe, also als Datum, vor und wir bewegen uns dementsprechend auf dem Gebiet der reinen Personalbereitstellungs- ($\overline{PB}, PA, PE$, s. a. Kap. 12.3) bzw. der reinen Personalverwendungsplanung ($PB, \overline{PA}, PE$, s. a. Kap. 12.4). Modelle der reinen Personalbereitstellungs- bzw. der reinen Personalverwendungsplanung dienen, je nachdem, ob sie (a) implizit oder (b) explizit formuliert werden, zur Überprüfung der Bedarfsangemessenheit von Variablen der Personalausstattung (und des -einsatzes) bzw. zur Überprüfung der Ausstattungsangemessenheit von Variablen des Personalbedarfs (und des -einsatzes).

***Fall 1: Ermittlung des Personalbedarfs als Grundlage der Personalausstattungs- (und Personaleinsatz-) Überprüfung***

Zu (a): Gemäß dem impliziten Ansatz der Personalplanung werden in diesem Fall die gegebenen Teilpersonalbedarfe und deren Kombinationen mit den relevanten Teilpersonalausstattungen abgestimmt. Das Ergebnis dieser Abstimmung kann dann lauten, dass die betriebliche Personalausstattung niveaumäßig und/oder strukturell bedarfsangemessen gestaltet ist oder eben nicht. Werden zusätzlich Korrekturvariablen der Personalausstattung (wie bspw. Einstellungen bzw. Entlassungen) berücksichtigt, geben deren optimale Ausprägungen ggf. Aufschluss darüber, welche Änderungen an der Personalausstattung vorzunehmen sind, damit diese niveaumäßig und strukturell bedarfsangemessen ist.

Zu (b): Gemäß dem expliziten Ansatz der Personalplanung sind die gegebenen Teilpersonalbedarfe mit den Personaleinsätzen und diese dann mit den jeweiligen Teilpersonalausstattungen abzustimmen. Die vorgelagerte Personalbedarfsermittlung dient damit nicht nur der Überprüfung von niveaumäßiger und struktureller Bedarfsangemessenheiten der Personalausstattung mit dem Ziel eventueller Änderungen, sondern zusätzlich als Ermittlungsgrundlage für einen (optimalen) Personaleinsatzplan.

***Fall 2: Ermittlung der Personalausstattung als Grundlage der Personalbedarfs- (und Personaleinsatz-) Überprüfung***

Zu (a): Im Fall der impliziten Abstimmung mit der gegebenen Personalausstattung wird der variable betriebliche Personalbedarf (über die Festlegung der Ausprägungen seiner Primärdeterminanten) so bestimmt, dass dieser ausstattungsangemessen ist und somit in struktureller sowie quantitativer Hinsicht durch das vorhandene Personal gedeckt werden kann. Die zuvor ermittelte Personalausstattung beschränkt dementsprechend die Art und den Umfang des Personalbedarfs (und folglich vor allem das betriebliche Leistungsprogramm) nach oben.

Zu (b): Erfolgt in Modellen der reinen Personalverwendungsplanung eine explizite Berücksichtigung von Personaleinsatzvariablen, fungiert die gegebene Personalausstattung ebenso als Grundlage für einen (optimalen) Einsatzplan zur Deckung der ausstattungsangemessenen Personalbedarfe.

***Fall 3: Ermittlung des Personaleinsatzes als Grundlage der Personalbedarfs- und Personalausstattungsüberprüfung***

Die Personaleinsatzermittlung dient der Feststellung der Art und Anzahl von im Leistungsprozess eingesetzten, sich in Schulung oder in Leihe befindlichen Arbeitskräften (zu einer bestimmten Zeit an einem bestimmten Ort). Diese Feststellung fungiert sinnvollerweise nicht als Grundlage für Personalausstattungs- und/oder Personalbedarfsentscheidungen in derselben Periode (vgl. Aufgabe 12). Vielmehr geht es hierbei um die ex post-Ermittlung der tatsächlichen Personaleinsätze einer Vorperiode. Es gilt dabei also zu prüfen, wie viele Arbeitskräfte, welcher Art, in welcher Form eingesetzt wurden. Diese Ermittlung kann zum einen eine Überblicksfunktion für ein Unternehmen haben und zum anderen dazu dienen, im

Nachhinein zu überprüfen, ob die entsprechenden Einsätze zur adäquaten Deckung der Personalbedarfe geführt haben (oder es bspw. zu Personalbedarfsunterdeckungen kam) sowie ob die Personalausstattung (gemessen in Arbeitszeit) ausreichend für die getätigten Einsätze war (oder es bspw. zu Verletzungen der Arbeitszeitverordnung kam).

**Lösung zu Aufgabe 57**

Personalbedarfe werden (aus methodischen Gründen) stets für diskrete Zeitpunkte $t \in \overline{T}$, wie eine bestimmte Stunde oder einen gewissen Tag, ermittelt. Inhaltlich können wir diese jedoch als Zeiträume über den Ablauf von mehreren Zeitpunkten interpretieren. Das liegt darin begründet, dass ein einzelner Zeitpunkt streng genommen eine Dauer von annähernd 0 Zeiteinheiten hat. Somit wäre es auch nicht möglich, in einem Zeitpunkt die den entsprechenden Personalbedarf begründende Tätigkeit auszuführen. Dementsprechend fassen wir mehrere zu einem Zeitpunkt $t$ zusammen (wie bspw. alle Zeitpunkte einer Stunde) und legen die Annahme zugrunde, dass alle Personalbedarfe über diesen Zeitraum identisch und daher nicht separat zu berücksichtigen sind.

**Lösung zu Aufgabe 58**

In der Produktionstheorie sind der Durchschnittsertrag (oder die sog. Produktivität) und der Produktionskoeffizient wie folgt definiert:

$$\text{Produktivität} := \frac{\text{Output}}{\text{Input}} = \frac{\text{Einheiten des produzierten Gutes}}{\text{Einheiten des eingesetzten Produktionsfaktors}}$$

$$\text{Produktionskoeffizient} := \frac{\text{Input}}{\text{Output}} = \frac{\text{Einheiten des eingesetzten Produktionsfaktors}}{\text{Einheiten des produzierten Gutes}}$$

Die Produktivität gibt Aufschluss darüber, wie viele Einheiten des Gutes je eingesetzter Einheit des betrachteten Produktionsfaktors produziert werden. Der Produktionskoeffizient gibt an, wie viele Einheiten des verwendeten Faktors zur Herstellung einer Einheit des betrachteten Produkts benötigt werden.

Im Quotienten $[AE/AZ]$ werden Arbeitseinheiten und Arbeitszeit ins Verhältnis gesetzt. Arbeitseinheiten sind dabei Einheiten von bspw. zu produzierenden Stücken oder abzuschließenden Verträgen, ergo sind diese Output eines Produktionsvorgangs. In der Systematik der Produktionsfaktoren zählt Arbeitszeit zu den Elementarfaktoren. Die in diesem Zuge aufzuwendende Arbeitszeit ist also ein Produktionsfaktor und somit ein benötigter Input für Produktionsvorgänge. Dementsprechend ist $[AE/AZ]$ eine spezielle Produktivität in Bezug auf den konkreten Produktionsfaktor menschliche Arbeit und wird als sog. Arbeitsproduktivität bezeichnet. Sie gibt an, wie viele (Arbeits-) Einheiten des Gutes je eingesetzter Arbeitszeiteinheit (bspw. Arbeitsminuten oder -stunden) produziert werden.

Analog wird der reziproke Wert $[AZ/AE]$ im Sinne eines speziellen Produktionskoeffizienten als Arbeitskoeffizient bezeichnet. Dieser misst, wie viele Arbeitszeiteinheiten zur Herstellung einer (Arbeits-) Einheit des betrachteten Produkts benötigt werden.

**Lösung zu Aufgabe 59**

a.

Die gegebenen Größen in der Reifenproduktion des Zulieferers sind die folgenden:

Arbeitszeit pro Mitarbeiter und Woche (in Stunden):

$$40\ \frac{Stunden[AZ]}{MA[AK]\cdot Woche[P]}$$

Das Leistungsprogramm des Zulieferers (in Reifen pro Woche):

$$480\ \frac{Reifen[AE]}{Woche[P]}$$

Die durchschnittliche Arbeitsproduktivität einer Arbeitskraft (in Reifen pro Stunde):

$$1\ \frac{Reifen[AE]}{Stunde[AZ]}$$

Die Berechnung des Personalbedarfs kann in diesem Fall über die Grundgleichung zur Ermittlung des Personalbedarfs in der folgenden Form vorgenommen werden:

$$PB[AK] = \frac{\left[\frac{AE}{P}\right]}{\left[\frac{AE}{AZ}\right]\cdot\left[\frac{AZ}{AK\cdot P}\right]} = \frac{480\left[\frac{Reifen}{Woche}\right]}{1\left[\frac{Reifen}{Stunde}\right]\cdot 40\left[\frac{Stunden}{MA\cdot Woche}\right]} =$$

$$\frac{480\left[\frac{Reifen}{Woche}\right]}{40\left[\frac{Reifen}{MA\cdot Woche}\right]} = 480\left[\frac{Reifen}{Woche}\right]\cdot\frac{1}{40}\left[\frac{MA\cdot Woche}{Reifen}\right] = 12[MA]$$

b.

Die Primärdeterminanten des Personalbedarfs ($PB$) sind die Arbeitszeit ($AZ$), das Leistungsprogramm ($LP$) und die Arbeitsproduktivität ($AP$). Dementsprechend ändert sich der betriebliche Personalbedarf, sobald eine dieser drei Bestimmungsgrößen bei Konstanz der anderen verändert wird, bzw. kann sich dieser ändern, falls sich mehrere Determinanten simultan verändern.

In der beschriebenen Situation des Zulieferers soll eine Veränderung der Primärdeterminante „Arbeitszeit" diskutiert werden. Im Speziellen ist eine Senkung der Arbeitszeit jedes Mitarbeiters von acht auf sieben Stunden pro Tag bzw. von 40 auf 35 Stunden pro Woche zu untersuchen. Aufgrund der Tatsache, dass die zu liefernde Menge an Reifen vertraglich festgesetzt ist, darf sich das wöchentlich Leistungsprogramm von 480 Reifen nicht ändern und ist somit als gegeben anzusehen. Die Änderung der Arbeitszeit kann dementsprechend nur Auswirkungen auf die durchschnittliche Arbeitsproduktivität der Mitarbeiter haben. Folglich gibt es drei mögliche Szenarien, deren Wirkungen auf den Personalbedarf es zu untersuchen gilt:

(a) Die Reduktion der Arbeitszeit führt bei konstantem Leistungsprogramm nicht zur Veränderung der Arbeitsproduktivität ($AZ \downarrow, \overline{AP}, \overline{LP}$).

(b) Die Reduktion der Arbeitszeit führt bei konstantem Leistungsprogramm zur Reduktion der Arbeitsproduktivität ($AZ \downarrow, AP \downarrow, \overline{LP}$).

(c) Die Reduktion der Arbeitszeit führt bei konstantem Leistungsprogramm zur Erhöhung der Arbeitsproduktivität ($AZ \downarrow, AP \uparrow, \overline{LP}$).

Gehen wir zunächst von Fall (a) aus. Die Wirkung dieses Szenarios auf den Personalbedarf kann wie folgt ermittelt werden:

$$\frac{\overline{LP}\left[\frac{AE}{P}\right]}{\overline{AP}\left[\frac{AE}{AZ}\right] \cdot AZ \downarrow \left[\frac{AZ}{AK \cdot P}\right]} = PB \uparrow [AK]$$

Bei konstantem Leistungsprogramm bleibt der Term über dem Bruchstrich gleich. Bei konstanter Arbeitsproduktivität und sinkender Arbeitszeit wird der Term unterhalb des Bruchstrichs kleiner. Ist der Term oberhalb des Bruchstrichs konstant und der unterhalb sinkt, wird der Bruch insgesamt größer. Dementsprechend stiege der Personalbedarf in diesem Fall:

$$\frac{480\left[\frac{Reifen}{Woche}\right]}{1\left[\frac{Reifen}{Stunde}\right] \cdot 35\left[\frac{Stunden}{MA \cdot Woche}\right]} = 13{,}714\ [MA]$$

Im Fall (b) ermittelt sich die Wirkung folgendermaßen:

$$\frac{\overline{LP}\left[\frac{AE}{P}\right]}{AP \downarrow \left[\frac{AE}{AZ}\right] \cdot AZ \downarrow \left[\frac{AZ}{AK \cdot P}\right]} = PB \uparrow [AK]$$

Analog zu Fall (a) steigt der Personalbedarf. In diesem Szenario ist der Effekt sogar noch deutlicher, da beide Teilterme unterhalb des Bruchstrichs fallen (bspw. mit $0{,}75\left[\frac{Reifen}{Stunde}\right]$):

$$\frac{480\left[\frac{Reifen}{Woche}\right]}{0{,}75\left[\frac{Reifen}{Stunde}\right] \cdot 35\left[\frac{Stunden}{MA \cdot Woche}\right]} = 18{,}286\ [MA]$$

Im dritten Szenario (c) kann ohne weitere Informationen hingegen keine verlässliche Aussage über die Wirkung auf den Personalbedarf getroffen werden. Denn die Veränderungen unter dem Bruchstrich sind gegensätzlich und es kommt somit auf die konkreten Veränderungen der Arbeitsproduktivität und -zeit an, um eine Aussage bezüglich der Gesamtänderung des Terms unterhalb des Bruchstrichs treffen zu können:

$$\frac{\overline{LP}\left[\frac{AE}{P}\right]}{AP\uparrow\left[\frac{AE}{AZ}\right]\cdot AZ\downarrow\left[\frac{AZ}{AK\cdot P}\right]} = PB\,?\,[AK]$$

Die folgenden Beispiele zeigen, dass der Personalbedarf in diesem Szenario sowohl konstant bleiben als auch steigen oder fallen kann:

$$\frac{480\left[\frac{Reifen}{Woche}\right]}{1{,}143\left[\frac{Reifen}{Stunde}\right]\cdot 35\left[\frac{Stunden}{MA\cdot Woche}\right]} \approx 12\ [MA]$$

$$\frac{480\left[\frac{Reifen}{Woche}\right]}{1{,}05\left[\frac{Reifen}{Stunde}\right]\cdot 35\left[\frac{Stunden}{MA\cdot Woche}\right]} = 13{,}061\ [MA]$$

$$\frac{480\left[\frac{Reifen}{Woche}\right]}{1{,}5\left[\frac{Reifen}{Stunde}\right]\cdot 35\left[\frac{Stunden}{MA\cdot Woche}\right]} = 9{,}143[MA]$$

**Abbildung 19.16** veranschaulicht die oben beschriebenen Zusammenhänge der Veränderung der Arbeitszeit bei konstanter/veränderlicher Arbeitsproduktivität und konstantem Leistungsprogramm grafisch.

**Abbildung 19.16** Personalbedarfsänderungen durch Arbeitszeitreduktion bei (teilweise) variabler Arbeitsproduktivität und konstantem Leistungsprogramm

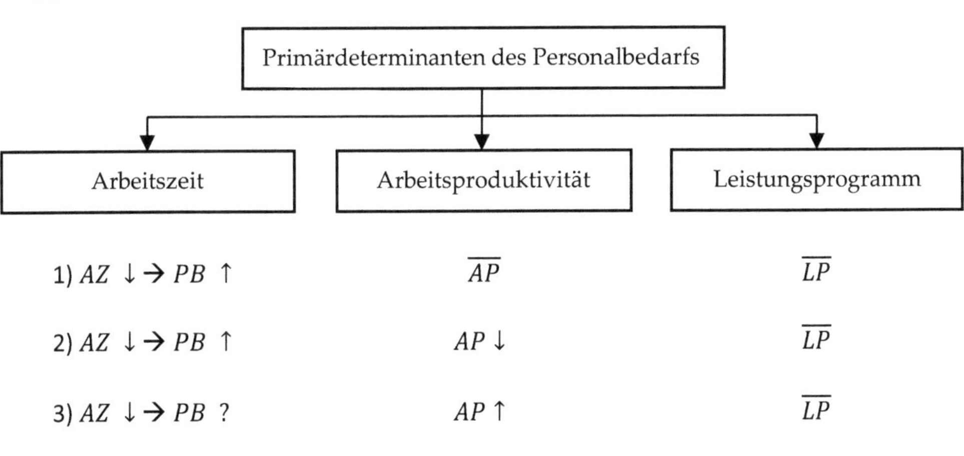

c.

In dieser Situation befindet sich der Zulieferer offensichtlich in dem unter b. beschriebenen Fall (c). Und zwar im Speziellen genau in der Situation, in welcher die Reduktion der Arbeitszeit von 40 auf 35 Stunden in der Woche dazu führt, dass die durchschnittliche Arbeitsproduktivität genauso ansteigt, als dass der Personalbedarf unverändert bleibt:

$$PB[AK] = 12[MA] = \frac{\left[\frac{AE}{P}\right]}{\left[\frac{AE}{AZ}\right] \cdot \left[\frac{AZ}{AK \times P}\right]} = \frac{480\left[\frac{Reifen}{Woche}\right]}{x\left[\frac{Reifen}{Stunde}\right] \cdot 35\left[\frac{Stunden}{MA \cdot Woche}\right]}$$

$$x\left[\frac{Reifen}{Stunde}\right] = \frac{480\left[\frac{Reifen}{Woche}\right]}{12[MA] \cdot 35\left[\frac{Stunden}{MA \cdot Woche}\right]} = {}^{8}/_{7}\left[\frac{Reifen}{Stunde}\right]$$

Bezeichnen wir die gesuchte Arbeitsproduktivität mit $x$ und stellen die Ermittlungsgleichung entsprechend nach dieser Größe um, ergibt sich für $x\ {}^{8}/_{7} = 1{,}143\left[\frac{Reifen}{Stunde}\right]$ (vgl. b. Fall (c) erstes Beispiel).

**Lösung zu Aufgabe 60**

a.

Symbole:

$PB$ := Personalbedarf $[AK]$

$x_{nt}$ := Anzahl der in Periode $t$ anfallenden Arbeitsvorgänge der Art $n$ $\left[\frac{AE}{P}\right]$

$z_n$ := Zeitbedarf für einen Arbeitsvorgang der Art $n$ $\left[\frac{AZ}{AE}\right]$

$T$ := Arbeitszeit pro Arbeitskraft und Periode $\left[\frac{AZ}{AK \cdot P}\right]$

$T^*$ := erforderliche Arbeitszeit für Verschiedenes $\left[\frac{AZ}{P}\right]$

$NVZ$ := notwendiger Verteilzeitfaktor (dimensionslos)

$TVZ$ := tatsächlicher Verteilzeitfaktor (dimensionslos)

Rosenkranz-Formel:

$$PB_t = \frac{\sum_{n \in \bar{N}} (x_{nt} \cdot z_n)}{T} \cdot NVZ + \frac{T^*}{T} \cdot \frac{NVZ}{TVZ}$$

Für die Abteilung für Qualitätskontrollen gilt:

$$NVZ = \frac{(1 + \text{Nebenarbeitszuschlag})(1 + \text{Erholungszuschlag})}{1 - \text{Fehlzeitenrate}} = \frac{(1{,}175) \cdot (1{,}105)}{1 - 0{,}07} = 1{,}396$$

$$TVZ = \frac{\text{tatsächlich aufgewendete Zeit für aufgenommene Arbeiten}}{\text{erforderliche Zeit für Arbeitszeitstunden}}$$

$$= \frac{168 \left[\frac{\text{Stunden}}{\text{Woche}}\right] \cdot 60 \left[\frac{\text{Minuten}}{\text{Stunde}}\right] + 45 \left[\frac{\text{Minuten}}{\text{Woche}}\right]}{400 \cdot 2 + 250 \cdot 5 + 100 \cdot 15 + 275 \cdot 8 + 50 \cdot 20 \left(\left[\frac{\text{Vorgänge}}{\text{Woche}}\right] \cdot \left[\frac{\text{Minuten}}{\text{Vorgang}}\right]\right)}$$

$$= \frac{10.125}{6.750} = 1{,}5$$

$$PB = \frac{6.750 \left[\frac{\text{Minuten}}{\text{Woche}}\right]}{40 \left[\frac{\text{Stunden}}{\text{AK} \cdot \text{Woche}}\right] \cdot 60 \left[\frac{\text{Minuten}}{\text{Stunde}}\right]} \cdot 1{,}396 + \frac{31 \left[\frac{\text{Stunden}}{\text{Woche}}\right] \cdot 60 \left[\frac{\text{Minuten}}{\text{Stunde}}\right] + 15 \left[\frac{\text{Minuten}}{\text{Woche}}\right]}{40 \left[\frac{\text{Stunden}}{\text{AK} \cdot \text{Woche}}\right] \cdot 60 \left[\frac{\text{Minuten}}{\text{Stunde}}\right]} \cdot \frac{1{,}396}{1{,}5} =$$

$$= 3{,}926\,[\text{AK}] + 0{,}727\,[\text{AK}] = 4{,}653\,[\text{AK}]$$

Die Abteilung für Qualitätskontrollen benötigt laut Rosenkranzformel 4,563 Arbeitskräfte.

b.

Die Grundgleichung zur Ermittlung des Personalbedarfs nach Kossbiel lässt sich wie folgt formalisieren:

Symbole:

$PB$ := Personalbedarf

$AZ$ := Arbeitszeit

$AK$ := Arbeitskraft

$P$ := Periode

$AE$ := Arbeitseinheit(en)

Grundgleichung:

$$PB[AK] \cdot \left[\frac{AZ}{AK \cdot P}\right] = \left[\frac{AE}{P}\right] \cdot \left[\frac{AZ}{AE}\right] \quad \Leftrightarrow \quad PB[AK] = \frac{\left[\frac{AE}{P}\right] \cdot \left[\frac{AZ}{AE}\right]}{\left[\frac{AZ}{AK \cdot P}\right]}$$

Die Grundgleichung lässt sich leicht in die auf der rechten Seite des Doppelpfeils notierte Form überführen. Ist zu zeigen, wie sich die Rosenkranz-Formel auf diese zurückführen lässt, ist zunächst zu beachten, dass die Grundgleichung aus reinen Dimensionsgrößen besteht, während in der Rosenkranz-Formel bspw. Geschäftsvorfälle und Zeiten angegeben sind. Wir müssen also in einem ersten Schritt die Dimensionen der Elemente der Rosenkranzformel bestimmen:

- Geschäftsvorfälle pro Periode $x_{nt}$: $\left[\frac{AE}{P}\right]$
- Zeit zur Erledigung eines Geschäftsvorfalls $z_n$: $\left[\frac{AZ}{AE}\right]$
- Arbeitszeit pro Arbeitskraft und Periode $T$: $\left[\frac{AZ}{AK \cdot P}\right]$
- Zeit für Verschiedenes $T^*$: $\left[\frac{AE}{P}\right] \cdot \left[\frac{AZ}{AE}\right]$

Die beiden Verteilzeitfaktoren $NVZ$ und $TVZ$ sind dimensionslos und ändern die Dimension einer Größe, mit welcher sie multipliziert werden, dementsprechend nicht. Sie müssen daher nicht weiter beachtet werden.

Multiplizieren wir zwei Größen miteinander, so ergibt sich die Dimension der entstehenden Größe aus dem Produkt der Dimensionen der multiplizierten Größen. Somit ergibt sich

– für $x_{nt} \cdot z_n$ die Dimension $\left[\frac{AE}{P}\right] \cdot \left[\frac{AZ}{AE}\right]$,

– für $\frac{\sum_{n \in \overline{N}} (x_{nt} \cdot z_n)}{T} \cdot NVZ$ die Dimension $\frac{\left[\frac{AE}{P}\right] \cdot \left[\frac{AZ}{AE}\right]}{\left[\frac{AZ}{AK \cdot P}\right]}$ und

– für $\frac{T^*}{T} \cdot \frac{NVZ}{TVZ}$ die Dimension $\frac{\left[\frac{AE}{P}\right] \cdot \left[\frac{AZ}{AE}\right]}{\left[\frac{AZ}{AK \cdot P}\right]}$.

Für die Dimension der Rosenkranz-Formel gilt dann:

$$\frac{\sum_{n \in \overline{N}} (x_{nt} \cdot z_n)}{T} \cdot NVZ + \frac{T^*}{T} \cdot \frac{NVZ}{TVZ} = = \frac{\left[\frac{AE}{P}\right] \cdot \left[\frac{AZ}{AE}\right]}{\left[\frac{AZ}{AK \cdot P}\right]}$$

Damit ist die Rosenkranz-Formel auf die Grundgleichung zurückgeführt.

**Lösung zu Aufgabe 61**

a.

Im folgenden Personalbewegungstableau (vgl. **Tabelle 19.14**) sind alle möglichen Beförderungen (B), Versetzungen (V) und Schulungen (S) von Arbeitskräften abgetragen:

**Tabelle 19.14** Personalbewegungstableau

| | $t$ | $p$ | 1 | | | | | | | | | | 2 | | | | 3 | | 4 |
|---|---|---|---|---|---|---|---|---|---|---|---|---|---|---|---|---|---|---|---|
| $t-1$ | | $s$ | 1 | | | 2 | | | 3 | | 4 | | 1 | | 2 | | 1 | | / |
| $p$ | $s$ | $r$ | 1 | 2 | 4 | 2 | 4 | 6 | 3 | 6 | 4 | 5 | 5 | 6 | 6 | 7 | 6 | 7 | 8 |
| 1 | 1 | 1 | × | | | | | | | | | | | | | | | | |
| | | 2 | | × | S | V | | | | | | | | | | | | | |
| | | 4 | | | × | | V | | | | V | | | | | | | | |
| | 2 | 2 | | V | | × | S | | | | | | | | | | | | |
| | | 4 | | | V | | × | S | | | V | | | | | | | | |
| | | 6 | | | | | | × | | V | | | | B | B | | B | | |
| | 3 | 3 | | | | | | | × | S | | | | | | | | | |
| | | 6 | | | | | | V | | × | | | | B | B | | B | | |
| | 4 | 4 | | | V | | V | | | | × | S | | | | | | | |
| | | 5 | | | | | | | | | | × | B | | | | | | |
| 2 | 1 | 5 | | | | | | | | | | | × | S | | | | | |
| | | 6 | | | | | | | | | | | | × | V | | B | | |
| | 2 | 6 | | | | | | | | | | | | V | × | S | B | | |
| | | 7 | | | | | | | | | | | | | | × | | B | |
| 3 | 1 | 6 | | | | | | | | | | | | | | | × | S | |
| | | 7 | | | | | | | | | | | | | | | | × | |
| 4 | / | 8 | | | | | | | | | | | | | | | | | × |

b.

$\underline{s=1, p=1}$

$$PA_{1,t}^{1,1} = PA_{1,t-1}^{1,1} + h_{1,t}^{1,1} - f_{1,t}^{1,1} \qquad \forall\, t \in \overline{T}$$

$$PA_{2,t}^{1,1} = PA_{2,t-1}^{1,1} - PE(S)_{2,4,t-\tau_r^{r^*}}^{1,1} + v_{2,t}^{2,1,1} - v_{2,t}^{1,2,1} + h_{2,t}^{1,1} - f_{2,t}^{1,1} \qquad \forall\, t \in \overline{T}$$

$$PA_{4,t}^{1,1} = PA_{4,t-1}^{1,1} + PE(S)_{2,4,t-\tau_r^{r^*}}^{1,1} + v_{4,t}^{2,1,1} + v_{4,t}^{4,1,1} - v_{4,t}^{1,2,1} - v_{4,t}^{1,4,1} + h_{4,t}^{1,1} - f_{4,t}^{1,1} \qquad \forall\, t \in \overline{T}$$

$\underline{s=1, p=2}$

$$PA_{5,t}^{1,2} = PA_{5,t-1}^{1,2} - PE(S)_{5,6,t-\tau_r^{r^*}}^{1,2} + b_{5,t}^{4,1,1,2} + h_{5,t}^{1,2} - f_{5,t}^{1,2} \qquad \forall\, t \in \overline{T}$$

$$PA_{6,t}^{1,2} = PA_{6,t-1}^{1,2} + PE(S)_{5,6,t-\tau_r^{r^*}}^{1,2} + v_{6,t}^{2,1,2} - v_{6,t}^{1,2,2} + b_{6,t}^{2,1,1,2} + b_{6,t}^{3,1,1,2} - b_{6,t}^{1,1,2,3}$$

$$+h_{6,t}^{1,2} - f_{6,t}^{1,2} \qquad \forall\, t \in \overline{T}$$

$\underline{s = 1, p = 3}$

$$PA_{6,t}^{1,3} = PA_{6,t-1}^{1,3} - PE(S)_{6,7,t-\tau_r^{r^*}}^{1,3} + b_{6,t}^{2,1,1,3} + b_{6,t}^{3,1,1,3} + b_{6,t}^{1,1,2,3} + b_{6,t}^{2,1,2,3} + h_{6,t}^{1,3} - f_{6,t}^{1,3} \qquad \forall\, t \in \overline{T}$$

$$PA_{7,t}^{1,3} = PA_{7,t-1}^{1,3} + PE(S)_{6,7,t-\tau_r^{r^*}}^{1,3} + b_{7,t}^{2,1,2,3} + h_{7,t}^{1,3} - f_{7,t}^{1,3} \qquad \forall\, t \in \overline{T}$$

$\underline{s = 2, p = 1}$

$$PA_{2,t}^{2,1} = PA_{2,t-1}^{2,1} - PE(S)_{2,4,t-\tau_r^{r^*}}^{2,1} + v_{2,t}^{1,2,1} - v_{2,t}^{2,1,1} + h_{2,t}^{2,1} - f_{2,t}^{2,1} \qquad \forall\, t \in \overline{T}$$

$$PA_{4,t}^{2,1} = PA_{4,t-1}^{2,1} - PE(S)_{4,6,t-\tau_r^{r^*}}^{2,1} + PE(S)_{2,4,t-\tau_r^{r^*}}^{2,1} + v_{4,t}^{1,2,1} + v_{4,t}^{4,2,1} - v_{4,t}^{2,1,1} - v_{4,t}^{2,4,1} + h_{4,t}^{2,1} - f_{4,t}^{2,1} \qquad \forall\, t \in \overline{T}$$

$$PA_{6,t}^{2,1} = PA_{6,t-1}^{2,1} + PE(S)_{4,6,t-\tau_r^{r^*}}^{2,1} + v_{6,t}^{3,2,1} - v_{6,t}^{2,3,1} - b_{6,t}^{2,1,1,2} - b_{6,t}^{2,2,1,2} - b_{6,t}^{2,1,1,3} + h_{6,t}^{2,1} - f_{6,t}^{2,1} \qquad \forall\, t \in \overline{T}$$

$\underline{s = 2, p = 2}$

$$PA_{6,t}^{2,2} = PA_{6,t-1}^{2,2} - PE(S)_{6,7,t-\tau_r^{r^*}}^{2,2} + v_{6,t}^{1,2,2} - v_{6,t}^{2,1,2} - b_{6,t}^{2,1,2,3} + b_{6,t}^{2,2,1,2} + b_{6,t}^{3,2,1,2} + h_{6,t}^{2,2} - f_{6,t}^{2,2} \qquad \forall\, t \in \overline{T}$$

$$PA_{7,t}^{2,2} = PA_{7,t-1}^{2,2} + PE(S)_{6,7,t-\tau_r^{r^*}}^{2,2} - b_{7,t}^{2,1,2,3} + h_{7,t}^{2,2} - f_{7,t}^{2,2} \qquad \forall\, t \in \overline{T}$$

$\underline{s = 3, p = 1}$

$$PA_{3,t}^{3,1} = PA_{3,t-1}^{3,1} - PE(S)_{3,6,t-\tau_r^{r^*}}^{3,1} + h_{3,t}^{3,1} - f_{3,t}^{3,1} \qquad \forall\, t \in \overline{T}$$

$$PA_{6,t}^{3,1} = PA_{6,t-1}^{3,1} + PE(S)_{3,6,t-\tau_r^{r^*}}^{3,1} + v_{6,t}^{2,3,1} - v_{6,t}^{3,2,1} - b_{6,t}^{3,1,1,2} - b_{6,t}^{3,2,1,2} - b_{6,t}^{3,1,1,3} + h_{6,t}^{3,1} - f_{6,t}^{3,1} \quad \forall\, t \in \overline{T}$$

$\underline{s = 4, p = 1}$

$$PA_{4,t}^{4,1} = PA_{4,t-1}^{4,1} - PE(S)_{4,5,t-\tau_r^{r^*}}^{4,1} + v_{4,t}^{1,4,1} + v_{4,t}^{2,4,1} - v_{4,t}^{4,1,1} - v_{4,t}^{4,2,1} + h_{4,t}^{4,1} - f_{4,t}^{4,1} \qquad \forall\, t \in \overline{T}$$

$$PA_{5,t}^{4,1} = PA_{5,t-1}^{4,1} + PE(S)_{4,5,t-\tau_r^{r^*}}^{4,1} - b_{5,t}^{4,1,1,2} + h_{5,t}^{4,1} - f_{5,t}^{4,1} \qquad \forall\, t \in \overline{T}$$

$\underline{r = 8}$

$$PA_{8,t}^{4} = PA_{8,t-1}^{4} + h_{8,t}^{4} - f_{8,t}^{4} \qquad \forall\, t \in \overline{T}$$

**Lösung zu Aufgabe 62**

a.

Zunächst sind die entsprechenden Personalausstattungen in „Zustände" $i$ bzw. $j$ zu codieren:

$PA_{1,t}^{1,1}$ ⇒ $i = j = 1$ $PA_{2,t}^{2,1}$ ⇒ $i = j = 4$

$PA_{2,t}^{1,1}$ ⇒ $i = j = 2$ $PA_{4,t}^{2,1}$ ⇒ $i = j = 5$

$PA_{4,t}^{1,1}$ ⇒ $i = j = 3$ $PA_{6,t}^{2,1}$ ⇒ $i = j = 6$

Mit dieser Codierung lassen sich sodann die Übergangswahrscheinlichkeiten $p_{ij}$ sowie die Austrittswahrscheinlichkeiten $w_i$ bestimmen (vgl. **Tabelle 19.15**):

**Tabelle 19.15** Übergangs- und Austrittswahrscheinlichkeiten

| | $j = 1$ | $j = 2$ | $j = 3$ | $j = 4$ | $j = 5$ | $j = 6$ | $w_i = 1 - \sum_{j=1}^{6} p_{ij}$ |
|---|---|---|---|---|---|---|---|
| $i = 1$ | $p_{11}$ $= 0{,}79$ | 0 | 0 | 0 | 0 | 0 | $w_1 = 1 - p_{11}$ $w_1 = 1 - 0{,}79 = 0{,}21$ |
| $i = 2$ | 0 | $p_{22}$ $= 0{,}79$ | $p_{23}$ $= 0{,}03$ | $p_{24}$ $= 0{,}07$ | 0 | 0 | $w_2 = 0{,}11$ |
| $i = 3$ | 0 | 0 | $p_{33}$ $= 0{,}79$ | 0 | $p_{35}$ $= 0{,}07$ | 0 | $w_3 = 0{,}14$ |
| $i = 4$ | 0 | $p_{42}$ $= 0{,}07$ | 0 | $p_{44}$ $= 0{,}82$ | $p_{45}$ $= 0{,}03$ | 0 | $w_4 = 0{,}08$ |
| $i = 5$ | 0 | 0 | $p_{53}$ $= 0{,}07$ | 0 | $p_{55}$ $= 0{,}82$ | $p_{56}$ $= 0{,}03$ | $w_5 = 0{,}08$ |
| $i = 6$ | 0 | 0 | 0 | 0 | 0 | $p_{66}$ $= 0{,}82$ | $w_6 = 0{,}18$ |

Die Schätzung der Personalausstattungen für die Perioden $t = 1$ und $t = 3$ kann dann mit $\overline{PA}_{t=0} = (23,\ 35,\ 32,\ 42,\ 37,\ 18)$ durch folgende Gleichungen bestimmt werden:

t = 1:

$$\overline{PA}_1 = \overline{PA}_0 \cdot [P] = (23,\ 35,\ 32,\ 42,\ 37,\ 18) \cdot \begin{pmatrix} 0{,}79 & 0 & 0 & 0 & 0 & 0 \\ 0 & 0{,}79 & 0{,}03 & 0{,}07 & 0 & 0 \\ 0 & 0 & 0{,}79 & 0 & 0{,}07 & 0 \\ 0 & 0{,}07 & 0 & 0{,}82 & 0{,}03 & 0 \\ 0 & 0 & 0{,}07 & 0 & 0{,}82 & 0{,}03 \\ 0 & 0 & 0 & 0 & 0 & 0{,}82 \end{pmatrix}$$

$$\overline{PA}_1 = (18{,}17; 30{,}59; 28{,}92; 36{,}89; 33{,}84; 15{,}87)$$

t = 3:

$$\overline{PA}_3 = \overline{PA}_0 \cdot [P]^3$$

$$= (23,\ 35,\ 32,\ 42,\ 37,\ 18) \cdot \begin{pmatrix} 0{,}79 & 0 & 0 & 0 & 0 & 0 \\ 0 & 0{,}79 & 0{,}03 & 0{,}07 & 0 & 0 \\ 0 & 0 & 0{,}79 & 0 & 0{,}07 & 0 \\ 0 & 0{,}07 & 0 & 0{,}82 & 0{,}03 & 0 \\ 0 & 0 & 0{,}07 & 0 & 0{,}82 & 0{,}03 \\ 0 & 0 & 0 & 0 & 0 & 0{,}82 \end{pmatrix}^3$$

$$\overline{PA}_3 = (11{,}34; 23{,}4; 23{,}61; 28{,}43; 28{,}12; 12{,}43)$$

b.

Durch die gegebenen Einstellungen und Entlassungen für die Periode $t = 1$ ergibt sich für den korrespondierenden Vektor $\overline{g}_t$:

$$\overline{g}_1 = (5,\ 2,\ 0, -1,\ 1,\ 4)$$

Die Schätzung der Personalausstattungen für die Perioden $t = 1$ kann dann mit $\overline{PA}_{t=0} = (23,\ 35,\ 32,\ 42,\ 37,\ 18)$ durch folgende Gleichungen bestimmt werden:

$$\overline{PA}_1 = \overline{PA}_0 \cdot [P] + \overline{g}_1 = (18{,}17; 30{,}59; 28{,}92; 36{,}89; 33{,}84; 15{,}87) + (5,\ 2,\ 0, -1,\ 1,\ 4)$$

$$\overline{PA}_1 = (23{,}17; 32{,}59; 28{,}92; 35{,}89; 34{,}84; 19{,}87)$$

**Lösung zu Aufgabe 63**

s = 1

$$PE_1^{1,t} = PE_{1,1}^{1,t} + \sum_{t'=t-\tau_1^3+1}^{t} PE(S)_{1,3}^{1,t'} + PE(L)_1^{1,t} \qquad \forall\, t \in \overline{T}$$

$$PE_2^{1,t} = PE_{2,2}^{1,t} + \sum_{t'=t-\tau_2^4+1}^{t} PE(S)_{2,4}^{1,t'} + PE(L)_2^{1,t} \qquad \forall\, t \in \overline{T}$$

$$PE_3^{1,t} = PE_{3,1}^{1,t} + PE_{3,3}^{1,t} + \sum_{t'=t-\tau_3^5+1}^{t} PE(S)_{3,5}^{1,t'} + PE(L)_3^{1,t} \qquad \forall\, t \in \overline{T}$$

$$PE_4^{1,t} = PE_{4,2}^{1,t} + PE_{4,4}^{1,t} + PE(L)_4^{1,t} \qquad \forall\, t \in \overline{T}$$

$$PE_5^{1,t} = PE_{5,1}^{1,t} + PE_{5,2}^{1,t} + PE_{5,3}^{1,t} \qquad \forall\, t \in \overline{T}$$

$$PE_6^{1,t} = PE_{6,3}^{1,t} + PE_{6,4}^{1,t} + PE_{6,5}^{1,t} \qquad \forall\, t \in \overline{T}$$

$\underline{s = 2}$

$$PE_1^{2,t} = PE_{1,1}^{2,t} + \sum_{t'=t-\tau_1^3+1}^{t} PE(S)_{1,3}^{2,t'} \qquad \forall\, t \in \overline{T}$$

$$PE_2^{2,t} = PE_{2,2}^{2,t} + \sum_{t'=t-\tau_2^4+1}^{t} PE(S)_{2,4}^{2,t'} \qquad \forall\, t \in \overline{T}$$

$$PE_3^{2,t} = PE_{3,1}^{2,t} + PE_{3,3}^{2,t} + \sum_{t'=t-\tau_3^5+1}^{t} PE(S)_{3,5}^{2,t'} \qquad \forall\, t \in \overline{T}$$

$$PE_4^{2,t} = PE_{4,2}^{2,t} + PE_{4,4}^{2,t} \qquad \forall\, t \in \overline{T}$$

$$PE_5^{2,t} = PE_{5,1}^{2,t} + PE_{5,2}^{2,t} + PE_{5,3}^{2,t} \qquad \forall\, t \in \overline{T}$$

$$PE_6^{2,t} = PE_{6,3}^{2,t} + PE_{6,4}^{2,t} + PE_{6,5}^{2,t} \qquad \forall\, t \in \overline{T}$$

$\underline{s = 3}$

$$PE_1^{3,t} = PE_{1,1}^{3,t} + \sum_{t'=t-\tau_1^3+1}^{t} PE(S)_{1,3}^{3,t'} \qquad \forall\, t \in \overline{T}$$

$$PE_2^{3,t} = PE_{2,2}^{3,t} + \sum_{t'=t-\tau_2^4+1}^{t} PE(S)_{2,4}^{3,t'} \qquad \forall\, t \in \overline{T}$$

$$PE_3^{3,t} = PE_{3,1}^{3,t} + PE_{3,3}^{3,t} + \sum_{t'=t-\tau_3^5+1}^{t} PE(S)_{3,5}^{3,t'} \qquad \forall\, t \in \overline{T}$$

$$PE_4^{3,t} = PE_{4,2}^{3,t} + PE_{4,4}^{3,t} \qquad \forall\, t \in \overline{T}$$

$$PE_5^{3,t} = PE_{5,1}^{3,t} + PE_{5,2}^{3,t} + PE_{5,3}^{3,t} \qquad \forall\, t \in \overline{T}$$

$$PE_6^{3,t} = PE_{6,3}^{3,t} + PE_{6,4}^{3,t} + PE_{6,5}^{3,t} \qquad \forall\, t \in \overline{T}$$

**Lösung zu Aufgabe 64**

Zielfunktion:

$$\sum_{q=1}^{5} \sum_{r \in R_q} EK_{rq} \cdot PE_{rq} \rightarrow \text{min!}$$

$$5000 \cdot PE_{11} + 4500 \cdot PE_{21} + 4000 \cdot PE_{12} + 2500 \cdot PE_{13} + 2000 \cdot PE_{23} + 1000 \cdot PE_{33}$$

$$+3000 \cdot PE_{43} + 3000 \cdot PE_{14} + 3000 \cdot PE_{44} + 2500 \cdot PE_{15} + 2000 \cdot PE_{25} + 750 \cdot PE_{35} \rightarrow \text{min!}$$

u.d.N.:

(1) Abstimmung Personaleinsatz und Personalbedarf:

$$\sum_{r \in R_q} PE_{rq} = PB_q \quad \forall\, q \in \overline{Q}$$

$$PE_{11} + PE_{21} = PB_1 = 1$$

$$PE_{12} = PB_2 = 5$$

$$PE_{13} + PE_{23} + PE_{33} + PE_{43} = PB_3 = 30$$

$$PE_{14} + PE_{44} = PB_4 = 10$$

$$PE_{15} + PE_{25} + PE_{35} = PB_5 = 20$$

(2) Abstimmung Personaleinsatz und Personalausstattung:

$$\sum_{q \in Q_r} PE_{rq} \leq PA_r \quad \forall\, r \in \overline{R}$$

$$PE_{11} + PE_{12} + PE_{13} + PE_{14} + PE_{15} \leq PA_1 = 10$$

$$PE_{21} + PE_{23} + PE_{25} \leq PA_2 = 25$$

$$PE_{33} + PE_{35} \leq PA_3 = 11$$

$$PE_{43} + PE_{44} \leq PA_4 = 20$$

(3) Nichtnegativitätsbedingungen:

$$PE_{rq} \geq 0 \quad \forall\, r \in \overline{R}, q \in \overline{Q}$$

$$PE_{11}, PE_{12}, PE_{13}, PE_{14}, PE_{15} PE_{21}, PE_{23}, PE_{25}, PE_{33}, PE_{35}, PE_{43}, PE_{44} \geq 0$$

**Lösung zu Aufgabe 65**

a.

Zielfunktion:

$$\sum_{q=1}^{5}\sum_{r\in R_q} z_{rq}\cdot PE_{rq} \rightarrow \text{min!}$$

$$15\cdot PE_{11}+15\cdot PE_{22}+15\cdot PE_{13}+45\cdot PE_{33}+15\cdot PE_{24}+45\cdot PE_{44}+15\cdot PE_{15}+15\cdot PE_{25}$$

$$+30\cdot PE_{35}+30\cdot PE_{45}+60\cdot PE_{55} \rightarrow \text{min!}$$

u.d.N.:

(1) Abstimmung Personaleinsatz und Personalbedarf:

$$\sum_{r\in R_q} PE_{rq} = PB_q \quad \forall\, q\in \overline{Q}$$

$$PE_{11} = PB_1 = 7$$

$$PE_{22} = PB_2 = 3$$

$$PE_{13} + PE_{33} = PB_3 = 12$$

$$PE_{24} + PE_{44} = PB_4 = 5$$

$$PE_{15} + PE_{25} + PE_{35} + PE_{45} + PE_{55} = PB_5 = 10$$

(2) Abstimmung Personaleinsatz und Personalausstattung:

$$\sum_{q\in Q_r} PE_{rq} \leq PA_r \quad \forall\, r\in \overline{R}$$

$$PE_{11} + PE_{13} + PE_{15} \leq PA_1 = 7$$

$$PE_{22} + PE_{24} + PE_{25} \leq PA_2 = 3$$

$$PE_{33} + PE_{35} \leq PA_3 = 15$$

$$PE_{44} + PE_{45} \leq PA_4 = 5$$

$$PE_{55} \leq PA_5 = 10$$

(3) Nichtnegativitätsbedingungen:

$$PE_{rq} \geq 0 \quad \forall\, r\in \overline{R}, q\in \overline{Q}$$

$PE_{11}, PE_{22}, PE_{13}, PE_{33}, PE_{24}, PE_{44}, PE_{15}, PE_{25}, PE_{35}, PE_{45}, PE_{55}, \geq 0$

b.

Nachdem auf kollektiver Ebene die optimale Zuordnung von Arbeitskräften zu den Tätigkeitsarten erfolgt ist, könnte im Anschluss eine konkrete Zuordnung von einzelnen Arbeitskräften zu einzelnen Tätigkeiten (Individualebene) erfolgen. Zu diesem Zwecke könnte bspw. ein Modell aus dem Bereich des Personnel-Assignments verwendet werden. Diesbezüglich wären nun zunächst die einzelnen Tätigkeiten jeder Tätigkeitsart sowie die einzelnen Arbeitskräfte jeder Kategorie zu spezifizieren, um im Anschluss jeder Arbeitskraft genau eine Tätigkeit zuordnen zu können.

Betrachten wir bspw. die Tätigkeitsart „Vorlesungen im Bereich BWL konzipieren und durchführen" und die Arbeitskräfteart „Professoren im Bereich BWL", könnten wir diese Vorlesungen und Professoren bspw. wie folgt konkretisieren:

Vorlesungen $j$ im Bereich BWL:

- Vorlesung Rechnungswesen ($RW$)
- Vorlesung Marketing ($M$)
- Vorlesung Produktion und Logistik ($PL$)
- Vorlesung Personalmanagement ($PM$)
- Vorlesung Investition und Finanzierung ($IF$)
- Vorlesung Entrepreneurship ($E$)
- Vorlesung Organisation ($O$)

Professoren $i$ im Bereich BWL:

- Professorin $A$
- Professor $B$
- Professorin $C$
- Professorin $D$
- Professor $E$
- Professor $F$
- Professorin $G$

Durch Zuordnung von entsprechenden $c_{ij}$ kommen wir dann zu **Tabelle 19.16**:

**Tabelle 19.16** Zuordnungskoeffizienten von Professoren und Vorlesungen

| | $RW$ | $M$ | $PL$ | $PM$ | $IF$ | $E$ | $O$ |
|---|---|---|---|---|---|---|---|
| $A$ | $c_{A,RW}$ | $c_{A,M}$ | $c_{A,PL}$ | $c_{A,PM}$ | $c_{A,IF}$ | $c_{A,E}$ | $c_{A,O}$ |
| $B$ | $c_{B,RW}$ | $c_{B,M}$ | $c_{B,PL}$ | $c_{B,PM}$ | $c_{B,IF}$ | $c_{B,E}$ | $c_{B,O}$ |
| $C$ | $c_{C,RW}$ | $c_{C,M}$ | $c_{C,PL}$ | $c_{C,PM}$ | $c_{C,IF}$ | $c_{C,E}$ | $c_{C,O}$ |
| $D$ | $c_{D,RW}$ | $c_{D,M}$ | $c_{D,PL}$ | $c_{D,PM}$ | $c_{D,IF}$ | $c_{D,E}$ | $c_{D,O}$ |
| $E$ | $c_{E,RW}$ | $c_{E,M}$ | $c_{E,PL}$ | $c_{E,PM}$ | $c_{E,IF}$ | $c_{E,E}$ | $c_{E,O}$ |
| $F$ | $c_{F,RW}$ | $c_{F,M}$ | $c_{F,PL}$ | $c_{F,PM}$ | $c_{F,IF}$ | $c_{F,E}$ | $c_{F,O}$ |
| $G$ | $c_{G,RW}$ | $c_{G,M}$ | $c_{G,PL}$ | $c_{G,PM}$ | $c_{G,IF}$ | $c_{G,E}$ | $c_{G,O}$ |

Die Zuordnungskoeffizienten $c_{ij}$ können (hier) bspw. als Eignungswerte oder Leistungsfaktoren interpretiert werden. Ermitteln wir die (optimale) Lösung zum entstehenden Personnel-Assignment-Problem, erhalten wir zusätzlich zum (optimalen) kollektiven einen (optimalen) individuellen Personaleinsatzplan.

**Lösung zu Aufgabe 66**

Symbole:

*Mengen*

$\overline{Q}$ := $\{q|q = 1, \dots, Q\}$ Menge der Tätigkeitsarten

$\overline{R}$ := $\{r|r = 1, \dots, R\}$ Menge der Arbeitskräftekategorien

$\overline{S}$ := $\{s|s = 1, \dots, S\}$ Menge der Schichten

$\overline{T}$ := $\{t|t = 1, \dots, T\}$ Menge der Tagesabschnitte

$R_q$ := Menge der Arbeitskräfte der Kategorie $r$, die zur Erledigung von Tätigkeiten der Art $q$ bereitgestellt werden können

$R_s$ := Menge der Arbeitskräfte der Kategorie $r$, die in Schicht $s$ eingesetzt werden können

$S_r$ := Menge der Schichten $s$, in denen Arbeitskräfte der Kategorie $r$ eingesetzt werden können

$S_t$ := Menge aller Schichten, die in Tagesabschnitt $t$ einen Dienst vorsehen

*Daten*

$PA_r$ := (Personal-) Ausstattung mit Arbeitskräften der Kategorie $r$

$PB_q^t$ := (Personal-) Bedarf an Arbeitskräften zur Erledigung von Tätigkeiten der Art $q$ in Tagesabschnitt $t$

$PE_{rq}^{t,min}$ := Mindestanzahl an eingesetzten Arbeitskräften der Kategorie $r$ für die Erledigung von Tätigkeiten der Art $q$ in Tagesabschnitt $t$

$LK_{rs}$ := Lohnkostensatz einer Arbeitskraft der Kategorie $r$, die in Schicht $s$ eingesetzt wird

*Entscheidungsvariable*

$PE_{rsq}$ := Personaleinsatz von Arbeitskräften der Kategorie $r$ zur Erledigung von Tätigkeiten der Art $q$ in Schicht $s$

Zielfunktion:

$$\sum_{s=1}^{S} \sum_{r \in R_s} \sum_{q \in Q_r} LK_{rs} \cdot PE_{rsq} \rightarrow \text{min!}$$

$150 \cdot PE_{111} + 150 \cdot PE_{113} + 150 \cdot PE_{114} + 150 \cdot PE_{213} + 150 \cdot PE_{214} + 150 \cdot PE_{215} +$

$200 \cdot PE_{313} + 200 \cdot PE_{314} + 180 \cdot PE_{412} + 180 \cdot PE_{415} +$

$150 \cdot PE_{121} + 150 \cdot PE_{123} + 150 \cdot PE_{124} + 150 \cdot PE_{223} + 150 \cdot PE_{224} + 150 \cdot PE_{225}$

$+200 \cdot PE_{323} + 200 \cdot PE_{324} + 180 \cdot PE_{422} + 180 \cdot PE_{425} +$

$180 \cdot PE_{131} + 180 \cdot PE_{133} + 180 \cdot PE_{134} + 180 \cdot PE_{233} + 180 \cdot PE_{234} + 180 \cdot PE_{235} +$

$300 \cdot PE_{333} + 300 \cdot PE_{334} + 320 \cdot PE_{432} + 320 \cdot PE_{435} +$

$250 \cdot PE_{141} + 250 \cdot PE_{143} + 250 \cdot PE_{144} + 250 \cdot PE_{243} + 250 \cdot PE_{244} + 250 \cdot PE_{245} +$

$350 \cdot PE_{442} + 350 \cdot PE_{445} +$

$250 \cdot PE_{151} + 250 \cdot PE_{153} + 250 \cdot PE_{154} + 350 \cdot PE_{452} + 350 \cdot PE_{455} \rightarrow min!$

u.d.N.:

(1) Abstimmung von Personalbedarf und Personaleinsatz:

$$PB_q^t \leq \sum_{s \in S_t} \sum_{r \in R_s \cap R_q} PE_{rsq} \quad \forall\, q \in \overline{Q}, t \in \overline{T}$$

$\underline{t=1}$

$PB_1^1 = 2 \leq PE_{111}$

$PB_2^1 = 3 \leq PE_{412}$

$PB_3^1 = 2 \leq PE_{113} + PE_{213} + PE_{313}$

$PB_4^1 = 4 \leq PE_{114} + PE_{214} + PE_{314}$

$PB_5^1 = 1 \leq PE_{215} + PE_{415}$

$\underline{t=2}$

$PB_1^2 = 2 \leq PE_{111}$

$PB_2^2 = 3 \leq PE_{412}$

$PB_3^2 = 2 \leq PE_{113} + PE_{213} + PE_{313}$

$PB_4^2 = 4 \leq PE_{114} + PE_{214} + PE_{314}$

$PB_5^2 = 1 \leq PE_{215} + PE_{415}$

$\underline{t=3}$

$PB_1^3 = 2 \leq PE_{111}$

$PB_2^3 = 3 \leq PE_{412}$

$PB_3^3 = 2 \leq PE_{113} + PE_{213} + PE_{313}$

$PB_4^3 = 4 \leq PE_{114} + PE_{214} + PE_{314}$

$PB_5^3 = 1 \leq PE_{215} + PE_{415}$

$\underline{t = 4}$

$PB_1^4 = 4 \leq PE_{111} + PE_{121}$

$PB_2^4 = 1 \leq PE_{412} + PE_{422}$

$PB_3^4 = 2 \leq PE_{113} + PE_{213} + PE_{313} + PE_{123} + PE_{223} + PE_{323}$

$PB_4^4 = 4 \leq PE_{114} + PE_{214} + PE_{314} + PE_{124} + PE_{224} + PE_{324}$

$PB_5^4 = 2 \leq PE_{215} + PE_{415} + PE_{225} + PE_{425}$

$\underline{t = 5}$

$PB_1^5 = 4 \leq PE_{121}$

$PB_2^5 = 1 \leq PE_{422}$

$PB_3^5 = 2 \leq PE_{123} + PE_{223} + PE_{323}$

$PB_4^5 = 4 \leq PE_{124} + PE_{224} + PE_{324}$

$PB_5^5 = 2 \leq PE_{225} + PE_{425}$

$\underline{t = 6}$

$PB_1^6 = 4 \leq PE_{121} + PE_{131}$

$PB_2^6 = 1 \leq PE_{422} + PE_{432}$

$PB_3^6 = 2 \leq PE_{123} + PE_{223} + PE_{323} + PE_{133} + PE_{233} + PE_{333}$

$PB_4^6 = 4 \leq PE_{124} + PE_{224} + PE_{324} + PE_{134} + PE_{234} + PE_{334}$

$PB_5^6 = 2 \leq PE_{225} + PE_{425} + PE_{235} + PE_{435}$

$\underline{t = 7}$

$PB_1^7 = 4 \leq PE_{121} + PE_{131}$

$PB_2^7 = 2 \leq PE_{422} + PE_{432}$

$PB_3^7 = 8 \leq PE_{123} + PE_{223} + PE_{323} + PE_{133} + PE_{233} + PE_{333}$

$PB_4^7 = 6 \leq PE_{124} + PE_{224} + PE_{324} + PE_{134} + PE_{234} + PE_{334}$

$PB_5^7 = 4 \leq PE_{225} + PE_{425} + PE_{235} + PE_{435}$

$\underline{t = 8}$

$PB_1^8 = 4 \leq PE_{131}$

$PB_2^8 = 2 \leq PE_{432}$

$PB_3^8 = 8 \leq PE_{133} + PE_{233} + PE_{333}$

$PB_4^8 = 6 \leq PE_{134} + PE_{234} + PE_{334}$

$PB_5^8 = 4 \leq PE_{235} + PE_{435}$

$\underline{t = 9}$

$PB_1^9 = 4 \leq PE_{141}$

$PB_2^9 = 2 \leq PE_{442}$

$PB_3^9 = 8 \leq PE_{143} + PE_{243}$

$PB_4^9 = 6 \leq PE_{144} + PE_{244}$

$PB_5^9 = 4 \leq PE_{245} + PE_{445}$

$\underline{t = 10}$

$PB_1^{10} = 2 \leq PE_{141} + PE_{151}$

$PB_2^{10} = 5 \leq PE_{442} + PE_{452}$

$PB_3^{10} = 6 \leq PE_{143} + PE_{243} + PE_{153}$

$PB_4^{10} = 2 \leq PE_{144} + PE_{244} + PE_{154}$

$PB_5^{10} = 1 \leq PE_{245} + PE_{445} + PE_{455}$

$\underline{t = 11}$

$PB_1^{11} = 2 \leq PE_{141} + PE_{151}$

$PB_2^{11} = 5 \leq PE_{442} + PE_{452}$

$PB_3^{11} = 6 \leq PE_{143} + PE_{243} + PE_{153}$

$PB_4^{11} = 2 \leq PE_{144} + PE_{244} + PE_{154}$

$PB_5^{11} = 1 \leq PE_{245} + PE_{445} + PE_{455}$

$\underline{t = 12}$

$PB_1^{12} = 2 \leq PE_{151}$

$PB_2^{12} = 5 \leq PE_{452}$

$PB_3^{12} = 6 \leq PE_{153}$

$PB_4^{12} = 2 \leq PE_{154}$

$PB_5^{12} = 1 \leq PE_{455}$

(2) Abstimmung Personaleinsatz und Personalausstattung:

$$\sum_{s \in S_r} \sum_{q \in Q_r} PE_{rsq} \leq PA_r \quad \forall r \in \overline{R}$$

$\underline{r = 1}$

$PE_{111} + PE_{113} + PE_{114} + PE_{121} + PE_{123} + PE_{124} + PE_{131} + PE_{133} + PE_{134} +$

$PE_{141} + PE_{143} + PE_{144} + PE_{151} + PE_{153} + PE_{154} \leq PA_1 = 15$

$\underline{r = 2}$

$PE_{213} + PE_{214} + PE_{215} + PE_{223} + PE_{224} + PE_{225} + PE_{233} + PE_{234} + PE_{235} +$

$PE_{243} + PE_{244} + PE_{245} \leq PA_2 = 20$

$\underline{r = 3}$

$PE_{313} + PE_{314} + PE_{323} + PE_{324} + PE_{333} + PE_{334} \leq PA_3 = 5$

$\underline{r = 4}$

$PE_{412} + PE_{415} + PE_{422} + PE_{425} + PE_{432} + PE_{435} + PE_{442} + PE_{445} +$

$PE_{452} + PE_{455} \leq PA_4 = 12$

(3) Untergrenze für den Einsatz von $r = 3$ für $q = 4$ in $t = 1, \dots, 8$:

$$\sum_{s \in S_t} PE_{3s4} \geq PE_{34}^{t,min} \quad \forall\, t \in \{1, \dots, 8\}$$

| | |
|---|---|
| $PE_{314} \geq PE_{34}^{1,min} = 2$ | $PE_{324} \geq PE_{34}^{5,min} = 2$ |
| $PE_{314} \geq PE_{34}^{2,min} = 2$ | $PE_{324} + PE_{334} \geq PE_{34}^{6,min} = 2$ |
| $PE_{314} \geq PE_{34}^{3,min} = 2$ | $PE_{324} + PE_{334} \geq PE_{34}^{7,min} = 2$ |
| $PE_{314} + PE_{324} \geq PE_{34}^{4,min} = 2$ | $PE_{334} \geq PE_{34}^{8,min} = 2$ |

(4) Nichtnegativitätsbedingungen:

$PE_{rs} \geq 0 \quad \forall\, r \in \overline{R}, s \in S_r$

Alle in diesem Ansatz verwendeten Personaleinsatzvariablen müssen größer oder gleich Null sein.

**Lösung zu Aufgabe 67**

a.

Bezeichnen wir die Differenz aus der Gesamtpersonalausstattung an einem Tag $t$ ($PA_{ges}^t$) und dem entsprechenden Personalbedarf ($PB_t$) als Personalbedarfsabweichung $PBA$ (also ist $PBA = PA_{ges}^t - PB_t$) sowie den Zugehörigkeitswert von $PBA$ zur Menge der unscharfen Zufriedenheit mit der Schichtausstattung mit $\mu_{\tilde{Z}}(PBA)$, lässt sich die entsprechende Zugehörigkeitsfunktion wie folgt grafisch darstellen (vgl. **Abbildung 19.17**):

**Abbildung 19.17** Zugehörigkeitsfunktion der Differenz von Gesamtpersonalausstattung und Personalbedarf

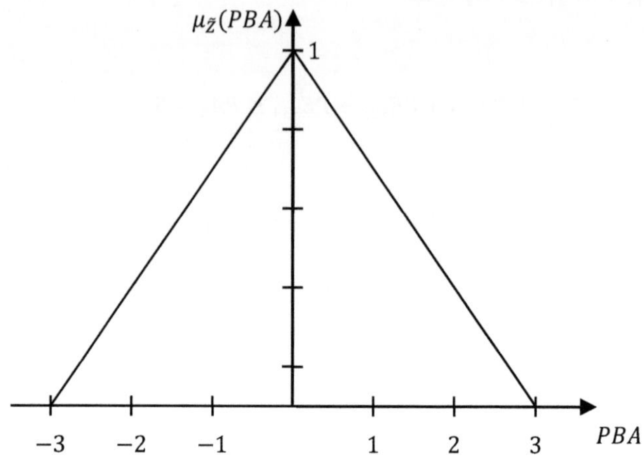


b.

Für eine operatorenspezifische Gesamtbewertung der beiden Dienstpläne müssen zunächst die konkreten $PBA$ für die einzelnen Tage sowie die dazu gehörigen $\mu_{\tilde{Z}}(PBA)$ bestimmt werden. Für die Ermittlung der letztgenannten können dabei aufgrund der linear verlaufenden Zugehörigkeitsfunktion folgende Gleichungen verwendet werden:

$$\mu_{\tilde{Z}}(PBA) = \frac{3 + PBA}{3} \qquad \text{für } PBA \leq 0$$

$$\mu_{\tilde{Z}}(PBA) = 1 - \frac{PBA}{3} \qquad \text{für } PBA \geq 0$$

Die Ergebnisse dieser Ermittlungen sind in **Tabelle 19.17** und **Tabelle 19.18** dargestellt:

**Tabelle 19.17** Ermittlung der Differenzen von Gesamtpersonalausstattung und Personalbedarf sowie der unscharfen Zufriedenheit mit der Schichtausstattung für Dienstplan 1

| $t$ | 1 | 2 | 3 | 4 | 5 | 6 | 7 | |
|---|---|---|---|---|---|---|---|---|
| $PB_t$ | **10** | **12** | **10** | **15** | **18** | **10** | **10** | Zufriedenheit mit Grundschichtmuster |
| $s = 1$ | 9 | 9 | 9 | 9 | 9 | - | - | 1 |
| $s = 4$ | - | - | - | 6 | 6 | 6 | 6 | 0,8 |
| $s = 6$ | 3 | 3 | 3 | - | - | - | - | 0,5 |
| $s = 7$ | - | - | - | - | 4 | 4 | 4 | 0,5 |
| $PA_{ges}^t$ | **12** | **12** | **12** | **15** | **19** | **10** | **10** | |
| $PBA$ $(PA_{ges}^t - PB_t)$ | 2 | 0 | 2 | 0 | 1 | 0 | 0 | |
| Zufriedenheit mit Schichtausstattung | $\frac{1}{3}$ | 1 | $\frac{1}{3}$ | 1 | $\frac{2}{3}$ | 1 | 1 | |

**Tabelle 19.18** Ermittlung der Differenzen von Gesamtpersonalausstattung und Personalbedarf sowie der unscharfen Zufriedenheit mit der Schichtausstattung für Dienstplan 2

| $t$ | 1 | 2 | 3 | 4 | 5 | 6 | 7 | |
|---|---|---|---|---|---|---|---|---|
| $PB_t$ | **10** | **12** | **10** | **15** | **18** | **10** | **10** | Zufriedenheit mit Grundschichtmuster |
| $s = 2$ | 4 | 4 | - | - | 4 | 4 | 4 | 1 |
| $s = 3$ | 5 | - | - | 5 | 5 | 5 | 5 | 1 |
| $s = 5$ | - | 10 | 10 | 10 | 10 | - | - | 0,8 |
| $PA_{ges}^t$ | **9** | **14** | **10** | **15** | **19** | **9** | **9** | |
| $PBA$ $(PA_{ges}^t - PB_t)$ | -1 | 2 | 0 | 0 | 1 | -1 | -1 | |
| Zufriedenheit mit Schichtausstattung | $\frac{2}{3}$ | $\frac{1}{3}$ | 1 | 1 | $\frac{2}{3}$ | $\frac{2}{3}$ | $\frac{2}{3}$ | |

Bei Anwendung des Minimumoperators ergeben sich für den ersten und zweiten Dienstplan ($DP1$ und $DP2$) folgende Gesamtbewertungen $\mu_{DP1}$ und $\mu_{DP2}$:

$$\mu_{DP1} = \min\left(\frac{1}{3}, 1, \frac{1}{3}, 1, \frac{2}{3}, 1, 1\right) = \frac{1}{3}$$

$$\mu_{DP2} = \min\left(\frac{2}{3}, \frac{1}{3}, 1, 1, \frac{2}{3}, \frac{2}{3}, \frac{2}{3}\right) = \frac{1}{3}$$

Verwenden wir hingegen den Maximumoperator ergeben sich:

$$\mu_{DP1} = \max\left(\frac{1}{3}, 1, \frac{1}{3}, 1, \frac{2}{3}, 1, 1\right) = 1$$

$$\mu_{DP2} = \max\left(\frac{2}{3}, \frac{1}{3}, 1, 1, \frac{2}{3}, \frac{2}{3}, \frac{2}{3}\right) = 1$$

Bildet man das arithmetische Mittel zur Ermittlung der Gesamtbewertung, nehmen $\mu_{DP1}$ und $\mu_{DP2}$ folgende Werte an:

$$\mu_{DP1} = \frac{1}{2} \cdot \left(\frac{1 \cdot 9 + 0{,}8 \cdot 6 + 0{,}5 \cdot 3 + 0{,}5 \cdot 4}{9 + 6 + 3 + 4} + \frac{\frac{1}{3} + 1 + \frac{1}{3} + 1 + \frac{2}{3} + 1 + 1}{7}\right)$$

$$= \frac{1}{2} \cdot (0{,}786 + 0{,}762) = 0{,}774$$

$$\mu_{DP2} = \frac{1}{2} \cdot \left(\frac{1 \cdot 4 + 1 \cdot 5 + 0{,}8 \cdot 10}{4 + 5 + 10} + \frac{\frac{2}{3} + \frac{1}{3} + 1 + 1 + \frac{2}{3} + \frac{2}{3} + \frac{2}{3}}{7}\right)$$

$$= \frac{1}{2} \cdot (0{,}895 + 0{,}714) = 0{,}805$$

Die Ergebnisse aller Gesamtbewertungen sind in **Tabelle 19.19** zusammengefasst:

**Tabelle 19.19** Zusammenfassung der Ergebnisse

| | Dienstplan 1 | Dienstplan 2 |
|---|---|---|
| Minimumoperator | $\frac{1}{3}$ | $\frac{1}{3}$ |
| Maximumoperator | 1 | 1 |
| Arithmetisches Mittel | 0,774 | 0,805 |

**Lösung zu Aufgabe 68**

a.

Symbole:

<u>Mengen</u>

$\overline{Q}$ := $\{q|q = 1, \dots, Q\}$ Menge der Tätigkeitsarten

$\overline{R}$ := $\{r|r = 1, \dots, R\}$ Menge der baustellengebundenen Arbeitskräftearten

$\overline{S}$ := $\{s|s = 1, \dots, S\}$ Menge der Baustellen

$\overline{T}$ := $\{t|t = 1, \dots, T\}$ Menge der Perioden

$\overline{R}^*$ := $\{r^*|r^* = 1, \dots, R^*\}$ Menge der baustellenungebundenen Arbeitskräftearten

$Q_r$ := Menge der Tätigkeitsarten $q$, für die Arbeitskräfte der Art $r$ verwendet werden können

$Q_{r^*}$ := Menge der Tätigkeitsarten $q$, für die Arbeitskräfte der Art $r^*$ verwendet werden können

$R_q$ := Menge der Arbeitskräftearten $r$, die zur Erledigung von Tätigkeiten der Art $q$ bereitgestellt werden können

$R_q^*$ := Menge der Arbeitskräftearten $r^*$, die zur Erledigung von Tätigkeiten der Art $q$ bereitgestellt werden können

<u>Daten</u>

$FK_{r,s}^t$ := Entlassungskostensatz einer Arbeitskraft der Art $r$ auf Baustelle $s$ in Periode $t$

$FK_{r^*}^t$ := Entlassungskostensatz einer Arbeitskraft der Art $r^*$ in Periode $t$

$GK_{r,s}^t$ := Gehaltskostensatz einer Arbeitskraft der Art $r$ auf Baustelle $s$ in Periode $t$

$GK_{r^*}^t$ := Gehaltskostensatz einer Arbeitskraft der Art $r^*$ in Periode $t$

$HK_{r,s}^t$ := Einstellungskostensatz einer Arbeitskraft der Art $r$ auf Baustelle $s$ in Periode $t$

$HK_{r^*}^t$ := Einstellungskostensatz einer Arbeitskraft der Art $r^*$ in Periode $t$

$PB_{q,s}^t$ := (Personal-) Bedarf an Arbeitskräften zur Erledigung von Tätigkeiten der Art $q$ auf Baustelle $s$ in Periode $t$

<u>Entscheidungsvariable</u>

$f_{r,s}^t$ := Anzahl der auf Baustelle s in Periode $t$ zu entlassenden Arbeitskräfte der Art $r$

$f_{r^*}^t$ := Anzahl der in Periode $t$ zu entlassenden Arbeitskräfte der Art $r^*$

$h_{r,s}^t$ := Anzahl der auf Baustelle s in Periode $t$ einzustellenden Arbeitskräfte der Art $r$

$h_{r^*}^t$ := Anzahl der in Periode $t$ einzustellenden Arbeitskräfte der Art $r^*$

$PA_{r,s}^t$ := (Personal-) Ausstattung mit Arbeitskräften der Art $r$ auf Baustelle $s$ in Periode $t$

$PA_{r^*}^t$ := (Personal-) Ausstattung mit Arbeitskräften der Art $r^*$ in Periode $t$

$PE_{r,q,s}^t$ := (Personal-) Einsatz von Arbeitskräften der Art $r$ zur Erledigung von Tätigkeiten der Art $q$ auf Baustelle $s$ in Periode $t$

$SE_{r^*,q,s}^t$ := (Springer-) Einsatz von Arbeitskräften der Art $r^*$ zur Erledigung von Tätigkeiten der Art $q$ auf Baustelle $s$ in Periode $t$

Zielfunktion:

$$\sum_{t=1}^{T}\left[\sum_{r=1}^{R}\sum_{s=1}^{S}(GK_{r,s}^t \cdot PA_{r,s}^t + HK_{r,s}^t \cdot h_{r,s}^t + FK_{r,s}^t \cdot f_{r,s}^t) + \right.$$

$$\left.\sum_{r^*=1}^{R^*} GK_{r^*}^t \cdot PA_{r^*}^t + HK_{r^*}^t \cdot h_{r^*}^t + FK_{r^*}^t \cdot f_{r^*}^t\right] \to \text{min!}$$

u.d.N.:

(1) Abstimmung von Personalbedarf und Personaleinsatz:

$$PB_{q,s}^t = \sum_{r \in R_q} PE_{r,q,s}^t + \sum_{r^* \in R_q^*} SE_{r^*,q,s}^t \quad \forall\, q \in \overline{Q}, s \in \overline{S}, t \in \overline{T}$$

(2) Abstimmung von Personaleinsatz und Personalausstattung:

a) Baustellengebundene Arbeitskräfte

$$\sum_{q \in Q_r} PE_{r,q,s}^t \leq PA_{r,s}^t \quad \forall\, r \in \overline{R}, s \in \overline{S}, t \in \overline{T}$$

b) Baustellenungebundene Arbeitskräfte

$$\sum_{s=1}^{S}\sum_{q \in Q_{r^*}} SE_{r^*,q,s}^t \leq PA_{r^*}^t \quad \forall\, r^* \in \overline{R}^*, t \in \overline{T}$$

(3) Personalausstattungsfortschreibung:

a) Baustellengebundene Arbeitskräfte

$PA_{r,s}^{t} = PA_{r,s}^{t-1} + h_{r,s}^{t} - f_{r,s}^{t} \quad \forall\, r \in \overline{R}, s \in \overline{S}, t \in \overline{T}$

b) Baustellenungebundene Arbeitskräfte

$PA_{r^*}^{t} = PA_{r^*}^{t-1} + h_{r^*}^{t} - f_{r^*}^{t} \quad \forall\, r^* \in \overline{R}^*, t \in \overline{T}$

(4) Nichtnegativitätsbedingungen:

$h_{r,s}^{t}, h_{r^*}^{t}, f_{r,s}^{t}, f_{r^*}^{t}, PA_{r,s}^{t}, PA_{r^*}^{t}, PE_{r,q,s}^{t}, PE_{r^*,q,s}^{t} \geq 0 \quad \forall$ relevanten $q \in \overline{Q}, r \in \overline{R}, r^* \in \overline{R}^*, s \in \overline{S}, t \in \overline{T}$

b.

Zielfunktion:

$\underline{t = 1}$

$250 \cdot PA_{1,1}^{1} + 350 \cdot PA_{2,1}^{1} + 500 \cdot PA_{3,1}^{1} + 750 \cdot PA_{4,1}^{1} + 250 \cdot PA_{1,2}^{1} + 350 \cdot PA_{2,2}^{1} +$

$500 \cdot PA_{3,2}^{1} + 750 \cdot PA_{4,2}^{1} + 250 \cdot PA_{1,3}^{1} + 350 \cdot PA_{2,3}^{1} + 500 \cdot PA_{3,3}^{1} + 750 \cdot PA_{4,3}^{1} +$

$100 \cdot h_{1,1}^{1} + 100 \cdot h_{2,1}^{1} + 200 \cdot h_{3,1}^{1} + 300 \cdot h_{4,1}^{1} + 100 \cdot h_{1,2}^{1} + 100 \cdot h_{2,2}^{1} +$

$200 \cdot h_{3,2}^{1} + 300 \cdot h_{4,2}^{1} + 100 \cdot h_{1,3}^{1} + 100 \cdot h_{2,3}^{1} + 200 \cdot h_{3,3}^{1} + 300 \cdot h_{4,3}^{1} +$

$80 \cdot f_{1,1}^{1} + 80 \cdot f_{2,1}^{1} + 140 \cdot f_{3,1}^{1} + 220 \cdot f_{4,1}^{1} + 80 \cdot f_{1,2}^{1} + 80 \cdot f_{2,2}^{1} + 140 \cdot f_{3,2}^{1} +$

$220 \cdot f_{4,2}^{1} + 80 \cdot f_{1,3}^{1} + 80 \cdot f_{2,3}^{1} + 140 \cdot f_{3,3}^{1} + 220 \cdot f_{4,3}^{1} +$

$275 \cdot PA_{1}^{1} + 375 \cdot PA_{2}^{1} + 120 \cdot h_{1}^{1} + 120 \cdot h_{2}^{1} + 90 \cdot f_{1}^{1} + 90 \cdot f_{2}^{1} +$

$\underline{t = 2}$

$250 \cdot PA_{1,1}^{2} + 350 \cdot PA_{2,1}^{2} + 500 \cdot PA_{3,1}^{2} + 750 \cdot PA_{4,1}^{2} + 250 \cdot PA_{1,2}^{2} + 350 \cdot PA_{2,2}^{2} +$

$500 \cdot PA_{3,2}^{2} + 750 \cdot PA_{4,2}^{2} + 250 \cdot PA_{1,3}^{2} + 350 \cdot PA_{2,3}^{2} + 500 \cdot PA_{3,3}^{2} + 750 \cdot PA_{4,3}^{2} +$

$100 \cdot h_{1,1}^{2} + 100 \cdot h_{2,1}^{2} + 200 \cdot h_{3,1}^{2} + 300 \cdot h_{4,1}^{2} + 100 \cdot h_{1,2}^{2} + 100 \cdot h_{2,2}^{2} +$

$200 \cdot h_{3,2}^{2} + 300 \cdot h_{4,2}^{2} + 100 \cdot h_{1,3}^{2} + 100 \cdot h_{2,3}^{2} + 200 \cdot h_{3,3}^{2} + 300 \cdot h_{4,3}^{2} +$

$80 \cdot f_{1,1}^{2} + 80 \cdot f_{2,1}^{2} + 140 \cdot f_{3,1}^{2} + 220 \cdot f_{4,1}^{2} + 80 \cdot f_{1,2}^{2} + 80 \cdot f_{2,2}^{2} + 140 \cdot f_{3,2}^{2} +$

$220 \cdot f_{4,2}^{2} + 80 \cdot f_{1,3}^{2} + 80 \cdot f_{2,3}^{2} + 140 \cdot f_{3,3}^{2} + 220 \cdot f_{4,3}^{2} +$

$275 \cdot PA_{1}^{2} + 375 \cdot PA_{2}^{2} + 120 \cdot h_{1}^{2} + 120 \cdot h_{2}^{2} + 90 \cdot f_{1}^{2} + 90 \cdot f_{2}^{2} +$

$\underline{t = 3}$

$275 \cdot PA_{1,1}^{3} + 385 \cdot PA_{2,1}^{3} + 550 \cdot PA_{3,1}^{3} + 825 \cdot PA_{4,1}^{3} + 275 \cdot PA_{1,2}^{3} + 385 \cdot PA_{2,2}^{3} +$

$550 \cdot PA_{3,2}^{3} + 825 \cdot PA_{4,2}^{3} + 275 \cdot PA_{1,3}^{3} + 385 \cdot PA_{2,3}^{3} + 550 \cdot PA_{3,3}^{3} + 825 \cdot PA_{4,3}^{3} +$

$150 \cdot h_{1,1}^3 + 150 \cdot h_{2,1}^3 + 250 \cdot h_{3,1}^3 + 350 \cdot h_{4,1}^3 + 150 \cdot h_{1,2}^3 + 150 \cdot h_{2,2}^3 +$

$250 \cdot h_{3,2}^3 + 350 \cdot h_{4,2}^3 + 150 \cdot h_{1,3}^3 + 150 \cdot h_{2,3}^3 + 250 \cdot h_{3,3}^3 + 350 \cdot h_{4,3}^3 +$

$120 \cdot f_{1,1}^3 + 120 \cdot f_{2,1}^3 + 170 \cdot f_{3,1}^3 + 260 \cdot f_{4,1}^3 + 120 \cdot f_{1,2}^3 + 120 \cdot f_{2,2}^3 + 170 \cdot f_{3,2}^3 +$

$260 \cdot f_{4,2}^3 + 120 \cdot f_{1,3}^3 + 120 \cdot f_{2,3}^3 + 170 \cdot f_{3,3}^3 + 260 \cdot f_{4,3}^3 +$

$300 \cdot PA_1^3 + 400 \cdot PA_2^3 + 150 \cdot h_1^3 + 150 \cdot h_2^3 + +130 \cdot f_1^3 + 130 \cdot f_2^3 +$

$\underline{t = 4}$

$275 \cdot PA_{1,1}^4 + 385 \cdot PA_{2,1}^4 + 550 \cdot PA_{3,1}^4 + 825 \cdot PA_{4,1}^4 + 275 \cdot PA_{1,2}^4 + 385 \cdot PA_{2,2}^4 +$

$550 \cdot PA_{3,2}^4 + 825 \cdot PA_{4,2}^4 + 275 \cdot PA_{1,3}^4 + 385 \cdot PA_{2,3}^4 + 550 \cdot PA_{3,3}^4 + 825 \cdot PA_{4,3}^4 +$

$150 \cdot h_{1,1}^4 + 150 \cdot h_{2,1}^4 + 250 \cdot h_{3,1}^4 + 350 \cdot h_{4,1}^4 + 150 \cdot h_{1,2}^4 + 150 \cdot h_{2,2}^4 +$

$250 \cdot h_{3,2}^4 + 350 \cdot h_{4,2}^4 + 150 \cdot h_{1,3}^4 + 150 \cdot h_{2,3}^4 + 250 \cdot h_{3,3}^4 + 350 \cdot h_{4,3}^4 +$

$120 \cdot f_{1,1}^4 + 120 \cdot f_{2,1}^4 + 170 \cdot f_{3,1}^4 + 260 \cdot f_{4,1}^4 + 120 \cdot f_{1,2}^4 + 120 \cdot f_{2,2}^4 + 170 \cdot f_{3,2}^4 +$

$260 \cdot f_{4,2}^4 + 120 \cdot f_{1,3}^4 + 120 \cdot f_{2,3}^4 + 170 \cdot f_{3,3}^4 + 260 \cdot f_{4,3}^4 +$

$300 \cdot PA_1^4 + 400 \cdot PA_2^4 + 150 \cdot h_1^4 + 150 \cdot h_2^4 + +130 \cdot f_1^4 + 130 \cdot f_2^4 \to min!$

u.d.N.:

(1) Abstimmung von Personalbedarf und Personaleinsatz:

$$PB_{q,s}^t = \sum_{r \in R_q} PE_{r,q,s}^t + \sum_{r^* \in R_q^*} SE_{r^*,q,s}^t \quad \forall\, q \in \overline{Q}, s \in \overline{S}, t \in \overline{T}$$

$\underline{t = 1, s = 1}$

$PB_{1,1}^1 = 5 = PE_{1,1,1}^1 + PE_{2,1,1}^1 + PE_{3,1,1}^1 + PE_{4,1,1}^1 + SE_{1,1,1}^1 + SE_{2,1,1}^1$

$PB_{2,1}^1 = 4 = PE_{2,2,1}^1 + PE_{3,2,1}^1 + PE_{4,2,1}^1 + SE_{2,2,1}^1$

$PB_{3,1}^1 = 2 = PE_{3,3,1}^1 + PE_{4,3,1}^1$

$PB_{4,1}^1 = 1 = PE_{4,4,1}^1$

$\underline{t = 1, s = 2}$

$PB_{1,2}^1 = 3 = PE_{1,1,2}^1 + PE_{2,1,2}^1 + PE_{3,1,2}^1 + PE_{4,1,2}^1 + SE_{1,1,2}^1 + SE_{2,1,2}^1$

$PB_{2,2}^1 = 4 = PE_{2,2,2}^1 + PE_{3,2,2}^1 + PE_{4,2,2}^1 + SE_{2,2,2}^1$

$PB_{3,2}^1 = 1 = PE_{3,3,2}^1 + PE_{4,3,2}^1$

$PB_{4,2}^1 = 1 = PE_{4,4,2}^1$

$\underline{t = 1, s = 3}$

$PB_{1,3}^1 = 7 = PE_{1,1,3}^1 + PE_{2,1,3}^1 + PE_{3,1,3}^1 + PE_{4,1,3}^1 + SE_{1,1,3}^1 + SE_{2,1,3}^1$

$PB_{2,3}^1 = 4 = PE_{2,2,3}^1 + PE_{3,2,3}^1 + PE_{4,2,3}^1 + SE_{2,2,3}^1$

$PB_{3,3}^1 = 3 = PE_{3,3,3}^1 + PE_{4,3,3}^1$

$PB_{4,3}^1 = 2 = PE_{4,4,3}^1$

$\underline{t = 2, s = 1}$

$PB_{1,1}^2 = 5 = PE_{1,1,1}^2 + PE_{2,1,1}^2 + PE_{3,1,1}^2 + PE_{4,1,1}^2 + SE_{1,1,1}^2 + SE_{2,1,1}^2$

$PB_{2,1}^2 = 4 = PE_{2,2,1}^2 + PE_{3,2,1}^2 + PE_{4,2,1}^2 + SE_{2,2,1}^2$

$PB_{3,1}^2 = 2 = PE_{3,3,1}^2 + PE_{4,3,1}^2$

$PB_{4,1}^2 = 1 = PE_{4,4,1}^2$

$\underline{t = 2, s = 2}$

$PB_{1,2}^2 = 3 = PE_{1,1,2}^2 + PE_{2,1,2}^2 + PE_{3,1,2}^2 + PE_{4,1,2}^2 + SE_{1,1,2}^2 + SE_{2,1,2}^2$

$PB_{2,2}^2 = 4 = PE_{2,2,2}^2 + PE_{3,2,2}^2 + PE_{4,2,2}^2 + SE_{2,2,2}^2$

$PB_{3,2}^2 = 1 = PE_{3,3,2}^2 + PE_{4,3,2}^2$

$PB_{4,2}^2 = 1 = PE_{4,4,2}^2$

$\underline{t = 2, s = 3}$

$PB_{1,3}^2 = 7 = PE_{1,1,3}^2 + PE_{2,1,3}^2 + PE_{3,1,3}^2 + PE_{4,1,3}^2 + SE_{1,1,3}^2 + SE_{2,1,3}^2$

$PB_{2,3}^2 = 4 = PE_{2,2,3}^2 + PE_{3,2,3}^2 + PE_{4,2,3}^2 + SE_{2,2,3}^2$

$PB_{3,3}^2 = 3 = PE_{3,3,3}^2 + PE_{4,3,3}^2$

$PB_{4,3}^2 = 2 = PE_{4,4,3}^2$

$\underline{t = 3, s = 1}$

$PB_{1,1}^3 = 2 = PE_{1,1,1}^3 + PE_{2,1,1}^3 + PE_{3,1,1}^3 + PE_{4,1,1}^3 + SE_{1,1,1}^3 + SE_{2,1,1}^3$

$PB_{2,1}^3 = 2 = PE_{2,2,1}^3 + PE_{3,2,1}^3 + PE_{4,2,1}^3 + SE_{2,2,1}^3$

$PB_{3,1}^3 = 1 = PE_{3,3,1}^3 + PE_{4,3,1}^3$

$PB_{4,1}^3 = 1 = PE_{4,4,1}^3$

<u>$t = 3, s = 2$</u>

$PB_{1,2}^{3} = 2 = PE_{1,1,2}^{3} + PE_{2,1,2}^{3} + PE_{3,1,2}^{3} + PE_{4,1,2}^{3} + SE_{1,1,2}^{3} + SE_{2,1,2}^{3}$

$PB_{2,2}^{3} = 2 = PE_{2,2,2}^{3} + PE_{3,2,2}^{3} + PE_{4,2,2}^{3} + SE_{2,2,2}^{3}$

$PB_{3,2}^{3} = 1 = PE_{3,3,2}^{3} + PE_{4,3,2}^{3}$

$PB_{4,2}^{3} = 1 = PE_{4,4,2}^{3}$

<u>$t = 3, s = 3$</u>

$PB_{1,3}^{3} = 2 = PE_{1,1,3}^{3} + PE_{2,1,3}^{3} + PE_{3,1,3}^{3} + PE_{4,1,3}^{3} + SE_{1,1,3}^{3} + SE_{2,1,3}^{3}$

$PB_{2,3}^{3} = 4 = PE_{2,2,3}^{3} + PE_{3,2,3}^{3} + PE_{4,2,3}^{3} + SE_{2,2,3}^{3}$

$PB_{3,3}^{3} = 1 = PE_{3,3,3}^{3} + PE_{4,3,3}^{3}$

$PB_{4,3}^{3} = 2 = PE_{4,4,3}^{3}$

<u>$t = 4, s = 1$</u>

$PB_{1,1}^{4} = 2 = PE_{1,1,1}^{4} + PE_{2,1,1}^{4} + PE_{3,1,1}^{4} + PE_{4,1,1}^{4} + SE_{1,1,1}^{4} + SE_{2,1,1}^{4}$

$PB_{2,1}^{4} = 1 = PE_{2,2,1}^{4} + PE_{3,2,1}^{4} + PE_{4,2,1}^{4} + SE_{2,2,1}^{4}$

$PB_{3,1}^{4} = 1 = PE_{3,3,1}^{4} + PE_{4,3,1}^{4}$

$PB_{4,1}^{4} = 1 = PE_{4,4,1}^{4}$

<u>$t = 4, s = 2$</u>

$PB_{1,2}^{4} = 2 = PE_{1,1,2}^{4} + PE_{2,1,2}^{4} + PE_{3,1,2}^{4} + PE_{4,1,2}^{4} + SE_{1,1,2}^{4} + SE_{2,1,2}^{4}$

$PB_{2,2}^{4} = 1 = PE_{2,2,2}^{4} + PE_{3,2,2}^{4} + PE_{4,2,2}^{4} + SE_{2,2,2}^{4}$

$PB_{3,2}^{4} = 1 = PE_{3,3,2}^{4} + PE_{4,3,2}^{4}$

$PB_{4,2}^{4} = 1 = PE_{4,4,2}^{4}$

<u>$t = 4, s = 3$</u>

$PB_{1,3}^{4} = 2 = PE_{1,1,3}^{4} + PE_{2,1,3}^{4} + PE_{3,1,3}^{4} + PE_{4,1,3}^{4} + SE_{1,1,3}^{4} + SE_{2,1,3}^{4}$

$PB_{2,3}^{4} = 2 = PE_{2,2,3}^{4} + PE_{3,2,3}^{4} + PE_{4,2,3}^{4} + SE_{2,2,3}^{4}$

$PB_{3,3}^{4} = 1 = PE_{3,3,3}^{4} + PE_{4,3,3}^{4}$

$PB_{4,3}^{4} = 2 = PE_{4,4,3}^{4}$

(2) Abstimmung von Personaleinsatz und Personalausstattung:

a) Baustellengebundene Arbeitskräfte

$$\sum_{q \in Q_r} PE_{r,q,s}^t \leq PA_{r,s}^t \quad \forall\, r \in \overline{R}, s \in \overline{S}, t \in \overline{T}$$

<u>$t = 1, s = 1$</u>

$PE_{1,1,1}^1 \leq PA_{1,1}^1$

$PE_{2,1,1}^1 + PE_{2,2,1}^1 \leq PA_{2,1}^1$

$PE_{3,1,1}^1 + PE_{3,2,1}^1 + PE_{3,3,1}^1 \leq PA_{3,1}^1$

$PE_{4,1,1}^1 + PE_{4,2,1}^1 + PE_{4,3,1}^1 + PE_{4,4,1}^1 \leq PA_{4,1}^1$

<u>$t = 1, s = 2$</u>

$PE_{1,1,2}^1 \leq PA_{1,2}^1$

$PE_{2,1,2}^1 + PE_{2,2,2}^1 \leq PA_{2,2}^1$

$PE_{3,1,2}^1 + PE_{3,2,2}^1 + PE_{3,3,2}^1 \leq PA_{3,2}^1$

$PE_{4,1,2}^1 + PE_{4,2,2}^1 + PE_{4,3,2}^1 + PE_{4,4,2}^1 \leq PA_{4,2}^1$

<u>$t = 1, s = 3$</u>

$PE_{1,1,3}^1 \leq PA_{1,3}^1$

$PE_{2,1,3}^1 + PE_{2,2,3}^1 \leq PA_{2,3}^1$

$PE_{3,1,3}^1 + PE_{3,2,3}^1 + PE_{3,3,3}^1 \leq PA_{3,3}^1$

$PE_{4,1,3}^1 + PE_{4,2,3}^1 + PE_{4,3,3}^1 + PE_{4,4,3}^1 \leq PA_{4,3}^1$

<u>$t = 2, s = 1$</u>

$PE_{1,1,1}^2 \leq PA_{1,1}^2$

$PE_{2,1,1}^2 + PE_{2,2,1}^2 \leq PA_{2,1}^2$

$PE_{3,1,1}^2 + PE_{3,2,1}^2 + PE_{3,3,1}^2 \leq PA_{3,1}^2$

$PE_{4,1,1}^2 + PE_{4,2,1}^2 + PE_{4,3,1}^2 + PE_{4,4,1}^2 \leq PA_{4,1}^2$

<u>$t = 2, s = 2$</u>

$PE_{1,1,2}^2 \leq PA_{1,2}^2$

$PE_{2,1,2}^2 + PE_{2,2,2}^2 \leq PA_{2,2}^2$

$PE_{3,1,2}^2 + PE_{3,2,2}^2 + PE_{3,3,2}^2 \leq PA_{3,2}^2$

$PE_{4,1,2}^2 + PE_{4,2,2}^2 + PE_{4,3,2}^2 + PE_{4,4,2}^2 \leq PA_{4,2}^2$

<u>$t = 2, s = 3$</u>

$PE_{1,1,3}^2 \leq PA_{1,3}^2$

$PE_{2,1,3}^2 + PE_{2,2,3}^2 \leq PA_{2,3}^2$

$PE_{3,1,3}^2 + PE_{3,2,3}^2 + PE_{3,3,3}^2 \leq PA_{3,3}^2$

$PE_{4,1,3}^2 + PE_{4,2,3}^2 + PE_{4,3,3}^2 + PE_{4,4,3}^2 \leq PA_{4,3}^2$

<u>$t = 3, s = 1$</u>

$PE_{1,1,1}^3 \leq PA_{1,1}^3$

$PE_{2,1,1}^3 + PE_{2,2,1}^3 \leq PA_{2,1}^3$

$PE_{3,1,1}^3 + PE_{3,2,1}^3 + PE_{3,3,1}^3 \leq PA_{3,1}^3$

$PE_{4,1,1}^3 + PE_{4,2,1}^3 + PE_{4,3,1}^3 + PE_{4,4,1}^3 \leq PA_{4,1}^3$

<u>$t = 3, s = 2$</u>

$PE_{1,1,2}^3 \leq PA_{1,2}^3$

$PE_{2,1,2}^3 + PE_{2,2,2}^3 \leq PA_{2,2}^3$

$PE_{3,1,2}^3 + PE_{3,2,2}^3 + PE_{3,3,2}^3 \leq PA_{3,2}^3$

$PE_{4,1,2}^3 + PE_{4,2,2}^3 + PE_{4,3,2}^3 + PE_{4,4,2}^3 \leq PA_{4,2}^3$

<u>$t = 3, s = 3$</u>

$PE_{1,1,3}^3 \leq PA_{1,3}^3$

$PE_{2,1,3}^3 + PE_{2,2,3}^3 \leq PA_{2,3}^3$

$PE_{3,1,3}^3 + PE_{3,2,3}^3 + PE_{3,3,3}^3 \leq PA_{3,3}^3$

<u>$t = 4, s = 1$</u>

$PE_{1,1,1}^4 \leq PA_{1,1}^4$

$PE_{2,1,1}^4 + PE_{2,2,1}^4 \leq PA_{2,1}^4$

$PE_{3,1,1}^4 + PE_{3,2,1}^4 + PE_{3,3,1}^4 \leq PA_{3,1}^4$

$PE_{4,1,3}^{3} + PE_{4,2,3}^{3} + PE_{4,3,3}^{3} + PE_{4,4,3}^{3} \leq PA_{4,3}^{3}$

$PE_{4,1,1}^{4} + PE_{4,2,1}^{4} + PE_{4,3,1}^{4} + PE_{4,4,1}^{4} \leq PA_{4,1}^{4}$

$\underline{t = 4, s = 2}$

$PE_{1,1,2}^{4} \leq PA_{1,2}^{4}$

$PE_{2,1,2}^{4} + PE_{2,2,2}^{4} \leq PA_{2,2}^{4}$

$PE_{3,1,2}^{4} + PE_{3,2,2}^{4} + PE_{3,3,2}^{4} \leq PA_{3,2}^{4}$

$PE_{4,1,2}^{4} + PE_{4,2,2}^{4} + PE_{4,3,2}^{4} + PE_{4,4,2}^{4} \leq PA_{4,2}^{4}$

$\underline{t = 4, s = 3}$

$PE_{1,1,3}^{4} \leq PA_{1,3}^{4}$

$PE_{2,1,3}^{4} + PE_{2,2,3}^{4} \leq PA_{2,3}^{4}$

$PE_{3,1,3}^{4} + PE_{3,2,3}^{4} + PE_{3,3,3}^{4} \leq PA_{3,3}^{4}$

$PE_{4,1,3}^{4} + PE_{4,2,3}^{4} + PE_{4,3,3}^{4} + PE_{4,4,3}^{4} \leq PA_{4,3}^{4}$

b) Baustellenungebundene Arbeitskräfte

$$\sum_{s=1}^{S} \sum_{q \in Q_{r^*}} SE_{r^*,q,s}^{t} \leq PA_{r^*}^{t} \quad \forall\, r^* \in \overline{R}^*, t \in \overline{T}$$

$\underline{t = 1}$

$SE_{1,1,1}^{1} + SE_{1,1,2}^{1} + SE_{1,1,3}^{1} \leq PA_{1}^{1}$

$SE_{2,1,1}^{1} + SE_{2,2,1}^{1} + SE_{2,1,2}^{1} + SE_{2,2,2}^{1} + SE_{2,1,3}^{1} + SE_{2,2,3}^{1} \leq PA_{2}^{1}$

$\underline{t = 2}$

$SE_{1,1,1}^{2} + SE_{1,1,2}^{2} + SE_{1,1,3}^{2} \leq PA_{1}^{2}$

$SE_{2,1,1}^{2} + SE_{2,2,1}^{2} + SE_{2,1,2}^{2} + SE_{2,2,2}^{2} + SE_{2,1,3}^{2} + SE_{2,2,3}^{2} \leq PA_{2}^{2}$

$\underline{t = 3}$

$SE_{1,1,1}^{3} + SE_{1,1,2}^{3} + SE_{1,1,3}^{3} \leq PA_{1}^{3}$

$SE_{2,1,1}^{3} + SE_{2,2,1}^{3} + SE_{2,1,2}^{3} + SE_{2,2,2}^{3} + SE_{2,1,3}^{3} + SE_{2,2,3}^{3} \leq PA_{2}^{3}$

$\underline{t = 4}$

$SE_{1,1,1}^{4} + SE_{1,1,2}^{4} + SE_{1,1,3}^{4} \leq PA_{1}^{4}$

$SE_{2,1,1}^{4} + SE_{2,2,1}^{4} + SE_{2,1,2}^{4} + SE_{2,2,2}^{4} + SE_{2,1,3}^{4} + SE_{2,2,3}^{4} \leq PA_{2}^{4}$

(3) Personalausstattungsfortschreibung:

a) Baustellengebundene Arbeitskräfte

$PA_{r,s}^{t} = PA_{r,s}^{t-1} + h_{r,s}^{t} - f_{r,s}^{t} \quad \forall\, r \in \overline{R}, s \in \overline{S}, t \in \overline{T}$

$\underline{t = 1, s = 1}$

$PA_{1,1}^{1} = 0 + h_{1,1}^{1} - f_{1,1}^{1}$

$\underline{t = 1, s = 2}$

$PA_{1,2}^{1} = 0 + h_{1,2}^{1} - f_{1,2}^{1}$

$\underline{t = 1, s = 3}$

$PA_{1,3}^{1} = 0 + h_{1,3}^{1} - f_{1,3}^{1}$

$PA_{2,1}^1 = 0 + h_{2,1}^1 - f_{2,1}^1$ $PA_{2,2}^1 = 0 + h_{2,2}^1 - f_{2,2}^1$ $PA_{2,3}^1 = 0 + h_{2,3}^1 - f_{2,3}^1$

$PA_{3,1}^1 = 0 + h_{3,1}^1 - f_{3,1}^1$ $PA_{3,2}^1 = 0 + h_{3,2}^1 - f_{3,2}^1$ $PA_{3,3}^1 = 0 + h_{3,3}^1 - f_{3,3}^1$

$PA_{4,1}^1 = 0 + h_{4,1}^1 - f_{4,1}^1$ $PA_{4,2}^1 = 0 + h_{4,2}^1 - f_{4,2}^1$ $PA_{4,3}^1 = 0 + h_{4,3}^1 - f_{4,3}^1$

$\underline{t = 2, s = 1}$ $\underline{t = 2, s = 2}$ $\underline{t = 2, s = 3}$

$PA_{1,1}^2 = PA_{1,1}^1 + h_{1,1}^2 - f_{1,1}^2$ $PA_{1,2}^2 = PA_{1,2}^1 + h_{1,2}^2 - f_{1,2}^2$ $PA_{1,3}^2 = PA_{1,3}^1 + h_{1,3}^2 - f_{1,3}^2$

$PA_{2,1}^2 = PA_{2,1}^1 + h_{2,1}^2 - f_{2,1}^2$ $PA_{2,2}^2 = PA_{2,2}^1 + h_{2,2}^2 - f_{2,2}^2$ $PA_{2,3}^2 = PA_{2,3}^1 + h_{2,3}^2 - f_{2,3}^2$

$PA_{3,1}^2 = PA_{3,1}^1 + h_{3,1}^2 - f_{3,1}^2$ $PA_{3,2}^2 = PA_{3,2}^1 + h_{3,2}^2 - f_{3,2}^2$ $PA_{3,3}^2 = PA_{3,3}^1 + h_{3,3}^2 - f_{3,3}^2$

$PA_{4,1}^2 = PA_{4,1}^1 + h_{4,1}^2 - f_{4,1}^2$ $PA_{4,2}^2 = PA_{4,2}^1 + h_{4,2}^2 - f_{4,2}^2$ $PA_{4,3}^2 = PA_{4,3}^1 + h_{4,3}^2 - f_{4,3}^2$

$\underline{t = 3, s = 1}$ $\underline{t = 3, s = 2}$ $\underline{t = 3, s = 3}$

$PA_{1,1}^3 = PA_{1,1}^2 + h_{1,1}^3 - f_{1,1}^3$ $PA_{1,2}^3 = PA_{1,2}^2 + h_{1,2}^3 - f_{1,2}^3$ $PA_{1,3}^3 = PA_{1,3}^2 + h_{1,3}^3 - f_{1,3}^3$

$PA_{2,1}^3 = PA_{2,1}^2 + h_{2,1}^3 - f_{2,1}^3$ $PA_{2,2}^3 = PA_{2,2}^2 + h_{2,2}^3 - f_{2,2}^3$ $PA_{2,3}^3 = PA_{2,3}^2 + h_{2,3}^3 - f_{2,3}^3$

$PA_{3,1}^3 = PA_{3,1}^2 + h_{3,1}^3 - f_{3,1}^3$ $PA_{3,2}^3 = PA_{3,2}^2 + h_{3,2}^3 - f_{3,2}^3$ $PA_{3,3}^3 = PA_{3,3}^2 + h_{3,3}^3 - f_{3,3}^3$

$PA_{4,1}^3 = PA_{4,1}^2 + h_{4,1}^3 - f_{4,1}^3$ $PA_{4,2}^3 = PA_{4,2}^2 + h_{4,2}^3 - f_{4,2}^3$ $PA_{4,3}^3 = PA_{4,3}^2 + h_{4,3}^3 - f_{4,3}^3$

$\underline{t = 4, s = 1}$ $\underline{t = 4, s = 2}$ $\underline{t = 4, s = 3}$

$PA_{1,1}^4 = PA_{1,1}^3 + h_{1,1}^4 - f_{1,1}^4$ $PA_{1,2}^4 = PA_{1,2}^3 + h_{1,2}^4 - f_{1,2}^4$ $PA_{1,3}^4 = PA_{1,3}^3 + h_{1,3}^4 - f_{1,3}^4$

$PA_{2,1}^4 = PA_{2,1}^3 + h_{2,1}^4 - f_{2,1}^4$ $PA_{2,2}^4 = PA_{2,2}^3 + h_{2,2}^4 - f_{2,2}^4$ $PA_{2,3}^4 = PA_{2,3}^3 + h_{2,3}^4 - f_{2,3}^4$

$PA_{3,1}^4 = PA_{3,1}^3 + h_{3,1}^4 - f_{3,1}^4$ $PA_{3,2}^4 = PA_{3,2}^3 + h_{3,2}^4 - f_{3,2}^4$ $PA_{3,3}^4 = PA_{3,3}^3 + h_{3,3}^4 - f_{3,3}^4$

$PA_{4,1}^4 = PA_{4,1}^3 + h_{4,1}^4 - f_{4,1}^4$ $PA_{4,2}^4 = PA_{4,2}^3 + h_{4,2}^4 - f_{4,2}^4$ $PA_{4,3}^4 = PA_{4,3}^3 + h_{4,3}^4 - f_{4,3}^4$

b) Baustellenungebundene Arbeitskräfte

$PA_{r^*}^t = PA_{r^*}^{t-1} + h_{r^*}^t - f_{r^*}^t \quad \forall\, r^* \in \overline{R}^*, t \in \overline{T}$

$\underline{t = 1}$ $\underline{t = 2}$ $\underline{t = 3}$ $\underline{t = 4}$

$PA_1^1 = 0 + h_1^1 - f_1^1$ $PA_1^2 = PA_1^1 + h_1^2 - f_1^2$ $PA_1^3 = PA_1^2 + h_1^3 - f_1^3$ $PA_1^4 = PA_1^3 + h_1^4 - f_1^4$

$PA_2^1 = 0 + h_2^1 - f_2^1$ $PA_2^2 = PA_2^1 + h_2^2 - f_2^2$ $PA_2^3 = PA_2^2 + h_2^3 - f_2^3$ $PA_2^4 = PA_2^3 + h_2^4 - f_2^4$

(4) Nichtnegativitätsbedingungen:

$h_{r,s}^t, h_{r^*}^t, f_{r,s}^t, f_{r^*}^t, PA_{r,s}^t, PA_{r^*}^t, PE_{r,q,s}^t, PE_{r^*,q,s}^t \geq 0 \quad \forall$ relevanten $q \in \overline{Q}, r \in \overline{R}, r^* \in \overline{R}^*, s \in \overline{S}, t \in \overline{T}$

Alle in diesem Ansatz verwendeten Personaleinsatz-, Personalausstattungs-, Einstellungs- und Entlassungsvariablen müssen größer oder gleich Null sein.

**Lösung zu Aufgabe 69**

a.

Symbole:

*Mengen*

$\overline{Q}$ := $\{q|q = 1, \dots, Q\}$ Menge der Tätigkeitsarten

$\overline{R}$ := $\{r|r = 1, \dots, R\}$ Menge der Qualifikationsarten

$\overline{T}$ := $\{t|t = 1, \dots, T\}$ Menge der Teilperioden

$\overline{R}^*$ := $\{r^*|r^* = 1, \dots, R^*\}$ Menge der Zielqualifikationen

$\overline{R}'$ := $\{r'|r' = 1, \dots, R'\}$ Menge der Basisqualifikationen

$Q_r$ := Menge der Tätigkeitsarten $q$, für die Arbeitskräfte mit Qualifikation $r$ verwendetwerden können

$R_q$ := Menge der Arbeitskräftearten $r$, die zur Erledigung von Tätigkeiten der Art $q$ bereitgestellt werden können

$R_r^*$ := Menge der Zielqualifikationen $r^*$, die (durch Schulung) von Arbeitskräften mitQualifikationsart $r$ erreicht werden können

$R_r'$ := Menge der Basisqualifikationen $r'$, von denen aus Arbeitskräfte (durch Schulung) die Qualifikationsart $r$ erreichen können

*Daten*

$PB_q^t$ := (Personal-) Bedarf an Arbeitskräften zur Erledigung von Tätigkeiten der Art $q$ in Periode $t$

$H_r^{max}$ := Maximale Anzahl einzustellender Arbeitskräfte der Qualifikationsart $r$

$\alpha_{r,r^*}$ $(\alpha_{r',r})$ := Abbruchquote einer Fortbildung von Arbeitskräften mit Qualifikations-art $r(r')$ zu Arbeitskräften mit Qualifikationsart $r^*(r)$

$\beta_r^t$ := Fluktuation von Arbeitskräften mit Qualifikationsart $r$ in Periode $t$

$\gamma^t$ := Maximal zu entlassender Anteil an der Gesamtpersonalausstattung in Periode $t$

$\tau_r^{r^*}$ $(\tau_{r'}^r)$ := In Teilperioden gemessene Dauer einer Fortbildung von Arbeitskräften mit Qualifikationsart $r(r')$zu Arbeitskräften mit Qualifikationsart $r^*(r)$

*Entscheidungsvariable*

$f_r^t$ := Anzahl der in Periode $t$ zu entlassenden Arbeitskräfte der Qualifikationsart $r$

$h_r^t$ := Anzahl der in Periode $t$ einzustellenden Arbeitskräfte der Qualifikationsart $r$

$PA_r^t$ := (Personal-) Ausstattung mit Arbeitskräften der Qualifikationsart $r$ in Periode $t$

$PE_{rq}^t$ := (Personal-) Einsatz von Arbeitskräften der Qualifikationsart $r$ zur Erledigung von Tätigkeiten der Art $q$ in Periode $t$

$PE(S)_{r,r^*}^t$ := Anzahl der Arbeitskräfte mit Qualifikationsart $r$, die in Periode $t$ eine Weiterbildung zu Arbeitskräften mit Qualifikationsart $r^*$ beginnen

$PE(S)_{r',r}^t$ := Anzahl der Arbeitskräfte mit Qualifikationsart $r'$, die in Periode $t$ eine Weiterbildung zu Arbeitskräften mit Qualifikationsart $r$ beginnen

Abstimmungsansatz:

(1) Abstimmung von Personalbedarf und Personaleinsatz:

$$PB_q^t \leq \sum_{r \in R_q} PE_{rq}^t \quad \forall\, q \in \overline{Q}, t \in \overline{T}$$

(2) Abstimmung von Personaleinsatz und Personalausstattung:

a) Junior und Senior Consultants

$$\sum_{q \in Q_r} PE_{rq}^t + \sum_{r^* \in R_r^*} \sum_{t'=t-\tau_r^{r^*}+1}^{t} PE(S)_{r,r^*}^{t'} \leq PA_r^t \quad \forall\, r \in \overline{R} \backslash \{r = 7\}, t \in \overline{T}$$

b) Partner

$$\sum_{q \in Q_7} PE_{7q}^t \leq PA_7^t \quad \forall\, t \in \overline{T}$$

(3) Personalausstattungsfortschreibung:

a) Junior Consultants

$$PA_r^t = PA_r^{t-1} + h_r^t - f_r^t - \sum_{r^* \in R_r^*} (1 - \alpha_{r,r^*}) \cdot PE(S)_{r,r^*}^{t-\tau_r^{r*}} \quad \forall\, r \in \overline{R} \backslash \{r = 5{,}6{,}7\}, t \in \overline{T}$$

b) Senior Consultants

$$PA_r^t = PA_r^{t-1} - f_r^t +$$

$$+\sum_{r' \in R_r'} (1-\alpha_{r',r}) \cdot PE(S)_{r',r}^{t-\tau_{r'}^r} - \sum_{r^* \in R_r^*} (1-\alpha_{r,r^*}) \cdot PE(S)_{r,r^*}^{t-\tau_r^{r^*}} \quad \forall\, r \in \{r=5,6\}, t \in \overline{T}$$

c) Partner

$$PA_7^t = PA_7^{t-1} - f_7^t - \beta_7^t + (1-\alpha_{r',7}) \sum_{r' \in R'_7} PE(S)_{r',7}^{t-\tau_{r'}^7} \quad \forall\, t \in \overline{T}$$

(4) Entlassungsobergrenze:

$$\sum_{r \in \overline{R}} f_r^t \leq \gamma^t \cdot \sum_{r \in \overline{R}} PA_r^t \quad \forall\, t \in \overline{T}$$

(5) Einstellungsobergrenze für Junior Consultants:

$$h_r^t \leq H_r^{max} \quad \forall\, r \in \overline{R} \backslash \{r=5,6,7\}, t \in \overline{T}$$

(6) Nichtnegativitätsbedingungen:

$$f_r^t, h_r^t, PA_r^t, PE_{rq}^t, PE(S)_{r,r^*}^t, PE(S)_{r',r}^t \geq 0 \quad \forall \text{ relevanten } q \in \overline{Q}, t \in \overline{T}, r \in \overline{R}, r^* \in \overline{R}^*, r' \in \overline{R}'$$

b.

Das Tableau der Schulungsmöglichkeiten mit den Indexmengen $R_r^*$ und $R_r'$ sowie den Schulungsdauern $\tau_r^{r^*}$ ($\tau_{r'}^r$ ) und Abbruchquoten $\alpha_{r,r^*}$ ($\alpha_{r',r}$) ist in der folgenden **Tabelle 19.20** dargestellt:

**Tabelle 19.20** Tableau der Schulungsmöglichkeiten

| | $r^* = 5$ | $r^* = 6$ | $r^* = 7$ | $R_r^*$ |
|---|---|---|---|---|
| $r = 1$ | $\tau_1^5 = 2$<br>$\alpha_{1,5} = 0{,}1$ | - | - | $R_1^* = \{5\}$ |
| $r = 2$ | - | $\tau_2^6 = 3$<br>$\alpha_{2,6} = 0{,}2$ | - | $R_2^* = \{6\}$ |
| $r = 3$ | $\tau_3^5 = 2$<br>$\alpha_{3,5} = 0{,}1$ | $\tau_3^6 = 3$<br>$\alpha_{3,6} = 0{,}2$ | - | $R_3^* = \{5,6\}$ |
| $r = 4$ | - | $\tau_4^6 = 3$<br>$\alpha_{4,6} = 0{,}2$ | - | $R_4^* = \{6\}$ |
| $r = 5$ | - | - | $\tau_5^7 = 3$<br>$\alpha_{5,7} = 0{,}5$ | $R_5^* = \{7\}$ |
| $r = 6$ | - | - | $\tau_6^7 = 3$<br>$\alpha_{6,7} = 0{,}5$ | $R_6^* = \{7\}$ |
| $R_r'$ | $R_5' = \{1,3\}$ | $R_6' = \{2,3,4\}$ | $R_7' = \{5,6\}$ | |

Zielfunktion:

$$\sum_{t\in\overline{T}}\left[\sum_{r\in\overline{R}} GK_r^t \cdot PA_r^t + FK_r^t \cdot f_r^t + \sum_{r=1}^{6}\sum_{r^*\in R_r^*} SK_{r,r^*}^t \cdot PE(S)_{r,r^*}^t + \sum_{r=1}^{4} HK_r^t \cdot h_r^t\right] \rightarrow \text{min!}$$

<u>$t = 1$</u>

$50 \cdot PA_1^1 + 50 \cdot PA_2^1 + 50 \cdot PA_3^1 + 50 \cdot PA_4^1 + 75 \cdot PA_5^1 + 75 \cdot PA_6^1 + 150 \cdot PA_7^1 +$

$10 \cdot f_1^1 + 10 \cdot f_2^1 + 10 \cdot f_3^1 + 10 \cdot f_4^1 + 20 \cdot f_5^1 + 20 \cdot f_6^1 + 50 \cdot f_7^1 +$

$15 \cdot PE(S)_{1,5}^1 + 25 \cdot PE(S)_{2,6}^1 + 15 \cdot PE(S)_{3,5}^1 + 25 \cdot PE(S)_{3,6}^1 + 25 \cdot PE(S)_{4,6}^1 +$

$50 \cdot PE(S)_{5,7}^1 + 50 \cdot PE(S)_{6,7}^1 +$

$5 \cdot h_1^1 + 5 \cdot h_2^1 + 5 \cdot h_3^1 + 5 \cdot h_4^1 +$

<u>$t = 2$</u>

$50 \cdot PA_1^2 + 50 \cdot PA_2^2 + 50 \cdot PA_3^2 + 50 \cdot PA_4^2 + 75 \cdot PA_5^2 + 75 \cdot PA_6^2 + 150 \cdot PA_7^2 +$

$10 \cdot f_1^2 + 10 \cdot f_2^2 + 10 \cdot f_3^2 + 10 \cdot f_4^2 + 20 \cdot f_5^2 + 20 \cdot f_6^2 + 50 \cdot f_7^2 +$

$15 \cdot PE(S)_{1,5}^2 + 25 \cdot PE(S)_{2,6}^2 + 15 \cdot PE(S)_{3,5}^2 + 25 \cdot PE(S)_{3,6}^2 + 25 \cdot PE(S)_{4,6}^2 +$

$50 \cdot PE(S)_{5,7}^2 + 50 \cdot PE(S)_{6,7}^2 +$

$5 \cdot h_1^2 + 5 \cdot h_2^2 + 5 \cdot h_3^2 + 5 \cdot h_4^2 +$

$\underline{t = 3}$

$50 \cdot PA_1^3 + 50 \cdot PA_2^3 + 50 \cdot PA_3^3 + 50 \cdot PA_4^3 + 75 \cdot PA_5^3 + 75 \cdot PA_6^3 + 150 \cdot PA_7^3 +$

$10 \cdot f_1^3 + 10 \cdot f_2^3 + 10 \cdot f_3^3 + 10 \cdot f_4^3 + 20 \cdot f_5^3 + 20 \cdot f_6^3 + 50 \cdot f_7^3 +$

$15 \cdot PE(S)_{1,5}^3 + 25 \cdot PE(S)_{2,6}^3 + 15 \cdot PE(S)_{3,5}^3 + 25 \cdot PE(S)_{3,6}^3 + 25 \cdot PE(S)_{4,6}^3 +$

$50 \cdot PE(S)_{5,7}^3 + 50 \cdot PE(S)_{6,7}^3 +$

$5 \cdot h_1^3 + 5 \cdot h_2^3 + 5 \cdot h_3^3 + 5 \cdot h_4^3 +$

$\underline{t = 4}$

$50 \cdot PA_1^4 + 50 \cdot PA_2^4 + 50 \cdot PA_3^4 + 50 \cdot PA_4^4 + 75 \cdot PA_5^4 + 75 \cdot PA_6^4 + 150 \cdot PA_7^4 +$

$10 \cdot f_1^4 + 10 \cdot f_2^4 + 10 \cdot f_3^4 + 10 \cdot f_4^4 + 20 \cdot f_5^4 + 20 \cdot f_6^4 + 50 \cdot f_7^4 +$

$15 \cdot PE(S)_{1,5}^4 + 25 \cdot PE(S)_{2,6}^4 + 15 \cdot PE(S)_{3,5}^4 + 25 \cdot PE(S)_{3,6}^4 + 25 \cdot PE(S)_{4,6}^4 +$

$50 \cdot PE(S)_{5,7}^4 + 50 \cdot PE(S)_{6,7}^4 +$

$5 \cdot h_1^4 + 5 \cdot h_2^4 + 5 \cdot h_3^4 + 5 \cdot h_4^4 +$

$\underline{t = 5}$

$50 \cdot PA_1^5 + 50 \cdot PA_2^5 + 50 \cdot PA_3^5 + 50 \cdot PA_4^5 + 75 \cdot PA_5^5 + 75 \cdot PA_6^5 + 150 \cdot PA_7^5 +$

$10 \cdot f_1^5 + 10 \cdot f_2^5 + 10 \cdot f_3^5 + 10 \cdot f_4^5 + 20 \cdot f_5^5 + 20 \cdot f_6^5 + 50 \cdot f_7^5 +$

$15 \cdot PE(S)_{1,5}^5 + 25 \cdot PE(S)_{2,6}^5 + 15 \cdot PE(S)_{3,5}^5 + 25 \cdot PE(S)_{3,6}^5 + 25 \cdot PE(S)_{4,6}^5 +$

$50 \cdot PE(S)_{5,7}^5 + 50 \cdot PE(S)_{6,7}^5 +$

$5 \cdot h_1^5 + 5 \cdot h_2^5 + 5 \cdot h_3^5 + 5 \cdot h_4^5 +$

$\underline{t = 6}$

$50 \cdot PA_1^6 + 50 \cdot PA_2^6 + 50 \cdot PA_3^6 + 50 \cdot PA_4^6 + 75 \cdot PA_5^6 + 75 \cdot PA_6^6 + 150 \cdot PA_7^6 +$

$10 \cdot f_1^6 + 10 \cdot f_2^6 + 10 \cdot f_3^6 + 10 \cdot f_4^6 + 20 \cdot f_5^6 + 20 \cdot f_6^6 + 50 \cdot f_7^6 +$

$15 \cdot PE(S)_{1,5}^6 + 25 \cdot PE(S)_{2,6}^6 + 15 \cdot PE(S)_{3,5}^6 + 25 \cdot PE(S)_{3,6}^6 + 25 \cdot PE(S)_{4,6}^6 +$

$50 \cdot PE(S)_{5,7}^6 + 50 \cdot PE(S)_{6,7}^6 +$

$5 \cdot h_1^6 + 5 \cdot h_2^6 + 5 \cdot h_3^6 + 5 \cdot h_4^6 \rightarrow \min!$

u.d.N.:

(1) Abstimmung von Personalbedarf und Personaleinsatz:

$$PB_q^t \leq \sum_{r \in R_q} PE_{rq}^t \quad \forall\, q \in \overline{Q}, t \in \overline{T}$$

$\underline{t=1}$

$PB_1^1 = 9 \leq PE_{11}^1 + PE_{51}^1 + PE_{71}^1$

$PB_2^1 = 10 \leq PE_{22}^1 + PE_{62}^1 + PE_{72}^1$

$PB_3^1 = 11 \leq PE_{33}^1 + PE_{53}^1 + PE_{63}^1 + PE_{73}^1$

$PB_4^1 = 10 \leq PE_{44}^1 + PE_{64}^1 + PE_{74}^1$

$PB_5^1 = 2 \leq PE_{75}^1$

$\underline{t=2}$

$PB_1^2 = 9 \leq PE_{11}^2 + PE_{51}^2 + PE_{71}^2$

$PB_2^2 = 10 \leq PE_{22}^2 + PE_{62}^2 + PE_{72}^2$

$PB_3^2 = 11 \leq PE_{33}^2 + PE_{53}^2 + PE_{63}^2 + PE_{73}^2$

$PB_4^2 = 10 \leq PE_{44}^2 + PE_{64}^2 + PE_{74}^2$

$PB_5^2 = 2 \leq PE_{75}^2$

$\underline{t=3}$

$PB_1^3 = 11 \leq PE_{11}^3 + PE_{51}^3 + PE_{71}^3$

$PB_2^3 = 8 \leq PE_{22}^3 + PE_{62}^3 + PE_{72}^3$

$PB_3^3 = 9 \leq PE_{33}^3 + PE_{53}^3 + PE_{63}^3 + PE_{73}^3$

$PB_4^3 = 11 \leq PE_{44}^3 + PE_{64}^3 + PE_{74}^3$

$PB_5^3 = 2 \leq PE_{75}^3$

$\underline{t=4}$

$PB_1^4 = 11 \leq PE_{11}^4 + PE_{51}^4 + PE_{71}^4$

$PB_2^4 = 8 \leq PE_{22}^4 + PE_{62}^4 + PE_{72}^4$

$PB_3^4 = 9 \leq PE_{33}^4 + PE_{53}^4 + PE_{63}^4 + PE_{73}^4$

$PB_4^4 = 11 \leq PE_{44}^4 + PE_{64}^4 + PE_{74}^4$

$PB_5^4 = 2 \leq PE_{75}^4$

$\underline{t=5}$

$PB_1^5 = 8 \leq PE_{11}^5 + PE_{51}^5 + PE_{71}^5$

$PB_2^5 = 12 \leq PE_{22}^5 + PE_{62}^5 + PE_{72}^5$

$PB_3^5 = 10 \leq PE_{33}^5 + PE_{53}^5 + PE_{63}^5 + PE_{73}^5$

$PB_4^5 = 9 \leq PE_{44}^5 + PE_{64}^5 + PE_{74}^5$

$PB_5^5 = 2 \leq PE_{75}^5$

$\underline{t=6}$

$PB_1^6 = 8 \leq PE_{11}^6 + PE_{51}^6 + PE_{71}^6$

$PB_2^6 = 12 \leq PE_{22}^6 + PE_{62}^6 + PE_{72}^6$

$PB_3^6 = 10 \leq PE_{33}^6 + PE_{53}^6 + PE_{63}^6 + PE_{73}^6$

$PB_4^6 = 9 \leq PE_{44}^6 + PE_{64}^6 + PE_{74}^6$

$PB_5^6 = 2 \leq PE_{75}^6$

(2) Abstimmung von Personaleinsatz und Personalausstattung:

a) Junior und Senior Consultants

$$\sum_{q \in Q_r} PE_{rq}^t + \sum_{r^* \in R_r^*} \sum_{t'=t-\tau_r^{r^*}+1}^{t} PE(S)_{r,r^*}^{t'} \leq PA_r^t \quad r \in \overline{R} \backslash \{r=7\}, t \in \overline{T}$$

$\underline{t=1}$

$PE_{11}^{1} + PE(S)_{1,5}^{1} \leq PA_{1}^{1}$

$PE_{22}^{1} + PE(S)_{2,6}^{1} \leq PA_{2}^{1}$

$PE_{33}^{1} + PE(S)_{3,5}^{1} + PE(S)_{3,6}^{1} \leq PA_{3}^{1}$

$PE_{44}^{1} + PE(S)_{4,6}^{1} \leq PA_{4}^{1}$

$PE_{51}^{1} + PE_{53}^{1} + PE(S)_{5,7}^{1} \leq PA_{5}^{1}$

$PE_{62}^{1} + PE_{63}^{1} + PE_{64}^{1} + PE(S)_{6,7}^{1} \leq PA_{6}^{1}$

$\underline{t=2}$

$PE_{11}^{2} + PE(S)_{1,5}^{1} + PE(S)_{1,5}^{2} \leq PA_{1}^{2}$

$PE_{22}^{2} + PE(S)_{2,6}^{1} + PE(S)_{2,6}^{2} \leq PA_{2}^{2}$

$PE_{33}^{2} + PE(S)_{3,5}^{1} + PE(S)_{3,5}^{2} + PE(S)_{3,6}^{1} + PE(S)_{3,6}^{2} \leq PA_{3}^{2}$

$PE_{44}^{2} + PE(S)_{4,6}^{1} + PE(S)_{4,6}^{2} \leq PA_{4}^{2}$

$PE_{51}^{2} + PE_{53}^{2} + PE(S)_{5,7}^{1} + PE(S)_{5,7}^{2} \leq PA_{5}^{2}$

$PE_{62}^{2} + PE_{63}^{2} + PE_{64}^{2} + PE(S)_{6,7}^{1} + PE(S)_{6,7}^{2} \leq PA_{6}^{2}$

$\underline{t=3}$

$PE_{11}^{3} + PE(S)_{1,5}^{2} + PE(S)_{1,5}^{3} \leq PA_{1}^{3}$

$PE_{22}^{3} + PE(S)_{2,6}^{1} + PE(S)_{2,6}^{2} + PE(S)_{2,6}^{3} \leq PA_{2}^{3}$

$PE_{33}^{3} + PE(S)_{3,5}^{2} + PE(S)_{3,5}^{3} + PE(S)_{3,6}^{1} + PE(S)_{3,6}^{2} + PE(S)_{3,6}^{3} \leq PA_{3}^{3}$

$PE_{44}^{3} + PE(S)_{4,6}^{1} + PE(S)_{4,6}^{2} + PE(S)_{4,6}^{3} \leq PA_{4}^{3}$

$PE_{51}^{3} + PE_{53}^{3} + PE(S)_{5,7}^{1} + PE(S)_{5,7}^{2} + PE(S)_{5,7}^{3} \leq PA_{5}^{3}$

$PE_{62}^{3} + PE_{63}^{3} + PE_{64}^{3} + PE(S)_{6,7}^{1} + PE(S)_{6,7}^{2} + PE(S)_{6,7}^{3} \leq PA_{6}^{3}$

$\underline{t=4}$

$PE_{11}^{4} + PE(S)_{1,5}^{3} + PE(S)_{1,5}^{4} \leq PA_{1}^{4}$

$PE_{22}^{4} + PE(S)_{2,6}^{2} + PE(S)_{2,6}^{3} + PE(S)_{2,6}^{4} \leq PA_{2}^{4}$

$PE_{33}^{4} + PE(S)_{3,5}^{3} + PE(S)_{3,5}^{4} + PE(S)_{3,6}^{2} + PE(S)_{3,6}^{3} + PE(S)_{3,6}^{4} \leq PA_{3}^{4}$

$PE_{44}^{4} + PE(S)_{4,6}^{2} + PE(S)_{4,6}^{3} + PE(S)_{4,6}^{4} \leq PA_{4}^{4}$

$PE_{51}^{4} + PE_{53}^{4} + PE(S)_{5,7}^{2} + PE(S)_{5,7}^{3} + PE(S)_{5,7}^{4} \leq PA_{5}^{4}$

$PE_{62}^{4} + PE_{63}^{4} + PE_{64}^{4} + PE(S)_{6,7}^{2} + PE(S)_{6,7}^{3} + PE(S)_{6,7}^{4} \leq PA_{6}^{4}$

$\underline{t = 5}$

$PE_{11}^{5} + PE(S)_{1,5}^{4} + PE(S)_{1,5}^{5} \leq PA_{1}^{5}$

$PE_{22}^{5} + PE(S)_{2,6}^{3} + PE(S)_{2,6}^{4} + PE(S)_{2,6}^{5} \leq PA_{2}^{5}$

$PE_{33}^{5} + PE(S)_{3,5}^{4} + PE(S)_{3,5}^{5} + PE(S)_{3,6}^{3} + PE(S)_{3,6}^{4} + PE(S)_{3,6}^{5} \leq PA_{3}^{5}$

$PE_{44}^{5} + PE(S)_{4,6}^{3} + PE(S)_{4,6}^{4} + PE(S)_{4,6}^{5} \leq PA_{4}^{5}$

$PE_{51}^{5} + PE_{53}^{5} + PE(S)_{5,7}^{3} + PE(S)_{5,7}^{4} + PE(S)_{5,7}^{5} \leq PA_{5}^{5}$

$PE_{62}^{5} + PE_{63}^{5} + PE_{64}^{5} + PE(S)_{6,7}^{3} + PE(S)_{6,7}^{4} + PE(S)_{6,7}^{5} \leq PA_{6}^{5}$

$\underline{t = 6}$

$PE_{11}^{6} + PE(S)_{1,5}^{5} + PE(S)_{1,5}^{6} \leq PA_{1}^{6}$

$PE_{22}^{6} + PE(S)_{2,6}^{4} + PE(S)_{2,6}^{5} + PE(S)_{2,6}^{6} \leq PA_{2}^{6}$

$PE_{33}^{6} + PE(S)_{3,5}^{5} + PE(S)_{3,5}^{6} + PE(S)_{3,6}^{4} + PE(S)_{3,6}^{5} + PE(S)_{3,6}^{6} \leq PA_{3}^{6}$

$PE_{44}^{6} + PE(S)_{4,6}^{4} + PE(S)_{4,6}^{5} + PE(S)_{4,6}^{6} \leq PA_{4}^{6}$

$PE_{51}^{6} + PE_{53}^{6} + PE(S)_{5,7}^{4} + PE(S)_{5,7}^{5} + PE(S)_{5,7}^{6} \leq PA_{5}^{6}$

$PE_{62}^{6} + PE_{63}^{6} + PE_{64}^{6} + PE(S)_{6,7}^{4} + PE(S)_{6,7}^{5} + PE(S)_{6,7}^{6} \leq PA_{6}^{6}$

b) Partner

$$\sum_{q \in Q_7} PE_{7q}^{t} \leq PA_{7}^{t} \quad \forall\, t \in \overline{T}$$

$\underline{t = 1}$

$PE_{71}^{1} + PE_{72}^{1} + PE_{73}^{1} + PE_{74}^{1} + PE_{75}^{1} \leq PA_{7}^{1}$

$\underline{t = 2}$

$PE_{71}^{2} + PE_{72}^{2} + PE_{73}^{2} + PE_{74}^{2} + PE_{75}^{2} \leq PA_{7}^{2}$

$\underline{t = 3}$

$PE_{71}^{3} + PE_{72}^{3} + PE_{73}^{3} + PE_{74}^{3} + PE_{75}^{3} \leq PA_{7}^{3}$

$\underline{t = 4}$

$PE_{71}^{4} + PE_{72}^{4} + PE_{73}^{4} + PE_{74}^{4} + PE_{75}^{4} \leq PA_{7}^{4}$

$\underline{t = 5}$

$PE_{71}^{5} + PE_{72}^{5} + PE_{73}^{5} + PE_{74}^{5} + PE_{75}^{5} \leq PA_{7}^{5}$

$\underline{t = 6}$

$PE_{71}^{6} + PE_{72}^{6} + PE_{73}^{6} + PE_{74}^{6} + PE_{75}^{6} \leq PA_{7}^{6}$

(3) Personalausstattungsfortschreibung:

a) Junior Consultants

$$PA_r^t = PA_r^{t-1} + h_r^t - f_r^t - \sum_{r^* \in R_r^*} (1 - \alpha_{r,r^*}) \cdot PE(S)_{r,r^*}^{t-\tau^{r*}} \quad \forall\, r \in \overline{R} \backslash \{r = 5,6,7\}, t \in \overline{T}$$

<u>$t = 1$</u>

$PA_1^1 = 10 + h_1^1 - f_1^1$

$PA_2^1 = 10 + h_2^1 - f_2^1$

$PA_3^1 = 10 + h_3^1 - f_3^1$

$PA_4^1 = 10 + h_4^1 - f_4^1$

<u>$t = 2$</u>

$PA_1^2 = PA_1^1 + h_1^2 - f_1^2$

$PA_2^2 = PA_2^1 + h_2^2 - f_2^2$

$PA_3^2 = PA_3^1 + h_3^2 - f_3^2$

$PA_4^2 = PA_4^1 + h_4^2 - f_4^2$

<u>$t = 3$</u>

$PA_1^3 = PA_1^2 + h_1^3 - f_1^3 - 0{,}9 \cdot PE(S)_{1,5}^1$

$PA_2^3 = PA_2^2 + h_2^3 - f_2^3$

$PA_3^3 = PA_3^2 + h_3^3 - f_3^3 - 0{,}9 \cdot PE(S)_{3,5}^1$

$PA_4^3 = PA_4^2 + h_4^1 - f_4^1$

<u>$t = 4$</u>

$PA_1^4 = PA_1^3 + h_1^4 - f_1^4 - 0{,}9 \cdot PE(S)_{1,5}^2$

$PA_2^4 = PA_2^3 + h_2^4 - f_2^4 - 0{,}8 \cdot PE(S)_{2,6}^1$

$PA_3^4 = PA_3^3 + h_3^4 - f_3^4 - 0{,}9 \cdot PE(S)_{3,5}^2 - 0{,}8 \cdot PE(S)_{3,6}^1$

$PA_4^4 = PA_4^3 + h_4^4 - f_4^4 - 0{,}8 \cdot PE(S)_{4,6}^1$

<u>$t = 5$</u>

$PA_1^5 = PA_1^4 + h_1^5 - f_1^5 - 0{,}9 \cdot PE(S)_{1,5}^3$

$PA_2^5 = PA_2^4 + h_2^5 - f_2^5 - 0{,}8 \cdot PE(S)_{2,6}^2$

$PA_3^5 = PA_3^4 + h_3^5 - f_3^5 - 0{,}9 \cdot PE(S)_{3,5}^3 - 0{,}8 \cdot PE(S)_{3,6}^2$

$PA_4^5 = PA_4^4 + h_4^5 - f_4^5 - 0{,}8 \cdot PE(S)_{4,6}^2$

<u>$t = 6$</u>

$PA_1^6 = PA_1^5 + h_1^6 - f_1^6 - 0{,}9 \cdot PE(S)_{1,5}^4$

$PA_2^6 = PA_2^5 + h_2^6 - f_2^6 - 0{,}8 \cdot PE(S)_{2,6}^3$

$$PA_3^6 = PA_3^5 + h_3^6 - f_3^6 - 0{,}9 \cdot PE(S)_{3,5}^4 - 0{,}8 \cdot PE(S)_{3,6}^3$$

$$PA_4^6 = PA_4^5 + h_4^6 - f_4^6 - 0{,}8 \cdot PE(S)_{4,6}^3$$

b) Senior Consultants

$$PA_r^t = PA_r^{t-1} - f_r^t +$$

$$+ \sum_{r' \in R_r'} (1 - \alpha_{r',r}) \cdot PE(S)_{r',r}^{t-\tau_{r'}^r} - \sum_{r^* \in R_r^*} (1 - \alpha_{r,r^*}) \cdot PE(S)_{r,r^*}^{t-\tau_r^{r^*}} \quad \forall\, r \in \{r = 5{,}6\}, t \in \overline{T}$$

| $\underline{t=1}$ | $\underline{t=2}$ | $\underline{t=3}$ |
|---|---|---|
| $PA_5^1 = 4 - f_5^1$ | $PA_5^2 = PA_5^1 - f_5^2$ | $PA_5^3 = PA_5^2 - f_5^3 + 0{,}9 \cdot PE(S)_{1,5}^1 + 0{,}9 \cdot PE(S)_{3,5}^1$ |
| $PA_6^1 = 6 - f_6^1$ | $PA_6^2 = PA_6^1 - f_6^2$ | $PA_6^3 = PA_6^2 - f_6^3$ |

$\underline{t=4}$

$$PA_5^4 = PA_5^3 - f_5^4 + 0{,}9 \cdot PE(S)_{1,5}^2 + 0{,}9 \cdot PE(S)_{3,5}^2 - 0{,}5 \cdot PE(S)_{5,7}^1$$

$$PA_6^4 = PA_6^3 - f_6^4 + 0{,}8 \cdot PE(S)_{2,6}^1 + 0{,}8 \cdot PE(S)_{3,6}^1 + 0{,}8 \cdot PE(S)_{4,6}^1 - 0{,}5 \cdot PE(S)_{6,7}^1$$

$\underline{t=5}$

$$PA_5^5 = PA_5^4 - f_5^5 + 0{,}9 \cdot PE(S)_{1,5}^3 + 0{,}9 \cdot PE(S)_{3,5}^3 - 0{,}5 \cdot PE(S)_{5,7}^2$$

$$PA_6^5 = PA_6^4 - f_6^5 + 0{,}8 \cdot PE(S)_{2,6}^2 + 0{,}8 \cdot PE(S)_{3,6}^2 + 0{,}8 \cdot PE(S)_{4,6}^2 - 0{,}5 \cdot PE(S)_{6,7}^2$$

$\underline{t=6}$

$$PA_5^6 = PA_5^5 - f_5^6 + 0{,}9 \cdot PE(S)_{1,5}^4 + 0{,}9 \cdot PE(S)_{3,5}^4 - 0{,}5 \cdot PE(S)_{5,7}^3$$

$$PA_6^6 = PA_6^5 - f_6^6 + 0{,}8 \cdot PE(S)_{2,6}^3 + 0{,}8 \cdot PE(S)_{3,6}^3 + 0{,}8 \cdot PE(S)_{4,6}^3 - 0{,}5 \cdot PE(S)_{6,7}^3$$

c) Partner

$$PA_7^t = PA_7^{t-1} - f_7^t - \beta_7^t + (1 - \alpha_{r',7}) \sum_{r' \in R'_7} PE(S)_{r',7}^{t-\tau_{r'}^7} \quad \forall\, t \in \overline{T}$$

| $\underline{t=1}$ | $\underline{t=2}$ | $\underline{t=3}$ |
|---|---|---|
| $PA_7^1 = 2 - f_7^1$ | $PA_7^2 = PA_7^1 - f_7^2$ | $PA_7^3 = PA_7^2 - f_7^3$ |

$\underline{t=4}$

$$PA_7^4 = PA_7^3 - f_7^4 - 1 + 0{,}5 \cdot PE(S)_{5,7}^1 + 0{,}5 \cdot PE(S)_{6,7}^1$$

$\underline{t=5}$

$$PA_7^5 = PA_7^4 - f_7^5 + 0{,}5 \cdot PE(S)_{5,7}^2 + 0{,}5 \cdot PE(S)_{6,7}^2$$

<u>$t = 6$</u>

$$PA_7^6 = PA_7^5 - f_7^6 - 1 + 0{,}5 \cdot PE(S)_{5,7}^3 + 0{,}5 \cdot PE(S)_{6,7}^3$$

(4) Entlassungsobergrenze:

$$\sum_{r \in \overline{R}} f_r^t \leq \gamma^t \cdot \sum_{r \in \overline{R}} PA_r^t \quad \forall\, t \in \overline{T}$$

<u>$t = 1$</u>

$$f_1^1 + f_2^1 + f_3^1 + f_4^1 + f_5^1 + f_6^1 \leq 0{,}05 \cdot (PA_1^1 + PA_2^1 + PA_3^1 + PA_4^1 + PA_5^1 + PA_6^1)$$

<u>$t = 2$</u>

$$f_1^2 + f_2^2 + f_3^2 + f_4^2 + f_5^2 + f_6^2 \leq 0{,}05 \cdot (PA_1^2 + PA_2^2 + PA_3^2 + PA_4^2 + PA_5^2 + PA_6^2)$$

<u>$t = 3$</u>

$$f_1^3 + f_2^3 + f_3^3 + f_4^3 + f_5^3 + f_6^3 \leq 0{,}05 \cdot (PA_1^3 + PA_2^3 + PA_3^3 + PA_4^3 + PA_5^3 + PA_6^3)$$

<u>$t = 4$</u>

$$f_1^4 + f_2^4 + f_3^4 + f_4^4 + f_5^4 + f_6^4 \leq 0{,}05 \cdot (PA_1^4 + PA_2^4 + PA_3^4 + PA_4^4 + PA_5^4 + PA_6^4)$$

<u>$t = 5$</u>

$$f_1^5 + f_2^5 + f_3^5 + f_4^5 + f_5^5 + f_6^5 \leq 0{,}05 \cdot (PA_1^5 + PA_2^5 + PA_3^5 + PA_4^5 + PA_5^5 + PA_6^5)$$

<u>$t = 6$</u>

$$f_1^6 + f_2^6 + f_3^6 + f_4^6 + f_5^6 + f_6^6 \leq 0{,}05 \cdot (PA_1^6 + PA_2^6 + PA_3^6 + PA_4^6 + PA_5^6 + PA_6^6)$$

(5) Einstellungsobergrenze für Junior Consultants:

$$h_r^t \leq H_r^{max} \quad \forall\, r \in \overline{R} \backslash \{r = 5{,}6{,}7\}, t \in \overline{T}$$

| $t = 1$ | $t = 2$ | $t = 3$ | $t = 4$ | $t = 5$ | $t = 6$ |
|---|---|---|---|---|---|
| $h_1^1 \leq 2$ | $h_1^2 \leq 2$ | $h_1^3 \leq 2$ | $h_1^4 \leq 2$ | $h_1^5 \leq 2$ | $h_1^6 \leq 2$ |
| $h_2^1 \leq 2$ | $h_2^2 \leq 2$ | $h_2^3 \leq 2$ | $h_2^4 \leq 2$ | $h_2^5 \leq 2$ | $h_2^6 \leq 2$ |
| $h_3^1 \leq 2$ | $h_3^2 \leq 2$ | $h_3^3 \leq 2$ | $h_3^4 \leq 2$ | $h_3^5 \leq 2$ | $h_3^6 \leq 2$ |
| $h_4^1 \leq 2$ | $h_4^2 \leq 2$ | $h_4^3 \leq 2$ | $h_4^4 \leq 2$ | $h_4^5 \leq 2$ | $h_4^6 \leq 2$ |

(6) Nichtnegativitätsbedingungen:

$$f_r^t, h_r^t, PA_r^t, PE_{rq}^t, PE(S)_{r,r^*}^t, PE(S)_{r',r}^t \geq 0 \quad \forall \text{ relevanten } q \in \overline{Q}, t \in \overline{T}, r \in \overline{R}, r^* \in \overline{R}^*, r' \in \overline{R}'$$

Alle in diesem Ansatz verwendeten Personaleinsatz-, Personalausstattungs-, Einstellungs- und Entlassungsvariablen müssen größer oder gleich Null sein.

**Lösung zu Aufgabe 70**

Ermittlung der Deckungsbeiträge $DB_k$ für die beiden Produktarten $k$:

$DB_1 = 20€ - 8€ = 12€$

$DB_2 = 50€ - 28€ = 22€$

Zielfunktion:

$$\sum_{k=1}^{K} DB_k \cdot x_k \rightarrow \text{max!}$$

$12 \cdot x_1 + 22 \cdot x_2 \rightarrow$ max!

u.d.N.:

(1) Produktionsober- und -untergrenzen:

a) für Produkte $k$

$x_k \leq X_k^{max} \quad \forall\, k \in \overline{K}$

$x_1 \leq 5.000$

$x_2 \leq 3.500$

b) für Verhältnis Einzel- und Gesamtproduktionsmenge:

$$x_k \leq p_k^{max} \cdot \sum_{k=1}^{K} x_k \qquad x_k \geq p_k^{min} \cdot \sum_{k=1}^{K} x_k$$

$$x_2 \leq 0{,}35 \cdot (x_1 + x_2) \qquad x_2 \geq 0{,}2 \cdot (x_1 + x_2)$$

(2) Abstimmung Personalbedarf und Personaleinsatz:

$$\sum_{k=1}^{K} \frac{a_{qk} \cdot x_k}{T} = \sum_{r \in R_q} PE_{rq} \qquad \forall\, q \in \overline{Q}$$

$$\frac{1}{480} \cdot x_1 + \frac{2}{480} \cdot x_2 = PE_{11} + PE_{21} + PE_{31}$$

$$\frac{1}{960} \cdot x_1 + \frac{1}{480} \cdot x_2 = PE_{12}$$

$$\frac{2}{480} \cdot x_1 + \frac{3}{480} \cdot x_2 = PE_{13} + PE_{23}$$

(3) Abstimmung Personaleinsatz und Personalausstattung:

$$\sum_{q \in Q_r} PE_{rq} \leq PA_r^{VZ} + \frac{1}{2} \cdot PA_r^{TZ} \qquad \forall r \in \overline{R}$$

$$PE_{11} + PE_{12} + PE_{13} \leq 20$$

$$PE_{21} + PE_{23} \leq 10 + \frac{1}{2} \cdot 10 = 15$$

$$PE_{31} \leq 5 + \frac{1}{2} \cdot 5 = 7{,}5$$

(4) Nichtnegativitätsbedingungen:

$PE_{rq}, x_k \geq 0 \qquad \forall$ relevanten $k \in \overline{K}, q \in \overline{Q}, r \in \overline{R}$

$$PE_{11}, PE_{12}, PE_{13}, PE_{21}, PE_{23}, PE_{31}, x_1, x_2 \geq 0$$

**Lösung zu Aufgabe 71**

a.

Zielfunktion:

$180x_1 + 480x_2 \rightarrow$ max!

u.d.N.:

(1) Technische Beschränkung für die Abläufe der Prozesse 1 und 2:

(a) $x_1 \leq 4$

(b) $x_2 \leq 4$

(2) Zwischenprodukt:

$$8 \cdot 12x_2 \leq 8 \cdot 6x_1 \rightarrow x_2 \leq 0{,}5x_1$$

(3) Beschränkung Glasgranulat:

$$3 \cdot 6x_1 \leq 90 \rightarrow x_1 \leq 5$$

(4) Abstimmung Personalbedarf und Personalausstattung:

(a) $PB_1 \leq PA_1 + PA_3 \rightarrow 4x_1 \leq 20 \qquad \rightarrow x_1 \leq 5$

(b) $PB_2 \leq PA_2 + PA_3 \rightarrow 2x_1 \leq 16 \qquad \rightarrow x_2 \leq 8$

(c) $PB_3 \leq PA_3 \rightarrow 2x_1 + 2x_2 \leq 8$ $\rightarrow x_2 \leq 4 - x_1$

(d) $PB_1 + PB_2 \leq PA_1 + PA_2 + PA_3 \rightarrow 4x_1 + 2x_2 \leq 28$ $\rightarrow x_2 \leq 14 - 2x_1$

(e) $PB_1 + PB_3 \leq PA_1 + PA_3 \rightarrow 6x_1 + 2x_2 \leq 20$ $\rightarrow x_2 \leq 10 - 3x_1$

(f) $PB_2 + PB_3 \leq PA_2 + PA_3 \rightarrow 2x_1 + 4x_2 \leq 16$ $\rightarrow x_2 \leq 4 - 0{,}5x_1$

(g) $PB_1 + PB_2 + PB_3 \leq PA_1 + PA_2 + PA_3 \rightarrow 6x_1 + 4x_2 \leq 28$ $\rightarrow x_2 \leq 7 - 1{,}5x_1$

(5) Nichtnegativitäts- und Ganzzahligkeitsbedingungen: $x_1, x_2 \in \mathbb{N}_0$

b.

**Abbildung 19.18** Grafische Lösung

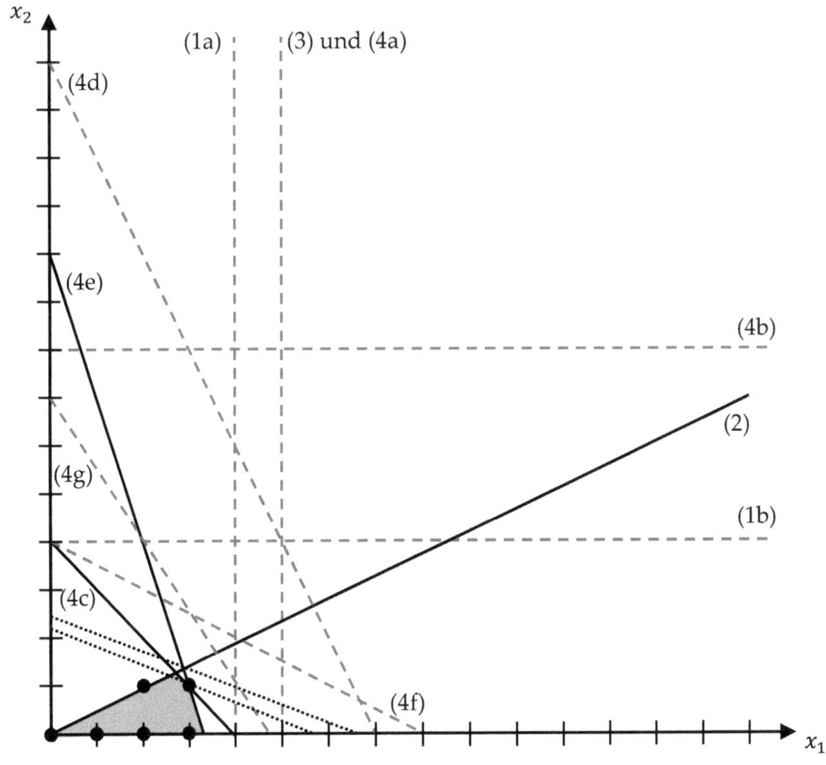


Der Lösungsraum dieses Problems ergibt sich, indem wir alle ganzzahligen Kombinationen von $x_1$ und $x_2$ (schwarze Punkte in **Abbildung 19.18**) im grau markierten Bereich der **Abbildung 19.18** bestimmen. Durch Einzeichnen der Zielfunktion für einen beliebigen Zielfunktionswert und entsprechende Parallelverschiebung der sich ergebenen Geraden können wir sodann die optimale Anzahl an parallelen Durchläufen von Prozess 1 bzw. 2 als $x_1 = 3$ und $x_2 = 1$ bestimmen.

Obwohl der Zielfunktionskoeffizient von $x_1$ weniger zur Zielerreichung beiträgt als der Zielfunktionskoeffizient von $x_2$, wird Prozess 1 öfter durchgeführt als Prozess 2. Dies ist vor dem Hintergrund der relativen Prozessbeschränkungen jedoch leicht einsehbar.

**Lösung zu Aufgabe 72**

Zielfunktion:

$$\sum_{t=1}^{T}\sum_{k=1}^{K} DB_k \cdot x_k^t - \sum_{r=1}^{R}\sum_{r^* \in R_r^*} SK_{r,r^*}^t \cdot PE(S)_{r,r^*}^t \rightarrow \text{max!}$$

$$500 \cdot x_1^1 + 750 \cdot x_2^1 + 300 \cdot x_3^1 + 2.000 \cdot x_4^1 - 250 \cdot PE(S)_{1,4}^1 +$$

$$500 \cdot x_1^2 + 750 \cdot x_2^2 + 300 \cdot x_3^2 + 2.000 \cdot x_4^2 - 250 \cdot PE(S)_{1,4}^2 +$$

$$500 \cdot x_1^3 + 750 \cdot x_2^3 + 300 \cdot x_3^3 + 2.000 \cdot x_4^3 - 250 \cdot PE(S)_{1,4}^3 +$$

$$500 \cdot x_1^4 + 750 \cdot x_2^4 + 300 \cdot x_3^4 + 2.000 \cdot x_4^4 - 250 \cdot PE(S)_{1,4}^4 \rightarrow \text{max!}$$

u.d.N.:

(1) Produktionsobergrenze für $k = 4$:

$$x_4^t \leq X_4^{max,t} \quad \forall\, t \in \overline{T}$$

$x_4^1 \leq 2$ $\quad$ $x_4^2 \leq 2$ $\quad$ $x_4^3 \leq 2$ $\quad$ $x_4^4 \leq 2$

(2) Abstimmung Personalbedarf und Personaleinsatz:

$$\sum_{k=1}^{K} a_{qk} \cdot x_k^t = \sum_{r \in R_q} PE_{rq}^t \quad \forall\, q \in \overline{Q}, t \in \overline{T}$$

<u>$t = 1$</u>

$$1 \cdot x_1^1 = PE_{11}^1 + PE_{41}^1$$

$$2 \cdot x_2^1 = PE_{22}^1$$

$$1 \cdot x_1^1 + 1 \cdot x_2^1 + 1 \cdot x_3^1 + 1 \cdot x_4^1 = PE_{23}^1 + PE_{33}^1$$

$$1 \cdot x_1^1 + 2 \cdot x_2^1 + 1 \cdot x_3^1 + 1 \cdot x_4^1 = PE_{14}^1 + PE_{24}^1 + PE_{34}^1 + PE_{44}^1$$

$1 \cdot x_4^1 = PE_{45}^1$

$\underline{t = 2}$

$1 \cdot x_1^2 = PE_{11}^2 + PE_{41}^2$

$2 \cdot x_2^2 = PE_{22}^2$

$1 \cdot x_1^2 + 1 \cdot x_2^2 + 1 \cdot x_3^2 + 1 \cdot x_4^2 = PE_{23}^2 + PE_{33}^2$

$1 \cdot x_1^2 + 2 \cdot x_2^2 + 1 \cdot x_3^2 + 1 \cdot x_4^2 = PE_{14}^2 + PE_{24}^2 + PE_{34}^2 + PE_{44}^2$

$1 \cdot x_4^2 = PE_{45}^2$

$\underline{t = 3}$

$1 \cdot x_1^3 = PE_{11}^3 + PE_{41}^3$

$2 \cdot x_2^3 = PE_{22}^3$

$1 \cdot x_1^3 + 1 \cdot x_2^3 + 1 \cdot x_3^3 + 1 \cdot x_4^3 = PE_{23}^3 + PE_{33}^3$

$1 \cdot x_1^3 + 2 \cdot x_2^3 + 1 \cdot x_3^3 + 1 \cdot x_4^3 = PE_{14}^3 + PE_{24}^3 + PE_{34}^3 + PE_{44}^3$

$1 \cdot x_4^3 = PE_{45}^3$

$\underline{t = 4}$

$1 \cdot x_1^4 = PE_{11}^4 + PE_{41}^4$

$2 \cdot x_2^4 = PE_{22}^4$

$1 \cdot x_1^4 + 1 \cdot x_2^4 + 1 \cdot x_3^4 + 1 \cdot x_4^4 = PE_{23}^4 + PE_{33}^4$

$1 \cdot x_1^4 + 2 \cdot x_2^4 + 1 \cdot x_3^4 + 1 \cdot x_4^4 = PE_{14}^4 + PE_{24}^4 + PE_{34}^4 + PE_{44}^4$

$1 \cdot x_4^4 = PE_{45}^4$

(3) Abstimmung Personaleinsatz und Personalausstattung:

$$\sum_{q \in Q_r} PE_{rq}^t + \sum_{r^* \in R_r^*} \sum_{t'=t-\tau_r^{r^*}+1}^{t} PE(S)_{r,r^*}^{t'} \leq PA_r^t \qquad \forall\, r \in \{1,4\}, t \in \overline{T}$$

$$\sum_{q \in Q_r} PE_{rq}^t \leq PA_r^0 \qquad \forall\, r \in \{2,3\}, t \in \overline{T}$$

$\underline{t = 1}$

$PE_{11}^1 + PE_{14}^1 + PE(S)_{1,4}^1 \leq PA_1^1$

$\underline{t = 2}$

$PE_{11}^2 + PE_{14}^2 + PE(S)_{1,4}^2 \leq PA_1^2$

$PE_{22}^1 + PE_{23}^1 + PE_{24}^1 \leq 4$

$PE_{33}^1 + PE_{34}^1 \leq 16$

$PE_{41}^1 + PE_{44}^1 + PE_{45}^1 \leq PA_4^1$

$PE_{22}^2 + PE_{23}^2 + PE_{24}^2 \leq 4$

$PE_{33}^2 + PE_{34}^2 \leq 16$

$PE_{41}^2 + PE_{44}^2 + PE_{45}^2 \leq PA_4^2$

$\underline{t = 3}$

$PE_{11}^3 + PE_{14}^3 + PE(S)_{1,4}^3 \leq PA_1^3$

$PE_{22}^3 + PE_{23}^3 + PE_{24}^3 \leq 4$

$PE_{33}^3 + PE_{34}^3 \leq 16$

$PE_{41}^3 + PE_{44}^3 + PE_{45}^3 \leq PA_4^3$

$\underline{t = 4}$

$PE_{11}^4 + PE_{14}^4 + PE(S)_{1,4}^4 \leq PA_1^4$

$PE_{22}^4 + PE_{23}^4 + PE_{24}^4 \leq 4$

$PE_{33}^4 + PE_{34}^4 \leq 16$

$PE_{41}^4 + PE_{44}^4 + PE_{45}^4 \leq PA_4^4$

(4) Fortschreibung der Personalausstattung für $r = 1$ und $r = 4$:

$PA_1^t = PA_1^{t-1} - PE(S)_{1,4}^{t-1} \quad \forall\, t \in \overline{T}$

$PA_4^t = PA_4^{t-1} + PE(S)_{1,4}^{t-1} \quad \forall\, t \in \overline{T}$

$\underline{t = 1}$

$PA_1^1 = 5$

$PA_4^1 = 0$

$\underline{t = 2}$

$PA_1^2 = PA_1^1 - PE(S)_{1,4}^1$

$PA_4^2 = PA_4^1 + PE(S)_{1,4}^1$

$\underline{t = 3}$

$PA_1^3 = PA_1^2 - PE(S)_{1,4}^2$

$PA_4^3 = PA_4^2 + PE(S)_{1,4}^2$

$\underline{t = 4}$

$PA_1^4 = PA_1^3 - PE(S)_{1,4}^3$

$PA_4^4 = PA_4^3 + PE(S)_{1,4}^3$

(4) Nichtnegativitätsbedingungen:

$PE(S)_{r,r^*}^t, PE_{rq}^t, PA_r^t, x_k^t \geq 0 \quad \forall$ relevanten $k \in \overline{K}, q \in \overline{Q}, r \in \overline{R}, r^* \in \overline{R}^*$

Alle in diesem Ansatz verwendeten Personaleinsatz- und Personalausstattungsvariablen sowie die Variablen zur Bestimmung der Anzahl durchzuführender Trips der Art $k$ müssen größer oder gleich Null sein.

**Lösung zu Aufgabe 73**

Zielfunktion:

$$\sum_{t=1}^{T} \left[ \sum_{j=1}^{J} LK_j \cdot m_{j,t} + \sum_{r=1}^{R} HK_r^t \cdot h_r^t + GK_r^t \cdot \left(PNE_r^t + \widetilde{PNE}_r^t\right) + \right.$$

$$\left.\sum_{j\in J_r} 1{,}1 \cdot GK_r^t \cdot (PE_{j,r}^t + \overline{PE}_{j,r}^t)\right] \rightarrow \min!$$

$\underline{t=1}$

$25 \cdot m_{1,1} + 10 \cdot m_{2,1} + 25 \cdot m_{3,1} + 500 \cdot h_1^1 + 500 \cdot h_2^1 + 200 \cdot h_3^1 +$

$2.500 \cdot \left(PNE_1^1 + \widetilde{PNE}_1^1\right) + 2.500 \cdot \left(PNE_2^1 + \widetilde{PNE}_2^1\right) + 2.200 \cdot \left(PNE_3^1 + \widetilde{PNE}_3^1\right) +$

$1{,}1 \cdot 2.500 \cdot \left(PE_{1,1}^1 + \overline{PE}_{1,1}^1\right) + 1{,}1 \cdot 2.500 \cdot \left(PE_{2,1}^1 + \overline{PE}_{2,1}^1\right) +$

$1{,}1 \cdot 2.500 \cdot \left(PE_{2,2}^1 + \overline{PE}_{2,2}^1\right) + 1{,}1 \cdot 2.500 \cdot \left(PE_{3,2}^1 + \overline{PE}_{3,2}^1\right) +$

$1{,}1 \cdot 2.200 \cdot \left(PE_{2,3}^1 + \overline{PE}_{2,3}^1\right) +$

$\underline{t=2}$

$25 \cdot m_{1,2} + 10 \cdot m_{2,2} + 25 \cdot m_{3,2} + 500 \cdot h_1^2 + 500 \cdot h_2^2 + 200 \cdot h_3^2 +$

$2.500 \cdot \left(PNE_1^2 + \widetilde{PNE}_1^2\right) + 2.500 \cdot \left(PNE_2^2 + \widetilde{PNE}_2^2\right) + 2.200 \cdot \left(PNE_3^2 + \widetilde{PNE}_3^2\right) +$

$1{,}1 \cdot 2.500 \cdot \left(PE_{1,1}^2 + \overline{PE}_{1,1}^2\right) + 1{,}1 \cdot 2.500 \cdot \left(PE_{2,1}^2 + \overline{PE}_{2,1}^2\right) +$

$1{,}1 \cdot 2.500 \cdot \left(PE_{2,2}^2 + \overline{PE}_{2,2}^2\right) + 1{,}1 \cdot 2.500 \cdot \left(PE_{3,2}^2 + \overline{PE}_{3,2}^2\right) +$

$1{,}1 \cdot 2.200 \cdot \left(PE_{2,3}^2 + \overline{PE}_{2,3}^2\right) +$

$\underline{t=3}$

$25 \cdot m_{1,3} + 10 \cdot m_{2,3} + 25 \cdot m_{3,3} + 500 \cdot h_1^3 + 500 \cdot h_2^3 + 200 \cdot h_3^3 +$

$2.500 \cdot \left(PNE_1^3 + \widetilde{PNE}_1^3\right) + 2.500 \cdot \left(PNE_2^3 + \widetilde{PNE}_2^3\right) + 2.200 \cdot \left(PNE_3^3 + \widetilde{PNE}_3^3\right) +$

$1{,}1 \cdot 2.500 \cdot \left(PE_{1,1}^3 + \overline{PE}_{1,1}^3\right) + 1{,}1 \cdot 2.500 \cdot \left(PE_{2,1}^3 + \overline{PE}_{2,1}^3\right) +$

$1{,}1 \cdot 2.500 \cdot \left(PE_{2,2}^3 + \overline{PE}_{2,2}^3\right) + 1{,}1 \cdot 2.500 \cdot \left(PE_{3,2}^3 + \overline{PE}_{3,2}^3\right) +$

$1{,}1 \cdot 2.200 \cdot \left(PE_{2,3}^3 + \overline{PE}_{2,3}^3\right) +$

$\underline{t=4}$

$25 \cdot m_{1,4} + 10 \cdot m_{2,4} + 25 \cdot m_{3,4} + 500 \cdot h_1^4 + 500 \cdot h_2^4 + 200 \cdot h_3^4 +$

$2.500 \cdot \left(PNE_1^4 + \widetilde{PNE}_1^4\right) + 2.500 \cdot \left(PNE_2^4 + \widetilde{PNE}_2^4\right) + 2.200 \cdot \left(PNE_3^4 + \widetilde{PNE}_3^4\right) +$

$1{,}1 \cdot 2.500 \cdot \left(PE_{1,1}^4 + \overline{PE}_{1,1}^4\right) + 1{,}1 \cdot 2.500 \cdot \left(PE_{2,1}^4 + \overline{PE}_{2,1}^4\right) +$

$1{,}1 \cdot 2.500 \cdot \left(PE_{2,2}^4 + \overline{PE}_{2,2}^4\right) + 1{,}1 \cdot 2.500 \cdot \left(PE_{3,2}^4 + \overline{PE}_{3,2}^4\right) +$

$1{,}1 \cdot 2.200 \cdot \left(PE_{2,3}^4 + \overline{PE}_{2,3}^4\right) \rightarrow \min!$

u.d.N.:

(1) Lagerbestandfortschreibungen:

$m_{j,t} = m_{j,t-1} + p_{j,t} - l_{jt} \quad \forall\, j \in \bar{J}, t \in \bar{T}$

$\underline{t=1}$

$m_{1,1} = 30 + p_{j,t} - 75$

$m_{2,1} = 20 + p_{j,t} - 25$

$m_{3,1} = 35 + p_{j,t} - 120$

$\underline{t=2}$

$m_{1,2} = m_{1,1} + p_{j,t} - 125$

$m_{2,2} = m_{2,1} + p_{j,t} - 50$

$m_{3,2} = m_{3,1} + p_{j,t} - 85$

$\underline{t=3}$

$m_{1,3} = m_{1,2} + p_{j,t} - 100$

$m_{2,3} = m_{2,2} + p_{j,t} - 10$

$m_{3,3} = m_{3,2} + p_{j,t} - 150$

$\underline{t=4}$

$m_{1,4} = 10 = m_{1,3} + p_{j,t} - 85$

$m_{2,4} = 10 = m_{2,3} + p_{j,t} - 60$

$m_{3,4} = 10 = m_{3,3} + p_{j,t} - 50$

(2) Abstimmung Produktionsmenge und Personaleinsatz:

$$p_{j,t} = \sum_{r \in R_j} a_{jr} \cdot PE_{j,r}^t + 0{,}5 \cdot a_{jr} \cdot \overline{PE}_{j,r}^t \quad \forall\, j \in \bar{J}, t \in \bar{T}$$

$\underline{t=1}$

$p_{1,1} = 5 \cdot PE_{1,1}^1 + 0{,}5 \cdot 5 \cdot \overline{PE}_{1,1}^1$

$p_{2,1} = 6 \cdot PE_{2,1}^1 + 0{,}5 \cdot 6 \cdot \overline{PE}_{2,1}^1 + 6 \cdot PE_{2,2}^1 + 0{,}5 \cdot 6 \cdot \overline{PE}_{2,2}^1 + 8 \cdot PE_{2,3}^1 + 0{,}5 \cdot 8 \cdot \overline{PE}_{2,3}^1$

$p_{3,1} = 4 \cdot PE_{3,2}^1 + 0{,}5 \cdot 4 \cdot \overline{PE}_{3,2}^1$

$\underline{t=2}$

$p_{1,2} = 5 \cdot PE_{1,1}^2 + 0{,}5 \cdot 5 \cdot \overline{PE}_{1,1}^2$

$p_{2,2} = 6 \cdot PE_{2,1}^2 + 0{,}5 \cdot 6 \cdot \overline{PE}_{2,1}^2 + 6 \cdot PE_{2,2}^2 + 0{,}5 \cdot 6 \cdot \overline{PE}_{2,2}^2 + 8 \cdot PE_{2,3}^2 + 0{,}5 \cdot 8 \cdot \overline{PE}_{2,3}^2$

$p_{3,2} = 4 \cdot PE_{3,2}^2 + 0{,}5 \cdot 4 \cdot \overline{PE}_{3,2}^2$

$\underline{t=3}$

$p_{1,3} = 5 \cdot PE_{1,1}^3 + 0{,}5 \cdot 5 \cdot \overline{PE}_{1,1}^3$

$p_{2,3} = 6 \cdot PE_{2,1}^3 + 0{,}5 \cdot 6 \cdot \overline{PE}_{2,1}^3 + 6 \cdot PE_{2,2}^3 + 0{,}5 \cdot 6 \cdot \overline{PE}_{2,2}^3 + 8 \cdot PE_{2,3}^3 + 0{,}5 \cdot 8 \cdot \overline{PE}_{2,3}^3$

$p_{3,3} = 4 \cdot PE_{3,2}^3 + 0{,}5 \cdot 4 \cdot \overline{PE}_{3,2}^3$

$\underline{t=4}$

$p_{1,4} = 5 \cdot PE_{1,1}^4 + 0{,}5 \cdot 5 \cdot \overline{PE}_{1,1}^4$

$p_{2,4} = 6 \cdot PE_{2,1}^4 + 0{,}5 \cdot 6 \cdot \overline{PE}_{2,1}^4 + 6 \cdot PE_{2,2}^4 + 0{,}5 \cdot 6 \cdot \overline{PE}_{2,2}^4 + 8 \cdot PE_{2,3}^4 + 0{,}5 \cdot 8 \cdot \overline{PE}_{2,3}^4$

$p_{3,4} = 4 \cdot PE_{3,2}^4 + 0{,}5 \cdot 4 \cdot \overline{PE}_{3,2}^4$

(3) Abstimmung Personal(-nicht)-einsatz und Personalausstattung (voll eingearbeitete Arbeitskräfte):

$$\sum_{j \in J_r} PE_{j,r}^t + PNE_r^t = \widetilde{PA}_r^t \quad \forall\, r \in \overline{R}, t \in \overline{T}$$

$\underline{t=1}$

$PE_{1,1}^1 + PE_{2,1}^1 + PNE_1^1 = \widetilde{PA}_1^1$

$PE_{2,2}^1 + PE_{3,2}^1 + PNE_2^1 = \widetilde{PA}_2^1$

$PE_{2,3}^1 + PNE_3^1 = \widetilde{PA}_3^1$

$\underline{t=2}$

$PE_{1,1}^2 + PE_{2,1}^2 + PNE_1^2 = \widetilde{PA}_1^2$

$PE_{2,2}^2 + PE_{3,2}^2 + PNE_2^2 = \widetilde{PA}_2^2$

$PE_{2,3}^2 + PNE_3^2 = \widetilde{PA}_3^2$

$\underline{t=3}$

$PE_{1,1}^3 + PE_{2,1}^3 + PNE_1^3 = \widetilde{PA}_1^3$

$PE_{2,2}^3 + PE_{3,2}^3 + PNE_2^3 = \widetilde{PA}_2^3$

$PE_{2,3}^3 + PNE_3^3 = \widetilde{PA}_3^3$

$\underline{t=4}$

$PE_{1,1}^4 + PE_{2,1}^4 + PNE_1^4 = \widetilde{PA}_1^4$

$PE_{2,2}^4 + PE_{3,2}^4 + PNE_2^4 = \widetilde{PA}_2^4$

$PE_{2,3}^4 + PNE_3^4 = \widetilde{PA}_3^4$

(4) Abstimmung Personal (-nicht-) einsatz und Einstellungen:

$$\sum_{j \in J_r} \overline{PE}_{j,r}^t + \widetilde{PNE}_r^t = h_r^t \quad \forall\, r \in \overline{R}, t \in \overline{T}$$

$\underline{t=1}$

$\overline{PE}_{1,1}^1 + \overline{PE}_{2,1}^1 + \widetilde{PNE}_1^1 = h_1^1$

$\overline{PE}_{2,2}^1 + \overline{PE}_{3,2}^1 + \widetilde{PNE}_2^1 = h_2^1$

$\overline{PE}_{2,3}^1 + \widetilde{PNE}_3^1 = h_3^1$

$\underline{t=2}$

$\overline{PE}_{1,1}^2 + \overline{PE}_{2,1}^2 + \widetilde{PNE}_1^2 = h_1^2$

$\overline{PE}_{2,2}^2 + \overline{PE}_{3,2}^2 + \widetilde{PNE}_2^2 = h_2^2$

$\overline{PE}_{2,3}^2 + \widetilde{PNE}_3^2 = h_3^2$

$\underline{t=3}$

$\overline{PE}_{1,1}^3 + \overline{PE}_{2,1}^3 + \widetilde{PNE}_1^3 = h_1^3$

$\overline{PE}_{2,2}^3 + \overline{PE}_{3,2}^3 + \widetilde{PNE}_2^3 = h_2^3$

$\overline{PE}_{2,3}^3 + \widetilde{PNE}_3^3 = h_3^3$

$\underline{t=4}$

$\overline{PE}_{1,1}^4 + \overline{PE}_{2,1}^4 + \widetilde{PNE}_1^4 = h_1^4$

$\overline{PE}_{2,2}^4 + \overline{PE}_{3,2}^4 + \widetilde{PNE}_2^4 = h_2^4$

$\overline{PE}_{2,3}^4 + \widetilde{PNE}_3^4 = h_3^4$

(5) Fortschreibung der Personalausstattung:

$\widetilde{PA}_r^t = \widetilde{PA}_r^{t-1} + h_r^{t-1} \quad \forall\, r \in \overline{R}, t \in \overline{T}$

| $\underline{t=1}$ | $\underline{t=2}$ |
|---|---|
| $\widetilde{PA}_1^1 = 7$ | $\widetilde{PA}_1^2 = \widetilde{PA}_1^1 + h_1^1$ |
| $\widetilde{PA}_2^1 = 12$ | $\widetilde{PA}_2^2 = \widetilde{PA}_2^1 + h_2^1$ |
| $\widetilde{PA}_3^1 = 2$ | $\widetilde{PA}_3^2 = \widetilde{PA}_3^1 + h_3^1$ |
| $\underline{t=3}$ | $\underline{t=4}$ |
| $\widetilde{PA}_1^3 = \widetilde{PA}_1^2 + h_1^2$ | $\widetilde{PA}_1^4 = \widetilde{PA}_1^3 + h_1^3$ |
| $\widetilde{PA}_2^3 = \widetilde{PA}_2^2 + h_2^2$ | $\widetilde{PA}_2^4 = \widetilde{PA}_2^3 + h_2^3$ |
| $\widetilde{PA}_3^3 = \widetilde{PA}_3^2 + h_3^2$ | $\widetilde{PA}_3^4 = \widetilde{PA}_3^3 + h_3^3$ |

(6) Untergrenzen für Personalausstattungen in $t = 4$:

$\widetilde{PA}_r^4 + h_r^4 \geq PA_r^{4,min} \quad \forall\, r \in \overline{R}$

$\widetilde{PA}_1^4 + h_1^4 \geq 10 \qquad \widetilde{PA}_2^4 + h_2^4 \geq 15 \qquad \widetilde{PA}_3^4 + h_3^4 \geq 5$

(7) Nichtnegativitätsbedingungen:

$m_{jt}, p_{jt}, PE_{jr}^t, \overline{PE}_{jr}^t, \widetilde{PA}_r^t, h_r^t, PNE_r^t, \widetilde{PNE}_r^t \geq 0 \quad \forall$ relevanten $j \in \overline{J}, r \in \overline{R}, t \in \overline{T}$

Alle in diesem Ansatz verwendeten Personal(-nicht)-einsatz-, Personalausstattungs- und Einstellungsvariablen sowie die Variablen zur Bestimmung der Lager- und Produktionsmengen müssen größer oder gleich Null sein.

**Lösung zu Aufgabe 74**

Zielfunktion:

$$\sum_{j=1}^{J} c_0^j \cdot z_j \rightarrow \max!$$

$375.000 \cdot z_1 + 225.000 \cdot z_2 \rightarrow \max!$

u.d.N.

(1) Maschinenkapazitäten und Absatzmengen:

$$\sum_{j \in \overline{J}} a_{jk} \cdot z_j \leq A_k^{max} \quad \forall\, k \in \overline{K}$$

$5.000 \cdot z_1 + 20.000 \cdot z_2 \leq 85.000$

$3.500 \cdot z_1 + 8.000 \cdot z_2 \leq 60.000$

$2.500 \cdot z_1 + 20.000 \cdot z_2 \leq 25.000$

(2) Budgetrestriktion:

$$\sum_{j \in \overline{J}} p_j \cdot z_j \leq B$$

$225.000 \cdot z_1 + 165.000 \cdot z_2 \leq 2.500.000$

(3) Abstimmung Personalbedarf und Personaleinsatz:

$$\sum_{j \in \overline{J}} pb_{qj} \cdot z_j = \sum_{r \in R_q} \alpha_{rq} \cdot (1 - \beta_{rq}) \cdot PE_{rq} \quad \forall\, q \in \overline{Q}$$

$2z_1 + z_2 = PE_{11} + 1{,}1 \cdot PE_{31} + 0{,}75 \cdot 0{,}9 \cdot PE_{41}$

$z_1 + 1z_2 = 1{,}1 \cdot PE_{22} + 0{,}95 \cdot PE_{42}$

$4z_1 + 2z_2 = 0{,}9 \cdot 0{,}96 \cdot PE_{23} + 0{,}85 \cdot 0{,}93 \cdot PE_{33}$

$z_1 + 3z_2 = 0{,}8 \cdot 0{,}95 \cdot PE_{14} + 1{,}1 \cdot PE_{34} + 1{,}2 \cdot PE_{44}$

(4) Abstimmung Personaleinsatz und Personalausstattung:

$$\sum_{q \in Q_r} PE_{rq} \leq PA_r \quad \forall\, r \in \overline{R}$$

$PE_{11} + PE_{14} \leq PA_1$ $\qquad$ $PE_{22} + PE_{23} \leq PA_2$

$PE_{31} + PE_{33} + PE_{34} \leq PA_3$ $\qquad$ $PE_{41} + PE_{42} + PE_{44} \leq PA_4$

(5) Fortschreibung der Personalausstattung:

$PA_r = \overline{PA}_r + (1 - h_r^v) \cdot h_r - f_r \quad \forall\, r \in \overline{R}$

$PA_1 = 25 + 0{,}93 \cdot h_1 - f_1$ $\qquad$ $PA_2 = 25 + 0{,}95 \cdot h_2 - f_2$

$PA_3 = 15 + 0{,}97 \cdot h_3 - f_3$ $\qquad$ $PA_4 = 15 + 0{,}99 \cdot h_4 - f_4$

(6) Obergrenzen für Einstellungen und Entlassungen:

$h_r \leq H_r^{max} \quad \forall\, r \in \overline{R}$

$f_r \leq F_r^{max} \quad \forall\, r \in \overline{R}$

$h_1 \leq 5$ $\qquad$ $h_2 \leq 5$ $\qquad$ $h_3 \leq 5$ $\qquad$ $h_4 \leq 5$

$f_1 \leq 5$ $\quad f_2 \leq 5$ $\quad f_3 \leq 5$ $\quad f_4 \leq 5$

(7) Nichtnegativitätsbedingungen:

$z_j, PE_{rq}, PA_r, h_r, f_r \geq 0 \quad \forall$ relevanten $j \in \overline{J}, q \in \overline{Q}, r \in \overline{R}$

$z_1, z_2, PE_{11}, PE_{14}, PE_{22}, PE_{23}, PE_{31}, PE_{33}, PE_{34}, PE_{41}, PE_{42}, PE_{44}, PA_1, PA_2, PA_3, PA_4, h_1, h_2, h_3, h_4,$
$f_1, f_2, f_3, f_4 \geq 0$

**Lösung zu Aufgabe 75**

a.

Die folgende **Tabelle 19.21** beinhaltet die möglichen Zuordnungen von Arbeitskräften der Art $r$ zu Stellen der Art $i$:

**Tabelle 19.21** Mögliche Zuordnungen von Arbeitskräften zu Stellen

| | $i = 1$ | $i = 2$ | $i = 3$ | $i = 4$ |
|---|---|---|---|---|
| $r = 1$ | × | - | × | - |
| $r = 2$ | - | × | × | - |
| $r = 3$ | × | × | × | × |
| $r = 4$ | - | × | - | × |

b.

Zielfunktion:

$$\sum_{i=1}^{I} \sum_{r \in R_i} PK_{ir} \cdot PE_{ir} + \sum_{i=1}^{I} SK_i \cdot x_i \rightarrow \text{min!}$$

$PK_{11} \cdot PE_{11} + PK_{13} \cdot PE_{13} + PK_{22} \cdot PE_{22} + PK_{23} \cdot PE_{23} + PK_{24} \cdot PE_{24} +$

$PK_{31} \cdot PE_{31} + PK_{32} \cdot PE_{32} + PK_{33} \cdot PE_{33} + PK_{43} \cdot PE_{43} + PK_{44} \cdot PE_{44} +$

$SK_1 \cdot x_1 + SK_2 \cdot x_2 + SK_3 \cdot x_3 + SK_4 \cdot x_4 \rightarrow \text{min!}$

u.d.N.:

(1) Vollständigkeitsbedingungen:

$$\sum_{i \in I_k} y_{ki} = 1 \quad \forall\, k \in \overline{K}$$

$y_{11} + y_{13} = 1$

$y_{21} + y_{22} + y_{23} + y_{24} = 1$

$y_{32} + y_{33} + y_{34} = 1$

$y_{44} = 1$

$y_{52} + y_{54} = 1$

$y_{61} = 1$

$y_{71} + y_{74} = 1$

(2) Abstimmung Personalbedarf und Personaleinsatz:

$$\sum_{k \in K_i} \frac{t_{ki} \cdot A_k}{T} \cdot y_{ki} \leq \sum_{r \in R_i} PE_{ir} \quad \forall\, i \in \bar{I}$$

$$\frac{0{,}2 \cdot 1.000}{40} \cdot y_{11} + \frac{0{,}5 \cdot 1.750}{40} \cdot y_{21} + \frac{0{,}1 \cdot 620}{40} \cdot y_{61} + \frac{0{,}4 \cdot 920}{40} \cdot y_{71} \leq PE_{11} + PE_{13}$$

$$\frac{0{,}9 \cdot 1.750}{40} \cdot y_{22} + \frac{1{,}2 \cdot 1.200}{40} \cdot y_{32} + \frac{2 \cdot 850}{40} \cdot y_{52} \leq PE_{22} + PE_{23} + PE_{24}$$

$$\frac{0{,}3 \cdot 1.000}{40} \cdot y_{13} + \frac{0{,}7 \cdot 1.750}{40} \cdot y_{23} + \frac{0{,}9 \cdot 1.200}{40} \cdot y_{33} \leq PE_{31} + PE_{32} + PE_{33}$$

$$\frac{0{,}6 \cdot 1.750}{40} \cdot y_{24} + \frac{1 \cdot 1.200}{40} \cdot y_{34} + \frac{0{,}2 \cdot 500}{40} \cdot y_{44} +$$

$$\frac{1{,}5 \cdot 850}{40} \cdot y_{54} + \frac{0{,}6 \cdot 920}{40} \cdot y_{74} \leq PE_{43} + PE_{44}$$

(3) Abstimmung Personaleinsatz und Stellenausstattung:

$$\sum_{r \in R_i} PE_{ir} \leq x_i \quad \forall\, i \in \bar{I}$$

$PE_{11} + PE_{13} \leq x_1$

$PE_{22} + PE_{23} + PE_{24} \leq x_2$

$PE_{31} + PE_{32} + PE_{33} \leq x_3$

$PE_{43} + PE_{44} \leq x_4$

(4) Abstimmung Personaleinsatz und maximale Personalausstattung:

$$\sum_{i \in I_r} PE_{ir} \leq PA_r^{max} \quad \forall\, r \in \bar{R}$$

$PE_{11} + PE_{31} \leq 10$

$PE_{22} + PE_{32} \leq 15$

$PE_{13} + PE_{23} + PE_{33} + PE_{43} \leq 8$

$PE_{24} + PE_{44} \leq 7$

(5) Nichtnegativitäts- und Ganzzahligkeitsbedingungen:

$PE_{ir}, y_{ki} \geq 0 \quad \forall$ relevanten $i \in \bar{I}, k \in \bar{K}, r \in \bar{R}$

$x_i \in \mathbb{N}_0 \qquad \forall\, i \in \bar{I}$

$y_{11}, y_{13}, y_{21}, y_{22}, y_{23}, y_{24}, y_{32}, y_{33}, y_{34}, y_{44}, y_{52}, y_{54}, y_{61}, y_{71}, y_{74}, PE_{11}, PE_{13}, PE_{22}, PE_{23},$
$PE_{24}, PE_{31}, PE_{32}, PE_{33}, PE_{43}, PE_{44} \geq 0$

$x_1, x_2, x_3, x_4 \in \mathbb{N}_0$

# Literatur


Aarts, E. H. L./Korst, J. H. M./van Laarhoven, P. J. M. (1997): Simulated Annealing. In: Aarts, E. /Lenstra, J. K. (Hrsg.): Local Search in Combinatorial Optimization, Chichester, S. 91-120.

Adam, D. (1996): Planung und Entscheidung, 4. Aufl., Wiesbaden.

Alewell, D. (1993): Interne Arbeitsmärkte – Eine informationsökonomische Analyse, Hamburg.

Anderl, R. (2014): Industrie 4.0 - Advanced Engineering of Smart Products and Smart Production. In: Technological Innovations in the Product Development, 19th International Seminar on High Technology, Piracicaba [Bra.]. Konferenzbeitrag.

Ansoff, H. I. (1957): Strategies for diversification. In: Harvard Business Review, 35(5), 113-124.

Armbrust, M./Fox, A./Griffith, R./Joseph, A. D./Katz, R./Konwinski, A./Lee, G./Patterson, D./Rabkin, A./Stoica, I./Zaharia, M. (2010): A view of cloud computing. In: Communications of the ACM, 53 (4), S. 50-58.

Armengaud, E./Sams, C./von Falck, G./List, G./Kreiner, C./Riel, A. (2017): Industry 4.0 as digitalization over the entire product lifecycle: Opportunities in the automotive domain. In: Stolfa, J./Stolfa, S./ O'Connor, R. V./Messnarz, R. (Hrsg.): European Conference on Software Process Improvement, Cham, S. 334-351.

Arntz, M./Gregory, T./Lehmer, F./Matthes, B./Zierahn, U. (2016): Arbeitswelt 4.0 – Stand der Digitalisierung in Deutschland: Dienstleister haben die Nase vorn, IAB Kurzbericht Nr. 22.

Backes-Gellner, U. (1996): Personalwirtschaftslehre – eine ökonomische Disziplin?! In: Weber, W. (Hrsg): Grundlagen der Personalwirtschaft, Wiesbaden, S. 297-315.

Bandemer, H./Gottwald, S. (1993): Einführung in Fuzzy-Methoden, 4. Aufl., Berlin.

Bauer, H. (1992): Maß- und Integrationstheorie, 2. Aufl., Berlin [u.a.].

Bechtold, S. E. (1981): Work force scheduling for arbitrary cyclic demands. In: Journal of Operations Management, 1(4), S. 205-214.

Becker, M. (1993): Personalentwicklung – Die personalwirtschaftliche Herausforderung der Zukunft, Bad Homburg.

Bednarczuk, P./Wendenburg, N. (2008): Talentmanagement. In: Meifert, M. T. (Hrsg.): Strategische Personalentwicklung, Berlin und Heidelberg, S. 199-219.

Bellman, R. E./Zadeh, L. A. (1970): Decision-making in a Fuzzy Environment. In: Management Science, 17 (4), S. 141-164.

Berg, C. C. (1978): Quantitative Ansätze der Subsystembildung in Organisationen. In: Müller-Merbach, H. (Hrsg.): Quantitative Ansätze in der Betriebswirtschaftslehre, München, S. 375-385.

Brandstätter, H./Schuler, H./Stocker-Kreichgauer, G. (1978): Psychologie der Person, 2. Aufl., Stuttgart [u.a.].

Bretzke, W. R. (1980): Der Problembezug von Entscheidungsmodellen, Tübingen.

Bungartz , H. J./Zimmer, S./Buchholz, M./Pflüger, D. (2013): Modellbildung und Simulation – Eine anwendungsorientierte Einführung, 2. Aufl., Berlin.




T. Spengler et al., *Moderne Personalplanung*,
https://doi.org/10.1007/978-3-658-47677-9

Bühren, J./Meier-Hahasvili, N./Meier, C./Kalchthaler, G. (2023): Die Vier-Tage-Woche, in: Knappertsbusch, I./Wisskirchen, G. (Hrsg.): Die Zukunft der Arbeit – New-Work mit Flexibilität und Rechtssicherheit gestalten, S. 107-113, Springer Gabler: Wiesbaden.

Bürkle, T. (1999): Qualitätsunsicherheit am Arbeitsmarkt – Die Etablierung separierender Gleichgewichte in Modellen der simultanen Personal- und Organisationsplanung zur Überwindung der Qualitätsunsicherheit, München und Mering.

Campe, J. H. (1809): Wörterbuch der deutschen Sprache, veranstaltet und herausgegeben von Joachim Heinrich Campe, Braunschweig.

Cantor, G. (1895): Beiträge zur Begründung der transfiniten Mengenlehre. In: Mathematische Annalen, 46(4), S. 481-512.

Charnes, A./Cooper, W. W. (1959): Chance-constrained Programming. In: Management Science, 6(1), S. 73-79.

Charnes, A./Cooper, W. W. (1961): Management Models and Industrial Applications of Linear Programming, New York [NY].

Churchman, C. W./Ackoff, R. L. (1954): An Approximate Measure of Value. In: Journal of the Operations Research Society of America, 2(2), S. 172-187.

Cleveland, B./Mayben, J./Greff, G. (1998): Call Center Management: Leitfaden für Aufbau, Organisation und Führung von Teleservicecentern, Wiesbaden.

Coase, R.H. (1937): The Nature of the Firm. In: Economica, 4(16), S. 386-405.

Conradi, W. (1983): Personalentwicklung, Stuttgart.

Corsten, H./Roth, S. (2012): Nachhaltigkeit als integriertes Konzept. In: Corsten, H./Roth, S. (Hrsg.): Nachhaltigkeit – Unternehmerisches Handeln in globaler Verantwortung, Wiesbaden, S. 1-13.

Crew, M.A. (1975): Theory of the Firm, New York.

Daegling, K. D./Hermsen, J. (1973): Die Planung des Personaleinsatzes. In: Der Betrieb, 26(43), S. 2101-2108.

Dantzig, G. B. (1954): A Comment on Edies's „Traffic Delays at troll Booths". In: Journal of the Operations Research Society of America, 2(3), S. 339-341.

Deutsche MTM-Vereinigung e. V. (2002): MTM – Von Anfang an richtig, Hamburg.

De Werra, D./Hertz, A. (1989): Tabu Search Techniques. In: OR Spektrum, 11(3), S. 131–141.

Deresky, H./Miller, S. (2022): International Management – Managing Across Borders and Cultures, 10. Aufl., Upper Saddle River [NJ]. (neuer Verlagsort "Harlow"?)

Doeringer, P. B./Piore, M. J./Scoville, J. G. (1972): Corporate Manpower Forecasting. In: Burack, E. H./ Walker, J. W. (Hrsg.): Manpower Planning and Programming, Boston, S. 111-120.

Domsch, M. E. (1970): Simultane Personal-und Investitionsplanung im Produktionsbereich, Bielefeld.

Domsch, M./Reinecke, P. (1982): Partizipative Personalentwicklung. In: Kossbiel, H. (Hrsg.): Personalentwicklung, Zeitschrift für betriebswirtschaftliche Forschung - Sonderheft 14, S. 64-81.

Domschke, W./Drexl, A. (2002): Einführung in Operations Research, Berlin [u.a.].

Domschke, W./Drexl, A./Klein, R./Scholl, A. (2015): Einführung in Operations Research, 9. Aufl., Berlin und Heidelberg.

Domschke, W./Scholl, A. (2006): Heuristische Verfahren, Jenaer Schriften zur Wirtschaftswissenschaft, 08/2006, Jena.

Dowsland, K. A. (1993): Simulated annealing. In: Reeves, C. R. (Hrsg.): Modern heuristic techniques for combinatorial problems, New York [NY], S. 20-69.

Drumm, H. J. (2005): Personalwirtschaft, 5. Aufl., Berlin und Heidelberg.

Dubois, D./Prade, H. (1978): Operations on Fuzzy Numbers. In: International Journal of Systems Science, 9(6), S. 613-626.

Dueck, G. (1993): New optimisation heuristics. The great deluge algorithm and record-to-record travel. In: Journal of Computational Physics, 104(1), S. 86-92.

Dueck, G./Scheuer, T. (1990): Threshold accepting: a general purpose optimization algorithm appearing superior to simulated annealing. In: Journal of Computational Physics, 90(1), S. 161-175.

Fandel, G. (1972): Optimale Entscheidung bei mehrfacher Zielsetzung, Berlin [u.a.].

Fandel, G. (1991): Aktivitätsanalyse der Produktionsplanung und –steuerung. In: Kistner, K.-P./Schmidt, R. (Hrsg.): Unternehmensdynamik, Wiesbaden, S. 163-181.

Fandel, G. (1996): Produktion I, 5. Aufl., Berlin [u.a.].

Fandel, G./Backes-Gellner, U./Schlüter, M./Staufenbiel, J.E. (2004) (Hrsg.): Modern Concepts of the Theory of the Firm, Berlin [u.a.].

Farmer, R. N./Richman, B. M. (1970): Comparative Management and Economic Progress, 2. Aufl., Bloomington [IN].

Fedrizzi, M./Kacprzyk, J./Roubens, M. (1991): Interactive Fuzzy Optimization. Berlin [u.a.].

Festing, M./Dowling, P. J./Weber, W./Engle, A. D. (2011): Internationales Personalmanagement, 3. Aufl., Wiesbaden.

Flohr, B. (1984): Fungibilität und Elastizität von Personal, Göttingen.

Flohr, B./Niederfeichtner, F. (1982): Zum gegenwärtigen Stand der Personalentwicklungsliteratur – Inhalte, Probleme und Erweiterungen. In: Kossbiel, H. (Hrsg.): Personalentwicklung, Zeitschrift für betriebswirtschaftliche Forschung - Sonderheft 14, S. 11-49.

Forrester, J. W. (1961): Industrial Dynamics, Cambridge [Mass].

Fürst, A. (1997): Auftragsfolge- und Personalplanung, München/Mering.

Gaugler, E. (1987): Zur Vermittlung von Schlüsselqualifikationen. In: ders (Hrsg.): Betriebliche Weiterbildung als Führungsaufgabe, Wiesbaden, S. 69-84.

Gerrig, R. J./Zimbardo, P. G. (2008): Psychologie, 18. Aufl., München u. a..

Gischer, H./Spengler, T. (2008): Personalplanung bei demographischem Wandel: Einzel- und gesamtwirtschaftliche Aspekte. In: Gischer, H./Reichling, P./Spengler, T./Wenig, A. (Hrsg.): Transformation in der Ökonomie, Wiesbaden, S. 67-89.

Glover, F. (1989): Tabu Search – Part I. In: ORSA Journal on Computing, 1(3), S. 190-206.

Greubel, S. (2007): Analyse der Unternehmensumwelt im Dienstleistungssektor - Empfehlungen zur Methodenselektion und -erweiterung am Beispiel großer Finanzdienstleistungsunternehmen auf Basis einer empirischen Untersuchung, München und Mering.

Grimm, J./Grimm, W. (1889): Deutsches Wörterbuch, Bd. 13, Leipzig.

Grün, M. (2003): Eine tiefenpsychologische Fundierung von Personalentscheidungen, München und Mering.

Günther, H.-O. (1989): Produktionsplanung bei flexibler Personalkapazität, Stuttgart.

Habenicht, W./Geiger, M. J. (2006): Nachbarschaftssuche bei mehrkriteriellen Flow Shop Problemen. In: Morlock, M./Schwindt, C./Trautmann, N./Zimmermann, J. (Hrsg.): Perspectives on Operations Research, Wiesbaden, S. 47-67.

Hackstein, R./Zülch, G. (1980): Untersuchung ausgewählter Eignungsmaße. In: Zeitschrift für Arbeitswissenschaft, 34(3), S. 149-157.

Heckhausen, J./Heckhausen, H. (2010): Motivation und Handeln, 4. Aufl., Berlin und Heidelberg.

Helber, S./Stolletz, R. (2004): Grundlagen und Probleme der Personalbedarfsermittlung in Inbound-Call Centern. In: Zeitschrift für Betriebswirtschaft (Ergänzungsheft), 74(1), S. 67-88.

Helber, S./Stolletz, R./Bothe, S. (2005): Erfolgszielorientierte Agentenallokation in Inbound Call-Centern. In: Zeitschrift für betriebswirtschaftliche Forschung, 57(1), S. 3-32.

Herzig, V. (1986): Personalentwicklung als Instrument der qualitativen Personalplanung, Bielefeld.

Hilbert, J. (1990): Die Berücksichtigung von Problemen der Unschärfe bei der simultanen Personal- und Stellenplanung, Diplomarbeit an der Johann Wolfgang Goethe-Universiät, Frankfurt a.M.

Hillmann, K.-H. (2007): Wörterbuch der Soziologie, 5. Aufl., Stuttgart.

Holtbrügge, D./Welge, M. K. (2015): Internationales Management – Theorien, Funktionen, Fallstudien, 6. Aufl., Stuttgart.

Hurwicz, L. (1951): Optimality criteria for decision making under ignorance, Cowles Commission Discussion Paper: Statistics, No. 370.

Hwang, C. L./Yoon, K. (1981): Multiple Attribute Decision Making: Methods and Applications: A State-of-the-Art Survey, Heidelberg.

Inderfurth, K. (1982): Starre und flexible Investitionsplanung, Wiesbaden.

Isermann, H. (1979): Strukturierung von Entscheidungsprozessen bei mehrfacher Zielsetzung. In: OR Spektrum, 1(1), S. 3-26.

Jaanineh, G./Maijohann M. (1996): Fuzzy-Logik und Fuzzy-Control, Würzburg.

Jarr, K. (1973): Probleme, Grundlagen und Methoden der Personalplanung. In: Wirtschaftsdienst, 8, S. 431-438.

Jarr, K. (1974): Simultane Produktions- und Personalplanung. In: Zeitschrift für Betriebswirtschaft, 44(10), S. 685-702.

Jarr, K. (1978): Stochastische Personalplanungen, Wiesbaden.

Kahlert, J./Frank, H. (1994): Fuzzy-Logik und Fuzzy-Control: eine anwendungsorientierte Einführung, 2. Aufl., Braunschweig und Wiesbaden.

Kieper, F. (1999): Prozeßorientierte Personalbedarfsplanung in der betrieblichen Praxis. In: Kossbiel, H. (Hrsg.): Modellgestützte Personalentscheidungen 3, München und Mering, S. 9-27.

Kieper, F./Spengler, T. (2002): Das 3-Säulen-Personalmanagement und Fuzzy-Control. In: Der Controlling-Berater: Informationen, Instrumente, Praxisberichte, 3/2002, S. 69 – 88.

Knight, F. H. (1921): Risk, uncertainty, and profit, Boston [MA].

Koch, H. (1980): Neuere Beiträge zur Unternehmensplanung. Wiesbaden.

Kochen, R. (1979): Personalplanung bei Auftragsfertigung, Göttingen.

König, K. (2010): Kleine psychologische Charakterkunde, 10. Aufl., Göttingen.

Kofler, E. (1989): Prognosen und Stabilität bei unvollständiger Information, Frankfurt a. M.

Kofler, E./Menges, G. (1976): Entscheidungen bei unvollständiger Information, Berlin.

Kofler, E./Zweifel, P. (1991): Convolution of fuzzy distributions in decision-making. In: Statistical Papers, 32, S. 123-136.

Kosiol, E. (1966): Die Unternehmung als wirtschaftliches Aktionszentrum: Einführung in die Betriebswirtschaftslehre, Hamburg.

Kossbiel, H. (1970): Die Bestimmung des Personalbedarfs, des Personaleinsatzes und der Personalausstattung als betriebliches Entscheidungsproblem. Unveröffentl. Habilitationsschrift. Kiel.

Kossbiel, H. (1972): Kontrollspanne und Führungskräfteplanung. In: Braun, W. et al. (Hrsg.): Grundfragen der betrieblichen Personalpolitik, Wiesbaden, S. 89-111.

Kossbiel, H. (1974): Probleme und Instrumente der betrieblichen Personalplanung. In: Jacob, H. (Hrsg.): Schriften zur Unternehmensführung, Bd. 20, Personalplanung, Wiesbaden, S. 5-41.

Kossbiel, H. (1980): Überlegungen zur Verbindung von Stellen- und Personalplanung, Unveröffentlichtes Vortragsmanuskript, Hamburg.

Kossbiel, H. (1982a): Marginalien zum Thema „Personalentwicklung". In: ders. (Hrsg.): Personalentwicklung, Zeitschrift für betriebswirtschaftliche Forschung - Sonderheft 14, S. 5-7.

Kossbiel, H. (1982b): Einige Thesen zur „Theorie" und „Praxis" personeller Anpassungen an erwartete Beschäftigungsänderungen. In: Ackermann, K.F. et al. (Hrsg.): Verantwortliche Personalführung, S. 21-36.

Kossbiel, H. (1988): Personalbereitstellung und Personalführung. In: Jacob, H. (Hrsg.): Allgemeine Betriebswirtschaftslehre, 5. Aufl., Wiesbaden, S. 1045-1253.

Kossbiel, H. (1991): Personalplanung und betriebliche Weiterbildung. In: Aschenbrücker, K./Pleiß, U. (Hrsg.): Menschenführung und Menschenbildung, Hohengeren, S. 247-266.

Kossbiel, H. (1992): Personalbereitstellungsplanung bei Arbeitszeitflexibilisierung. In: Zeitschrift für Betriebswirtschaft, 62, S. 175-198.

Kossbiel, H. (1993): Personalplanung. In: Wittmann, W./Kern, W./Köhler, H. U./Wysocki, K. (Hrsg): Handwörterbuch der Betriebswirtschaft, 5. Aufl., Stuttgart, Sp. 3127-3140.

Kossbiel, H. (2002): Personalwirtschaft. In: Bea, F. X./Dichtl, E./Schweitzer, M. (Hrsg.): Allgemeine Betriebswirtschaftslehre, Bd. 3: Leistungsprozess, 8. Aufl., Stuttgart, S. 467-553.

Kossbiel, H. (2004): Personalstruktur. In: Gaugler, E./Oechsler, A./Weber, W.(Hrsg.): Handwörterbuch des Personalwesens, Stuttgart, Sp. 1640-1652.

Kossbiel, H./Spengler, T. (1995): Personalplanung für Führungskräfte. In: Kieser, A./Reber, G./Wunderer, R. (Hrsg.): Handwörterbuch der Führung, 2. Aufl., Stuttgart, Sp. 1736-1749.

Kossbiel, H./Spengler, T. (1997): Ökonomisch legitimierbare Personalentscheidungen als Gegenstand personalwirtschaftlicher Hochschulausbildung. In: Laske, S./Auer, M. (Hrsg.): Personalwirtschaftliche Ausbildung an Hochschulen, Sonderband der Zeitschrift für Personalforschung, S. 48-73.

Kossbiel, H./Spengler, T. (1998): Legitimationsgrundlagen betrieblicher Personalentscheidungen. In: Berthel, J. (Hrsg.): Unternehmen im Wandel: Konsequenzen für und Unterstützung durch die Personalwirtschaft. München und Mering, S. 13-44.

Kossbiel, H./Spengler, T. (2015): Grundlagen der Personalplanung und Personalführung. In: Schweitzer, M./Baumeister, A. (Hrsg.): Allgemeine Betriebswirtschaftslehre, Berlin, S. 417-463.

Kotte, J. (2018): Der Einfluss der Anwendungsorientierung von Wissenschaftlern auf die Praxisrelevanz der Forschung und die Wissenstransferaktivität mit der Praxis, Diss., Magdeburg.

Kratzberg, F. C. F. (2009): Fuzzy-Szenario-Management - Verarbeitung von Unbestimmtheit im strategischen Management, Göttingen.

Kreikebaum, H. (1997): Strategische Unternehmensplanung, 6. Aufl., Stuttgart [u.a.].

Krieg, A. (2013): Modellbasierte Untersuchung der Effizienz von Anreizsystemen, München und Mering.

Krimmphore, D./Klemm-Box, S. (1999): Der Einsatz von Fuzzy-Logik im Personalmanagement. In: Schmeisser, W./Clermont, A. /Protz, A. (Hrsg.): Personalinformationssysteme und Personalcontrolling, Neuwied [u.a.], S. 144-159.

Kube V. (1974): Das Unternehmen als kybernetisches System. In: Die Grenzplankostenrechnung. Betriebswirtschaftliche Forschung zur Unternehmensführung, 6, Wiesbaden, S. 163-167.

Laser, J. (2017): Flexible und stabile Laufbahnplanung. Transition-Management aus der Unternehmens- und Ressourcenperspektive, Augsburg und München.

Lasi, H./Fettke, P./Kemper, H.-G./Feld, T./Hoffmann, M. (2014): Industry 4.0. In: Business & Information Systems Engineering 6(4), S. 239-242.

Laux, H. (1971): Flexible Investitionsplanung, Opladen.

Laux, H. (1982): Entscheidungstheorie – Grundlagen, Berlin [u.a.].

Laux, H./Gillenkirch, R. M./Schenk-Mathes, H. Y. (2018): Entscheidungstheorie, 10. Aufl., Berlin.

Laux, H./Liermann, F. (2005): Grundlagen der Organisation – Die Steuerung von Entscheidungen als Grundproblem der Betriebswirtschaftslehre, 6. Aufl., Berlin.

Leberling, H. (1983): Entscheidungsfindung bei divergierenden Faktorinteressen und relaxierten Kapazitätsrestriktionen mittels eines unscharfen Lösungsansatzes. In: Zeitschrift für betriebswirtschaftliche Forschung, 35 (5), S. 398-419.

Lee, E. A. (2010): CPS foundations. In: Sapatnekar, S. (Hrsg.): Proceedings of the 47th Design Automation Conference, New York [NY], S. 737-742.

Lindstädt, H. (2004): Entscheidungskalküle jenseits des subjektiven Erwartungsnutzens. In: Zeitschrift für betriebswirtschaftliche Forschung, 56(3), S. 495-519.

Luxem, R. (2001): Digital Commerce: electronic commerce mit digitalen Produkten, Lohmar und Köln.

Lücke, W. (1989): Fristigkeit der Pläne. In: Szyperski, N. (Hrsg.): Handwörterbuch der Planung, Stuttgart, Sp. 535-542.

Macharzina, K./Engelhard, J. (1987): Internationales Management. In: Die Betriebswirtschaft, 47(3), S. 319-344.

Mag, W. (1988): Was ist ökonomisches Denken? In: Die Betriebswirtschaft, 48(6), S.761-776.

Maibaum, G. (1980): Wahrscheinlichkeitsrechnung, 3. unv. Aufl. Thun u. Frankfurt a.M.

Marx, A. (1963): Die Personalplanung in der modernen Wettbewerbswirtschaft, Baden-Baden.

Mayer, K. (2020): Nachhaltigkeit: 125 Fragen und Antworten – Wegweiser für die Wirtschaft der Zukunft, 2. Aufl., Wiesbaden.

Meiritz, W. (1984): Eignungsorientierte Personaleinsatzplanung, Frankfurt a.M. [u.a.].

Mensch, G. (1971): Zur Berücksichtigung mehrerer Zielfunktionen bei der Optimalen Personalanweisung, In: Zeitschrift für betriebswirtschaftliche Forschung, 23, S. 200-207.

Metzger, O. (2020): Personalführung und Organisation in vagen Kontexten, Wiesbaden.

Metzger, O./Spengler, T. (2017): Subjektiver Erwartungsnutzen und intuitionistische Fuzzy Werte. In: Spengler, T./Fichtner, W./Geiger, J. M./Rommelfanger, H./Metzger, O. (Hrsg.): Entscheidungsunterstützung in Theorie und Praxis, Berlin, S. 109–137.

Metzger, O./Spengler, T. (2019): Modeling rational decisions in ambiguous situations: a multi-valued logic approach. In: Business Research (online), doi.org/10.1007/s40685-019-0087-5.

Metzger, O./Spengler, T./Volkmer, T. (2018): Valuation of Crisp and Intuitionistic Fuzzy Information. In: Operations Research Proceedings 2017, Cham, S. 113-119.

Mithas, S./Tafti, A./Mitchell, W. (2013): How a Firm's Competitive Environment and Digital Strategic Posture Influence Digital Business Strategy. In: Management Information Systems Quarterly, 37(2), S. 511-536.

Möhring-Lotsch, N./ Spengler, T. (2009): Bildungsnetzwerke optimal gestalten - Ein Leitfaden für die Netzwerkarbeit. In: BWP (Berufsbildung in Wissenschaft und Praxis) 2/2009, S. 32-35.

Möhring-Lotsch, N./Spengler, T. (2008a): Zur Ökonomie von Bildungsnetzwerken - Mit einem Vorwort von Klaus Jenewein. In: FEMM: Faculty of Economics and Management Mag-deburg; working paper series [Magdeburg] (12/2008), Nr. 36.

Möhring-Lotsch, N./Spengler, T. (2008b): Effizienz in Bildungsnetzwerken. In: Berufsbildung, Nr. 113/114, Dezember 2008, 62. Jahrgang, S. 59-62.

Momsen, B. (2006): Entscheidungsunterstützung im Wissensmanagement durch fuzzy regelbasierte Systeme, Göttingen.

Momsen, B./Schroll, A. (2005): Verarbeitung von Merkmalen unterschiedlicher Skalenniveaus in (personalwirtschaftlichen) Entscheidungsmodellen. In: Kossbiel, H., Spengler, T. (Hrsg.): Modellgestützte Personalentscheidungen 8, München und Mering, S. 199 - 136.

Motsch, A. (1995): Entscheidung bei partieller Information - Vergleich entscheidungstheoretischer Modellkonzeptionen, Wiesbaden.

Muche, G. (1989): Personalplanung bei gegebener Personalausstattung, Göttingen.

Müller-Hagedorn, L. (1974): Grundlagen der Personalbestandsplanung, Opladen.

Nahm, M./Söllinger, R. (2015): Die wirtschaftliche Bedeutung auslandskontrollierter Unternehmen in Deutschland 2012. In: Statistisches Bundesamt (Hrsg.): Wirtschaft und Statistik, Wiesbaden, S. 754-763.

Nanda, R./Browne, J. (1992): Introduction to Employee Scheduling, New York [NY].

Naundorf, J. (2016): Kritische Analyse von Employer Awards im Kontext des Employer Branding, München und Mering.

Negoita, C. V./Sularia, M. (1976): On Fuzzy Mathematical Programming and Tolerances in Planning. In: Economic computation and economic cybernetics studies and research, 1, S. 3-15.

Neumann, K./Morlock, M. (2002): Operations Research, 2. Aufl., München und Wien.

Nylén, D./Holmström, J. (2015): Digital innovation strategy: A framework for diagnosing and improving digital product and service innovation. In: Business Horizons, 58(1), S. 57-67.

Ohse, D. (2004). Mathematik für Wirtschaftswissenschaftler I-Analysis, 6. Aufl., München.

Opie, R. (1931): Marshall's time analysis. In: The Economic Journal, 41(162), S. 199-215.

Ostermann, K./Patzina, A. (2019): Ein duales Studium begünstigt den Berufseinstieg. In: IAB Kurzbericht, Nr. 25, S. 1-8.

Peters, S./Spengler, T./Spiliopoulou, M. (2010): Wissensmanagement kleiner und mittelständischer Unternehmen in Zeiten demographischen Wandels. In: Kathan, D./Letmathe, P./ Mark, K./ Schulte, R./ Tchouvakhina, M. V./ Wallau, F. (Hrsg.): Wertschöpfungsmanagement im Mittelstand, Tagungsband des Forums der deutschen Mittelstandsforschung, Wiesbaden, S. 43-69.

Piegat, A. (2001): Fuzzy Modeling and Control, Heidelberg.

REFA-Verband für Arbeitsstudien und Betriebsorganisation e. V. (1991): Methodenlehre des Arbeitsstudiums, München.

Reichling, P./ Spengler, T./ Vogt, B. (2008): Flexible Planning in an Incomplete Market, In: Kalcsics, J./ Nickel, S. (Hrsg.): Operations Research Proceedings 2007, Berlin [u.a.], S. 231-235.

Reinhard, F./Soeder H. (1998): dtv-Atlas zur Mathematik, Bd 2: Analysis und angewandte Mathematik, 10. Aufl., München.

Riekhof, H.-Ch. (Hrsg.) (1986): Strategien der Personalentwicklung – Beiersdorf, Bertelsmann, Esso, IBM, Otto Versand, Philips, VW, Wiesbaden.

Rieper, B. (1992): Betriebswirtschaftliche Entscheidungsmodelle, Herne.

Ridder, H.-G. (1993): Arbeitsorganisation, Qualifikation, Entlohnung. In: Ridder, H.-G./Janisch, R./Bruns, H.-J. (Hrsg.): Arbeitsorganisation und Qualifikation, München und Mering, S. 11-16.

Rommelfanger, H. (1994): Fuzzy Decision Support-Systeme – Entscheiden bei Unschärfe, 2. Aufl., Berlin.

Rommelfanger, H./Eickemeier, S. H. (2002): Entscheidungstheorie - klassische Konzepte und Fuzzy-Erweiterungen, Berlin.

Rosenkranz, R. (1968): Personalbedarfsrechnung in Bürobetrieben. In: Das rationelle Büro, 12, S. 16-22.

Ruban, A. (2008): Simultane Personalplanung bei integrierter Auftragsfolgeplanung: Eine Durchführbarkeitsuntersuchung bei Anwendung von Entscheidungsbaum- und naturanalogen Verfahren, München und Mering.

Saaty, Thomas L. (1980): The Analytic Hierarchy Process, New York [NY].

Saaty, Thomas L. (1990): How to make a decision: The Analytic Hirarchy Process. In: European Journal of Operational Research 48(1), S. 9-26.

Sadowski, D. (1980): Berufliche Bildung und betriebliches Bildungsbudget – Zur ökonomischen Theorie der Personalbeschaffungs- und Bildungsplanung im Unternehmen, Stuttgart.

Salewski, F. (1998): Klassifikation von Dienstplanungsproblemen. In: Kossbiel, H. (Hrsg.): Modellgestützte Personalentscheidungen 2, München und Mering, S. 119-136.

Schmid, F. (1988): Skalierungsverfahren. In: Albers, W./Born, K.E./Dürr, E. (Hrsg.): Handwörterbuch der Wirtschaftswissenschaft, Stuttgart [u.a.], S. 549-556.

Schneider, G. (1980): Karriereplanung als Aufgabe der Personalplanung, Wiesbaden.

Schoenfeld, H. M. W. (1970): Personalplanung. In: Fuchs, J./Schantag, K. (Hrsg.): AG-Plan-Handbuch zur Unternehmensplanung, Ziff. 2305, Berlin, S. 3-71.

Schoenfeld, H. M. W. (1992): Personalkostenplanung. In: Gaugler, E./Weber, W. (Hrsg.): Handwörterbuch des Personalwesens, 2. Aufl., Stuttgart, Sp. 1735-1746.

Scholz, C. (2014): Personalmanagement, 6. Aufl., München.

Schroll, A. (2005): Anwendung von Tabu Search und Simulated Annealing in der Dienstplanung. In: Kossbiel, H./Spengler, T. (Hrsg.): Modellgestützte Personalentscheidungen 9, München und Mering, S. 141-161.

Schroll, A. (2007): Bedarfs- und mitarbeitergerechte Dienstplanung mit Fuzzy-Control, Göttingen.

Schroll, A./Spengler, T. (2002): Fuzzy-Control in der Personaleinsatzplanung. In: Kossbiel, H./ Spengler, T. (Hrsg.): Modellgestützte Personalentscheidungen 6., München und Mering, S. 121 -140.

Schroll, A./ Spengler, T. (2004): Dienstplanbewertung mit unscharfen Regeln. In: Ahr, D./ Fahrion, R./ Oswald, M./Reinelt, G. (Hrsg.): Operations Research Proceedings 2003, Heidelberg, S. 427 – 434.

Schümann, F./Tisson, H. (2006): Call-Center-Controlling - Ein Modell für die Planung, Kontrolle und Steuerung von Kundenservice-Centern, Wiesbaden.

Schulte, C. (2020): Personal-Controlling mit Kennzahlen, 4. Aufl., München.

Schweitzer, M. (2001): Planung und Steuerung. In: Bea, F. X./Dichtl, E./Schweitzer, M. (Hrsg.): Allgemeine Betriebswirtschaftslehre, Bd. 2 – Führung. 8. Aufl., Stuttgart, S. 16-126.

Siegling, K.M./Spengler, T./Herzog, S. (2023a): Rule-based systems for leadership style selection. In: Faculty of Economics and Management – Working Paper Series, Nr. 7, Magdeburg.

Siegling, K.M./Spengler, T./Herzog, S. (2023b): Personnel Planning and Leadership as Central Personnel Economic Instruments. In: Faculty of Economics and Management – Working Paper Series, Nr. 9, Magdeburg.

Siegling, K.M./Spengler, T./Herzog, S. (2024): Einführung der Viertagewoche – personalstrategische Überlegungen. In: PERSONALquarterly, Heft 3, S. 22-29.

Sixt, M. (1996): Dreidimensionale Packprobleme – Lösungsverfahren basierend auf den Meta-Heuristiken Simulated Annealing und Tabu-Suche, Frankfurt a.M. [u.a.].

Spengler, T. (1992): Fuzzy-Entscheidungsmodelle für die Planung der Personalbereitstellung. In: Gaul, W./Bachem, A./Habenicht, W./Runge, W./Stahl, W. W. (Hrsg.): Operations Research Proceedings 1991, Berlin [u.a.], S. 501-508.

Spengler, T. (1993): Lineare Entscheidungsmodelle zur Organisations- und Personalplanung, Heidelberg.

Spengler, T. (1993a): Fuzzy-Entscheidungsmodelle zur Organisationsplanung. In: Hansmann, K.-W. et al. (Hrsg.): Operations Research Proceedings 1992, Berlin [u.a.], S. 306-313.

Spengler, T. (1994): Humankapitaltheoretische Fundierung von Personalplanungsmodellen bei terminologischer und relationaler Unschärfe. In: Dyckhoff H./Derigs U./Salomon M./Henk C. T. (Hrsg.):

Operations Research Proceedings 1993, Berlin [u.a.], S. 416-422.

Spengler, T. (1995): Mittel- und längerfristige Personalbeschaffungsplanung. In: Berthel, J./ Groenewald, H. (Hrsg.): Personal-Management, 17. Nachlieferung, Landsberg /Lech, Kap. III. 2.3.

Spengler, T. (1996): Personalentwicklungsplanung in der Rezession. In: Zeitschrift für Betriebswirtschaft, 66(3), S. 283-304.

Spengler, T. (1998): Flexible Personalplanung mit additiven und nicht-additiven Wahrscheinlichkeiten. In: Kossbiel, H. (Hrsg): Modellgestützte Personalentscheidungen 2, München und Mering, S. 147-172.

Spengler, T. (1999): Grundlagen und Ansätze der strategischen Personalplanung mit vagen Informationen, München und Mering.

Spengler, T. (2004): Personaleinsatzplanung: In: Gaugler, E./ Weber, W./ Oechsler, W.A. (Hrsg.): Handwörterbuch des Personalwesens, Stuttgart, S. 1469 - 1479.

Spengler T. (2005): Stimmige Entscheidung bei ungenauen Wahrscheinlichkeiten. In: Spengler T./Lindstädt, H. (Hrsg.): Strukturelle Stimmigkeit in der Betriebswirtschaftslehre: Festschrift für Prof. Dr. Hugo Kossbiel, München, S. 259-285.

Spengler, T. (2009): Simultane Personalplanungen. In: Scholz, C. (Hrsg.): Vahlens großes Personallexikon, München, S. 1033-1034.

Spengler, T. (2011): Aktuelle Entwicklungen in der Personaleinsatzplanung. In: Stock-Homburg, R./ Wolff, B. (Hrsg.): Handbuch Strategisches Personalmanagement, Wiesbaden, S. 567-583.

Spengler T. (2012): Präzision im Strategischen (Personal-)Management: Genauigkeit durch Ungenauigkeit. In: Stein, V./Müller, S. (Hrsg.): Aufbruch des Strategischen Personalmanagements in die Dynamisierung, Baden-Baden, S. 76-83.

Spengler, T. (2015): Ambiguitätssensitivität im Szenariomanagement. In: Schenk-Mathes, H. Y./ Köster, C. (Hrsg.): Entscheidungstheorie und -praxis, Tagungsband des Workshops der GOR-Arbeitsgruppe „Entscheidungstheorie und -praxis", Berlin, S. 55 – 70.

Spengler, T. (2017): Duales Studium in Zeiten des demographischen Wandels. In: Akademie, 4/2017, S. 118-120.

Spengler, T./Herzog, S. (2023): Defuzzification in Scenario Management – A theoretical and practical Guide. In: Faculty of Economics and Management – Working Paper Series, Nr. 5, Magdeburg.

Spengler, T./Herzog, S./Siegling, K. M. (2024): Unscharfe Regelsysteme im Strategischen Management. In: Faculty of Economics and Management – Working Paper Series, Nr. 2, Magdeburg.

Spengler, T./Kühn, F./Lange, J. (2018): Jungen Menschen Chancen und Perspektiven bieten. In: Wissenschaft für die Praxis, Mitteilungen der Wissenschaftsförderung der Sparkassen-Finanzgruppe e. V., 84, S. 18-21.

Spengler, T./Vieth, M. (1994): Konzipierung von Cafeteria-Systemen als neuere Form der Anreizgestaltung. In: Dyckhoff H./Derigs U./Salomon M./Henk C.T. (Hrsg.): Operations Research Proceedings 1993, Berlin [u.a.], S. 474-480.

Spengler, T./Volkmer, T./Herzog, S. (2020): Dienstleistungsprogramme in Zeiten der Digitalisierung. In: Roth, S./Horbel, C./Popp, B. (Hrsg.): Perspektiven des Dienstleistungsmanagements – Aus Sicht von Forschung und Praxis, Wiesbaden, S. 277-300.

Spengler, T./Volkmer, T./Herzog, S. (2023): Artificial Intelligence and Fuzzy Logic in modern Human Resource Management. In: Faculty of Economics and Management – Working Paper Series, Nr. 10, Magdeburg.

Stahl, G. K. (1998): Internationaler Einsatz von Führungskräften, München.

Steyrer, J. (1999): Charisma in Organisationen–zum Stand der Theorienbildung und empirischen Forschung. In: Managementforschung, Nr. 9, S. 143-197.

Steyrer, J./Schiffinger, M. (2023): Führung in Organisationen. In: Mayrhofer, W./Furtmüller, G./Kasper, H. (Hrsg.): Personalmanagement-Führung-Organisation, 6. Aufl., Wien, S. 225-253.

Strutz, H. (1974): Langfristige Personalplanung auf der Grundlage von Investitionsmodellen, Diss., Hamburg.

Strutz, H. (1976): Langfristige Personalplanung auf der Grundlage von Investitionsmodellen, Wiesbaden.

Sure, M. (2017): Internationales Management – Grundlagen, Strategien, Konzepte, Wiesbaden.

Thielen, C. (2018): Duty Rostering for Physicians at a Department of Orthopedics and Trauma Surgery, Operations Research for Health Care, 19, S. 80-91.

Thielenhaus, J. P. (1981): Strategische Personalentwicklungsplanung, Frankfurt a. M.

Thom, N. (1992): Personalentwicklung und Personalentwicklungsplanung. In: Gaugle, E./Weber, W. (Hrsg.): Handwörterbuch des Personalwesens, 2. Aufl., Stuttgart, Sp. 1676-1690.

Türk, K. (1978): Objektbereich und Problemfeld einer Personalwissenschaft. In: Zeitschrift für Arbeitswissenschaft, 32(4), 218-221.

Tylor, E. B. (1920): Primitive culture: Researches into the development of mythology, philosophy, religion, language, art and custom, 6. Aufl., London.

Ulrich, H./Staerkle, R. (1965): Personalplanung, Köln und Opladen.

Van Krieken, M. G. C./Fleuren, H. A./Peeters M. J. P. (2004): A lagrangian relaxation based algorithm for solving set partitioning problems, Center for Economic Research, Discussion Paper, 44.

Vereinte Nationen: (1987): Report of the World Commission on Environment and Development: Our Common Future.

Vieth, M. (1999): Personalplanung für Projekte, München, Mering.

Volkmer, T. (2023): Produktionsprogrammatische und produktionsprozedurale Überlegungen zur Digitalisierung, Wiesbaden.

Wald, A. (1949): Statistical decision functions. In: The Annals of Mathematical Statistics, 20(2), S. 165–205.

Warnez, P. (1984): Entscheidung bei Unsicherheit unter Verwendung qualitativer Informationen, Diss., Zürich.

Wäscher, G. (1998): Local Search. In: Das Wirtschaftsstudium, 27, 1299-1306.

Weibler, J. (2023): Personalführung, 4. Aufl., München.

Weinmann, J. (1978): Strategische Personalplanung, Köln.

Wenger, L. (1993): Arbeitsmarkt und Qualifikation – Qualifizierung im Spannungsfeld wirtschaftlicher Rationalität und pädagogischer Verantwortung, Hohengehren.

Werners, B. (1984): Interaktive Entscheidungsunterstützung durch ein flexibles mathematisches Programmierungssystem, München.

Whalen, T. (1994): Interval probabilities induced by decision problems. In: Yager, R. R./Feddrizzi, M./ Kacprzyk, J. (Hrsg): Advances in the Dempster-Shafer Theory of Evidence, New York [NY], S. 353-374.

Wirtz, M.A. (2020): Lexikon der Psychologie, 19. Aufl., Bern.

Wollenhaupt, H. (1982): Rationale Entscheidungen bei unscharfen Wahrscheinlichkeiten, Frankfurt a. M.

World Population Review (2024): What Countries have Four-Day Work Weeks in 2024?, online abrufbar unter: https://worldpopulationreview.com/country-rankings/what-countries-have-4-day-work-weeks, letzter Zugriff: 01/2024.

Zadeh, L. A. (1965): Fuzzy Sets. In: Information and Control, 8(3), S. 338-353.

Zadeh, L. A. (1975): The Concept of a Linguistic Variable and its Application to Approximate Reasoning, Part 1, In: Information Sciences, 8, S. 199-249.

Zahn, E. (1989): Mehrebenenansatz der Planung. In: Szyperski, N. (Hrsg.): Handwörterbuch der Planung, Stuttgart, Sp. 1080-1090.

Zander, G. (2023): Wundermittel 4-Tage-Woche?, Haufe: Freiburg u.a.

Zelewski, S. (1999): Grundlagen. In: Corsten, H./Reiß, M. (Hrsg.): Betriebswirtschaftslehre, 3. Aufl., München, S. 1-125.

Zimmermann, H. J. (1976): Optimale Entscheidungen bei mehreren Zielkriterien. In: Zeitschrift für Organisation, 8, S. 455-460.

Zimmermann, H. J. (1978): Fuzzy Programming and Linear Programming with Several Objective Functions. In: Fuzzy Sets and Systems, 1(1), S. 45-55.

Zimmermann H. J. (2001): Fuzzy Set Theory – and its Applications, 4. Aufl., New York.

Zimmermann, H. J. (2008): Operations Research – Methoden und Modelle. Für Wirtschaftsingenieure, Betriebswirte und Informatiker, 2. Aufl., Wiesbaden.

Zoglauer, T. (2021). Einführung in die formale Logik für Philosophen., 6. Aufl., Göttingen.

# Verzeichnis der Internetquellen

Bellmann, L. (2023): Krise der dualen Ausbildung?, IAB-Forum 2. Juni 2023 (https://www.iab-forum.de/krise-der-dualen-ausbildung/), Zugriff: 12/2024.

BMZ [online], Bundesministerium für wirtschaftliche Zusammenarbeit und Entwicklung (https://www.bmz.de/de/ministerium/ziele/2030_agenda/historie/rio_plus20/index.html), Zugriff: 02/2019.

Duden online (a), Stichwort: ökologisch (https://www.duden.de/node/639629/revisions/1958525/view), Zugriff: 02/2019.

Duden online (b), Stichwort: sozial

(https://www.duden.de/node/646615/revisions/1985658/view), Zugriff: 02/2019.

Duden online (c), Stichwort: Demografie (https://www.duden.de/node/735210/revisions/1726193/view ), Zugriff: 02/2019.

Duden online (d), Stichwort: digital (https://www.duden.de/node/648101/revisions/1983314/view), Zugriff: 02/2019.

Duden online (e), Stichwort: Bit (https://www.duden.de/node/713670/revisions/1951456/view), Zugriff: 02/2019.

DWDS (a), Stichwort: digital (https://dwds.de/wb/digital), Zugriff: 02/2019.

DWDS (b), Stichwort: Kybernetik (https://www.dwds.de/wb/Kybernetik), Zugriff: 02/2019.

MIX
Papier aus verantwortungsvollen Quellen
Paper from responsible sources
FSC® C105338

If you have any concerns about our products,
you can contact us on
**ProductSafety@springernature.com**

In case Publisher is established outside the EU,
the EU authorized representative is:
**Springer Nature Customer Service Center GmbH**
**Europaplatz 3, 69115 Heidelberg, Germany**

Printed by Libri Plureos GmbH
in Hamburg, Germany